공인중개사 2차

5개년 기출문제해설

SD에듀
(주)시대고시기획

2024 SD에듀 공인중개사 2차 5개년 기출문제해설

Always **with you**

사람의 인연은 길에서 우연하게 만나거나 함께 살아가는 것만을 의미하지는 않습니다.
책을 펴내는 출판사와 그 책을 읽는 독자의 만남도 소중한 인연입니다.
SD에듀는 항상 독자의 마음을 헤아리기 위해 노력하고 있습니다. 늘 독자와 함께하겠습니다.

공인중개사는 토지 · 건물 등에 관한 매매, 교환 및 임대차 등의 중개를 전문으로 할 수 있는 법적 자격을 갖춘 자로, 과거에는 일반중개인이 토지 · 건물 등의 중개업무를 담당하였으나, 1983년 부동산중개업법이 제정된 이후 공인중개사 중심의 허가제로 변하였고, 1985년 3월 27일 공인중개사 시험이 처음 시행된 이래로 현재에 이르고 있다.

공인중개사 시험은 매년 응시자가 증가하여 제34회 시험에서는 그 수가 17만 명에 이를 정도로 많은 수험생들의 관심을 받고 있다. 은퇴 후 노후를 대비하고자 하는 중 · 장년층부터 경력이 단절된 전업주부, 최근에는 20~30대 청년들까지 공인중개사 시험에 도전하고 있고, 매년 높아지는 응시율에 비례하여 시험이 점차 어려워지면서 합격의 문턱이 점점 더 높아지고 있는 추세이다.

이에 SD에듀는 최근 5개년 기출문제를 통하여 최신의 기출유형을 집중적으로 파악하고, 상세한 해설과 함께 꼭 필요한 이론 · 판례만을 수록하여 효율적인 학습방향을 제시하고자, 「2024 SD에듀 공인중개사 2차 5개년 기출문제해설」을 펴내었다. 본서의 특징은 다음과 같다.

첫 번째   문제편과 해설편을 분리하였고, 각 과목별로 기출문제를 배치하였다.

두 번째   각 보기에 대응하는 상세한 해설뿐만 아니라, 추가학습이 필요한 내용에 대한 보충해설도 수록하였다.

세 번째   기출문제 중 개정사항이 적용되어야 할 문제는 최신 법령을 반영하여 수정한 후 [기출수정]으로 표시하였다.

네 번째   핵심 조문 및 판례와 별지서식 등을 다양하게 수록하여 이해의 폭을 넓히고자 노력하였다.

본서가 공인중개사 시험에 도전하는 수험생 여러분에게 합격의 길잡이가 될 것을 확신하며, 본서로 학습하는 모든 수험생 여러분이 뜻하는 목표를 이루기를 진심으로 기원한다.

대표 편저자 씀

이 책의 구성과 특징

STEP 01 | 문제편

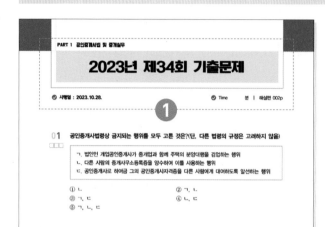

Point 1

최근 5개년
(2023~2019년) 기출문제

문제편과 해설편을 분리하고, 각 과목별로 기출문제를 배치하였다.

Point 2

기출수정 표시

기출문제 중 개정사항이 적용되어야 할 문제는 최신 법령을 반영하여 수정 후 기출수정으로 표시하였다.

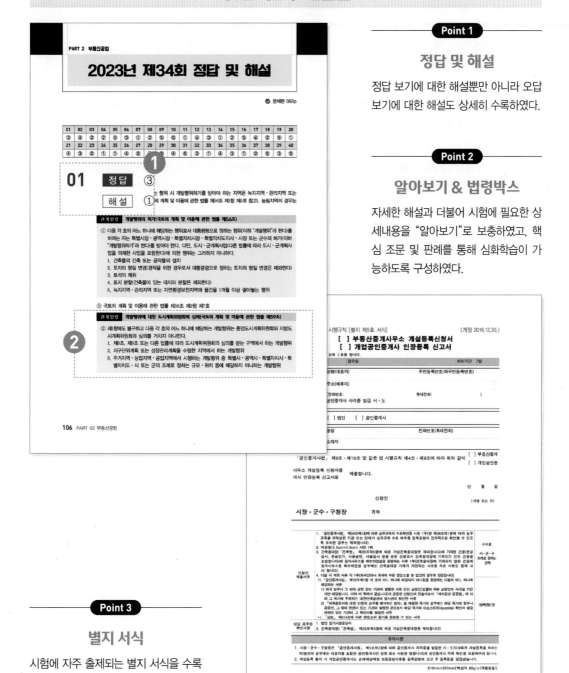

STEP 02 | 해설편

Point 1
정답 및 해설
정답 보기에 대한 해설뿐만 아니라 오답 보기에 대한 해설도 상세히 수록하였다.

Point 2
알아보기 & 법령박스
자세한 해설과 더불어 시험에 필요한 상세내용을 "알아보기"로 보충하였고, 핵심 조문 및 판례를 통해 심화학습이 가능하도록 구성하였다.

Point 3
별지 서식
시험에 자주 출제되는 별지 서식을 수록하여 그 내용을 명확히 확인할 수 있도록 하였고, 부록으로 수록함으로써 학습의 효율성을 높였다.

자격시험 소개 및 검정현황

◌ 공인중개사(Licensed Real Estate Agent)란?

토지와 건축물 그 밖의 토지정착물의 중개를 영업으로 하는 전문중개업자로, 「공인중개사법」상 공인중개사는 「공인중개사법」에 의한 공인중개사 자격을 취득한 자를 말한다. 이 중에서 중개사무소의 개설등록을 한 자는 개업공인중개사라 하고, 개업공인중개사에 소속된 공인중개사로서 중개업무를 수행하거나 개업공인중개사의 중개업무를 보조하는 자는 소속공인중개사라 한다.

◌ 공인중개사의 주요 업무

공인중개사는 「공인중개사법」에 근거한 중개대상물을 중개하고, 상호 거래당사자 간의 권리 · 의무를 신고 · 변경하는 등 부동산 중개에 관련된 종합민원업무를 수행한다. 이 밖에도 개업공인중개사는 매수신청대리인의 자격조건을 취득하여 법원 경매 및 공매 관련 업무를 수행할 수 있다.

◌ 소관부서 및 시행기관

소관부서	국토교통부
시행기관	한국산업인력공단

◌ 응시자격

제한 없음. 단, ❶ 「공인중개사법」 제4조의3(부정행위자에 대한 제재)에 따라 부정행위자로 처분받은 날로부터 시험시행일 전일까지 5년이 경과되지 아니한 자, ❷ 제6조(결격사유)에 따라 자격이 취소된 후 3년이 경과되지 아니한 자, ❸ 이미 공인중개사 자격을 취득한 자는 응시할 수 없음.

◌ 2024년도 시험일정(사전공고 기준)

구 분	응시원서접수기간	시험시행일	합격자발표일
제1차 시험	8.5.~8.9.	10.26.	11.27.~
제2차 시험	1, 2차 동시접수 · 시행 · 발표		

◌ 합격기준

구 분	합격결정기준
제1차 시험	매 과목 100점을 만점으로 하여 매 과목 40점 이상, 전 과목 평균 60점 이상을 득점한 자
제2차 시험	

※ 제1차 시험에 불합격한 자의 제2차 시험에 대하여는 「공인중개사법」 시행령 제5조 제3항에 따라 이를 무효로 한다.

접수방법

큐넷 공인중개사 홈페이지(www.q-net.or.kr/site/junggae)에서 접수하여야 한다.

시험과목 및 방법

구 분	시험과목	문항수	시험시간
제1차 시험 1교시	❶ 부동산학개론(부동산감정평가론 포함) ❷ 민법 및 민사특별법 중 부동산 중개에 관련되는 규정	과목당 40문항	100분 (09:30~11:10)
제2차 시험 1교시	❶ 공인중개사의 업무 및 부동산 거래신고 등에 관한 법령 및 중개실무 ❷ 부동산공법 중 부동산 중개에 관련되는 규정	과목당 40문항	100분 (13:00~14:40)
제2차 시험 2교시	❶ 부동산공시에 관한 법령(부동산등기법, 공간정보의 구축 및 관리 등에 관한 법률) 및 부동산 관련 세법	40문항	50분 (15:30~16:20)

※ 답안작성 시 법령이 필요한 경우에는 시험시행일 현재 시행되고 있는 법령을 기준으로 작성한다.

공인중개사 수험인원 및 합격자현황

연도별	제1차 시험				제2차 시험			
	대상(명)	응시(명)	합격(명)	합격률(%)	대상(명)	응시(명)	합격(명)	합격률(%)
2023	179,734	134,354	27,458	20.4	108,022	65,705	15,157	23.1
2022	238,695	176,016	34,746	19.7	149,017	88,378	27,916	31.6
2021	247,880	186,278	39,776	21.4	152,041	92,569	26,915	29.1
2020	213,936	151,674	32,368	21.3	129,075	75,214	16,555	22.0
2019	183,651	129,694	27,875	21.5	114,562	74,001	27,078	36.6

검정현황(그래프)

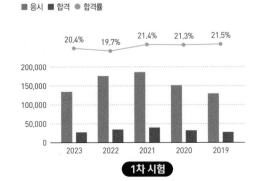

1차 시험

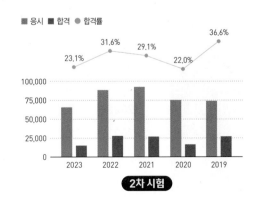

2차 시험

이 책의 차례

PART 01

공인중개사법 및 중개실무

	문제편	해설편
2023년 제34회 제2차 시험	002	002
2022년 제33회 제2차 시험	020	025
2021년 제32회 제2차 시험	038	047
2020년 제31회 제2차 시험	056	071
2019년 제30회 제2차 시험	073	087

PART 02

부동산공법

	문제편	해설편
2023년 제34회 제2차 시험	092	106
2022년 제33회 제2차 시험	109	132
2021년 제32회 제2차 시험	126	161
2020년 제31회 제2차 시험	142	187
2019년 제30회 제2차 시험	158	202

PART 03

부동산공시법

	문제편	해설편
2023년 제34회 제2차 시험	176	218
2022년 제33회 제2차 시험	186	231
2021년 제32회 제2차 시험	196	241
2020년 제31회 제2차 시험	207	251
2019년 제30회 제2차 시험	217	260

PART 04

부동산세법

	문제편	해설편
2023년 제34회 제2차 시험	228	272
2022년 제33회 제2차 시험	236	286
2021년 제32회 제2차 시험	244	299
2020년 제31회 제2차 시험	252	309
2019년 제30회 제2차 시험	260	316

PART 1

공인중개사법 및 중개실무

01 2023년 제34회 기출문제

02 2022년 제33회 기출문제

03 2021년 제32회 기출문제

04 2020년 제31회 기출문제

05 2019년 제30회 기출문제

2023년 제34회 기출문제

✅ 시행일 : 2023.10.28.　　　　　　　　✅ Time　　　　분 | 해설편 002p

01 공인중개사법령상 금지되는 행위를 모두 고른 것은?(단, 다른 법령의 규정은 고려하지 않음)
☐☐☐

> ㄱ. 법인인 개업공인중개사가 중개업과 함께 주택의 분양대행을 겸업하는 행위
> ㄴ. 다른 사람의 중개사무소등록증을 양수하여 이를 사용하는 행위
> ㄷ. 공인중개사로 하여금 그의 공인중개사자격증을 다른 사람에게 대여하도록 알선하는 행위

① ㄴ　　　　　　　　　　　② ㄱ, ㄴ
③ ㄱ, ㄷ　　　　　　　　　④ ㄴ, ㄷ
⑤ ㄱ, ㄴ, ㄷ

02 공인중개사법령상 공인중개사 정책심의위원회(이하 '위원회'라 함)에 관한 설명으로 **틀린** 것은?
☐☐☐
① 위원은 위원장이 임명하거나 위촉한다.
② 심의사항에는 중개보수 변경에 관한 사항이 포함된다.
③ 위원회에서 심의한 사항 중 공인중개사의 자격취득에 관한 사항의 경우 시·도지사는 이에 따라야 한다.
④ 위원장 1명을 포함하여 7명 이상 11명 이내의 위원으로 구성한다.
⑤ 위원이 속한 법인이 해당 안건의 당사자의 대리인이었던 경우 그 위원은 위원회의 심의·의결에서 제척된다.

03 공인중개사법령상 용어에 관한 설명으로 옳은 것은?

□□□

① 중개대상물을 거래당사자 간에 교환하는 행위는 '중개'에 해당한다.

② 다른 사람의 의뢰에 의하여 중개를 하는 경우는 그에 대한 보수를 받지 않더라도 '중개업'에 해당한다.

③ 개업공인중개사인 법인의 임원으로서 공인중개사인 자가 중개업무를 수행하는 경우에는 '개업공인중개사'에 해당한다.

④ 공인중개사가 개업공인중개사에 소속되어 개업공인중개사의 중개업무와 관련된 단순한 업무를 보조하는 경우에는 '중개보조원'에 해당한다.

⑤ 공인중개사자격을 취득한 자는 중개사무소의 개설등록 여부와 관계없이 '공인중개사'에 해당한다.

04 공인중개사법령상 중개사무소의 설치에 관한 설명으로 **틀린** 것은?

□□□

① 개업공인중개사는 그 등록관청의 관할 구역 안에 1개의 중개사무소만을 둘 수 있다.

② 개업공인중개사는 이동이 용이한 임시 중개시설물을 설치하여서는 아니 된다.

③ 주된 사무소의 소재지가 속한 군에는 분사무소를 설치할 수 없다.

④ 법인이 아닌 개업공인중개사가 그 관할 구역 외의 지역에 분사무소를 설치하기 위해서는 등록관청에 신고하여야 한다.

⑤ 분사무소 설치신고를 받은 등록관청은 그 신고내용이 적합한 경우에는 신고확인서를 교부하여야 한다.

05 공인중개사법령상 법인의 중개사무소 개설등록의 기준으로 **틀린** 것은?(단, 다른 법령의 규정은

□□□ 고려하지 않음)

① 대표자는 공인중개사일 것

② 대표자를 포함한 임원 또는 사원(합명회사 또는 합자회사의 무한책임사원을 말함)의 3분의 1 이상은 공인중개사일 것

③ 상법상 회사인 경우 자본금은 5천만원 이상일 것

④ 대표자, 임원 또는 사원(합명회사 또는 합자회사의 무한책임사원을 말함) 전원이 실무교육을 받았을 것

⑤ 분사무소를 설치하려는 경우 분사무소의 책임자가 실무교육을 받았을 것

06 공인중개사법령상 중개대상물에 해당하는 것을 모두 고른 것은?(다툼이 있으면 판례에 따름)

> ㄱ. 근저당권이 설정되어 있는 피담보채권
> ㄴ. 아직 완성되기 전이지만 동·호수가 특정되어 분양계약이 체결된 아파트
> ㄷ. 「입목에 관한 법률」에 따른 입목
> ㄹ. 점포 위치에 따른 영업상의 이점 등 무형의 재산적 가치

① ㄱ, ㄹ
② ㄴ, ㄷ
③ ㄴ, ㄹ
④ ㄱ, ㄴ, ㄷ
⑤ ㄱ, ㄷ, ㄹ

07 공인중개사법령상 개업공인중개사의 고용인에 관한 설명으로 옳은 것은?

① 중개보조원의 업무상 행위는 그를 고용한 개업공인중개사의 행위로 보지 아니한다.
② 소속공인중개사를 고용하려는 개업공인중개사는 고용 전에 미리 등록관청에 신고해야 한다.
③ 개업공인중개사는 중개보조원과의 고용관계가 종료된 때에는 고용관계가 종료된 날부터 10일 이내에 등록관청에 신고하여야 한다.
④ 개업공인중개사가 소속공인중개사의 고용 신고를 할 때에는 해당 소속공인중개사의 실무교육 수료확인증을 제출하여야 한다.
⑤ 개업공인중개사는 외국인을 중개보조원으로 고용할 수 없다.

08 공인중개사법령상 중개사무소의 개설등록을 위한 제출 서류에 관한 설명으로 틀린 것은?

① 공인중개사자격증 사본을 제출하여야 한다.
② 사용승인을 받았으나 건축물대장에 기재되지 아니한 건물에 중개사무소를 확보하였을 경우에는 건축물대장 기재가 지연되는 사유를 적은 서류를 제출하여야 한다.
③ 여권용 사진을 제출하여야 한다.
④ 실무교육을 위탁받은 기관이 실무교육 수료 여부를 등록관청이 전자적으로 확인할 수 있도록 조치한 경우에는 실무교육의 수료확인증 사본을 제출하지 않아도 된다.
⑤ 외국에 주된 영업소를 둔 법인의 경우에는 상법상 외국회사 규정에 따른 영업소의 등기를 증명할 수 있는 서류를 제출하여야 한다.

09 공인중개사법령상 개업공인중개사의 부동산중개업 휴업 또는 폐업에 관한 설명으로 옳은 것을 모두 고른 것은?

> ㄱ. 분사무소의 폐업신고를 하는 경우 분사무소설치신고확인서를 첨부해야 한다.
> ㄴ. 임신은 6개월을 초과하여 휴업할 수 있는 사유에 해당한다.
> ㄷ. 업무정지처분을 받고 부동산중개업 폐업신고를 한 개업공인중개사는 업무정지기간이 지나지 아니하더라도 중개사무소 개설등록을 할 수 있다.

① ㄴ
② ㄱ, ㄴ
③ ㄱ, ㄷ
④ ㄴ, ㄷ
⑤ ㄱ, ㄴ, ㄷ

PART 1
PART 2
PART 3
PART 4

10 공인중개사법령상 인장등록 등에 관한 설명으로 틀린 것은?

① 개업공인중개사는 중개사무소 개설등록 후에도 업무를 개시하기 전이라면 중개행위에 사용할 인장을 등록할 수 있다.
② 소속공인중개사의 인장등록은 소속공인중개사에 대한 고용 신고와 같이 할 수 있다.
③ 분사무소에서 사용할 인장의 경우에는 「상업등기규칙」에 따라 법인의 대표자가 보증하는 인장을 등록할 수 있다.
④ 소속공인중개사가 등록하여야 할 인장의 크기는 가로·세로 각각 7밀리미터 이상 30밀리미터 이내이어야 한다.
⑤ 소속공인중개사가 등록한 인장을 변경한 경우에는 변경일부터 10일 이내에 그 변경된 인장을 등록해야 한다.

11 공인중개사법령상 개업공인중개사의 중개사무소 이전신고 등에 관한 설명으로 틀린 것은?

□□□ ① 개업공인중개사가 중개사무소를 등록관청의 관할 지역 외의 지역으로 이전한 경우에는 이전 후의 중개사무소를 관할하는 시장·군수 또는 구청장에게 신고하여야 한다.

② 개업공인중개사가 등록관청에 중개사무소의 이전사실을 신고한 경우에는 지체 없이 사무소의 간판을 철거하여야 한다.

③ 분사무소의 이전신고를 하려는 경우에는 주된 사무소의 소재지를 관할하는 등록관청에 중개사무소 이전신고서를 제출해야 한다.

④ 업무정지 기간 중에 있는 개업공인중개사는 중개사무소의 이전신고를 하는 방법으로 다른 개업공인중개사의 중개사무소를 공동으로 사용할 수 없다.

⑤ 공인중개사인 개업공인중개사가 중개사무소이전신고서를 제출할 때 중개사무소등록증을 첨부하지 않아도 된다.

12 공인중개사법령상 중개의뢰인 甲과 개업공인중개사 乙의 중개계약에 관한 설명으로 옳은 것은?

□□□ ① 甲의 요청에 따라 乙이 일반중개계약서를 작성한 경우 그 계약서를 3년간 보존해야 한다.

② 일반중개계약은 표준이 되는 서식이 정해져 있다.

③ 전속중개계약은 법령이 정하는 계약서에 의하여야 하며, 乙이 서명 및 날인하되 소속공인중개사가 있는 경우 소속공인중개사가 함께 서명 및 날인해야 한다.

④ 전속중개계약의 유효기간은 甲과 乙이 별도로 정하더라도 3개월을 초과할 수 없다.

⑤ 전속중개계약을 체결한 甲이 그 유효기간 내에 스스로 발견한 상대방과 거래한 경우 중개보수에 해당하는 금액을 乙에게 위약금으로 지급해야 한다.

13 부동산 거래신고 등에 관한 법령상 부동산거래계약신고서의 작성방법으로 **틀린** 것은?

① 관련 필지 등 기재사항이 복잡한 경우에는 다른 용지에 작성하여 간인 처리한 후 첨부한다.

② '거래대상'의 '종류' 중 '공급계약'은 시행사 또는 건축주 등이 최초로 부동산을 공급(분양)하는 계약을 말한다.

③ '계약대상 면적'란에는 실제 거래면적을 계산하여 적되, 집합건축물이 아닌 건축물의 경우 건축물 면적은 연면적을 적는다.

④ '거래대상'의 '종류' 중 '임대주택 분양전환'은 법인이 아닌 임대주택사업자가 임대기한이 완료되어 분양전환하는 주택인 경우에 ✓표시를 한다.

⑤ 전매계약(분양권, 입주권)의 경우 '물건별 거래가격'란에는 분양가격, 발코니 확장 등 선택비용 및 추가 지급액 등을 각각 적되, 각각의 비용에 대한 부가가치세가 있는 경우 이를 포함한 금액으로 적는다.

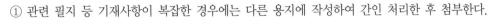

14 공인중개사법령상 개업공인중개사 甲의 중개대상물확인·설명에 관한 설명으로 **틀린** 것은?(다툼이 있으면 판례에 따름)

① 甲은 중개가 완성되어 거래계약서를 작성하는 때에 중개대상물 확인·설명서를 작성하여 거래당사자에게 교부해야 한다.

② 甲은 중개대상물에 근저당권이 설정된 경우, 실제의 피담보채무액을 조사·확인하여 설명할 의무가 있다.

③ 甲은 중개대상물의 범위 외의 물건이나 권리 또는 지위를 중개하는 경우에도 선량한 관리자의 주의로 권리관계 등을 조사·확인하여 설명할 의무가 있다.

④ 甲은 자기가 조사·확인하여 설명할 의무가 없는 사항이라도 중개의뢰인이 계약을 맺을지를 결정하는 데 중요한 것이라면 그에 관해 그릇된 정보를 제공해서는 안 된다.

⑤ 甲이 성실·정확하게 중개대상물의 확인·설명을 하지 않거나 설명의 근거자료를 제시하지 않은 경우 500만원 이하의 과태료 부과사유에 해당한다.

15 공인중개사법령상 공인중개사인 개업공인중개사 甲의 손해배상책임의 보장에 관한 설명으로 **틀린**
것은?

① 甲은 업무를 시작하기 전에 손해배상책임을 보장하기 위한 조치를 하여야 한다.

② 甲은 2억원 이상의 금액을 보장하는 보증보험 또는 공제에 가입하거나 공탁을 해야 한다.

③ 甲은 보증보험금·공제금 또는 공탁금으로 손해배상을 한 때에는 15일 이내에 보증보험 또는 공제
에 다시 가입하거나 공탁금 중 부족하게 된 금액을 보전해야 한다.

④ 甲이 손해배상책임을 보장하기 위한 조치를 이행하지 아니하고 업무를 개시한 경우는 업무정지사
유에 해당하지 않는다.

⑤ 甲은 자기의 중개사무소를 다른 사람의 중개행위의 장소로 제공함으로써 거래당사자에게 재산상의
손해를 발생하게 한 때에는 그 손해를 배상할 책임이 있다.

16 공인중개사법령상 중개사무소의 명칭 및 등록증 등의 게시에 관한 설명으로 **틀린** 것은?

① 공인중개사인 개업공인중개사는 공인중개사자격증 원본을 해당 중개사무소 안의 보기 쉬운 곳에
게시하여야 한다.

② 개업공인중개사는 「부가가치세법 시행령」에 따른 사업자등록증을 해당 중개사무소 안의 보기 쉬운
곳에 게시하여야 한다.

③ 법인인 개업공인중개사는 그 사무소의 명칭에 '공인중개사사무소' 또는 '부동산중개'라는 문자를
사용하여야 한다.

④ 법인인 개업공인중개사의 분사무소에 옥외광고물을 설치하는 경우 분사무소설치 신고확인서에
기재된 책임자의 성명을 표기하여야 한다.

⑤ 법 제7638호 부칙 제6조 제2항에 따른 개업공인중개사는 그 사무소의 명칭에 '공인중개사사무소'
및 '부동산중개'라는 문자를 사용하여서는 아니 된다.

17 공인중개사법령상 개업공인중개사등의 교육 등에 관한 설명으로 옳은 것은?

① 폐업신고 후 400일이 지난 날 중개사무소의 개설등록을 다시 신청하려는 자는 실무교육을 받지 않아도 된다.

② 중개보조원의 직무수행에 필요한 직업윤리에 대한 교육시간은 5시간이다.

③ 시·도지사는 연수교육을 실시하려는 경우 실무교육 또는 연수교육을 받은 후 2년이 되기 2개월 전까지 연수교육의 일시·장소·내용 등을 대상자에게 통지하여야 한다.

④ 부동산 중개 및 경영 실무에 대한 교육시간은 36시간이다.

⑤ 시·도지사가 부동산거래사고 예방을 위한 교육을 실시하려는 경우에는 교육일 7일 전까지 교육일시·교육장소 및 교육내용을 교육대상자에게 통지하여야 한다.

18 공인중개사법령상 계약금등을 예치하는 경우 예치명의자가 될 수 있는 자를 모두 고른 것은?

> ㄱ. 「보험업법」에 따른 보험회사
> ㄴ. 「자본시장과 금융투자업에 관한 법률」에 따른 투자중개업자
> ㄷ. 「자본시장과 금융투자업에 관한 법률」에 따른 신탁업자
> ㄹ. 「한국지방재정공제회법」에 따른 한국지방재정공제회

① ㄱ

② ㄱ, ㄷ

③ ㄱ, ㄴ, ㄷ

④ ㄴ, ㄷ, ㄹ

⑤ ㄱ, ㄴ, ㄷ, ㄹ

19 공인중개사법령상 규정 위반으로 과태료가 부과되는 경우 과태료 부과기준에서 정하는 금액이 가장 적은 경우는?

① 휴업한 중개업의 재개 신고를 하지 않은 경우

② 중개사무소등록증을 게시하지 않은 경우

③ 중개사무소의 이전신고를 하지 않은 경우

④ 연수교육을 정당한 사유 없이 받지 않은 기간이 50일인 경우

⑤ 손해배상책임의 보장에 관한 사항을 설명하지 않은 경우

20 A시에 중개사무소를 둔 개업공인중개사가 A시에 소재하는 주택(부속토지 포함)에 대하여 아래와 같이 매매와 임대차계약을 동시에 중개하였다. 공인중개사법령상 개업공인중개사가 甲으로부터 받을 수 있는 중개보수의 최고한도액은?

> [계약에 관한 사항]
> 1. 계약당사자 : 甲(매도인, 임차인)과 乙(매수인, 임대인)
> 2. 매매계약
>   1) 매매대금 : 2억 5천만원
>   2) 매매계약에 대하여 합의된 중개보수 : 160만원
> 3. 임대차계약
>   1) 임대보증금 : 1천만원
>   2) 월차임 : 30만원
>   3) 임대기간 : 2년
>
> [A시 중개보수 조례 기준]
> 1. 거래금액 2억원 이상 9억원 미만(매매·교환) : 상한요율 0.4%
> 2. 거래금액 5천만원 미만(임대차 등) : 상한요율 0.5%(한도액 20만원)

① 100만원   ② 115만 5천원
③ 120만원   ④ 160만원
⑤ 175만 5천원

21 공인중개사법령상 소속공인중개사에게 금지되는 행위를 모두 고른 것은?

> ㄱ. 공인중개사 명칭을 사용하는 행위
> ㄴ. 중개대상물에 대한 표시·광고를 하는 행위
> ㄷ. 중개대상물의 매매를 업으로 하는 행위
> ㄹ. 시세에 부당한 영향을 줄 목적으로 온라인 커뮤니티 등을 이용하여 특정 가격 이하로 중개를 의뢰하지 아니하도록 유도함으로써 개업공인중개사의 업무를 방해하는 행위

① ㄱ, ㄴ   ② ㄴ, ㄹ
③ ㄷ, ㄹ   ④ ㄴ, ㄷ, ㄹ
⑤ ㄱ, ㄴ, ㄷ, ㄹ

22 공인중개사법령상 소속공인중개사의 규정 위반행위 중 자격정지 기준이 6개월에 해당하는 것을 모두 고른 것은?

> ㄱ. 2 이상의 중개사무소에 소속된 경우
> ㄴ. 거래계약서에 서명·날인을 하지 아니한 경우
> ㄷ. 등록하지 아니한 인장을 사용한 경우
> ㄹ. 확인·설명의 근거자료를 제시하지 아니한 경우

① ㄱ
② ㄱ, ㄷ
③ ㄴ, ㄷ
④ ㄱ, ㄴ, ㄹ
⑤ ㄴ, ㄷ, ㄹ

23 공인중개사법령상 행정제재처분효과의 승계 등에 관한 설명으로 옳은 것은?

① 폐업신고한 개업공인중개사의 중개사무소에 다른 개업공인중개사가 중개사무소를 개설등록한 경우 그 지위를 승계한다.

② 중개대상물에 관한 정보를 거짓으로 공개한 사유로 행한 업무정지처분의 효과는 그 처분에 대한 불복기간이 지난 날부터 1년간 다시 중개사무소의 개설등록을 한 자에게 승계된다.

③ 폐업신고 전의 위반행위에 대한 행정처분이 업무정지에 해당하는 경우로서 폐업기간이 6개월인 경우 재등록 개업공인중개사에게 그 위반행위에 대해서 행정처분을 할 수 없다.

④ 재등록 개업공인중개사에 대하여 폐업신고 전의 업무정지에 해당하는 위반행위를 이유로 행정처분을 할 때 폐업기간과 폐업의 사유는 고려하지 않는다.

⑤ 개업공인중개사가 2022.4.1. 과태료 부과 처분을 받은 후 폐업신고를 하고 2023.3.2. 다시 중개사무소의 개설등록을 한 경우 그 처분의 효과는 승계된다.

24 공인중개사법령상 공인중개사의 자격취소 등에 관한 설명으로 틀린 것은?

① 공인중개사의 자격취소처분은 청문을 거쳐 중개사무소의 개설등록증을 교부한 시·도지사가 행한다.
② 공인중개사가 자격정지처분을 받은 기간 중에 법인인 개업공인중개사의 임원이 되는 경우 시·도지사는 그 자격을 취소하여야 한다.
③ 자격취소처분을 받아 공인중개사자격증을 반납하려는 자는 그 처분을 받은 날부터 7일 이내에 반납해야 한다.
④ 시·도지사는 공인중개사의 자격취소처분을 한 때에는 5일 이내에 이를 국토교통부장관에게 보고하여야 한다.
⑤ 분실로 인하여 공인중개사자격증을 반납할 수 없는 자는 자격증 반납을 대신하여 그 이유를 기재한 사유서를 시·도지사에게 제출하여야 한다.

25 공인중개사법령상 공인중개사협회(이하 '협회'라 함) 및 공제사업에 관한 설명으로 옳은 것은?

① 협회는 총회의 의결내용을 10일 이내에 시·도지사에게 보고하여야 한다.
② 협회는 매 회계연도 종료 후 3개월 이내에 공제사업 운용실적을 일간신문에 공시하거나 협회의 인터넷 홈페이지에 게시해야 한다.
③ 협회의 창립총회를 개최할 경우 특별자치도에서는 10인 이상의 회원이 참여하여야 한다.
④ 공제규정에는 책임준비금의 적립비율을 공제료 수입액의 100분의 5 이상으로 정한다.
⑤ 협회는 공제사업을 다른 회계와 구분하여 별도의 회계로 관리하여야 한다.

26 공인중개사법령상 중개대상물 확인·설명서[I](주거용 건축물)의 작성방법으로 옳은 것을 모두 고른 것은?

> ㄱ. 임대차의 경우 '취득 시 부담할 조세의 종류 및 세율'은 적지 않아도 된다.
> ㄴ. '환경조건'은 중개대상물에 대해 개업공인중개사가 매도(임대)의뢰인에게 자료를 요구하여 확인한 사항을 적는다.
> ㄷ. 중개대상물에 법정지상권이 있는지 여부는 '실제 권리관계 또는 공시되지 않은 물건의 권리 사항'란에 개업공인중개사가 직접 확인한 사항을 적는다.

① ㄱ
② ㄱ, ㄴ
③ ㄱ, ㄷ
④ ㄴ, ㄷ
⑤ ㄱ, ㄴ, ㄷ

27 공인중개사의 매수신청대리인 등록 등에 관한 규칙에 따른 개업공인중개사의 매수신청대리에 관한 설명으로 옳은 것은?(다툼이 있으면 판례에 따름)

① 미등기건물은 매수신청대리의 대상물이 될 수 없다.
② 공유자의 우선매수신고에 따라 차순위매수신고인으로 보게 되는 경우 그 차순위매수신고인의 지위를 포기하는 행위는 매수신청대리권의 범위에 속하지 않는다.
③ 소속공인중개사도 매수신청대리인으로 등록할 수 있다.
④ 매수신청대리인이 되려면 관할 지방자치단체의 장에게 매수신청대리인 등록을 하여야 한다.
⑤ 개업공인중개사는 매수신청대리행위를 함에 있어서 매각장소 또는 집행법원에 직접 출석하여야 한다.

28 부동산 거래신고 등에 관한 법령상 토지거래계약을 허가받은 자가 그 토지를 허가받은 목적대로 이용하지 않을 수 있는 예외사유가 아닌 것은?(단, 그 밖의 사유로 시·군·구도시계획위원회가 인정한 경우는 고려하지 않음)

① 「건축법 시행령」에 따른 제1종 근린생활시설인 건축물을 취득하여 실제로 이용하는 자가 해당 건축물의 일부를 임대하는 경우
② 「건축법 시행령」에 따른 단독주택 중 다중주택인 건축물을 취득하여 실제로 이용하는 자가 해당 건축물의 일부를 임대하는 경우
③ 「산업집적활성화 및 공장설립에 관한 법률」에 따른 공장을 취득하여 실제로 이용하는 자가 해당 공장의 일부를 임대하는 경우
④ 「건축법 시행령」에 따른 제2종 근린생활시설인 건축물을 취득하여 실제로 이용하는 자가 해당 건축물의 일부를 임대하는 경우
⑤ 「건축법 시행령」에 따른 공동주택 중 다세대주택인 건축물을 취득하여 실제로 이용하는 자가 해당 건축물의 일부를 임대하는 경우

29 甲이 서울특별시에 있는 자기 소유의 주택에 대해 임차인 乙과 보증금 3억원의 임대차계약을 체결하는 경우, 「부동산 거래신고 등에 관한 법률」에 따른 신고에 관한 설명으로 옳은 것을 모두 고른 것은?(단, 甲과 乙은 자연인임)

ㄱ. 보증금이 증액되면 乙이 단독으로 신고해야 한다.
ㄴ. 乙이 「주민등록법」에 따라 전입신고를 하는 경우 주택임대차계약의 신고를 한 것으로 본다.
ㄷ. 임대차계약서를 제출하면서 신고를 하고 접수가 완료되면 「주택임대차보호법」에 따른 확정일자가 부여된 것으로 본다.

① ㄱ
② ㄴ
③ ㄱ, ㄴ
④ ㄴ, ㄷ
⑤ ㄱ, ㄴ, ㄷ

30 개업공인중개사가 묘지를 설치하고자 토지를 매수하려는 중개의뢰인에게 장사 등에 관한 법령에 관하여 설명한 내용으로 틀린 것은?

① 가족묘지는 가족당 1개소로 제한하되, 그 면적은 100제곱미터 이하여야 한다.
② 개인묘지란 1기의 분묘 또는 해당 분묘에 매장된 자와 배우자 관계였던 자의 분묘를 같은 구역 안에 설치하는 묘지를 말한다.
③ 법인묘지에는 폭 4미터 이상의 도로와 그 도로로부터 각 분묘로 통하는 충분한 진출입로를 설치하여야 한다.
④ 화장한 유골을 매장하는 경우 매장 깊이는 지면으로부터 30센티미터 이상이어야 한다.
⑤ 「민법」에 따라 설립된 사단법인은 법인묘지의 설치 허가를 받을 수 없다.

31 부동산 거래신고 등에 관한 법령상 부동산 매매계약의 거래신고에 관한 설명으로 **틀린** 것은?(단, 거래당사자는 모두 자연인이고, 공동중개는 고려하지 않음)

① 신고할 때는 실제 거래가격을 신고해야 한다.
② 거래당사자 간 직접거래의 경우 매도인이 거래신고를 거부하면 매수인이 단독으로 신고할 수 있다.
③ 거래신고 후에 매도인이 매매계약을 취소하면 매도인이 단독으로 취소를 신고해야 한다.
④ 개업공인중개사가 매매계약의 거래계약서를 작성·교부한 경우에는 그 개업공인중개사가 신고를 해야 한다.
⑤ 개업공인중개사가 매매계약을 신고한 경우에 그 매매계약이 해제되면 그 개업공인중개사가 해제를 신고할 수 있다.

32 매수신청대리인으로 등록한 개업공인중개사가 X부동산에 대한 「민사집행법」상 경매절차에서 매수신청대리의 위임인에게 설명한 내용으로 **틀린** 것은?(다툼이 있으면 판례에 따름)

① 최선순위의 전세권자는 배당요구 없이도 우선변제를 받을 수 있으며, 이때 전세권은 매각으로 소멸한다.
② X부동산에 대한 경매개시결정의 기입등기 전에 유치권을 취득한 자는 경매절차의 매수인에게 자기의 유치권으로 대항할 수 있다.
③ 최선순위의 지상권은 경매절차의 매수인이 인수한다.
④ 후순위 저당권자의 신청에 의한 경매라 하여도 선순위 저당권자의 저당권은 매각으로 소멸한다.
⑤ 집행법원은 배당요구의 종기를 첫 매각기일 이전으로 정한다.

33 부동산 거래신고 등에 관한 법령상 국내 토지를 외국인이 취득하는 것에 관한 설명이다. (   )에
□□□ 들어갈 숫자로 옳은 것은?(단, 상호주의에 따른 제한은 고려하지 않음)

> • 외국인이 토지를 매수하는 계약을 체결하면 계약체결일부터 (ㄱ)일 이내에 신고해야 한다.
> • 외국인이 토지를 증여받는 계약을 체결하면 계약체결일부터 (ㄴ)일 이내에 신고해야 한다.
> • 외국인이 토지를 상속받으면 취득일부터 (ㄷ)개월 이내에 신고해야 한다.

	ㄱ	ㄴ	ㄷ
①	30	30	3
②	30	30	6
③	30	60	6
④	60	30	3
⑤	60	60	6

34 부동산 거래신고 등에 관한 법령상 토지거래허가구역 내의 토지매매에 관한 설명으로 옳은 것을
□□□ 모두 고른 것은?(단, 법령상 특례는 고려하지 않으며, 다툼이 있으면 판례에 따름)

> ㄱ. 허가를 받지 아니하고 체결한 매매계약은 그 효력이 발생하지 않는다.
> ㄴ. 허가를 받기 전에 당사자는 매매계약상 채무불이행을 이유로 계약을 해제할 수 있다.
> ㄷ. 매매계약의 확정적 무효에 일부 귀책사유가 있는 당사자도 그 계약의 무효를 주장할 수 있다.

① ㄱ
③ ㄱ, ㄷ
⑤ ㄱ, ㄴ, ㄷ

② ㄴ
④ ㄴ, ㄷ

35 부동산 거래신고 등에 관한 법령상 포상금의 지급에 관한 설명으로 **틀린** 것을 모두 고른 것은?

> ㄱ. 가명으로 신고하여 신고인을 확인할 수 없는 경우에는 포상금을 지급하지 아니할 수 있다.
> ㄴ. 신고관청에 포상금지급신청서가 접수된 날부터 1개월 이내에 포상금을 지급하여야 한다.
> ㄷ. 신고관청은 하나의 위반행위에 대하여 2명 이상이 각각 신고한 경우에는 포상금을 균등하게 배분하여 지급한다.

① ㄱ
② ㄱ, ㄴ
③ ㄱ, ㄷ
④ ㄴ, ㄷ
⑤ ㄱ, ㄴ, ㄷ

36 개업공인중개사가 집합건물을 매수하려는 의뢰인에게 「집합건물의 소유 및 관리에 관한 법률」에 관하여 설명한 것으로 **틀린** 것은?(다툼이 있으면 판례에 따름)

① 전유부분이란 구분소유권의 목적인 건물부분을 말한다.
② 소유자가 기존 건물에 증축을 하고 기존 건물에 마쳐진 등기를 증축한 건물의 현황과 맞추어 1동의 건물로서 증축으로 인한 건물표시변경등기를 마친 경우, 그 증축부분에 대해서는 구분소유권이 성립하지 않는다.
③ 구분소유자는 건물의 관리 및 사용에 관하여 구분소유자 공동의 이익에 어긋나는 행위를 하여서는 아니 된다.
④ 일부의 구분소유자만이 공용하도록 제공되는 것임이 명백한 공용부분은 그들 구분소유자의 공유에 속한다.
⑤ 일부공용부분의 관리에 관한 사항 중 구분소유자 전원에게 이해관계가 있는 사항은 그것을 공용하는 구분소유자만의 집회결의로써 결정한다.

37 개업공인중개사가 「주택임대차보호법」의 적용에 관하여 설명한 내용으로 틀린 것을 모두 고른 것은?(다툼이 있으면 판례에 따름)

> ㄱ. 주택의 미등기 전세계약에 관하여는 「주택임대차보호법」을 준용한다.
> ㄴ. 주거용 건물에 해당하는지 여부는 임대차목적물의 공부상의 표시만을 기준으로 정하여야 한다.
> ㄷ. 임차권등기 없이 우선변제청구권이 인정되는 소액임차인의 소액보증금반환채권은 배당요구가 필요한 배당요구채권에 해당하지 않는다.

① ㄱ
② ㄴ
③ ㄱ, ㄷ
④ ㄴ, ㄷ
⑤ ㄱ, ㄴ, ㄷ

38 개업공인중개사가 중개의뢰인에게 분묘가 있는 토지에 관하여 설명한 내용으로 틀린 것을 모두 고른 것은?(다툼이 있으면 판례에 따름)

> ㄱ. 토지 소유자의 승낙에 의하여 성립하는 분묘기지권의 경우 성립 당시 토지 소유자와 분묘의 수호·관리자가 지료 지급의무의 존부에 관하여 약정을 하였다면 그 약정의 효력은 분묘 기지의 승계인에게 미치지 않는다.
> ㄴ. 분묘기지권은 지상권 유사의 관습상 물권이다.
> ㄷ. 「장사 등에 관한 법률」 시행일(2001.1.13.) 이후 토지 소유자의 승낙 없이 설치한 분묘에 대해서 분묘기지권의 시효취득을 주장할 수 있다.

① ㄱ
② ㄷ
③ ㄱ, ㄷ
④ ㄴ, ㄷ
⑤ ㄱ, ㄴ, ㄷ

39 부동산 거래신고 등에 관한 법령상 토지거래허가구역 등에 관한 설명으로 **틀린** 것은?(단, 거래당사자는 모두 대한민국 국적의 자연인임)

① 허가구역의 지정은 그 지정을 공고한 날부터 7일 후에 그 효력이 발생한다.

② 허가구역에 있는 토지거래에 대한 처분에 이의가 있는 자는 그 처분을 받은 날부터 1개월 이내에 시장·군수 또는 구청장에게 이의를 신청할 수 있다.

③ 허가구역에 있는 토지에 관하여 사용대차계약을 체결하는 경우에는 토지거래허가를 받을 필요가 없다.

④ 허가관청은 허가신청서를 받은 날부터 15일 이내에 허가 또는 불허가 처분을 하여야 한다.

⑤ 허가신청에 대하여 불허가처분을 받은 자는 그 통지를 받은 날부터 1개월 이내에 시장·군수 또는 구청장에게 해당 토지에 관한 권리의 매수를 청구할 수 있다.

40 2023.10.7. 甲은 친구 乙과 X부동산에 대하여 乙을 명의수탁자로 하는 명의신탁약정을 체결하였다. 개업공인중개사가 이에 관하여 설명한 내용으로 옳은 것을 모두 고른 것은?(다툼이 있으면 판례에 따름)

> ㄱ. 甲과 乙 사이의 명의신탁약정은 무효이다.
> ㄴ. X부동산의 소유자가 甲이라면, 명의신탁약정에 기하여 甲에서 乙로 소유권이전등기가 마쳐졌다는 이유만으로 당연히 불법원인급여에 해당한다고 볼 수 없다.
> ㄷ. X부동산의 소유자가 丙이고 계약명의신탁이라면, 丙이 그 약정을 알았더라도 丙으로부터 소유권이전등기를 마친 乙은 유효하게 소유권을 취득한다.

① ㄱ

② ㄴ

③ ㄷ

④ ㄱ, ㄴ

⑤ ㄱ, ㄴ, ㄷ

2022년 제33회 기출문제

✔ 시행일 : 2022.10.29.　　　　　　　　　✔ Time　　　분 ｜ 해설편 025p

01 공인중개사법령상 용어의 설명으로 <u>틀린</u> 것은?
□□□
① 중개는 중개대상물에 대하여 거래당사자 간의 매매·교환·임대차 그 밖의 권리의 득실변경에 관한 행위를 알선하는 것을 말한다.
② 개업공인중개사는 이 법에 의하여 중개사무소의 개설등록을 한 자를 말한다.
③ 중개업은 다른 사람의 의뢰에 의하여 일정한 보수를 받고 중개를 업으로 행하는 것을 말한다.
④ 개업공인중개사인 법인의 사원 또는 임원으로서 공인중개사인 자는 소속공인중개사에 해당하지 않는다.
⑤ 중개보조원은 공인중개사가 아닌 자로서 개업공인중개사에 소속되어 개업공인중개사의 중개업무와 관련된 단순한 업무를 보조하는 자를 말한다.

02 공인중개사법령상 중개대상물에 해당하는 것을 모두 고른 것은?(다툼이 있으면 판례에 따름)
□□□
> ㄱ. 동·호수가 특정되어 분양계약이 체결된 아파트분양권
> ㄴ. 기둥과 지붕 그리고 주벽이 갖추어진 신축 중인 미등기상태의 건물
> ㄷ. 아파트 추첨기일에 신청하여 당첨되면 아파트의 분양예정자로 선정될 수 있는 지위인 입주권
> ㄹ. 주택이 철거될 경우 일정한 요건하에 택지개발지구 내에 이주자택지를 공급받을 지위인 대토권

① ㄱ, ㄴ　　　　　　　　　　② ㄴ, ㄷ
③ ㄷ, ㄹ　　　　　　　　　　④ ㄱ, ㄴ, ㄹ
⑤ ㄱ, ㄴ, ㄷ, ㄹ

03 공인중개사법령상 공인중개사 정책심의위원회의 공인중개사 업무에 관한 심의사항에 해당하는 것을 모두 고른 것은?
□□□

> ㄱ. 공인중개사의 시험 등 공인중개사의 자격취득에 관한 사항
> ㄴ. 부동산 중개업의 육성에 관한 사항
> ㄷ. 중개보수 변경에 관한 사항
> ㄹ. 손해배상책임의 보장 등에 관한 사항

① ㄱ
② ㄴ, ㄷ
③ ㄴ, ㄹ
④ ㄱ, ㄷ, ㄹ
⑤ ㄱ, ㄴ, ㄷ, ㄹ

04 공인중개사법령상 공인중개사자격증에 관한 설명으로 틀린 것은?
□□□
① 시·도지사는 공인중개사자격 시험합격자의 결정 공고일부터 2개월 이내에 시험합격자에게 공인중개사자격증을 교부해야 한다.
② 공인중개사자격증의 재교부를 신청하는 자는 재교부신청서를 자격증을 교부한 시·도지사에게 제출해야 한다.
③ 공인중개사자격증의 재교부를 신청하는 자는 해당 지방자치단체의 조례로 정하는 바에 따라 수수료를 납부해야 한다.
④ 공인중개사는 유·무상 여부를 불문하고 자기의 공인중개사자격증을 양도해서는 아니 된다.
⑤ 공인중개사가 아닌 자로서 공인중개사 명칭을 사용한 자는 1년 이하의 징역 또는 1천만원 이하의 벌금에 처한다.

05 공인중개사법령상 중개사무소 개설등록의 결격사유가 있는 자를 모두 고른 것은? `기출수정`

> ㄱ. 금고 이상의 실형의 선고를 받고 그 집행이 면제된 날부터 2년이 된 자
> ㄴ. 공인중개사법을 위반하여 200만원의 벌금형의 선고를 받고 2년이 된 자
> ㄷ. 사원 중 금고 이상의 형의 집행유예를 받고 그 유예기간이 만료된 날부터 2년이 지나지 아니한 자가 있는 법인

① ㄱ
② ㄴ
③ ㄱ, ㄷ
④ ㄴ, ㄷ
⑤ ㄱ, ㄴ, ㄷ

06 공인중개사법령상 중개업 등에 관한 설명으로 옳은 것은?

① 소속공인중개사는 중개사무소의 개설등록을 신청할 수 있다.
② 법인인 개업공인중개사는 '중개업'과 '개업공인중개사를 대상으로 한 중개업의 경영기법 및 경영정보의 제공업무'를 함께 할 수 없다.
③ 법인인 개업공인중개사가 등록관청의 관할 구역 외의 지역에 분사무소를 두기 위해서는 등록관청의 허가를 받아야 한다.
④ 소속공인중개사는 등록관청에 신고를 거쳐 천막 그 밖에 이동이 용이한 임시 중개시설물을 설치할 수 있다.
⑤ 개업공인중개사는 의뢰받은 중개대상물에 대한 표시·광고에 중개보조원에 관한 사항을 명시해서는 아니 된다.

07 부동산 거래신고 등에 관한 법령상 2년 이하의 징역 또는 계약 체결 당시의 개별공시지가에 따른 해당 토지가격의 100분의 30에 해당하는 금액 이하의 벌금에 처해지는 자는?

① 신고관청의 관련 자료의 제출요구에도 거래대금 지급을 증명할 수 있는 자료를 제출하지 아니한 자
② 토지거래허가구역 내에서 토지거래계약허가를 받은 사항을 변경하려는 경우 변경허가를 받지 아니하고 토지거래계약을 체결한 자
③ 외국인이 경매로 대한민국 안의 부동산을 취득한 후 취득 신고를 하지 아니한 자
④ 개업공인중개사에게 부동산거래신고를 하지 아니하게 한 자
⑤ 부동산의 매매계약을 체결한 후 신고 의무자가 아닌 자가 거짓으로 부동산거래신고를 하는 자

08 공인중개사법령상 개업공인중개사의 일반중개계약과 전속중개계약에 관한 설명으로 옳은 것은?

① 일반중개계약은 중개의뢰인이 중개대상물의 중개를 의뢰하기 위해 특정한 개업공인중개사를 정하여 그 개업공인중개사에 한정하여 중개대상물을 중개하도록 하는 계약을 말한다.

② 개업공인중개사가 일반중개계약을 체결한 때에는 중개의뢰인이 비공개를 요청하지 않은 경우, 부동산거래정보망에 해당 중개대상물에 관한 정보를 공개해야 한다.

③ 개업공인중개사가 일반중개계약을 체결한 때에는 중개의뢰인에게 2주일에 1회 이상 중개업무 처리상황을 문서로 통지해야 한다.

④ 개업공인중개사가 국토교통부령으로 정하는 전속중개계약서에 의하지 아니하고 전속중개계약을 체결한 행위는 업무정지 사유에 해당하지 않는다.

⑤ 표준서식인 일반중개계약서와 전속중개계약서에는 개업공인중개사가 중개보수를 과다수령 시 그 차액의 환급을 공통적으로 규정하고 있다.

PART 1

PART 2

PART 3

PART 4

09 공인중개사법령상 중개대상물 확인·설명서[Ⅱ](비주거용 건축물)에서 개업공인중개사의 기본 확인사항이 <u>아닌</u> 것은?

① 소재지, 면적 등 대상물건의 표시에 관한 사항
② 소유권 외의 권리사항
③ 비선호시설(1km 이내)의 유무에 관한 사항
④ 관리주체 등 관리에 관한 사항
⑤ 소유권에 관한 사항

10 공인중개사법령상 중개보수의 제한에 관한 설명으로 옳은 것을 모두 고른 것은?(다툼이 있으면 □□□ 판례에 따름)

> ㄱ. 공인중개사법령상 중개보수 제한 규정들은 공매대상 부동산 취득의 알선에 대해서는 적용되지 않는다.
> ㄴ. 공인중개사법령에서 정한 한도를 초과하는 부동산 중개보수 약정은 한도를 초과하는 범위 내에서 무효이다.
> ㄷ. 개업공인중개사는 중개대상물에 대한 거래계약이 완료되지 않을 경우에도 중개의뢰인과 중개행위에 상응하는 보수를 지급하기로 약정할 수 있고, 이 경우 공인중개사법령상 중개보수 제한 규정들이 적용된다.

① ㄱ
② ㄷ
③ ㄱ, ㄴ
④ ㄴ, ㄷ
⑤ ㄱ, ㄴ, ㄷ

11 공인중개사법령상 (   )에 들어갈 숫자가 큰 것부터 작은 것 순으로 옳게 나열된 것은? □□□

> • 개업공인중개사가 공제금으로 손해배상을 한 때에는 (ㄱ)일 이내에 공제에 다시 가입해야 한다.
> • 개업공인중개사가 등록한 인장을 변경한 경우 변경일부터 (ㄴ)일 이내에 그 변경된 인장을 등록관청에 등록해야 한다.
> • 개업공인중개사는 중개사무소를 이전한 때에는 이전한 날부터 (ㄷ)일 이내에 국토교통부령으로 정하는 바에 따라 등록관청에 이전사실을 신고해야 한다.

① ㄱ - ㄷ - ㄴ
② ㄴ - ㄱ - ㄷ
③ ㄴ - ㄷ - ㄱ
④ ㄷ - ㄱ - ㄴ
⑤ ㄷ - ㄴ - ㄱ

12 공인중개사법령상 개업공인중개사의 거래계약서 작성 등에 관한 설명으로 옳은 것은?

① 개업공인중개사가 국토교통부장관이 정하는 거래계약서 표준서식을 사용하지 아니한 경우, 시·도지사는 그 자격을 취소해야 한다.
② 중개대상물 확인·설명서 교부일자는 거래계약서에 기재해야 하는 사항이다.
③ 하나의 거래계약에 대하여 서로 다른 둘 이상의 거래계약서를 작성한 경우, 시·도지사는 3개월의 범위 안에서 그 업무를 정지해야 한다.
④ 중개행위를 한 소속공인중개사가 거래계약서를 작성하는 경우, 그 소속공인중개사가 거래계약서에 서명 및 날인하여야 하며 개업공인중개사는 서명 및 날인의무가 없다.
⑤ 거래계약서가 「전자문서 및 전자거래 기본법」에 따른 공인전자문서센터에 보관된 경우 3년간 그 사본을 보존해야 한다.

13 공인중개사법령상 등록관청이 중개사무소의 개설등록을 취소하여야 하는 사유로 명시되지 <u>않은</u> 것은?

① 개업공인중개사가 업무정지기간 중에 중개업무를 한 경우
② 개인인 개업공인중개사가 사망한 경우
③ 개업공인중개사가 이중으로 중개사무소의 개설등록을 한 경우
④ 개업공인중개사가 천막 그 밖에 이동이 용이한 임시 중개시설물을 설치한 경우
⑤ 개업공인중개사가 최근 1년 이내에 이 법에 의하여 2회 이상 업무정지처분을 받고 다시 업무정지처분에 해당하는 행위를 한 경우

14 공인중개사법령상 거래정보사업자의 지정을 취소할 수 있는 사유에 해당하는 것을 모두 고른 것은?

> ㄱ. 거짓 등 부정한 방법으로 지정을 받은 경우
> ㄴ. 정당한 사유 없이 지정받은 날부터 1년 이내에 부동산거래정보망을 설치·운영하지 아니한 경우
> ㄷ. 개업공인중개사로부터 공개를 의뢰받은 중개대상물의 내용과 다르게 부동산거래정보망에 정보를 공개한 경우
> ㄹ. 부동산거래정보망의 이용 및 정보제공방법 등에 관한 운영규정을 위반하여 부동산거래정보망을 운영한 경우

① ㄱ, ㄴ
② ㄴ, ㄷ
③ ㄷ, ㄹ
④ ㄱ, ㄷ, ㄹ
⑤ ㄱ, ㄴ, ㄷ, ㄹ

15 공인중개사법령상 3년 이하의 징역 또는 3천만원 이하의 벌금에 처해지는 개업공인중개사등의 행위가 <u>아닌</u> 것은?

① 관계 법령에서 양도가 금지된 부동산의 분양과 관련 있는 증서의 매매를 중개하는 행위
② 법정 중개보수를 초과하여 수수하는 행위
③ 중개의뢰인과 직접 거래를 하는 행위
④ 거래당사자 쌍방을 대리하는 행위
⑤ 단체를 구성하여 특정 중개대상물에 대하여 중개를 제한하는 행위

16 공인중개사법령상 공인중개사협회(이하 '협회'라 함)의 공제사업에 관한 설명으로 <u>틀린</u> 것은?

① 협회는 공제사업을 다른 회계와 구분하여 별도의 회계로 관리해야 한다.
② 공제규정에서 정하는 책임준비금의 적립비율은 공제료 수입액의 100분의 20 이상으로 한다.
③ 국토교통부장관은 협회의 자산상황이 불량하여 공제 가입자의 권익을 해칠 우려가 있다고 인정하면 자산예탁기관의 변경을 명할 수 있다.
④ 국토교통부장관은 협회의 자산상황이 불량하여 중개사고 피해자의 권익을 해칠 우려가 있다고 인정하면 불건전한 자산에 대한 적립금의 보유를 명할 수 있다.
⑤ 협회는 대통령령으로 정하는 바에 따라 매년도의 공제사업 운용실적을 일간신문·협회보 등을 통하여 공제계약자에게 공시해야 한다.

17 공인중개사법령상 중개보수 등에 관한 설명으로 옳은 것은?

① 개업공인중개사의 과실로 인하여 중개의뢰인 간의 거래행위가 취소된 경우에도 개업공인중개사는 중개업무에 관하여 중개의뢰인으로부터 소정의 보수를 받는다.
② 개업공인중개사는 권리를 이전하고자 하는 중개의뢰인으로부터 중개대상물의 권리관계 등의 확인에 소요되는 실비를 받을 수 없다.
③ 개업공인중개사는 권리를 취득하고자 하는 중개의뢰인으로부터 계약금등의 반환채무이행 보장에 소요되는 실비를 받을 수 없다.
④ 개업공인중개사의 중개보수의 지급시기는 개업공인중개사와 중개의뢰인 간의 약정에 따르되, 약정이 없을 때에는 중개대상물의 거래대금 지급이 완료된 날로 한다.
⑤ 주택 외의 중개대상물의 중개에 대한 보수는 시·도의 조례로 정한다.

18 공인중개사법령상 행정제재처분효과의 승계 등에 관한 설명으로 옳은 것을 모두 고른 것은?

ㄱ. 폐업신고 전에 개업공인중개사에게 한 업무정지처분의 효과는 그 처분일부터 2년간 재등록 개업 공인중개사에게 승계된다.

ㄴ. 폐업기간이 2년을 초과한 재등록 개업공인중개사에 대해 폐업신고 전의 중개사무소 업무 정지사 유에 해당하는 위반행위를 이유로 행정처분을 할 수 없다.

ㄷ. 폐업신고 전에 개업공인중개사에게 한 과태료부과처분의 효과는 그 처분일부터 10개월 된 때에 재등록을 한 개업공인중개사에게 승계된다.

ㄹ. 폐업기간이 3년 6개월이 지난 재등록 개업공인중개사에게 폐업신고 전의 중개사무소 개설등록 취소사유에 해당하는 위반행위를 이유로 개설등록취소처분을 할 수 없다.

① ㄱ   ② ㄱ, ㄹ
③ ㄴ, ㄷ   ④ ㄴ, ㄷ, ㄹ
⑤ ㄱ, ㄴ, ㄷ, ㄹ

19 공인중개사법령상 법인이 중개사무소를 개설하려는 경우 개설등록 기준에 부합하는 것을 모두 고른 것은?(단, 다른 법률의 규정은 고려하지 않음)

ㄱ. 대표자가 공인중개사이다.

ㄴ. 건축물대장(「건축법」에 따른 가설건축물대장은 제외)에 기재된 건물에 전세로 중개사무소를 확 보하였다.

ㄷ. 중개사무소를 개설하려는 법인이 자본금 5천만원 이상인 「협동조합 기본법」상 사회적협동조합 이다.

① ㄱ   ② ㄷ
③ ㄱ, ㄴ   ④ ㄴ, ㄷ
⑤ ㄱ, ㄴ, ㄷ

20 공인중개사법령상 포상금을 지급받을 수 있는 신고 또는 고발의 대상을 모두 고른 것은?

> ㄱ. 중개대상물의 매매를 업으로 하는 행위를 한 자
> ㄴ. 공인중개사자격증을 다른 사람으로부터 대여받은 자
> ㄷ. 해당 중개대상물의 거래상의 중요사항에 관하여 거짓된 언행으로 중개의뢰인의 판단을 그르치게 하는 행위를 한 자

① ㄱ
② ㄴ
③ ㄱ, ㄷ
④ ㄴ, ㄷ
⑤ ㄱ, ㄴ, ㄷ

21 공인중개사법령상 공인중개사의 자격 취소에 관한 설명으로 **틀린** 것은?　**기출수정**

① 시·도지사는 공인중개사가 이 법을 위반하여 300만원 이상 벌금형의 선고를 받은 경우에는 그 자격을 취소해야 한다.
② 공인중개사의 자격이 취소된 자는 공인중개사자격증을 교부한 시·도지사에게 반납해야 한다.
③ 시·도지사는 공인중개사의 자격취소처분을 한 때에는 5일 이내에 이를 국토교통부장관과 다른 시·도지사에게 통보해야 한다.
④ 시·도지사는 공인중개사의 자격을 취소하고자 하는 경우에는 청문을 실시해야 한다.
⑤ 시·도지사는 공인중개사가 부정한 방법으로 공인중개사의 자격을 취득한 경우에는 그 자격을 취소해야 한다.

22

□□□

부동산 거래신고 등에 관한 법령에 대한 설명이다. (　　)에 들어갈 숫자는?(단, 국토교통부장관 또는 시·도지사가 따로 정하여 공고한 경우와 종전 규정에 따라 공고된 면제대상 토지면적 기준은 고려하지 않음)

> 경제 및 지가의 동향과 거래단위면적 등을 종합적으로 고려하여 「국토의 계획 및 이용에 관한 법률」에 따른 도시지역 중 아래의 세부 용도지역별 면적 이하의 토지에 대한 토지거래계약허가는 필요하지 아니하다.
> • 주거지역 : (ㄱ)제곱미터
> • 상업지역 : (ㄴ)제곱미터
> • 공업지역 : (ㄷ)제곱미터
> • 녹지지역 : (ㄹ)제곱미터

	ㄱ	ㄴ	ㄷ	ㄹ
①	60	100	100	200
②	60	150	150	200
③	180	180	660	500
④	180	200	660	200
⑤	180	250	500	1천

23

□□□

부동산 거래신고 등에 관한 법령상 부동산정보체계의 관리 대상 정보로 명시된 것을 모두 고른 것은?

> ㄱ. 부동산 거래계약 등 부동산거래 관련 정보
> ㄴ. 「부동산등기 특별조치법」 제3조에 따른 검인 관련 정보
> ㄷ. 중개사무소의 개설등록에 관한 정보
> ㄹ. 토지거래계약의 허가 관련 정보

① ㄱ, ㄷ　　　　　　　　　　　　　② ㄴ, ㄹ
③ ㄱ, ㄴ, ㄹ　　　　　　　　　　　④ ㄴ, ㄷ, ㄹ
⑤ ㄱ, ㄴ, ㄷ, ㄹ

24 부동산 거래신고 등에 관한 법령상 외국인의 부동산 취득 등에 관한 설명으로 옳은 것은?(단, 상호주의에 따른 제한은 고려하지 않음) [기출수정]

① 「자연환경보전법」에 따른 생태경관보전지역에서 외국인이 토지취득의 허가를 받지 아니하고 체결한 토지취득계약은 유효하다.

② 외국인이 건축물의 신축을 원인으로 대한민국 안의 부동산을 취득한 때에는 신고관청으로부터 부동산 취득의 허가를 받아야 한다.

③ 외국인이 취득하려는 토지가 토지거래허가구역과 「문화유산의 보존 및 활용에 관한 법률」에 따른 지정문화유산과 이를 위한 보호물 또는 보호구역에 있으면 토지거래계약허가와 토지취득허가를 모두 받아야 한다.

④ 대한민국 안의 부동산을 가지고 있는 대한민국국민이 외국인으로 변경된 경우 그 외국인이 해당 부동산을 계속 보유하려는 경우에는 부동산 보유의 허가를 받아야 한다.

⑤ 외국인으로부터 토지취득의 허가 신청서를 받은 신고관청은 「자연환경보전법」에 따른 생태·경관보전지역의 경우 신청서를 받은 날부터 15일 이내에 허가 또는 불허가 처분을 해야 한다.

25 부동산 거래신고 등에 관한 법령상 이행강제금에 관한 설명이다. (   )에 들어갈 숫자로 옳은 것은?

> 시장·군수는 토지거래계약허가를 받아 토지를 취득한 자가 당초의 목적대로 이용하지 아니하고 방치한 경우 그에 대하여 상당한 기간을 정하여 토지의 이용 의무를 이행하도록 명할 수 있다. 그 의무의 이행기간은 (ㄱ)개월 이내로 정하여야 하며, 그 정해진 기간 내에 이행되지 않은 경우, 토지 취득가액의 100분의 (ㄴ)에 상당하는 금액의 이행강제금을 부과한다.

	ㄱ	ㄴ
①	3	7
②	3	10
③	6	7
④	6	10
⑤	12	15

26 부동산 거래신고 등에 관한 법령상 토지거래허가구역 등에 관한 설명으로 **틀린** 것은?

① 시장·군수 또는 구청장은 공익사업용 토지에 대해 토지거래계약에 관한 허가신청이 있는 경우, 한국토지주택공사가 그 매수를 원하는 경우에는 한국토지주택공사를 선매자(先買者)로 지정하여 그 토지를 협의 매수하게 할 수 있다.

② 국토교통부장관 또는 시·도지사는 허가구역의 지정 사유가 없어졌다고 인정되면 지체 없이 허가 구역의 지정을 해제해야 한다.

③ 토지거래허가신청에 대해 불허가처분을 받은 자는 그 통지를 받은 날부터 1개월 이내에 시장·군수 또는 구청장에게 해당 토지에 관한 권리의 매수를 청구할 수 있다.

④ 허가구역의 지정은 허가구역의 지정을 공고한 날의 다음 날부터 그 효력이 발생한다.

⑤ 토지거래허가를 받으려는 자는 그 허가신청서에 계약내용과 그 토지의 이용계획, 취득자금 조달계 획 등을 적어 시장·군수 또는 구청장에게 제출해야 한다.

27 부동산 거래신고 등에 관한 법령상 외국인등에 해당되는 것을 모두 고른 것은?

ㄱ. 국제연합의 전문기구
ㄴ. 대한민국의 국적을 보유하고 있지 아니한 개인
ㄷ. 외국의 법령에 따라 설립된 법인
ㄹ. 비정부 간 국제기구
ㅁ. 외국 정부

① ㄱ, ㄴ
② ㄴ, ㄷ, ㅁ
③ ㄱ, ㄴ, ㄷ, ㅁ
④ ㄱ, ㄷ, ㄹ, ㅁ
⑤ ㄱ, ㄴ, ㄷ, ㄹ, ㅁ

28 부동산 거래신고 등에 관한 법령상 토지거래허가 등에 관한 설명으로 옳은 것은 모두 몇 개인가?

□□□

> ㄱ. 농지에 대하여 토지거래계약 허가를 받은 경우에는 「농지법」에 따른 농지전용허가를 받은 것으로 본다.
> ㄴ. 국세의 체납처분을 하는 경우에는 '허가구역 내 토지거래에 대한 허가'의 규정을 적용한다.
> ㄷ. 시장·군수는 토지 이용 의무기간이 지난 후에도 이행강제금을 부과할 수 있다.
> ㄹ. 토지의 소유권자에게 부과된 토지 이용에 관한 의무는 그 토지에 관한 소유권의 변동과 동시에 그 승계인에게 이전한다.

① 0개   ② 1개
③ 2개   ④ 3개
⑤ 4개

29 개업공인중개사가 중개의뢰인에게 「부동산 실권리자명의 등기에 관한 법률」의 내용에 관하여 설명
□□□ 한 것으로 옳은 것을 모두 고른 것은?(다툼이 있으면 판례에 따름)

> ㄱ. 부동산의 위치와 면적을 특정하여 2인 이상이 구분소유하기로 하는 약정을 하고 그 구분소유자의 공유로 등기한 경우, 그 등기는 「부동산 실권리자명의 등기에 관한 법률」 위반으로 무효이다.
> ㄴ. 배우자 명의로 부동산에 관한 물권을 등기한 경우 조세 포탈, 강제집행의 면탈 또는 법령상 제한의 회피를 목적으로 하지 아니하는 경우 그 등기는 유효하다.
> ㄷ. 명의신탁자가 계약의 당사자가 되는 3자간 등기명의신탁이 무효인 경우 명의신탁자는 매도인을 대위하여 명의수탁자 명의 등기의 말소를 청구할 수 있다.

① ㄱ   ② ㄴ
③ ㄱ, ㄷ   ④ ㄴ, ㄷ
⑤ ㄱ, ㄴ, ㄷ

30 매수신청대리인으로 등록한 개업공인중개사가 매수신청대리 위임인에게 「민사집행법」의 내용에
□□□ 관하여 설명한 것으로 **틀린** 것은?(다툼이 있으면 판례에 따름)

① 후순위 저당권자가 경매신청을 하면 매각부동산 위의 모든 저당권은 매각으로 소멸된다.

② 전세권 및 등기된 임차권은 저당권·압류채권·가압류채권에 대항할 수 없는 경우에는 매각으로
  소멸된다.

③ 유치권자는 유치권이 성립된 목적물을 경매로 매수한 자에 대하여 그 피담보채권의 변제를 청구할
  수 있다.

④ 최선순위 전세권은 그 전세권자가 배당요구를 하면 매각으로 소멸된다.

⑤ 매수인은 매각대금을 다 낸 때에 매각의 목적인 권리를 취득한다.

31 개업공인중개사가 중개의뢰인에게 「상가건물 임대차보호법」의 내용에 관하여 설명한 것으로 옳은
□□□ 것을 모두 고른 것은?

> ㄱ. 대통령령으로 정하는 보증금액을 초과하는 임대차인 경우에도 「상가건물 임대차보호법」상 권리
>   금에 관한 규정이 적용된다.
> ㄴ. 임차인이 2기의 차임액에 해당하는 금액에 이르도록 차임을 연체한 사실이 있는 경우, 임대인은
>   임차인의 계약갱신요구를 거절할 수 있다.
> ㄷ. 임대인의 동의를 받고 전대차계약을 체결한 전차인은 임차인의 계약갱신요구권 행사기간 이내에
>   임차인을 대위하여 임대인에게 계약갱신요구권을 행사할 수 있다.

① ㄱ   ② ㄴ
③ ㄱ, ㄷ   ④ ㄴ, ㄷ
⑤ ㄱ, ㄴ, ㄷ

32 개업공인중개사가 중개의뢰인에게 「주택임대차보호법」의 내용에 관하여 설명한 것으로 **틀린** 것은?(단, 임차인은 자연인임)

① 「주택임대차보호법」은 주거용 건물의 임대차에 적용되며, 그 임차주택의 일부가 주거 외의 목적으로 사용되는 경우에도 적용된다.
② 임차인의 계약갱신요구권의 행사를 통해 갱신되는 임대차의 존속기간은 2년으로 본다.
③ 임차인은 임차주택에 대한 경매신청의 등기 전에 대항요건을 갖추지 않은 경우에도 보증금 중 일정액에 대해서는 다른 담보물권자보다 우선하여 변제받을 권리가 있다.
④ 임차인이 대항력을 갖춘 경우 임차주택의 양수인은 임대인의 지위를 승계한 것으로 본다.
⑤ 임차권등기명령의 집행에 따른 임차권등기를 마친 임차인은 이후 대항요건을 상실하더라도 이미 취득한 대항력 또는 우선변제권을 상실하지 아니한다.

33 개업공인중개사가 주택의 임대차를 중개하면서 중개대상물 확인·설명서[Ⅰ](주거용 건축물)를 작성하는 경우 제외하거나 생략할 수 있는 것을 모두 고른 것은?

ㄱ. 취득 시 부담할 조세의 종류 및 세율
ㄴ. 개별공시지가(m^2당) 및 건물(주택) 공시가격
ㄷ. 다가구주택 확인서류 제출 여부
ㄹ. 건축물의 방향

① ㄱ, ㄴ
② ㄱ, ㄷ
③ ㄷ, ㄹ
④ ㄱ, ㄴ, ㄹ
⑤ ㄴ, ㄷ, ㄹ

34 중개의뢰인 甲과 개업공인중개사 乙은 공인중개사법령에 따른 전속중개계약을 체결하고 전속중개계약서를 작성하였다. 이에 관한 설명으로 **틀린** 것은?

① 甲과 乙이 전속중개계약의 유효기간을 4개월로 약정한 것은 유효하다.
② 乙은 전속중개계약서를 3년 동안 보존해야 한다.
③ 甲은 乙이 공인중개사법령상의 중개대상물 확인·설명의무를 이행하는 데 협조해야 한다.
④ 전속중개계약에 정하지 않은 사항에 대하여는 甲과 乙이 합의하여 별도로 정할 수 있다.
⑤ 전속중개계약의 유효기간 내에 甲이 스스로 발견한 상대방과 거래한 경우, 甲은 乙에게 지급해야 할 중개보수 전액을 위약금으로 지급해야 한다.

35 개업공인중개사 甲은 「공인중개사의 매수신청대리인 등록 등에 관한 규칙」에 따라 매수신청대리인으로 등록하였다. 이에 관한 설명으로 옳은 것을 모두 고른 것은?

> ㄱ. 甲은 「공장 및 광업재단 저당법」에 따른 광업재단에 대한 매수신청대리를 할 수 있다.
> ㄴ. 甲의 중개사무소 개설등록이 취소된 경우 시·도지사는 매수신청대리인 등록을 취소해야 한다.
> ㄷ. 중개사무소 폐업신고로 위의 매수신청대리인 등록이 취소된 경우 3년이 지나지 아니하면 甲은 다시 매수신청대리인 등록을 할 수 없다.

① ㄱ
② ㄴ
③ ㄱ, ㄷ
④ ㄴ, ㄷ
⑤ ㄱ, ㄴ, ㄷ

36 개업공인중개사가 아파트를 매수하려는 의뢰인에게 「집합건물의 소유 및 관리에 관한 법률」의 내용에 관하여 설명한 것으로 옳은 것은?

① 전유부분이 속하는 1동의 건물의 설치 또는 보존의 흠으로 인하여 다른 자에게 손해를 입힌 경우, 그 흠은 공용부분에 존재하는 것으로 추정한다.
② 구분소유자는 그 전유부분을 개량하기 위하여 필요한 범위에서 다른 구분소유자의 전유부분의 사용을 청구할 수 없다.
③ 공용부분의 공유자가 공용부분에 관하여 다른 공유자에 대하여 가지는 채권은 그 특별승계인에 대하여 행사할 수 없다.
④ 대지 위에 구분소유권의 목적인 건물이 속하는 1동의 건물이 있을 때에는 그 대지의 공유자는 그 건물 사용에 필요한 범위의 대지에 대하여 분할을 청구할 수 있다.
⑤ 공용부분에 대한 공유자의 지분은 그가 가지는 전유부분의 처분에 따르지 않는다.

37 개업공인중개사가 주택을 임차하려는 중개의뢰인과 일반중개계약을 체결하면서 공인중개사법령
□□□ 상 표준 서식인 일반중개계약서를 작성할 때 기재할 사항은?

① 소유자 및 등기명의인
② 은행융자 · 권리금 · 제세공과금 등
③ 중개의뢰 금액
④ 희망 지역
⑤ 거래규제 및 공법상 제한사항

38 A시에 중개사무소를 둔 개업공인중개사 甲은 B시에 소재하는 乙 소유의 오피스텔(건축법령상
□□□ 업무시설로 전용면적 80제곱미터이고, 상 · 하수도 시설이 갖추어진 전용입식 부엌, 전용수세식
화장실 및 목욕시설을 갖춤)에 대하여, 이를 매도하려는 乙과 매수하려는 丙의 의뢰를 받아 매매계
약을 중개하였다. 이 경우 공인중개사법령상 甲이 받을 수 있는 중개보수 및 실비에 관한 설명으로
옳은 것을 모두 고른 것은?

> ㄱ. 甲이 乙로부터 받을 수 있는 실비는 A시가 속한 시 · 도의 조례에서 정한 기준에 따른다.
> ㄴ. 甲이 丙으로부터 받을 수 있는 중개보수의 상한요율은 거래금액의 1천분의 5이다.
> ㄷ. 甲은 乙과 丙으로부터 각각 중개보수를 받을 수 있다.
> ㄹ. 주택(부속토지 포함)의 중개에 대한 보수 및 실비 규정을 적용한다.

① ㄹ
② ㄱ, ㄷ
③ ㄴ, ㄹ
④ ㄱ, ㄴ, ㄷ
⑤ ㄱ, ㄴ, ㄷ, ㄹ

39 부동산 거래신고 등에 관한 법령상 부동산거래계약 신고서 작성에 관한 설명으로 틀린 것은?

① 거래당사자가 외국인인 경우 거래당사자의 국적을 반드시 적어야 한다.
② '계약대상 면적'란에는 실제 거래면적을 계산하여 적되, 건축물 면적은 집합건축물의 경우 전용면적을 적는다.
③ '종전 부동산'란은 입주권 매매의 경우에만 작성한다.
④ '계약의 조건 및 참고사항'란은 부동산 거래계약 내용에 계약조건이나 기한을 붙인 경우, 거래와 관련한 참고내용이 있을 경우에 적는다.
⑤ 거래대상의 종류가 공급계약(분양)인 경우 물건별 거래가격 및 총 실제거래가격에 부가가치세를 제외한 금액을 적는다.

40 개업공인중개사가 분묘가 있는 토지를 매수하려는 의뢰인에게 분묘기지권에 관해 설명한 것으로 옳은 것은?(다툼이 있으면 판례에 따름)

① 분묘기지권의 존속기간은 지상권의 존속기간에 대한 규정이 유추적용되어 30년으로 인정된다.
② 「장사 등에 관한 법률」이 시행되기 전에 설치된 분묘의 경우 그 법의 시행 후에는 분묘기지권의 시효취득이 인정되지 않는다.
③ 자기 소유 토지에 분묘를 설치한 사람이 분묘이장의 특약 없이 토지를 양도함으로써 분묘기지권을 취득한 경우, 특별한 사정이 없는 한 분묘기지권이 성립한 때부터 지료지급의무가 있다.
④ 분묘기지권을 시효로 취득한 사람은 토지소유자의 지료지급청구가 있어도 지료지급의무가 없다.
⑤ 분묘가 멸실된 경우 유골이 존재하여 분묘의 원상회복이 가능한 일시적인 멸실에 불과하여도 분묘기지권은 소멸한다.

2021년 제32회 기출문제

✅ 시행일 : 2021.10.30.　　　　　　　　　　✅ Time　　　분 ｜ 해설편 047p

01 공인중개사법령상 중개대상물에 해당하는 것은?(다툼이 있으면 판례에 따름)
　　　① 토지에서 채굴되지 않은 광물
　　② 영업상 노하우 등 무형의 재산적 가치
　　③ 토지로부터 분리된 수목
　　④ 지목(地目)이 양어장인 토지
　　⑤ 주택이 철거될 경우 일정한 요건하에 택지개발지구내 이주자택지를 공급받을 수 있는 지위

02 공인중개사법령상 공인중개사 정책심의위원회(이하 '위원회'라 함)에 관한 설명으로 옳은 것을 모
　　　두 고른 것은?

> ㄱ. 위원회는 중개보수 변경에 관한 사항을 심의할 수 있다.
> ㄴ. 위원회는 위원장 1명을 포함하여 7명 이상 11명 이내의 위원으로 구성한다.
> ㄷ. 위원장은 국토교통부장관이 된다.
> ㄹ. 위원장이 부득이한 사유로 직무를 수행할 수 없을 때에는 위원 중에서 호선된 자가 그 직무를
> 　　대행한다.

① ㄱ, ㄴ　　　　　　　　　　　　② ㄱ, ㄷ
③ ㄷ, ㄹ　　　　　　　　　　　　④ ㄱ, ㄴ, ㄷ
⑤ ㄱ, ㄴ, ㄹ

03
□□□

2020.10.1. 甲과 乙은 甲소유의 X토지에 관해 매매계약을 체결하였다. 乙과 丙은 「농지법」상 농지소유제한을 회피할 목적으로 명의신탁 약정을 하였다. 그 후 甲은 乙의 요구에 따라 丙명의로 소유권이전 등기를 마쳐주었다. 그 사정을 아는 개업공인중개사가 X토지의 매수의뢰인에게 설명한 내용으로 옳은 것을 모두 고른 것은?(다툼이 있으면 판례에 따름)

> ㄱ. 甲이 丙명의로 마쳐준 소유권이전등기는 유효하다.
> ㄴ. 乙은 丙을 상대로 매매대금 상당의 부당이득 반환청구권을 행사할 수 있다.
> ㄷ. 乙은 甲을 대위하여 丙명의의 소유권이전등기의 말소를 청구할 수 있다.

① ㄱ
② ㄴ
③ ㄷ
④ ㄱ, ㄴ
⑤ ㄴ, ㄷ

04
□□□

분묘가 있는 토지에 관하여 개업공인중개사가 중개의뢰인에게 설명한 내용으로 <u>틀린</u> 것은?(다툼이 있으면 판례에 따름)

① 분묘기지권은 등기사항증명서를 통해 확인할 수 없다.
② 분묘기지권은 분묘의 설치 목적인 분묘의 수호와 제사에 필요한 범위 내에서 분묘 기지 주위의 공지를 포함한 지역에까지 미친다.
③ 분묘기지권이 인정되는 경우 분묘가 멸실되었더라도 유골이 존재하여 분묘의 원상회복이 가능하고 일시적인 멸실에 불과하다면 분묘기지권은 소멸하지 않는다.
④ 분묘기지권에는 그 효력이 미치는 범위 안에서 새로운 분묘를 설치할 권능은 포함되지 않는다.
⑤ 甲이 자기 소유 토지에 분묘를 설치한 후 그 토지를 乙에게 양도하면서 분묘를 이장하겠다는 특약을 하지 않음으로써 甲이 분묘기지권을 취득한 경우, 특별한 사정이 없는 한 甲은 분묘의 기지에 대한 토지사용의 대가로서 지료를 지급할 의무가 없다.

05 공인중개사법령상 중개대상물의 표시·광고 및 모니터링에 관한 설명으로 **틀린** 것은?

① 개업공인중개사는 의뢰받은 중개대상물에 대하여 표시·광고를 하려면 개업공인중개사, 소속공인중개사 및 중개보조원에 관한 사항을 명시해야 한다.

② 개업공인중개사는 중개대상물이 존재하지 않아서 실제로 거래를 할 수 없는 중개대상물에 대한 광고와 같은 부당한 표시·광고를 해서는 안 된다.

③ 개업공인중개사는 중개대상물의 가격 등 내용을 과장되게 하는 부당한 표시·광고를 해서는 안 된다.

④ 국토교통부장관은 인터넷을 이용한 중개대상물에 대한 표시·광고의 규정준수 여부에 관하여 기본 모니터링과 수시 모니터링을 할 수 있다.

⑤ 국토교통부장관은 인터넷 표시·광고 모니터링 업무 수행에 필요한 전문인력과 전담조직을 갖췄다고 국토교통부장관이 인정하는 단체에게 인터넷 표시·광고 모니터링 업무를 위탁할 수 있다.

06 개업공인중개사가 집합건물의 매매를 중개하면서 설명한 내용으로 **틀린** 것은?(다툼이 있으면 판례에 따름)

① 아파트 지하실은 특별한 사정이 없는 한 구분소유자 전원의 공용부분으로, 따로 구분소유의 목적이 될 수 없다.

② 전유부분이 주거 용도로 분양된 경우, 구분소유자는 정당한 사유 없이 그 부분을 주거 외의 용도로 사용해서는 안 된다.

③ 구분소유자는 구조상 구분소유자 전원의 공용에 제공된 건물 부분에 대한 공유지분을 그가 가지는 전유부분과 분리하여 처분할 수 없다.

④ 규약으로써 달리 정한 경우에도 구분소유자는 그가 가지는 전유부분과 분리하여 대지사용권을 처분할 수 없다.

⑤ 일부의 구분소유자만이 공용하도록 제공되는 것임이 명백한 공용부분은 그들 구분소유자의 공유에 속한다.

07 공인중개사법령상 개업공인중개사의 고용인에 관한 설명으로 **틀린** 것은?

① 개업공인중개사는 중개보조원과 고용관계가 종료된 경우 그 종료일부터 10일 이내에 등록관청에 신고해야 한다.

② 소속공인중개사의 고용신고를 받은 등록관청은 공인중개사 자격증을 발급한 시·도지사에게 그 소속공인중개사의 공인중개사 자격 확인을 요청해야 한다.

③ 중개보조원뿐만 아니라 소속공인중개사의 업무상 행위는 그를 고용한 개업공인중개사의 행위로 본다.

④ 개업공인중개사는 중개보조원을 고용한 경우, 등록관청에 신고한 후 업무개시 전까지 등록관청이 실시하는 직무교육을 받도록 해야 한다.

⑤ 중개보조원의 고용신고를 받은 등록관청은 그 사실을 공인중개사협회에 통보해야 한다.

08 공인중개사법령상 중개사무소의 명칭 및 등록증 등의 게시에 관한 설명으로 **틀린** 것은?(다툼이 있으면 판례에 따름)

① 법인인 개업공인중개사의 분사무소에는 분사무소설치신고확인서 원본을 게시해야 한다.

② 소속공인중개사가 있는 경우 그 소속공인중개사의 공인중개사자격증 원본도 게시해야 한다.

③ 개업공인중개사가 아닌 자가 '부동산중개'라는 명칭을 사용한 경우, 3년 이하의 징역 또는 3천만원 이하의 벌금에 처한다.

④ 무자격자가 자신의 명함에 '부동산뉴스 대표'라는 명칭을 기재하여 사용하였다면 공인중개사와 유사한 명칭을 사용한 것에 해당한다.

⑤ 공인중개사인 개업공인중개사가 「옥외광고물 등의 관리와 옥외광고산업 진흥에 관한 법률」에 따른 옥외광고물을 설치하는 경우, 중개사무소등록증에 표기된 개업공인중개사의 성명을 표기해야 한다.

09 공인중개사법령상 중개사무소 개설등록에 관한 설명으로 옳은 것을 모두 고른 것은?

기출수정

> ㄱ. 피특정후견인은 중개사무소의 등록을 할 수 없다.
> ㄴ. 금고 이상의 형의 집행유예를 받고 그 유예기간이 만료된 날부터 2년이 지나지 아니한 자는 중개사무소의 개설등록을 할 수 없다.
> ㄷ. 자본금이 5천만원 이상인 「협동조합 기본법」상 사회적협동조합은 중개사무소의 등록을 할 수 있다.

① ㄱ
② ㄴ
③ ㄱ, ㄴ
④ ㄱ, ㄷ
⑤ ㄴ, ㄷ

10 공인중개사법령상 법인인 개업공인중개사의 업무범위에 해당하지 <u>않는</u> 것은?(단, 다른 법령의 규정은 고려하지 않음)

① 주택의 임대관리
② 부동산 개발에 관한 상담 및 주택의 분양대행
③ 개업공인중개사를 대상으로 한 공제업무의 대행
④ 「국세징수법」상 공매대상 부동산에 대한 취득의 알선
⑤ 중개의뢰인의 의뢰에 따른 이사업체의 소개

11 공인중개사법령상 '중개대상물의 확인·설명사항'과 '전속중개계약에 따라 부동산거래정보망에 공개해야 할 중개대상물에 관한 정보'에 공통으로 규정된 것을 모두 고른 것은?

> ㄱ. 공법상의 거래규제에 관한 사항
> ㄴ. 벽면 및 도배의 상태
> ㄷ. 일조·소음의 환경조건
> ㄹ. 취득 시 부담해야 할 조세의 종류와 세율

① ㄱ, ㄴ
② ㄷ, ㄹ
③ ㄱ, ㄴ, ㄷ
④ ㄴ, ㄷ, ㄹ
⑤ ㄱ, ㄴ, ㄷ, ㄹ

12 매수신청대리인으로 등록한 개업공인중개사 甲이 매수신청대리 위임인 乙에게 「공인중개사의 매수신청대리인 등록 등에 관한 규칙」에 관하여 설명한 내용으로 틀린 것은?(단, 위임에 관하여 특별한 정함이 없음)

① 甲의 매수신고액이 차순위이고 최고가매수신고액에서 그 보증액을 뺀 금액을 넘는 때에만 甲은 차순위매수신고를 할 수 있다.
② 甲은 乙을 대리하여 입찰표를 작성·제출할 수 있다.
③ 甲의 입찰로 乙이 최고가매수신고인이나 차순위매수신고인이 되지 않은 경우, 甲은 「민사집행법」에 따라 매수신청의 보증을 돌려줄 것을 신청할 수 있다.
④ 乙의 甲에 대한 보수의 지급시기는 당사자 간 약정이 없으면 매각허가결정일로 한다.
⑤ 甲은 기일입찰의 방법에 의한 매각기일에 매수신청대리 행위를 할 때 집행법원이 정한 매각장소 또는 집행법원에 직접 출석해야 한다.

13 「전자문서 및 전자거래 기본법」에 따른 공인전자문서센터에 보관된 경우, 공인중개사법령상 개업공인중개사가 원본, 사본 또는 전자문서를 보존기간 동안 보존해야 할 의무가 면제된다고 명시적으로 규정된 것을 모두 고른 것은?

> ㄱ. 중개대상물 확인·설명서
> ㄴ. 손해배상책임보장에 관한 증서
> ㄷ. 소속공인중개사 고용신고서
> ㄹ. 거래계약서

① ㄱ
② ㄱ, ㄹ
③ ㄴ, ㄷ
④ ㄴ, ㄷ, ㄹ
⑤ ㄱ, ㄴ, ㄷ, ㄹ

14 공인중개사법령상 거래정보사업자지정대장 서식에 기재되는 사항이 <u>아닌</u> 것은?

① 지정 번호 및 지정 연월일

② 상호 또는 명칭 및 대표자의 성명

③ 주된 컴퓨터설비의 내역

④ 전문자격자의 보유에 관한 사항

⑤ 「전기통신사업법」에 따른 부가통신사업자번호

15 공인중개사법령상 손해배상책임의 보장에 관한 설명으로 틀린 것은? **기출수정**

① 개업공인중개사는 중개가 완성된 때에는 거래당사자에게 손해배상책임의 보장기간을 설명해야 한다.

② 개업공인중개사는 고의로 거래당사자에게 손해를 입힌 경우에는 재산상의 손해뿐만 아니라 비재산적 손해에 대해서도 공인중개사법령상 손해배상책임보장규정에 의해 배상할 책임이 있다.

③ 개업공인중개사가 자기의 중개사무소를 다른 사람의 중개행위의 장소로 제공하여 거래당사자에게 재산상의 손해를 발생하게 한 때에는 그 손해를 배상할 책임이 있다.

④ 법인인 개업공인중개사가 분사무소를 두는 경우 분사무소마다 추가로 2억원 이상의 손해배상책임의 보증설정을 해야 하나 보장금액의 상한은 없다.

⑤ 다른 법률에 따라 부동산중개업을 할 수 있는 자가 부동산중개업을 하려는 경우 보증기관에 설정하는 손해배상책임보증의 최저보장금액은 개업공인중개사의 최저보장금액과 다르다.

16 공인중개사법령상 공인중개사인 개업공인중개사가 중개사무소를 등록관청의 관할 지역 내로 이전한 경우에 관한 설명으로 **틀린** 것을 모두 고른 것은?

> ㄱ. 중개사무소를 이전한 날부터 10일 이내에 신고해야 한다.
> ㄴ. 등록관청이 이전신고를 받은 경우, 중개사무소등록증에 변경사항만을 적어 교부할 수 없고 재교부해야 한다.
> ㄷ. 이전신고를 할 때 중개사무소등록증을 제출하지 않아도 된다.
> ㄹ. 건축물대장에 기재되지 않은 건물로 이전신고를 하는 경우, 건축물대장 기재가 지연되는 사유를 적은 서류도 제출해야 한다.

① ㄱ, ㄴ   ② ㄱ, ㄹ
③ ㄴ, ㄷ   ④ ㄷ, ㄹ
⑤ ㄴ, ㄷ, ㄹ

17 공인중개사법령상 중개업의 휴업 및 재개신고 등에 관한 설명으로 옳은 것은?

① 개업공인중개사가 3개월의 휴업을 하려는 경우 등록관청에 신고해야 한다.
② 개업공인중개사가 6개월을 초과하여 휴업을 할 수 있는 사유는 취학, 질병으로 인한 요양, 징집으로 인한 입영에 한한다.
③ 개업공인중개사가 휴업기간 변경신고를 하려면 중개사무소등록증을 휴업기간변경신고서에 첨부하여 제출해야 한다.
④ 재개신고는 휴업기간 변경신고와 달리 전자문서에 의한 신고를 할 수 없다.
⑤ 재개신고를 받은 등록관청은 반납을 받은 중개사무소등록증을 즉시 반환해야 한다.

18 공인중개사법령상 개업공인중개사가 지체 없이 사무소의 간판을 철거해야 하는 사유를 모두 고른 것은?

> ㄱ. 등록관청에 중개사무소의 이전사실을 신고한 경우
> ㄴ. 등록관청에 폐업사실을 신고한 경우
> ㄷ. 중개사무소의 개설등록 취소처분을 받은 경우
> ㄹ. 등록관청에 6개월을 초과하는 휴업신고를 한 경우

① ㄹ
② ㄱ, ㄷ
③ ㄴ, ㄷ
④ ㄱ, ㄴ, ㄷ
⑤ ㄱ, ㄴ, ㄷ, ㄹ

19 공인중개사법령상 중개행위 등에 관한 설명으로 옳은 것은?(다툼이 있으면 판례에 따름)

① 중개행위에 해당하는지 여부는 개업공인중개사의 행위를 객관적으로 보아 판단할 것이 아니라 개업공인중개사의 주관적 의사를 기준으로 판단해야 한다.
② 임대차계약을 알선한 개업공인중개사가 계약 체결 후에도 목적물의 인도 등 거래당사자의 계약상 의무의 실현에 관여함으로써 계약상 의무가 원만하게 이행되도록 주선할 것이 예정되어 있는 경우, 그러한 개업공인중개사의 행위는 사회통념상 중개행위의 범주에 포함된다.
③ 소속공인중개사는 자신의 중개사무소 개설등록을 신청할 수 있다.
④ 개업공인중개사는 거래계약서를 작성하는 경우 거래계약서에 서명하거나 날인하면 된다.
⑤ 개업공인중개사가 국토교통부장관이 정한 거래계약서 표준서식을 사용하지 않는 경우 과태료부과 처분을 받게 된다.

20 부동산 거래신고 등에 관한 법령상 벌금 또는 과태료의 부과기준이 '계약 체결 당시의 개별공시지가에 따른 해당 토지가격' 또는 '해당 부동산등의 취득가액'의 비율 형식으로 규정된 경우가 <u>아닌</u> 것은?

① 토지거래허가구역 안에서 허가 없이 토지거래계약을 체결한 경우
② 외국인이 부정한 방법으로 허가를 받아 토지취득계약을 체결한 경우
③ 토지거래허가구역 안에서 속임수나 그 밖의 부정한 방법으로 토지거래계약 허가를 받은 경우
④ 부동산매매계약을 체결한 거래당사자가 그 실제거래가격을 거짓으로 신고한 경우
⑤ 부동산매매계약을 체결한 후 신고 의무자가 아닌 자가 거짓으로 부동산거래신고를 한 경우

21 개업공인중개사 甲, 乙, 丙에 대한 「공인중개사법」 제40조(행정제재처분효과의 승계 등)의 적용에 관한 설명으로 옳은 것을 모두 고른 것은?

> ㄱ. 甲이 2020.11.16. 「공인중개사법」에 따른 과태료부과처분을 받았으나 2020.12.16. 폐업신고를 하였다가 2021.10.15. 다시 중개사무소의 개설등록을 하였다면, 위 과태료부과처분의 효과는 승계된다.
>
> ㄴ. 乙이 2020.8.1. 국토교통부령으로 정하는 전속중개계약서에 의하지 않고 전속중개계약을 체결한 후, 2020.9.1. 폐업신고를 하였다가 2021.10.1. 다시 중개사무소의 개설등록을 하였다면, 등록관청은 업무정지처분을 할 수 있다.
>
> ㄷ. 丙이 2018.8.5. 다른 사람에게 자기의 상호를 사용하여 중개업무를 하게 한 후, 2018.9.5. 폐업신고를 하였다가 2021.10.5. 다시 중개사무소의 개설등록을 하였다면, 등록관청은 개설등록을 취소해야 한다.

① ㄱ
② ㄱ, ㄴ
③ ㄱ, ㄷ
④ ㄴ, ㄷ
⑤ ㄱ, ㄴ, ㄷ

22 개업공인중개사 甲의 중개로 乙과 丙은 丙소유의 주택에 관하여 임대차계약(이하 '계약'이라 함)을 체결하려 한다. 「주택임대차보호법」의 적용에 관한 甲의 설명으로 틀린 것은?(임차인 乙은 자연인임)

① 乙과 丙이 임대차기간을 2년 미만으로 정한다면 乙은 그 임대차기간이 유효함을 주장할 수 없다.
② 계약이 묵시적으로 갱신되면 임대차의 존속기간은 2년으로 본다.
③ 계약이 묵시적으로 갱신되면 乙은 언제든지 丙에게 계약해지를 통지할 수 있고, 丙이 그 통지를 받은 날부터 3개월이 지나면 해지의 효력이 발생한다.
④ 乙이 丙에게 계약갱신요구권을 행사하여 계약이 갱신되면, 갱신되는 임대차의 존속기간은 2년으로 본다.
⑤ 乙이 丙에게 계약갱신요구권을 행사하여 계약이 갱신된 경우 乙은 언제든지 丙에게 계약해지를 통지할 수 있다.

23 공인중개사법령상 공인중개사 자격의 취소사유에 해당하는 것을 모두 고른 것은?

☐☐☐

> ㄱ. 부정한 방법으로 공인중개사의 자격을 취득한 경우
> ㄴ. 다른 사람에게 자기의 공인중개사자격증을 대여한 경우
> ㄷ. 「공인중개사법」에 따라 공인중개사 자격정지처분을 받고 그 자격정지기간 중에 중개업무를 행한 경우

① ㄱ   ② ㄷ
③ ㄱ, ㄴ   ④ ㄴ, ㄷ
⑤ ㄱ, ㄴ, ㄷ

24 「공인중개사법」의 내용으로 ( )에 들어갈 숫자를 바르게 나열한 것은?

☐☐☐

> • 등록관청은 개업공인중개사가 최근 (ㄱ)년 이내에 이 법에 의하여 (ㄴ)회 이상 업무정지처분을 받고 다시 업무정지처분에 해당하는 행위를 한 경우에는 중개사무소의 개설등록을 취소하여야 한다.
> • 금고 이상의 실형의 선고를 받고 그 집행이 종료(집행이 종료된 것으로 보는 경우를 포함한다)되거나 집행이 면제된 날부터 (ㄷ)년이 지나지 아니한 자는 중개사무소의 개설등록을 할 수 없다.
> • 중개행위와 관련된 손해배상책임을 보장하기 위하여 이 법에 따라 공탁한 공탁금은 개업공인중개사가 폐업한 날부터 (ㄹ)년 이내에는 회수할 수 없다.

	ㄱ	ㄴ	ㄷ	ㄹ
①	1	2	1	3
②	1	2	3	3
③	1	3	3	1
④	2	3	1	1
⑤	2	3	3	3

25 공인중개사법령상 중개사무소 개설등록을 취소하여야 하는 사유에 해당하는 것을 모두 고른 것은?

기출수정

> ㄱ. 개업공인중개사인 법인이 해산한 경우
> ㄴ. 개업공인중개사가 거짓으로 중개사무소 개설등록을 한 경우
> ㄷ. 개업공인중개사가 이중으로 중개사무소 개설등록을 한 경우
> ㄹ. 개업공인중개사가 개설등록 후 금고 이상의 형의 집행유예를 받고 그 유예기간이 만료된 날부터 2년이 지나지 아니하게 된 경우

① ㄱ, ㄴ, ㄷ   ② ㄱ, ㄴ, ㄹ
③ ㄱ, ㄷ, ㄹ   ④ ㄴ, ㄷ, ㄹ
⑤ ㄱ, ㄴ, ㄷ, ㄹ

26 공인중개사법령상 개업공인중개사의 보증설정 등에 관한 설명으로 옳은 것은?

① 개업공인중개사가 보증설정신고를 할 때 등록관청에 제출해야 할 증명서류는 전자문서로 제출할 수 없다.
② 보증기관이 보증사실을 등록관청에 직접 통보한 경우라도 개업공인중개사는 등록관청에 보증설정 신고를 해야 한다.
③ 보증을 다른 보증으로 변경하려면 이미 설정된 보증의 효력이 있는 기간이 지난 후에 다른 보증을 설정해야 한다.
④ 보증변경신고를 할 때 손해배상책임보증 변경신고서 서식의 "보증"란에 '변경 후 보증내용'을 기재한다.
⑤ 개업공인중개사가 보증보험금으로 손해배상을 한 때에는 그 보증보험의 금액을 보전해야 하며 다른 공제에 가입할 수 없다.

27 공인중개사법령상 공인중개사협회(이하 '협회'라 함)에 관한 설명으로 틀린 것은?

① 협회는 시·도지사로부터 위탁을 받아 실무교육에 관한 업무를 할 수 있다.
② 협회는 공제사업을 하는 경우 책임준비금을 다른 용도로 사용하려면 국토교통부장관의 승인을 얻어야 한다.
③ 협회는 「공인중개사법」에 따른 협회의 설립목적을 달성하기 위한 경우에도 부동산 정보제공에 관한 업무를 수행할 수 없다.
④ 협회에 관하여 「공인중개사법」에 규정된 것 외에는 「민법」 중 사단법인에 관한 규정을 적용한다.
⑤ 협회는 공제사업을 다른 회계와 구분하여 별도의 회계로 관리해야 한다.

28 공인중개사법령상 포상금을 지급받을 수 있는 신고 또는 고발의 대상이 <u>아닌</u> 것은?

① 중개사무소의 개설등록을 하지 않고 중개업을 한 자
② 부정한 방법으로 중개사무소의 개설등록을 한 자
③ 공인중개사자격증을 다른 사람으로부터 양수받은 자
④ 개업공인중개사로서 부당한 이익을 얻을 목적으로 거짓으로 거래가 완료된 것처럼 꾸미는 등 중개대상물의 시세에 부당한 영향을 줄 우려가 있는 행위를 한 자
⑤ 개업공인중개사로서 중개의뢰인과 직접 거래를 한 자

29 공인중개사법령상 개업공인중개사에 대한 업무정지처분을 할 수 있는 사유에 해당하는 것을 모두 고른 것은?

> ㄱ. 부동산거래정보망에 중개대상물에 관한 정보를 거짓으로 공개한 경우
> ㄴ. 거래당사자에게 교부해야 하는 중개대상물확인·설명서를 교부하지 않은 경우
> ㄷ. 거래당사자에게 교부해야 하는 거래계약서를 적정하게 작성·교부하지 않은 경우
> ㄹ. 해당 중개대상물의 거래상의 중요사항에 관하여 거짓된 언행으로 중개의뢰인의 판단을 그르치게 하는 행위를 한 경우

① ㄱ, ㄷ
② ㄴ, ㄹ
③ ㄱ, ㄴ, ㄷ
④ ㄴ, ㄷ, ㄹ
⑤ ㄱ, ㄴ, ㄷ, ㄹ

30 공인중개사법령상 소속공인중개사로서 업무를 수행하는 기간 동안 발생한 사유 중 자격정지사유로 규정되어 있지 않은 것은?

① 둘 이상의 중개사무소에 소속된 경우
② 성실·정확하게 중개대상물의 확인·설명을 하지 않은 경우
③ 등록관청에 등록하지 않은 인장을 사용하여 중개행위를 한 경우
④ 「공인중개사법」을 위반하여 징역형의 선고를 받은 경우
⑤ 중개대상물의 매매를 업으로 하는 행위를 한 경우

31 공인중개사법령상 개업공인중개사의 행위 중 과태료 부과대상이 아닌 것은?

① 중개대상물의 거래상의 중요사항에 관해 거짓된 언행으로 중개의뢰인의 판단을 그르치게 한 경우
② 휴업신고에 따라 휴업한 중개업을 재개하면서 등록관청에 그 사실을 신고하지 않은 경우
③ 중개대상물에 관한 권리를 취득하려는 중개의뢰인에게 해당 중개대상물의 권리관계를 성실·정확하게 확인·설명하지 않은 경우
④ 인터넷을 이용하여 중개대상물에 대한 표시·광고를 하면서 중개대상물의 종류별로 가격 및 거래형태를 명시하지 않은 경우
⑤ 연수교육을 정당한 사유 없이 받지 않은 경우

32 부동산 거래신고 등에 관한 법령상 신고포상금 지급대상에 해당하는 위반행위를 모두 고른 것은?

> ㄱ. 부동산 매매계약의 거래당사자가 부동산의 실제 거래가격을 거짓으로 신고하는 행위
> ㄴ. 부동산 매매계약에 관하여 개업공인중개사에게 신고를 하지 않도록 요구하는 행위
> ㄷ. 토지거래계약허가를 받아 취득한 토지를 허가받은 목적대로 이용하지 않는 행위
> ㄹ. 부동산 매매계약에 관하여 부동산의 실제 거래가격을 거짓으로 신고하도록 조장하는 행위

① ㄱ, ㄷ   ② ㄱ, ㄹ
③ ㄴ, ㄹ   ④ ㄱ, ㄴ, ㄷ
⑤ ㄴ, ㄷ, ㄹ

33 공인중개사법령상 중개사무소의 설치에 관한 설명으로 **틀린** 것은?

☐☐☐

① 법인이 아닌 개업공인중개사는 그 등록관청의 관할구역 안에 1개의 중개사무소만 둘 수 있다.

② 다른 법률의 규정에 따라 중개업을 할 수 있는 법인의 분사무소에는 공인중개사를 책임자로 두지 않아도 된다.

③ 개업공인중개사가 중개사무소를 공동으로 사용하려면 중개사무소의 개설등록 또는 이전신고를 할 때 그 중개사무소를 사용할 권리가 있는 다른 개업공인중개사의 승낙서를 첨부해야 한다.

④ 법인인 개업공인중개사가 분사무소를 두려는 경우 소유·전세·임대차 또는 사용대차 등의 방법으로 사용권을 확보해야 한다.

⑤ 법인인 개업공인중개사가 그 등록관청의 관할구역 외의 지역에 둘 수 있는 분사무소는 시·도별로 1개소를 초과할 수 없다.

34 甲이 「건축법 시행령」에 따른 단독주택을 매수하는 계약을 체결하였을 때, 부동산 거래신고 등에 관한 법령에 따라 甲본인이 그 주택에 입주할지 여부를 신고해야 하는 경우를 모두 고른 것은?(甲, 乙, 丙은 자연인이고, 丁은 「지방공기업법」상 지방공단임)

☐☐☐

> ㄱ. 甲이 「주택법」상 투기과열지구에 소재하는 乙소유의 주택을 실제 거래가격 3억원으로 매수하는 경우
> ㄴ. 甲이 「주택법」상 '투기과열지구 또는 조정대상지역' 외의 장소에 소재하는 丙소유의 주택을 실제 거래가격 5억원으로 매수하는 경우
> ㄷ. 甲이 「주택법」상 투기과열지구에 소재하는 丁소유의 주택을 실제 거래가격 10억원으로 매수하는 경우

① ㄱ
② ㄴ
③ ㄱ, ㄴ
④ ㄱ, ㄷ
⑤ ㄴ, ㄷ

35 개업공인중개사 甲이 A도 B시 소재의 X주택에 관한 乙과 丙간의 임대차계약 체결을 중개하면서 「부동산거래신고 등에 관한 법률」에 따른 주택임대차계약의 신고에 관하여 설명한 내용의 일부이다. ( )에 들어갈 숫자를 바르게 나열한 것은?(X주택은 「주택임대차보호법」의 적용대상이며, 乙과 丙은 자연인임)

> 보증금이 (ㄱ)천만원을 초과하거나 월차임이 (ㄴ)만원을 초과하는 주택임대차계약을 신규로 체결한 계약당사자는 그 보증금 또는 차임 등을 임대차계약의 체결일부터 (ㄷ)일 이내에 주택 소재지를 관할하는 신고관청에 공동으로 신고해야 한다.

	ㄱ	ㄴ	ㄷ
①	3	30	60
②	3	50	30
③	6	30	30
④	6	30	60
⑤	6	50	60

36 공인중개사법령상 벌칙 부과대상 행위 중 피해자의 명시한 의사에 반하여 벌하지 <u>않는</u> 경우는?

① 거래정보사업자가 개업공인중개사로부터 의뢰받은 내용과 다르게 중개대상물의 정보를 부동산거래정보망에 공개한 경우
② 개업공인중개사가 그 업무상 알게 된 비밀을 누설한 경우
③ 개업공인중개사가 중개의뢰인으로부터 법령으로 정한 보수를 초과하여 금품을 받은 경우
④ 시세에 부당한 영향을 줄 목적으로 개업공인중개사에게 중개대상물을 시세보다 현저하게 높게 표시·광고하도록 강요하는 방법으로 개업공인중개사의 업무를 방해한 경우
⑤ 개업공인중개사가 단체를 구성하여 단체 구성원 이외의 자와 공동중개를 제한한 경우

PART 1
PART 2
PART 3
PART 4

37 부동산 거래신고 등에 관한 법령상 외국인등의 부동산 취득에 관한 설명으로 옳은 것을 모두 고른 □□□ 것은?(단, 법 제7조에 따른 상호주의는 고려하지 않음)

> ㄱ. 대한민국의 국적을 보유하고 있지 않은 개인이 이사 등 임원의 2분의 1 이상인 법인은 외국인 등에 해당한다.
> ㄴ. 외국인 등이 건축물의 개축을 원인으로 대한민국 안의 부동산을 취득한 때에도 부동산 취득신고 를 해야 한다.
> ㄷ. 「군사기지 및 군사시설 보호법」에 따른 군사기지 및 군사시설 보호구역 안의 토지는 외국인 등이 취득할 수 없다.
> ㄹ. 외국인 등이 허가 없이 「자연환경보전법」에 따른 생태·경관보전지역 안의 토지를 취득하는 계약을 체결한 경우 그 계약은 효력이 발생하지 않는다.

① ㄱ, ㄷ   ② ㄱ, ㄹ
③ ㄱ, ㄴ, ㄹ   ④ ㄴ, ㄷ, ㄹ
⑤ ㄱ, ㄴ, ㄷ, ㄹ

38 부동산 거래신고 등에 관한 법령상 토지거래계약허가를 받아 취득한 토지를 허가받은 목적대로 □□□ 이용하고 있지 않은 경우 시장·군수·구청장이 취할 수 있는 조치가 <u>아닌</u> 것은?

① 과태료를 부과할 수 있다.
② 토지거래계약허가를 취소할 수 있다.
③ 3개월 이내의 기간을 정하여 토지의 이용 의무를 이행하도록 문서로 명할 수 있다.
④ 해당 토지에 관한 토지거래계약 허가신청이 있을 때 국가, 지방자치단체, 한국토지주택공사가 그 토지의 매수를 원하면 이들 중에서 매수할 자를 지정하여 협의 매수하게 할 수 있다.
⑤ 해당 토지를 직접 이용하지 않고 임대하고 있다는 이유로 이행명령을 했음에도 정해진 기간에 이행되지 않은 경우, 토지 취득가액의 100분의 7에 상당하는 금액의 이행강제금을 부과한다.

39 부동산 거래신고 등에 관한 법령상 토지거래허가에 관한 내용으로 옳은 것은? 기출수정

□□□

① 토지거래허가구역의 지정은 그 지정을 공고한 날부터 3일 후에 효력이 발생한다.

② 토지거래허가구역의 지정 당시 국토교통부장관 또는 시·도지사가 따로 정하여 공고하지 않은 경우, 「국토의 계획 및 이용에 관한 법률」에 따른 도시지역 중 녹지지역 안의 280제곱미터 면적의 토지거래계약에 관하여는 허가가 필요 없다.

③ 토지거래계약을 허가받은 자는 대통령령으로 정하는 사유가 있는 경우 외에는 토지 취득일부터 10년간 그 토지를 허가받은 목적대로 이용해야 한다.

④ 허가받은 목적대로 토지를 이용하지 않았음을 이유로 이행강제금 부과처분을 받은 자가 시장·군수·구청장에게 이의를 제기하려면 그 처분을 고지받은 날부터 60일 이내에 해야 한다.

⑤ 토지거래허가신청에 대해 불허가처분을 받은 자는 그 통지를 받은 날부터 1개월 이내에 시장·군수·구청장에게 해당 토지에 관한 권리의 매수를 청구할 수 있다.

40 부동산 거래신고 등에 관한 법령상 토지거래허가구역(이하 '허가구역'이라 함)에 관한 설명으로 옳은 것은?

□□□

① 시·도지사는 법령의 개정으로 인해 토지이용에 대한 행위제한이 강화되는 지역을 허가구역으로 지정할 수 있다.

② 토지의 투기적인 거래 성행으로 지가가 급격히 상승하는 등의 특별한 사유가 있으면 5년을 넘는 기간으로 허가구역을 지정할 수 있다.

③ 허가구역 지정의 공고에는 허가구역에 대한 축척 5만분의 1 또는 2만5천분의 1의 지형도가 포함되어야 한다.

④ 허가구역을 지정한 시·도지사는 지체 없이 허가구역 지정에 관한 공고내용을 관할 등기소의 장에게 통지해야 한다.

⑤ 허가구역 지정에 이의가 있는 자는 그 지정이 공고된 날부터 1개월 내에 시장·군수·구청장에게 이의를 신청할 수 있다.

2020년 제31회 기출문제

✅ 시행일 : 2020.10.31.　　　　　　　　✅ Time　　　　분 ｜ 해설편 071p

01 공인중개사법령상 내용으로 옳은 것은?

　□□□
① 중개보조원은 중개대상물에 관한 확인·설명의무가 있다.
② 소속공인중개사는 그 소속개업공인중개사인 법인의 임원이 될 수 없다.
③ 외국인은 공인중개사가 될 수 없다.
④ 개업공인중개사가 성실·정확하게 중개대상물의 확인·설명을 하지 않은 경우 과태료처분사유에 해당한다.
⑤ 토지이용계획은 주거용 건축물매매계약의 중개의뢰를 받은 개업공인중개사가 확인·설명해야 할 사항에 포함되지 않는다.

02 공인중개사법령상 중개사무소의 개설등록에 관한 설명으로 옳은 것은?(단, 다른 법률의 규정은
　□□□ 고려하지 않음)

① 합명회사가 개설등록을 하려면 사원 전원이 실무교육을 받아야 한다.
② 자본금이 1,000만원 이상인 「협동조합 기본법」상 협동조합은 개설등록을 할 수 있다.
③ 합명회사가 개설등록을 하려면 대표자는 공인중개사이어야 하며, 대표자를 포함하여 임원 또는 사원의 3분의 1 이상이 공인중개사이어야 한다.
④ 법인 아닌 사단은 개설등록을 할 수 있다.
⑤ 개설등록을 하려면 소유권에 의하여 사무소의 사용권을 확보하여야 한다.

03 공인중개사법령상 중개사무소개설등록의 결격사유를 모두 고른 것은?

ㄱ. 파산선고를 받고 복권되지 아니한 자
ㄴ. 피특정후견인
ㄷ. 공인중개사자격이 취소된 후 3년이 지나지 아니한 임원이 있는 법인
ㄹ. 개업공인중개사인 법인의 해산으로 중개사무소개설등록이 취소된 후 3년이 지나지 않은 경우 그 법인의 대표이었던 자

① ㄱ
② ㄱ, ㄷ
③ ㄴ, ㄷ
④ ㄴ, ㄹ
⑤ ㄱ, ㄷ, ㄹ

04 공인중개사법령상 중개대상에 해당하는 것을 모두 고른 것은?(다툼이 있으면 판례에 따름)

ㄱ. 「공장 및 광업재단 저당법」에 따른 공장재단
ㄴ. 영업용 건물의 영업시설·비품 등 유형물이나 거래처, 신용 등 무형의 재산적 가치
ㄷ. 가압류된 토지
ㄹ. 토지의 정착물인 미등기건축물

① ㄱ
② ㄱ, ㄴ
③ ㄱ, ㄷ, ㄹ
④ ㄴ, ㄷ, ㄹ
⑤ ㄱ, ㄴ, ㄷ, ㄹ

05 공인중개사법령상 공인중개사 등에 관한 설명으로 틀린 것은?

① 공인중개사의 자격이 취소된 후 3년이 지나지 아니한 자는 중개보조원이 될 수 없다.
② 공인중개사는 자기의 공인중개사자격증을 무상으로도 대여해서는 안 된다.
③ 자격정지처분을 받은 날부터 6월이 경과한 공인중개사는 법인인 개업공인중개사의 임원이 될 수 있다.
④ 다른 사람에게 자기의 성명을 사용하여 중개업무를 하게 한 경우에는 자격정지처분사유에 해당한다.
⑤ 공인중개사가 아닌 자는 공인중개사 또는 이와 유사한 명칭을 사용하지 못한다.

06 공인중개사법령상 법인인 개업공인중개사가 겸업할 수 있는 것을 모두 고른 것은?(단, 다른 법률의
□□□ 규정은 고려하지 않음)

> ㄱ. 주택용지의 분양대행
> ㄴ. 주상복합건물의 분양 및 관리의 대행
> ㄷ. 부동산의 거래에 관한 상담 및 금융의 알선
> ㄹ. 국세징수법상 공매대상 동산에 대한 입찰신청의 대리
> ㅁ. 법인인 개업공인중개사를 대상으로 한 중개업의 경영기법 제공

① ㄱ, ㄴ　　　　　　　　　　　　② ㄴ, ㅁ
③ ㄷ, ㄹ　　　　　　　　　　　　④ ㄱ, ㄴ, ㅁ
⑤ ㄴ, ㄷ, ㄹ, ㅁ

07 공인중개사법령상 분사무소의 설치에 관한 설명으로 옳은 것은?
□□□
① 군(郡)에 주된 사무소가 설치된 경우 동일 군(郡)에 분사무소를 둘 수 있다.
② 개업공인중개사가 분사무소를 설치하기 위해서는 등록관청으로부터 인가를 받아야 한다.
③ 공인중개사인 개업공인중개사는 분사무소를 설치할 수 없다.
④ 다른 법률의 규정에 따라 중개업을 할 수 있는 법인의 분사무소에도 공인중개사를 책임자로 두어야
　 한다.
⑤ 분사무소의 책임자인 공인중개사는 등록관청이 실시하는 실무교육을 받아야 한다.

08 공인중개사법령상 법인인 개업공인중개사의 중개사무소등록증 원본 또는 사본이 첨부되어야 하는
□□□ 경우에 해당하지 않는 것은?

① 중개사무소이전신고
② 중개사무소폐업신고
③ 분사무소설치신고
④ 분사무소폐업신고
⑤ 3개월을 초과하는 중개사무소휴업신고

09 공인중개사법령상 인장등록 등에 관한 설명으로 옳은 것은?

① 중개보조원은 중개업무를 보조하기 위해 인장등록을 하여야 한다.

② 개업공인중개사가 등록한 인장을 변경한 경우 변경일부터 10일 이내에 그 변경된 인장을 등록관청에 등록하면 된다.

③ 분사무소에서 사용할 인장은 분사무소 소재지 시장·군수 또는 구청장에게 등록해야 한다.

④ 분사무소에서 사용할 인장은 「상업등기규칙」에 따라 신고한 법인의 인장이어야 하고, 「상업등기규칙」에 따른 인감증명서의 제출로 갈음할 수 없다.

⑤ 법인의 소속공인중개사가 등록하지 아니한 인장을 사용한 경우, 6개월의 범위 안에서 자격정지처분을 받을 수 있다.

10 공인중개사법령상 중개사무소 명칭에 관한 설명으로 옳은 것은?

① 공인중개사인 개업공인중개사는 그 사무소의 명칭에 "공인중개사사무소" 또는 "부동산중개"라는 문자를 사용하여야 한다.

② 공인중개사가 중개사무소의 개설등록을 하지 않은 경우, 그 사무소에 "공인중개사사무소"라는 명칭을 사용할 수 없지만, "부동산중개"라는 명칭은 사용할 수 있다.

③ 공인중개사인 개업공인중개사가 관련 법령에 따른 옥외광고물을 설치하는 경우, 중개사무소등록증에 표기된 개업공인중개사의 성명을 표기할 필요는 없다.

④ 중개사무소개설등록을 하지 않은 공인중개사가 "부동산중개"라는 명칭을 사용한 경우, 국토교통부장관은 그 명칭이 사용된 간판 등의 철거를 명할 수 있다.

⑤ 개업공인중개사가 의뢰받은 중개대상물에 대하여 표시·광고를 하려는 경우, 중개사무소의 명칭은 명시하지 않아도 된다.

11 공인중개사법령상 개업공인중개사가 의뢰받은 중개대상물에 대하여 표시·광고를 하는 경우에
☐☐☐ 관한 설명으로 옳은 것은?

① 중개보조원이 있는 경우 개업공인중개사의 성명과 함께 중개보조원의 성명을 명시할 수 있다.
② 중개대상물에 대한 표시·광고를 위하여 대통령령으로 정해진 사항의 구체적인 표시·광고방법은
   국토교통부장관이 정하여 고시한다.
③ 중개대상물의 내용을 사실과 다르게 거짓으로 표시·광고한 자를 신고한 자는 포상금지급대상이다.
④ 인터넷을 이용하여 표시·광고를 하는 경우 중개사무소에 관한 사항은 명시하지 않아도 된다.
⑤ 인터넷을 이용한 중개대상물의 표시·광고 모니터링업무 수탁기관은 기본계획서에 따라 6개월마
   다 기본 모니터링업무를 수행한다.

12 공인중개사법령상 개업공인중개사가 중개사무소 안의 보기 쉬운 곳에 게시해야 하는 것은?

기출수정

① 개업공인중개사의 실무교육수료확인증 원본
② 소속공인중개사가 있는 경우 소속공인중개사의 실무교육수료확인증 사본
③ 중개사무소등록증 사본
④ 소속 공인중개사가 있는 경우 소속공인중개사의 공인중개사자격증 사본
⑤ 분사무소의 경우 분사무소설치신고확인서 원본

13 공인중개사법령상 법인인 개업공인중개사가 등록관청 관할지역 외의 지역으로 중개사무소 또는
☐☐☐ 분사무소를 이전하는 경우에 관한 설명으로 옳은 것은?

① 중개사무소이전신고를 받은 등록관청은 그 내용이 적합한 경우, 중개사무소등록증의 변경사항을
   기재하여 교부하거나 중개사무소등록증을 재교부하여야 한다.
② 건축물대장에 기재되지 않은 건물에 중개사무소를 확보한 경우, 건축물대장의 기재가 지연된 사유
   를 적은 서류는 첨부할 필요가 없다.
③ 중개사무소이전신고를 하지 않은 경우 과태료부과대상이 아니다.
④ 분사무소이전신고는 이전한 날부터 10일 이내에 이전할 분사무소의 소재지를 관할하는 등록관청에
   하면 된다.
⑤ 등록관청은 분사무소의 이전신고를 받은 때에는 지체 없이 그 분사무소의 이전 전 및 이전 후의
   소재지를 관할하는 시장·군수 또는 구청장에게 이를 통보하여야 한다.

14 공인중개사법령상 개업공인중개사의 휴업과 폐업 등에 관한 설명으로 **틀린** 것은?

① 폐업신고 전의 개업공인중개사에 대하여 위반행위를 사유로 행한 업무정지처분의 효과는 폐업일부터 1년간 다시 개설등록을 한 자에게 승계된다.

② 개업공인중개사가 폐업신고를 한 후 1년 이내에 소속공인중개사로 고용신고되는 경우, 그 소속공인중개사는 실무교육을 받지 않아도 된다.

③ 손해배상책임의 보장을 위한 공탁금은 개업공인중개사가 폐업한 날부터 3년 이내에는 회수할 수 없다.

④ 분사무소는 주된 사무소와 별도로 휴업할 수 있다.

⑤ 중개업의 폐업신고는 수수료납부사항이 아니다.

15 공인중개사법령상 개업공인중개사가 거래계약서를 작성하는 경우에 관한 설명으로 **틀린** 것은?(다툼이 있으면 판례에 따름)

① 개업공인중개사는 중개가 완성된 때에만 거래계약서를 작성·교부하여야 한다.

② 개업공인중개사는 거래계약서에 서명 및 날인하여야 한다.

③ 중개대상물확인·설명서 교부일자는 거래계약서의 필수기재사항에 해당한다.

④ 개업공인중개사의 거래계약서보존기간(공인전자문서센터에 보관된 경우는 제외함)은 5년이다.

⑤ 개업공인중개사가 하나의 거래계약에 대하여 서로 다른 둘 이상의 거래계약서를 작성한 경우, 등록관청은 중개사무소의 개설등록을 취소하여야 한다.

16 공인중개사법령상 개업공인중개사 甲의 손해배상책임의 보장에 관한 설명으로 **틀린** 것은?

① 甲은 업무를 개시하기 전에 손해배상책임을 보장하기 위하여 보증보험 또는 공제에 가입하거나 공탁을 해야 한다.

② 甲이 설정한 보증을 다른 보증으로 변경하려는 경우 이미 설정한 보증의 효력이 있는 기간 중에 다른 보증을 설정하여야 한다.

③ 甲이 보증보험 또는 공제에 가입한 경우 보증기간의 만료로 다시 보증을 설정하려면, 그 보증기간만료일까지 다시 보증을 설정하여야 한다.

④ 甲이 손해배상책임을 보장하기 위한 조치를 이행하지 아니하고 업무를 개시한 경우 등록관청은 개설등록을 취소할 수 있다.

⑤ 甲이 공제금으로 손해배상을 한 때에는 30일 이내에 공제에 다시 가입하여야 한다.

17 공인중개사인 개업공인중개사 甲의 소속공인중개사 乙의 중개행위로 중개가 완성되었다. 공인중개사법령상 이에 관한 설명으로 <u>틀린</u> 것은?

① 乙의 업무상 행위는 甲의 행위로 본다.
② 중개대상물확인·설명서에는 甲과 乙이 함께 서명 및 날인하여야 한다.
③ 乙은 甲의 위임을 받아 부동산거래계약신고서의 제출을 대행할 수 있다.
④ 乙의 중개행위가 금지행위에 해당하여 乙이 징역형의 선고를 받았다는 이유로 甲도 해당 조(條)에 규정된 징역형을 선고받는다.
⑤ 甲은 거래당사자에게 손해배상책임의 보장에 관한 사항을 설명하고 관계증서의 사본을 교부하거나 관계증서에 관한 전자문서를 제공하여야 한다.

18 乙이 개업공인중개사 甲에게 중개를 의뢰하여 거래계약이 체결된 경우 공인중개사법령상 중개보수에 관한 설명으로 <u>틀린</u> 것은?(다툼이 있으면 판례에 따름)

① 甲의 고의와 과실 없이 乙의 사정으로 거래계약이 해제된 경우라도 甲은 중개보수를 받을 수 있다.
② 주택의 중개보수는 국토교통부령으로 정하는 범위 안에서 시·도의 조례로 정하고, 주택 외의 중개대상물의 중개보수는 국토교통부령으로 정한다.
③ 甲이 중개보수 산정에 관한 지방자치단체의 조례를 잘못 해석하여 법정한도를 초과한 중개보수를 받은 경우 공인중개사법 제33조의 금지행위에 해당하지 않는다.
④ 법정한도를 초과하는 甲과 乙의 중개보수약정은 그 한도를 초과하는 범위 내에서 무효이다.
⑤ 중개보수의 지급시기는 甲과 乙의 약정이 없을 때에는 중개대상물의 거래대금 지급이 완료된 날이다.

19 공인중개사법령상 개업공인중개사등의 금지행위에 해당하지 <u>않는</u> 것은?

① 무등록중개업을 영위하는 자인 사실을 알면서 그를 통하여 중개를 의뢰받는 행위
② 부동산의 매매를 중개한 개업공인중개사가 당해 부동산을 다른 개업공인중개사의 중개를 통하여 임차한 행위
③ 자기의 중개의뢰인과 직접 거래를 하는 행위
④ 제3자에게 부당한 이익을 얻게 할 목적으로 거짓으로 거래가 완료된 것처럼 꾸미는 등 중개대상물의 시세에 부당한 영향을 줄 우려가 있는 행위
⑤ 단체를 구성하여 단체구성원 이외의 자와 공동중개를 제한하는 행위

20 공인중개사법령상 거래정보사업자의 지정취소사유에 해당하는 것을 모두 고른 것은?

□□□

> ㄱ. 부동산거래정보망의 이용 및 정보제공방법 등에 관한 운영규정을 변경하고도 국토교통부장관의 승인을 받지 않고 부동산거래정보망을 운영한 경우
> ㄴ. 개업공인중개사로부터 공개를 의뢰받지 아니한 중개대상물정보를 부동산거래정보망에 공개한 경우
> ㄷ. 정당한 사유 없이 지정받은 날부터 6개월 이내에 부동산거래정보망을 설치하지 아니한 경우
> ㄹ. 개인인 거래정보사업자가 사망한 경우
> ㅁ. 부동산거래정보망의 이용 및 정보제공방법 등에 관한 운영규정을 위반하여 부동산거래정보망을 운영한 경우

① ㄱ, ㄴ   ② ㄷ, ㄹ
③ ㄱ, ㄴ, ㅁ   ④ ㄱ, ㄴ, ㄹ, ㅁ
⑤ ㄱ, ㄴ, ㄷ, ㄹ, ㅁ

PART 1
PART 2 PART 3 PART 4

21 공인중개사법령상 개업공인중개사등의 교육에 관한 설명으로 옳은 것은?(단, 다른 법률의 규정은 고려하지 않음)

□□□

① 중개사무소개설등록을 신청하려는 법인의 공인중개사가 아닌 사원은 실무교육대상이 아니다.
② 개업공인중개사가 되려는 자의 실무교육시간은 26시간 이상 32시간 이하이다.
③ 중개보조원이 받는 실무교육에는 부동산중개 관련 법·제도의 변경사항이 포함된다.
④ 국토교통부장관, 시·도지사, 등록관청은 개업공인중개사등에 대한 부동산거래사고 예방 등의 교육을 위하여 교육 관련 연구에 필요한 비용을 지원할 수 있다.
⑤ 소속공인중개사는 2년마다 국토교통부장관이 실시하는 연수교육을 받아야 한다.

22 공인중개사법령상 과태료의 부과대상자와 부과기관이 바르게 연결된 것을 모두 고른 것은?

□□□

> ㄱ. 부동산거래정보망의 이용 및 정보제공방법 등에 관한 운영규정의 내용을 위반하여 부동산거래정
> 보망을 운영한 거래정보사업자 - 국토교통부장관
> ㄴ. 공인중개사법령에 따른 보고의무를 위반하여 보고를 하지 아니한 거래정보사업자 - 국토교통부
> 장관
> ㄷ. 중개사무소등록증을 게시하지 아니한 개업공인중개사 - 등록관청
> ㄹ. 공인중개사자격이 취소된 자로 공인중개사자격증을 반납하지 아니한 자 - 등록관청
> ㅁ. 중개사무소개설등록이 취소된 자로 중개사무소등록증을 반납하지 아니한 자 - 시·도지사

① ㄱ, ㄷ
② ㄱ, ㄴ, ㄷ
③ ㄴ, ㄹ, ㅁ
④ ㄱ, ㄴ, ㄷ, ㄹ
⑤ ㄱ, ㄴ, ㄷ, ㄹ, ㅁ

23 공인중개사법령상 부동산거래정보망을 설치·운영할 자로 지정받기 위한 요건의 일부이다. (　　)
□□□ 에 들어갈 내용으로 옳은 것은?

> • 부동산거래정보망의 가입·이용신청을 한 (ㄱ)의 수가 500명 이상이고 (ㄴ)개 이상의 특별시
> ·광역시·도 및 특별자치도에서 각각 (ㄷ)인 이상의 (ㄱ)가 가입·이용신청을 하였을 것
> • 정보처리기사 1명 이상을 확보할 것
> • 공인중개사 (ㄹ)명 이상을 확보할 것

	ㄱ	ㄴ	ㄷ	ㄹ
①	공인중개사	2	20	1
②	공인중개사	3	20	3
③	개업공인중개사	2	20	3
④	개업공인중개사	2	30	1
⑤	개업공인중개사	3	30	1

24 공인중개사법령상 공인중개사의 자격취소사유와 소속공인중개사의 자격정지사유에 관한 구분으로 옳은 것을 모두 고른 것은?

> ㄱ. 다른 사람에게 자기의 성명을 사용하여 중개업무를 하게 한 경우 – 취소사유
> ㄴ. 공인중개사법을 위반하여 징역형의 집행유예를 받은 경우 – 취소사유
> ㄷ. 거래계약서를 작성할 때 거래금액 등 거래내용을 거짓으로 기재한 경우 – 정지사유
> ㄹ. 중개대상물의 매매를 업으로 하는 경우 – 정지사유

① ㄱ
② ㄱ, ㄹ
③ ㄷ, ㄹ
④ ㄱ, ㄴ, ㄷ
⑤ ㄱ, ㄴ, ㄷ, ㄹ

25 공인중개사법령상 벌금부과기준에 해당하는 자를 모두 고른 것은?

> ㄱ. 중개사무소개설등록을 하지 아니하고 중개업을 한 공인중개사
> ㄴ. 거짓으로 중개사무소의 개설등록을 한 자
> ㄷ. 등록관청의 관할구역 안에 두 개의 중개사무소를 개설등록한 개업공인중개사
> ㄹ. 임시중개시설물을 설치한 개업공인중개사
> ㅁ. 중개대상물이 존재하지 않아서 거래를 할 수 없는 중개대상물을 광고한 개업공인중개사

① ㄱ
② ㄱ, ㄴ
③ ㄴ, ㄷ, ㅁ
④ ㄱ, ㄴ, ㄷ, ㄹ
⑤ ㄱ, ㄴ, ㄷ, ㄹ, ㅁ

26 부동산 거래신고 등에 관한 법령상 이행강제금에 관한 설명으로 옳은 것은?

☐☐☐

① 이행명령은 구두 또는 문서로 하며 이행기간은 3개월 이내로 정하여야 한다.

② 토지거래계약허가를 받아 토지를 취득한 자가 당초의 목적대로 이용하지 아니하고 방치하여 이행명령을 받고도 정하여진 기간에 이를 이행하지 아니한 경우, 시장·군수 또는 구청장은 토지취득가액의 100분의 10에 상당하는 금액의 이행강제금을 부과한다.

③ 이행강제금부과처분에 불복하는 경우 이의를 제기할 수 있으나, 그에 관한 명문의 규정을 두고 있지 않다.

④ 이행명령을 받은 자가 그 명령을 이행하는 경우 새로운 이행강제금의 부과를 즉시 중지하며, 명령을 이행하기 전에 부과된 이행강제금도 징수할 수 없다.

⑤ 최초의 이행명령이 있었던 날을 기준으로 1년에 두 번씩 그 이행명령이 이행될 때까지 반복하여 이행강제금을 부과·징수할 수 있다.

27 부동산 거래신고 등에 관한 법령상 외국인등의 부동산 취득 등에 관한 설명으로 옳은 것을 모두 고른 것은?

☐☐☐

> ㄱ. 국제연합도 외국인등에 포함된다.
> ㄴ. 외국인등이 대한민국 안의 부동산에 대한 매매계약을 체결하였을 때에는 계약체결일부터 60일 이내에 신고관청에 신고하여야 한다.
> ㄷ. 외국인이 상속으로 대한민국 안의 부동산을 취득한 때에는 부동산을 취득한 날부터 1년 이내에 신고관청에 신고하여야 한다.
> ㄹ. 외국인이「수도법」에 따른 상수원보호구역에 있는 토지를 취득하려는 경우 토지취득계약을 체결하기 전에 신고관청으로부터 토지취득의 허가를 받아야 한다.

① ㄱ

② ㄱ, ㄹ

③ ㄴ, ㄷ

④ ㄱ, ㄴ, ㄹ

⑤ ㄱ, ㄴ, ㄷ, ㄹ

28 부동산 거래신고 등에 관한 법령상 토지거래허가구역에 관한 설명으로 옳은 것은? 기출수정

☐☐☐

① 국토교통부장관은 토지의 투기적인 거래가 성행하는 지역에 대해서는 7년의 기간을 정하여 토지거래계약에 관한 허가구역을 지정할 수 있다.

② 시·도지사가 토지거래허가구역을 지정하려면 시·도도시계획위원회의 심의를 거쳐 인접 시·도지사의 의견을 들어야 한다.

③ 국토교통부장관 또는 시·도지사는 허가구역으로 지정한 때에는 지체 없이 허가대상자, 허가대상 용도와 지목 등 대통령령으로 정하는 사항을 공고하고, 그 공고 내용을 국토교통부장관은 시·도지사를 거쳐 시장·군수 또는 구청장에게 통지하고, 시·도지사는 국토교통부장관, 시장·군수 또는 구청장에게 통지하여야 한다.

④ 허가구역의 지정은 허가구역의 지정을 공고한 날부터 3일 후에 효력이 발생한다.

⑤ 「국토의 계획 및 이용에 관한 법률」에 따른 도시지역 중 주거지역의 경우 600제곱미터 이하의 토지에 대해서는 토지거래계약허가가 면제된다.

29 공인중개사법령상 공인중개사인 개업공인중개사 甲의 중개사무소 폐업 및 재등록에 관한 설명으로 옳은 것은?

☐☐☐

① 甲이 중개사무소를 폐업하고자 하는 경우, 국토교통부장관에게 미리 신고하여야 한다.

② 甲이 폐업사실을 신고하고 중개사무소간판을 철거하지 아니한 경우, 과태료부과처분을 받을 수 있다.

③ 甲이 공인중개사법령 위반으로 2019.2.8. 1월의 업무정지처분을 받았으나 2019.7.1. 폐업신고를 하였다가 2019.12.11. 다시 중개사무소개설등록을 한 경우, 종전의 업무정지처분의 효과는 승계되지 않고 소멸한다.

④ 甲이 공인중개사법령 위반으로 2019.1.8. 1월의 업무정지처분에 해당하는 행위를 하였으나 2019.3.5. 폐업신고를 하였다가 2019.12.5. 다시 중개사무소개설등록을 한 경우, 종전의 위반행위에 대하여 1월의 업무정지처분을 받을 수 있다.

⑤ 甲이 공인중개사법령 위반으로 2018.2.5. 등록취소처분에 해당하는 행위를 하였으나 2018.3.6. 폐업신고를 하였다가 2020.10.16. 다시 중개사무소개설등록을 한 경우, 그에게 종전의 위반행위에 대한 등록취소처분을 할 수 없다.

PART 1

PART 2

PART 3

PART 4

30 개업공인중개사 甲은 소속공인중개사 乙과 중개보조원 丙을 고용하고자 한다. 공인중개사법령상 □□□ 이에 관한 설명으로 옳은 것을 모두 고른 것은?

> ㄱ. 丙은 외국인이어도 된다.
> ㄴ. 乙에 대한 고용신고를 받은 등록관청은 乙의 직무교육 수료 여부를 확인하여야 한다.
> ㄷ. 甲은 乙의 업무개시 후 10일 이내에 등록관청에 고용신고를 하여야 한다.

① ㄱ
② ㄱ, ㄴ
③ ㄱ, ㄷ
④ ㄴ, ㄷ
⑤ ㄱ, ㄴ, ㄷ

31 A주식회사는 공장부지를 확보하기 위하여 그 직원 甲과 명의신탁약정을 맺고, 甲은 2020.6.19. □□□ 개업공인중개사 乙의 중개로 丙 소유 X토지를 매수하여 2020.8.20. 甲 명의로 등기하였다. 이에 관한 설명으로 틀린 것은?(다툼이 있으면 판례에 따름)

① A와 甲 사이의 명의신탁약정은 丙의 선의, 악의를 묻지 아니하고 무효이다.
② 丙이 甲에게 소유권이전등기를 할 때 비로소 A와 甲 사이의 명의신탁약정사실을 알게 된 경우 X토지의 소유자는 丙이다.
③ A는 甲에게 X토지의 소유권이전등기를 청구할 수 없다.
④ 甲이 X토지를 丁에게 처분하고 소유권이전등기를 한 경우 丁은 유효하게 소유권을 취득한다.
⑤ A와 甲의 명의신탁약정을 丙이 알지 못한 경우, 甲은 X토지의 소유권을 취득한다.

32 개업공인중개사 甲의 중개로 乙은 丙 소유의 서울특별시 소재 X상가건물에 대하여 보증금 10억원
□□□ 에 1년 기간으로 丙과 임대차계약을 체결하였다. 乙은 X건물을 인도받아 2020.3.10. 사업자등록을
신청하였으며 2020.3.13. 임대차계약서상의 확정일자를 받았다. 이 사례에서 상가건물 임대차보호
법령의 적용에 관한 갑의 설명으로 틀린 것은?

① 乙은 2020.3.11. 대항력을 취득한다.
② 乙은 2020.3.13. 보증금에 대한 우선변제권을 취득한다.
③ 丙은 乙이 임대차기간 만료되기 6개월 전부터 1개월 전까지 사이에 계약갱신을 요구할 경우, 정당
한 사유 없이 거절하지 못한다.
④ 乙의 계약갱신요구권은 최초의 임대차기간을 포함한 전체 임대차기간이 10년을 초과하지 아니하는
범위에서만 행사할 수 있다.
⑤ 乙의 계약갱신요구권에 의하여 갱신되는 임대차는 전 임대차와 동일한 조건으로 다시 계약된 것으
로 본다.

33 개업공인중개사 甲의 중개로 丙은 2018.10.17. 乙 소유의 용인시 소재 X주택에 대하여 보증금
□□□ 5,000만원에 2년 기간으로 乙과 임대차계약을 체결하고, 계약 당일 주택의 인도와 주민등록 이전,
임대차계약증서상의 확정일자를 받았다. 丙이 임차권등기명령을 신청하는 경우 주택임대차보호법
령의 적용에 관한 甲의 설명으로 옳은 것은?

① 丙은 임차권등기명령신청서에 신청의 취지와 이유를 적어야 하지만, 임차권등기의 원인이 된 사실
을 소명할 필요는 없다.
② 丙이 임차권등기와 관련하여 든 비용은 乙에게 청구할 수 있으나, 임차권등기명령신청과 관련하여
든 비용은 乙에게 청구할 수 없다.
③ 임차권등기명령의 집행에 따른 임차권등기를 마치면 丙은 대항력을 유지하지만 우선변제권은 유지
하지 못한다.
④ 임차권등기명령의 집행에 따른 임차권등기 후에 丙이 주민등록을 서울특별시로 이전한 경우 대항
력을 상실한다.
⑤ 임차권등기명령의 집행에 따라 임차권등기가 끝난 X주택을 임차한 임차인 丁은 소액보증금에 관한
최우선변제를 받을 권리가 없다.

34 공인중개사법령상 일반중개계약서와 전속중개계약서의 서식에 공통으로 기재된 사항이 <u>아닌</u> 것은?

① 첨부서류로서 중개보수요율표
② 계약의 유효기간
③ 개업공인중개사의 중개업무처리상황에 대한 통지의무
④ 중개대상물의 확인·설명에 관한 사항
⑤ 개업공인중개사가 중개보수를 과다수령한 경우 차액환급

35 부동산 거래신고 등에 관한 법령상 부동산매매계약에 관한 신고사항 및 신고서의 작성에 관한 설명으로 옳은 것은?

① 「국토의 계획 및 이용에 관한 법률」에 따른 개발제한사항은 신고사항에 포함되지 않는다.
② 「주택법」에 따라 지정된 투기과열지구에 소재하는 주택으로서 실제 거래가격이 3억원 이상인 주택의 거래계약을 체결한 경우 신고서를 제출할 때 매수인과 매도인이 공동으로 서명 및 날인한 자금조달·입주계획서를 함께 제출하여야 한다.
③ 부동산거래계약신고서의 물건별 거래가격란에 발코니 확장 등 선택비용에 대한 기재란은 없다.
④ 부동산거래계약신고서를 작성할 때 건축물의 면적은 집합건축물의 경우 연면적을 적고, 그 밖의 건축물의 경우 전용면적을 적는다.
⑤ 개업공인중개사가 거짓으로 부동산거래계약신고서를 작성하여 신고한 경우에는 벌금형부과사유가 된다.

36 매수신청대리인으로 등록한 개업공인중개사가 매수신청대리위임인에게 민사집행법에 따른 부동산경매에 관하여 설명한 내용으로 <u>틀린</u> 것은?

① 매수인은 매각대상 부동산에 경매개시결정의 기입등기가 마쳐진 후 유치권을 취득한 자에게 그 유치권으로 담보하는 채권을 변제할 책임이 있다.
② 차순위매수신고는 그 신고액이 최고가매수신고액에서 그 보증액을 뺀 금액을 넘는 때에만 할 수 있다.
③ 매수인은 매각대금을 다 낸 때에 매각의 목적인 권리를 취득한다.
④ 재매각절차에서는 전(前)의 매수인은 매수신청을 할 수 없으며 매수신청의 보증을 돌려줄 것을 요구하지 못한다.
⑤ 후순위저당권자가 경매신청을 하였더라도 매각부동산 위의 모든 저당권은 매각으로 소멸된다.

37 공인중개사의 매수신청대리인 등록 등에 관한 규칙에 따라 甲은 매수신청대리인으로 등록하였다. □□□ 이에 관한 설명으로 <u>틀린</u> 것은?

① 甲이 매수신청대리의 위임을 받은 경우 민사집행법의 규정에 따라 차순위매수신고를 할 수 있다.

② 甲은 매수신청대리권의 범위에 해당하는 대리행위를 할 때 매각장소 또는 집행법원에 직접 출석해야 한다.

③ 매수신청대리보수의 지급시기는 甲과 매수신청인의 약정이 없을 때에는 매각대금의 지급기한일로 한다.

④ 甲이 중개사무소를 이전한 경우 그날부터 10일 이내에 관할 지방법원장에게 그 사실을 신고하여야 한다.

⑤ 甲이 매수신청대리업무의 정지처분을 받을 수 있는 기간은 1월 이상 6월 이하이다.

38 공인중개사법령상 개업공인중개사가 확인·설명하여야 할 사항 중 중개대상물확인·설명서[Ⅰ] □□□ (주거용 건축물), [Ⅱ](비주거용 건축물), [Ⅲ](토지), [Ⅳ](입목·광업재단·공장재단) 서식에 공통적으로 기재되어 있는 것을 모두 고른 것은?

> ㄱ. 권리관계(등기부 기재사항)
> ㄴ. 비선호시설
> ㄷ. 거래예정금액
> ㄹ. 환경조건(일조량·소음)
> ㅁ. 실제 권리관계 또는 공시되지 않은 물건의 권리사항

① ㄱ, ㄴ   ② ㄴ, ㄹ
③ ㄱ, ㄷ, ㅁ   ④ ㄱ, ㄷ, ㄹ, ㅁ
⑤ ㄱ, ㄴ, ㄷ, ㄹ, ㅁ

39 A시에 중개사무소를 둔 개업공인중개사 甲은 B시에 소재하는 乙 소유의 건축물(그중 주택의 면적은 3분의 1임)에 대하여 乙과 丙 사이의 매매계약과 동시에 乙을 임차인으로 하는 임대차계약을 중개하였다. 이 경우 甲이 받을 수 있는 중개보수에 관한 설명으로 옳은 것을 모두 고른 것은?

> ㄱ. 甲은 乙과 丙으로부터 각각 중개보수를 받을 수 있다.
> ㄴ. 甲은 B시가 속한 시·도의 조례에서 정한 기준에 따라 중개보수를 받아야 한다.
> ㄷ. 중개보수를 정하기 위한 거래액의 계산은 매매계약에 관한 거래금액만을 적용한다.
> ㄹ. 주택의 중개에 대한 보수규정을 적용한다.

① ㄷ
② ㄱ, ㄷ
③ ㄴ, ㄹ
④ ㄱ, ㄴ, ㄷ
⑤ ㄱ, ㄴ, ㄹ

40 부동산 거래신고 등에 관한 법령상 부동산거래신고에 관한 설명으로 옳은 것은?

① 부동산매매계약을 체결한 경우 거래당사자는 거래계약의 체결일부터 3개월 이내에 신고관청에 단독 또는 공동으로 신고하여야 한다.
② 「주택법」에 따라 지정된 조정대상 지역에 소재하는 주택으로서 실제 거래가격이 5억원이고, 매수인이 국가인 경우 국가는 매도인과 공동으로 실제 거래가격 등을 신고하여야 한다.
③ 권리대상인 부동산소재지를 관할하는 특별자치도 행정시의 시장은 부동산거래신고의 신고관청이 된다.
④ 개업공인중개사가 거래계약서를 작성·교부한 경우에는 거래당사자 또는 해당 개업공인중개사가 신고할 수 있다.
⑤ 부동산거래계약을 신고하려는 개업공인중개사는 부동산거래계약신고서에 서명 또는 날인하여 관할 등록관청에 제출하여야 한다.

2019년 제30회 기출문제

✅ 시행일 : 2019.10.26.　　　　　　　　　　　✅ Time　　　분 | 해설편 087p

01 공인중개사법령에 관한 내용으로 <u>틀린</u> 것은?(다툼이 있으면 판례에 따름)

□□□
① 개업공인중개사에 소속된 공인중개사로서 중개업무를 수행하거나 개업공인중개사의 중개업무를 보조하는 자는 소속공인중개사이다.
② 개업공인중개사인 법인의 사원으로서 중개업무를 수행하는 공인중개사는 소속공인중개사이다.
③ 무등록 중개업자에게 중개를 의뢰한 거래당사자는 무등록 중개업자의 중개행위에 대하여 무등록 중개업자와 공동정범으로 처벌된다.
④ 개업공인중개사는 다른 개업공인중개사의 중개보조원 또는 개업공인중개사인 법인의 사원·임원이 될 수 없다.
⑤ 거래당사자 간 지역권의 설정과 취득을 알선하는 행위는 중개에 해당한다.

02 공인중개사법령상 중개사무소개설등록의 결격사유에 해당하지 <u>않는</u> 자는?

□□□
① 공인중개사법을 위반하여 200만원의 벌금형의 선고를 받고 3년이 경과되지 아니한 자
② 금고 이상의 실형의 선고를 받고 그 집행이 종료되거나 집행이 면제된 날부터 3년이 경과되지 아니한 자
③ 공인중개사의 자격이 취소된 후 3년이 경과되지 아니한 자
④ 업무정지처분을 받은 개업공인중개사인 법인의 업무정지의 사유가 발생한 당시의 사원 또는 임원이었던 자로서 당해 개업공인중개사에 대한 업무정지기간이 경과되지 아니한 자
⑤ 공인중개사의 자격이 정지된 자로서 자격정지기간 중에 있는 자

03 공인중개사법령상 공인중개사자격시험 등에 관한 설명으로 옳은 것은?

① 국토교통부장관이 직접 시험을 시행하려는 경우에는 미리 공인중개사 정책심의위원회의 의결을 거치지 않아도 된다.

② 공인중개사자격증의 재교부를 신청하는 자는 재교부신청서를 국토교통부장관에게 제출해야 한다.

③ 국토교통부장관은 공인중개사 시험의 합격자에게 공인중개사자격증을 교부해야 한다.

④ 시험시행기관장은 시험에서 부정한 행위를 한 응시자에 대하여는 그 시험을 무효로 하고, 그 처분이 있은 날부터 5년간 시험응시자격을 정지한다.

⑤ 시험시행기관장은 시험을 시행하고자 하는 때에는 시험시행에 관한 개략적인 사항을 전년도 12월 31일까지 관보 및 일간신문에 공고해야 한다.

04 공인중개사법령상 중개대상물에 해당하지 <u>않는</u> 것을 모두 고른 것은?

| ㄱ. 미채굴광물 | ㄴ. 온천수 |
| ㄷ. 금전채권 | ㄹ. 점 유 |

① ㄱ, ㄴ
② ㄷ, ㄹ
③ ㄱ, ㄴ, ㄹ
④ ㄴ, ㄷ, ㄹ
⑤ ㄱ, ㄴ, ㄷ, ㄹ

05 공인중개사법령상 중개사무소의 설치 등에 관한 설명으로 <u>틀린</u> 것은?

① 개업공인중개사는 그 등록관청의 관할구역 안에 1개의 중개사무소만을 둘 수 있다.

② 개업공인중개사는 천막 그 밖에 이동이 용이한 임시중개시설물을 설치하여서는 아니 된다.

③ 법인이 아닌 개업공인중개사는 분사무소를 둘 수 없다.

④ 개업공인중개사는 등록관청의 관할구역 외의 지역에 있는 중개대상물을 중개할 수 없다.

⑤ 법인인 개업공인중개사는 등록관청에 신고하고 그 관할구역 외의 지역에 분사무소를 둘 수 있다.

06 공인중개사법령상 "공인중개사협회"(이하 '협회'라 함)에 관한 설명으로 옳은 것은?

□□□
① 협회는 영리사업으로서 회원 간의 상호부조를 목적으로 공제사업을 할 수 있다.
② 협회는 총회의 의결내용을 지체 없이 등록관청에게 보고하고 등기하여야 한다.
③ 협회가 그 지부 또는 지회를 설치한 때에는 그 지부는 시·도지사에게, 지회는 등록관청에 신고하여야 한다.
④ 협회는 개업공인중개사에 대한 행정제재처분의 부과와 집행의 업무를 할 수 있다.
⑤ 협회는 부동산정보 제공에 관한 업무를 직접 수행할 수 없다.

07 공인중개사법령상 인장등록 등에 관한 설명으로 틀린 것은?

□□□
① 법인인 개업공인중개사의 인장등록은 상업등기규칙에 따른 인감증명서의 제출로 갈음한다.
② 소속공인중개사가 등록하지 아니한 인장을 중개행위에 사용한 경우, 등록관청은 1년의 범위 안에서 업무의 정지를 명할 수 있다.
③ 인장의 등록은 중개사무소개설등록신청과 같이 할 수 있다.
④ 소속공인중개사의 인장등록은 소속공인중개사에 대한 고용신고와 같이 할 수 있다.
⑤ 개업공인중개사가 등록한 인장을 변경한 경우, 변경일부터 7일 이내에 그 변경된 인장을 등록관청에 등록하여야 한다.

08 공인중개사법령상 "공인중개사 정책심의위원회"(이하 '심의위원회'라 함)에 관한 설명으로 **틀린** 것은?

□□□
① 국토교통부에 심의위원회를 둘 수 있다.
② 심의위원회는 위원장 1명 포함하여 7명 이상 11명 이내의 위원으로 구성한다.
③ 심의위원회의 위원이 해당 안건에 대하여 자문을 한 경우 심의위원회의 심의·의결에서 제척된다.
④ 심의위원회의 위원장이 부득이한 사유로 직무를 수행할 수 없을 때에는 부위원장이 그 직무를 대행한다.
⑤ 심의위원회의 회의는 재적위원 과반수의 출석으로 개의(開議)하고, 출석위원 과반수의 찬성으로 의결한다.

09 공인중개사법령상 법인인 개업공인중개사가 겸업할 수 있는 것을 모두 고른 것은?(단, 다른 법률의
□□□ 규정은 고려하지 않음)

> ㄱ. 상업용 건축물 및 주택의 분양대행
> ㄴ. 부동산의 이용·개발 및 거래에 관한 상담
> ㄷ. 개업공인중개사를 대상으로 한 중개업의 경영기법 및 경영정보의 제공
> ㄹ. 중개의뢰인의 의뢰에 따른 도배·이사업체의 소개 등 주거이전에 부수되는 용역의 알선

① ㄱ, ㄴ   ② ㄱ, ㄷ
③ ㄱ, ㄷ, ㄹ   ④ ㄴ, ㄷ, ㄹ
⑤ ㄱ, ㄴ, ㄷ, ㄹ

10 공인중개사법령상 개업공인중개사의 고용인에 관한 설명으로 <u>틀린</u> 것은?(다툼이 있으면 판례에
□□□ 따름)

① 중개보조원의 업무상 행위는 그를 고용한 개업공인중개사의 행위로 본다.
② 개업공인중개사는 중개보조원과의 고용관계가 종료된 때에는 고용관계가 종료된 날부터 14일 이내
    에 등록관청에 신고하여야 한다.
③ 중개보조원이 중개업무와 관련된 행위를 함에 있어서 과실로 거래당사자에게 손해를 입힌 경우,
    그를 고용한 개업공인중개사뿐만 아니라 중개보조원도 손해배상책임이 있다.
④ 개업공인중개사가 소속공인중개사를 고용한 경우에는 개업공인중개사 및 소속공인중개사의 공인
    중개사자격증 원본을 중개사무소에 게시하여야 한다.
⑤ 중개보조원의 고용신고는 전자문서에 의해서도 할 수 있다.

11 공인중개사법령상 개업공인중개사가 의뢰받은 중개대상물에 대하여 표시·광고를 하려는 경우 '중개사무소, 개업공인중개사에 관한 사항'으로서 명시해야 하는 것을 모두 고른 것은?

> ㄱ. 중개사무소의 연락처
> ㄴ. 중개사무소의 명칭
> ㄷ. 소속공인중개사의 성명
> ㄹ. 개업공인중개사의 성명

① ㄱ, ㄴ   ② ㄴ, ㄷ

③ ㄷ, ㄹ   ④ ㄱ, ㄴ, ㄹ

⑤ ㄱ, ㄷ, ㄹ

12 공인중개사법령상 중개대상물의 확인·설명에 관한 내용으로 옳은 것은?(다툼이 있으면 판례에 따름)

① 개업공인중개사는 선량한 관리자의 주의로 중개대상물의 권리관계 등을 조사·확인하여 중개의뢰인에게 설명할 의무가 있다.

② 2명의 개업공인중개사가 공동중개한 경우 중개대상물확인·설명서에는 공동중개한 개업공인중개사 중 1인만 서명·날인하면 된다.

③ 개업공인중개사는 중개대상물에 대한 확인·설명을 중개가 완성된 후 해야 한다.

④ 중개보조원은 중개의뢰인에게 중개대상물의 확인·설명의무를 진다.

⑤ 개업공인중개사는 중개대상물확인·설명서를 작성하여 거래당사자에게 교부하고 그 원본을 5년간 보존하여야 한다.

13 공인중개사법령상 부동산거래정보망의 지정 및 이용에 관한 설명으로 틀린 것은?

① 국토교통부장관은 부동산거래정보망을 설치·운영할 자를 지정할 수 있다.

② 부동산거래정보망을 설치·운영할 자로 지정을 받을 수 있는 자는 전기통신사업법의 규정에 의한 부가통신사업자로서 국토교통부령이 정하는 요건을 갖춘 자이다.

③ 거래정보사업자는 지정받은 날부터 3월 이내에 부동산거래정보망의 이용 및 정보 제공방법 등에 관한 운영규정을 정하여 국토교통부장관의 승인을 얻어야 한다.

④ 거래정보사업자가 부동산거래정보망의 이용 및 정보 제공방법 등에 관한 운영규정을 변경하고자 하는 경우 국토교통부장관의 승인을 얻어야 한다.

⑤ 거래정보사업자는 개업공인중개사로부터 공개를 의뢰받은 중개대상물의 정보를 개업공인중개사에 따라 차별적으로 공개할 수 있다.

14 공인중개사법령상 금지행위에 관한 설명으로 옳은 것은?

□□□ ① 법인인 개업공인중개사의 사원이 중개대상물의 매매를 업으로 하는 것은 금지되지 않는다.
② 개업공인중개사가 거래당사자 쌍방으로 대리하는 것은 금지되지 않는다.
③ 개업공인중개사가 중개의뢰인과 직접 거래를 하는 행위는 금지된다.
④ 법인인 개업공인중개사의 임원이 중개의뢰인과 직접 거래를 하는 것은 금지되지 않는다.
⑤ 중개보조원이 중개의뢰인과 직접 거래를 하는 것은 금지되지 않는다.

15 공인중개사법령상 개업공인중개사의 휴업과 폐업 등에 관한 설명으로 **틀린** 것은?

□□□ ① 부동산중개업휴업신고서의 서식에 있는 '개업공인중개사의 종별'란에는 법인, 공인중개사, 법 제
7638호 부칙 제6조 제2항에 따른 개업공인중개사가 있다.
② 개업공인중개사가 부동산중개업폐업신고서를 작성하는 경우에는 폐업기간, 부동산중개업휴업신
고서를 작성하는 경우에는 휴업기간을 기재하여야 한다.
③ 중개사무소의 개설등록 후 업무를 개시하지 않은 개업공인중개사라도 3개월을 초과하는 휴업을
하고자 하는 때에는 부동산중개업휴업신고서에 중개사무소등록증을 첨부하여 등록관청에 미리
신고하여야 한다.
④ 개업공인중개사가 등록관청에 폐업사실을 신고한 경우에는 지체 없이 사무소의 간판을 철거하여야
한다.
⑤ 개업공인중개사가 취학을 하는 경우 6개월을 초과하여 휴업을 할 수 있다.

16 공인중개사법령상 계약금 등의 반환채무이행의 보장 등에 관한 설명으로 **틀린** 것은?

□□□ ① 개업공인중개사는 거래의 안전을 보장하기 위하여 필요하다고 인정하는 경우, 계약금 등을 예치하
도록 거래당사자에게 권고할 수 있다.
② 예치대상은 계약금·중도금 또는 잔금이다.
③ 보험업법에 따른 보험회사는 계약금 등의 예치명의자가 될 수 있다.
④ 개업공인중개사는 거래당사자에게 공인중개사법에 따른 공제사업을 하는 자의 명의로 계약금 등을
예치하도록 권고할 수 없다.
⑤ 개업공인중개사는 계약금 등을 자기 명의로 금융기관 등에 예치하는 경우 자기 소유의 예치금과
분리하여 관리될 수 있도록 하여야 한다.

17 중개의뢰인 甲은 자신 소유의 X부동산에 대한 임대차계약을 위해 개업공인중개사 乙과 전속중개계약을 체결하였다. X부동산에 기존임차인 丙, 저당권자 丁이 있는 경우 乙이 부동산거래정보망 또는 일간신문에 공개해야만 하는 중개대상물에 관한 정보를 모두 고른 것은?(단, 중개의뢰인이 비공개 요청을 하지 않음)

ㄱ. 丙의 성명
ㄴ. 丁의 주소
ㄷ. X부동산의 공시지가
ㄹ. X부동산에 대한 일조(日照)·소음·진동 등 환경조건

---

① ㄹ
② ㄱ, ㄴ
③ ㄷ, ㄹ
④ ㄱ, ㄴ, ㄹ
⑤ ㄱ, ㄴ, ㄷ, ㄹ

18 공인중개사법령상 조례가 정하는 바에 따라 수수료를 납부해야 하는 경우를 모두 고른 것은?

ㄱ. 분사무소 설치신고확인서의 재교부 신청
ㄴ. 국토교통부장관이 시행하는 공인중개사자격시험 응시
ㄷ. 중개사무소의 개설등록 신청
ㄹ. 분사무소 설치의 신고

---

① ㄱ, ㄴ
② ㄱ, ㄴ, ㄹ
③ ㄱ, ㄷ, ㄹ
④ ㄴ, ㄷ, ㄹ
⑤ ㄱ, ㄴ, ㄷ, ㄹ

19 무주택자인 甲이 주택을 물색하여 매수하기 위해 개업공인중개사인 乙과 일반중개계약을 체결하고
자 한다. 이 경우 공인중개사법령상 표준서식인 일반중개계약서에 기재하는 항목을 모두 고른
것은?

> ㄱ. 소유자 및 등기명의인
> ㄴ. 희망지역
> ㄷ. 취득희망가격
> ㄹ. 거래규제 및 공법상 제한사항

① ㄷ   ② ㄱ, ㄴ
③ ㄴ, ㄷ   ④ ㄷ, ㄹ
⑤ ㄱ, ㄴ, ㄷ

20 공인중개사법령상 중개사무소개설등록의 절대적 취소사유가 아닌 것은?

① 개업공인중개사인 법인이 해산한 경우
② 자격정지처분을 받은 소속공인중개사로 하여금 자격정지기간 중에 중개업무를 하게 한 경우
③ 거짓 그 밖의 부정한 방법으로 중개사무소의 개설등록을 한 경우
④ 법인이 아닌 개업공인중개사가 파산선고를 받고 복권되지 아니한 경우
⑤ 공인중개사법령을 위반하여 2 이상의 중개사무소를 둔 경우

21 공인중개사법 시행령 제30조(협회의 설립)의 내용이다. ( )에 들어갈 숫자를 올바르게 나열한 것은?

> • 공인중개사협회를 설립하고자 하는 때에는 발기인이 작성하여 서명 · 날인한 정관에 대하여 회원 (ㄱ)인 이상이 출석한 창립총회에서 출석한 회원 과반수의 동의를 얻어 국토교통부장관의 설립인 가를 받아야 한다.
> • 창립총회에는 서울특별시에서는 (ㄴ)인 이상, 광역시 · 도 및 특별자치도에서는 각각 (ㄷ)인 이상의 회원이 참여하여야 한다.

	ㄱ	ㄴ	ㄷ
①	300	50	20
②	300	100	50
③	600	50	20
④	600	100	20
⑤	800	50	50

22 공인중개사법령상 중개업무를 수행하는 소속공인중개사의 자격정지사유에 해당하지 않는 것은?

① 고객을 위하여 거래내용에 부합하는 동일한 거래계약서를 4부 작성한 경우
② 2 이상의 중개사무소에 소속된 경우
③ 고객의 요청에 의해 거래계약서에 거래금액을 거짓으로 기재한 경우
④ 권리를 취득하고자 하는 중개의뢰인에게 중개가 완성되기 전까지 등기사항증명서 등 확인 · 설명의 근거자료를 제시하지 않은 경우
⑤ 법인의 분사무소의 책임자가 서명 및 날인하였기에 당해 중개행위를 한 소속공인중개사가 확인 · 설명서에 서명 및 날인을 하지 않은 경우

23 공인중개사법령상 공제사업에 관한 설명으로 **틀린** 것은?

□□□ ① 공인중개사협회는 공제사업을 하고자 하는 때에는 공제규정을 제정하여 국토교통부장관의 승인을 얻어야 한다.

② 금융감독원의 원장은 국토교통부장관의 요청이 있는 경우에는 공제사업에 관하여 조사 또는 검사를 할 수 있다.

③ 공인중개사협회는 책임준비금을 다른 용도로 사용하고자 하는 경우에는 국토교통부장관의 승인을 얻어야 한다.

④ 책임준비금의 적립비율은 공제사고 발생률 및 공제금 지급액 등을 종합적으로 고려하여 정하되, 공제료 수입액의 100분의 10 이상으로 정한다.

⑤ 공인중개사협회는 회계연도 종료 후 6개월 이내에 매 연도의 공제사업 운용실적을 일간신문·협회보 등을 통하여 공제계약자에게 공시하여야 한다.

24 공인중개사법령상 공인중개사의 자격취소에 관한 설명으로 옳은 것은? **기출수정**

□□□ ① 공인중개사의 자격취소처분은 공인중개사의 현 주소지를 관할하는 시장·군수·구청장이 행한다.

② 시·도지사는 공인중개사의 자격취소처분을 한 때에는 5일 이내에 이를 국토교통부장관과 다른 시·도지사에게 통보해야 한다.

③ 자격취소사유가 발생한 경우에는 청문을 실시하지 않아도 해당 공인중개사의 자격을 취소할 수 있다.

④ 공인중개사의 자격이 취소된 자는 공인중개사자격증을 7일 이내에 한국산업인력공단에 반납하여야 한다.

⑤ 공인중개사자격이 취소되었으나 공인중개사자격증을 분실 등의 사유로 반납할 수 없는 자는 신규 발급절차를 거쳐 발급된 공인중개사자격증을 반납하여야 한다.

25 공인중개사법령상 포상금 지급에 관한 설명으로 옳은 것은?

□□□ ① 포상금은 1건당 150만원으로 한다.

② 검사가 신고사건에 대하여 기소유예의 결정을 한 경우에는 포상금을 지급하지 않는다.

③ 포상금의 지급에 소요되는 비용 중 시·도에서 보조할 수 있는 비율은 100분의 50 이내로 한다.

④ 포상금지급신청서를 제출받은 등록관청은 그 사건에 관한 수사기관의 처분내용을 조회한 후 포상금의 지급을 결정하고, 그 결정일부터 1월 이내에 포상금을 지급하여야 한다.

⑤ 등록관청은 하나의 사건에 대하여 2건 이상의 신고가 접수된 경우, 공동으로 신고한 것이 아니면 포상금을 균등하게 배분하여 지급한다.

26 다음 중 공인중개사법령상 과태료를 부과할 경우 과태료의 부과기준에서 정하는 과태료금액이
☐☐☐ 가장 큰 경우는?

① 공제업무의 개선명령을 이행하지 않은 경우
② 휴업한 중개업의 재개신고를 하지 않은 경우
③ 중개사무소의 이전신고를 하지 않은 경우
④ 중개사무소등록증을 게시하지 않은 경우
⑤ 휴업기간의 변경신고를 하지 않은 경우

PART 1

PART 2

PART 3

PART 4

27 부동산 거래신고 등에 관한 법령상 외국인 등의 부동산 취득 등에 관한 특례에 대한 설명으로
☐☐☐ 옳은 것은?(단, 헌법과 법률에 따라 체결된 조약의 이행에 필요한 경우는 고려하지 않음)

기출수정

① 국제연합의 전문기구가 경매로 대한민국 안의 부동산 등을 취득한 때에는 부동산 등을 취득한
날부터 3개월 이내에 신고관청에 신고하여야 한다.
② 외국인등이 부동산 임대차계약을 체결하는 경우 계약체결일로부터 6개월 이내에 신고관청에 신고
하여야 한다.
③ 특별자치시장은 외국인등이 신고한 부동산 등의 취득·계속보유 신고내용을 매 분기 종료일부터
1개월 이내에 직접 국토교통부장관에게 제출하여야 한다.
④ 「자연환경보전법」에 따른 생태·경관보전지역의 경우 외국인등의 토지거래허가신청서를 받은 신
고관청은 신청서를 받은 날부터 30일 이내에 허가 또는 불허가처분을 하여야 한다.
⑤ 외국인등이 법원의 확정판결로 대한민국 안의 부동산 등을 취득한 때에는 신고하지 않아도 된다.

28 부동산 거래신고 등에 관한 법령상 토지거래계약 불허가처분 토지에 대하여 매수청구를 받은 경우, 매수할 자로 지정될 수 있는 자를 모두 고른 것은?

> ㄱ. 지방자치단체
> ㄴ. 「한국은행법」에 따른 한국은행
> ㄷ. 「지방공기업법」에 따른 지방공사
> ㄹ. 「한국석유공사법」에 따른 한국석유공사
> ㅁ. 「항만공사법」에 따른 항만공사
> ㅂ. 「한국관광공사법」에 따른 한국관광공사

① ㄴ, ㅁ   ② ㄱ, ㄹ, ㅂ
③ ㄴ, ㄷ, ㅁ   ④ ㄱ, ㄹ, ㅁ, ㅂ
⑤ ㄱ, ㄴ, ㄷ, ㄹ, ㅁ, ㅂ

29 부동산 거래신고 등에 관한 법령상 신고포상금에 관한 설명으로 옳은 것은?

① 포상금의 지급에 드는 비용은 국고로 충당한다.
② 해당 위반행위에 관여한 자가 신고한 경우라도 신고포상금은 지급하여야 한다.
③ 익명으로 고발하여 고발인을 확인할 수 없는 경우에는 당해 신고포상금은 국고로 환수한다.
④ 부동산등의 거래가격을 신고하지 않은 자를 수사기관이 적발하기 전에 수사기관에 1건 고발한 경우 1천 5백만원의 신고포상금을 받을 수 있다.
⑤ 신고관청 또는 허가관청으로부터 포상금지급결정을 통보받은 신고인은 포상금을 받으려면 국토교통부령으로 정하는 포상금지급신청서를 작성하여 신고관청 또는 허가관청에 제출하여야 한다.

30 부동산 거래신고 등에 관한 법령상 이행강제금에 대하여 개업공인중개사가 중개의뢰인에게 설명한 내용으로 옳은 것은?

① 군수는 최초의 의무이행위반이 있었던 날을 기준으로 1년에 한 번씩 그 이행명령이 이행될 때까지 반복하여 이행강제금을 부과·징수할 수 있다.

② 시장은 토지의 이용의무기간이 지난 후에도 이행명령위반에 대해서는 이행강제금을 반복하여 부과할 수 있다.

③ 시장·군수 또는 구청장은 이행명령을 받은 자가 그 명령을 이행하는 경우라도 명령을 이행하기 전에 이미 부과된 이행강제금은 징수하여야 한다.

④ 토지거래계약허가를 받아 토지를 취득한 자가 직접 이용하지 아니하고 임대한 경우에는 토지 취득가액의 100분의 20에 상당하는 금액을 이행강제금으로 부과한다.

⑤ 이행강제금 부과처분을 받은 자가 국토교통부장관에게 이의를 제기하려는 경우에는 부과처분을 고지받은 날부터 14일 이내에 하여야 한다.

31 X대지에 Y건물이 있고, X대지와 Y건물은 동일인의 소유이다. 개업공인중개사가 Y건물에 대해서만 매매를 중개하면서 중개의뢰인에게 설명한 내용으로 옳은 것을 모두 고른 것은?(다툼이 있으면 판례에 따름)

> ㄱ. Y건물에 대한 철거특약이 없는 경우, Y건물이 건물로서의 요건을 갖추었다면 무허가건물이라도 관습상의 법정지상권이 인정된다.
> ㄴ. 관습상의 법정지상권이 성립한 후 Y건물을 증축하더라도 구 건물을 기준으로 관습상의 법정지상권은 인정된다.
> ㄷ. Y건물 취득 시 Y건물을 위해 X대지에 대한 임대차계약을 체결하더라도 관습상의 법정지상권을 포기한 것은 아니다.
> ㄹ. 대지소유자가 Y건물만을 매도하여 관습상의 법정지상권이 인정되면 Y건물 매수인은 대지소유자에게 지료를 지급할 의무가 없다.

① ㄱ, ㄴ   ② ㄴ, ㄷ
③ ㄷ, ㄹ   ④ ㄱ, ㄴ, ㄹ
⑤ ㄱ, ㄷ, ㄹ

32 부동산 거래신고 등에 관한 법령상 부동산거래계약신고내용의 정정신청사항이 <u>아닌</u> 것은?

① 거래대상 건축물의 종류
② 개업공인중개사의 성명·주소
③ 거래대상 부동산의 면적
④ 거래지분의 비율
⑤ 거래당사자의 전화번호

33 법원은 X부동산에 대하여 담보권 실행을 위한 경매절차를 개시하는 결정을 내렸고, 최저 매각가격을 1억원으로 정하였다. 기일입찰로 진행되는 이 경매에서 매수신청을 하고자 하는 중개의뢰인 甲에게 개업공인중개사가 설명한 내용으로 옳은 것은?

① 甲이 1억 2천만원에 매수신청을 하려는 경우, 법원에서 달리 정함이 없으면 1천 2백만원을 보증금액으로 제공하여야 한다.
② 최고가 매수신고를 한 사람이 2명인 때에는 법원은 그 2명뿐만 아니라 모든 사람에게 다시 입찰하게 하여야 한다.
③ 甲이 다른 사람과 동일한 금액으로 최고가 매수신고를 하여 다시 입찰하는 경우, 전의 입찰가격에 못 미치는 가격으로 입찰하여 매수할 수 있다.
④ 1억 5천만원의 최고가 매수신고인이 있는 경우, 법원에서 보증금액을 달리 정하지 않았다면 甲이 차순위매수신고를 하기 위해서는 신고액이 1억 4천만원을 넘어야 한다.
⑤ 甲이 차순위매수신고인인 경우, 매각기일이 종결되면 즉시 매수신청의 보증을 돌려줄 것을 신청할 수 있다.

34 개업공인중개사가 선순위저당권이 설정되어 있는 서울시 소재 상가건물(상가건물 임대차보호법이 적용됨)에 대해 임대차기간 2018.10.1.부터 1년, 보증금 5천만원, 월차임 100만원으로 임대차를 중개하면서 임대인 甲과 임차인 乙에게 설명한 내용으로 옳은 것은?

① 乙의 연체차임액이 200만원에 이르는 경우 甲은 계약을 해지할 수 있다.

② 차임 또는 보증금의 감액이 있은 후 1년 이내에는 다시 감액을 하지 못한다.

③ 甲이 2019.4.1.부터 2019.8.31. 사이에 乙에게 갱신 거절 또는 조건 변경의 통지를 하지 않은 경우, 2019.10.1. 임대차계약이 해지된 것으로 본다.

④ 상가건물에 대한 경매개시결정등기 전에 乙이 건물의 인도와 부가가치세법에 따른 사업자등록을 신청한 때에는, 보증금 5천만원을 선순위저당권자보다 우선변제받을 수 있다.

⑤ 乙이 임대차의 등기 및 사업자등록을 마치지 못한 상태에서 2019.1.5. 甲이 상가건물을 丙에게 매도한 경우, 丙의 상가건물 인도청구에 대하여 乙은 대항할 수 없다.

35 개업공인중개사가 묘소가 설치되어 있는 임야를 중개하면서 중개의뢰인에게 설명한 내용으로 **틀린** 것은?(다툼이 있으면 판례에 따름)   `기출수정`

① 분묘가 1995년에 설치되었다 하더라도 「장사 등에 관한 법률」이 2001년에 시행되었기 때문에 분묘기지권을 시효취득할 수 없다.

② 암장되어 있어 객관적으로 인식할 수 있는 외형을 갖추고 있지 않은 묘소에는 분묘기지권이 인정되지 않는다.

③ 아직 사망하지 않은 사람을 위한 장래의 묘소인 경우 분묘기지권이 인정되지 않는다.

④ 분묘기지권이 시효취득된 경우, 분묘기지권자는 토지소유자가 지료를 청구하면 그 청구한 날부터의 지료를 지급할 의무가 있다.

⑤ 분묘기지권의 효력이 미치는 지역의 범위 내라고 할지라도 기존의 분묘 외에 새로운 분묘를 신설할 권능은 포함되지 않는다.

36 甲은 乙과 乙 소유의 X부동산의 매매계약을 체결하고, 친구 丙과의 명의신탁약정에 따라 乙로부터 바로 丙 명의로 소유권이전등기를 하였다. 이와 관련하여 개업공인중개사가 甲과 丙에게 설명한 내용으로 옳은 것을 모두 고른 것은?(다툼이 있으면 판례에 따름)

> ㄱ. 甲과 丙 간의 약정이 조세포탈, 강제집행의 면탈 또는 법령상 제한의 회피를 목적으로 하지 않은 경우 명의신탁약정 및 그 등기는 유효하다.
> ㄴ. 丙이 X부동산을 제3자에게 처분한 경우 丙은 甲과의 관계에서 횡령죄가 성립하지 않는다.
> ㄷ. 甲과 乙 사이의 매매계약은 유효하므로 甲은 乙을 상대로 소유권이전등기를 청구할 수 있다.
> ㄹ. 丙이 소유권을 취득하고 甲은 丙에게 대금 상당의 부당이득반환청구권을 행사할 수 있다.

① ㄱ, ㄷ
② ㄱ, ㄹ
③ ㄴ, ㄷ
④ ㄱ, ㄴ, ㄹ
⑤ ㄴ, ㄷ, ㄹ

37 甲 소유의 X주택에 대하여 임차인 乙이 주택의 인도를 받고 2019.6.3. 10:00에 확정일자를 받으면서 주민등록을 마쳤다. 그런데 甲의 채권자 丙이 같은 날 16:00에, 다른 채권자 丁은 다음 날 16:00에 X주택에 대해 근저당권설정등기를 마쳤다. 임차인 乙에게 개업공인중개사가 설명한 내용으로 옳은 것은?(다툼이 있으면 판례에 따름)

① 丁이 근저당권을 실행하여 X주택이 경매로 매각된 경우, 乙은 매수인에 대하여 임차권으로 대항할 수 있다.
② 丙 또는 丁 누구든 근저당권을 실행하여 X주택이 경매로 매각된 경우, 매각으로 인하여 乙의 임차권은 소멸한다.
③ 乙은 X주택의 경매시 경매법원에 배당요구를 하면 丙과 丁보다 우선하여 보증금 전액을 배당받을 수 있다.
④ X주택이 경매로 매각된 후 乙이 우선변제권 행사로 보증금을 반환받기 위해서는 X주택을 먼저 법원에 인도하여야 한다.
⑤ X주택에 대해 乙이 집행권원을 얻어 강제경매를 신청하였더라도 우선변제권을 인정받기 위해서는 배당요구의 종기까지 별도로 배당요구를 하여야 한다.

38 부동산 전자계약에 관한 설명으로 옳은 것은?

① 시·도지사는 부동산거래의 계약·신고·허가·관리 등의 업무와 관련된 정보체계를 구축·운영하여야 한다.

② 부동산거래계약의 신고를 전자문서로 제출하는 경우에는 전자서명법에 따른 인증서를 통한 본인확인의 방법으로 서명 또는 날인할 수 없다.

③ 정보처리시스템을 이용하여 주택임대차계약을 체결하였더라도 해당 주택의 임차인은 정보처리시스템을 통하여 전자계약증서에 확정일자 부여를 신청할 수 없다.

④ 개업공인중개사가 부동산거래계약시스템을 통하여 부동산거래계약을 체결한 경우 부동산거래계약이 체결된 때에 부동산거래계약신고서를 제출한 것으로 본다.

⑤ 거래계약서 작성 시 확인·설명사항이 「전자문서 및 전자거래 기본법」에 따른 공인전자문서센터에 보관된 경우라도 개업공인중개사는 확인·설명사항을 서면으로 작성하여 보존하여야 한다.

39 부동산 거래신고 등에 관한 법령상 부동산거래신고의 대상이 되는 계약이 <u>아닌</u> 것은?

① 「주택법」에 따라 공급된 주택의 매매계약

② 「택지개발촉진법」에 따라 공급된 토지의 임대차계약

③ 「도시개발법」에 따른 부동산에 대한 공급계약

④ 「체육시설의 설치·이용에 관한 법률」에 따라 등록된 시설이 있는 건물의 매매계약

⑤ 「도시 및 주거환경정비법」에 따른 관리처분계약의 인가로 취득한 입주자로 선정된 지위의 매매계약

40 부동산 거래신고 등에 관한 법령상 부동산거래신고에 관한 설명으로 옳은 것은?(다툼이 있으면 판례에 따름)

① 개업공인중개사가 거래계약서를 작성·교부한 경우 거래당사자는 60일 이내에 부동산거래신고를 하여야 한다.

② 소속공인중개사 및 중개보조원은 부동산거래신고를 할 수 있다.

③ 「지방공기업법」에 따른 지방공사와 개인이 매매계약을 체결한 경우 양 당사자는 공동으로 신고하여야 한다.

④ 거래대상 부동산의 공법상 거래규제 및 이용제한에 관한 사항은 부동산거래계약신고서의 기재사항이다.

⑤ 매매대상 토지 중 공장부지로 편입되지 아니할 부분의 토지를 매도인에게 원가로 반환한다는 조건을 당사자가 약정한 경우 그 사항은 신고사항이다.

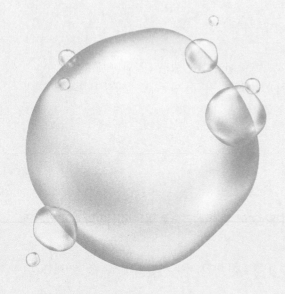

행운이란 100%의 노력 뒤에 남는 것이다.

- 랭스턴 콜먼 -

PART 2

부동산공법

01 2023년 제34회 기출문제

02 2022년 제33회 기출문제

03 2021년 제32회 기출문제

04 2020년 제31회 기출문제

05 2019년 제30회 기출문제

2023년 제34회 기출문제

✅ **시행일 : 2023.10.28.**　　　　　　　　　　　　⏱ Time　　　　　분 | 해설편 106p

01 국토의 계획 및 이용에 관한 법령상 개발행위허가에 관한 설명으로 <u>틀린</u> 것은?

☐☐☐
① 농림지역에 물건을 1개월 이상 쌓아놓는 행위는 개발행위허가의 대상이 아니다.
② 「사방사업법」에 따른 사방사업을 위한 개발행위에 대하여 허가를 하는 경우 중앙도시계획위원회와 지방도시계획위원회의 심의를 거치지 아니한다.
③ 일정 기간 동안 개발행위허가를 제한할 수 있는 대상지역에 지구단위계획구역은 포함되지 않는다.
④ 기반시설부담구역으로 지정된 지역에 대해서는 중앙도시계획위원회나 지방도시계획위원회의 심의를 거치지 아니하고 개발행위허가의 제한을 연장할 수 있다.
⑤ 개발행위허가의 제한을 연장하는 경우 그 연장 기간은 2년을 넘을 수 없다.

02 국토의 계획 및 이용에 관한 법령상 개발행위허가 시 개발행위 규모의 제한을 받지 않는 경우에 해당하지 <u>않는</u> 것은?

☐☐☐
① 지구단위계획으로 정한 가구 및 획지의 범위 안에서 이루어지는 토지의 형질변경으로서 당해 형질변경과 그와 관련된 기반시설의 설치가 동시에 이루어지는 경우
② 해당 개발행위가 「농어촌정비법」에 따른 농어촌정비사업으로 이루어지는 경우
③ 건축물의 건축, 공작물의 설치 또는 지목의 변경을 수반하지 아니하고 시행하는 토지복원사업
④ 「환경친화적 자동차의 개발 및 보급 촉진에 관한 법률」에 따른 수소연료공급시설의 설치를 수반하는 경우
⑤ 해당 개발행위가 「국방·군사시설 사업에 관한 법률」에 따른 국방·군사시설사업으로 이루어지는 경우

03 국토의 계획 및 이용에 관한 법령상 시·도지사가 복합용도지구를 지정할 수 있는 용도지역에 해당하는 것을 모두 고른 것은?

ㄱ. 준주거지역	ㄴ. 근린상업지역
ㄷ. 일반공업지역	ㄹ. 계획관리지역
ㅁ. 일반상업지역	

① ㄱ, ㄴ
② ㄷ, ㄹ
③ ㄱ, ㄴ, ㄷ
④ ㄷ, ㄹ, ㅁ
⑤ ㄱ, ㄴ, ㄹ, ㅁ

04 국토의 계획 및 이용에 관한 법령상 지구단위계획구역의 지정에 관한 설명으로 옳은 것은?(단, 조례는 고려하지 않음)

① 「산업입지 및 개발에 관한 법률」에 따른 준산업단지에 대하여는 지구단위계획구역을 지정할 수 없다.
② 도시지역 내 복합적인 토지 이용을 증진시킬 필요가 있는 지역으로서 지구단위계획구역을 지정할 수 있는 지역에 일반공업지역은 해당하지 않는다.
③ 「택지개발촉진법」에 따라 지정된 택지개발지구에서 시행되는 사업이 끝난 후 5년이 지나면 해당 지역은 지구단위계획구역으로 지정하여야 한다.
④ 도시지역 외의 지역을 지구단위계획구역으로 지정하려면 지정하려는 구역 면적의 3분의 2 이상이 계획관리지역이어야 한다.
⑤ 농림지역에 위치한 산업·유통개발진흥지구는 지구단위계획구역으로 지정할 수 있는 대상지역에 포함되지 않는다.

05 국토의 계획 및 이용에 관한 법령상 주민이 도시·군관리계획의 입안권자에게 그 입안을 제안할 수 있는 사항이 <u>아닌</u> 것은? **기출수정**

① 도시·군계획시설입체복합구역의 지정 및 변경에 관한 사항
② 지구단위계획구역의 지정 및 변경과 지구단위계획의 수립 및 변경에 관한 사항
③ 기반시설의 설치·정비 또는 개량에 관한 사항
④ 산업·유통개발진흥지구의 변경에 관한 사항
⑤ 시가화조정구역의 지정 및 변경에 관한 사항

06 국토의 계획 및 이용에 관한 법령상 도시·군관리계획결정의 실효에 관한 설명이다. (   )에 □□□ 들어갈 공통된 숫자로 옳은 것은?

> 지구단위계획(주민이 입안을 제안한 것에 한정한다)에 관한 도시·군관리계획결정의 고시일부터 (   )년 이내에 국토의 계획 및 이용에 관한 법률 또는 다른 법률에 따라 허가·인가·승인 등을 받아 사업이나 공사에 착수하지 아니하면 그 (   )년이 된 날의 다음 날에 그 지구단위계획에 관한 도시·군관리계획결정은 효력을 잃는다.

① 2
② 3
③ 5
④ 10
⑤ 20

07 국토의 계획 및 이용에 관한 법령상 용도지구에 관한 설명이다. (   )에 들어갈 내용으로 옳은 □□□ 것은?

> • 집단취락지구 : (ㄱ) 안의 취락을 정비하기 위하여 필요한 지구
> • 복합개발진흥지구 : 주거기능, (ㄴ)기능, 유통·물류기능 및 관광·휴양기능 중 2 이상의 기능을 중심으로 개발·정비할 필요가 있는 지구

	ㄱ	ㄴ
①	개발제한구역	공 업
②	자연취락지구	상 업
③	개발제한구역	상 업
④	관리지역	공 업
⑤	관리지역	교 통

08 국토의 계획 및 이용에 관한 법령상 도시혁신계획에 포함되어야 할 사항으로 명시되지 않은 것은?

기출수정

① 용도지역·용도지구, 도시·군계획시설 및 지구단위계획의 결정에 관한 사항
② 건축물의 용도별 복합적인 배치비율 및 규모 등에 관한 사항
③ 주요 기반시설의 확보에 관한 사항
④ 건축물의 건폐율·용적률·높이에 관한 사항
⑤ 건축물의 용도·종류 및 규모 등에 관한 사항

09 국토의 계획 및 이용에 관한 법령상 개발밀도관리구역에 관한 설명으로 틀린 것은?

① 도시·군계획시설사업의 시행자인 시장 또는 군수는 개발밀도관리구역에 관한 기초조사를 하기 위하여 필요하면 타인의 토지에 출입할 수 있다.
② 개발밀도관리구역의 지정기준, 개발밀도관리구역의 관리 등에 관하여 필요한 사항은 대통령령으로 정하는 바에 따라 국토교통부장관이 정한다.
③ 개발밀도관리구역에서는 해당 용도지역에 적용되는 용적률의 최대한도의 50퍼센트 범위에서 용적률을 강화하여 적용한다.
④ 시장 또는 군수는 개발밀도관리구역을 지정하거나 변경하려면 해당 지방자치단체에 설치된 지방도시계획위원회의 심의를 거쳐야 한다.
⑤ 기반시설을 설치하거나 그에 필요한 용지를 확보하게 하기 위하여 개발밀도관리구역에 기반시설부담구역을 지정할 수 있다.

10 국토의 계획 및 이용에 관한 법령상 시·군·구도시계획위원회의 업무를 모두 고른 것은?

> ㄱ. 도시·군관리계획과 관련하여 시장·군수 또는 구청장이 자문하는 사항에 대한 조언
> ㄴ. 시범도시사업계획의 수립에 관하여 시장·군수·구청장이 자문하는 사항에 대한 조언
> ㄷ. 시장 또는 군수가 결정하는 도시·군관리계획의 심의

① ㄱ
② ㄷ
③ ㄱ, ㄴ
④ ㄴ, ㄷ
⑤ ㄱ, ㄴ, ㄷ

11 국토의 계획 및 이용에 관한 법령상 도시·군계획시설사업 시행을 위한 타인의 토지에의 출입 등에 관한 설명으로 옳은 것은?

① 타인의 토지에 출입하려는 행정청인 사업시행자는 출입하려는 날의 7일 전까지 그 토지의 소유자·점유자 또는 관리인에게 그 일시와 장소를 알려야 한다.

② 토지의 소유자·점유자 또는 관리인의 동의 없이 타인의 토지를 재료 적치장 또는 임시통로로 일시 사용한 사업시행자는 사용한 날부터 14일 이내에 시장 또는 군수의 허가를 받아야 한다.

③ 토지 점유자가 승낙하지 않는 경우에도 사업시행자는 시장 또는 군수의 허가를 받아 일몰 후에 울타리로 둘러싸인 타인의 토지에 출입할 수 있다.

④ 토지에의 출입에 따라 손실을 입은 자가 보상에 관하여 국토교통부장관에게 조정을 신청하지 아니하는 경우에는 관할 토지수용위원회에 재결을 신청할 수 없다.

⑤ 사업시행자가 행정청인 경우라도 허가를 받지 아니하면 타인의 토지에 출입할 수 없다.

12 국토의 계획 및 이용에 관한 법령상 도시·군계획시설사업의 시행에 관한 설명으로 옳은 것은?

① 「도시 및 주거환경정비법」에 따라 도시·군관리계획의 결정이 의제되는 경우에는 해당 도시·군계획시설결정의 고시일부터 3개월 이내에 도시·군계획시설에 대하여 단계별 집행계획을 수립하여야 한다.

② 5년 이내에 시행하는 도시·군계획시설사업은 단계별 집행계획 중 제1단계 집행계획에 포함되어야 한다.

③ 한국토지주택공사가 도시·군계획시설사업의 시행자로 지정을 받으려면 토지소유자 총수의 3분의 2 이상에 해당하는 자의 동의를 얻어야 한다.

④ 국토교통부장관은 국가계획과 관련되거나 그 밖에 특히 필요하다고 인정되는 경우에는 관계 특별시장·광역시장·특별자치시장·특별자치도지사·시장 또는 군수의 의견을 들어 직접 도시·군계획시설사업을 시행할 수 있다.

⑤ 사업시행자는 도시·군계획시설사업 대상시설을 둘 이상으로 분할하여 도시·군계획시설사업을 시행하여서는 아니 된다.

13 도시개발법령상 환지 설계를 평가식으로 하는 경우 다음 조건에서 환지 계획에 포함되어야 하는 비례율은?(단, 제시된 조건 이외의 다른 조건은 고려하지 않음)

> • 총 사업비 : 250억원
> • 환지 전 토지·건축물의 평가액 합계 : 500억원
> • 도시개발사업으로 조성되는 토지·건축물의 평가액 합계 : 1,000억원

① 100% ② 125%

③ 150% ④ 200%

⑤ 250%

14 도시개발법령상 원형지의 공급과 개발에 관한 설명으로 옳은 것은?

① 원형지를 공장 부지로 직접 사용하는 원형지개발자의 선정은 경쟁입찰의 방식으로 하며, 경쟁입찰이 2회 이상 유찰된 경우에는 수의계약의 방법으로 할 수 있다.

② 지정권자는 원형지의 공급을 승인할 때 용적률 등 개발밀도에 관한 이행조건을 붙일 수 없다.

③ 원형지 공급가격은 원형지의 감정가격과 원형지에 설치한 기반시설 공사비의 합산 금액을 기준으로 시·도의 조례로 정한다.

④ 원형지개발자인 지방자치단체는 10년의 범위에서 대통령령으로 정하는 기간 안에는 원형지를 매각할 수 없다.

⑤ 원형지개발자가 공급받은 토지의 전부를 시행자의 동의 없이 제3자에게 매각하는 경우 시행자는 원형지개발자에 대한 시정요구 없이 원형지 공급계약을 해제할 수 있다.

15 도시개발법령상 도시개발사업 조합에 관한 설명으로 옳은 것을 모두 고른 것은?

ㄱ. 금고 이상의 형을 선고받고 그 형의 집행유예기간 중에 있는 자는 조합의 임원이 될 수 없다.
ㄴ. 조합이 조합 설립의 인가를 받은 사항 중 공고방법을 변경하려는 경우 지정권자로부터 변경인가를 받아야 한다.
ㄷ. 조합장 또는 이사의 자기를 위한 조합과의 계약이나 소송에 관하여는 대의원회가 조합을 대표한다.
ㄹ. 의결권을 가진 조합원의 수가 50인 이상인 조합은 총회의 권한을 대행하게 하기 위하여 대의원회를 둘 수 있으며, 대의원회에 두는 대의원의 수는 의결권을 가진 조합원 총수의 100분의 10 이상으로 한다.

① ㄱ, ㄷ
② ㄱ, ㄹ
③ ㄴ, ㄷ
④ ㄱ, ㄴ, ㄹ
⑤ ㄴ, ㄷ, ㄹ

16 도시개발법령상 도시개발사업의 시행자인 지방자치단체가 주택법 제4조에 따른 주택건설사업자 등으로 하여금 대행하게 할 수 있는 도시개발사업의 범위에 해당하지 <u>않는</u> 것은?

① 실시설계
② 부지조성공사
③ 기반시설공사
④ 조성된 토지의 분양
⑤ 토지상환채권의 발행

17 도시개발법령상 개발계획에 따라 도시개발구역을 지정한 후에 개발계획에 포함시킬 수 있는 사항은?

① 환경보전계획
② 보건의료시설 및 복지시설의 설치계획
③ 원형지로 공급될 대상 토지 및 개발 방향
④ 임대주택건설계획 등 세입자 등의 주거 및 생활 안정 대책
⑤ 도시개발구역을 둘 이상의 사업시행지구로 분할하여 도시개발사업을 시행하는 경우 그 분할에 관한 사항

18 도시개발법령상 환지 방식에 의한 사업 시행에서의 청산금에 관한 설명으로 <u>틀린</u> 것은?

① 시행자는 토지 소유자의 동의에 따라 환지를 정하지 아니하는 토지에 대하여는 환지처분 전이라도 청산금을 교부할 수 있다.

② 토지 소유자의 신청에 따라 환지 대상에서 제외한 토지에 대하여는 청산금을 교부하는 때에 청산금을 결정할 수 없다.

③ 청산금을 받을 권리나 징수할 권리를 5년간 행사하지 아니하면 시효로 소멸한다.

④ 청산금은 대통령령으로 정하는 바에 따라 이자를 붙여 분할징수하거나 분할교부할 수 있다.

⑤ 행정청이 아닌 시행자가 군수에게 청산금의 징수를 위탁한 경우 그 시행자는 군수가 징수한 금액의 100분의 4에 해당하는 금액을 해당 군에 지급하여야 한다.

19 도시 및 주거환경정비법령상 정비기반시설에 해당하지 <u>않는</u> 것은?(단, 주거환경개선사업을 위하여 지정 · 고시된 정비구역이 아님)

① 녹 지
② 공공공지
③ 공용주차장
④ 소방용수시설
⑤ 공동으로 사용하는 구판장

20 도시 및 주거환경정비법령상 토지등소유자에 대한 분양신청의 통지 및 분양공고 양자에 공통으로 포함되어야 할 사항을 모두 고른 것은?(단, 토지등소유자 1인이 시행하는 재개발사업은 제외하고, 조례는 고려하지 않음)

> ㄱ. 분양을 신청하지 아니한 자에 대한 조치
> ㄴ. 토지등소유자 외의 권리자의 권리신고방법
> ㄷ. 분양신청서
> ㄹ. 분양대상자별 분담금의 추산액

① ㄱ   ② ㄱ, ㄴ
③ ㄴ, ㄷ   ④ ㄷ, ㄹ
⑤ ㄱ, ㄴ, ㄹ

21 도시 및 주거환경정비법령상 조합의 정관을 변경하기 위하여 총회에서 조합원 3분의 2 이상의 찬성을 요하는 사항이 <u>아닌</u> 것은?

① 정비구역의 위치 및 면적
② 조합의 비용부담 및 조합의 회계
③ 정비사업비의 부담 시기 및 절차
④ 청산금의 징수·지급의 방법 및 절차
⑤ 시공자·설계자의 선정 및 계약서에 포함될 내용

22 도시 및 주거환경정비법령상 공동구의 설치 및 관리비용에 관한 설명으로 옳은 것은?

① 공동구점용예정자가 부담할 공동구의 설치에 드는 비용의 부담비율은 공동구의 권리지분비율을 고려하여 시장·군수등이 정한다.
② 공동구의 설치로 인한 보상비용은 공동구의 설치비용에 포함되지 않는다.
③ 사업시행자로부터 공동구의 설치비용 부담금의 납부통지를 받은 공동구점용예정자는 공동구의 설치공사가 착수되기 전에 부담금액의 3분의 1 이상을 납부하여야 한다.
④ 공동구 관리비용은 반기별로 산출하여 부과한다.
⑤ 시장·군수등은 필요한 경우 공동구 관리비용을 분할하여 분기별로 납부하게 할 수 있다.

23 도시 및 주거환경정비법령상 조합의 임원에 관한 설명으로 <u>틀린</u> 것은?

① 조합임원의 임기만료 후 6개월 이상 조합임원이 선임되지 아니한 경우에는 시장·군수등이 조합임원 선출을 위한 총회를 소집할 수 있다.

② 조합임원이 결격사유에 해당하게 되어 당연 퇴임한 경우 그가 퇴임 전에 관여한 행위는 그 효력을 잃는다.

③ 총회에서 요청하여 시장·군수등이 전문조합관리인을 선정한 경우 전문조합관리인이 업무를 대행할 임원은 당연 퇴임한다.

④ 조합장이 아닌 조합임원은 대의원이 될 수 없다.

⑤ 대의원회는 임기 중 궐위된 조합장을 보궐선임할 수 없다.

24 도시 및 주거환경정비법령상 소규모 토지 등의 소유자에 대한 토지임대부 분양주택 공급에 관한 내용이다. ( )에 들어갈 숫자로 옳은 것은?(단, 조례는 고려하지 않음)

> 국토교통부장관, 시·도지사, 시장, 군수, 구청장 또는 토지주택공사등은 정비구역에 세입자와 다음의 어느 하나에 해당하는 자의 요청이 있는 경우에는 인수한 재개발임대주택의 일부를 「주택법」에 따른 토지임대부 분양주택으로 전환하여 공급하여야 한다.
> 1. 면적이 (ㄱ)제곱미터 미만의 토지를 소유한 자로서 건축물을 소유하지 아니한 자
> 2. 바닥면적이 (ㄴ)제곱미터 미만의 사실상 주거를 위하여 사용하는 건축물을 소유한 자로서 토지를 소유하지 아니한 자

	ㄱ	ㄴ
①	90	40
②	90	50
③	90	60
④	100	40
⑤	100	50

25 주택법령상 조정대상지역의 지정기준의 일부이다. (　　)에 들어갈 숫자로 옳은 것은?

□□□

> 조정대상지역지정직전월부터 소급하여 6개월간의 평균 주택가격상승률이 마이너스 (ㄱ)퍼센트
> 이하인 지역으로서 다음에 해당하는 지역
> • 조정대상지역지정직전월부터 소급하여 (ㄴ)개월 연속 주택매매거래량이 직전 연도의 같은 기간
>   보다 (ㄷ)퍼센트 이상 감소한 지역
> • 조정대상지역지정직전월부터 소급하여 (ㄴ)개월간의 평균 미분양주택(「주택법」 제15조 제1항에
>   따른 사업계획승인을 받아 입주자를 모집했으나 입주자가 선정되지 않은 주택을 말한다)의 수가
>   직전 연도의 같은 기간보다 2배 이상인 지역

	ㄱ	ㄴ	ㄷ
①	1	3	20
②	1	3	30
③	1	6	30
④	3	3	20
⑤	3	6	20

26 주택법령상 주택의 사용검사 등에 관한 설명으로 틀린 것은?

□□□

① 하나의 주택단지의 입주자를 분할 모집하여 전체 단지의 사용검사를 마치기 전에 입주가 필요한
   경우에는 공사가 완료된 주택에 대하여 동별로 사용검사를 받을 수 있다.
② 사용검사는 사용검사 신청일부터 15일 이내에 하여야 한다.
③ 사업주체는 건축물의 동별로 공사가 완료된 경우로서 사용검사권자의 임시 사용승인을 받은 경우
   에는 사용검사를 받기 전에 주택을 사용하게 할 수 있다.
④ 사업주체가 파산 등으로 사용검사를 받을 수 없는 경우에는 해당 주택의 시공을 보증한 자, 해당
   주택의 시공자 또는 입주예정자는 사용검사를 받을 수 있다.
⑤ 무단거주가 아닌 입주예정자가 사업주체의 파산 등으로 사용검사를 받을 때에는 입주예정자의
   대표회의가 사용검사권자에게 사용검사를 신청할 때 하자보수보증금을 예치하여야 한다.

27 주택법령상 지역주택조합의 조합원을 모집하기 위하여 모집주체가 광고를 하는 경우 광고에 포함되어야 하는 내용에 해당하는 것을 모두 고른 것은?

☐☐☐

ㄱ. 조합의 명칭 및 사무소의 소재지
ㄴ. 조합원의 자격기준에 관한 내용
ㄷ. 조합설립 인가일
ㄹ. 조합원 모집 신고 수리일

① ㄱ, ㄴ, ㄷ   ② ㄱ, ㄴ, ㄹ
③ ㄱ, ㄷ, ㄹ   ④ ㄴ, ㄷ, ㄹ
⑤ ㄱ, ㄴ, ㄷ, ㄹ

28 주택법령상「공동주택관리법」에 따른 행위의 허가를 받거나 신고를 하고 설치하는 세대구분형 공동주택이 충족하여야 하는 요건에 해당하는 것을 모두 고른 것은?(단, 조례는 고려하지 않음)

☐☐☐

ㄱ. 하나의 세대가 통합하여 사용할 수 있도록 세대 간에 연결문 또는 경량구조의 경계벽 등을 설치할 것
ㄴ. 구분된 공간의 세대수는 기존 세대를 포함하여 2세대 이하일 것
ㄷ. 세대별로 구분된 각각의 공간마다 별도의 욕실, 부엌과 구분 출입문을 설치할 것
ㄹ. 구조, 화재, 소방 및 피난안전 등 관계 법령에서 정하는 안전 기준을 충족할 것

① ㄱ, ㄴ, ㄷ   ② ㄱ, ㄴ, ㄹ
③ ㄱ, ㄷ, ㄹ   ④ ㄴ, ㄷ, ㄹ
⑤ ㄱ, ㄴ, ㄷ, ㄹ

29 주택법령상 주택건설사업자 등에 관한 설명으로 옳은 것은?

① 「공익법인의 설립·운영에 관한 법률」에 따라 주택건설사업을 목적으로 설립된 공익법인이 연간 20호 이상의 단독주택 건설사업을 시행하려는 경우 국토교통부장관에게 등록하여야 한다.

② 세대수를 증가하는 리모델링주택조합이 그 구성원의 주택을 건설하는 경우에는 국가와 공동으로 사업을 시행할 수 있다.

③ 고용자가 그 근로자의 주택을 건설하는 경우에는 대통령령으로 정하는 바에 따라 등록사업자와 공동으로 사업을 시행하여야 한다.

④ 국토교통부장관은 등록사업자가 타인에게 등록증을 대여한 경우에는 1년 이내의 기간을 정하여 영업의 정지를 명할 수 있다.

⑤ 영업정지 처분을 받은 등록사업자는 그 처분 전에 사업계획승인을 받은 사업을 계속 수행할 수 없다.

30 주택법령상 용어에 관한 설명으로 **틀린** 것은?

① 「건축법 시행령」에 따른 다세대주택은 공동주택에 해당한다.

② 「건축법 시행령」에 따른 오피스텔은 준주택에 해당한다.

③ 주택단지에 해당하는 토지가 폭 8미터 이상인 도시계획예정도로로 분리된 경우, 분리된 토지를 각각 별개의 주택단지로 본다.

④ 주택에 딸린 자전거보관소는 복리시설에 해당한다.

⑤ 도로·상하수도·전기시설·가스시설·통신시설·지역난방시설은 기간시설(基幹施設)에 해당한다.

31 주택법령상 리모델링에 관한 설명으로 **틀린** 것은?(단, 조례는 고려하지 않음)

① 세대수 증가형 리모델링으로 인한 도시과밀, 이주수요집중 등을 체계적으로 관리하기 위하여 수립하는 계획을 리모델링 기본계획이라 한다.

② 리모델링에 동의한 소유자는 리모델링 결의를 한 리모델링주택조합이나 소유자 전원의 동의를 받은 입주자대표회의가 시장·군수·구청장에게 리모델링 허가신청서를 제출하기 전까지 서면으로 동의를 철회할 수 있다.

③ 특별시장·광역시장 및 대도시의 시장은 리모델링 기본계획을 수립하거나 변경한 때에는 이를 지체 없이 해당 지방자치단체의 공보에 고시하여야 한다.

④ 수직증축형 리모델링의 설계자는 국토교통부장관이 정하여 고시하는 구조기준에 맞게 구조설계도서를 작성하여야 한다.

⑤ 대수선인 리모델링을 하려는 자는 시장·군수·구청장에게 안전진단을 요청하여야 한다.

32 건축법령상 건축선과 대지의 면적에 관한 설명이다. (   )에 들어갈 내용으로 옳은 것은?(단, 허가권자의 건축선의 별도지정, 건축법 제3조에 따른 적용제외, 건축법령상 특례 및 조례는 고려하지 않음)

> 건축법 제2조 제1항 제11호에 따른 소요 너비에 못 미치는 너비의 도로인 경우에는 그 중심선으로부터 그 (ㄱ)을 건축선으로 하되, 그 도로의 반대쪽에 하천이 있는 경우에는 그 하천이 있는 쪽의 도로경계선에서 (ㄴ)을 건축선으로 하며, 그 건축선과 도로 사이의 대지면적은 건축물의 대지면적 산정 시 (ㄷ)한다.

	ㄱ	ㄴ	ㄷ
①	소요 너비에 해당하는 수평거리만큼 물러난 선	소요 너비에 해당하는 수평거리의 선	제 외
②	소요 너비의 2분의 1의 수평거리만큼 물러난 선	소요 너비의 2분의 1의 수평거리의 선	제 외
③	소요 너비의 2분의 1의 수평거리만큼 물러난 선	소요 너비에 해당하는 수평거리의 선	제 외
④	소요 너비의 2분의 1의 수평거리만큼 물러난 선	소요 너비에 해당하는 수평거리의 선	포 함
⑤	소요 너비에 해당하는 수평거리만큼 물러난 선	소요 너비의 2분의 1의 수평거리의 선	포 함

33 건축법령상 건축협정구역에서 건축하는 건축물에 대하여 완화하여 적용할 수 있는 건축기준 중 건축위원회의 심의와 「국토의 계획 및 이용에 관한 법률」에 따른 지방도시계획위원회의 심의를 통합하여 거쳐야 하는 것은?

① 건축물의 용적률
② 건축물의 건폐율
③ 건축물의 높이 제한
④ 대지의 조경 면적
⑤ 일조 등의 확보를 위한 건축물의 높이 제한

34 甲은 A도 B시에 소재하는 자동차영업소로만 쓰는 건축물(사용승인을 받은 건축물로서 같은 건축물에 해당 용도로 쓰는 바닥면적의 합계가 500m²임)의 용도를 전부 노래연습장으로 용도변경하려고 한다. 건축법령상 이에 관한 설명으로 옳은 것은?(단, 제시된 조건 이외의 다른 조건이나 제한, 건축법령상 특례 및 조례는 고려하지 않음)

① 甲은 건축물 용도변경에 관하여 B시장의 허가를 받아야 한다.
② 甲은 B시장에게 건축물 용도변경에 관하여 신고를 하여야 한다.
③ 甲은 용도변경한 건축물을 사용하려면 B시장의 사용승인을 받아야 한다.
④ 甲은 B시장에게 건축물대장 기재내용의 변경을 신청하여야 한다.
⑤ 甲의 건축물에 대한 용도변경을 위한 설계는 건축사가 아니면 할 수 없다.

35 건축법령상 건축허가를 받은 건축물의 착공신고 시 허가권자에 대하여 구조 안전 확인 서류의 제출이 필요한 대상 건축물의 기준으로 옳은 것을 모두 고른 것은?(단, 표준설계도서에 따라 건축하는 건축물이 아니며, 건축법령상 특례는 고려하지 않음)

ㄱ. 건축물의 높이 : 13미터 이상
ㄴ. 건축물의 처마높이 : 7미터 이상
ㄷ. 건축물의 기둥과 기둥 사이의 거리 : 10미터 이상

① ㄱ
② ㄴ
③ ㄱ, ㄷ
④ ㄴ, ㄷ
⑤ ㄱ, ㄴ, ㄷ

36 건축법령상 건축물로부터 바깥쪽으로 나가는 출구를 설치하여야 하는 건축물이 <u>아닌</u> 것은?(단, 건축물은 해당 용도로 쓰는 바닥면적의 합계가 300제곱미터 이상으로 승강기를 설치하여야 하는 건축물이 아니며, 건축법령상 특례는 고려하지 않음)

① 전시장
② 무도학원
③ 동물 전용의 장례식장
④ 인터넷컴퓨터게임시설제공업소
⑤ 업무시설 중 국가 또는 지방자치단체의 청사

37 건축법령상 지상 11층 지하 3층인 하나의 건축물이 다음 조건을 갖추고 있는 경우 건축물의 용적률은?(단, 제시된 조건 이외의 다른 조건이나 제한 및 건축법령상 특례는 고려하지 않음)

- 대지면적은 1,500m²임
- 각 층의 바닥면적은 1,000m²로 동일함
- 지상 1층 중 500m²는 건축물의 부속용도인 주차장으로, 나머지 500m²는 제2종 근린생활시설로 사용함
- 지상 2층에서 11층까지는 업무시설로 사용함
- 지하 1층은 제1종 근린생활시설로, 지하 2층과 지하 3층은 주차장으로 사용함

① 660%   ② 700%
③ 800%   ④ 900%
⑤ 1,100%

38 건축법령상 대지에 공개 공지 또는 공개 공간을 설치하여야 하는 건축물은?(단, 건축물의 용도로 쓰는 바닥면적의 합계는 5천 제곱미터 이상이며, 건축법령상 특례 및 조례는 고려하지 않음)

① 일반주거지역에 있는 초등학교
② 준주거지역에 있는 「농수산물 유통 및 가격안정에 관한 법률」에 따른 농수산물유통시설
③ 일반상업지역에 있는 관망탑
④ 자연녹지지역에 있는 「청소년활동진흥법」에 따른 유스호스텔
⑤ 준공업지역에 있는 여객용 운수시설

39 농지법령상 농지를 임대하거나 무상사용하게 할 수 있는 요건 중 일부이다. (　　)에 들어갈 숫자로 옳은 것은?

> • (ㄱ)세 이상인 농업인이 거주하는 시·군에 있는 소유 농지 중에서 자기의 농업경영에 이용한 기간이 (ㄴ)년이 넘은 농지
> • (ㄷ)월 이상의 국외여행으로 인하여 일시적으로 농업경영에 종사하지 아니하게 된 자가 소유하고 있는 농지

	ㄱ	ㄴ	ㄷ
①	55	3	3
②	60	3	5
③	60	5	3
④	65	4	5
⑤	65	5	1

40 농지법령상 농지 소유자가 소유 농지를 위탁경영할 수 있는 경우가 아닌 것은?

① 선거에 따른 공직 취임으로 자경할 수 없는 경우
② 「병역법」에 따라 징집 또는 소집된 경우
③ 농업법인이 청산 중인 경우
④ 농지이용증진사업 시행계획에 따라 위탁경영하는 경우
⑤ 농업인이 자기 노동력이 부족하여 농작업의 전부를 위탁하는 경우

2022년 제33회 기출문제

✔ 시행일 : 2022.10.29.   ✔ Time   분 | 해설편 132p

PART 1 PART 2 PART 3 PART 4

01 국토의 계획 및 이용에 관한 법령상 용도지역·용도지구·용도구역에 관한 설명으로 옳은 것은? (단, 조례는 고려하지 않음)

① 대도시 시장은 유통상업지역에 복합용도지구를 지정할 수 있다.

② 대도시 시장은 재해의 반복 발생이 우려되는 지역에 대해서는 특정용도제한지구를 지정하여야 한다.

③ 용도지역 안에서의 건축물의 용도·종류 및 규모의 제한에 대한 규정은 도시·군계획시설에 대해서도 적용된다.

④ 공유수면의 매립 목적이 그 매립구역과 이웃하고 있는 용도지역의 내용과 다른 경우 그 매립준공구역은 이와 이웃하고 있는 용도지역으로 지정된 것으로 본다.

⑤ 「택지개발촉진법」에 따른 택지개발지구로 지정·고시된 지역은 「국토의 계획 및 이용에 관한 법률」에 따른 도시지역으로 결정·고시된 것으로 본다.

02 국토의 계획 및 이용에 관한 법령상 개발행위허가에 관한 설명으로 옳은 것은?(단, 조례는 고려하지 않음)

① 「사방사업법」에 따른 사방사업을 위한 개발행위를 허가하려면 지방도시계획위원회의 심의를 거쳐야 한다.

② 토지의 일부가 도시·군계획시설로 지형도면고시가 된 당해 토지의 분할은 개발행위허가를 받아야 한다.

③ 국토교통부장관은 개발행위로 인하여 주변의 환경이 크게 오염될 우려가 있는 지역에서 개발행위허가를 제한하고자 하는 경우 중앙도시계획위원회의 심의를 거쳐야 한다.

④ 시·도지사는 기반시설부담구역으로 지정된 지역에 대해서는 10년간 개발행위허가를 제한할 수 있다.

⑤ 토지분할을 위한 개발행위허가를 받은 자는 그 개발행위를 마치면 시·도지사의 준공검사를 받아야 한다.

03 국토의 계획 및 이용에 관한 법령상 성장관리계획에 관한 설명으로 옳은 것은?(단, 조례, 기타 □□□ 강화·완화조건은 고려하지 않음)

① 시장 또는 군수는 공업지역 중 향후 시가화가 예상되는 지역의 전부 또는 일부에 대하여 성장관리계획구역을 지정할 수 있다.

② 성장관리계획구역 내 생산녹지지역에서는 30퍼센트 이하의 범위에서 성장관리계획으로 정하는 바에 따라 건폐율을 완화하여 적용할 수 있다.

③ 성장관리계획구역 내 보전관리지역에서는 125퍼센트 이하의 범위에서 성장관리계획으로 정하는 바에 따라 용적률을 완화하여 적용할 수 있다.

④ 시장 또는 군수는 성장관리계획구역을 지정할 때에는 도시·군관리계획의 결정으로 하여야 한다.

⑤ 시장 또는 군수는 성장관리계획구역을 지정하려면 성장관리계획구역안을 7일간 일반이 열람할 수 있도록 해야 한다.

04 국토의 계획 및 이용에 관한 법령상 개발행위허가를 받은 자가 행정청인 경우 개발행위에 따른 □□□ 공공시설의 귀속에 관한 설명으로 옳은 것은?(단, 다른 법률은 고려하지 않음)

① 개발행위허가를 받은 자가 새로 공공시설을 설치한 경우, 새로 설치된 공공시설은 그 시설을 관리할 관리청에 무상으로 귀속된다.

② 개발행위로 용도가 폐지되는 공공시설은 새로 설치한 공공시설의 설치비용에 상당하는 범위에서 개발행위허가를 받은 자에게 무상으로 양도할 수 있다.

③ 공공시설의 관리청이 불분명한 경우 하천에 대하여는 국토교통부장관을 관리청으로 본다.

④ 관리청에 귀속되거나 개발행위허가를 받은 자에게 양도될 공공시설은 준공검사를 받음으로써 관리청과 개발행위허가를 받은 자에게 각각 귀속되거나 양도된 것으로 본다.

⑤ 개발행위허가를 받은 자는 국토교통부장관의 허가를 받아 그에게 귀속된 공공시설의 처분으로 인한 수익금을 도시·군계획사업 외의 목적에 사용할 수 있다.

05 국토의 계획 및 이용에 관한 법령상 광역계획권에 관한 설명으로 옳은 것은?

① 광역계획권이 둘 이상의 도의 관할 구역에 걸쳐 있는 경우, 해당 도지사들은 공동으로 광역계획권을 지정하여야 한다.

② 광역계획권이 하나의 도의 관할 구역에 속하여 있는 경우, 도지사는 국토교통부장관과 공동으로 광역계획권을 지정 또는 변경하여야 한다.

③ 도지사가 광역계획권을 지정하려면 관계 중앙행정기관의 장의 의견을 들은 후 중앙도시계획위원회의 심의를 거쳐야 한다.

④ 국토교통부장관이 광역계획권을 변경하려면 관계 시·도지사, 시장 또는 군수의 의견을 들은 후 지방도시계획위원회의 심의를 거쳐야 한다.

⑤ 중앙행정기관의 장, 시·도지사, 시장 또는 군수는 국토교통부장관이나 도지사에게 광역계획권의 지정 또는 변경을 요청할 수 있다.

06 국토의 계획 및 이용에 관한 법령상 도시계획위원회에 관한 설명으로 옳은 것은?

① 시·군·구에는 지방도시계획위원회를 두지 않는다.

② 중앙도시계획위원회가 분과위원회에 위임하는 사항에 대한 모든 심의는 중앙도시계획위원회의 심의로 본다.

③ 국토교통부장관이 해당 도시·군계획시설에 대한 도시·군관리계획 결정권자에게 도시·군계획시설결정의 해제를 권고하려는 경우에는 중앙도시계획위원회의 심의를 거쳐야 한다.

④ 중앙도시계획위원회 회의록의 공개는 열람하는 방법으로 하며 사본을 제공할 수는 없다.

⑤ 시장 또는 군수가 성장관리계획구역을 지정하려면 시·도지사의 의견을 들은 후 중앙도시계획위원회의 심의를 거쳐야 한다.

07 국토의 계획 및 이용에 관한 법령상 시가화조정구역 안에서 특별시장·광역시장·특별자치시장·
□□□ 특별자치도지사·시장 또는 군수의 허가를 받아 할 수 있는 행위에 해당하지 <u>않는</u> 것은?(단, 도시·
군계획사업은 고려하지 않음)

① 농업·임업 또는 어업을 영위하는 자가 관리용건축물로서 기존 관리용건축물의 면적을 제외하고
33제곱미터를 초과하는 것을 건축하는 행위
② 주택의 증축(기존 주택의 면적을 포함하여 100제곱미터 이하에 해당하는 면적의 증축을 말한다)
③ 마을공동시설로서 정자 등 간이휴게소의 설치
④ 마을공동시설로서 농로·제방 및 사방시설의 설치
⑤ 마을공동시설로서 농기계수리소 및 농기계용 유류판매소(개인소유의 것을 포함한다)의 설치

08 국토의 계획 및 이용에 관한 법령상 개발행위에 따른 기반시설의 설치에 관한 설명으로 <u>틀린</u> 것은?
□□□ (단, 조례는 고려하지 않음)

① 개발밀도관리구역에서는 해당 용도지역에 적용되는 용적률의 최대한도의 50퍼센트 범위에서 강화
하여 적용한다.
② 기반시설의 설치가 필요하다고 인정하는 지역으로서, 해당 지역의 전년도 개발행위허가 건수가
전전년도 개발행위허가 건수보다 20퍼센트 이상 증가한 지역에 대하여는 기반시설부담구역으로
지정하여야 한다.
③ 기반시설부담구역이 지정되면 기반시설설치계획을 수립하여야 하며, 이를 도시·군관리계획에
반영하여야 한다.
④ 기반시설설치계획은 기반시설부담구역의 지정고시일부터 3년이 되는 날까지 수립하여야 한다.
⑤ 기반시설설치비용의 관리 및 운용을 위하여 기반시설부담구역별로 특별회계를 설치하여야 한다.

09 국토의 계획 및 이용에 관한 법령상 도시지역에서 미리 도시·군관리계획으로 결정하지 않고 설치
할 수 있는 시설을 모두 고른 것은?

> ㄱ. 광장(건축물부설광장은 제외한다)
> ㄴ. 대지면적이 500제곱미터 미만인 도축장
> ㄷ. 폐기물처리 및 재활용시설 중 재활용시설
> ㄹ. 「고등교육법」에 따른 방송대학·통신대학 및 방송통신대학

① ㄱ
② ㄱ, ㄹ
③ ㄴ, ㄷ
④ ㄴ, ㄷ, ㄹ
⑤ ㄱ, ㄴ, ㄷ, ㄹ

10 국토의 계획 및 이용에 관한 법령상 토지에의 출입에 관한 규정의 일부이다. (   )에 들어갈
내용을 바르게 나열한 것은?

> **제130조(토지에의 출입 등)**
> ① 국토교통부장관, 시·도지사, 시장 또는 군수나 도시·군계획시설사업의 시행자는 다음 각 호의
> 행위를 하기 위하여 필요하면 타인의 토지에 출입하거나 타인의 토지를 재료 적치장 또는 임시통로
> 로 일시 사용할 수 있으며, 특히 필요한 경우에는 나무, 흙, 돌, 그 밖의 장애물을 변경하거나
> 제거할 수 있다.
> 1. 〈생략〉
> 2. (ㄱ), (ㄴ) 및 제67조 제4항에 따른 기반시설설치계획에 관한 기초조사
> 〈이하 생략〉

	ㄱ	ㄴ
①	기반시설부담구역	성장관리계획구역
②	성장관리계획구역	시가화조정구역
③	시가화조정구역	기반시설부담구역
④	개발밀도관리구역	시가화조정구역
⑤	개발밀도관리구역	기반시설부담구역

11 국토의 계획 및 이용에 관한 법령상 시장 또는 군수가 도시·군기본계획의 승인을 받으려 할 때, 도시·군기본계획안에 첨부하여야 할 서류에 해당하는 것은?

① 기초조사 결과
② 청문회의 청문조서
③ 해당 시·군 및 도의 의회의 심의·의결 결과
④ 해당 시·군 및 도의 지방도시계획위원회의 심의 결과
⑤ 관계 중앙행정기관의 장과의 협의 및 중앙도시계획위원 회의 심의에 필요한 서류

12 국토의 계획 및 이용에 관한 법령상 용도지역별 용적률의 최대한도에 관한 내용이다. (   )에 들어갈 숫자를 바르게 나열한 것은?(단, 조례, 기타 강화·완화조건은 고려하지 않음)

> • 주거지역 : (ㄱ)퍼센트 이하
> • 계획관리지역 : (ㄴ)퍼센트 이하
> • 농림지역 : (ㄷ)퍼센트 이하

	ㄱ	ㄴ	ㄷ
①	400	150	80
②	400	200	80
③	500	100	80
④	500	100	100
⑤	500	150	100

13 도시개발법령상 「지방공기업법」에 따라 설립된 지방공사가 단독으로 토지상환채권을 발행하는 경우에 관한 설명으로 옳은 것은?

① 「은행법」에 따른 은행으로부터 지급보증을 받은 경우에만 토지상환채권을 발행할 수 있다.

② 토지상환채권의 발행규모는 그 토지상환채권으로 상환할 토지·건축물이 해당 도시개발사업으로 조성되는 분양토지 또는 분양건축물 면적의 2분의 1을 초과하지 아니하도록 하여야 한다.

③ 토지상환채권은 이전할 수 없다.

④ 토지가격의 추산방법은 토지상환채권의 발행계획에 포함되지 않는다.

⑤ 토지등의 매수 대금 일부의 지급을 위하여 토지상환채권을 발행할 수 없다.

14 도시개발법령상 환지처분에 관한 설명으로 **틀린** 것은?

① 도시개발구역의 토지 소유자나 이해관계인은 환지 방식에 의한 도시개발사업 공사 관계 서류의 공람 기간에 시행자에게 의견서를 제출할 수 있다.

② 환지를 정하거나 그 대상에서 제외한 경우 그 과부족분(過不足分)은 금전으로 청산하여야 한다.

③ 시행자는 지정권자에 의한 준공검사를 받은 경우에는 90일 이내에 환지처분을 하여야 한다.

④ 시행자가 환지처분을 하려는 경우에는 환지 계획에서 정한 사항을 토지 소유자에게 알리고 관보 또는 공보에 의해 이를 공고하여야 한다.

⑤ 환지 계획에서 정하여진 환지는 그 환지처분이 공고된 날의 다음 날부터 종전의 토지로 본다.

15 도시개발법령상 국토교통부장관이 도시개발구역을 지정할 수 있는 경우에 해당하지 <u>않는</u> 것은?

□□□ ① 국가가 도시개발사업을 실시할 필요가 있는 경우

② 관계 중앙행정기관의 장이 요청하는 경우

③ 한국토지주택공사 사장이 20만 제곱미터의 규모로 국가 계획과 밀접한 관련이 있는 도시개발구역의 지정을 제안하는 경우

④ 천재지변, 그 밖의 사유로 인하여 도시개발사업을 긴급하게 할 필요가 있는 경우

⑤ 도시개발사업이 필요하다고 인정되는 지역이 둘 이상의 도의 행정구역에 걸치는 경우에 도시개발구역을 지정할 자에 관하여 관계 도지사 간에 협의가 성립되지 아니하는 경우

16 도시개발법령상 도시개발사업 조합에 관한 설명으로 <u>틀린</u> 것은?

□□□ ① 조합은 그 주된 사무소의 소재지에서 등기를 하면 성립한다.

② 주된 사무소의 소재지를 변경하려면 지정권자로부터 변경인가를 받아야 한다.

③ 조합 설립의 인가를 신청하려면 해당 도시개발구역의 토지 면적의 3분의 2 이상에 해당하는 토지 소유자와 그 구역의 토지 소유자 총수의 2분의 1 이상의 동의를 받아야 한다.

④ 조합의 조합원은 도시개발구역의 토지 소유자로 한다.

⑤ 조합의 설립인가를 받은 조합의 대표자는 설립인가를 받은 날부터 30일 이내에 주된 사무소의 소재지에서 설립등기를 하여야 한다.

17 도시개발법령상 도시개발사업 시행자로 지정될 수 있는 자에 해당하지 <u>않는</u> 것은?

□□□ ① 국 가

② 「한국부동산원법」에 따른 한국부동산원

③ 「한국수자원공사법」에 따른 한국수자원공사

④ 「한국관광공사법」에 따른 한국관광공사

⑤ 「지방공기업법」에 따라 설립된 지방공사

18 도시개발법령상 환지방식으로 시행하는 도시개발사업 개발계획의 경미한 변경에 관한 규정의 일부
□□□ 이다. ( )에 들어갈 숫자를 바르게 나열한 것은?

> **제7조(개발계획의 경미한 변경)**
> ① 법 제4조 제4항 후단에서 "대통령령으로 정하는 경미한 사항의 변경"이란 개발계획을 변경하는
> 경우로서 다음 각 호에 해당하는 경우를 제외한 경우를 말한다.
> 　1. 환지방식을 적용하는 지역의 면적 변경이 다음 각 목의 어느 하나에 해당하는 경우
> 　　가. 〈생략〉
> 　　나. 제외되는 토지의 면적이 종전 환지방식이 적용되는 면적의 100분의 (ㄱ) 이상인 경우
> 　　다. 편입 또는 제외되는 면적이 각각 (ㄴ)만 제곱미터 이상인 경우
> 　　라. 토지의 편입이나 제외로 인하여 환지방식이 적용되는 면적이 종전보다 100분의 (ㄷ)
> 　　　이상 증감하는 경우
> 　〈이하 생략〉

	ㄱ	ㄴ	ㄷ
①	5	1	5
②	5	1	10
③	5	3	5
④	10	3	10
⑤	10	5	10

19 도시 및 주거환경정비법령상 사업시행자가 국민주택규모 주택을 건설하여야 하는 경우 그 주택의
□□□ 공급 및 인수에 관한 설명으로 틀린 것은?

① 사업시행자는 건설한 국민주택규모 주택을 국토교통부장관, 시·도지사, 시장, 군수, 구청장 또는
토지주택공사등에 공급하여야 한다.
② 사업시행자는 인수자에게 공급해야 하는 국민주택규모 주택을 공개추첨의 방법으로 선정해야 한다.
③ 선정된 국민주택규모 주택을 공급하는 경우에는 시·도지사, 시장·군수·구청장 순으로 우선하
여 인수할 수 있다.
④ 인수자에게 공급하는 국민주택규모 주택의 부속 토지는 인수자에게 기부채납한 것으로 본다.
⑤ 시·도지사 및 시장·군수·구청장이 국민주택규모 주택을 인수할 수 없는 경우 한국토지주택공사
가 인수하여야 한다.

20 도시 및 주거환경정비법령상 조합의 임원에 관한 설명으로 <u>틀린</u> 것은?

☐☐☐

① 토지등소유자의 수가 100인을 초과하는 경우 조합에 두는 이사의 수는 5명 이상으로 한다.

② 조합임원의 임기는 3년 이하의 범위에서 정관으로 정하되, 연임할 수 있다.

③ 조합장이 아닌 조합임원은 대의원이 될 수 있다.

④ 조합임원은 같은 목적의 정비사업을 하는 다른 조합의 임원 또는 직원을 겸할 수 없다.

⑤ 시장·군수등이 전문조합관리인을 선정한 경우 전문조합관리인이 업무를 대행할 임원은 당연 퇴임한다.

21 도시 및 주거환경정비법령상 분양신청을 하지 아니한 자 등에 대한 조치에 관한 설명이다. (   )에
☐☐☐ 들어갈 내용을 바르게 나열한 것은?

• 분양신청을 하지 아니한 토지등소유자가 있는 경우 사업시행자는 관리처분계획이 인가·고시된
다음 날부터 (ㄱ)일 이내에 그 자와 토지, 건축물 또는 그 밖의 권리의 손실보상에 관한 협의를
하여야 한다.

• 위 협의가 성립되지 아니하면 사업시행자는 그 기간의 만료일 다음 날부터 (ㄴ)일 이내에 수용재
결을 신청하거나 매도청구소송을 제기하여야 한다.

	ㄱ	ㄴ
①	60	30
②	60	60
③	60	90
④	90	60
⑤	90	90

22 도시 및 주거환경정비법령상 조합설립추진위원회가 운영에 필요한 사항 중 추진위원회 구성에
☐☐☐ 동의한 토지등소유자에게 등기우편으로 통지하여야 하는 사항에 해당하는 것은?

① 재건축사업 정비계획 입안을 위한 안전진단의 결과

② 조합설립 동의서에 포함되는 사항으로서 정비사업비의 분담기준

③ 토지등소유자의 부담액 범위를 포함한 개략적인 사업시행계획서

④ 정비사업전문관리업자의 선정에 관한 사항

⑤ 추진위원회 위원의 선정에 관한 사항

23 도시 및 주거환경정비법령상 한국토지주택공사가 단독으로 정비사업을 시행하는 경우에 작성하는
□□□ 시행 규정에 포함하여야 하는 사항이 <u>아닌</u> 것은?(단, 조례는 고려하지 않음)

① 토지등소유자 전체회의
② 토지등소유자의 권리·의무
③ 토지 및 건축물에 관한 권리의 평가방법
④ 정비사업의 시행연도 및 시행방법
⑤ 공고·공람 및 통지의 방법

24 도시 및 주거환경정비법령상 시장·군수등이 아닌 사업시행자가 시행하는 정비사업의 정비계획에
□□□ 따라 설치되는 도시·군계획시설 중 그 건설에 드는 비용을 시장·군수등이 부담할 수 있는 시설을
모두 고른 것은?

ㄱ. 공 원
ㄴ. 공공공지
ㄷ. 공동구
ㄹ. 공용주차장

① ㄱ   ② ㄴ, ㄷ
③ ㄷ, ㄹ   ④ ㄱ, ㄴ, ㄷ
⑤ ㄱ, ㄴ, ㄷ, ㄹ

25 주택법령상 도시형 생활주택으로서 소형 주택의 요건에 해당하는 것을 모두 고른 것은? **기출수정**
□□□

ㄱ. 세대별 주거전용면적은 60제곱미터 이하일 것
ㄴ. 세대별로 독립된 주거가 가능하도록 욕실 및 부엌을 설치할 것
ㄷ. 600세대 미만의 국민주택규모에 해당하는 주택일 것
ㄹ. 지하층에는 세대를 설치하지 아니할 것

① ㄱ   ② ㄴ, ㄷ
③ ㄱ, ㄴ, ㄷ   ④ ㄱ, ㄴ, ㄹ
⑤ ㄱ, ㄴ, ㄷ, ㄹ

PART 1

PART 2

PART 3

PART 4

26 주택법령상 주택상환사채에 관한 설명으로 옳은 것은?

① 법인으로서 자본금이 3억원인 등록사업자는 주택상환사채를 발행할 수 있다.

② 발행 조건은 주택상환사채권에 적어야 하는 사항에 포함된다.

③ 주택상환사채를 발행하려는 자는 주택상환사채발행계획을 수립하여 시·도지사의 승인을 받아야 한다.

④ 주택상환사채는 액면으로 발행하고, 할인의 방법으로는 발행할 수 없다.

⑤ 주택상환사채는 무기명증권(無記名證券)으로 발행한다.

27 주택법령상 토지임대부 분양주택에 관한 설명으로 옳은 것은?　　기출수정

① 토지임대부 분양주택의 토지에 대한 임대차기간은 50년 이내로 한다.

② 토지임대부 분양주택의 토지에 대한 임대차기간을 갱신하기 위해서는 토지임대부 분양주택 소유자의 3분의 2 이상이 계약갱신을 청구하여야 한다.

③ 토지임대료를 보증금으로 전환하여 납부하는 경우, 그 보증금을 산정할 때 적용되는 이자율은 「은행법」에 따른 은행의 3년 만기 정기예금 평균이자율 이상이어야 한다.

④ 토지임대부 분양주택을 공급받은 자는 전매제한기간이 지나기 전에 시·도지사에게 해당 주택의 매입을 신청할 수 있다.

⑤ 토지임대료는 분기별 임대료를 원칙으로 한다.

28 주택법령상 징역 또는 벌금의 부과 대상자는?

① 지방자치단체의 장이 관계 공무원으로 하여금 사업장에 출입하여 필요한 검사를 하게 한 경우 그 검사를 방해한 자

② 공동주택 품질점검단의 점검에 따르지 아니한 사업주체

③ 주택조합의 임원으로서 다른 주택조합의 발기인을 겸직한 자

④ 국토교통부장관이 거주의무자의 실제 거주 여부를 확인하기 위하여 소속 공무원으로 하여금 분양가상한제 적용 주택에 출입하여 조사하게 한 경우 그 조사를 기피한 자

⑤ 공동주택 품질점검단의 점검결과에 따라 사용검사권자로부터 보수·보강 등의 조치 명령을 받았으나 이를 이행하지 아니한 사업주체

29 주택법령상 분양가상한제 적용주택에 관한 설명으로 옳은 것을 모두 고른 것은?

> ㄱ. 도시형 생활주택은 분양가상한제 적용주택에 해당하지 않는다.
> ㄴ. 토지임대부 분양주택의 분양가격은 택지비와 건축비로 구성된다.
> ㄷ. 사업주체는 분양가상한제 적용주택으로서 공공택지에서 공급하는 주택에 대하여 입주자 모집공고에 분양가격을 공시해야 하는데, 간접비는 공시해야 하는 분양가격에 포함되지 않는다.

① ㄱ
② ㄱ, ㄴ
③ ㄱ, ㄷ
④ ㄴ, ㄷ
⑤ ㄱ, ㄴ, ㄷ

30 주택법령상 리모델링에 관한 설명으로 옳은 것은?(단, 조례는 고려하지 않음)

① 대수선은 리모델링에 포함되지 않는다.
② 공동주택의 리모델링은 동별로 할 수 있다.
③ 주택단지 전체를 리모델링하고자 주택조합을 설립하기 위해서는 주택단지 전체의 구분소유자와 의결권의 각 과반수의 결의가 필요하다.
④ 공동주택 리모델링의 허가는 시·도지사가 한다.
⑤ 리모델링주택조합 설립에 동의한 자로부터 건축물을 취득하였더라도 리모델링주택조합 설립에 동의한 것으로 보지 않는다.

31 주택법령상 시·도지사에게 위임한 국토교통부장관의 권한이 <u>아닌</u> 것은?

① 주택건설사업의 등록
② 주택건설사업자의 등록말소
③ 사업계획승인을 받아 시행하는 주택건설사업을 완료한 경우의 사용검사
④ 사업계획승인을 받아 시행하는 주택건설사업을 완료한 경우의 임시 사용승인
⑤ 주택건설사업자의 영업의 정지

32 건축법령상 안전영향평가기관이 안전영향평가를 실시할 때 검토하여야 하는 사항에 해당하지 <u>않는</u>
□□□ 것은?(단, 기타 국토교통부장관이 필요하다고 인정하는 사항은 고려하지 않음)

① 해당 건축물에 적용된 설계 기준 및 하중의 적정성
② 해당 건축물의 하중저항시스템의 해석 및 설계의 적정성
③ 지반조사 방법 및 지내력(地耐力) 산정결과의 적정성
④ 굴착공사에 따른 지하수위 변화 및 지반 안전성에 관한 사항
⑤ 해당 건축물의 안전영향평가를 위하여 지방건축위원회가 결정하는 사항

33 건축법령상 대지 안의 피난 및 소화에 필요한 통로 설치에 관한 규정의 일부이다. (   )에 들어갈
□□□ 숫자를 바르게 나열한 것은?

제41조(대지 안의 피난 및 소화에 필요한 통로 설치)
① 건축물의 대지 안에는 그 건축물 바깥쪽으로 통하는 주된 출구와 지상으로 통하는 피난계단
및 특별피난계단으로부터 도로 또는 공지(… 생략 …)로 통하는 통로를 다음 각 호의 기준에
따라 설치하여야 한다.
1. 통로의 너비는 다음 각 목의 구분에 따른 기준에 따라 확보할 것
가. 단독주택 : 유효 너비 (ㄱ)미터 이상
나. 바닥면적의 합계가 (ㄴ)제곱미터 이상인 문화 및 집회시설, 종교시설, 의료시설, 위락시
설 또는 장례시설 : 유효 너비 (ㄷ)미터 이상
다. 그 밖의 용도로 쓰는 건축물 : 유효 너비 (ㄹ)미터 이상
〈이하 생략〉

	ㄱ	ㄴ	ㄷ	ㄹ
①	0.9	300	1	1.5
②	0.9	500	3	1.5
③	1	300	1	1.5
④	1	500	3	1.2
⑤	1.5	300	3	1.2

34 건축법령상 제1종 근린생활시설에 해당하는 것은?(단, 동일한 건축물 안에서 당해 용도에 쓰이는 바닥면적의 합계는 1,000m²임)

① 극 장   ② 서 점
③ 탁구장   ④ 파출소
⑤ 산후조리원

35 건축법령상 결합건축을 할 수 있는 지역·구역에 해당하지 <u>않는</u> 것은?(단, 조례는 고려하지 않음)

① 「국토의 계획 및 이용에 관한 법률」에 따라 지정된 상업지역
② 「역세권의 개발 및 이용에 관한 법률」에 따라 지정된 역세권개발구역
③ 건축협정구역
④ 특별가로구역
⑤ 리모델링 활성화 구역

36 건축법령상 특별건축구역에서 국가가 건축하는 건축물에 적용하지 아니할 수 있는 사항을 모두 고른 것은?(단, 건축법령상 특례 및 조례는 고려하지 않음)

> ㄱ. 「건축법」 제42조 대지의 조경에 관한 사항
> ㄴ. 「건축법」 제44조 대지와 도로의 관계에 관한 사항
> ㄷ. 「건축법」 제57조 대지의 분할 제한에 관한 사항
> ㄹ. 「건축법」 제58조 대지 안의 공지에 관한 사항

① ㄱ, ㄴ   ② ㄱ, ㄷ
③ ㄱ, ㄹ   ④ ㄴ, ㄷ
⑤ ㄷ, ㄹ

37 건축법령상 건축물의 면적 등의 산정방법에 관한 설명으로 <u>틀린</u> 것은?(단, 건축법령상 특례는 고려하지 않음)

① 공동주택으로서 지상층에 설치한 조경시설의 면적은 바닥면적에 산입하지 않는다.
② 지하주차장의 경사로의 면적은 건축면적에 산입한다.
③ 태양열을 주된 에너지원으로 이용하는 주택의 건축면적은 건축물의 외벽 중 내측 내력벽의 중심선을 기준으로 한다.
④ 용적률을 산정할 때에는 지하층의 면적은 연면적에 산입하지 않는다.
⑤ 층의 구분이 명확하지 아니한 건축물의 높이는 4미터마다 하나의 층으로 보고 그 층수를 산정한다.

38 건축법령상 건축허가대상 건축물을 건축하려는 자가 건축 관련 입지와 규모의 사전결정 통지를 받은 경우에 허가를 받은 것으로 볼 수 있는 것을 모두 고른 것은?(단, 미리 관계 행정기관의 장과 사전결정에 관하여 협의한 것을 전제로 함)

> ㄱ. 「농지법」 제34조에 따른 농지전용허가
> ㄴ. 「하천법」 제33조에 따른 하천점용허가
> ㄷ. 「국토의 계획 및 이용에 관한 법률」 제56조에 따른 개발행위허가
> ㄹ. 도시지역 외의 지역에서 「산지관리법」 제14조에 따른 보전산지에 대한 산지전용허가

① ㄱ, ㄴ
② ㄷ, ㄹ
③ ㄱ, ㄴ, ㄷ
④ ㄴ, ㄷ, ㄹ
⑤ ㄱ, ㄴ, ㄷ, ㄹ

39 농지법령상 농지는 자기의 농업경영에 이용하거나 이용할 자가 아니면 소유하지 못함이 원칙이다. 그 예외에 해당하지 **않는** 것은?

① 8년 이상 농업경영을 하던 사람이 이농한 후에도 이농 당시 소유 농지 중 1만제곱미터를 계속 소유하면서 농업경영에 이용되도록 하는 경우

② 농림축산식품부장관과 협의를 마치고 「공익사업을 위한 토지 등의 취득 및 보상에 관한 법률」에 따라 농지를 취득하여 소유하면서 농업경영에 이용되도록 하는 경우

③ 「공유수면 관리 및 매립에 관한 법률」에 따라 매립농지를 취득하여 소유하면서 농업경영에 이용되도록 하는 경우

④ 주말·체험영농을 하려고 농업진흥지역 내의 농지를 소유하는 경우

⑤ 「초·중등교육법」 및 「고등교육법」에 따른 학교가 그 목적사업을 수행하기 위하여 필요한 연구지·실습지로 쓰기 위하여 농림축산식품부령으로 정하는 바에 따라 농지를 취득하여 소유하는 경우

40 농지법령상 농지대장에 관한 설명으로 **틀린** 것은?

① 농지대장은 모든 농지에 대해 필지별로 작성하는 것은 아니다.

② 농지대장에 적을 사항을 전산정보처리조직으로 처리하는 경우 그 농지대장 파일은 농지대장으로 본다.

③ 시·구·읍·면의 장은 관할구역 안에 있는 농지가 농지전용허가로 농지에 해당하지 않게 된 경우에는 그 농지대장을 따로 편철하여 10년간 보존해야 한다.

④ 농지소유자 또는 임차인은 농지의 임대차계약이 체결된 경우 그날부터 60일 이내에 시·구·읍·면의 장에게 농지대장의 변경을 신청하여야 한다.

⑤ 농지대장의 열람은 해당 시·구·읍·면의 사무소 안에서 관계공무원의 참여하에 해야 한다.

2021년 제32회 기출문제

● 시행일 : 2021.10.30.　　　　　　　　　● Time　　　　분　|　해설편 161p

01 국토의 계획 및 이용에 관한 법령상 광역도시계획에 관한 설명으로 **틀린** 것은?

① 광역도시계획의 수립기준은 국토교통부장관이 정한다.

② 광역계획권이 같은 도의 관할 구역에 속하여 있는 경우 관할 도지사가 광역도시계획을 수립하여야 한다.

③ 시·도지사, 시장 또는 군수는 광역도시계획을 수립하거나 변경하려면 미리 관계 시·도, 시 또는 군의 의회와 관계 시장 또는 군수의 의견을 들어야 한다.

④ 시장 또는 군수가 기초조사정보체계를 구축한 경우에는 등록된 정보의 현황을 5년마다 확인하고 변동사항을 반영하여야 한다.

⑤ 광역계획권을 지정한 날부터 3년이 지날 때까지 관할 시장 또는 군수로부터 광역도시계획의 승인 신청이 없는 경우 관할 도지사가 광역도시계획을 수립하여야 한다.

02 국토의 계획 및 이용에 관한 법령상 도시·군기본계획에 관한 설명으로 **틀린** 것은?

① 「수도권정비계획법」에 의한 수도권에 속하고 광역시와 경계를 같이하지 아니한 시로서 인구 20만명 이하인 시는 도시·군기본계획을 수립하지 아니할 수 있다.

② 도시·군기본계획에는 기후변화 대응 및 에너지절약에 관한 사항에 대한 정책 방향이 포함되어야 한다.

③ 광역도시계획이 수립되어 있는 지역에 대하여 수립하는 도시·군기본계획은 그 광역도시계획에 부합되어야 한다.

④ 시장 또는 군수는 5년마다 관할 구역의 도시·군기본계획에 대하여 타당성을 전반적으로 재검토하여 정비하여야 한다.

⑤ 특별시장·광역시장·특별자치시장 또는 특별자치도지사는 도시·군기본계획을 변경하려면 관계 행정기관의장(국토교통부장관을 포함)과 협의한 후 지방도시계획위원회의 심의를 거쳐야 한다.

03 국토의 계획 및 이용에 관한 법령상 도시 · 군계획시설에 관한 설명으로 틀린 것은?(단, 조례는 고려하지 않음)

① 도시 · 군계획시설 부지의 매수의무자인 지방공사는 도시 · 군계획시설채권을 발행하여 그 대금을 지급할 수 있다.

② 도시 · 군계획시설 부지의 매수의무자는 매수하기로 결정한 토지를 매수 결정을 알린 날부터 2년 이내에 매수하여야 한다.

③ 200만제곱미터를 초과하는 「도시개발법」에 따른 도시개발구역에서 개발사업을 시행하는 자는 공동구를 설치하여야 한다.

④ 국가계획으로 설치하는 광역시설은 그 광역시설의 설치 · 관리를 사업종목으로 하여 다른 법률에 따라 설립된 법인이 설치 · 관리할 수 있다.

⑤ 도시 · 군계획시설채권의 상환기간은 10년 이내로 한다.

04 국토의 계획 및 이용에 관한 법령상 도시 · 군관리계획에 관한 설명으로 틀린 것은?

① 국토교통부장관은 국가계획과 관련된 경우 직접 도시 · 군관리계획을 입안할 수 있다.

② 주민은 산업 · 유통개발진흥지구의 지정에 관한 사항에 대하여 도시 · 군관리계획의 입안권자에게 도시 · 군관리계획의 입안을 제안할 수 있다.

③ 도시 · 군관리계획으로 입안하려는 지구단위계획구역이 상업지역에 위치하는 경우에는 재해취약성분석을 하지 아니할 수 있다.

④ 도시 · 군관리계획 결정의 효력은 지형도면을 고시한 다음 날부터 발생한다.

⑤ 인접한 특별시 · 광역시 · 특별자치시 · 특별자치도 · 시 또는 군의 관할 구역에 대한 도시 · 군관리계획은 관계특별시장 · 광역시장 · 특별자치시장 · 특별자치도지사 · 시장 또는 군수가 협의하여 공동으로 입안하거나 입안할 자를 정한다.

국토의 계획 및 이용에 관한 법령상 지구단위계획구역과 지구단위계획에 관한 설명으로 **틀린** 것은?(단, 조례는 고려하지 않음)

① 지구단위계획이 수립되어 있는 지구단위계획구역에서 공사기간 중 이용하는 공사용 가설건축물을 건축하려면 그 지구단위계획에 맞게 하여야 한다.
② 지구단위계획은 해당 용도지역의 특성을 고려하여 수립한다.
③ 시장 또는 군수가 입안한 지구단위계획구역의 지정·변경에 관한 도시·군관리계획은 시장 또는 군수가 직접 결정한다.
④ 지구단위계획구역 및 지구단위계획은 도시·군관리계획으로 결정한다.
⑤ 「관광진흥법」에 따라 지정된 관광단지의 전부 또는 일부에 대하여 지구단위계획구역을 지정할 수 있다.

국토의 계획 및 이용에 관한 법령상 개발행위에 따른 공공시설 등의 귀속에 관한 설명으로 **틀린** 것은?

① 개발행위허가를 받은 행정청이 기존의 공공시설에 대체되는 공공시설을 설치한 경우에는 새로 설치된 공공시설은 그 시설을 관리할 관리청에 무상으로 귀속된다.
② 개발행위허가를 받은 행정청은 개발행위가 끝나 준공검사를 마친 때에는 해당 시설의 관리청에 공공시설의 종류와 토지의 세목을 통지하여야 한다.
③ 개발행위허가를 받은 자가 행정청이 아닌 경우 개발행위 허가를 받은 자가 새로 설치한 공공시설은 그 시설을 관리할 관리청에 무상으로 귀속된다.
④ 개발행위허가를 받은 행정청이 기존의 공공시설에 대체되는 공공시설을 설치한 경우에는 종래의 공공시설은 그 행정청에게 무상으로 귀속된다.
⑤ 개발행위허가를 받은 자가 행정청이 아닌 경우 개발행위로 용도가 폐지되는 공공시설은 개발행위 허가를 받은 자에게 무상으로 귀속된다.

07 국토의 계획 및 이용에 관한 법령상 개발행위에 따른 기반시설의 설치에 관한 설명으로 옳은 것은? □□□ (단, 조례는 고려하지 않음)

① 시장 또는 군수가 개발밀도관리구역을 변경하는 경우 관할 지방도시계획위원회의 심의를 거치지 않아도 된다.

② 기반시설부담구역의 지정고시일부터 2년이 되는 날까지 기반시설설치계획을 수립하지 아니하면 그 2년이 되는 날에 기반시설부담구역의 지정은 해제된 것으로 본다.

③ 시장 또는 군수는 기반시설설치비용 납부의무자가 지방자치단체로부터 건축허가를 받은 날부터 3개월 이내에 기반시설설치비용을 부과하여야 한다.

④ 시장 또는 군수는 개발밀도관리구역에서는 해당 용도지역에 적용되는 용적률의 최대한도의 50퍼센트 범위에서 용적률을 강화하여 적용한다.

⑤ 기반시설설치비용 납부의무자는 사용승인 신청 후 7일까지 그 비용을 내야 한다.

08 국토의 계획 및 이용에 관한 법령상 성장관리계획구역을 지정할 수 있는 지역이 <u>아닌</u> 것은? □□□
① 녹지지역
② 관리지역
③ 주거지역
④ 자연환경보전지역
⑤ 농림지역

09 국토의 계획 및 이용에 관한 법령상 시가화조정구역에 관한 설명으로 옳은 것은? □□□

① 시가화조정구역은 도시지역과 그 주변지역의 무질서한 시가화를 방지하고 계획적·단계적인 개발을 도모하기 위하여 시·도지사가 도시·군기본계획으로 결정하여 지정하는 용도구역이다.

② 시가화유보기간은 5년 이상 20년 이내의 기간이다.

③ 시가화유보기간이 끝나면 국토교통부장관 또는 시·도지사는 이를 고시하여야 하고, 시가화조정구역 지정 결정은 그 고시일 다음 날부터 그 효력을 잃는다.

④ 공익상 그 구역안에서의 사업시행이 불가피한 것으로서 주민의 요청에 의하여 시·도지사가 시가화조정구역의 지정목적달성에 지장이 없다고 인정한 도시·군계획사업은 시가화조정구역에서 시행할 수 있다.

⑤ 시가화조정구역에서 입목의 벌채, 조림, 육림 행위는 허가 없이 할 수 있다.

10 국토의 계획 및 이용에 관한 법령상 도시·군계획시설사업에 관한 설명으로 **틀린** 것은?

① 도시·군계획시설은 기반시설 중 도시·군관리계획으로 결정된 시설이다.

② 도시·군계획시설사업이 같은 도의 관할 구역에 속하는 둘 이상의 시 또는 군에 걸쳐 시행되는 경우에는 국토교통부장관이 시행자를 정한다.

③ 한국토지주택공사는 도시·군계획시설사업 대상 토지소유자 동의 요건을 갖추지 않아도 도시·군계획시설사업의 시행자로 지정을 받을 수 있다.

④ 도시·군계획시설사업 실시계획에는 사업의 착수예정일 및 준공예정일도 포함되어야 한다.

⑤ 도시·군계획시설사업 실시계획 인가 내용과 다르게 도시·군계획시설사업을 하여 토지의 원상회복 명령을 받은 자가 원상회복을 하지 아니하면 「행정대집행법」에 따른 행정대집행에 따라 원상회복을 할 수 있다.

11 국토의 계획 및 이용에 관한 법령상 기반시설의 종류와 그 해당 시설의 연결이 **틀린** 것은?

① 교통시설 – 차량 검사 및 면허시설

② 공간시설 – 녹지

③ 유통·공급시설 – 방송·통신시설

④ 공공·문화체육시설 – 학교

⑤ 보건위생시설 – 폐기물처리 및 재활용시설

12 국토의 계획 및 이용에 관한 법령상 용도지역별 용적률의 최대한도가 큰 순서대로 나열한 것은?(단, 조례 기타 강화·완화조건은 고려하지 않음)

> ㄱ. 근린상업지역
> ㄴ. 준공업지역
> ㄷ. 준주거지역
> ㄹ. 보전녹지지역
> ㅁ. 계획관리지역

① ㄱ – ㄴ – ㄷ – ㄹ – ㅁ
② ㄱ – ㄷ – ㄴ – ㅁ – ㄹ
③ ㄴ – ㅁ – ㄱ – ㄹ – ㄷ
④ ㄷ – ㄱ – ㄹ – ㄴ – ㅁ
⑤ ㄷ – ㄴ – ㄱ – ㅁ – ㄹ

13 도시개발법령상 도시개발구역을 지정할 수 있는 자를 모두 고른 것은?

ㄱ. 시·도지사
ㄴ. 대도시 시장
ㄷ. 국토교통부장관
ㄹ. 한국토지주택공사

① ㄱ
② ㄴ, ㄹ
③ ㄷ, ㄹ
④ ㄱ, ㄴ, ㄷ
⑤ ㄱ, ㄴ, ㄷ, ㄹ

14 도시개발법령상 토지등의 수용 또는 사용의 방식에 따른 사업 시행에 관한 설명으로 옳은 것은?

① 도시개발사업을 시행하는 지방자치단체는 도시개발구역지정 이후 그 시행방식을 혼용방식에서 수용 또는 사용방식으로 변경할 수 있다.

② 도시개발사업을 시행하는 정부출연기관이 그 사업에 필요한 토지를 수용하려면 사업대상 토지면적의 3분의 2 이상에 해당하는 토지를 소유하고 토지 소유자 총수의 2분의 1 이상에 해당하는 자의 동의를 받아야 한다.

③ 도시개발사업을 시행하는 공공기관은 토지상환채권을 발행할 수 없다.

④ 원형지를 공급받아 개발하는 지방공사는 원형지에 대한 공사완료 공고일부터 5년이 지난 시점이라면 해당 원형지를 매각할 수 있다.

⑤ 원형지가 공공택지 용도인 경우 원형지개발자의 선정은 추첨의 방법으로 할 수 있다.

15 도시개발법령상 환지 방식에 의한 사업 시행에 관한 설명으로 **틀린** 것은?

① 도시개발사업을 입체 환지 방식으로 시행하는 경우에는 환지 계획에 건축 계획이 포함되어야 한다.

② 시행자는 토지면적의 규모를 조정할 특별한 필요가 있으면 면적이 넓은 토지는 그 면적을 줄여서 환지를 정하거나 환지 대상에서 제외할 수 있다.

③ 도시개발구역 지정권자가 정한 기준일의 다음 날부터 단독주택이 다세대주택으로 전환되는 경우 시행자는 해당 건축물에 대하여 금전으로 청산하거나 환지 지정을 제한할 수 있다.

④ 시행자는 환지 예정지를 지정한 경우에 해당 토지를 사용하거나 수익하는 데에 장애가 될 물건이 그 토지에 있으면 그 토지의 사용 또는 수익을 시작할 날을 따로 정할 수 있다.

⑤ 시행자는 환지를 정하지 아니하기로 결정된 토지 소유자나 임차권자등에게 날짜를 정하여 그날부터 해당 토지 또는 해당 부분의 사용 또는 수익을 정지시킬 수 있다.

16 도시개발법령상 도시개발채권에 관한 설명으로 옳은 것은?

① 「국토의 계획 및 이용에 관한 법률」에 따른 공작물의 설치허가를 받은 자는 도시개발채권을 매입하여야 한다.

② 도시개발채권의 이율은 기획재정부장관이 국채·공채 등의 금리와 특별회계의 상황 등을 고려하여 정한다.

③ 도시개발채권을 발행하려는 시·도지사는 기획재정부장관의 승인을 받은 후 채권의 발행총액 등을 공고하여야 한다.

④ 도시개발채권의 상환기간은 5년보다 짧게 정할 수는 없다.

⑤ 도시개발사업을 공공기관이 시행하는 경우 해당 공공기관의 장은 시·도지사의 승인을 받아 도시개발채권을 발행할 수 있다.

17 도시개발법령상 도시개발구역에서 허가를 받아야 할 행위로 명시되지 <u>않은</u> 것은?

① 토지의 합병
② 토석의 채취
③ 죽목의 식재
④ 공유수면의 매립
⑤ 「건축법」에 따른 건축물의 용도 변경

18 도시개발법령상 도시개발구역 지정권자가 속한 기관에 종사하는 자로부터 제공받은 미공개정보를 지정목적 외로 사용하여 1억 5천만원 상당의 재산상 이익을 얻은 자에게 벌금을 부과하는 경우 그 상한액은?

① 1억 5천만원 ② 4억 5천만원
③ 5억원 ④ 7억 5천만원
⑤ 10억원

19 도시 및 주거환경정비법령상 다음의 정의에 해당하는 정비사업은?

> 도시저소득 주민이 집단거주하는 지역으로서 정비기반시설이 극히 열악하고 노후·불량건축물이 과도하게 밀집한 지역의 주거환경을 개선하거나 단독주택 및 다세대주택이 밀집한 지역에서 정비기반시설과 공동이용시설 확충을 통하여 주거환경을 보전·정비·개량하기 위한 사업

① 주거환경개선사업
② 재건축사업
③ 공공재건축사업
④ 재개발사업
⑤ 공공재개발사업

20 도시 및 주거환경정비법령상 조합총회의 의결사항 중 대의원회가 대행할 수 <u>없는</u> 사항을 모두
□□□ 고른 것은?

> ㄱ. 조합임원의 해임
> ㄴ. 사업완료로 인한 조합의 해산
> ㄷ. 정비사업비의 변경
> ㄹ. 정비사업전문관리업자의 선정 및 변경

① ㄱ, ㄴ, ㄷ   ② ㄱ, ㄴ, ㄹ
③ ㄱ, ㄷ, ㄹ   ④ ㄴ, ㄷ, ㄹ
⑤ ㄱ, ㄴ, ㄷ, ㄹ

21 도시 및 주거환경정비법령상 공공재개발사업에 관한 설명이다. (　　)에 들어갈 내용과 숫자를
□□□ 바르게 나열한 것은?

> 정비계획의 입안권자가 정비구역의 지정권자에게 공공재개발사업 예정구역 지정을 신청한 경우 지방
> 도시계획위원회는 (ㄱ)부터 (ㄴ)일 이내에 심의를 완료해야 한다. 다만, (ㄴ)일 이내에 심의를
> 완료할 수 없는 정당한 사유가 있다고 판단되는 경우에는 심의기간을 (ㄷ)일의 범위에서 한 차례
> 연장할 수 있다.

	ㄱ	ㄴ	ㄷ
①	신청일	20	20
②	신청일	30	20
③	신청일	30	30
④	신청일 다음 날	20	20
⑤	신청일 다음 날	30	30

22 도시 및 주거환경정비법령상 관리처분계획 등에 관한 설명으로 옳은 것은?(단, 조례는 고려하지 않음)

① 지분형주택의 규모는 주거전용면적 60제곱미터 이하인 주택으로 한정한다.

② 분양신청기간의 연장은 30일의 범위에서 한 차례만 할 수 있다.

③ 같은 세대에 속하지 아니하는 3명이 1토지를 공유한 경우에는 3주택을 공급하여야 한다.

④ 조합원 10분의 1 이상이 관리처분계획인가 신청이 있은 날부터 30일 이내에 관리처분계획의 타당성 검증을 요청한 경우 시장·군수는 이에 따라야 한다.

⑤ 시장·군수는 정비구역에서 면적이 100제곱미터의 토지를 소유한 자로서 건축물을 소유하지 아니한 자의 요청이 있는 경우에는 인수한 임대주택의 일부를 「주택법」에 따른 토지임대부 분양주택으로 전환하여 공급하여야 한다.

23 도시 및 주거환경정비법령상 정비사업의 시행에 관한 설명으로 옳은 것은?

① 세입자의 세대수가 토지등소유자의 3분의 1에 해당하는 경우 시장·군수 등은 토지주택공사 등을 주거환경개선사업 시행자로 지정하기 위해서는 세입자의 동의를 받아야 한다.

② 재개발사업은 토지등소유자가 30인인 경우에는 토지 등 소유자가 직접 시행할 수 있다.

③ 재건축사업 조합설립추진위원회가 구성승인을 받은 날부터 2년이 되었음에도 조합설립인가를 신청하지 아니한 경우 시장·군수 등이 직접 시행할 수 있다.

④ 조합설립추진위원회는 토지등소유자의 수가 200인인 경우 5명 이상의 이사를 두어야 한다.

⑤ 주민대표회의는 토지등소유자의 과반수의 동의를 받아 구성하며, 위원장과 부위원장 각 1명과 1명 이상 3명 이하의 감사를 둔다.

24 도시 및 주거환경정비법령상 청산금 및 비용부담 등에 관한 설명으로 옳은 것은?

① 청산금을 징수할 권리는 소유권 이전고시 일부터 3년간 행사하지 아니하면 소멸한다.

② 정비구역의 국유·공유재산은 정비사업 외의 목적으로 매각되거나 양도될 수 없다.

③ 청산금을 지급받을 자가 받기를 거부하더라도 사업시행자는 그 청산금을 공탁할 수는 없다.

④ 시장·군수 등이 아닌 사업시행자는 부과금을 체납하는 자가 있는 때에는 지방세 체납처분의 예에 따라 부과·징수할 수 있다.

⑤ 국가 또는 지방자치단체는 토지임대부 분양주택을 공급받는 자에게 해당 공급비용의 전부를 융자할 수는 없다.

25 주택법령상 한국토지주택공사가 우선 매입하는 분양가상한제 적용주택의 매입금액에 관한 설명이다. ( )에 들어갈 숫자를 바르게 나열한 것은?

> 공공택지 외의 택지에서 건설·공급되는 주택의 분양가격이 인근지역주택매매가격의 80퍼센트 이상 100퍼센트 미만이고 보유기간이 3년 이상 4년 미만인 경우 : 매입비용의 (ㄱ)퍼센트에 인근지역주택매매가격의 (ㄴ)퍼센트를 더한 금액

	ㄱ	ㄴ
①	25	50
②	25	75
③	50	50
④	50	75
⑤	75	25

26 주택법령상 주택단지가 일정한 시설로 분리된 토지는 각각 별개의 주택단지로 본다. 그 시설에 해당하지 <u>않는</u> 것은?

① 철 도
② 폭 20미터의 고속도로
③ 폭 10미터의 일반도로
④ 폭 20미터의 자동차전용도로
⑤ 폭 10미터의 도시계획예정도로

27 주택법령상 용어에 관한 설명으로 옳은 것을 모두 고른 것은?

> ㄱ. 주택에 딸린 「건축법」에 따른 건축설비는 복리시설에 해당한다.
> ㄴ. 300세대인 국민주택규모의 단지형 다세대주택은 도시형 생활주택에 해당한다.
> ㄷ. 민영주택은 국민주택을 제외한 주택을 말한다.

① ㄱ
② ㄷ
③ ㄱ, ㄴ
④ ㄴ, ㄷ
⑤ ㄱ, ㄴ, ㄷ

28 주택법령상 투기과열지구의 지정 기준에 관한 설명이다. (   )에 들어갈 숫자와 내용을 바르게 나열한 것은?   기출수정

□□□

> • 투기과열지구로 지정하는 날이 속하는 달의 바로 전 달(이하 "직전월")부터 소급하여 주택공급이 있었던 (ㄱ)개월 동안 해당 지역에서 공급되는 주택의 월평균 청약경쟁률이 모두 5대 1을 초과하였거나 국민주택규모 주택의 월평균 청약경쟁률이 모두 (ㄴ)대 1을 초과한 곳
> • 투기과열지구지정직전월의 (ㄷ)이 전달보다 30퍼센트 이상 감소한 곳으로서 주택공급이 위축될 우려가 있는 곳

	ㄱ	ㄴ	ㄷ
①	2	10	주택분양실적
②	2	10	건축허가실적
③	2	20	건축허가실적
④	3	10	주택분양실적
⑤	3	20	건축허가실적

PART 1

PART 2

PART 3

PART 4

29 주택법령상 사업계획승인 등에 관한 설명으로 틀린 것은?(단, 다른 법률에 따른 사업은 제외함)

□□□

① 주택건설사업을 시행하려는 자는 전체 세대수가 600세대 이상의 주택단지를 공구별로 분할하여 주택을 건설·공급할 수 있다.

② 사업계획승인권자는 착공신고를 받은 날부터 20일 이내에 신고수리 여부를 신고인에게 통지하여야 한다.

③ 사업계획승인권자는 사업계획승인의 신청을 받았을 때에는 정당한 사유가 없으면 신청받은 날부터 60일 이내에 사업주체에게 승인 여부를 통보하여야 한다.

④ 사업주체는 사업계획승인을 받은 날부터 1년 이내에 공사를 착수하여야 한다.

⑤ 사업계획에는 부대시설 및 복리시설의 설치에 관한 계획 등이 포함되어야 한다.

30 주택법령상 주택상환사채의 납입금이 사용될 수 있는 용도로 명시된 것을 모두 고른 것은?

□□□

> ㄱ. 주택건설자재의 구입
> ㄴ. 택지의 구입 및 조성
> ㄷ. 주택조합 운영비에의 충당
> ㄹ. 주택조합 가입 청약철회자의 가입비 반환

① ㄱ, ㄴ   ② ㄱ, ㄹ
③ ㄷ, ㄹ   ④ ㄱ, ㄴ, ㄷ
⑤ ㄴ, ㄷ, ㄹ

31 주택법령상 주택공급과 관련하여 금지되는 공급질서 교란행위에 해당하는 것을 모두 고른 것은?

□□□

> ㄱ. 주택을 공급받을 수 있는 조합원 지위의 상속
> ㄴ. 입주자저축 증서의 저당
> ㄷ. 공공사업의 시행으로 인한 이주대책에 따라 주택을 공급받을 수 있는 지위의 매매
> ㄹ. 주택을 공급받을 수 있는 증서로서 시장·군수·구청장이 발행한 무허가건물 확인서의 증여

① ㄱ, ㄴ   ② ㄱ, ㄹ
③ ㄷ, ㄹ   ④ ㄱ, ㄴ, ㄷ
⑤ ㄴ, ㄷ, ㄹ

32 건축법령상 특수구조 건축물의 특례에 관한 설명으로 옳은 것은?(단, 건축법령상 다른 특례 및

□□□ 조례는 고려하지 않음)

① 건축 공사현장 안전관리 예치금에 관한 규정을 강화하여 적용할 수 있다.
② 대지의 조경에 관한 규정을 변경하여 적용할 수 있다.
③ 한쪽 끝은 고정되고 다른 끝은 지지되지 아니한 구조로 된 차양이 외벽(외벽이 없는 경우에는 외곽 기둥을 말함)의 중심선으로부터 3미터 이상 돌출된 건축물은 특수구조 건축물에 해당한다.
④ 기둥과 기둥 사이의 거리(기둥의 중심선 사이의 거리를 말함)가 15미터인 건축물은 특수구조 건축물로서 건축물 내진등급의 설정에 관한 규정을 강화하여 적용할 수 있다.
⑤ 특수구조 건축물을 건축하려는 건축주는 건축허가 신청 전에 허가권자에게 해당 건축물의 구조 안전에 관하여 지방건축위원회의 심의를 신청하여야 한다.

33 건축주 甲은 수면 위에 건축물을 건축하고자 한다. 건축법령상 그 건축물의 대지의 범위를 설정하기 곤란한 경우 甲이 허가권자에게 완화 적용을 요청할 수 없는 기준은?(단, 다른 조건과 조례는 고려하지 않음)

① 대지의 조경
② 공개 공지 등의 확보
③ 건축물의 높이 제한
④ 대지의 안전
⑤ 건축물 내진등급의 설정

34 건축법령상 건축허가 제한에 관한 설명으로 옳은 것은? `기출수정`

① 국방, 국가유산의 보존, 환경보전 또는 국민경제를 위하여 특히 필요한 경우 주무부장관은 허가권자의 건축허가를 제한할 수 있다.
② 지역계획을 위하여 특히 필요한 경우 도지사는 특별자치시장의 건축허가를 제한할 수 있다.
③ 건축허가를 제한하는 경우 건축허가 제한기간은 2년 이내로 하며, 1회에 한하여 1년 이내의 범위에서 제한기간을 연장할 수 있다.
④ 시·도지사가 건축허가를 제한하는 경우에는 「토지이용규제 기본법」에 따라 주민의견을 청취하거나 건축위원회의 심의를 거쳐야 한다.
⑤ 국토교통부장관은 건축허가를 제한하는 경우 제한 목적·기간, 대상 건축물의 용도와 대상 구역의 위치·면적·경계를 지체 없이 공고하여야 한다.

35 건축주 甲은 A도 B시에서 연면적이 100제곱미터이고 2층인 건축물을 대수선하고자 「건축법」 제14조에 따른 신고(이하 "건축신고")를 하려고 한다. 건축법령상 이에 관한 설명으로 옳은 것은?(단, 건축법령상 특례 및 조례는 고려하지 않음)

① 甲이 대수선을 하기 전에 B시장에게 건축신고를 하면 건축허가를 받은 것으로 본다.
② 건축신고를 한 甲이 공사시공자를 변경하려면 B시장에게 허가를 받아야 한다.
③ B시장은 건축신고의 수리 전에 건축물 안전영향평가를 실시하여야 한다.
④ 건축신고를 한 甲이 신고일부터 6개월 이내에 공사에 착수하지 아니하면 그 신고의 효력은 없어진다.
⑤ 건축신고를 한 甲은 건축물의 공사가 끝난 후 사용승인신청 없이 건축물을 사용할 수 있다.

36 건축법령상 건축물대장에 건축물과 그 대지의 현황 및 건축물의 구조내력에 관한 정보를 적어서 보관하고 이를 지속적으로 정비하여야 하는 경우를 모두 고른 것은?(단, 가설건축물은 제외함)

> ㄱ. 허가권자가 건축물의 사용승인서를 내준 경우
> ㄴ. 건축허가 또는 건축신고 대상 건축물 외의 건축물의 공사가 끝난 후 기재 요청이 있는 경우
> ㄷ. 「집합건물의 소유 및 관리에 관한 법률」에 따른 건축물대장의 신규등록 신청이 있는 경우

① ㄱ
② ㄴ
③ ㄱ, ㄷ
④ ㄴ, ㄷ
⑤ ㄱ, ㄴ, ㄷ

37 건축법령상 특별건축구역에 관한 설명으로 옳은 것은?

① 국토교통부장관은 지방자치단체가 국제행사 등을 개최하는 지역의 사업구역을 특별건축구역으로 지정할 수 있다.
② 「도로법」에 따른 접도구역은 특별건축구역으로 지정될 수 없다.
③ 특별건축구역에서의 건축기준의 특례사항은 지방자치단체가 건축하는 건축물에는 적용되지 않는다.
④ 특별건축구역에서 「주차장법」에 따른 부설주차장의 설치에 관한 규정은 개별 건축물마다 적용하여야 한다.
⑤ 특별건축구역을 지정한 경우에는 「국토의 계획 및 이용에 관한 법률」에 따른 용도지역·지구·구역의 지정이 있는 것으로 본다.

38 건축법령상 건축등과 관련된 분쟁으로서 건축분쟁전문위원회의 조정 및 재정의 대상이 되는 것은? (단, 「건설산업기본법」 제69조에 따른 조정의 대상이 되는 분쟁은 고려하지 않음)

① '건축주'와 '건축신고수리자' 간의 분쟁
② '공사시공자'와 '건축지도원' 간의 분쟁
③ '건축허가권자'와 '공사감리자' 간의 분쟁
④ '관계전문기술자'와 '해당 건축물의 건축등으로 피해를 입은 인근주민' 간의 분쟁
⑤ '건축허가권자'와 '해당 건축물의 건축등으로 피해를 입은 인근주민' 간의 분쟁

39 농지법령상 농지취득자격증명을 발급받지 아니하고 농지를 취득할 수 있는 경우가 아닌 것은?

□□□

① 시효의 완성으로 농지를 취득하는 경우
② 공유 농지의 분할로 농지를 취득하는 경우
③ 농업법인의 합병으로 농지를 취득하는 경우
④ 국가나 지방자치단체가 농지를 소유하는 경우
⑤ 주말·체험영농을 하려고 농업진흥지역 외의 농지를 소유하는 경우

40 농지법령상 유휴농지에 대한 대리경작자의 지정에 관한 설명으로 옳은 것은?

□□□

① 지력의 증진이나 토양의 개량·보전을 위하여 필요한 기간 동안 휴경하는 농지에 대하여도 대리경작자를 지정할 수 있다.
② 대리경작자 지정은 유휴농지를 경작하려는 농업인 또는 농업법인의 신청이 있을 때에만 할 수 있고, 직권으로는 할 수 없다.
③ 대리경작자가 경작을 게을리하는 경우에는 대리경작 기간이 끝나기 전이라도 대리경작자 지정을 해지할 수 있다.
④ 대리경작 기간은 3년이고, 이와 다른 기간을 따로 정할 수 없다.
⑤ 농지 소유권자를 대신할 대리경작자만 지정할 수 있고, 농지 임차권자를 대신할 대리경작자를 지정할 수는 없다.

2020년 제31회 기출문제

✅ 시행일 : 2020.10.31.　　　　　　　　　　✅ Time　　　분 ｜ 해설편 187p

01 국토의 계획 및 이용에 관한 법령상 광역도시계획에 관한 설명으로 <u>틀린</u> 것은?

□□□

① 도지사는 시장 또는 군수가 협의를 거쳐 요청하는 경우에는 단독으로 광역도시계획을 수립할 수 있다.

② 광역도시계획의 수립기준은 국토교통부장관이 정한다.

③ 광역도시계획의 수립을 위한 공청회는 광역계획권 단위로 개최하되, 필요한 경우에는 광역계획권을 수개의 지역으로 구분하여 개최할 수 있다.

④ 국토교통부장관은 광역도시계획을 수립하였을 때에는 직접 그 내용을 공고하고 일반이 열람할 수 있도록 하여야 한다.

⑤ 광역도시계획을 공동으로 수립하는 시·도지사는 그 내용에 관하여 서로 협의가 되지 아니하면 공동이나 단독으로 국토교통부장관에게 조정을 신청할 수 있다.

02 국토의 계획 및 이용에 관한 법령상 공업기능 및 유통·물류기능을 중심으로 개발·정비할 필요가 있는 용도지구는?

□□□

① 복합용도지구

② 주거개발진흥지구

③ 산업·유통개발진흥지구

④ 관광·휴양개발진흥지구

⑤ 특정개발진흥지구

03 국토의 계획 및 이용에 관한 법령상 기반시설을 유발하는 시설에서 제외되는 건축물에 해당하지 **않는** 것은?

① 「유아교육법」에 따른 사립유치원
② 「도시재정비 촉진을 위한 특별법」에 따라 공급하는 임대주택
③ 상업지역에 설치하는 「농수산물 유통 및 가격안정에 관한 법률」에 따른 농수산물집하장
④ 주한 국제기구 소유의 건축물
⑤ 「택지개발촉진법」에 따른 택지개발예정지구에서 지구단위계획을 수립하여 개발하는 토지에 건축하는 건축물

04 「국토의 계획 및 이용에 관한 법률」상 도시·군관리계획의 결정에 관한 설명으로 **틀린** 것은?

① 시장 또는 군수가 입안한 지구단위계획구역의 지정·변경에 관한 도시·군관리계획은 시장 또는 군수가 직접 결정한다.
② 개발제한구역의 지정에 관한 도시·군관리계획은 국토교통부장관이 결정한다.
③ 시·도지사가 지구단위계획을 결정하려면 「건축법」에 따라 시·도에 두는 건축위원회와 도시계획위원회가 공동으로 하는 심의를 거쳐야 한다.
④ 국토교통부장관은 관계중앙행정기관의 장의 요청이 없어도 국가안전보장상 기밀을 지켜야 할 필요가 있다고 인정되면 중앙도시계획위원회의 심의를 거치지 않고 도시·군관리계획을 결정할 수 있다.
⑤ 도시·군관리계획결정의 효력은 지형도면을 고시한 날부터 발생한다.

05 국토의 계획 및 이용에 관한 법령상 청문을 하여야 하는 경우를 모두 고른 것은?(단, 다른 법령에 따른 청문은 고려하지 않음)

> ㄱ. 개발행위허가의 취소
> ㄴ. 「국토의 계획 및 이용에 관한 법률」제63조에 따른 개발행위허가의 제한
> ㄷ. 실시계획인가의 취소

① ㄱ
② ㄴ
③ ㄱ, ㄴ
④ ㄱ, ㄷ
⑤ ㄴ, ㄷ

06 국토의 계획 및 이용에 관한 법령상 자연취락지구 안에서 건축할 수 있는 건축물에 해당하지 <u>않는</u> 것은?(단, 4층 이하의 건축물이고, 조례는 고려하지 않음)

① 동물 전용의 장례식장
② 단독주택
③ 도축장
④ 마을회관
⑤ 한의원

07 국토의 계획 및 이용에 관한 법령상 사업시행자가 공동구를 설치하여야 하는 지역등을 모두 고른 것은?(단, 지역등의 규모는 200만 제곱미터를 초과함)

ㄱ. 「공공주택 특별법」에 따른 공공주택지구
ㄴ. 「도시 및 주거환경정비법」에 따른 정비구역
ㄷ. 「산업입지 및 개발에 관한 법률」에 따른 일반산업단지
ㄹ. 「도청이전을 위한 도시건설 및 지원에 관한 특별법」에 따른 도청이전신도시

① ㄱ, ㄴ, ㄷ   ② ㄱ, ㄴ, ㄹ
③ ㄱ, ㄷ, ㄹ   ④ ㄴ, ㄷ, ㄹ
⑤ ㄱ, ㄴ, ㄷ, ㄹ

08 국토의 계획 및 이용에 관한 법령상 도시·군기본계획에 관한 설명으로 <u>틀린</u> 것은?

① 시장 또는 군수는 인접한 시 또는 군의 관할구역을 포함하여 도시·군기본계획을 수립하려면 미리 그 시장 또는 군수와 협의하여야 한다.
② 도시·군기본계획입안일부터 5년 이내에 토지적성평가를 실시한 경우에는 토지적성평가를 하지 아니할 수 있다.
③ 시장 또는 군수는 도시·군기본계획을 수립하려면 미리 그 시 또는 군 의회의 의견을 들어야 한다.
④ 시장 또는 군수는 도시·군기본계획을 변경하려면 도지사와 협의한 후 지방도시계획위원회의 심의를 거쳐야 한다.
⑤ 시장 또는 군수는 5년마다 관할구역의 도시·군기본계획에 대하여 타당성을 전반적으로 재검토하여 정비하여야 한다.

09 국토의 계획 및 이용에 관한 법령상 도시혁신구역에 관한 설명으로 옳은 것을 모두 고른 것은?

> ㄱ. 공간재구조화계획 결정권자는 도시·군기본계획에 따른 도심·부도심 또는 생활권의 중심지역을 도시혁신구역으로 지정할 수 있다.
> ㄴ. 도시혁신구역에 대하여는 「주차장법」에 따른 부설주차장의 설치 규정에도 불구하고 도시혁신계획으로 따로 정할 수 있다.
> ㄷ. 다른 법률에서 공간재구조화계획의 결정을 의제하고 있는 경우에 「국토의 계획 및 이용에 관한 법률」에 따르지 아니하고 도시혁신구역의 지정과 도시혁신계획을 결정할 수 있다.

① ㄱ
② ㄱ, ㄴ
③ ㄱ, ㄷ
④ ㄴ, ㄷ
⑤ ㄱ, ㄴ, ㄷ

10 국토의 계획 및 이용에 관한 법령상 개발행위허가의 기준에 해당하지 <u>않는</u> 것은?(단, 관련 인·허가 등의 의제는 고려하지 않음)

① 자금조달계획이 목적사업의 실현에 적합하도록 수립되어 있을 것
② 도시·군계획으로 경관계획이 수립되어 있는 경우에는 그에 적합할 것
③ 공유수면 매립의 경우 매립목적이 도시·군계획에 적합할 것
④ 토지의 분할 및 물건을 쌓아 놓는 행위에 입목의 벌채가 수반되지 아니할 것
⑤ 도시·군계획조례로 정하는 도로의 너비에 관한 기준에 적합할 것

11 국토의 계획 및 이용에 관한 법령상 성장관리계획에 관한 설명으로 옳은 것을 모두 고른 것은?

ㄱ. 성장관리계획구역의 지정목적을 이루는 데 필요한 기반시설의 배치와 규모에 관한 사항은 성장관리계획에 포함되지 않을 수 있다.
ㄴ. 「국토의 계획 및 이용에 관한 법률」 제58조에 따른 시가화용도지역은 성장관리계획의 수립대상지역이 아니다.
ㄷ. 계획관리지역에서는 50퍼센트 이하의 범위에서 조례로 건폐율을 정할 수 있다.

① ㄱ
② ㄴ
③ ㄱ, ㄷ
④ ㄴ, ㄷ
⑤ ㄱ, ㄴ, ㄷ

12 「국토의 계획 및 이용에 관한 법률」 조문의 일부이다. (   )에 들어갈 숫자로 옳은 것은?

제68조(기반시설설치비용의 부과대상 및 산정기준)
① 기반시설부담구역에서 기반시설설치비용의 부과대상인 건축행위는 제2조 제20호에 따른 시설로서 (   )제곱미터(기존 건축물의 연면적을 포함한다)를 초과하는 건축물의 신축·증축행위로 한다.

① 100
② 200
③ 300
④ 400
⑤ 500

13 **도시개발법령상 환지방식에 의한 사업시행에 관한 설명으로 틀린 것은?**

① 지정권자는 도시개발사업을 환지방식으로 시행하려고 개발계획을 수립할 때에 시행자가 지방자치단체이면 토지소유자의 동의를 받을 필요가 없다.

② 시행자는 체비지의 용도로 환지예정지가 지정된 경우에는 도시개발사업에 드는 비용을 충당하기 위하여 이를 처분할 수 있다.

③ 도시개발구역의 토지에 대한 지역권은 도시개발사업의 시행으로 행사할 이익이 없어지면 환지처분이 공고된 날이 끝나는 때에 소멸한다.

④ 지방자치단체가 도시개발사업의 전부를 환지방식으로 시행하려고 할 때에는 도시개발사업의 시행규정을 작성하여야 한다.

⑤ 행정청이 아닌 시행자가 인가받은 환지계획의 내용 중 종전 토지의 합필 또는 분필로 환지명세가 변경되는 경우에는 변경인가를 받아야 한다.

14 **도시개발법령상 도시개발사업의 실시계획에 관한 설명으로 틀린 것은?**

① 시행자가 작성하는 실시계획에는 지구단위계획이 포함되어야 한다.

② 지정권자인 국토교통부장관이 실시계획을 작성하는 경우 시·도지사 또는 대도시 시장의 의견을 미리 들어야 한다.

③ 지정권자가 시행자가 아닌 경우 시행자는 작성된 실시계획에 관하여 지정권자의 인가를 받아야 한다.

④ 고시된 실시계획의 내용 중「국토의 계획 및 이용에 관한 법률」에 따라 도시·군관리계획으로 결정하여야 하는 사항이 종전에 도시·군관리계획으로 결정된 사항에 저촉되면 종전에 도시·군관리계획으로 결정된 사항이 우선하여 적용된다.

⑤ 실시계획의 인가에 의해「주택법」에 따른 사업계획의 승인은 의제될 수 있다.

15 도시개발법령상 도시개발조합에 관한 설명으로 옳은 것은?

① 도시개발구역의 토지소유자가 미성년자인 경우에는 조합의 조합원이 될 수 없다.

② 조합원은 보유토지의 면적과 관계없는 평등한 의결권을 가지므로, 공유토지의 경우 공유자별로 의결권이 있다.

③ 조합은 도시개발사업 전부를 환지방식으로 시행하는 경우에 도시개발사업의 시행자가 될 수 있다.

④ 조합설립의 인가를 신청하려면 해당 도시개발구역의 토지면적의 2분의 1 이상에 해당하는 토지소유자와 그 구역의 토지소유자 총수의 3분의 2 이상의 동의를 받아야 한다.

⑤ 토지소유자가 조합설립인가신청에 동의하였다면 이후 조합설립인가의 신청 전에 그 동의를 철회하였더라도 그 토지소유자는 동의자수에 포함된다.

16 도시개발법령상 도시개발구역 지정의 해제에 관한 규정내용이다. (   )에 들어갈 숫자를 바르게 나열한 것은?

> 도시개발구역을 지정한 후 개발계획을 수립하는 경우에는 아래에 규정된 날의 다음 날에 도시개발구역의 지정이 해제된 것으로 본다.
> • 도시개발구역이 지정·고시된 날부터 (ㄱ)년이 되는 날까지 개발계획을 수립·고시하지 아니하는 경우에는 그 (ㄱ)년이 되는 날. 다만, 도시개발구역의 면적이 330만제곱미터 이상인 경우에는 5년으로 한다.
> • 개발계획을 수립·고시한 날부터 (ㄴ)년이 되는 날까지 실시계획인가를 신청하지 아니하는 경우에는 그 (ㄴ)년이 되는 날. 다만, 도시개발구역의 면적이 330만제곱미터 이상인 경우에는 (ㄷ)년으로 한다.

	ㄱ	ㄴ	ㄷ
①	2	3	3
②	2	3	5
③	3	2	3
④	3	2	5
⑤	3	3	5

17 도시개발법령상 도시개발조합 총회의 의결사항 중 대의원회가 총회의 권한을 대행할 수 있는 사항은?

① 정관의 변경
② 개발계획의 수립
③ 조합장의 선임
④ 환지예정지의 지정
⑤ 조합의 합병에 관한 사항

18 도시개발법령상 도시개발사업의 비용부담 등에 관한 설명으로 옳은 것을 모두 고른 것은?

> ㄱ. 지정권자가 시행자가 아닌 경우 도시개발구역의 통신시설의 설치는 특별한 사유가 없으면 준공검사신청일까지 끝내야 한다.
> ㄴ. 전부환지방식으로 사업을 시행하는 경우 전기시설의 지중선로 설치를 요청한 사업시행자와 전기공급자는 각각 2분의 1의 비율로 그 설치비용을 부담한다.
> ㄷ. 지정권자인 시행자는 그가 시행한 사업으로 이익을 얻는 시·도에 비용의 전부 또는 일부를 부담시킬 수 있다.

① ㄱ
② ㄴ
③ ㄱ, ㄷ
④ ㄴ, ㄷ
⑤ ㄱ, ㄴ, ㄷ

19 도시 및 주거환경정비법령상 공사완료에 따른 조치 등에 관한 설명으로 틀린 것을 모두 고른 것은?

> ㄱ. 정비사업의 효율적인 추진을 위하여 필요한 경우에는 해당 정비사업에 관한 공사가 전부 완료되기 전이라도 완공된 부분은 준공인가를 받아 대지 또는 건축물별로 분양받을 자에게 소유권을 이전할 수 있다.
> ㄴ. 준공인가에 따라 정비구역의 지정이 해제되면 조합도 해산된 것으로 본다.
> ㄷ. 정비사업에 관하여 소유권의 이전고시가 있은 날부터는 대지 및 건축물에 관한 등기가 없더라도 저당권 등의 다른 등기를 할 수 있다.

① ㄱ
② ㄴ
③ ㄱ, ㄴ
④ ㄱ, ㄷ
⑤ ㄴ, ㄷ

20 도시 및 주거환경정비법령상 시장·군수가 정비구역 지정을 위하여 직접 정비계획을 입안하는
□□□ 경우 조사·확인하여야 하는 사항으로 명시되어 있지 <u>않은</u> 것은?(단, 조례는 고려하지 않음)

① 주민 또는 산업의 현황
② 관계중앙행정기관의 장의 의견
③ 건축물의 소유현황
④ 토지 및 건축물의 가격
⑤ 정비구역 및 주변지역의 교통상황

21 도시 및 주거환경정비법령상 조합설립인가를 받기 위한 동의에 관하여 (   )에 들어갈 내용을
□□□ 바르게 나열한 것은?

> • 재개발사업의 추진위원회가 조합을 설립하려면 토지등소유자의 (ㄱ) 이상 및 토지면적의 (ㄴ)
>   이상의 토지소유자의 동의를 받아야 한다.
> • 재건축사업의 추진위원회가 조합을 설립하려는 경우 주택단지가 아닌 지역이 정비구역에 포함된
>   때에는 주택단지가 아닌 지역의 토지 또는 건축물소유자의 (ㄷ) 이상 및 토지면적의 (ㄹ) 이상
>   의 토지소유자의 동의를 받아야 한다.

	ㄱ	ㄴ	ㄷ	ㄹ
①	4분의 3	2분의 1	4분의 3	3분의 2
②	4분의 3	3분의 1	4분의 3	2분의 1
③	4분의 3	2분의 1	3분의 2	2분의 1
④	2분의 1	3분의 1	2분의 1	3분의 2
⑤	2분의 1	3분의 1	4분의 3	2분의 1

22 도시 및 주거환경정비법령상 관리처분계획에 따른 처분 등에 관한 설명으로 <u>틀린</u> 것은?

① 정비사업의 시행으로 조성된 대지 및 건축물은 관리처분계획에 따라 처분 또는 관리하여야 한다.

② 사업시행자는 정비사업의 시행으로 건설된 건축물을 관리처분계획에 따라 토지등소유자에게 공급하여야 한다.

③ 환지를 공급하는 방법으로 시행하는 주거환경개선사업의 사업시행자가 정비구역에 주택을 건설하는 경우 주택의 공급방법에 관하여 「주택법」에도 불구하고 시장·군수등의 승인을 받아 따로 정할 수 있다.

④ 사업시행자는 분양신청을 받은 후 잔여분이 있는 경우에는 사업시행계획으로 정하는 목적을 위하여 그 잔여분을 조합원 또는 토지등소유자 이외의 자에게 분양할 수 있다.

⑤ 조합이 재개발임대주택의 인수를 요청하는 경우 국토교통부장관이 우선하여 인수하여야 한다.

23 도시 및 주거환경정비법령상 주민대표회의 등에 관한 설명으로 <u>틀린</u> 것은?

① 토지등소유자가 시장·군수등 또는 토지주택공사등의 사업시행을 원하는 경우에는 정비구역 지정·고시 후 주민대표회의를 구성하여야 한다.

② 주민대표회의는 위원장을 포함하여 5명 이상 25명 이하로 구성한다.

③ 주민대표회의는 토지등소유자의 과반수의 동의를 받아 구성한다.

④ 주민대표회의에는 위원장과 부위원장 각 1명과 1명 이상 3명 이하의 감사를 둔다.

⑤ 상가세입자는 사업시행자가 건축물의 철거의 사항에 관하여 시행규정을 정하는 때에 의견을 제시할 수 없다.

24 도시 및 주거환경정비법령상 재건축사업의 사업시행자가 작성하여야 하는 사업시행계획서에 포함되어야 하는 사항이 <u>아닌</u> 것은?(단, 조례는 고려하지 않음)

① 토지이용계획(건축물배치계획을 포함한다)

② 정비기반시설 및 공동이용시설의 설치계획

③ 「도시 및 주거환경정비법」 제10조(임대주택 및 주택규모별 건설비율)에 따른 임대주택의 건설계획

④ 세입자의 주거 및 이주대책

⑤ 임시거주시설을 포함한 주민이주대책

25 주택법령상 주택상환사채에 관한 설명으로 **틀린** 것은?

① 한국토지주택공사는 주택상환사채를 발행할 수 있다.

② 주택상환사채는 기명증권으로 한다.

③ 사채권자의 명의변경은 취득자의 성명과 주소를 사채원부에 기록하는 방법으로 한다.

④ 주택상환사채를 발행한 자는 발행조건에 따라 주택을 건설하여 사채권자에게 상환하여야 한다.

⑤ 등록사업자의 등록이 말소된 경우에는 등록사업자가 발행한 주택상환사채도 효력을 상실한다.

26 주택법령상 공동주택의 리모델링에 관한 설명으로 **틀린** 것은?(단, 조례는 고려하지 않음)

① 입주자대표회의가 리모델링하려는 경우에는 리모델링설계개요, 공사비, 소유자의 비용분담명세가 적혀 있는 결의서에 주택단지소유자 전원의 동의를 받아야 한다.

② 공동주택의 입주자가 공동주택을 리모델링하려고 하는 경우에는 시장·군수·구청장의 허가를 받아야 한다.

③ 사업비에 관한 사항은 세대수가 증가되는 리모델링을 하는 경우 수립하여야 하는 권리변동계획에 포함되지 않는다.

④ 증축형 리모델링을 하려는 자는 시장·군수·구청장에게 안전진단을 요청하여야 한다.

⑤ 수직증축형 리모델링의 대상이 되는 기존 건축물의 층수가 12층인 경우에는 2개 층까지 증축할 수 있다.

27 주택법령상 용어에 관한 설명으로 **옳은** 것은?

① 「건축법 시행령」에 따른 다중생활시설은 "준주택"에 해당하지 않는다.

② 주택도시기금으로부터 자금을 지원받아 건설되는 1세대당 주거전용면적 84제곱미터인 주택은 "국민주택"에 해당한다.

③ "간선시설"이란 도로·상하수도·전기시설·가스시설·통신시설·지역난방시설 등을 말한다.

④ 방범설비는 "복리시설"에 해당한다.

⑤ 주민공동시설은 "부대시설"에 해당한다.

28 주택법령상 주택건설사업자 등에 관한 설명으로 옳은 것을 모두 고른 것은?

ㅁㅁㅁ

> ㄱ. 한국토지주택공사가 연간 10만제곱미터 이상의 대지조성사업을 시행하려는 경우에는 대지조성
> 사업의 등록을 하여야 한다.
> ㄴ. 세대수를 증가하는 리모델링주택조합이 그 구성원의 주택을 건설하는 경우에는 등록사업자와
> 공동으로 사업을 시행할 수 없다.
> ㄷ. 주택건설공사를 시공할 수 있는 등록사업자가 최근 3년간 300세대 이상의 공동주택을 건설한
> 실적이 있는 경우에는 주택으로 쓰는 층수가 7개 층인 주택을 건설할 수 있다.

① ㄱ   ② ㄷ
③ ㄱ, ㄴ   ④ ㄴ, ㄷ
⑤ ㄱ, ㄴ, ㄷ

PART 1
PART 2
PART 3
PART 4

29 주택법령상 지역주택조합이 설립인가를 받은 후 조합원을 신규로 가입하게 할 수 있는 경우와

ㅁㅁㅁ 결원의 범위에서 충원할 수 있는 경우 중 어느 하나에도 해당하지 <u>않는</u> 것은?

① 조합원이 사망한 경우
② 조합원이 무자격자로 판명되어 자격을 상실하는 경우
③ 조합원수가 주택건설 예정 세대수를 초과하지 아니하는 범위에서 조합원 추가모집의 승인을 받은
   경우
④ 조합원의 탈퇴 등으로 조합원수가 주택건설 예정 세대수의 60퍼센트가 된 경우
⑤ 사업계획승인의 과정에서 주택건설 예정 세대수가 변경되어 조합원수가 변경된 세대수의 40퍼센트
   가 된 경우

30 주택법령상 주택의 감리자에 관한 설명으로 옳은 것을 모두 고른 것은?

ㄱ. 사업계획승인권자는 감리자가 업무수행 중 위반사항이 있음을 알고도 묵인한 경우 그 감리자에 대하여 2년의 범위에서 감리업무의 지정을 제한할 수 있다.
ㄴ. 설계도서가 해당 지형 등에 적합한지에 대한 확인은 감리자의 업무에 해당한다.
ㄷ. 감리자는 업무를 수행하면서 위반사항을 발견하였을 때에는 지체 없이 시공자 및 사업주체에게 위반사항을 시정할 것을 통지하고, 7일 이내에 사업계획승인권자에게 그 내용을 보고하여야 한다.

① ㄱ
② ㄴ
③ ㄱ, ㄴ
④ ㄱ, ㄷ
⑤ ㄴ, ㄷ

31 주택법령상 사업계획의 승인 등에 관한 설명으로 옳은 것을 모두 고른 것은?(단, 다른 법률에 따른 사업은 제외함)

ㄱ. 대지조성사업계획승인을 받으려는 자는 사업계획승인신청서에 조성한 대지의 공급계획서를 첨부하여 사업계획승인권자에게 제출하여야 한다.
ㄴ. 등록사업자는 동일한 규모의 주택을 대량으로 건설하려는 경우에는 시·도지사에게 주택의 형별로 표본설계도서를 작성·제출하여 승인을 받을 수 있다.
ㄷ. 지방공사가 사업주체인 경우 건축물의 설계와 용도별 위치를 변경하지 아니하는 범위에서의 건축물의 배치조정은 사업계획변경승인을 받지 않아도 된다.

① ㄱ
② ㄱ, ㄴ
③ ㄱ, ㄷ
④ ㄴ, ㄷ
⑤ ㄱ, ㄴ, ㄷ

32 건축법령상 대지면적이 2천제곱미터인 대지에 건축하는 경우 조경 등의 조치를 하여야 하는 건축물은?(단, 건축법령상 특례규정 및 조례는 고려하지 않음)

① 상업지역에 건축하는 물류시설
② 2층의 공장
③ 도시·군계획시설에서 허가를 받아 건축하는 가설건축물
④ 녹지지역에 건축하는 기숙사
⑤ 연면적의 합계가 1천제곱미터인 축사

33 건축법령상 건축협정에 관한 설명으로 옳은 것은?(단, 조례는 고려하지 않음)

① 해당 지역의 토지 또는 건축물의 소유자 전원이 합의하면 지상권자가 반대하는 경우에도 건축협정을 체결할 수 있다.
② 건축협정 체결 대상토지가 둘 이상의 시·군·구에 걸치는 경우에는 관할 시·도지사에게 건축협정의 인가를 받아야 한다.
③ 협정체결자는 인가받은 건축협정을 변경하려면 협정체결자 과반수의 동의를 받아 건축협정인가권자에게 신고하여야 한다.
④ 건축협정을 폐지하려면 협정체결자 전원의 동의를 받아 건축협정인가권자의 인가를 받아야 한다.
⑤ 건축협정에서 달리 정하지 않는 한, 건축협정이 공고된 후에 건축협정구역에 있는 토지에 관한 권리를 협정체결자로부터 이전받은 자도 건축협정에 따라야 한다.

34 건축법령상 용어에 관한 설명으로 옳은 것은?

① 건축물을 이전하는 것은 "건축"에 해당한다.
② "고층건축물"에 해당하려면 건축물의 층수가 30층 이상이고 높이가 120미터 이상이어야 한다.
③ 건축물이 천재지변으로 멸실된 경우 그 대지에 종전 규모보다 연면적의 합계를 늘려 건축물을 다시 축조하는 것은 "재축"에 해당한다.
④ 건축물의 내력벽을 해체하여 같은 대지의 다른 위치로 옮기는 것은 "이전"에 해당한다.
⑤ 기존 건축물이 있는 대지에서 건축물의 내력벽을 증설하여 건축면적을 늘리는 것은 "대수선"에 해당한다.

35 甲은 A도 B군에서 숙박시설로 사용승인을 받은 바닥면적의 합계가 3천제곱미터인 건축물의 용도를 변경하려고 한다. 건축법령상 이에 관한 설명으로 **틀린** 것은?

① 의료시설로 용도를 변경하려는 경우에는 용도변경신고를 하여야 한다.
② 종교시설로 용도를 변경하려는 경우에는 용도변경허가를 받아야 한다.
③ 甲이 바닥면적의 합계 1천제곱미터의 부분에 대해서만 업무시설로 용도를 변경하는 경우에는 사용승인을 받지 않아도 된다.
④ A도지사는 도시·군계획에 특히 필요하다고 인정하면 B군수의 용도변경허가를 제한할 수 있다.
⑤ B군수는 甲이 판매시설과 위락시설의 복수용도로 용도변경신청을 한 경우 지방건축위원회의 심의를 거쳐 이를 허용할 수 있다.

36 甲은 A광역시 B구에서 20층의 연면적 합계가 5만제곱미터인 허가대상 건축물을 신축하려고 한다. 건축법령상 이에 관한 설명으로 **틀린** 것은?(단, 건축법령상 특례규정은 고려하지 않음)

① 甲은 B구청장에게 건축허가를 받아야 한다.
② 甲이 건축허가를 받은 경우에도 해당 대지를 조성하기 위해 높이 5미터의 옹벽을 축조하려면 따로 공작물축조신고를 하여야 한다.
③ 甲이 건축허가를 받은 이후에 공사시공자를 변경하는 경우에는 B구청장에게 신고하여야 한다.
④ 甲이 건축허가를 받은 경우에도 A광역시장은 지역계획에 특히 필요하다고 인정하면 甲의 건축물의 착공을 제한할 수 있다.
⑤ 공사감리자는 필요하다고 인정하면 공사시공자에게 상세시공도면을 작성하도록 요청할 수 있다.

37 건축법령상 건축물의 면적 등의 산정방법으로 옳은 것은?

① 공동주택으로서 지상층에 설치한 생활폐기물보관함의 면적은 바닥면적에 산입한다.
② 지하층에 설치한 기계실, 전기실의 면적은 용적률을 산정할 때 연면적에 산입한다.
③ 「건축법」상 건축물의 높이 제한규정을 적용할 때, 건축물의 1층 전체에 필로티가 설치되어 있는 경우 건축물의 높이는 필로티의 층고를 제외하고 산정한다.
④ 건축물의 층고는 방의 바닥구조체 윗면으로부터 위층 바닥구조체의 아랫면까지의 높이로 한다.
⑤ 건축물이 부분에 따라 그 층수가 다른 경우에는 그중 가장 많은 층수와 가장 적은 층수를 평균하여 반올림한 수를 그 건축물의 층수로 본다.

38 건축법령상 신고대상 가설건축물인 전시를 위한 견본주택을 축조하는 경우에 관한 설명으로 옳은
□□□ 것을 모두 고른 것은?(단, 건축법령상 특례규정은 고려하지 않음)

> ㄱ. 「건축법」 제44조(대지와 도로의 관계)는 적용된다.
> ㄴ. 견본주택의 존치기간은 해당 주택의 분양완료일까지이다.
> ㄷ. 견본주택이 2층 이상인 경우 공사감리자를 지정하여야 한다.

① ㄱ
② ㄷ
③ ㄱ, ㄴ
④ ㄴ, ㄷ
⑤ ㄱ, ㄴ, ㄷ

39 농지법령상 농업진흥지역을 지정할 수 <u>없는</u> 지역은?
□□□
① 특별시의 녹지지역
② 특별시의 관리지역
③ 광역시의 관리지역
④ 광역시의 농림지역
⑤ 군의 자연환경보전지역

40 농지법령상 농지의 임대차에 관한 설명으로 <u>틀린</u> 것은?(단, 농업경영을 하려는 자에게 임대하는
□□□ 경우를 전제로 함)

① 60세 이상 농업인은 자신이 거주하는 시·군에 있는 소유 농지 중에서 자기의 농업경영에 이용한
기간이 5년이 넘은 농지를 임대할 수 있다.
② 농지를 임차한 임차인이 그 농지를 정당한 사유 없이 농업경영에 사용하지 아니할 때에는 시장·군
수·구청장은 임대차의 종료를 명할 수 있다.
③ 임대차계약은 그 등기가 없는 경우에도 임차인이 농지소재지를 관할하는 시·구·읍·면의 장의
확인을 받고, 해당 농지를 인도받은 경우에는 그 다음 날부터 제3자에 대하여 효력이 생긴다.
④ 농지의 임차인이 농작물의 재배시설로서 비닐하우스를 설치한 농지의 임대차기간은 10년 이상으로
하여야 한다.
⑤ 농지임대차조정위원회에서 작성한 조정안을 임대차계약당사자가 수락한 때에는 당사자 간에 체결
된 계약의 내용으로 본다.

2019년 제30회 기출문제

✅ 시행일 : 2019.10.26.   ✅ Time   분 | 해설편 202p

01 국토의 계획 및 이용에 관한 법령상 광역시의 기반시설부담구역에 관한 설명으로 **틀린** 것은?
□□□

① 기반시설부담구역이 지정되면 광역시장은 대통령령으로 정하는 바에 따라 기반시설설치계획을 수립하여야 하며, 이를 도시·군관리계획에 반영하여야 한다.

② 기반시설부담구역의 지정은 해당 광역시에 설치된 지방도시계획위원회의 심의대상이다.

③ 광역시장은「국토의 계획 및 이용에 관한 법률」의 개정으로 인하여 행위제한이 완화되는 지역에 대하여는 이를 기반시설부담구역으로 지정할 수 없다.

④ 지구단위계획을 수립한 경우에는 기반시설설치계획을 수립한 것으로 본다.

⑤ 기반시설부담구역의 지정고시일부터 1년이 되는 날까지 광역시장이 기반시설설치계획을 수립하지 아니하면 그 1년이 되는 날의 다음 날에 기반시설부담구역의 지정은 해제된 것으로 본다.

02 국토의 계획 및 이용에 관한 법령상 주민이 도시·군관리계획의 입안을 제안하는 경우에 관한 설명으로 **틀린** 것은?
□□□

① 도시·군관리계획의 입안을 제안받은 자는 제안자와 협의하여 제안된 도시·군관리계획의 입안 및 결정에 필요한 비용의 전부 또는 일부를 제안자에게 부담시킬 수 있다.

② 제안서에는 도시·군관리계획 도서뿐만 아니라 계획설명서도 첨부하여야 한다.

③ 도시·군관리계획의 입안을 제안받은 자는 그 처리결과를 제안자에게 알려야 한다.

④ 산업·유통개발진흥지구의 지정 및 변경에 관한 사항은 입안제안의 대상에 해당하지 않는다.

⑤ 도시·군관리계획의 입안을 제안하려는 자가 토지소유자의 동의를 받아야 하는 경우 국·공유지는 동의대상 토지면적에서 제외된다.

03 국토의 계획 및 이용에 관한 법령상 개발행위허가에 관한 설명으로 옳은 것은?(단, 다른 법령은 □□□ 고려하지 않음)

① 재해복구를 위한 응급조치로서 공작물의 설치를 하려는 자는 도시·군계획사업에 의한 행위가 아닌 한 개발행위허가를 받아야 한다.

② 국가나 지방자치단체가 시행하는 개발행위에도 이행보증금을 예치하게 하여야 한다.

③ 환경오염방지조치를 할 것을 조건으로 개발행위허가를 하려는 경우에는 미리 개발행위허가를 신청한 자의 의견을 들어야 한다.

④ 개발행위허가를 받은 자가 행정청인 경우, 그가 기존의 공공시설에 대체되는 공공시설을 설치하면 기존의 공공시설은 대체되는 공공시설의 설치비용에 상당하는 범위 안에서 개발행위허가를 받은 자에게 무상으로 양도될 수 있다.

⑤ 개발행위허가를 받은 자가 행정청이 아닌 경우, 개발행위로 용도가 폐지되는 공공시설은 개발행위 허가를 받은 자에게 전부 무상으로 귀속된다.

04 국토의 계획 및 이용에 관한 법령상 아래 내용을 뜻하는 용어는? □□□

> 도시·군계획 수립대상 지역의 일부에 대하여 토지이용을 합리화하고, 그 기능을 증진시키며, 미관을 개선하고, 양호한 환경을 확보하며, 그 지역을 체계적·계획적으로 관리하기 위하여 수립하는 도시· 군관리계획

① 일부관리계획

② 지구단위계획

③ 도시·군기본계획

④ 시가화조정구역계획

⑤ 입지규제최소구역계획

05 국토의 계획 및 이용에 관한 법령상 시장 또는 군수가 주민의 의견을 들어야 하는 경우로 명시되어 있지 **않은** 것은?(단, 국토교통부장관이 따로 정하는 경우는 고려하지 않음) `기출수정`

① 광역도시계획을 수립하려는 경우
② 성장관리계획구역을 지정하려는 경우
③ 시범도시사업계획을 수립하려는 경우
④ 기반시설부담구역을 지정하려는 경우
⑤ 개발밀도관리구역을 지정하려는 경우

06 국토의 계획 및 이용에 관한 법령상 국가 또는 지방자치단체가 자연취락지구 안의 주민의 생활편익과 복지증진 등을 위하여 시행하거나 지원할 수 있는 사업만을 모두 고른 것은?

> ㄱ. 어린이놀이터·마을회관의 설치
> ㄴ. 쓰레기처리장·하수처리시설의 개량
> ㄷ. 하천정비 등 재해방지를 위한 시설의 설치
> ㄹ. 주택의 개량

① ㄱ, ㄴ, ㄷ   ② ㄱ, ㄴ, ㄹ
③ ㄱ, ㄷ, ㄹ   ④ ㄴ, ㄷ, ㄹ
⑤ ㄱ, ㄴ, ㄷ, ㄹ

07 국토의 계획 및 이용에 관한 법령상 용도지역별 용적률의 최대한도가 다음 중 가장 큰 것은?(단, 조례 등 기타 강화·완화조건은 고려하지 않음)

① 제1종 전용주거지역
② 제3종 일반주거지역
③ 준주거지역
④ 일반공업지역
⑤ 준공업지역

08 국토의 계획 및 이용에 관한 법령상 도시·군계획시설에 관한 설명이다. (   )에 들어갈 내용을 □□□ 바르게 나열한 것은?

> 도시·군계획시설결정이 고시된 도시·군계획시설에 대하여 그 고시일부터 (ㄱ)년이 지날 때까지 그 시설의 설치에 관한 도시·군계획시설사업이 시행되지 아니하는 경우 그 도시·군계획시설결정은 그 고시일부터 (ㄱ)년이 (ㄴ)에 그 효력을 잃는다.

	ㄱ	ㄴ
①	10	되는 날
②	20	되는 날
③	10	되는 날의 다음 날
④	15	되는 날의 다음 날
⑤	20	되는 날의 다음 날

09 국토의 계획 및 이용에 관한 법령상 제3종 일반주거지역 안에서 도시·군계획조례가 정하는 바에 □□□ 의하여 건축할 수 있는 건축물은?(단, 건축물의 종류는 「건축법 시행령」 [별표 1]에 규정된 용도별 건축물의 종류에 따름)

① 제2종 근린생활시설 중 단란주점
② 의료시설 중 격리병원
③ 문화 및 집회시설 중 관람장
④ 위험물 저장 및 처리시설 중 액화가스 취급소·판매소
⑤ 업무시설로서 그 용도에 쓰이는 바닥면적의 합계가 4천제곱미터인 것

10 국토의 계획 및 이용에 관한 법령상 용도지구와 그 세분(細分)이 바르게 연결된 것만을 모두 고른 것은?(단, 조례는 고려하지 않음)

□□□

ㄱ. 보호지구 – 역사문화환경보호지구, 중요시설물보호지구, 생태계보호지구
ㄴ. 방재지구 – 자연방재지구, 시가지방재지구, 특정개발방재지구
ㄷ. 경관지구 – 자연경관지구, 주거경관지구, 시가지경관지구
ㄹ. 취락지구 – 자연취락지구, 농어촌취락지구, 집단취락지구

---

① ㄱ
② ㄹ
③ ㄱ, ㄷ
④ ㄴ, ㄹ
⑤ ㄷ, ㄹ

11 국토의 계획 및 이용에 관한 법령상 건축물별 기반시설유발계수가 다음 중 가장 큰 것은?

□□□
① 단독주택
② 장례시설
③ 관광휴게시설
④ 제2종 근린생활시설
⑤ 비금속광물제품 제조공장

12 「국토의 계획 및 이용에 관한 법률」상 용어의 정의에 관한 조문의 일부이다. ( )에 들어갈 내용을 바르게 나열한 것은?

□□□

"(ㄱ)"(이)란 토지의 이용 및 건축물의 용도·건폐율·용적률·높이 등에 대한 (ㄴ)의 제한을 강화하거나 완화하여 적용함으로써 (ㄴ)의 기능을 증진시키고 경관·안전 등을 도모하기 위하여 도시·군관리계획으로 결정하는 지역을 말한다.

	ㄱ	ㄴ
①	용도지구	용도지역
②	용도지구	용도구역
③	용도지역	용도지구
④	용도지구	용도지역 및 용도구역
⑤	용도지역	용도구역 및 용도지구

13 도시개발법령상 도시개발구역의 지정에 관한 설명으로 옳은 것은?(단, 특례는 고려하지 않음)

① 대도시 시장은 직접 도시개발구역을 지정할 수 없고, 도지사에게 그 지정을 요청하여야 한다.

② 도시개발사업이 필요하다고 인정되는 지역이 둘 이상의 도의 행정구역에 걸치는 경우에는 해당 면적이 더 넓은 행정구역의 도지사가 도시개발구역을 지정하여야 한다.

③ 천재지변으로 인하여 도시개발사업을 긴급하게 할 필요가 있는 경우 국토교통부장관이 도시개발구역을 지정할 수 있다.

④ 도시개발구역의 총면적이 1만제곱미터 미만인 경우 둘 이상의 사업시행지구로 분할하여 지정할 수 있다.

⑤ 자연녹지지역에서 도시개발구역을 지정한 이후 도시개발사업의 계획을 수립하는 것은 허용되지 아니한다.

14 도시개발법령상 지정권자가 '도시개발구역 전부를 환지방식으로 시행하는 도시개발사업'을 '지방자치단체의 장이 집행하는 공공시설에 관한 사업'과 병행하여 시행할 필요가 있다고 인정하는 경우, 이 도시개발사업의 시행자로 지정될 수 없는 자는?(단, 지정될 수 있는 자가 도시개발구역의 토지소유자는 아니며, 다른 법령은 고려하지 않음)

① 국 가

② 지방자치단체

③ 「지방공기업법」에 따른 지방공사

④ 「한국토지주택공사법」에 따른 한국토지주택공사

⑤ 「자본시장과 금융투자업에 관한 법률」에 따른 신탁업자 중 「주식회사 등의 외부감사에 관한 법률」 제4조에 따른 외부감사의 대상이 되는 자

15 도시개발법령상 환지방식에 의한 도시개발사업의 시행에 관한 설명으로 옳은 것은?

① 시행자는 준공검사를 받은 후 60일 이내에 지정권자에게 환지처분을 신청하여야 한다.

② 도시개발구역이 2 이상의 환지계획구역으로 구분되는 경우에도 사업비와 보류지는 도시개발구역 전체를 대상으로 책정하여야 하며, 환지계획구역별로는 책정할 수 없다.

③ 도시개발구역에 있는 조성토지 등의 가격은 개별공시지가로 한다.

④ 환지예정지가 지정되어도 종전 토지의 임차권자는 환지처분공고일까지 종전 토지를 사용·수익할 수 있다.

⑤ 환지계획에는 필지별로 된 환지명세와 필지별과 권리별로 된 청산대상 토지명세가 포함되어야 한다.

16 도시개발법령상 도시개발사업의 시행자인 국가 또는 지방자치단체가 「주택법」에 따른 주택건설사업자에게 대행하게 할 수 있는 도시개발사업의 범위에 해당하는 것만을 모두 고른 것은?

ㄱ. 실시설계

ㄴ. 기반시설공사

ㄷ. 부지조성공사

ㄹ. 조성된 토지의 분양

---

① ㄱ, ㄴ, ㄷ
② ㄱ, ㄴ, ㄹ
③ ㄱ, ㄷ, ㄹ
④ ㄴ, ㄷ, ㄹ
⑤ ㄱ, ㄴ, ㄷ, ㄹ

17 도시개발법령상 도시개발사업의 시행방식에 관한 설명으로 옳은 것은?

① 분할혼용방식은 수용 또는 사용방식이 적용되는 지역과 환지방식이 적용되는 지역을 사업시행지구별로 분할하여 시행하는 방식이다.

② 계획적이고 체계적인 도시개발 등 집단적인 조성과 공급이 필요한 경우에는 환지방식으로 정하여야 하며, 다른 시행방식에 의할 수 없다.

③ 도시개발구역 지정 이후에는 도시개발사업의 시행방식을 변경할 수 없다.

④ 시행자는 도시개발사업의 시행방식을 토지 등을 수용 또는 사용하는 방식, 환지방식 또는 이를 혼용하는 방식 중에서 정하여 국토교통부장관의 허가를 받아야 한다.

⑤ 지방자치단체가 도시개발사업의 전부를 환지방식으로 시행하려고 할 때에는 도시개발사업에 관한 규약을 정하여야 한다.

18 도시개발법령상 수용 또는 사용의 방식에 따른 사업시행에 관한 설명으로 옳은 것은?

① 「지방공기업법」에 따라 설립된 지방공사가 시행자인 경우 토지소유자 전원의 동의 없이는 도시개발사업에 필요한 토지등을 수용하거나 사용할 수 없다.

② 지방자치단체가 시행자인 경우 지급보증 없이 토지상환채권을 발행할 수 있다.

③ 지정권자가 아닌 시행자는 조성토지 등을 공급받거나 이용하려는 자로부터 지정권자의 승인 없이 해당 대금의 전부 또는 일부를 미리 받을 수 있다.

④ 원형지의 면적은 도시개발구역 전체 토지면적의 3분의 1을 초과하여 공급될 수 있다.

⑤ 공공용지가 아닌 조성토지등의 공급은 수의계약의 방법에 의하여야 한다.

19 도시 및 주거환경정비법령상 정비사업의 시행에 관한 설명으로 옳은 것은?

① 조합의 정관에는 정비구역의 위치 및 면적이 포함되어야 한다.

② 조합설립인가 후 시장·군수등이 토지주택공사등을 사업시행자로 지정·고시한 때에는 그 고시일에 조합설립인가가 취소된 것으로 본다.

③ 조합은 명칭에 "정비사업조합"이라는 문자를 사용하지 않아도 된다.

④ 조합장이 자기를 위하여 조합과 소송을 할 때에는 이사가 조합을 대표한다.

⑤ 재건축사업을 하는 정비구역에서 오피스텔을 건설하여 공급하는 경우에는 「국토의 계획 및 이용에 관한 법률」에 따른 준주거지역 및 상업지역 이외의 지역에서 오피스텔을 건설할 수 있다.

PART 1 PART 2 PART 3 PART 4

20 도시 및 주거환경정비법령상 비용의 부담 등에 관한 설명으로 틀린 것은?

① 정비사업비는 「도시 및 주거환경정비법」 또는 다른 법령에 특별한 규정이 있는 경우를 제외하고는 사업시행자가 부담한다.

② 지방자치단체는 시장·군수등이 아닌 사업시행자가 시행하는 정비사업에 드는 비용에 대해 융자를 알선할 수는 있으나 직접적으로 보조할 수는 없다.

③ 정비구역의 국유·공유재산은 사업시행자 또는 점유자 및 사용자에게 다른 사람에 우선하여 수의계약으로 매각될 수 있다.

④ 시장·군수등이 아닌 사업시행자는 부과금 또는 연체료를 체납하는 자가 있는 때에는 시장·군수등에게 그 부과·징수를 위탁할 수 있다.

⑤ 사업시행자는 정비사업을 시행하는 지역에 전기·가스 등의 공급시설을 설치하기 위하여 공동구를 설치하는 경우에는 다른 법령에 따라 그 공동구에 수용될 시설을 설치할 의무가 있는 자에게 공동구의 설치에 드는 비용을 부담시킬 수 있다.

21 도시 및 주거환경정비법령상 분양공고에 포함되어야 할 사항으로 명시되지 않은 것은?(단, 토지등소유자 1인이 시행하는 재개발사업은 제외하고, 조례는 고려하지 않음)

① 분양신청자격
② 분양신청방법
③ 분양신청기간 및 장소
④ 분양대상자별 분담금의 추산액
⑤ 분양대상 대지 또는 건축물의 내역

22 도시 및 주거환경정비법령상 도시·주거환경정비기본계획을 변경할 때 지방의회의 의견청취를 생략할 수 있는 경우가 아닌 것은?

① 공동이용시설에 대한 설치계획을 변경하는 경우
② 정비사업의 계획기간을 단축하는 경우
③ 사회복지시설 및 주민문화시설 등에 대한 설치계획을 변경하는 경우
④ 구체적으로 명시된 정비예정구역면적의 25퍼센트를 변경하는 경우
⑤ 정비사업의 시행을 위하여 필요한 재원조달에 관한 사항을 변경하는 경우

23 도시 및 주거환경정비법령상 조합총회의 소집에 관한 규정내용이다. (   )에 들어갈 숫자를 바르게 나열한 것은?

> • 정관의 기재사항 중 조합임원의 권리·의무·보수·선임방법·변경 및 해임에 관한 사항을 변경하기 위한 총회의 경우는 조합원 (ㄱ)분의 1 이상의 요구로 조합장이 소집한다.
> • 총회를 소집하려는 자는 총회가 개최되기 (ㄴ)일 전까지 회의목적·안건·일시 및 장소를 정하여 조합원에게 통지하여야 한다.

	ㄱ	ㄴ
①	3	7
②	5	7
③	5	10
④	10	7
⑤	10	10

24 도시 및 주거환경정비법령상 도시·주거환경정비기본계획의 수립 및 정비구역의 지정에 관한 설명으로 틀린 것은?

① 기본계획의 수립권자는 기본계획을 수립하려는 경우에는 14일 이상 주민에게 공람하여 의견을 들어야 한다.

② 기본계획의 수립권자는 기본계획을 수립한 때에는 지체 없이 이를 해당 지방자치단체의 공보에 고시하고 일반인이 열람할 수 있도록 하여야 한다.

③ 정비구역의 지정권자는 정비구역의 진입로 설치를 위하여 필요한 경우에는 진입로지역과 그 인접지역을 포함하여 정비구역을 지정할 수 있다.

④ 정비구역에서는 「주택법」에 따른 지역주택조합의 조합원을 모집해서는 아니 된다.

⑤ 정비구역에서 이동이 쉽지 아니한 물건을 14일 동안 쌓아 두기 위해서는 시장·군수 등의 허가를 받아야 한다.

25 주택법령상 용어에 관한 설명으로 옳은 것은?

① "주택단지"에 해당하는 토지가 폭 8미터 이상인 도시계획예정도로로 분리된 경우, 분리된 토지를 각각 별개의 주택단지로 본다.
② "단독주택"에는 「건축법 시행령」에 따른 다가구주택이 포함되지 않는다.
③ "공동주택"에는 「건축법 시행령」에 따른 아파트, 연립주택, 기숙사 등이 포함된다.
④ "주택"이란 세대의 구성원이 장기간 독립된 주거생활을 할 수 있는 구조로 된 건축물의 전부 또는 일부를 말하며, 그 부속토지는 제외한다.
⑤ 주택단지에 딸린 어린이놀이터, 근린생활시설, 유치원, 주민운동시설, 지역난방공급시설 등은 "부대시설"에 포함된다.

26 주택법령상 지역주택조합의 설립인가신청을 위하여 제출하여야 하는 서류에 해당하지 <u>않는</u> 것은?

① 조합장선출동의서
② 조합원의 동의를 받은 정산서
③ 조합원 전원이 자필로 연명한 조합규약
④ 조합원자격이 있는 자임을 확인하는 서류
⑤ 해당 주택건설대지의 80퍼센트 이상에 해당하는 토지의 사용권원을 확보하였음을 증명하는 서류

27 주택법령상 주거정책심의위원회의 심의를 거치도록 규정되어 있는 것만을 모두 고른 것은?

> ㄱ. 「주택법」 제20조에 따라 시장·군수·구청장의 요청을 받아 국토교통부장관이 임대주택의 인수자를 지정하는 경우
> ㄴ. 「주택법」 제58조에 따라 국토교통부장관이 분양가상한제 적용지역을 지정하는 경우
> ㄷ. 「주택법」 제63조에 따라 국토교통부장관이 투기과열지구의 지정을 해제하는 경우

① ㄴ   ② ㄱ, ㄴ
③ ㄱ, ㄷ   ④ ㄴ, ㄷ
⑤ ㄱ, ㄴ, ㄷ

28 주택법령상 주택건설사업계획승인에 관한 설명으로 **틀린** 것은?

① 사업계획에는 부대시설 및 복리시설의 설치에 관한 계획 등이 포함되어야 한다.

② 주택단지의 전체 세대수가 500세대인 주택건설사업을 시행하려는 자는 주택단지를 공구별로 분할하여 주택을 건설·공급할 수 있다.

③ 「한국토지주택공사법」에 따른 한국토지주택공사는 동일한 규모의 주택을 대량으로 건설하려는 경우에는 국토교통부장관에게 주택의 형별(型別)로 표본설계도서를 작성·제출하여 승인을 받을 수 있다.

④ 사업계획승인권자는 사업계획을 승인할 때 사업주체가 제출하는 사업계획에 해당 주택건설사업과 직접적으로 관련이 없거나 과도한 기반시설의 기부채납을 요구하여서는 아니 된다.

⑤ 사업계획승인권자는 사업계획승인의 신청을 받았을 때에는 정당한 사유가 없으면 신청받은 날부터 60일 이내에 사업주체에게 승인 여부를 통보하여야 한다.

29 주택법상 사용검사 후 매도청구 등에 관한 조문의 일부이다. (   )에 들어갈 숫자를 바르게 나열한 것은?

> **주택법 제62조(사용검사 후 매도청구 등)**
> ①~③ 〈생략〉
> ④ 제1항에 따라 매도청구를 하려는 경우에는 해당 토지의 면적이 주택단지 전체 대지면적의 (ㄱ) 퍼센트 미만이어야 한다.
> ⑤ 제1항에 따른 매도청구의 의사표시는 실소유자가 해당 토지소유권을 회복한 날부터 (ㄴ)년 이내에 해당 실소유자에게 송달되어야 한다.
> ⑥ 〈생략〉

	ㄱ	ㄴ
①	5	1
②	5	2
③	5	3
④	10	1
⑤	10	2

30 주택법상 청문을 하여야 하는 처분이 <u>아닌</u> 것은?(단, 다른 법령에 따른 청문은 고려하지 않음)

① 공업화주택의 인정취소
② 주택조합의 설립인가 취소
③ 주택건설 사업계획승인의 취소
④ 공동주택 리모델링허가의 취소
⑤ 주택건설사업의 등록말소

31 주택법령상 사업계획승인권자가 사업주체의 신청을 받아 공사의 착수기간을 연장할 수 있는 경우가 <u>아닌</u> 것은?(단, 공사에 착수하지 못할 다른 부득이한 사유는 고려하지 않음)

① 사업계획승인의 조건으로 부과된 사항을 이행함에 따라 공사 착수가 지연되는 경우
② 공공택지의 개발·조성을 위한 계획에 포함된 기반시설의 설치 지연으로 공사 착수가 지연되는 경우
③ 「매장문화재 보호 및 조사에 관한 법률」에 따라 문화재청장의 매장문화재발굴허가를 받은 경우
④ 해당 사업시행지에 대한 소유권분쟁을 사업주체가 소송 외의 방법으로 해결하는 과정에서 공사 착수가 지연되는 경우
⑤ 사업주체에게 책임이 없는 불가항력적인 사유로 인하여 공사 착수가 지연되는 경우

32 건축법령상 건축허가대상 건축물을 건축하려는 자가 허가권자의 사전결정통지를 받은 경우 그 허가를 받은 것으로 볼 수 있는 것만을 모두 고른 것은?

> ㄱ. 「국토의 계획 및 이용에 관한 법률」 제56조에 따른 개발행위허가
> ㄴ. 「산지관리법」 제15조의2에 따른 도시지역 안의 보전산지에 대한 산지일시사용허가
> ㄷ. 「산지관리법」 제14조에 따른 농림지역 안의 보전산지에 대한 산지전용허가
> ㄹ. 「농지법」 제34조에 따른 농지전용허가

① ㄱ, ㄴ
② ㄱ, ㄴ, ㄹ
③ ㄱ, ㄷ, ㄹ
④ ㄴ, ㄷ, ㄹ
⑤ ㄱ, ㄴ, ㄷ, ㄹ

33 건축법령상 건축민원전문위원회에 관한 설명으로 틀린 것은?(단, 조례는 고려하지 않음)

☐☐☐

① 도지사는 건축위원회의 심의 등을 효율적으로 수행하기 위하여 필요하면 자신이 설치하는 건축위원회에 건축민원전문위원회를 두어 운영할 수 있다.

② 건축민원전문위원회가 위원회에 출석하게 하여 의견을 들을 수 있는 자는 신청인과 허가권자에 한한다.

③ 건축민원전문위원회에 질의민원의 심의를 신청하려는 자는 문서에 의할 수 없는 특별한 사정이 있는 경우에는 구술로도 신청할 수 있다.

④ 건축민원전문위원회는 심의에 필요하다고 인정하면 위원 또는 사무국의 소속 공무원에게 관계 서류를 열람하게 하거나 관계 사업장에 출입하여 조사하게 할 수 있다.

⑤ 건축민원전문위원회는 건축법령의 운영 및 집행에 관한 민원을 심의할 수 있다.

34 건축법령상 건축공사현장 안전관리 예치금에 관한 조문의 내용이다. (   )에 들어갈 내용을 바르

☐☐☐ 게 나열한 것은?(단, 적용 제외는 고려하지 않음)

> 허가권자는 연면적이 (ㄱ)제곱미터 이상인 건축물로서 해당 지방자치단체의 조례로 정하는 건축물에 대하여는 착공신고를 하는 건축주에게 장기간 건축물의 공사현장이 방치되는 것에 대비하여 미리 미관개선과 안전관리에 필요한 비용을 건축공사비의 (ㄴ)퍼센트의 범위에서 예치하게 할 수 있다.

	ㄱ	ㄴ
①	1천	1
②	1천	3
③	1천	5
④	3천	3
⑤	3천	5

35 건축법령상 국가가 소유한 대지의 지상 여유공간에 구분지상권을 설정하여 시설을 설치하려는 경우, 허가권자가 구분지상권자를 건축주로 보고 구분지상권이 설정된 부분을 대지로 보아 건축허가를 할 수 있는 시설에 해당하는 것은?

① 수련시설 중 「청소년활동진흥법」에 따른 유스호스텔
② 제2종 근린생활시설 중 다중생활시설
③ 제2종 근린생활시설 중 노래연습장
④ 문화 및 집회시설 중 공연장
⑤ 업무시설 중 오피스텔

36 건축법령상 철도의 선로부지(敷地)에 있는 시설로서 「건축법」의 적용을 받지 <u>않는</u> 건축물만을 모두 고른 것은?(단, 건축법령 이외의 특례는 고려하지 않음)

ㄱ. 플랫폼
ㄴ. 운전보안시설
ㄷ. 철도 선로의 아래를 가로지르는 보행시설
ㄹ. 해당 철도사업용 급수(給水)·급탄(給炭) 및 급유(給油)시설

① ㄱ, ㄴ, ㄷ
② ㄱ, ㄴ, ㄹ
③ ㄱ, ㄷ, ㄹ
④ ㄴ, ㄷ, ㄹ
⑤ ㄱ, ㄴ, ㄷ, ㄹ

37 건축법령상 대지를 조성하기 위하여 건축물과 분리하여 공작물을 축조하려는 경우, 특별자치시장·특별자치도지사 또는 시장·군수·구청장에게 신고하여야 하는 공작물에 해당하지 <u>않는</u> 것은? (단, 공용건축물에 대한 특례는 고려하지 않음)

① 상업지역에 설치하는 높이 8미터의 통신용 철탑
② 높이 4미터의 옹벽
③ 높이 8미터의 굴뚝
④ 바닥면적 40제곱미터의 지하대피호
⑤ 높이 4미터의 장식탑

38 건축법령상 결합건축을 하고자 하는 건축주가 건축허가를 신청할 때 결합건축협정서에 명시하여야
□□□ 하는 사항이 <u>아닌</u> 것은?

① 결합건축대상 대지의 용도지역
② 결합건축협정서를 체결하는 자가 자연인인 경우 성명, 주소 및 생년월일
③ 결합건축협정서를 체결하는 자가 법인인 경우 지방세납세증명서
④ 결합건축대상 대지별 건축계획서
⑤ 「국토의 계획 및 이용에 관한 법률」 제78조에 따라 조례로 정한 용적률과 결합건축으로 조정되어
　적용되는 대지별 용적률

39 농지법령상 농지에 해당하는 것만을 모두 고른 것은?
□□□

> ㄱ. 대통령령으로 정하는 다년생식물 재배지로 실제로 이용되는 토지(「초지법」에 따라 조성된 초지
>   등 대통령령으로 정하는 토지는 제외)
> ㄴ. 관상용 수목의 묘목을 조경목적으로 식재한 재배지로 실제로 이용되는 토지
> ㄷ. 「공간정보의 구축 및 관리 등에 관한 법률」에 따른 지목이 답(畓)이고, 농작물경작지로 실제로
>   이용되는 토지의 개량시설에 해당하는 양·배수시설의 부지

① ㄱ
② ㄱ, ㄴ
③ ㄱ, ㄷ
④ ㄴ, ㄷ
⑤ ㄱ, ㄴ, ㄷ

40 농지법령상 농지의 소유자가 소유 농지를 위탁경영할 수 <u>없는</u> 경우만을 모두 고른 것은?
□□□

> ㄱ. 과수를 가지치기 또는 열매솎기, 재배관리 및 수확하는 농작업에 1년 중 4주간을 직접 종사하는
>   경우
> ㄴ. 6개월간 대한민국 전역을 일주하는 여행 중인 경우
> ㄷ. 선거에 따른 공직 취임으로 자경할 수 없는 경우

① ㄱ
② ㄴ
③ ㄱ, ㄴ
④ ㄴ, ㄷ
⑤ ㄱ, ㄴ, ㄷ

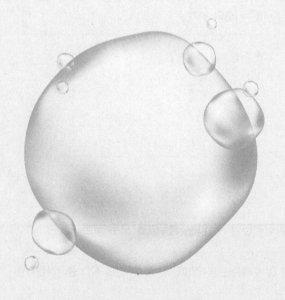

무언가를 시작하는 방법은

말하는 것을 멈추고, 행동을 하는 것이다.

- 월트 디즈니 -

PART 3
부동산공시법

01 2023년 제34회 기출문제

02 2022년 제33회 기출문제

03 2021년 제32회 기출문제

04 2020년 제31회 기출문제

05 2019년 제30회 기출문제

2023년 제34회 기출문제

시행일 : 2023.10.28.　　　　　　　　　　　　　　Time　　　분 | 해설편 218p

01 공간정보의 구축 및 관리 등에 관한 법령상 지적측량수행자가 지적측량 의뢰를 받은 때 그 다음
□□□ 날까지 지적소관청에 제출하여야 하는 것으로 옳은 것은?

① 지적측량 수행계획서
② 지적측량 의뢰서
③ 토지이동현황 조사계획서
④ 토지이동 정리결의서
⑤ 지적측량 결과서

02 공간정보의 구축 및 관리 등에 관한 법령상 도시개발사업 등의 시행자가 그 사업의 착수·변경
□□□ 및 완료 사실을 지적소관청에 신고하여야 하는 사업으로 틀린 것은?

① 「공공주택 특별법」에 따른 공공주택지구 조성사업
② 「도시 및 주거환경정비법」에 따른 정비사업
③ 「택지개발촉진법」에 따른 택지개발사업
④ 「지역 개발 및 지원에 관한 법률」에 따른 지역개발사업
⑤ 「지적재조사에 관한 특별법」에 따른 지적재조사사업

03 공간정보의 구축 및 관리 등에 관한 법령상 지목의 구분으로 옳은 것은?

□□□

① 온수·약수·석유류 등을 일정한 장소로 운송하는 송수관·송유관 및 저장시설의 부지는 "광천지"로 한다.

② 일반 공중의 종교의식을 위하여 예배·법요·설교·제사 등을 하기 위한 교회·사찰·향교 등 건축물의 부지와 이에 접속된 부속시설물의 부지는 "사적지"로 한다.

③ 자연의 유수(流水)가 있거나 있을 것으로 예상되는 토지는 "구거"로 한다.

④ 제조업을 하고 있는 공장시설물의 부지와 같은 구역에 있는 의료시설 등 부속시설물의 부지는 "공장용지"로 한다.

⑤ 일반 공중의 보건·휴양 및 정서생활에 이용하기 위한 시설을 갖춘 토지로서 「국토의 계획 및 이용에 관한 법률」에 따라 공원 또는 녹지로 결정·고시된 토지는 "체육용지"로 한다.

04 공간정보의 구축 및 관리 등에 관한 법령상 지적도의 축척이 600분의 1인 지역에서 신규등록할

□□□ 1필지의 면적을 측정한 값이 $145.450m^2$인 경우 토지대장에 등록하는 면적의 결정으로 옳은 것은?

① $145m^2$

② $145.4m^2$

③ $145.45m^2$

④ $145.5m^2$

⑤ $146m^2$

05 공간정보의 구축 및 관리 등에 관한 법령상 대지권등록부와 경계점좌표등록부의 공통 등록사항을

□□□ 모두 고른 것은?

> ㄱ. 지 번
> ㄴ. 소유자의 성명 또는 명칭
> ㄷ. 토지의 소재
> ㄹ. 토지의 고유번호
> ㅁ. 지적도면의 번호

① ㄱ, ㄷ, ㄹ

② ㄷ, ㄹ, ㅁ

③ ㄱ, ㄴ, ㄷ, ㄹ

④ ㄱ, ㄴ, ㄷ, ㅁ

⑤ ㄱ, ㄴ, ㄹ, ㅁ

06 공간정보의 구축 및 관리 등에 관한 법령상 지적소관청이 토지소유자에게 지적정리 등을 통지하여야 하는 시기에 대한 설명이다. (   )에 들어갈 내용으로 옳은 것은?

> • 토지의 표시에 관한 변경등기가 필요하지 아니한 경우 : (ㄱ)에 등록한 날부터 (ㄴ) 이내
> • 토지의 표시에 관한 변경등기가 필요한 경우 : 그 (ㄷ)를 접수한 날부터 (ㄹ) 이내

	ㄱ	ㄴ	ㄷ	ㄹ
①	등기완료의 통지서	15일	지적공부	7일
②	등기완료의 통지서	7일	지적공부	15일
③	지적공부	7일	등기완료의 통지서	15일
④	지적공부	10일	등기완료의 통지서	15일
⑤	지적공부	15일	등기완료의 통지서	7일

07 공간정보의 구축 및 관리 등에 관한 법령상 지적삼각보조점성과의 등본을 발급받으려는 경우 그 신청기관으로 옳은 것은?

① 시·도지사
② 시·도지사 또는 지적소관청
③ 지적소관청
④ 지적소관청 또는 한국국토정보공사
⑤ 한국국토정보공사

08 공간정보의 구축 및 관리 등에 관한 법령상 지적소관청은 축척변경에 따른 청산금의 납부 및 지급이 완료되었을 때 지체 없이 축척변경의 확정공고를 하여야 한다. 이 경우 확정공고에 포함되어야 할 사항으로 틀린 것은?

① 토지의 소재 및 지역명
② 축척변경 지번별 조서
③ 청산금 조서
④ 지적도의 축척
⑤ 지역별 제곱미터당 금액조서

09 공간정보의 구축 및 관리 등에 관한 법령상 중앙지적위원회의 구성 및 회의 등에 관한 설명으로 옳은 것을 모두 고른 것은?

> ㄱ. 중앙지적위원회의 간사는 국토교통부의 지적업무 담당 공무원 중에서 지적업무 담당 국장이 임명하며, 회의 준비, 회의록 작성 및 회의 결과에 따른 업무 등 중앙지적위원회의 서무를 담당한다.
> ㄴ. 중앙지적위원회의 회의는 재적위원 과반수의 출석으로 개의(開議)하고, 출석위원 과반수의 찬성으로 의결한다.
> ㄷ. 중앙지적위원회는 관계인을 출석하게 하여 의견을 들을 수 있으며, 필요하면 현지조사를 할 수 있다.
> ㄹ. 위원장이 중앙지적위원회의 회의를 소집할 때에는 회의 일시·장소 및 심의 안건을 회의 7일 전까지 각 위원에게 서면으로 통지하여야 한다.

① ㄱ, ㄴ
② ㄴ, ㄷ
③ ㄱ, ㄴ, ㄷ
④ ㄱ, ㄷ, ㄹ
⑤ ㄴ, ㄷ, ㄹ

10 공간정보의 구축 및 관리 등에 관한 법령상 지적측량의 측량기간 및 검사기간에 대한 설명이다. ( )에 들어갈 내용으로 옳은 것은?(단, 지적측량 의뢰인과 지적측량수행자가 서로 합의하여 따로 기간을 정하는 경우는 제외함)

> 지적측량의 측량기간은 (ㄱ)일로 하며, 측량검사기간은 (ㄴ)일로 한다. 다만, 지적기준점을 설치하여 측량 또는 측량검사를 하는 경우 지적기준점이 15점 이하인 경우에는 (ㄷ)일을, 15점을 초과하는 경우에는 (ㄹ)일에 15점을 초과하는 (ㅁ)점마다 1일을 가산한다.

	ㄱ	ㄴ	ㄷ	ㄹ	ㅁ
①	4	4	4	4	3
②	5	4	4	4	4
③	5	4	4	5	3
④	5	4	5	5	4
⑤	6	5	5	5	3

11 공간정보의 구축 및 관리 등에 관한 법령상 지적소관청은 축척변경 확정공고를 하였을 때에는 지체 없이 축척변경에 따라 확정된 사항을 지적공부에 등록하여야 한다. 이 경우 토지대장에 등록하는 기준으로 옳은 것은?

① 축척변경 확정측량 결과도에 따른다.
② 청산금납부고지서에 따른다.
③ 토지이동현황 조사계획서에 따른다.
④ 확정공고된 축척변경 지번별 조서에 따른다.
⑤ 축척변경 시행계획에 따른다.

12 공간정보의 구축 및 관리 등에 관한 법령상 지상경계점등록부의 등록사항으로 <u>틀린</u> 것은?

① 지적도면의 번호
② 토지의 소재
③ 공부상 지목과 실제 토지이용지목
④ 경계점의 사진파일
⑤ 경계점표지의 종류 및 경계점위치

13 등기신청에 관한 설명으로 <u>틀린</u> 것은?

① 정지조건이 붙은 유증을 원인으로 소유권이전등기를 신청하는 경우, 조건성취를 증명하는 서면을 첨부하여야 한다.
② 사립대학이 부동산을 기증받은 경우, 학교 명의로 소유권이전등기를 할 수 있다.
③ 법무사는 매매계약에 따른 소유권이전등기를 매도인과 매수인 쌍방을 대리하여 신청할 수 있다.
④ 법인 아닌 사단인 종중이 건물을 매수한 경우, 종중의 대표자는 종중 명의로 소유권이전등기를 신청할 수 있다.
⑤ 채권자대위권에 의한 등기신청의 경우, 대위채권자는 채무자의 등기신청권을 자기의 이름으로 행사한다.

14 부동산등기법상 등기할 수 <u>없는</u> 것을 모두 고른 것은?

ㄱ. 분묘기지권
ㄴ. 전세권저당권
ㄷ. 주위토지통행권
ㄹ. 구분지상권

① ㄱ, ㄷ   ② ㄴ, ㄹ
③ ㄱ, ㄴ, ㄷ   ④ ㄱ, ㄷ, ㄹ
⑤ ㄴ, ㄷ, ㄹ

15 등기한 권리의 순위에 관한 설명으로 <u>틀린</u> 것은?(다툼이 있으면 판례에 따름)

① 부동산에 대한 가압류등기와 저당권설정등기 상호 간의 순위는 접수번호에 따른다.
② 2번 저당권이 설정된 후 1번 저당권 일부이전의 부기등기가 이루어진 경우, 배당에 있어서 그 부기등기가 2번 저당권에 우선한다.
③ 위조된 근저당권해지증서에 의해 1번 근저당권등기가 말소된 후 2번 근저당권이 설정된 경우, 말소된 1번 근저당권등기가 회복되더라도 2번 근저당권이 우선한다.
④ 가등기 후에 제3자 명의의 소유권이전등기가 이루어진 경우, 가등기에 기한 본등기가 이루어지면 본등기는 제3자 명의 등기에 우선한다.
⑤ 집합건물 착공 전의 나대지에 대하여 근저당권이 설정된 경우, 그 근저당권등기는 집합건물을 위한 대지권등기에 우선한다.

16 등기신청을 위한 첨부정보에 관한 설명으로 옳은 것을 모두 고른 것은?

□□□

> ㄱ. 토지에 대한 표시변경등기를 신청하는 경우, 등기원인을 증명하는 정보로서 토지대장 정보를 제공하면 된다.
> ㄴ. 매매를 원인으로 소유권이전등기를 신청하는 경우, 등기의무자의 주소를 증명하는 정보도 제공하여야 한다.
> ㄷ. 상속등기를 신청하면서 등기원인을 증명하는 정보로서 상속인 전원이 참여한 공정증서에 의한 상속재산분할협의서를 제공하는 경우, 상속인들의 인감증명을 제출할 필요가 없다.
> ㄹ. 농지에 대한 소유권이전등기를 신청하는 경우, 등기원인을 증명하는 정보가 집행력 있는 판결인 때에는 특별한 사정이 없는 한 농지취득자격증명을 첨부하지 않아도 된다.

① ㄱ, ㄴ   ② ㄷ, ㄹ
③ ㄱ, ㄴ, ㄷ   ④ ㄱ, ㄷ, ㄹ
⑤ ㄴ, ㄷ, ㄹ

17 등기관이 용익권의 등기를 하는 경우에 관한 설명으로 옳은 것은?

□□□

① 1필 토지 전부에 지상권설정등기를 하는 경우, 지상권설정의 범위를 기록하지 않는다.
② 지역권의 경우, 승역지의 등기기록에 설정의 목적, 범위 등을 기록할 뿐, 요역지의 등기기록에는 지역권에 관한 등기사항을 기록하지 않는다.
③ 전세권의 존속기간이 만료된 경우, 그 전세권설정등기를 말소하지 않고 동일한 범위를 대상으로 하는 다른 전세권설정등기를 할 수 있다.
④ 2개의 목적물에 하나의 전세권설정계약으로 전세권설정등기를 하는 경우, 공동전세목록을 작성하지 않는다.
⑤ 차임이 없이 보증금의 지급만을 내용으로 하는 채권적 전세의 경우, 임차권설정등기기록에 차임 및 임차보증금을 기록하지 않는다.

18 등기관이 근저당권등기를 하는 경우에 관한 설명으로 **틀린** 것은?

① 채무자의 성명, 주소 및 주민등록번호를 등기기록에 기록하여야 한다.

② 채무자가 수인인 경우라도 채무자별로 채권최고액을 구분하여 기록할 수 없다.

③ 신청정보의 채권최고액이 외국통화로 표시된 경우, 외화표시금액을 채권최고액으로 기록한다.

④ 선순위근저당권의 채권최고액을 감액하는 변경등기는 그 저당목적물에 관한 후순위권리자의 승낙서가 첨부되지 않더라도 할 수 있다.

⑤ 수용으로 인한 소유권이전등기를 하는 경우, 특별한 사정이 없는 한 그 부동산의 등기기록 중 근저당권등기는 직권으로 말소하여야 한다.

19 가등기에 관한 설명으로 **틀린** 것은?

① 가등기로 보전하려는 등기청구권이 해제조건부인 경우에는 가등기를 할 수 없다.

② 소유권이전청구권 가등기는 주등기의 방식으로 한다.

③ 가등기는 가등기권리자와 가등기의무자가 공동으로 신청할 수 있다.

④ 가등기에 기한 본등기를 금지하는 취지의 가처분등기의 촉탁이 있는 경우, 등기관은 이를 각하하여야 한다.

⑤ 소유권이전청구권 가등기에 기하여 본등기를 하는 경우, 등기관은 그 가등기를 말소하는 표시를 하여야 한다.

20 등기관의 처분에 대한 이의신청에 관한 설명으로 **틀린** 것은?

① 등기신청인이 아닌 제3자는 등기신청의 각하결정에 대하여 이의신청을 할 수 없다.

② 이의신청은 대법원규칙으로 정하는 바에 따라 관할 지방법원에 이의신청서를 제출하는 방법으로 한다.

③ 이의신청기간에는 제한이 없으므로 이의의 이익이 있는 한 언제라도 이의신청을 할 수 있다.

④ 등기관의 처분 시에 주장하거나 제출하지 아니한 새로운 사실을 근거로 이의신청을 할 수 없다.

⑤ 등기관의 처분에 대한 이의신청이 있더라도 그 부동산에 대한 다른 등기신청은 수리된다.

21 부동산등기법 제29조 제2호의 '사건이 등기할 것이 아닌 경우'에 해당하는 것을 모두 고른 것은?(다툼이 있으면 판례에 따름)

> ㄱ. 위조한 개명허가서를 첨부한 등기명의인 표시변경등기신청
> ㄴ. 「하천법」상 하천에 대한 지상권설정등기신청
> ㄷ. 법령에 근거가 없는 특약사항의 등기신청
> ㄹ. 일부지분에 대한 소유권보존등기신청

① ㄱ
② ㄱ, ㄴ
③ ㄷ, ㄹ
④ ㄴ, ㄷ, ㄹ
⑤ ㄱ, ㄴ, ㄷ, ㄹ

22 구분건물의 등기에 관한 설명으로 틀린 것은?

① 대지권의 표시에 관한 사항은 전유부분의 등기기록 표제부에 기록하여야 한다.
② 토지전세권이 대지권인 경우에 대지권이라는 뜻의 등기가 되어 있는 토지의 등기기록에는 특별한 사정이 없는 한 저당권설정등기를 할 수 없다.
③ 대지권의 변경이 있는 경우, 구분건물의 소유권의 등기명의인은 1동의 건물에 속하는 다른 구분건물의 소유권의 등기명의인을 대위하여 대지권변경등기를 신청할 수 있다.
④ 1동의 건물에 속하는 구분건물 중 일부만에 관하여 소유권보존등기를 신청하는 경우에는 나머지 구분건물의 표시에 관한 등기를 동시에 신청하여야 한다.
⑤ 집합건물의 규약상 공용부분이라는 뜻을 정한 규약을 폐지한 경우, 그 공용부분의 취득자는 소유권이전등기를 신청하여야 한다.

23 소유권등기에 관한 설명으로 틀린 것은?(다툼이 있으면 판례에 따름)

① 미등기 건물의 건축물대장상 소유자로부터 포괄유증을 받은 자는 자기 명의로 소유권보존등기를 신청할 수 있다.

② 미등기 부동산이 전전양도된 경우, 최후의 양수인이 소유권보존등기를 한 때에도 그 등기가 결과적으로 실질적 법률관계에 부합된다면, 특별한 사정이 없는 한 그 등기는 무효라고 볼 수 없다.

③ 미등기 토지에 대한 소유권을 군수의 확인에 의해 증명한 자는 그 토지에 대한 소유권보존등기를 신청할 수 있다.

④ 특정유증을 받은 자로서 아직 소유권등기를 이전받지 않은 자는 직접 진정명의회복을 원인으로 한 소유권이전등기를 청구할 수 없다.

⑤ 부동산 공유자의 공유지분 포기에 따른 등기는 해당 지분에 관하여 다른 공유자 앞으로 소유권이전등기를 하는 형태가 되어야 한다.

24 등기필정보에 관한 설명으로 옳은 것은?

① 등기필정보는 아라비아 숫자와 그 밖의 부호의 조합으로 이루어진 일련번호와 비밀번호로 구성한다.

② 법정대리인이 등기를 신청하여 본인이 새로운 권리자가 된 경우, 등기필정보는 특별한 사정이 없는 한 본인에게 통지된다.

③ 등기절차의 인수를 명하는 판결에 따라 승소한 등기의무자가 단독으로 등기를 신청하는 경우, 등기필정보를 등기소에 제공할 필요가 없다.

④ 등기권리자의 채권자가 등기권리자를 대위하여 등기신청을 한 경우, 등기필정보는 그 대위채권자에게 통지된다.

⑤ 등기명의인의 포괄승계인은 등기필정보의 실효신고를 할 수 없다.

2022년 제33회 기출문제

✅ 시행일 : 2022.10.29.　　　　　　　　　✅ Time　　　분 ｜ 해설편 231p

01 공간정보의 구축 및 관리 등에 관한 법령상 대지권등록부의 등록사항만으로 나열된 것이 <u>아닌</u>
□□□ 것은?

① 지번, 지목
② 토지의 소재, 토지의 고유번호
③ 대지권 비율, 전유부분(專有部分)의 건물표시
④ 소유권 지분, 토지소유자가 변경된 날과 그 원인
⑤ 건물의 명칭, 집합건물별 대지권등록부의 장번호

02 공간정보의 구축 및 관리 등에 관한 법령상 축척변경에 따른 청산금에 관한 이의신청에 대한 설명이
□□□ 다. (　　)에 들어갈 내용으로 옳은 것은?

> • 납부고지되거나 수령통지된 청산금에 관하여 이의가 있는 자는 납부고지 또는 수령통지를 받은
> 날부터 (ㄱ)에 지적소관청에 이의신청을 할 수 있다.
> • 이의신청을 받은 지적소관청은 (ㄴ)에 축척변경위원회의 심의·의결을 거쳐 그 인용(認容) 여부
> 를 결정한 후 지체 없이 그 내용을 이의신청인에게 통지하여야 한다.

	ㄱ	ㄴ
①	15일 이내	2개월 이내
②	1개월 이내	2개월 이내
③	1개월 이내	1개월 이내
④	2개월 이내	1개월 이내
⑤	2개월 이내	15일 이내

03 공간정보의 구축 및 관리 등에 관한 법령상 토지의 조사·등록에 관한 설명이다. (   )에 들어갈 내용으로 옳은 것은?

> 지적소관청은 토지의 이동현황을 직권으로 조사·측량하여 토지의 지번·지목·면적·경계 또는 좌표를 결정하려는 때에는 토지이동현황 조사계획을 수립하여야 한다. 이 경우 토지이동현황 조사계획은 (ㄱ)별로 수립하되, 부득이한 사유가 있는 때에는 (ㄴ)별로 수립할 수 있다.

	ㄱ	ㄴ
①	시·군·구	읍·면·동
②	시·군·구	시·도
③	읍·면·동	시·군·구
④	읍·면·동	시·도
⑤	시·도	시·군·구

04 공간정보의 구축 및 관리 등에 관한 법령상 지목의 구분에 관한 설명으로 옳은 것은?

① 온수·약수·석유류 등을 일정한 장소로 운송하는 송수관·송유관 및 저장시설의 부지는 "광천지"로 한다.

② 사과·배·밤·호두·귤나무 등 과수류를 집단적으로 재배하는 토지와 이에 접속된 주거용 건축물의 부지는 "과수원"으로 한다.

③ 종교용지에 있는 유적·고적·기념물 등을 보호하기 위하여 구획된 토지는 "사적지"로 한다.

④ 물을 정수하여 공급하기 위한 취수·저수·도수(導水)·정수·송수 및 배수 시설의 부지 및 이에 접속된 부속시설물의 부지는 "수도용지"로 한다.

⑤ 교통 운수를 위하여 일정한 궤도 등의 설비와 형태를 갖추어 이용되는 토지와 이에 접속된 차고·발전시설 등 부속시설물의 부지는 "도로"로 한다.

05 공간정보의 구축 및 관리 등에 관한 법령상 부동산 종합공부의 등록사항에 해당하지 <u>않는</u> 것은?

① 토지의 이용 및 규제에 관한 사항 : 「토지이용규제 기본법」 제10조에 따른 토지이용계획확인서의 내용

② 건축물의 표시와 소유자에 관한 사항(토지에 건축물이 있는 경우만 해당한다) : 「건축법」 제38조에 따른 건축물대장의 내용

③ 토지의 표시와 소유자에 관한 사항 : 「공간정보의 구축 및 관리 등에 관한 법률」에 따른 지적공부의 내용

④ 부동산의 가격에 관한 사항 : 「부동산 가격공시에 관한 법률」 제10조에 따른 개별공시지가, 같은 법 제16조, 제17조 및 제18조에 따른 개별주택가격 및 공동주택가격 공시내용

⑤ 부동산의 효율적 이용과 토지의 적성에 관한 종합적 관리·운영을 위하여 필요한 사항 : 「국토의 계획 및 이용에 관한 법률」 제20조 및 제27조에 따른 토지적성평가서의 내용

06 공간정보의 구축 및 관리 등에 관한 법령상 지적전산자료의 이용 또는 활용에 관한 승인신청을 받은 국토교통부장관, 시·도지사 또는 지적소관청이 심사하여야 하는 사항이 <u>아닌</u> 것은?

① 개인의 사생활 침해 여부
② 지적전산코드 지정의 적정 여부
③ 자료의 목적 외 사용 방지 및 안전관리대책
④ 신청한 사항의 처리가 전산정보처리조직으로 가능한지 여부
⑤ 신청한 사항의 처리가 지적업무수행에 지장을 주지 않는지 여부

07 공간정보의 구축 및 관리 등에 관한 법령상 축척변경에 관한 설명으로 틀린 것은?

① 축척변경에 관한 사항을 심의·의결하기 위하여 지적소관청에 축척변경위원회를 둔다.
② 축척변경위원회의 위원장은 위원 중에서 지적소관청이 지명한다.
③ 지적소관청은 축척변경에 관한 측량을 완료하였을 때에는 축척변경 신청일 현재의 지적공부상의 면적과 측량 후의 면적을 비교하여 그 변동사항을 표시한 토지이동현황 조사서를 작성하여야 한다.
④ 지적소관청은 청산금의 결정을 공고한 날부터 20일 이내에 토지소유자에게 청산금의 납부고지 또는 수령통지를 하여야 한다.
⑤ 청산금의 납부 및 지급이 완료되었을 때에는 지적소관청은 지체 없이 축척변경의 확정공고를 하여야 한다.

08 공간정보의 구축 및 관리 등에 관한 법령상 지적측량의 의뢰, 지적기준점성과의 보관·열람 및 등본 발급 등에 관한 설명으로 옳은 것은?

① 지적삼각보조점성과 및 지적도근점성과를 열람하거나 등본을 발급받으려는 자는 지적측량수행자에게 신청하여야 한다.

② 지적측량을 의뢰하려는 자는 지적측량 의뢰서에 의뢰 사유를 증명하는 서류를 첨부하여 지적소관청에 제출하여야 한다.

③ 시·도지사나 지적소관청은 지적기준점성과와 그 측량기록을 보관하고 일반인이 열람할 수 있도록 하여야 한다.

④ 지적소관청이 지적측량 의뢰를 받은 때에는 측량기간, 측량일자 및 측량 수수료 등을 적은 지적측량 수행계획서를 그 다음 날까지 지적측량수행자에게 제출하여야 한다.

⑤ 지적측량 의뢰인과 지적측량수행자가 서로 합의하여 따로 기간을 정하는 경우에는 그 기간에 따르되, 전체 기간의 4분의 1은 측량기간으로, 전체 기간의 4분의 3은 측량검사기간으로 본다.

09 공간정보의 구축 및 관리 등에 관한 법령상 지적측량을 실시하여야 하는 경우로 틀린 것은?

① 지적기준점을 정하는 경우

② 경계점을 지상에 복원하는 경우

③ 지상건축물 등의 현황을 지형도에 표시하는 경우

④ 바다가 된 토지의 등록을 말소하는 경우로서 측량을 할 필요가 있는 경우

⑤ 지적공부의 등록사항을 정정하는 경우로서 측량을 할 필요가 있는 경우

10 공간정보의 구축 및 관리 등에 관한 법령상 토지소유자의 정리에 관한 설명이다. (   )에 들어갈 내용으로 옳은 것은?

> 지적공부에 등록된 토지소유자의 변경사항은 등기관서에서 등기한 것을 증명하는 등기필증, 등기완료통지서, 등기사항증명서 또는 등기관서에서 제공한 등기전산정보자료에 따라 정리한다. 다만, (ㄱ)하는 토지의 소유자는 (ㄴ)이(가) 직접 조사하여 등록한다.

	ㄱ	ㄴ
①	축척변경	등기관
②	축척변경	시 · 도지사
③	신규등록	등기관
④	신규등록	지적소관청
⑤	등록전환	시 · 도지사

11 공간정보의 구축 및 관리 등에 관한 법령상 축척변경 신청에 관한 설명이다. (   )에 들어갈 내용으로 옳은 것은?

> 축척변경을 신청하는 토지소유자는 축척변경 사유를 적은 신청서에 축척변경 시행지역의 토지소유자 (   )의 동의서를 첨부하여 지적소관청에 제출하여야 한다.

① 2분의 1 이상
② 3분의 2 이상
③ 4분의 1 이상
④ 5분의 2 이상
⑤ 5분의 3 이상

12 공간정보의 구축 및 관리 등에 관한 법령상 지적공부의 복구에 관한 관계 자료가 <u>아닌</u> 것은?

① 지적측량 의뢰서
② 지적공부의 등본
③ 토지이동정리 결의서
④ 법원의 확정판결서 정본 또는 사본
⑤ 지적소관청이 작성하거나 발행한 지적공부의 등록내용을 증명하는 서류

13 매매를 원인으로 한 토지소유권이전등기를 신청하는 경우에 부동산등기규칙상 신청정보의 내용으로 등기소에 제공해야 하는 사항으로 옳은 것은?

① 등기권리자의 등기필정보
② 토지의 표시에 관한 사항 중 면적
③ 토지의 표시에 관한 사항 중 표시번호
④ 신청인이 법인인 경우에 그 대표자의 주민등록번호
⑤ 대리인에 의하여 등기를 신청하는 경우에 그 대리인의 주민등록번호

14 등기신청인에 관한 설명 중 옳은 것을 모두 고른 것은?

> ㄱ. 부동산표시의 변경이나 경정의 등기는 소유권의 등기명의인이 단독으로 신청한다.
> ㄴ. 채권자가 채무자를 대위하여 등기신청을 하는 경우, 채무자가 등기신청인이 된다.
> ㄷ. 대리인이 방문하여 등기신청을 대리하는 경우, 그 대리인은 행위능력자임을 요하지 않는다.
> ㄹ. 부동산에 관한 근저당권설정등기의 말소등기를 함에 있어 근저당권 설정 후 소유권이 제3자에게 이전된 경우, 근저당권설정자 또는 제3취득자는 근저당권자와 공동으로 그 말소등기를 신청할 수 있다.

① ㄱ, ㄷ
② ㄴ, ㄹ
③ ㄱ, ㄷ, ㄹ
④ ㄴ, ㄷ, ㄹ
⑤ ㄱ, ㄴ, ㄷ, ㄹ

15 전산이기된 등기부 등에 관한 설명으로 **틀린** 것은?

□□□ ① 등기부는 영구(永久)히 보존해야 한다.

② 등기부는 법관이 발부한 영장에 의하여 압수하는 경우에는 대법원규칙으로 정하는 보관·관리 장소 밖으로 옮길 수 있다.

③ 등기관이 등기를 마쳤을 때는 등기부부본자료를 작성해야 한다.

④ 등기원인을 증명하는 정보에 대하여는 이해관계 있는 부분만 열람을 청구할 수 있다.

⑤ 등기관이 등기기록의 전환을 위해 등기기록에 등기된 사항을 새로운 등기기록에 옮겨 기록한 때에는 종전 등기기록을 폐쇄해야 한다.

16 등기신청에 관한 설명으로 **틀린** 것은?(다툼이 있으면 판례에 따름)

□□□ ① 상속인이 상속포기를 할 수 있는 기간 내에는 상속인의 채권자가 대위권을 행사하여 상속등기를 신청할 수 없다.

② 가등기를 마친 후에 가등기권자가 사망한 경우, 그 상속인은 상속등기를 할 필요 없이 상속을 증명하는 서면을 첨부하여 가등기의무자와 공동으로 본등기를 신청할 수 있다.

③ 건물이 멸실된 경우, 그 건물소유권의 등기명의인이 1개월 이내에 멸실등기신청을 하지 않으면 그 건물대지의 소유자가 그 건물소유권의 등기명의인을 대위하여 멸실등기를 신청할 수 있다.

④ 피상속인으로부터 그 소유의 부동산을 매수한 매수인이 등기신청을 하지 않고 있던 중 상속이 개시된 경우, 상속인은 신분을 증명할 수 있는 서류를 첨부하여 피상속인으로부터 바로 매수인 앞으로 소유권이전등기를 신청할 수 있다.

⑤ 1동의 건물에 속하는 구분건물 중 일부만에 관하여 소유권보존등기를 신청하면서 나머지 구분건물의 표시에 관한 등기를 동시에 신청하는 경우, 구분건물의 소유자는 1동에 속하는 다른 구분건물의 소유자를 대위하여 그 건물의 표시에 관한 등기를 신청할 수 있다.

17 2022년에 체결된 「부동산 거래신고 등에 관한 법률」 제3조 제1항 제1호의 부동산 매매계약의 계약
□□□ 서를 등기원인증서로 하는 소유권이전등기에 관한 설명으로 <u>틀린</u> 것은?

① 신청인은 위 법률에 따라 신고한 거래가액을 신청정보의 내용으로 등기소에 제공해야 한다.
② 신청인은 시장·군수 또는 구청장이 제공한 거래계약신고필증정보를 첨부정보로서 등기소에 제공
해야 한다.
③ 신고 관할관청이 같은 거래부동산이 2개 이상인 경우, 신청인은 매매목록을 첨부정보로서 등기소
에 제공해야 한다.
④ 거래부동산이 1개라 하더라도 여러 명의 매도인과 여러 명의 매수인 사이의 매매계약인 경우에는
매매목록을 첨부정보로서 등기소에 제공해야 한다.
⑤ 등기관은 거래가액을 등기기록 중 갑구의 등기원인란에 기록하는 방법으로 등기한다.

18 대장은 편성되어 있으나 미등기인 부동산의 소유권보존등기에 관한 설명으로 <u>틀린</u> 것은?
□□□
① 등기관이 보존등기를 할 때에는 등기원인과 그 연월일을 기록해야 한다.
② 대장에 최초 소유자로 등록된 자의 상속인은 보존등기를 신청할 수 있다.
③ 수용으로 인하여 소유권을 취득하였음을 증명하는 자는 미등기토지에 대한 보존등기를 신청할
수 있다.
④ 군수의 확인에 의해 미등기건물에 대한 자기의 소유권을 증명하는 자는 보존등기를 신청할 수
있다.
⑤ 등기관이 법원의 촉탁에 따라 소유권의 처분제한의 등기를 할 때는 직권으로 보존등기를 한다.

19 부기로 하는 등기로 옳은 것은?
□□□
① 부동산멸실등기
② 공유물 분할금지의 약정등기
③ 소유권이전등기
④ 토지분필등기
⑤ 부동산의 표시변경등기 등 표제부의 등기

20 환매특약의 등기에 관한 설명으로 **틀린** 것은?

☐☐☐
① 매매비용을 기록해야 한다.
② 매수인이 지급한 대금을 기록해야 한다.
③ 환매특약등기는 매매로 인한 소유권이전등기가 마쳐진 후에 신청해야 한다.
④ 환매기간은 등기원인에 그 사항이 정하여져 있는 경우에만 기록한다.
⑤ 환매에 따른 권리취득의 등기를 한 경우, 등기관은 특별한 사정이 없는 한 환매특약의 등기를 직권으로 말소해야 한다.

21 가등기에 관한 설명으로 **옳은** 것은?

☐☐☐
① 가등기명의인은 그 가등기의 말소를 단독으로 신청할 수 없다.
② 가등기의무자는 가등기명의인의 승낙을 받더라도 가등기의 말소를 단독으로 신청할 수 없다.
③ 가등기권리자는 가등기를 명하는 법원의 가처분명령이 있더라도 단독으로 가등기를 신청할 수 없다.
④ 하나의 가등기에 관하여 여러 사람의 가등기권자가 있는 경우, 그중 일부의 가등기권자는 공유물보존행위에 준하여 가등기 전부에 관한 본등기를 신청할 수 없다.
⑤ 가등기목적물의 소유권이 가등기 후에 제3자에게 이전된 경우, 가등기에 의한 본등기신청의 등기의무자는 그 제3자이다.

22 전세권 등기에 관한 설명으로 틀린 것은?(다툼이 있으면 판례에 따름)

① 전세권설정등기를 하는 경우, 등기관은 전세금을 기록해야 한다.
② 전세권의 사용·수익 권능을 배제하고 채권담보만을 위해 전세권을 설정한 경우, 그 전세권설정등기는 무효이다.
③ 집합건물에 있어서 특정 전유부분의 대지권에 대하여는 전세권설정등기를 할 수가 없다.
④ 전세권의 목적인 범위가 건물의 일부로서 특정 층 전부인 경우에는 전세권설정등기 신청서에 그 층의 도면을 첨부해야 한다.
⑤ 乙 명의의 전세권등기와 그 전세권에 대한 丙 명의의 가압류가 순차로 마쳐진 甲 소유 부동산에 대하여 乙 명의의 전세권등기를 말소하라는 판결을 받았다고 하더라도 그 판결에 의하여 전세권말소등기를 신청할 때에는 丙의 승낙서 또는 丙에게 대항할 수 있는 재판의 등본을 첨부해야 한다.

23 토지에 대한 소유권이전청구권보전 가등기에 기하여 소유권이전의 본등기를 한 경우, 그 가등기 후 본등기 전에 마쳐진 등기 중 등기관의 직권말소 대상이 <u>아닌</u> 것은?

① 지상권설정등기
② 지역권설정등기
③ 저당권설정등기
④ 임차권설정등기
⑤ 해당 가등기상 권리를 목적으로 하는 가압류등기

24 부동산등기법상 신탁등기에 관한 설명으로 틀린 것은?

① 수익자는 수탁자를 대위하여 신탁등기를 신청할 수 있다.
② 신탁등기의 말소등기는 수탁자가 단독으로 신청할 수 있다.
③ 신탁가등기는 소유권이전청구권보전을 위한 가등기와 동일한 방식으로 신청하되, 신탁원부 작성을 위한 정보를 첨부정보로서 제공해야 한다.
④ 여러 명의 수탁자 중 1인의 임무종료로 인한 합유명의인 변경등기를 한 경우에는 등기관은 직권으로 신탁원부 기록을 변경해야 한다.
⑤ 법원이 신탁관리인 선임의 재판을 한 경우, 그 신탁관리인은 지체없이 신탁원부 기록의 변경등기를 신청해야 한다.

2021년 제32회 기출문제

✅ **시행일 : 2021.10.30.**　　　　　　　　⏱ Time　　　분 ｜ 해설편 241p

01 공간정보의 구축 및 관리 등에 관한 법령상 지상경계의 결정기준으로 옳은 것은?(단, 지상경계의
☐☐☐ 구획을 형성하는 구조물 등의 소유자가 다른 경우는 제외함)

① 연접되는 토지 간에 높낮이 차이가 있는 경우 : 그 구조물 등의 하단부
② 공유수면매립지의 토지 중 제방 등을 토지에 편입하여 등록하는 경우 : 그 경사면의 하단부
③ 도로·구거 등의 토지에 절토(땅깎기)된 부분이 있는 경우 : 바깥쪽 어깨부분
④ 토지가 해면 또는 수면에 접하는 경우 : 최소만조위 또는 최소만수위가 되는 선
⑤ 연접되는 토지 간에 높낮이 차이가 없는 경우 : 그 구조물 등의 상단부

02 공간정보의 구축 및 관리 등에 관한 법령상 지상건축물 등의 현황을 지적도 및 임야도에 등록된
☐☐☐ 경계와 대비하여 표시하는 지적측량은?

① 등록전환측량
② 신규등록측량
③ 지적현황측량
④ 경계복원측량
⑤ 토지분할측량

03 공간정보의 구축 및 관리 등에 관한 법령상 임야도의 축척에 해당하는 것을 모두 고른 것은?

> ㄱ. 1/2000 　　　　　　　　　　ㄴ. 1/2400
> ㄷ. 1/3000 　　　　　　　　　　ㄹ. 1/6000
> ㅁ. 1/50000

① ㄱ, ㄷ　　　　　　　　　　　　② ㄷ, ㄹ
③ ㄱ, ㄴ, ㅁ　　　　　　　　　　④ ㄴ, ㄷ, ㄹ
⑤ ㄴ, ㄷ, ㄹ, ㅁ

04 공간정보의 구축 및 관리 등에 관한 법령상 지목의 구분에 관한 설명으로 틀린 것은?

① 바닷물을 끌어들여 소금을 채취하기 위하여 조성된 토지와 이에 접속된 제염장(製鹽場) 등 부속시설물의 부지는 "염전"으로 한다. 다만, 천일제염 방식으로 하지 아니하고 동력으로 바닷물을 끌어들여 소금을 제조하는 공장시설물의 부지는 제외한다.

② 저유소(貯油所) 및 원유저장소의 부지와 이에 접속된 부속시설물의 부지는 "주유소용지"로 한다. 다만, 자동차·선박·기차 등의 제작 또는 정비공장 안에 설치된 급유·송유시설 등의 부지는 제외한다.

③ 물이 고이거나 상시적으로 물을 저장하고 있는 댐·저수지·소류지(沼溜地)·호수·연못 등의 토지와 물을 상시적으로 직접 이용하여 연(蓮)·왕골 등의 식물을 주로 재배하는 토지는 "유지"로 한다.

④ 일반 공중의 보건·휴양 및 정서생활에 이용하기 위한 시설을 갖춘 토지로서 「국토의 계획 및 이용에 관한 법률」에 따라 공원 또는 녹지로 결정·고시된 토지는 "공원"으로 한다.

⑤ 용수(用水) 또는 배수(排水)를 위하여 일정한 형태를 갖춘 인공적인 수로·둑 및 그 부속시설물의 부지와 자연의 유수(流水)가 있거나 있을 것으로 예상되는 소규모 수로부지는 "구거"로 한다.

05 공간정보의 구축 및 관리 등에 관한 법령상 지적도 및 임야도의 등록사항을 모두 고른 것은?

ㄱ. 토지의 소재
ㄴ. 좌표에 의하여 계산된 경계점 간의 거리(경계점좌표등록부를 갖춰 두는 지역으로 한정)
ㄷ. 삼각점 및 지적기준점의 위치
ㄹ. 건축물 및 구조물 등의 위치
ㅁ. 도곽선(圖廓線)과 그 수치

① ㄱ, ㄷ, ㄹ   ② ㄴ, ㄷ, ㅁ
③ ㄴ, ㄹ, ㅁ   ④ ㄱ, ㄴ, ㄷ, ㅁ
⑤ ㄱ, ㄴ, ㄷ, ㄹ, ㅁ

06 공간정보의 구축 및 관리 등에 관한 법령상 지적측량의 적부심사 등에 관한 설명으로 옳은 것은?

① 지적측량 적부심사청구를 받은 지적소관청은 30일 이내에 다툼이 되는 지적측량의 경위 및 그 성과, 해당 토지에 대한 토지이동 및 소유권 변동 연혁, 해당 토지 주변의 측량기준점, 경계, 주요 구조물 등 현황 실측도를 조사하여 지방지적위원회에 회부하여야 한다.
② 지적측량 적부심사청구를 회부받은 지방지적위원회는 부득이한 경우가 아닌 경우 그 심사청구를 회부받은 날부터 90일 이내에 심의·의결하여야 한다.
③ 지방지적위원회는 부득이한 경우에 심의기간을 해당 지적위원회의 의결을 거쳐 60일 이내에서 한 번만 연장할 수 있다.
④ 시·도지사는 지방지적위원회의 지적측량 적부심사 의결서를 받은 날부터 7일 이내에 지적측량 적부심사 청구인 및 이해관계인에게 그 의결서를 통지하여야 한다.
⑤ 의결서를 받은 자가 지방지적위원회의 의결에 불복하는 경우에는 그 의결서를 받은 날부터 90일 이내에 시·도지사를 거쳐 중앙지적위원회에 재심사를 청구할 수 있다.

07 공간정보의 구축 및 관리 등에 관한 법령상 토지의 이동이 있을 때 토지소유자의 신청이 없어 지적소관청이 토지의 이동현황을 직권으로 조사·측량하여 토지의 지번·지목·면적·경계 또는 좌표를 결정하기 위해 수립하는 계획은?

① 토지이동현황 조사계획
② 토지조사계획
③ 토지등록계획
④ 토지조사·측량계획
⑤ 토지조사·등록계획

08 공간정보의 구축 및 관리 등에 관한 법령상 공유지 연명부와 대지권등록부의 공통 등록사항을 모두 고른 것은?

> ㄱ. 지 번
> ㄴ. 소유권 지분
> ㄷ. 소유자의 성명 또는 명칭, 주소 및 주민등록번호
> ㄹ. 토지의 고유번호
> ㅁ. 토지소유자가 변경된 날과 그 원인

① ㄱ, ㄴ, ㄷ
② ㄱ, ㄴ, ㄹ, ㅁ
③ ㄱ, ㄷ, ㄹ, ㅁ
④ ㄴ, ㄷ, ㄹ, ㅁ
⑤ ㄱ, ㄴ, ㄷ, ㄹ, ㅁ

09 공간정보의 구축 및 관리 등에 관한 법령상 토지소유자 등 이해관계인이 지적측량수행자에게 지적측량을 의뢰하여야 하는 경우가 <u>아닌</u> 것을 모두 고른 것은?(단, 지적측량을 할 필요가 있는 경우임)

> ㄱ. 지적측량성과를 검사하는 경우
> ㄴ. 토지를 등록전환하는 경우
> ㄷ. 축척을 변경하는 경우
> ㄹ. 「지적재조사에 관한 특별법」에 따른 지적재조사사업에 따라 토지의 이동이 있는 경우

① ㄱ, ㄴ
② ㄱ, ㄹ
③ ㄷ, ㄹ
④ ㄱ, ㄴ, ㄷ
⑤ ㄴ, ㄷ, ㄹ

PART 1
PART 2
PART 3
PART 4

10 공간정보의 구축 및 관리 등에 관한 법령상 축척변경위원회의 구성에 관한 내용이다. (   )에 들어갈 사항으로 옳은 것은?

> 축척변경위원회는 (ㄱ) 이상 10명 이하의 위원으로 구성하되, 위원의 2분의 1 이상을 토지소유자로 하여야 한다. 이 경우 그 축척변경 시행지역의 토지소유자가 (ㄴ) 이하일 때에는 토지소유자 전원을 위원으로 위촉하여야 한다. 위원장은 위원 중에서 (ㄷ)이 지명한다.

	ㄱ	ㄴ	ㄷ
①	3	3	지적소관청
②	5	5	지적소관청
③	5	5	국토교통부장관
④	7	7	지적소관청
⑤	7	7	국토교통부장관

11 공간정보의 구축 및 관리 등에 관한 법령상 부동산종합공부에 관한 설명으로 <u>틀린</u> 것은?

① 지적소관청은 「건축법」 제38조에 따른 건축물대장의 내용에서 건축물의 표시와 소유자에 관한 사항(토지에 건축물이 있는 경우만 해당)을 부동산종합공부에 등록하여야 한다.

② 지적소관청은 「부동산등기법」 제48조에 따른 부동산의 권리에 관한 사항을 부동산종합공부에 등록하여야 한다.

③ 지적소관청은 부동산의 효율적 이용과 부동산과 관련된 정보의 종합적 관리·운영을 위하여 부동산종합공부를 관리·운영한다.

④ 지적소관청은 부동산종합공부를 영구히 보존하여야 하며, 부동산종합공부의 멸실 또는 훼손에 대비하여 이를 별도로 복제하여 관리하는 정보관리체계를 구축하여야 한다.

⑤ 부동산종합공부를 열람하려는 자는 지적소관청이나 읍·면·동의 장에게 신청할 수 있으며, 부동산종합공부기록사항의 전부 또는 일부에 관한 증명서를 발급받으려는 자는 시·도지사에게 신청하여야 한다.

12 공간정보의 구축 및 관리 등에 관한 법령상 지적공부의 보존 등에 관한 설명으로 옳은 것을 모두 고른 것은?

> ㄱ. 지적서고는 지적사무를 처리하는 사무실과 연접(連接)하여 설치하여야 한다.
> ㄴ. 지적소관청은 천재지변이나 그 밖에 이에 준하는 재난을 피하기 위하여 필요한 경우에는 지적공부를 해당 청사 밖으로 반출할 수 있다.
> ㄷ. 지적공부를 정보처리시스템을 통하여 기록·저장한 경우 관할 시·도지사, 시장·군수 또는 구청장은 그 지적공부를 지적정보관리체계에 영구히 보존하여야 한다.
> ㄹ. 카드로 된 토지대장·임야대장 등은 200장 단위로 바인더(binder)에 넣어 보관하여야 한다.

① ㄱ, ㄷ
② ㄴ, ㄹ
③ ㄷ, ㄹ
④ ㄱ, ㄴ, ㄷ
⑤ ㄱ, ㄴ, ㄹ

13 관공서의 촉탁등기에 관한 설명으로 틀린 것은?

① 관공서가 경매로 인하여 소유권이전등기를 촉탁하는 경우, 등기기록과 대장상의 부동산의 표시가 부합하지 않은 때에는 그 등기촉탁을 수리할 수 없다.
② 관공서가 등기를 촉탁하는 경우 우편에 의한 등기촉탁도 할 수 있다.
③ 등기의무인 관공서가 등기권리자의 청구에 의하여 등기를 촉탁하는 경우, 등기의무자의 권리에 관한 등기필정보를 제공할 필요가 없다.
④ 등기권리자인 관공서가 부동산 거래의 주체로서 등기를 촉탁할 수 있는 경우라도 등기의무자와 공동으로 등기를 신청할 수 있다.
⑤ 촉탁에 따른 등기절차는 법률에 다른 규정이 없는 경우에는 신청에 따른 등기에 관한 규정을 준용한다.

14 단독으로 등기신청할 수 있는 것을 모두 고른 것은?(단, 판결 등 집행권원에 의한 신청은 제외함)

□□□

> ㄱ. 가등기명의인의 가등기말소등기 신청
> ㄴ. 토지를 수용한 한국토지주택공사의 소유권이전등기 신청
> ㄷ. 근저당권의 채권최고액을 감액하는 근저당권자의 변경등기 신청
> ㄹ. 포괄유증을 원인으로 하는 수증자의 소유권이전등기 신청

① ㄱ   ② ㄱ, ㄴ
③ ㄴ, ㄷ   ④ ㄱ, ㄷ, ㄹ
⑤ ㄴ, ㄷ, ㄹ

15 부동산등기법상 등기의 당사자능력에 관한 설명으로 틀린 것은?

□□□

① 법인 아닌 사단(社團)은 그 사단 명의로 대표자가 등기를 신청할 수 있다.
② 시설물로서의 학교는 학교 명의로 등기할 수 없다.
③ 행정조직인 읍, 면은 등기의 당사자능력이 없다.
④ 민법상 조합을 채무자로 표시하여 조합재산에 근저당권설정등기를 할 수 있다.
⑤ 외국인은 법령이나 조약의 제한이 없는 한 자기 명의로 등기신청을 하고 등기명의인이 될 수 있다.

16 2021년에 사인(私人)간 토지소유권이전등기 신청 시, 등기원인을 증명하는 서면에 검인을 받아야

□□□ 하는 경우를 모두 고른 것은?

> ㄱ. 임의경매
> ㄴ. 진정명의 회복
> ㄷ. 공유물분할합의
> ㄹ. 양도담보계약
> ㅁ. 명의신탁해지약정

① ㄱ, ㄴ   ② ㄱ, ㄷ
③ ㄴ, ㄹ   ④ ㄷ, ㅁ
⑤ ㄷ, ㄹ, ㅁ

17 소유권에 관한 등기의 설명으로 옳은 것을 모두 고른 것은?

> ㄱ. 공유물분할금지약정이 등기된 부동산의 경우에 그 약정상 금지기간 동안에는 그 부동산의 소유권 일부에 관한 이전등기를 할 수 없다.
> ㄴ. 2020년에 체결된 부동산매매계약서를 등기원인을 증명하는 정보로 하여 소유권이전등기를 신청하는 경우에는 거래가액을 신청정보의 내용으로 제공하여야 한다.
> ㄷ. 거래가액을 신청정보의 내용으로 제공하는 경우, 1개의 부동산에 관한 여러 명의 매도인과 여러 명의 매수인 사이의 매매계약인 때에는 매매목록을 첨부정보로 제공하여야 한다.
> ㄹ. 공유물분할금지약정이 등기된 경우, 그 약정의 변경등기는 공유자 중 1인이 단독으로 신청할 수 있다.

① ㄱ, ㄴ
② ㄱ, ㄷ
③ ㄴ, ㄷ
④ ㄴ, ㄹ
⑤ ㄷ, ㄹ

PART 1 PART 2 PART 3 PART 4

18 甲은 乙과 乙소유 A건물 전부에 대해 전세금 5억원, 기간 2년으로 하는 전세권설정계약을 체결하고 공동으로 전세권설정등기를 신청하였다. 이에 관한 설명으로 틀린 것은?

① 등기관은 전세금을 기록하여야 한다.
② 등기관은 존속기간을 기록하여야 한다.
③ 전세권설정등기가 된 후, 전세금반환채권의 일부 양도를 원인으로 한 전세권 일부이전등기를 할 때에 등기관은 양도액을 기록한다.
④ 전세권설정등기가 된 후에 건물전세권의 존속기간이 만료되어 법정갱신이 된 경우, 甲은 존속기간 연장을 위한 변경등기를 하지 않아도 그 전세권에 대한 저당권설정등기를 할 수 있다.
⑤ 전세권설정등기가 된 후에 甲과 丙이 A건물의 일부에 대한 전전세계약에 따라 전전세등기를 신청하는 경우, 그 부분을 표시한 건물도면을 첨부정보로 등기소에 제공하여야 한다.

19 乙은 甲에 대한 동일한 채무의 담보를 위해 자신 소유의 A와 B부동산에 甲명의의 저당권설정등기
□□□ 를 하였다. 그 후 A부동산에는 丙명의의 후순위 저당권설정등기가 되었다. 이에 관한 설명으로
틀린 것은?

① 乙이 甲에 대한 동일한 채무를 담보하기 위해 추가로 C부동산에 대한 저당권설정등기를 신청한
경우, 등기관은 C부동산의 저당권설정등기 및 A와 B부동산의 저당권설정등기의 끝부분에 공동담
보라는 뜻을 기록하여야 한다.

② 丙이 乙의 채무의 일부를 甲에게 변제하여 그 대위변제를 이유로 저당권 일부이전등기가 신청된
경우, 등기관은 변제액을 기록하여야 한다.

③ 乙이 변제하지 않아 甲이 우선 A부동산을 경매하여 변제받은 경우, 丙은 후순위저당권자로서
대위등기를 할 때 '甲이 변제받은 금액'과 '매각대금'을 신청정보의 내용으로 제공하여야 한다.

④ 甲에 대한 乙의 채무가 증액되어 C, D 및 E부동산이 담보로 추가된 경우, 이때 공동담보목록은
전자적으로 작성하고 1년마다 그 번호를 새로 부여하여야 한다.

⑤ 丙이 후순위저당권자로서 대위등기를 할 경우, 甲이 등기의무자가 되고 丙이 등기권리자가 되어
공동으로 신청하여야 한다.

20 부동산등기에 관한 설명으로 틀린 것은?
□□□
① 건물소유권의 공유지분 일부에 대하여는 전세권설정등기를 할 수 없다.

② 구분건물에 대하여는 전유부분마다 부동산고유번호를 부여한다.

③ 폐쇄한 등기기록에 대해서는 등기사항의 열람은 가능하지만 등기사항증명서의 발급은 청구할 수
없다.

④ 전세금을 증액하는 전세권변경등기는 등기상 이해관계 있는 제3자의 승낙 또는 이에 대항할 수
있는 재판의 등본이 없으면 부기등기가 아닌 주등기로 해야 한다.

⑤ 등기관이 부기등기를 할 때에는 주등기 또는 부기등기의 순위번호에 가지번호를 붙여서 하여야
한다.

21 환매특약등기의 등기사항인 것을 모두 고른 것은?

☐☐☐

> ㄱ. 채권최고액
> ㄴ. 이자지급시기
> ㄷ. 매매비용
> ㄹ. 매수인이 지급한 대금

① ㄱ, ㄴ   ② ㄱ, ㄹ

③ ㄴ, ㄷ   ④ ㄴ, ㄹ

⑤ ㄷ, ㄹ

22 가등기에 관한 설명으로 틀린 것은?

☐☐☐

① 가등기권리자는 가등기를 명하는 법원의 가처분명령이 있는 경우에는 단독으로 가등기를 신청할 수 있다.

② 근저당권 채권최고액의 변경등기청구권을 보전하기 위해 가등기를 할 수 있다.

③ 가등기를 한 후 본등기의 신청이 있을 때에는 가등기의 순위번호를 사용하여 본등기를 하여야 한다.

④ 임차권설정등기청구권보전 가등기에 의한 본등기를 한 경우 가등기 후 본등기 전에 마쳐진 저당권설정등기는 직권말소의 대상이 아니다.

⑤ 등기관이 소유권이전등기청구권보전 가등기에 의한 본등기를 한 경우, 가등기 후 본등기 전에 마쳐진 해당 가등기상 권리를 목적으로 하는 가처분등기는 직권으로 말소한다.

23 등기의 효력에 관한 설명으로 **틀린** 것은?(다툼이 있으면 판례에 따름)

① 등기관이 등기를 마친 경우 그 등기는 접수한 때부터 효력이 발생한다.
② 소유권이전등기청구권 보전을 위한 가등기에 기한 본등기가 된 경우 소유권이전의 효력은 본등기시에 발생한다.
③ 사망자 명의의 신청으로 마쳐진 이전등기에 대해서는 그 등기의 무효를 주장하는 자가 현재의 실체관계와 부합하지 않음을 증명할 책임이 있다.
④ 소유권이전등기청구권 보전을 위한 가등기권리자는 그 본등기를 명하는 판결이 확정된 경우라도 가등기에 기한 본등기를 마치기 전 가등기만으로는 가등기된 부동산에 경료된 무효인 중복소유권보존등기의 말소를 청구할 수 없다.
⑤ 폐쇄된 등기기록에 기록되어 있는 등기사항에 관한 경정등기는 할 수 없다.

24 부동산등기법상 신탁등기에 관한 설명으로 옳은 것을 모두 고른 것은?

> ㄱ. 법원이 신탁 변경의 재판을 한 경우 수탁자는 지체 없이 신탁원부 기록의 변경등기를 신청하여야 한다.
> ㄴ. 신탁재산이 수탁자의 고유재산이 되었을 때에는 그 뜻의 등기를 주등기로 하여야 한다.
> ㄷ. 등기관이 신탁재산에 속하는 부동산에 관한 권리에 대하여 수탁자의 변경으로 인한 이전등기를 할 경우에는 직권으로 그 부동산에 관한 신탁원부 기록의 변경등기를 하여야 한다.
> ㄹ. 수익자가 수탁자를 대위하여 신탁등기를 신청하는 경우에는 해당 부동산에 관한 권리의 설정등기의 신청과 동시에 하여야 한다.

① ㄱ, ㄴ
② ㄴ, ㄷ
③ ㄷ, ㄹ
④ ㄱ, ㄴ, ㄹ
⑤ ㄱ, ㄷ, ㄹ

2020년 제31회 기출문제

✅ 시행일 : 2020.10.31.　　　　　　　　　✅ Time 　　분 ｜ 해설편 251p

01 공간정보의 구축 및 관리 등에 관한 법령상 지적공부의 보존 및 보관방법 등에 관한 설명으로
□□□ 틀린 것은?(단, 정보처리시스템을 통하여 기록·저장한 지적공부는 제외함)

① 지적소관청은 해당 청사에 지적서고를 설치하고 그곳에 지적공부를 영구히 보존하여야 한다.

② 국토교통부장관의 승인을 받은 경우 지적공부를 해당 청사 밖으로 반출할 수 있다.

③ 지적서고는 지적사무를 처리하는 사무실과 연접(連接)하여 설치하여야 한다.

④ 지적도면은 지번부여지역별로 도면번호순으로 보관하되, 각 장별로 보호대에 넣어야 한다.

⑤ 카드로 된 토지대장·임야대장·공유지연명부·대지권등록부 및 경계점좌표등록부는 100장 단위로 바인더(Binder)에 넣어 보관하여야 한다.

02 공간정보의 구축 및 관리 등에 관한 법령상 지적공부와 등록사항의 연결이 옳은 것은?
□□□

① 토지대장 – 경계와 면적

② 임야대장 – 건축물 및 구조물 등의 위치

③ 공유지연명부 – 소유권지분과 토지의 이동사유

④ 대지권등록부 – 대지권비율과 지목

⑤ 토지대장·임야대장·공유지연명부·대지권등록부 – 토지소유자가 변경된 날과 그 원인

03 공간정보의 구축 및 관리 등에 관한 법령상 지목을 잡종지로 정할 수 있는 것으로만 나열한 것은?
☐☐☐ (단, 원상회복을 조건으로 돌을 캐내는 곳 또는 흙을 파내는 곳으로 허가된 토지는 제외함)

① 변전소, 송신소, 수신소 및 지하에서 석유류 등이 용출되는 용출구(湧出口)와 그 유지(維持)에 사용되는 부지
② 여객자동차터미널, 자동차운전학원 및 폐차장 등 자동차와 관련된 독립적인 시설물을 갖춘 부지
③ 갈대밭, 실외에 물건을 쌓아 두는 곳, 산림 및 원야(原野)를 이루고 있는 암석지·자갈땅·모래땅·황무지 등의 토지
④ 공항·항만시설부지 및 물건 등을 보관하거나 저장하기 위하여 독립적으로 설치된 보관시설물의 부지
⑤ 도축장, 쓰레기처리장, 오물처리장 및 일반공중의 위락·휴양 등에 적합한 시설물을 종합적으로 갖춘 야영장·식물원 등의 토지

04 공간정보의 구축 및 관리 등에 관한 법령상 지적소관청이 축척변경시행공고를 할 때 공고하여야
☐☐☐ 할 사항으로 틀린 것은?

① 축척변경의 목적, 시행지역 및 시행기간
② 축척변경의 시행에 관한 세부계획
③ 축척변경의 시행자 선정 및 평가방법
④ 축척변경의 시행에 따른 청산방법
⑤ 축척변경의 시행에 따른 토지소유자 등의 협조에 관한 사항

05 공간정보의 구축 및 관리 등에 관한 법령상 지적공부의 복구 및 복구절차 등에 관한 설명으로 틀린 것은?

① 지적소관청(정보처리시스템을 통하여 기록·저장한 지적공부의 경우에는 시·도지사, 시장·군수 또는 구청장)은 지적공부의 전부 또는 일부가 멸실되거나 훼손된 경우에는 지체 없이 이를 복구하여야 한다.

② 지적공부를 복구할 때에는 멸실·훼손 당시의 지적공부와 가장 부합된다고 인정되는 관계자료에 따라 토지의 표시에 관한 사항을 복구하여야 한다. 다만, 소유자에 관한 사항은 부동산등기부나 법원의 확정판결에 따라 복구하여야 한다.

③ 지적공부의 등본, 개별공시지가자료, 측량신청서 및 측량준비도, 법원의 확정판결서 정본 또는 사본은 지적공부의 복구자료이다.

④ 지적소관청은 조사된 복구자료 중 토지대장·임야대장 및 공유지연명부의 등록내용을 증명하는 서류 등에 따라 지적복구자료조사서를 작성하고, 지적도면의 등록내용을 증명하는 서류 등에 따라 복구자료도를 작성하여야 한다.

⑤ 복구자료도에 따라 측정한 면적과 지적복구자료조사서의 조사된 면적의 증감이 오차의 허용범위를 초과하거나 복구자료도를 작성할 복구자료가 없는 경우에는 복구측량을 하여야 한다.

06 공간정보의 구축 및 관리 등에 관한 법령상 등록전환을 할 때 임야대장의 면적과 등록전환될 면적의 차이가 오차의 허용범위를 초과하는 경우 처리방법으로 옳은 것은?

① 지적소관청이 임야대장의 면적 또는 임야도의 경계를 직권으로 정정하여야 한다.

② 지적소관청이 시·도지사의 승인을 받아 허용범위를 초과하는 면적을 등록전환면적으로 결정하여야 한다.

③ 지적측량수행자가 지적소관청의 승인을 받아 허용범위를 초과하는 면적을 등록전환면적으로 결정하여야 한다.

④ 지적측량수행자가 토지소유자와 합의한 면적을 등록전환면적으로 결정하여야 한다.

⑤ 지적측량수행자가 임야대장의 면적 또는 임야도의 경계를 직권으로 정정하여야 한다.

07 공간정보의 구축 및 관리 등에 관한 법령상 지목을 도로로 정할 수 <u>없는</u> 것은?(단, 아파트·공장 등 단일용도의 일정한 단지 안에 설치된 통로 등은 제외함)

① 일반공중(公衆)의 교통운수를 위하여 보행이나 차량운행에 필요한 일정한 설비 또는 형태를 갖추어 이용되는 토지
② 「도로법」 등 관계법령에 따라 도로로 개설된 토지
③ 고속도로의 휴게소부지
④ 2필지 이상에 진입하는 통로로 이용되는 토지
⑤ 교통운수를 위하여 일정한 궤도 등의 설비와 형태를 갖추어 이용되는 토지

08 공간정보의 구축 및 관리 등에 관한 법령상 중앙지적위원회의 심의·의결사항으로 <u>틀린</u> 것은?

① 측량기술자 중 지적기술자의 양성에 관한 사항
② 지적측량기술의 연구·개발 및 보급에 관한 사항
③ 지적재조사 기본계획의 수립 및 변경에 관한 사항
④ 지적 관련 정책개발 및 업무개선 등에 관한 사항
⑤ 지적기술자의 업무정지처분 및 징계요구에 관한 사항

09 다음은 공간정보의 구축 및 관리 등에 관한 법령상 도시개발사업 등 시행지역의 토지이동신청특례에 관한 설명이다. ( )에 들어갈 내용으로 옳은 것은?

> • 「도시개발법」에 따른 도시개발사업, 「농어촌정비법」에 따른 농어촌정비사업 등의 사업시행자는 그 사업의 착수·변경 및 완료사실을 (ㄱ)에(게) 신고하여야 한다.
> • 도시개발사업 등의 착수·변경 또는 완료사실의 신고는 그 사유가 발생한 날부터 (ㄴ) 이내에 하여야 한다.

	ㄱ	ㄴ
①	시·도지사	15일
②	시·도지사	30일
③	시·도지사	60일
④	지적소관청	15일
⑤	지적소관청	30일

10 다음은 공간정보의 구축 및 관리 등에 관한 법령상 등록사항 정정 대상토지에 대한 대장의 열람
□□□ 또는 등본의 발급에 관한 설명이다. (   )에 들어갈 내용으로 옳은 것은?

> 지적소관청은 등록사항 정정 대상토지에 대한 대장을 열람하게 하거나 등본을 발급하는 때에는 (ㄱ)
> 라고 적은 부분을 흑백의 반전(反轉)으로 표시하거나 (ㄴ)(으)로 적어야 한다.

	ㄱ	ㄴ
①	지적불부합지	붉은색
②	지적불부합지	굵은 고딕체
③	지적불부합지	담당자의 자필(自筆)
④	등록사항 정정 대상토지	붉은색
⑤	등록사항 정정 대상토지	굵은 고딕체

11 공간정보의 구축 및 관리 등에 관한 법령상 지적소관청이 지체 없이 축척변경의 확정공고를 하여야
□□□ 하는 때로 옳은 것은?

① 청산금의 납부 및 지급이 완료되었을 때
② 축척변경을 위한 측량이 완료되었을 때
③ 축척변경에 관한 측량에 따라 필지별 증감면적의 산정이 완료되었을 때
④ 축척변경에 관한 측량에 따라 변동사항을 표시한 축척변경지번별 조서작성이 완료되었을 때
⑤ 축척변경에 따라 확정된 사항이 지적공부에 등록되었을 때

12 공간정보의 구축 및 관리 등에 관한 법령상 지적기준점성과와 지적기준점성과의 열람 및 등본발급
□□□ 신청기관의 연결이 옳은 것은?

① 지적삼각점성과 – 시·도지사 또는 지적소관청
② 지적삼각보조점성과 – 시·도지사 또는 지적소관청
③ 지적삼각보조점성과 – 지적소관청 또는 한국국토정보공사
④ 지적도근점성과 – 시·도지사 또는 한국국토정보공사
⑤ 지적도근점성과 – 지적소관청 또는 한국국토정보공사

13 채권자 甲이 채권자대위권에 의하여 채무자 乙을 대위하여 등기신청하는 경우에 관한 설명으로 옳은 것을 모두 고른 것은?

> ㄱ. 乙에게 등기신청권이 없으면 甲은 대위등기를 신청할 수 없다.
> ㄴ. 대위등기신청에서는 乙이 등기신청인이다.
> ㄷ. 대위등기를 신청할 때 대위원인을 증명하는 정보를 첨부하여야 한다.
> ㄹ. 대위신청에 따른 등기를 한 경우, 등기관은 乙에게 등기완료의 통지를 하여야 한다.

① ㄱ, ㄴ   ② ㄱ, ㄷ
③ ㄴ, ㄹ   ④ ㄱ, ㄷ, ㄹ
⑤ ㄴ, ㄷ, ㄹ

14 부동산등기에 관한 설명으로 옳은 것은?

① 저당권부 채권에 대한 질권의 설정등기는 할 수 없다.
② 등기기록 중 다른 구(區)에서 한 등기 상호 간에는 등기한 권리의 순위는 순위번호에 따른다.
③ 대표자가 있는 법인 아닌 재단에 속하는 부동산의 등기에 관하여는 그 대표자를 등기권리자 또는 등기의무자로 한다.
④ 甲이 그 소유 부동산을 乙에게 매도하고 사망한 경우, 甲의 단독상속인 丙은 등기의무자로서 甲과 乙의 매매를 원인으로 하여 甲으로부터 乙로의 이전등기를 신청할 수 있다.
⑤ 구분건물로서 그 대지권의 변경이 있는 경우에는 구분건물의 소유권의 등기명의인은 1동의 건물에 속하는 다른 구분건물의 소유권의 등기명의인을 대위하여 그 변경등기를 신청할 수 없다.

15 부동산등기에 관한 설명으로 옳은 것을 모두 고른 것은?

> ㄱ. 국가 및 지방자치단체에 해당하지 않는 등기권리자는 재결수용으로 인한 소유권이전등기를 단독
>   으로 신청할 수 있다.
> ㄴ. 등기관은 재결수용으로 인한 소유권이전등기를 하는 경우에 그 부동산을 위하여 존재하는 지역권
>   의 등기를 직권으로 말소하여야 한다.
> ㄷ. 관공서가 공매처분을 한 경우에 등기권리자의 청구를 받으면 지체 없이 공매처분으로 인한 권리
>   이전의 등기를 등기소에 촉탁하여야 한다.
> ㄹ. 등기 후 등기사항에 변경이 생겨 등기와 실체관계가 일치하지 않을 때는 경정등기를 신청하여야
>   한다.

① ㄱ, ㄷ   ② ㄱ, ㄹ
③ ㄴ, ㄷ   ④ ㄱ, ㄴ, ㄹ
⑤ ㄴ, ㄷ, ㄹ

16 절차법상 등기권리자와 등기의무자를 옳게 설명한 것을 모두 고른 것은?

> ㄱ. 甲 소유로 등기된 토지에 설정된 乙 명의의 근저당권을 丙에게 이전하는 등기를 신청하는 경우,
>   등기의무자는 乙이다.
> ㄴ. 甲에서 乙로, 乙에서 丙으로 순차로 소유권이전등기가 이루어졌으나 乙 명의의 등기가 원인무효
>   임을 이유로 甲이 丙을 상대로 丙 명의의 등기말소를 명하는 확정판결을 얻은 경우, 그 판결에
>   따른 등기에 있어서 등기권리자는 甲이다.
> ㄷ. 채무자 甲에서 乙로 소유권이전등기가 이루어졌으나 甲의 채권자 丙이 등기원인이 사해행위임
>   을 이유로 그 소유권이전등기의 말소판결을 받은 경우, 그 판결에 따른 등기에 있어서 등기권리자
>   는 甲이다.

① ㄴ   ② ㄷ
③ ㄱ, ㄴ   ④ ㄱ, ㄷ
⑤ ㄴ, ㄷ

17 소유권에 관한 등기의 설명으로 옳은 것을 모두 고른 것은?

> ㄱ. 등기관이 소유권보존등기를 할 때에는 등기원인의 연월일을 기록한다.
> ㄴ. 등기관이 미등기부동산에 대하여 법원의 촉탁에 따라 소유권의 처분제한의 등기를 할 때에는 직권으로 소유권보존등기를 한다.
> ㄷ. 등기관이 소유권의 일부에 관한 이전등기를 할 때에는 이전되는 지분을 기록하여야 하고, 그 등기원인에 분할금지약정이 있을 때에는 그 약정에 관한 사항도 기록하여야 한다.

① ㄱ
② ㄴ
③ ㄱ, ㄴ
④ ㄱ, ㄷ
⑤ ㄴ, ㄷ

18 용익권에 관한 등기에 대한 설명으로 틀린 것은?

① 시효완성을 이유로 통행지역권을 취득하기 위해서는 그 등기가 되어야 한다.
② 승역지에 지역권설정등기를 한 경우, 요역지의 등기기록에는 그 승역지를 기록할 필요가 없다.
③ 임대차 차임지급시기에 관한 약정이 있는 경우, 임차권등기에 이를 기록하지 않더라도 임차권등기는 유효하다.
④ 1필 토지의 일부에 대해 지상권설정등기를 신청하는 경우, 그 일부를 표시한 지적도를 첨부정보로서 등기소에 제공하여야 한다.
⑤ 전세금반환채권의 일부양도를 원인으로 하는 전세권일부이전등기의 신청은 전세권 소멸의 증명이 없는 한, 전세권존속기간 만료 전에는 할 수 없다.

19 권리에 관한 등기의 설명으로 틀린 것은?

① 등기부 표제부의 등기사항인 표시번호는 등기부 갑구(甲區), 을구(乙區)의 필수적 등기사항이 아니다.
② 등기부 갑구(甲區)의 등기사항 중 권리자가 2인 이상인 경우에는 권리자별 지분을 기록하여야 하고, 등기할 권리가 합유인 경우에는 그 뜻을 기록하여야 한다.
③ 권리의 변경등기는 등기상 이해관계가 있는 제3자의 승낙이 없는 경우에도 부기로 등기할 수 있다.
④ 등기의무자의 소재불명으로 공동신청할 수 없을 때 등기권리자는 민사소송법에 따라 공시최고를 신청할 수 있고, 이에 따라 제권판결이 있으면 등기권리자는 그 사실을 증명하여 단독으로 등기말소를 신청할 수 있다.
⑤ 등기관이 토지소유권의 등기명의인 표시변경등기를 하였을 때에는 지체 없이 그 사실을 지적소관청에 알려야 한다.

20 부동산등기에 관한 설명으로 **틀린** 것은?

① 규약에 따라 공용부분으로 등기된 후 그 규약이 폐지된 경우, 그 공용부분취득자는 소유권이전등기를 신청하여야 한다.

② 등기할 건물이 구분건물인 경우에 등기관은 1동 건물의 등기기록의 표제부에는 소재와 지번, 건물명칭 및 번호를 기록하고, 전유부분의 등기기록의 표제부에는 건물번호를 기록하여야 한다.

③ 존재하지 아니하는 건물에 대한 등기가 있을 때 그 소유권의 등기명의인은 지체 없이 그 건물의 멸실등기를 신청하여야 한다.

④ 같은 지번 위에 1개의 건물만 있는 경우에는 건물의 등기기록의 표제부에 건물번호를 기록하지 않는다.

⑤ 부동산환매특약은 등기능력이 인정된다.

21 등기관의 결정 또는 처분에 대한 이의에 관한 설명으로 **틀린** 것을 모두 고른 것은?

ㄱ. 이의에는 집행정지의 효력이 있다.
ㄴ. 이의신청자는 새로운 사실을 근거로 이의신청을 할 수 있다.
ㄷ. 등기관의 결정에 이의가 있는 자는 관할 지방법원에 이의신청을 할 수 있다.
ㄹ. 등기관은 이의가 이유 없다고 인정하면 이의신청일로부터 3일 이내에 의견을 붙여 이의신청서를 이의신청자에게 보내야 한다.

① ㄱ, ㄷ   ② ㄴ, ㄹ
③ ㄱ, ㄴ, ㄹ   ④ ㄱ, ㄷ, ㄹ
⑤ ㄴ, ㄷ, ㄹ

22 **가등기에 관한 설명으로 틀린 것은?**

① 가등기권리자는 가등기의무자의 승낙이 있는 경우에 단독으로 가등기를 신청할 수 있다.

② 가등기명의인은 단독으로 가등기의 말소를 신청할 수 있다.

③ 가등기의무자는 가등기명의인의 승낙을 받아 단독으로 가등기의 말소를 신청할 수 있다.

④ 부동산소유권 이전의 청구권이 정지조건부인 경우에 그 청구권을 보전하기 위해 가등기를 할 수 있다.

⑤ 가등기를 명하는 가처분명령은 가등기권리자의 주소지를 관할하는 지방법원이 할 수 있다.

23 **근저당권등기에 관한 설명으로 옳은 것은?**

① 근저당권의 약정된 존속기간은 등기사항이 아니다.

② 피담보채권의 변제기는 등기사항이 아니다.

③ 지연배상액은 등기하였을 경우에 한하여 근저당권에 의해 담보된다.

④ 1번 근저당권의 채권자가 여러 명인 경우, 그 근저당권설정등기의 채권최고액은 각 채권자별로 구분하여 기재한다.

⑤ 채권자가 등기절차에 협력하지 아니한 채무자를 피고로 하여 등기절차의 이행을 명하는 확정판결을 받은 경우, 채권자는 채무자와 공동으로 근저당권설정등기를 신청하여야 한다.

24 **신탁법에 따른 신탁의 등기에 관한 설명으로 옳은 것은?**

① 수익자는 수탁자를 대위하여 신탁등기를 신청할 수 없다.

② 신탁등기의 말소등기는 수탁자가 단독으로 신청할 수 없다.

③ 하나의 부동산에 대해 수탁자가 여러 명인 경우, 등기관은 그 신탁부동산이 합유인 뜻을 기록하여야 한다.

④ 신탁재산에 속한 권리가 이전됨에 따라 신탁재산에 속하지 아니하게 된 경우, 신탁등기의 말소신청은 신탁된 권리의 이전등기가 마쳐진 후에 별도로 하여야 한다.

⑤ 위탁자와 수익자가 합의로 적법하게 수탁자를 해임함에 따라 수탁자의 임무가 종료된 경우, 신수탁자는 단독으로 신탁재산인 부동산에 관한 권리이전등기를 신청할 수 없다.

2019년 제30회 기출문제

✓ 시행일 : 2019.10.26.

✓ Time 　　분 | 해설편 260p

01 공간정보의 구축 및 관리 등에 관한 법령상 물이 고이거나 상시적으로 물을 저장하고 있는 저수지·
□□□ 호수 등의 토지와 연·왕골 등이 자생하는 배수가 잘 되지 아니하는 토지의 지목 구분은?

① 유지(溜池)　　　　　　　　　② 양어장
③ 구 거　　　　　　　　　　　　④ 답
⑤ 유원지

02 공간정보의 구축 및 관리 등에 관한 법령상 지적측량 적부심사에 대한 재심사와 지적 분야 측량기술
□□□ 자의 양성에 관한 사항을 심의·의결하기 위하여 설치한 위원회는?

① 축척변경위원회
② 중앙지적위원회
③ 토지수용위원회
④ 경계결정위원회
⑤ 지방지적위원회

03 공간정보의 구축 및 관리 등에 관한 법령상 지적소관청이 토지의 이동에 따라 지상경계를 새로
□□□ 정한 경우에 경계점위치 설명도와 경계점표지의 종류 등을 등록하여 관리하는 장부는?

① 토지이동조사부
② 부동산종합공부
③ 경계점좌표등록부
④ 지상경계점등록부
⑤ 토지이동정리결의서

04 공간정보의 구축 및 관리 등에 관한 법령상 지적공부에 등록된 토지가 지형의 변화 등으로 바다로 된 토지의 등록말소 및 회복 등에 관한 설명으로 <u>틀린</u> 것은?

① 지적소관청은 지적공부에 등록된 토지가 지형의 변화 등으로 바다로 된 경우로서 원상(原狀)으로 회복될 수 없는 경우에는 지적공부에 등록된 토지소유자에게 지적공부의 등록말소 신청을 하도록 통지하여야 한다.

② 지적소관청은 바다로 된 토지의 등록말소 신청에 의하여 토지의 표시변경에 관한 등기를 할 필요가 있는 경우에는 지체 없이 관할 등기관서에 그 등기를 촉탁하여야 한다.

③ 지적소관청이 직권으로 지적공부의 등록사항을 말소한 후 지형의 변화 등으로 다시 토지가 된 경우에 토지로 회복등록을 하려면 그 지적측량 성과 및 등록말소 당시의 지적공부 등 관계 자료에 따라야 한다.

④ 지적소관청으로부터 지적공부의 등록말소 신청을 하도록 통지를 받은 토지소유자가 통지를 받은 날부터 60일 이내에 등록말소 신청을 하지 아니하면, 지적소관청은 직권으로 그 지적공부의 등록사항을 말소하여야 한다.

⑤ 지적소관청이 직권으로 지적공부의 등록사항을 말소하거나 회복등록하였을 때에는 그 정리결과를 토지소유자 및 해당 공유수면의 관리청에 통지하여야 한다.

05 공간정보의 구축 및 관리 등에 관한 법령상 축척변경위원회의 구성과 회의 등에 관한 설명으로 옳은 것을 모두 고른 것은?

> ㄱ. 축척변경위원회의 회의는 위원장을 포함한 재적위원 과반수의 출석으로 개의(開議)하고, 출석위원 과반수의 찬성으로 의결한다.
> ㄴ. 축척변경위원회는 5명 이상 15명 이하의 위원으로 구성하되, 위원의 3분의 2 이상을 토지소유자로 하여야 한다. 이 경우 그 축척변경 시행지역의 토지소유자가 5명 이하일 때에는 토지소유자 전원을 위원으로 위촉하여야 한다.
> ㄷ. 위원은 해당 축척변경 시행지역의 토지소유자로서 지역사정에 정통한 사람과 지적에 관하여 전문지식을 가진 사람 중에서 지적소관청이 위촉한다.

① ㄱ

② ㄴ

③ ㄱ, ㄷ

④ ㄴ, ㄷ

⑤ ㄱ, ㄴ, ㄷ

06 공간정보의 구축 및 관리 등에 관한 법령상 지적공부의 열람 및 등본 발급, 부동산종합공부의
□□□ 등록사항 및 열람·증명서 발급 등에 관한 설명으로 틀린 것은?

① 정보처리시스템을 통하여 기록·저장된 지적공부(지적도 및 임야도는 제외한다)를 열람하거나
그 등본을 발급받으려는 경우에는 시·도지사, 시장·군수 또는 구청장이나 읍·면·동의 장에게
신청할 수 있다.

② 지적소관청은 부동산종합공부에 「공간정보의 구축 및 관리 등에 관한 법률」에 따른 지적공부의
내용에서 토지의 표시와 소유자에 관한 사항을 등록하여야 한다.

③ 부동산종합공부를 열람하거나 부동산종합공부 기록사항에 관한 증명서를 발급받으려는 자는 지적
공부·부동산종합공부열람·발급신청서(전자문서로 된 신청서를 포함한다)를 지적소관청 또는
읍·면·동장에게 제출하여야 한다.

④ 지적소관청은 부동산종합공부에 「토지이용규제 기본법」 제10조에 따른 토지이용계획확인서의 내
용에서 토지의 이용 및 규제에 관한 사항을 등록하여야 한다.

⑤ 지적소관청은 부동산종합공부에 「건축법」 제38조에 따른 건축물대장의 내용에서 건축물의 표시와
소유자에 관한 사항(토지에 건축물이 있는 경우만 해당한다)을 등록하여야 한다.

07 공간정보의 구축 및 관리 등에 관한 법령상 지적소관청이 지적공부의 등록사항에 잘못이 있는지를
□□□ 직권으로 조사·측량하여 정정할 수 있는 경우를 모두 고른 것은?

> ㄱ. 지적공부의 작성 또는 재작성 당시 잘못 정리된 경우
> ㄴ. 지적도에 등록된 필지의 경계가 지상경계와 일치하지 않아 면적의 증감이 있는 경우
> ㄷ. 측량 준비파일과 다르게 정리된 경우
> ㄹ. 지적공부의 등록사항이 잘못 입력된 경우

① ㄷ   ② ㄹ
③ ㄱ, ㄹ   ④ ㄴ, ㄷ
⑤ ㄱ, ㄷ, ㄹ

08 공간정보의 구축 및 관리 등에 관한 법령상 지적도의 축척이 600분의 1인 지역에서 신규등록할 1필지의 면적을 계산한 값이 $0.050m^2$이었다. 토지대장에 등록하는 면적의 결정으로 옳은 것은?

① $0.01m^2$
② $0.05m^2$
③ $0.1m^2$
④ $0.5m^2$
⑤ $1.0m^2$

09 공간정보의 구축 및 관리 등에 관한 법령상 도시개발사업 등 시행지역의 토지이동 신청에 관한 특례의 설명으로 틀린 것은?

① 「도시개발법」에 따른 도시개발사업의 착수를 지적소관청에 신고하려는 자는 도시개발사업 등의 착수(시행)·변경·완료신고서에 사업인가서, 지번별 조서, 사업계획도를 첨부하여야 한다.
② 「농어촌정비법」에 따른 농어촌정비사업의 사업시행자가 지적소관청에 토지의 이동을 신청한 경우 토지의 이동은 토지의 형질변경 등의 공사가 착수(시행)된 때에 이루어진 것으로 본다.
③ 「도시 및 주거환경정비법」에 따른 정비사업의 착수·변경 또는 완료 사실의 신고는 그 사유가 발생한 날부터 15일 이내에 하여야 한다.
④ 「주택법」에 따른 주택건설사업의 시행자가 파산 등의 이유로 토지의 이동 신청을 할 수 없을 때에는 그 주택의 시공을 보증한 자 또는 입주예정자 등이 신청할 수 있다.
⑤ 「택지개발촉진법」에 따른 택지개발사업의 사업시행자가 지적소관청에 토지의 이동을 신청한 경우 신청대상 지역이 환지(換地)를 수반하는 경우에는 지적소관청에 신고한 사업완료 신고로써 이를 갈음할 수 있다. 이 경우 사업완료신고서에 택지개발 사업시행자가 토지의 이동 신청을 갈음한다는 뜻을 적어야 한다.

10 공간정보의 구축 및 관리 등에 관한 법령상 지적측량을 실시하여야 하는 경우를 모두 고른 것은?

> ㄱ. 토지소유자가 지적소관청에 신규등록 신청을 하기 위하여 측량을 할 필요가 있는 경우
> ㄴ. 지적소관청이 지적공부의 일부가 멸실되어 이를 복구하기 위하여 측량을 할 필요가 있는 경우
> ㄷ. 「지적재조사에 관한 특별법」에 따른 지적재조사사업에 따라 토지의 이동이 있어 측량을 할 필요가 있는 경우
> ㄹ. 토지소유자가 지적소관청에 바다가 된 토지에 대하여 지적공부의 등록말소를 신청하기 위하여 측량을 할 필요가 있는 경우

① ㄱ, ㄴ, ㄷ
② ㄱ, ㄴ, ㄹ
③ ㄱ, ㄷ, ㄹ
④ ㄴ, ㄷ, ㄹ
⑤ ㄱ, ㄴ, ㄷ, ㄹ

11 공간정보의 구축 및 관리 등에 관한 법령상 지목을 지적도에 등록하는 때에 표기하는 부호로서 옳은 것은?

① 광천지 - 천 ② 공장용지 - 공
③ 유원지 - 유 ④ 제방 - 제
⑤ 도로 - 로

12 공간정보의 구축 및 관리 등에 관한 법령상 토지의 합병 및 지적공부의 정리 등에 관한 설명으로 틀린 것은?

① 합병에 따른 면적은 따로 지적측량을 하지 않고 합병 전 각 필지의 면적을 합산하여 합병 후 필지의 면적으로 결정한다.
② 토지소유자가 합병 전의 필지에 주거·사무실 등의 건축물이 있어서 그 건축물이 위치한 지번을 합병 후의 지번으로 신청할 때에는 그 지번을 합병 후의 지번으로 부여하여야 한다.
③ 합병에 따른 경계는 따로 지적측량을 하지 않고 합병 전 각 필지의 경계 중 합병으로 필요 없게 된 부분을 말소하여 합병 후 필지의 경계로 결정한다.
④ 지적소관청은 토지소유자의 합병 신청에 의하여 토지의 이동이 있는 경우에는 지적공부를 정리하여야 하며, 이 경우에는 토지이동정리 결의서를 작성하여야 한다.
⑤ 토지소유자는 도로, 제방, 하천, 구거, 유지의 토지로서 합병하여야 할 토지가 있으면 그 사유가 발생한 날부터 90일 이내에 지적소관청에 합병을 신청하여야 한다.

13 등기권리자와 등기의무자에 관한 설명으로 틀린 것은?

① 실체법상 등기권리자와 절차법상 등기권리자는 일치하지 않는 경우도 있다.
② 실체법상 등기권리자는 실체법상 등기의무자에 대해 등기 신청에 협력할 것을 요구할 권리를 가진 자이다.
③ 절차법상 등기의무자에 해당하는지 여부는 등기기록상 형식적으로 판단해야 하고, 실체법상 권리의무에 대해서는 고려해서는 안 된다.
④ 甲이 자신의 부동산에 설정해 준 乙 명의의 저당권설정등기를 말소하는 경우, 甲이 절차법상 등기권리자에 해당한다.
⑤ 부동산이 甲 → 乙 → 丙으로 매도되었으나, 등기명의가 甲에게 남아 있어 丙이 乙을 대위하여 소유권이전등기를 신청하는 경우, 丙은 절차법상 등기권리자에 해당한다.

14 등기관이 등기신청을 각하해야 하는 경우를 모두 고른 것은?

> ㄱ. 일부 지분에 대한 소유권보존등기를 신청한 경우
> ㄴ. 농지를 전세권의 목적으로 하는 등기를 신청한 경우
> ㄷ. 법원의 촉탁으로 실행되어야 할 등기를 신청한 경우
> ㄹ. 공동상속인 중 일부가 자신의 상속지분만에 대한 상속등기를 신청한 경우
> ㅁ. 저당권을 피담보채권과 분리하여 다른 채권의 담보로 하는 등기를 신청한 경우

① ㄱ, ㄴ, ㅁ   ② ㄱ, ㄷ, ㄹ
③ ㄱ, ㄷ, ㄹ, ㅁ   ④ ㄴ, ㄷ, ㄹ, ㅁ
⑤ ㄱ, ㄴ, ㄷ, ㄹ, ㅁ

15 등기필정보에 관한 설명으로 틀린 것은?

① 승소한 등기의무자가 단독으로 등기신청을 한 경우, 등기필정보를 등기권리자에게 통지하지 않아도 된다.
② 등기관이 새로운 권리에 관한 등기를 마친 경우, 원칙적으로 등기필정보를 작성하여 등기권리자에게 통지해야 한다.
③ 등기권리자가 등기필정보를 분실한 경우, 관할 등기소에 재교부를 신청할 수 있다.
④ 승소한 등기의무자가 단독으로 권리에 관한 등기를 신청하는 경우, 그의 등기필정보를 등기소에 제공해야 한다.
⑤ 등기관이 법원의 촉탁에 따라 가압류등기를 하기 위해 직권으로 소유권보존등기를 한 경우, 소유자에게 등기필정보를 통지하지 않는다.

16 甲이 그 소유의 부동산을 乙에게 매도한 경우에 관한 설명으로 틀린 것은?

① 乙이 부동산에 대한 소유권을 취득하기 위해서는 소유권이전등기를 해야 한다.
② 乙은 甲의 위임을 받더라도 그의 대리인으로서 소유권이전등기를 신청할 수 없다.
③ 乙이 소유권이전등기 신청에 협조하지 않는 경우, 甲은 乙에게 등기 신청에 협조할 것을 소구(訴求)할 수 있다.
④ 甲이 소유권이전등기 신청에 협조하지 않는 경우, 乙은 승소판결을 받아 단독으로 소유권이전등기를 신청할 수 있다.
⑤ 소유권이전등기가 마쳐지면, 乙은 등기신청을 접수한 때 부동산에 대한 소유권을 취득한다.

17 가등기에 관한 설명으로 **틀린** 것은?(다툼이 있으면 판례에 따름)

① 소유권보존등기를 위한 가등기는 할 수 없다.

② 소유권이전청구권이 장래에 확정될 것인 경우, 가등기를 할 수 있다.

③ 가등기된 권리의 이전등기가 제3자에게 마쳐진 경우, 그 제3자가 본등기의 권리자가 된다.

④ 가등기권리자가 여럿인 경우, 그중 1인이 공유물보존행위에 준하여 가등기 전부에 관한 본등기를 신청할 수 있다.

⑤ 가등기권리자가 가등기에 의한 본등기로 소유권이전등기를 하지 않고 별도의 소유권이전등기를 한 경우, 그 가등기 후에 본등기와 저촉되는 중간등기가 없다면 가등기에 의한 본등기를 할 수 없다.

18 수용으로 인한 등기에 관한 설명으로 옳은 것을 모두 고른 것은?

> ㄱ. 수용으로 인한 소유권이전등기는 토지수용위원회의 재결서를 등기원인증서로 첨부하여 사업시행자가 단독으로 신청할 수 있다.
> ㄴ. 수용으로 인한 소유권이전등기신청서에 등기원인은 토지수용으로, 그 연월일은 수용의 재결일로 기재해야 한다.
> ㄷ. 수용으로 인한 등기 신청 시 농지취득자격증명을 첨부해야 한다.
> ㄹ. 등기권리자의 단독신청에 따라 수용으로 인한 소유권이전등기를 하는 경우, 등기관은 그 부동산을 위해 존재하는 지역권의 등기를 직권으로 말소해서는 안 된다.
> ㅁ. 수용으로 인한 소유권이전등기가 된 후 토지수용위원회의 재결이 실효된 경우, 그 소유권이전등기의 말소등기는 원칙적으로 공동신청에 의한다.

① ㄱ, ㄴ, ㄷ   ② ㄱ, ㄷ, ㄹ

③ ㄱ, ㄹ, ㅁ   ④ ㄴ, ㄷ, ㅁ

⑤ ㄴ, ㄹ, ㅁ

19 합유등기에 관한 설명으로 틀린 것은?

① 민법상 조합의 소유인 부동산을 등기할 경우, 조합원 전원의 명의로 합유등기를 한다.

② 합유등기를 하는 경우, 합유자의 이름과 각자의 지분비율이 기록되어야 한다.

③ 2인의 합유자 중 1인이 사망한 경우, 잔존합유자는 그의 단독소유로 합유명의인 변경등기 신청을 할 수 있다.

④ 합유자 중 1인이 다른 합유자 전원의 동의를 얻어 합유지분을 처분하는 경우, 지분이전등기를 신청할 수 없다.

⑤ 공유자 전원이 그 소유관계를 합유로 변경하는 경우, 변경계약을 등기원인으로 변경등기를 신청해야 한다.

20 등기 신청의 각하결정에 대한 이의 신청에 따라 관할 법원이 한 기록명령에 의하여 등기를 할 수 있는 경우는?

① 소유권이전등기의 기록명령이 있었으나, 그 기록명령에 따른 등기 전에 제3자 명의로 저당권등기가 되어 있는 경우

② 권리이전등기의 기록명령이 있었으나, 그 기록명령에 따른 등기 전에 제3자 명의로 권리이전등기가 되어 있는 경우

③ 말소등기의 기록명령이 있었으나, 그 기록명령에 따른 등기 전에 등기상 이해관계인이 발생한 경우

④ 등기관이 기록명령에 따른 등기를 하기 위해 신청인에게 첨부정보를 다시 등기소에 제공할 것을 명령했으나, 신청인이 이에 응하지 않은 경우

⑤ 전세권설정등기의 기록명령이 있었으나, 그 기록명령에 따른 등기 전에 동일한 부분에 전세권등기가 되어 있는 경우

21 소유권보존등기에 관한 설명으로 틀린 것은?

① 토지에 대한 소유권보존등기의 경우, 등기원인과 그 연월일을 기록해야 한다.

② 토지에 대한 기존의 소유권보존등기를 말소하지 않고는 그 토지에 대한 소유권보존등기를 할 수 없다.

③ 군수의 확인에 의해 미등기건물이 자기의 소유임을 증명하는 자는 소유권보존등기를 신청할 수 있다.

④ 건물소유권보존등기를 신청하는 경우, 건물의 표시를 증명하는 첨부정보를 제공해야 한다.

⑤ 미등기주택에 대해 임차권등기명령에 의한 등기촉탁이 있는 경우, 등기관은 직권으로 소유권보존등기를 한 후 임차권등기를 해야 한다.

22 부기등기를 하는 경우가 <u>아닌</u> 것은?

① 환매특약등기
② 권리소멸약정등기
③ 전세권을 목적으로 하는 저당권설정등기
④ 저당부동산의 저당권 실행을 위한 경매개시결정등기
⑤ 등기상 이해관계 있는 제3자의 승낙이 있는 경우, 권리의 변경등기

23 저당권등기에 관한 설명으로 옳은 것은?

① 변제기는 저당권설정등기의 필요적 기록사항이다.
② 동일한 채권에 관해 2개 부동산에 저당권설정등기를 할 때는 공동담보목록을 작성해야 한다.
③ 채권의 일부에 대하여 양도로 인한 저당권 일부이전등기를 할 때 양도액을 기록해야 한다.
④ 일정한 금액을 목적으로 하지 않는 채권을 담보하는 저당권설정의 등기는 채권평가액을 기록할 필요가 없다.
⑤ 공동저당부동산 중 일부의 매각대금을 먼저 배당하여 경매부동산의 후순위저당권자가 대위등기를 할 때, 매각대금을 기록하는 것이 아니라 선순위저당권자가 변제받은 금액을 기록해야 한다.

24 공유에 관한 등기에 대한 설명으로 옳은 것은?(다툼이 있으면 판례에 따름)

① 미등기부동산의 공유자 중 1인은 전체 부동산에 대한 소유권보존등기를 신청할 수 없다.
② 공유자 중 1인의 지분포기로 인한 소유권이전등기는 지분을 포기한 공유자가 단독으로 신청한다.
③ 등기된 공유물분할금지기간약정을 갱신하는 경우, 공유자 중 1인이 단독으로 변경을 신청할 수 있다.
④ 건물의 특정 부분이 아닌 공유지분에 대한 전세권설정등기를 할 수 있다.
⑤ 1필의 토지 일부를 특정하여 구분소유하기로 하고 1필지 전체에 공유지분등기를 마친 경우, 대외관계에서는 1필지 전체에 공유관계가 성립한다.

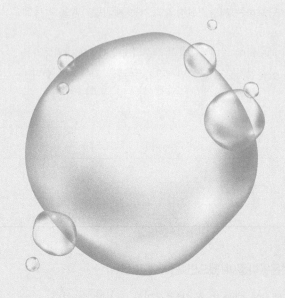

당신이 저지를 수 있는 가장 큰 실수는,
실수를 할까 두려워하는 것이다.

- 앨버트 하버드 -

PART 4

부동산세법

01 2023년 제34회 기출문제

02 2022년 제33회 기출문제

03 2021년 제32회 기출문제

04 2020년 제31회 기출문제

05 2019년 제30회 기출문제

2023년 제34회 기출문제

✅ 시행일 : 2023.10.28.

✅ Time   분 | 해설편 272p

01 국세기본법령상 국세의 부과제척기간에 관한 설명으로 옳은 것은?

□□□
① 납세자가 「조세범 처벌법」에 따른 사기나 그 밖의 부정한 행위로 종합소득세를 포탈하는 경우(역외거래 제외) 그 국세를 부과할 수 있는 날부터 15년을 부과제척기간으로 한다.
② 지방국세청장은 「행정소송법」에 따른 소송에 대한 판결이 확정된 경우 그 판결이 확정된 날부터 2년이 지나기 전까지 경정이나 그 밖에 필요한 처분을 할 수 있다.
③ 세무서장은 「감사원법」에 따른 심사청구에 대한 결정에 의하여 명의대여 사실이 확인되는 경우에는 당초의 부과처분을 취소하고 그 결정이 확정된 날부터 1년 이내에 실제로 사업을 경영한 자에게 경정이나 그 밖에 필요한 처분을 할 수 있다.
④ 종합부동산세의 경우 부과제척기간의 기산일은 과세표준과 세액에 대한 신고기한의 다음 날이다.
⑤ 납세자가 법정신고기한까지 과세표준신고서를 제출하지 아니한 경우(역외거래 제외)에는 해당 국세를 부과할 수 있는 날부터 10년을 부과제척기간으로 한다.

02 국세 및 지방세의 연대납세의무에 관한 설명으로 옳은 것은?

□□□
① 공동주택의 공유물에 관계되는 지방자치단체의 징수금은 공유자가 연대하여 납부할 의무를 진다.
② 공동으로 소유한 자산에 대한 양도소득금액을 계산하는 경우에는 해당 자산을 공동으로 소유하는 공유자가 그 양도소득세를 연대하여 납부할 의무를 진다.
③ 공동사업에 관한 소득금액을 계산하는 경우(주된 공동사업자에게 합산과세되는 경우 제외)에는 해당 공동사업자가 그 종합소득세를 연대하여 납부할 의무를 진다.
④ 상속으로 인하여 단독주택을 상속인이 공동으로 취득하는 경우에는 상속인 각자가 상속받는 취득물건을 취득한 것으로 보고, 공동상속인이 그 취득세를 연대하여 납부할 의무를 진다.
⑤ 어느 연대납세의무자에 대하여 소멸시효가 완성된 때에도 다른 연대납세의무자의 납세의무에는 영향을 미치지 아니한다.

03 지방세법령상 취득세에 관한 설명으로 **틀린** 것은?

① 건축물 중 조작 설비에 속하는 부분으로서 그 주체구조부와 하나가 되어 건축물로서의 효용가치를 이루고 있는 것에 대하여는 주체구조부 취득자 외의 자가 가설한 경우에도 주체구조부의 취득자가 함께 취득한 것으로 본다.

② 「도시개발법」에 따른 환지방식에 의한 도시개발사업의 시행으로 토지의 지목이 사실상 변경됨으로써 그 가액이 증가한 경우에는 그 환지계획에 따라 공급되는 환지는 사업시행자가, 체비지 또는 보류지는 조합원이 각각 취득한 것으로 본다.

③ 경매를 통하여 배우자의 부동산을 취득하는 경우에는 유상으로 취득한 것으로 본다.

④ 형제자매인 증여자의 채무를 인수하는 부동산의 부담부증여의 경우에는 그 채무액에 상당하는 부분은 부동산을 유상으로 취득하는 것으로 본다.

⑤ 부동산의 승계취득은 「민법」 등 관계 법령에 따른 등기를 하지 아니한 경우라도 사실상 취득하면 취득한 것으로 보고 그 부동산의 양수인을 취득자로 한다.

04 지방세기본법령 및 지방세법령상 취득세 납세의무의 성립에 관한 설명으로 **틀린** 것은?

기출수정

① 상속으로 인한 취득의 경우에는 상속개시일이 납세의무의 성립시기이다.

② 부동산의 증여계약으로 인한 취득에 있어서 소유권이전등기를 하지 않고 계약일이 속하는 달의 말일부터 3개월 이내에 공증받은 공정증서로 계약이 해제된 사실이 입증되는 경우에는 취득한 것으로 보지 않는다.

③ 유상승계취득의 경우 사실상의 잔금지급일을 확인할 수 있는 때에는 사실상의 잔금지급일이 납세의무의 성립시기이다.

④ 「민법」에 따른 이혼 시 재산분할로 인한 부동산 취득의 경우에는 취득물건의 등기일이 납세의무의 성립시기이다.

⑤ 「도시 및 주거환경정비법」에 따른 재건축조합이 재건축사업을 하면서 조합원으로부터 취득하는 토지 중 조합원에게 귀속되지 아니하는 토지를 취득하는 경우에는 같은 법에 따른 준공인가 고시일의 다음 날이 납세의무의 성립시기이다.

05 종합부동산세법령상 주택의 과세표준 계산과 관련한 내용으로 **틀린** 것은?(단, 2023년 납세의무
□□□ 성립분임)

① 대통령령으로 정하는 1세대 1주택자(공동명의 1주택자 제외)의 경우 주택에 대한 종합부동산세의
과세표준은 납세의무자별로 주택의 공시가격을 합산한 금액에서 12억원을 공제한 금액에 100분의
60을 곱한 금액으로 한다. 다만, 그 금액이 영보다 작은 경우에는 영으로 본다.

② 대통령령으로 정하는 다가구 임대주택으로서 임대기간, 주택의 수, 가격, 규모 등을 고려하여 대통
령령으로 정하는 주택은 과세표준 합산의 대상이 되는 주택의 범위에 포함되지 아니하는 것으로
본다.

③ 1주택(주택의 부속토지만을 소유한 경우는 제외)과 다른 주택의 부속토지(주택의 건물과 부속토지
의 소유자가 다른 경우의 그 부속토지)를 함께 소유하고 있는 경우는 1세대 1주택자로 본다.

④ 혼인으로 인한 1세대 2주택의 경우 납세의무자가 해당연도 9월 16일부터 9월 30일까지 관할세무서
장에게 합산배제를 신청하면 1세대 1주택자로 본다.

⑤ 2주택을 소유하여 1천분의 27의 세율이 적용되는 법인의 경우 주택에 대한 종합부동산세의 과세표
준은 납세의무자별로 주택의 공시가격을 합산한 금액에서 0원을 공제한 금액에 100분의 60을
곱한 금액으로 한다. 다만, 그 금액이 영보다 작은 경우에는 영으로 본다.

06 종합부동산세법령상 종합부동산세의 부과·징수에 관한 내용으로 **틀린** 것은?
□□□
① 관할세무서장은 납부하여야 할 종합부동산세의 세액을 결정하여 해당 연도 12월 1일부터 12월
15일까지 부과·징수한다.

② 종합부동산세를 신고납부방식으로 납부하고자 하는 납세의무자는 종합부동산세의 과세표준과 세
액을 관할세무서장이 결정하기 전인 해당 연도 11월 16일부터 11월 30일까지 관할세무서장에게
신고하여야 한다.

③ 관할세무서장은 종합부동산세로 납부하여야 할 세액이 250만원을 초과하는 경우에는 대통령령으
로 정하는 바에 따라 그 세액의 일부를 납부기한이 지난 날부터 6개월 이내에 분납하게 할 수
있다.

④ 관할세무서장은 납세의무자가 과세기준일 현재 1세대 1주택자가 아닌 경우 주택분 종합부동산세액
의 납부유예를 허가할 수 없다.

⑤ 관할세무서장은 주택분 종합부동산세액의 납부가 유예된 납세의무자가 해당 주택을 타인에게 양도
하거나 증여하는 경우에는 그 납부유예 허가를 취소하여야 한다.

07 지방세법령상 재산세의 표준세율에 관한 설명으로 <u>틀린</u> 것은?(단, 지방세관계법령상 감면 및 특례
□□□ 는 고려하지 않음)

① 법령에서 정하는 고급선박 및 고급오락장용 건축물의 경우 고급선박의 표준세율이 고급오락장용
건축물의 표준세율보다 높다.
② 특별시 지역에서 「국토의 계획 및 이용에 관한 법률」과 그 밖의 관계 법령에 따라 지정된 주거지역
및 해당 지방자치단체의 조례로 정하는 지역의 대통령령으로 정하는 공장용 건축물의 표준세율은
과세표준의 1천분의 5이다.
③ 주택(법령으로 정하는 1세대 1주택 아님)의 경우 표준세율은 최저 1천분의 1에서 최고 1천분의
4까지 4단계 초과누진세율로 적용한다.
④ 항공기의 표준세율은 1천분의 3으로 법령에서 정하는 고급선박을 제외한 그 밖의 선박의 표준세율
과 동일하다.
⑤ 지방자치단체의 장은 특별한 재정수요나 재해 등의 발생으로 재산세의 세율 조정이 불가피하다고
인정되는 경우 조례로 정하는 바에 따라 표준세율의 100분의 50의 범위에서 가감할 수 있다. 다만,
가감한 세율은 해당연도를 포함하여 3년간 적용한다.

08 지방세법령상 재산세의 부과·징수에 관한 설명으로 <u>틀린</u> 것은?
□□□

① 주택에 대한 재산세의 경우 해당 연도에 부과·징수할 세액의 2분의 1은 매년 7월 16일부터 7월
31일까지, 나머지 2분의 1은 9월 16일부터 9월 30일까지를 납기로 한다. 다만, 해당 연도에 부과할
세액이 20만원 이하인 경우에는 조례로 정하는 바에 따라 납기를 9월 16일부터 9월 30일까지로
하여 한꺼번에 부과·징수할 수 있다.
② 재산세는 관할 지방자치단체의 장이 세액을 산정하여 보통징수의 방법으로 부과·징수한다.
③ 재산세를 징수하려면 토지, 건축물, 주택, 선박 및 항공기로 구분한 납세고지서에 과세표준과 세액
을 적어 늦어도 납기개시 5일 전까지 발급하여야 한다.
④ 재산세의 과세기준일은 매년 6월 1일로 한다.
⑤ 고지서 1장당 재산세로 징수할 세액이 2천원 미만인 경우에는 해당 재산세를 징수하지 아니한다.

09 지방세법령상 등록에 대한 등록면허세가 비과세되는 경우로 **틀린** 것은? 기출수정

□□□

① 지방자치단체조합이 자기를 위하여 받는 등록

② 무덤과 이에 접속된 부속시설물의 부지로 사용되는 토지로서 지적공부상 지목이 묘지인 토지에 관한 등기

③ 마을주민의 복지증진 등을 도모하기 위하여 마을주민만으로 구성된 조직의 주민공동체 재산 운영을 위하여 필요한 면허

④ 대한민국 정부기관의 등록에 대하여 과세하는 외국정부의 등록

⑤ 등기 담당 공무원의 착오로 인한 주소 등의 단순한 표시변경 등기

10 지방세법령상 등록에 대한 등록면허세에 관한 설명으로 **틀린** 것은?(단, 지방세관계법령상 감면

□□□ 및 특례는 고려하지 않음)

① 같은 등록에 관계되는 재산이 둘 이상의 지방자치단체에 걸쳐 있어 등록면허세를 지방자치단체별로 부과할 수 없을 때에는 등록관청 소재지를 납세지로 한다.

② 지방자치단체의 장은 조례로 정하는 바에 따라 등록면허세의 세율을 부동산 등기에 따른 표준세율의 100분의 50의 범위에서 가감할 수 있다.

③ 주택의 토지와 건축물을 한꺼번에 평가하여 토지나 건축물에 대한 과세표준이 구분되지 아니하는 경우에는 한꺼번에 평가한 개별주택가격을 토지나 건축물의 가액비율로 나눈 금액을 각각 토지와 건축물의 과세표준으로 한다.

④ 부동산의 등록에 대한 등록면허세의 과세표준은 등록자가 신고한 당시의 가액으로 하고, 신고가 없거나 신고가액이 시가표준액보다 많은 경우에는 시가표준액으로 한다.

⑤ 채권자대위자는 납세의무자를 대위하여 부동산의 등기에 대한 등록면허세를 신고납부할 수 있다.

11 주택임대사업자인 거주자 甲의 국내주택 임대현황(A, B, C 각 주택의 임대기간 : 2023.1.1.~2023.12.31.)을 참고하여 계산한 주택임대에 따른 2023년 귀속 사업소득의 총수입금액은?(단, 법령에 따른 적격증명서류를 수취·보관하고 있고, 기획재정부령으로 정하는 이자율은 연 4%로 가정하며 주어진 조건 이외에는 고려하지 않음)

구 분(주거전용면적)	보증금	월 세*	기준시가
A주택(85m²)	3억원	5십만원	5억원
B주택(40m²)	1억원	–	2억원
C주택(109m²)	5억원	1백만원	7억원

* 월세는 매월 수령하기로 약정한 금액임

① 0원
② 16,800,000원
③ 18,000,000원
④ 32,400,000원
⑤ 54,000,000원

12 소득세법령상 양도소득세의 양도 또는 취득시기에 관한 내용으로 틀린 것은?

① 대금을 청산한 날이 분명하지 아니한 경우에는 등기부·등록부 또는 명부 등에 기재된 등기·등록접수일 또는 명의개서일
② 상속에 의하여 취득한 자산에 대하여는 그 상속이 개시된 날
③ 대금을 청산하기 전에 소유권이전등기를 한 경우에는 등기부에 기재된 등기접수일
④ 자기가 건설한 건축물로서 건축허가를 받지 아니하고 건축하는 건축물에 있어서는 그 사실상의 사용일
⑤ 완성되지 아니한 자산을 양도한 경우로서 해당 자산의 대금을 청산한 날까지 그 목적물이 완성되지 아니한 경우에는 해당 자산의 대금을 청산한 날

13 소득세법령상 거주자의 양도소득과세표준에 적용되는 세율에 관한 내용으로 옳은 것은?(단, 국내
□□□ 소재 자산을 2023년에 양도한 경우로서 주어진 자산 외에 다른 자산은 없으며, 비과세와 감면은
고려하지 않음)

① 보유기간이 6개월인 등기된 상가건물 : 100분의 40

② 보유기간이 10개월인 「소득세법」에 따른 분양권 : 100분의 70

③ 보유기간이 1년 6개월인 등기된 상가건물 : 100분의 30

④ 보유기간이 1년 10개월인 「소득세법」에 따른 조합원입주권 : 100분의 70

⑤ 보유기간이 2년 6개월인 「소득세법」에 따른 분양권 : 100분의 50

14 소득세법령상 거주자의 양도소득세 과세대상은 모두 몇 개인가?(단, 국내소재 자산을 양도한 경우
□□□ 임)

- 전세권
- 등기되지 않은 부동산임차권
- 사업에 사용하는 토지 및 건물과 함께 양도하는 영업권
- 토지 및 건물과 함께 양도하는 「개발제한구역의 지정 및 관리에 관한 특별조치법」에 따른 이축권(해
  당 이축권의 가액을 대통령령으로 정하는 방법에 따라 별도로 평가하여 신고함)

① 0개   ② 1개

③ 2개   ④ 3개

⑤ 4개

15 소득세법령상 거주자의 양도소득세 비과세에 관한 설명으로 **틀린** 것은?(단, 국내소재 자산을 양도한 경우임)

① 파산선고에 의한 처분으로 발생하는 소득은 비과세된다.
② 「지적재조사에 관한 특별법」에 따른 경계의 확정으로 지적공부상의 면적이 감소되어 같은 법에 따라 지급받는 조정금은 비과세된다.
③ 건설사업자가 「도시개발법」에 따라 공사용역 대가로 취득한 체비지를 토지구획환지처분공고 전에 양도하는 토지는 양도소득세 비과세가 배제되는 미등기양도자산에 해당하지 않는다.
④ 「도시개발법」에 따른 도시개발사업이 종료되지 아니하여 토지 취득등기를 하지 아니하고 양도하는 토지는 양도소득세 비과세가 배제되는 미등기양도자산에 해당하지 않는다.
⑤ 국가가 소유하는 토지와 분합하는 농지로서 분합하는 쌍방 토지가액의 차액이 가액이 큰 편의 4분의 1을 초과하는 경우 분합으로 발생하는 소득은 비과세된다.

16 소득세법령상 1세대 1주택자인 거주자 甲이 2023년 양도한 국내소재 A주택(조정대상지역이 아니며 등기됨)에 대한 양도소득과세표준은?(단, 2023년에 A주택 외 양도한 자산은 없으며, 법령에 따른 적격증명서류를 수취·보관하고 있고 주어진 조건 이외에는 고려하지 않음)

구 분	기준시가	실지거래가액
양도 시	18억원	25억원
취득 시	13억 5천만원	19억 5천만원
추가 사항	• 양도비 및 자본적지출액 : 5천만원 • 보유기간 및 거주기간 : 각각 5년 • 장기보유특별공제율 : 보유기간별 공제율과 거주기간별 공제율은 각각 20%	

① 153,500,000원
② 156,000,000원
③ 195,500,000원
④ 260,000,000원
⑤ 500,000,000원

2022년 제33회 기출문제

✅ 시행일 : 2022.10.29.　　　　　　　　　　　✅ Time　　　분 | 해설편 286p

01 지방세기본법상 이의신청과 심판청구에 관한 설명으로 옳은 것을 모두 고른 것은? **기출수정**

☐☐☐

> ㄱ. 통고처분은 이의신청 또는 심판청구의 대상이 되는 처분에 포함된다.
> ㄴ. 이의신청인은 신청 금액이 8백만원인 경우에는 그의 배우자를 대리인으로 선임할 수 있다.
> ㄷ. 보정기간은 결정기간에 포함하지 아니한다.
> ㄹ. 이의신청을 거치지 아니하고 바로 심판청구를 할 수는 없다.

① ㄱ　　　　　　　　　　　　　② ㄴ
③ ㄱ, ㄹ　　　　　　　　　　　④ ㄴ, ㄷ
⑤ ㄷ, ㄹ

02 지방세기본법상 서류의 송달에 관한 설명으로 틀린 것은?

☐☐☐

① 연대납세의무자에게 납세의 고지에 관한 서류를 송달할 때에는 연대납세의무자 모두에게 각각 송달하여야 한다.
② 기한을 정하여 납세고지서를 송달하였더라도 서류가 도달한 날부터 10일이 되는 날에 납부기한이 되는 경우 지방자치단체의 징수금의 납부기한은 해당 서류가 도달한 날부터 14일이 지난 날로 한다.
③ 납세관리인이 있을 때에는 납세의 고지와 독촉에 관한 서류는 그 납세관리인의 주소 또는 영업소에 송달한다.
④ 교부에 의한 서류송달의 경우에 송달할 장소에서 서류를 송달받아야 할 자를 만나지 못하였을 때에는 그의 사용인으로서 사리를 분별할 수 있는 사람에게 서류를 송달할 수 있다.
⑤ 서류송달을 받아야 할 자의 주소 또는 영업소가 분명하지 아니한 경우에는 서류의 주요 내용을 공고한 날부터 14일이 지나면 서류의 송달이 된 것으로 본다.

03 지방세법상 재산세 과세대상의 구분에 있어 주거용과 주거 외의 용도를 겸하는 건물 등에 관한 설명으로 옳은 것을 모두 고른 것은?

ㅁㅁㅁ

> ㄱ. 1동(棟)의 건물이 주거와 주거 외의 용도로 사용되고 있는 경우에는 주거용으로 사용되는 부분만을 주택으로 본다.
> ㄴ. 1구(構)의 건물이 주거와 주거 외의 용도로 사용되고 있는 경우 주거용으로 사용되는 면적이 전체의 100분의 60인 경우에는 주택으로 본다.
> ㄷ. 주택의 부속토지의 경계가 명백하지 아니한 경우에는 그 주택의 바닥면적의 10배에 해당하는 토지를 주택의 부속토지로 한다.

① ㄱ   ② ㄷ
③ ㄱ, ㄴ   ④ ㄴ, ㄷ
⑤ ㄱ, ㄴ, ㄷ

04 지방세법상 재산세에 관한 설명으로 **틀린** 것은?(단, 주어진 조건 외에는 고려하지 않음)

ㅁㅁㅁ

① 재산세 과세기준일 현재 공부상에 개인 등의 명의로 등재되어 있는 사실상의 종중재산으로서 종중 소유임을 신고하지 아니하였을 때에는 공부상 소유자는 재산세를 납부할 의무가 있다.

② 지방자치단체가 1년 이상 공용으로 사용하는 재산에 대하여는 소유권의 유상이전을 약정한 경우로서 그 재산을 취득하기 전에 미리 사용하는 경우 재산세를 부과하지 아니한다.

③ 재산세 과세기준일 현재 소유권의 귀속이 분명하지 아니하여 사실상의 소유자를 확인할 수 없는 경우에는 그 사용자가 재산세를 납부할 의무가 있다.

④ 재산세의 납기는 토지의 경우 매년 9월 16일부터 9월 30일까지이며, 건축물의 경우 매년 7월 16일부터 7월 31일까지이다.

⑤ 재산세의 납기에도 불구하고 지방자치단체의 장은 과세대상 누락, 위법 또는 착오 등으로 인하여 이미 부과한 세액을 변경하거나 수시부과하여야 할 사유가 발생하면 수시로 부과·징수할 수 있다.

05 종합부동산세법상 주택에 대한 과세 및 납세지에 관한 설명으로 옳은 것은? 기출수정

□□□

① 납세의무자가 공익법인이 아닌 법인이며 3주택 이상을 소유한 경우 소유한 주택 수에 따라 과세표준에 1.2%~6%의 세율을 적용하여 계산한 금액을 주택분 종합부동산세액으로 한다.

② 납세의무자가 법인으로 보지 않는 단체인 경우 주택에 대한 종합부동산세 납세지는 해당 주택의 소재지로 한다.

③ 과세표준 합산의 대상에 포함되지 않는 주택을 보유한 납세의무자는 해당 연도 10월 16일부터 10월 31일까지 관할 세무서장에게 해당 주택의 보유현황을 신고하여야 한다.

④ 종합부동산세 과세대상 1세대 1주택자로서 과세기준일 현재 해당 주택을 12년 보유한 자의 보유기간별 세액공제에 적용되는 공제율은 100분의 50이다.

⑤ 과세기준일 현재 주택분 재산세의 납세의무자는 종합부동산세를 납부할 의무가 있다.

06 종합부동산세법상 토지 및 주택에 대한 과세와 부과·징수에 관한 설명으로 옳은 것은?

□□□

① 종합합산과세대상인 토지에 대한 종합부동산세의 세액은 과세표준에 1%~5%의 세율을 적용하여 계산한 금액으로 한다.

② 종합부동산세로 납부해야 할 세액이 200만원인 경우 관할세무서장은 그 세액의 일부를 납부기한이 지난 날부터 6개월 이내에 분납하게 할 수 있다.

③ 관할세무서장이 종합부동산세를 징수하려면 납부기간 개시 5일 전까지 주택분과 토지분을 합산한 과세표준과 세액을 납부고지서에 기재하여 발급하여야 한다.

④ 종합부동산세를 신고납부방식으로 납부하고자 하는 납세의무자는 종합부동산세의 과세표준과 세액을 해당 연도 12월 1일부터 12월 15일까지 관할세무서장에게 신고하여야 한다.

⑤ 별도합산과세대상인 토지에 대한 종합부동산세의 세액은 과세표준에 0.5%~0.8%의 세율을 적용하여 계산한 금액으로 한다.

07 다음은 거주자 甲이 소유하고 있는 상가건물 임대에 관한 자료이다. 부동산임대업의 사업소득을 □□□ 장부에 기장하여 신고하는 경우 2022년도 부동산임대업의 총수입금액은?(단, 법령에 따른 적격증명서류를 수취·보관하고 있으며, 주어진 조건 이외에는 고려하지 않음)

- 임대기간 : 2022.1.1. ~ 2023.12.31.
- 임대계약 내용 : 월임대료 1,000,000원
  임대보증금 500,000,000원
- 임대부동산(취득일자 : 2021.1.23.)
  - 건물 취득가액 : 200,000,000원
  - 토지 취득가액 : 300,000,000원
- 기획재정부령으로 정하는 이자율 : 연 6%
- 임대보증금 운용수익 : 수입이자 1,000,000원
  유가증권처분이익 2,000,000원

① 18,000,000원
② 29,000,000원
③ 30,000,000원
④ 39,000,000원
⑤ 40,000,000원

08 거주자 甲의 매매(양도일 : 2022.5.1.)에 의한 등기된 토지 취득 및 양도에 관한 다음의 자료를 □□□ 이용하여 양도소득세 과세표준을 계산하면?(단, 법령에 따른 적격증명서류를 수취·보관하고 있으며, 주어진 조건 이외에는 고려하지 않음)

항 목	기준시가	실지거래가격
양도가액	40,000,000원	67,000,000원
취득가액	35,000,000원	42,000,000원
추가사항	• 양도비용 : 4,000,000원 • 보유기간 : 2년	

① 18,500,000원
② 19,320,000원
③ 19,740,000원
④ 21,000,000원
⑤ 22,500,000원

09 소득세법상 거주자의 양도소득세 신고납부에 관한 설명으로 옳은 것은?

① 건물을 신축하고 그 취득일부터 3년 이내에 양도하는 경우로서 감정가액을 취득가액으로 하는 경우에는 그 감정가액의 100분의 3에 해당하는 금액을 양도소득 결정세액에 가산한다.

② 공공사업의 시행자에게 수용되어 발생한 양도소득세액이 2천만원을 초과하는 경우 납세의무자는 물납을 신청할 수 있다.

③ 과세표준 예정신고와 함께 납부하는 때에는 산출세액에서 납부할 세액의 100분의 5에 상당하는 금액을 공제한다.

④ 예정신고납부할 세액이 1천 5백만원인 자는 그 세액의 100분의 50의 금액을 납부기한이 지난 후 2개월 이내에 분할납부할 수 있다.

⑤ 납세의무자가 법정 신고기한까지 양도소득세의 과세표준신고를 하지 아니한 경우(부정행위로 인한 무신고는 제외)에는 그 무신고납부세액에 100분의 20을 곱한 금액을 가산세로 한다.

10 거주자 甲은 2016.10.20. 취득한 토지(취득가액 1억원, 등기함)를 동생인 거주자 乙(특수관계인임)에게 2019.10.1. 증여(시가 3억원, 등기함)하였다. 乙은 해당 토지를 2022.6.30. 특수관계가 없는 丙에게 양도(양도가액 10억원)하였다. 양도소득은 乙에게 실질적으로 귀속되지 아니하고, 乙의 증여세와 양도소득세를 합한 세액이 甲이 직접 양도하는 경우로 보아 계산한 양도소득세보다 적은 경우에 해당한다. 소득세법상 양도소득세 납세의무에 관한 설명으로 **틀린** 것은?

① 乙이 납부한 증여세는 양도차익 계산 시 필요경비에 산입한다.

② 양도차익 계산 시 취득가액은 甲의 취득 당시를 기준으로 한다.

③ 양도소득세에 대해서는 甲과 乙이 연대하여 납세의무를 진다.

④ 甲은 양도소득세 납세의무자이다.

⑤ 양도소득세 계산 시 보유기간은 甲의 취득일부터 乙의 양도일까지의 기간으로 한다.

11 지방세법상 취득세의 부과·징수에 관한 설명으로 옳은 것은?

① 취득세의 징수는 보통징수의 방법으로 한다.

② 상속으로 취득세 과세물건을 취득한 자는 상속개시일부터 60일 이내에 산출한 세액을 신고하고 납부하여야 한다.

③ 신고·납부기한 이내에 재산권과 그 밖의 권리의 취득·이전에 관한 사항을 공부에 등기하거나 등록(등재 포함)하려는 경우에는 등기 또는 등록 신청서를 등기·등록관서에 접수하는 날까지 취득세를 신고·납부하여야 한다.

④ 취득세 과세물건을 취득한 후에 그 과세물건이 중과 세율의 적용대상이 되었을 때에는 중과 세율을 적용하여 산출한 세액에서 이미 납부한 세액(가산세 포함)을 공제한 금액을 세액으로 하여 신고·납부하여야 한다.

⑤ 법인의 취득당시가액을 증명할 수 있는 장부가 없는 경우 지방자치단체의 장은 그 산출된 세액의 100분의 20을 징수하여야 할 세액에 가산한다.

12 소득세법상 부동산임대업에서 발생한 소득에 관한 설명으로 **틀린** 것은? `기출수정`

① 해당 과세기간의 주거용 건물 임대업을 제외한 부동산 임대업에서 발생한 결손금은 그 과세기간의 종합소득과세표준을 계산할 때 공제하지 않는다.

② 사업소득에 부동산임대업에서 발생한 소득이 포함되어 있는 사업자는 그 소득별로 구분하여 회계처리하여야 한다.

③ 3주택(주택 수에 포함되지 않는 주택 제외) 이상을 소유한 거주자가 주택과 주택부수토지를 임대(주택부수토지만 임대하는 경우 제외)한 경우에는 법령으로 정하는 바에 따라 계산한 금액(간주임대료)을 총수입금액에 산입한다.

④ 간주임대료 계산 시 주택수에 포함되지 않는 주택이란 주거의 용도로만 쓰이는 면적이 1호 또는 1세대당 40m^2 이하인 주택으로서 해당 과세기간의 기준시가가 2억원 이하인 주택을 말한다.

⑤ 해당 과세기간에 분리과세 주택임대소득이 있는 거주자(종합소득과세표준이 없거나 결손금이 있는 거주자 포함)는 그 종합소득 과세표준을 그 과세기간의 다음 연도 5월 1일부터 5월 31일까지 신고하여야 한다.

13 **지방세법상 등록에 대한 등록면허세에 관한 설명으로 틀린 것은?**

① 채권금액으로 과세액을 정하는 경우에 일정한 채권금액이 없을 때에는 채권의 목적이 된 것의 가액 또는 처분의 제한의 목적이 된 금액을 그 채권금액으로 본다.

② 같은 채권의 담보를 위하여 설정하는 둘 이상의 저당권을 등록하는 경우에는 이를 하나의 등록으로 보아 그 등록에 관계되는 재산을 처음 등록하는 등록관청 소재지를 납세지로 한다.

③ 부동산 등기에 대한 등록면허세의 납세지가 분명하지 아니한 경우에는 등록관청 소재지를 납세지로 한다.

④ 지상권 등기의 경우에는 특별징수의무자가 징수할 세액을 납부기한까지 부족하게 납부하면 특별징수의무자에게 과소납부분 세액의 100분의 1을 가산세로 부과한다.

⑤ 지방자치단체의 장은 채권자대위자의 부동산의 등기에 대한 등록면허세 신고납부가 있는 경우 납세의무자에게 그 사실을 즉시 통보하여야 한다.

14 **소득세법상 거주자의 양도소득세 징수와 환급에 관한 설명으로 옳은 것은?**

① 과세기간별로 이미 납부한 확정신고세액이 관할세무서장이 결정한 양도소득 총결정세액을 초과한 경우 다른 국세에 충당할 수 없다.

② 양도소득과세표준과 세액을 결정 또는 경정한 경우 관할세무서장이 결정한 양도소득 총결정세액이 이미 납부한 확정신고세액을 초과할 때에는 그 초과하는 세액을 해당 거주자에게 알린 날부터 30일 이내에 징수한다.

③ 양도소득세 과세대상 건물을 양도한 거주자는 부담부증여의 채무액을 양도로 보는 경우 예정신고 없이 확정신고를 하여야 한다.

④ 양도소득세 납세의무의 확정은 납세의무자의 신고에 의하지 않고 관할세무서장의 결정에 의한다.

⑤ 이미 납부한 확정신고세액이 관할세무서장이 결정한 양도소득 총결정세액을 초과할 때에는 해당 결정일부터 90일 이내에 환급해야 한다.

15 소득세법 시행령 제155조 '1세대 1주택의 특례'에 관한 조문의 내용이다. (   )에 들어갈 숫자로 옳은 것은?

☐☐☐

> • 영농의 목적으로 취득한 귀농주택으로서 수도권 밖의 지역 중 면지역에 소재하는 주택과 일반주택을 국내에 각각 1개씩 소유하고 있는 1세대가 귀농주택을 취득한 날부터 (ㄱ)년 이내에 일반주택을 양도하는 경우에는 국내에 1개의 주택을 소유하고 있는 것으로 보아 제154조 제1항을 적용한다.
>
> • 취학 등 부득이한 사유로 취득한 수도권 밖에 소재하는 주택과 일반주택을 국내에 각각 1개씩 소유하고 있는 1세대가 부득이한 사유가 해소된 날부터 (ㄴ)년 이내에 일반주택을 양도하는 경우에는 국내에 1개의 주택을 소유하고 있는 것으로 보아 제154조 제1항을 적용한다.
>
> • 1주택을 보유하는 자가 1주택을 보유하는 자와 혼인함으로써 1세대가 2주택을 보유하게 되는 경우 혼인한 날부터 (ㄷ)년 이내에 먼저 양도하는 주택은 이를 1세대 1주택으로 보아 제154조 제1항을 적용한다.

	ㄱ	ㄴ	ㄷ
①	2	2	5
②	2	3	10
③	3	2	5
④	5	3	5
⑤	5	3	10

16 지방세법상 취득세에 관한 설명으로 옳은 것은?

☐☐☐

① 건축물 중 부대설비에 속하는 부분으로서 그 주체구조부와 하나가 되어 건축물로서의 효용가치를 이루고 있는 것에 대하여는 주체구조부 취득자 외의 자가 가설한 경우에도 주체구조부의 취득자가 함께 취득한 것으로 본다.

② 세대별 소유주택 수에 따른 중과 세율을 적용함에 있어 주택으로 재산세를 과세하는 오피스텔(2022년 취득)은 해당 오피스텔을 소유한 자의 주택 수에 가산하지 아니한다.

③ 납세의무자가 토지의 지목을 사실상 변경한 후 산출세액에 대한 신고를 하지 아니하고 그 토지를 매각하는 경우에는 산출세액에 100분의 80을 가산한 금액을 세액으로 하여 징수한다.

④ 공사현장사무소 등 임시건축물의 취득에 대하여는 그 존속기간에 관계없이 취득세를 부과하지 아니한다.

⑤ 토지를 취득한 자가 취득한 날부터 1년 이내에 그에 인접한 토지를 취득한 경우 그 취득가액이 100만원일 때에는 취득세를 부과하지 아니한다.

PART 1　PART 2　PART 3　PART 4

2021년 제32회 기출문제

✅ 시행일 : 2021.10.30.　　　　　　　　　　✅ Time　　　분 ｜ 해설편 299p

01 지방세법상 취득세에 관한 설명으로 **틀린** 것은?

□□□

① 「도시 및 주거환경정비법」에 따른 재건축조합이 재건축사업을 하면서 조합원으로부터 취득하는 토지 중 조합원에게 귀속되지 아니하는 토지를 취득하는 경우에는 같은 법에 따른 소유권이전 고시일의 다음 날에 그 토지를 취득한 것으로 본다.

② 취득세 과세물건을 취득한 후에 그 과세물건이 중과세율의 적용대상이 되었을 때에는 취득한 날부터 60일 이내에 중과세율을 적용하여 산출한 세액에서 이미 납부한 세액(가산세 포함)을 공제한 금액을 신고하고 납부하여야 한다.

③ 대한민국 정부기관의 취득에 대하여 과세하는 외국정부의 취득에 대해서는 취득세를 부과한다.

④ 상속으로 인한 취득의 경우에는 상속개시일에 취득한 것으로 본다.

⑤ 부동산의 취득은 「민법」 등 관계 법령에 따른 등기·등록 등을 하지 아니한 경우라도 사실상 취득하면 취득한 것으로 본다.

02 소득세법상 미등기양도자산(미등기양도제외자산 아님)인 상가건물의 양도에 관한 내용으로 옳은 것을 모두 고른 것은?

□□□

> ㄱ. 양도소득세율은 양도소득 과세표준의 100분의 70
> ㄴ. 장기보유특별공제 적용 배제
> ㄷ. 필요경비개산공제 적용 배제
> ㄹ. 양도소득기본공제 적용 배제

① ㄱ, ㄴ, ㄷ　　　　　　　　　　② ㄱ, ㄴ, ㄹ
③ ㄱ, ㄷ, ㄹ　　　　　　　　　　④ ㄴ, ㄷ, ㄹ
⑤ ㄱ, ㄴ, ㄷ, ㄹ

03 지방세법상 취득세 납세의무에 관한 설명으로 옳은 것은? 기출수정

① 토지의 지목을 사실상 변경함으로써 그 가액이 증가한 경우에는 취득으로 보지 아니한다.

② 상속회복청구의 소에 의한 법원의 확정판결에 의하여 특정 상속인이 당초 상속분을 초과하여 취득하게 되는 재산가액은 상속분이 감소한 상속인으로부터 증여받아 취득한 것으로 본다.

③ 권리의 이전이나 행사에 등기 또는 등록이 필요한 부동산을 직계존속과 서로 교환한 경우에는 무상으로 취득한 것으로 본다.

④ 증여로 인한 승계취득의 경우 해당 취득물건을 등기·등록하더라도 취득일부터 취득일이 속하는 달의 말일부터 3개월 이내에 공증받은 공정증서에 의하여 계약이 해제된 사실이 입증되는 경우에는 취득한 것으로 보지 아니한다.

⑤ 증여자가 배우자 또는 직계존비속이 아닌 경우 증여자의 채무를 인수하는 부담부 증여의 경우에는 그 채무액에 상당하는 부분은 부동산등을 유상으로 취득하는 것으로 본다.

04 지방세법상 다음에 적용되는 재산세의 표준세율이 가장 높은 것은?(단, 재산세 도시지역분은 제외하고, 지방세관계법에 의한 특례는 고려하지 않음)

① 과세표준이 5천만원인 종합합산과세대상 토지

② 과세표준이 2억원인 별도합산과세대상 토지

③ 과세표준이 1억원인 광역시의 군지역에서 「농지법」에 따른 농업법인이 소유하는 농지로서 과세기준일 현재 실제 영농에 사용되고 있는 농지

④ 과세표준이 5억원인 「수도권정비계획법」에 따른 과밀억제권역 외의 읍·면 지역의 공장용 건축물

⑤ 과세표준이 1억 5천만원인 주택(별장 제외. 1세대 1주택에 해당되지 않음)

05 지방세법상 재산세에 관한 설명으로 틀린 것은?(단, 주어진 조건 외에는 고려하지 않음)

기출수정

① 토지에 대한 재산세의 과세표준은 시가표준액에 공정시장가액비율(100분의 70)을 곱하여 산정한 가액으로 한다.

② 지방자치단체가 1년 이상 공용으로 사용하는 재산으로서 유료로 사용하는 경우에는 재산세를 부과한다.

③ 재산세 물납신청을 받은 시장·군수·구청장이 물납을 허가하는 경우 물납을 허가하는 부동산의 가액은 물납허가일 현재의 시가로 한다.

④ 주택의 토지와 건물 소유자가 다를 경우 해당 주택에 대한 세율을 적용할 때 해당 주택의 토지와 건물의 가액을 합산한 과세표준에 주택의 세율을 적용한다.

⑤ 주택의 과세표준은 직전 연도 과세표준에서 소비자물가지수 등을 고려한 과세표준상한율(0~5%)을 넘지 못한다.

06 지방세법상 시가표준액에 관한 설명으로 옳은 것을 모두 고른 것은?

> ㄱ. 토지의 시가표준액은 세목별 납세의무의 성립시기 당시 「부동산 가격공시에 관한 법률」에 따른 개별공시지가가 공시된 경우 개별공시지가로 한다.
> ㄴ. 건축물의 시가표준액은 소득세법령에 따라 매년 1회 국세청장이 산정, 고시하는 건물신축가격기준액에 행정안전부장관이 정한 기준을 적용하여 국토교통부장관이 결정한 가액으로 한다.
> ㄷ. 공동주택의 시가표준액은 공동주택가격이 공시되지 아니한 경우에는 지역별·단지별·면적별·층별 특성 및 거래가격을 고려하여 행정안전부장관이 정하는 기준에 따라 국토교통부장관이 산정한 가액으로 한다.

① ㄱ
② ㄱ, ㄴ
③ ㄱ, ㄷ
④ ㄴ, ㄷ
⑤ ㄱ, ㄴ, ㄷ

07 거주자인 개인 乙은 甲이 소유한 부동산(시가 6억원)에 전세기간 2년, 전세보증금 3억원으로 하는 전세계약을 체결하고, 전세권 설정등기를 하였다. 지방세법상 등록면허세에 관한 설명으로 옳은 것은?

① 과세표준은 6억원이다.
② 표준세율은 전세보증금의 1천분의 8이다.
③ 납부세액은 6천원이다.
④ 납세의무자는 乙이다.
⑤ 납세지는 甲의 주소지이다.

08 거주자인 개인 甲이 乙로부터 부동산을 취득하여 보유하고 있다가 丙에게 양도하였다. 甲의 부동산 관련 조세의 납세의무에 관한 설명으로 틀린 것은?(단, 주어진 조건 외에는 고려하지 않음)

① 甲이 乙로부터 증여받은 것이라면 그 계약일에 취득세 납세의무가 성립한다.
② 甲이 乙로부터 부동산을 취득 후 재산세 과세기준일까지 등기하지 않았다면 재산세와 관련하여 乙은 부동산 소재지 관할 지방자치단체의 장에게 소유권변동 사실을 신고할 의무가 있다.
③ 甲이 종합부동산세를 신고납부방식으로 납부하고자 하는 경우 과세표준과 세액을 해당 연도 12월 1일부터 12월 15일까지 관할 세무서장에게 신고하는 때에 종합부동산세 납세의무는 확정된다.
④ 甲이 乙로부터 부동산을 40만원에 취득한 경우 등록면허세 납세의무가 있다.
⑤ 양도소득세의 예정신고만으로 甲의 양도소득세 납세의무가 확정되지 아니한다.

09 거주자인 개인 甲은 국내에 주택 2채(다가구주택 아님) 및 상가건물 1채를 각각 보유하고 있다. 甲의 2022년 귀속 재산세 및 종합부동산세에 관한 설명으로 <u>틀린</u> 것은?(단, 甲의 주택은 종합부동산세법상 합산배제주택에 해당하지 아니하며, 지방세관계법상 재산세 특례 및 감면은 없음)

기출수정

① 甲의 주택에 대한 재산세는 주택별로 표준세율을 적용한다.
② 甲의 상가건물에 대한 재산세는 시가표준액에 법령이 정하는 공정시장가액비율을 곱하여 산정한 가액을 과세표준으로 하여 비례세율로 과세한다.
③ 甲의 주택분 종합부동산세의 결정세액은 주택분 종합부동산세액에서 '(주택의 공시가격 합산액 − 9억원) × 종합부동산세 공정시장가액비율 × 재산세 표준세율'의 산식에 따라 산정한 재산세액을 공제하여 계산한다.
④ 甲의 상가건물에 대해서는 종합부동산세를 과세하지 아니한다.
⑤ 甲의 주택에 대한 종합부동산세는 甲이 보유한 주택의 공시가격을 합산한 금액에서 9억원을 공제한 금액에 공정시장가액비율(100분의 60)을 곱한 금액(영보다 작은 경우는 영)을 과세표준으로 하여 누진세율로 과세한다.

10 종합부동산세법상 1세대 1주택자에 관한 설명으로 옳은 것은?

① 과세기준일 현재 세대원 중 1인과 그 배우자만이 공동으로 1주택을 소유하고 해당 세대원 및 다른 세대원이 다른 주택을 소유하지 아니한 경우 신청하지 않더라도 공동명의 1주택자를 해당 1주택에 대한 납세의무자로 한다.
② 합산배제 신고한 「문화재보호법」에 따른 국가등록문화재에 해당하는 주택은 1세대가 소유한 주택 수에서 제외한다.
③ 1세대가 일반 주택과 합산배제 신고한 임대주택을 각각 1채씩 소유한 경우 해당 일반 주택에 그 주택소유자가 실제 거주하지 않더라도 1세대 1주택자에 해당한다.
④ 1세대 1주택자는 주택의 공시가격을 합산한 금액에서 6억원을 공제한 금액에서 다시 3억원을 공제한 금액에 공정시장가액비율을 곱한 금액을 과세표준으로 한다.
⑤ 1세대 1주택자에 대하여는 주택분 종합부동산세 산출세액에서 소유자의 연령과 주택 보유기간에 따른 공제액을 공제율 합계 100분의 70의 범위에서 중복하여 공제한다.

11 2021년 귀속 토지분 종합부동산세에 관한 설명으로 옳은 것은?(단, 감면과 비과세와 지방세특례제한법 또는 조세특례제한법은 고려하지 않음)

① 재산세 과세대상 중 분리과세대상 토지는 종합부동산세 과세대상이다.

② 종합부동산세의 분납은 허용되지 않는다.

③ 종합부동산세의 물납은 허용되지 않는다.

④ 납세자에게 부정행위가 없으며 특례제척기간에 해당하지 않는 경우 원칙적으로 납세의무 성립일부터 3년이 지나면 종합부동산세를 부과할 수 없다.

⑤ 별도합산과세대상인 토지의 재산세로 부과된 세액이 세부담 상한을 적용받는 경우 그 상한을 적용받기 전의 세액을 별도합산과세대상 토지분 종합부동산세액에서 공제한다.

12 다음은 거주자 甲의 상가건물 양도소득세 관련 자료이다. 이 경우 양도차익은?(단, 양도차익을 최소화하는 방향으로 필요경비를 선택하고, 부가가치세는 고려하지 않음)

(1) 취득 및 양도 내역

구 분	실지거래가액	기준시가	거래일자
양도 당시	5억원	4억원	2021.4.30.
취득 당시	확인 불가능	2억원	2020.3.7.

(2) 자본적지출액 및 소개비 : 2억 6천만원(세금계산서 수취함)

(3) 주어진 자료 외에는 고려하지 않는다.

① 2억원

② 2억 4천만원

③ 2억 4천4백만원

④ 2억 5천만원

⑤ 2억 6천만원

13 소득세법상 양도소득세 과세대상 자산의 양도 또는 취득의 시기로 <u>틀린</u> 것은?

① 「도시개발법」에 따라 교부받은 토지의 면적이 환지처분에 의한 권리면적보다 증가 또는 감소된 경우 : 환지처분의 공고가 있은 날

② 기획재정부령이 정하는 장기할부조건의 경우 : 소유권이전등기(등록 및 명의개서를 포함) 접수일·인도일 또는 사용수익일 중 빠른 날

③ 건축허가를 받지 않고 자기가 건설한 건축물의 경우 : 그 사실상의 사용일

④ 「민법」 제245조 제1항의 규정에 의하여 부동산의 소유권을 취득하는 경우 : 당해 부동산의 점유를 개시한 날

⑤ 대금을 청산한 날이 분명하지 아니한 경우 : 등기부·등록부 또는 명부 등에 기재된 등기·등록접수일 또는 명의개서일

14 거주자 甲은 2015년에 국외에 1채의 주택을 미화 1십만 달러(취득자금 중 일부 외화 차입)에 취득하였고, 2021년에 동 주택을 미화 2십만 달러에 양도하였다. 이 경우 소득세법상 설명으로 <u>틀린</u> 것은?(단, 甲은 해당 자산의 양도일까지 계속 5년 이상 국내에 주소를 둠)

① 甲의 국외주택에 대한 양도차익은 양도가액에서 취득가액과 필요경비개산공제를 차감하여 계산한다.

② 甲의 국외주택 양도로 발생하는 소득이 환율변동으로 인하여 외화차입금으로부터 발생하는 환차익을 포함하고 있는 경우에는 해당 환차익을 양도소득의 범위에서 제외한다.

③ 甲의 국외주택 양도에 대해서는 해당 과세기간의 양도소득금액에서 연 250만원을 공제한다.

④ 甲은 국외주택을 3년 이상 보유하였음에도 불구하고 장기보유특별공제액은 공제하지 아니한다.

⑤ 甲은 국외주택의 양도에 대하여 양도소득세의 납세의무가 있다.

15 소득세법상 미등기양도제외자산을 모두 고른 것은?

> ㄱ. 양도소득세 비과세요건을 충족한 1세대 1주택으로서 「건축법」에 따른 건축허가를 받지 아니하여 등기가 불가능한 자산
> ㄴ. 법원의 결정에 의하여 양도 당시 그 자산의 취득에 관한 등기가 불가능한 자산
> ㄷ. 「도시개발법」에 따른 도시개발사업이 종료되지 아니하여 토지 취득등기를 하지 아니하고 양도하는 토지

① ㄱ   ② ㄴ
③ ㄱ, ㄴ   ④ ㄴ, ㄷ
⑤ ㄱ, ㄴ, ㄷ

16 소득세법상 배우자 간 증여재산의 이월과세에 관한 설명으로 옳은 것은?

① 이월과세를 적용하는 경우 거주자가 배우자로부터 증여받은 자산에 대하여 납부한 증여세를 필요경비에 산입하지 아니한다.

② 이월과세를 적용받은 자산의 보유기간은 증여한 배우자가 그 자산을 증여한 날을 취득일로 본다.

③ 거주자가 양도일부터 소급하여 5년 이내에 그 배우자(양도 당시 사망으로 혼인관계가 소멸된 경우 포함)로부터 증여받은 토지를 양도할 경우에 이월과세를 적용한다.

④ 거주자가 사업인정고시 일부터 소급하여 2년 이전에 배우자로부터 증여받은 경우로서 「공익사업을 위한 토지 등의 취득 및 보상에 관한 법률」에 따라 수용된 경우에는 이월과세를 적용하지 아니한다.

⑤ 이월과세를 적용하여 계산한 양도소득결정세액이 이월과세를 적용하지 않고 계산한 양도소득결정세액보다 적은 경우에 이월과세를 적용한다.

2020년 제31회 기출문제

● 시행일 : 2020.10.31.   ● Time   분 | 해설편 309p

01 지방세법상 재산세의 과세표준과 세율에 관한 설명으로 옳은 것을 모두 고른 것은?(단, 법령에 따른 재산세의 경감은 고려하지 않음)

□□□

> ㄱ. 지방자치단체의 장은 조례로 정하는 바에 따라 표준세율의 100분의 50의 범위에서 가감할 수 있으며, 가감한 세율은 해당 연도부터 3년간 적용한다.
> ㄴ. 법령이 정한 고급오락장용 토지의 표준세율은 1천분의 40이다.
> ㄷ. 주택의 과세표준은 법령에 따른 시가표준액에 공정시장가액비율(시가표준액의 100분의 60)을 곱하여 산정한 가액으로 한다.

① ㄱ   ② ㄷ
③ ㄱ, ㄴ   ④ ㄴ, ㄷ
⑤ ㄱ, ㄴ, ㄷ

02 지방세법상 재산세의 과세대상 및 납세의무자에 관한 설명으로 옳은 것은?(단, 비과세는 고려하지 않음)   `기출수정`

□□□

① 신탁법에 따른 수탁자 명의로 등기 또는 등록된 신탁재산의 경우에는 위탁자가 재산세를 납부할 의무가 있다.
② 토지와 주택에 대한 재산세과세대상은 종합합산과세대상, 별도합산과세대상 및 분리과세대상으로 구분한다.
③ 국가가 선수금을 받아 조성하는 매매용 토지로서 사실상 조성이 완료된 토지의 사용권을 무상으로 받은 자는 재산세를 납부할 의무가 없다.
④ 주택부속토지의 경계가 명백하지 아니한 경우 그 주택의 바닥면적의 20배에 해당하는 토지를 주택의 부속토지로 한다.
⑤ 재산세 과세대상인 건축물의 범위에는 주택을 포함한다.

03 지방세법상 재산세의 부과·징수에 관한 설명으로 옳은 것은 모두 몇 개인가?(단, 비과세는 고려하지 않음)

기출수정

- 재산세의 과세기준일은 매년 6월 1일로 한다.
- 토지의 재산세납기는 매년 7월 16일부터 7월 31일까지이다.
- 지방자치단체의 장은 재산세의 납부할 세액이 500만원 이하인 경우 250만원을 초과하는 금액은 납부기한이 지난 날부터 3개월 이내 분할납부하게 할 수 있다.
- 재산세는 관할 지방자치단체의 장이 세액을 산정하여 특별징수의 방법으로 부과·징수한다.

① 0개   ② 1개
③ 2개   ④ 3개
⑤ 4개

04 소득세법상 거주자의 국내자산 양도소득세 계산에 관한 설명으로 옳은 것은?

① 부동산에 관한 권리의 양도로 발생한 양도차손은 토지의 양도에서 발생한 양도소득금액에서 공제할 수 없다.

② 양도일부터 소급하여 5년 이내에 그 배우자로부터 증여받은 토지의 양도차익을 계산할 때 그 증여받은 토지에 대하여 납부한 증여세는 양도가액에서 공제할 필요경비에 산입하지 아니한다.

③ 취득원가에 현재가치할인차금이 포함된 양도자산의 보유기간 중 사업소득금액 계산 시 필요경비로 산입한 현재가치할인차금상각액은 양도차익을 계산할 때 양도가액에서 공제할 필요경비로 본다.

④ 특수관계인에게 증여한 자산에 대해 증여자인 거주자에게 양도소득세가 과세되는 경우 수증자가 부담한 증여세 상당액은 양도가액에서 공제할 필요경비에 산입한다.

⑤ 거주자가 특수관계인과의 거래(시가와 거래가액의 차액이 5억원임)에 있어서 토지를 시가에 미달하게 양도함으로써 조세의 부담을 부당히 감소시킨 것으로 인정되는 때에는 그 양도가액을 시가에 의하여 계산한다.

05 소득세법상 거주자의 양도소득과 관련된 다음 자료에 의한 양도소득세 감면액은?(단, 조세특례제한법은 고려하지 않음)

• 양도소득과세표준	20,000,000원
• 감면대상 양도소득금액	7,500,000원
• 양도소득기본공제	2,500,000원
• 양도소득산출세액	10,000,000원
• 감면율	50%

① 1,250,000원 ② 1,750,000원

③ 2,500,000원 ④ 3,750,000원

⑤ 5,000,000원

06 소득세법상 거주자의 국내토지에 대한 양도소득과세표준 및 세액의 신고·납부에 관한 설명으로 틀린 것은?

① 법령에 따른 부담부 증여의 채무액에 해당하는 부분으로서 양도로 보는 경우 그 양도일이 속하는 달의 말일부터 3개월 이내에 양도소득과세표준을 납세지 관할 세무서장에게 신고해야 한다.

② 예정신고납부를 하는 경우 예정신고산출세액에서 감면세액을 떼고 수시부과세액이 있을 때에는 이를 공제하지 아니한 세액을 납부한다.

③ 예정신고납부할 세액이 2천만원을 초과하는 때에는 그 세액의 100분의 50 이하의 금액을 납부기한이 지난 후 2개월 이내에 분할납부할 수 있다.

④ 당해 연도에 누진세율의 적용대상 자산에 대한 예정신고를 2회 이상 한 자가 법령에 따라 이미 신고한 양도소득금액과 합산하여 신고하지 아니한 경우에는 양도소득과세표준의 확정신고를 하여야 한다.

⑤ 양도차익이 없거나 양도차손이 발생한 경우에도 양도소득과세표준의 예정신고를 하여야 한다.

07 지방세기본법 및 지방세법상 용어의 정의에 관한 설명으로 <u>틀린</u> 것은?

□□□

① "보통징수"란 지방세를 징수할 때 편의상 징수할 여건이 좋은 자로 하여금 징수하게 하고 그 징수한 세금을 납부하게 하는 것을 말한다.

② 취득세에서 사용하는 용어 중 "부동산"이란 토지 및 건축물을 말한다.

③ "세무공무원"이란 지방자치단체의 장 또는 지방세의 부과·징수 등에 관한 사무를 위임받은 공무원을 말한다.

④ "납세자"란 납세의무자(연대납세의무자와 제2차 납세의무자 및 보증인 포함)와 특별징수의무자를 말한다.

⑤ "지방자치단체의 징수금"이란 지방세와 가산금 및 체납처분비를 말한다.

08 소득세법상 거주자(해당 국외자산양도일까지 계속 5년 이상 국내에 주소를 두고 있음)가 2021년에

□□□ 양도한 국외자산의 양도소득세에 관한 설명으로 <u>틀린</u> 것은?(단, 국외외화 차입에 의한 취득은 없음) **기출수정**

① 국외에 있는 부동산에 관한 권리로서 미등기양도자산의 양도로 발생하는 소득은 양도소득의 범위에 포함된다.

② 국외토지의 양도에 대한 양도소득세를 계산하는 경우에는 장기보유특별공제액은 공제하지 아니한다.

③ 양도 당시의 실지거래가액이 확인되더라도 외국정부의 평가가액을 양도가액으로 먼저 적용한다.

④ 해당 과세기간에 다른 자산의 양도가 없을 경우 국외토지의 양도에 대한 양도소득이 있는 거주자에 대해서는 해당 과세기간의 양도소득금액에서 연 250만원을 공제한다.

⑤ 국외토지의 양도소득에 대하여 해당 외국에서 과세를 하는 경우로서 법령이 정한 그 국외자산 양도소득세액을 납부하였거나 납부할 것이 있을 때에는 외국납부세액의 세액공제방법과 필요경비 산입방법 중 하나를 선택하여 적용할 수 있다.

09 지방세법상 2021년 납세의무가 성립하는 지역자원시설세에 관한 설명으로 <u>틀린</u> 것은?

① 선박의 가액이 600만원인 경우 소방분 지역자원시설세의 표준세율은 그 선박의 가액의 1만분의 4로 한다.

② 특정자원분 지역자원시설세의 과세대상은 발전용수, 지하수, 지하자원이다.

③ 주거용이 아닌 4층 이상 10층 이하의 건축물 등 법령으로 정하는 화재위험건축물에 대해서는 법령에 따른 표준세율에 따라 산출한 금액의 100분의 200을 세액으로 한다.

④ 지방세법에 따라 재산세가 비과세되는 건축물에 대하여도 지역자원시설세는 부과된다.

⑤ 지하자원이 과세대상인 경우 납세지는 광업권이 등록된 토지의 소재지이다. 다만, 광업권이 등록된 토지가 둘 이상의 지방자치단체에 걸쳐 있는 경우에는 광업권이 등록된 토지의 면적에 따라 안분한다.

10 소득세법상 거주자의 국내 소재 1세대 1주택인 고가주택과 그 양도소득세에 관한 설명으로 <u>틀린</u> 것은?

기출수정

① 거주자가 2020년 취득 후 계속 거주한 법령에 따른 고가주택을 2021년 5월에 양도하는 경우 장기보유특별공제의 대상이 되지 않는다.

② "고가주택"이란 기준시가 9억원을 초과하는 주택을 말한다.

③ 법령에 따른 고가주택에 해당하는 자산의 장기보유특별공제액은 소득세법 제95조 제2항에 따른 장기보유특별공제액에 "양도가액에서 12억원을 차감한 금액이 양도가액에서 차지하는 비율"을 곱하여 산출한다.

④ 법령에 따른 고가주택에 해당하는 자산의 양도차익은 소득세법 제95조 제1항에 따른 양도차익에 "양도가액에서 12억원을 차감한 금액이 양도가액에서 차지하는 비율"을 곱하여 산출한다.

⑤ 건축법 시행령 [별표 1]에 의한 다가구주택을 구획된 부분별로 양도하지 아니하고 하나의 매매단위로 양도하여 단독주택으로 보는 다가구주택의 경우에는 그 전체를 하나의 주택으로 보아 법령에 따른 고가주택 여부를 판단한다.

256 PART 04 부동산세법

11 지방세법상 부동산등기에 대한 등록면허세의 표준세율로서 <u>틀린</u> 것은?(단, 부동산등기에 대한 표준세율을 적용하여 산출한 세액이 그 밖의 등기 또는 등록세율보다 크다고 가정하며, 중과세 및 비과세와 지방세특례제한법은 고려하지 않음)

① 소유권 보존 : 부동산가액의 1천분의 8
② 가처분 : 부동산가액의 1천분의 2
③ 지역권 설정 : 요역지가액의 1천분의 2
④ 전세권 이전 : 전세금액의 1천분의 2
⑤ 상속으로 인한 소유권 이전 : 부동산가액의 1천분의 8

12 지방세법상 취득세에 관한 설명으로 옳은 것은?　　　　　　　　　　　　　**기출수정**

① 국가 및 외국정부의 취득에 대해서는 취득세를 부과한다.
② 토지의 지목변경에 따른 취득은 토지의 지목이 사실상 변경된 날을 취득일로 본다.
③ 국가가 취득세과세물건을 매각하면 매각일부터 60일 이내에 지방자치단체의 장에게 신고하여야 한다.
④ 연부로 취득하는 경우 취득세의 과세표준은 계약보증금을 제외한 연부금액으로 한다.
⑤ 토지를 취득한 자가 그 취득한 날부터 1년 이내에 그에 인접한 토지를 취득한 경우 그 전후의 취득에 관한 토지의 취득을 1건의 토지취득으로 보아 취득세에 대한 면세점을 적용한다.

13 지방세법상 등록면허세에 관한 설명으로 옳은 것은?

① 지방자치단체의 장은 등록면허세의 세율을 표준세율의 100분의 60의 범위에서 가감할 수 있다.

② 등록 당시에 감가상각의 사유로 가액이 달라진 경우 그 가액에 대한 증명 여부에 관계없이 변경 전 가액을 과세표준으로 한다.

③ 부동산 등록에 대한 신고가 없는 경우 취득 당시 시가표준액의 100분의 110을 과세표준으로 한다.

④ 지목이 묘지인 토지의 등록에 대하여 등록면허세를 부과한다.

⑤ 부동산등기에 대한 등록면허세의 납세지는 부동산 소재지로 하며, 납세지가 분명하지 아니한 경우에는 등록관청 소재지로 한다.

14 소득세법상 거주자의 부동산과 관련된 사업소득에 관한 설명으로 옳은 것은?

① 국외에 소재하는 주택의 임대소득은 주택수에 관계없이 과세하지 아니한다.

② 공익사업을 위한 토지 등의 취득 및 보상에 관한 법률에 따른 공익사업과 관련하여 지역권을 대여함으로써 발생하는 소득은 부동산업에서 발생하는 소득으로 한다.

③ 부동산임대업에서 발생하는 사업소득의 납세지는 부동산 소재지로 한다.

④ 국내에 소재하는 논·밭을 작물생산에 이용하게 함으로써 발생하는 사업소득은 소득세를 과세하지 아니한다.

⑤ 주거용 건물임대업에서 발생한 결손금은 종합소득과세표준을 계산할 때 공제하지 아니한다.

15 종합부동산세법상 종합부동산세에 관한 설명으로 <u>틀린</u> 것은?(단, 감면 및 비과세와 지방세특례제한법 또는 조세특례제한법은 고려하지 않음)

① 종합부동산세의 과세기준일은 매년 6월 1일로 한다.

② 종합부동산세의 납세의무자가 비거주자인 개인으로서 국내사업장이 없고 국내원천소득이 발생하지 아니하는 1주택을 소유한 경우 그 주택소재지를 납세지로 정한다.

③ 과세기준일 현재 토지분 재산세의 납세의무자로서 국내에 소재하는 종합합산과세대상 토지의 공시가격을 합한 금액이 5억원을 초과하는 자는 해당 토지에 대한 종합부동산세를 납부할 의무가 있다.

④ 종합합산과세대상 토지의 재산세로 부과된 세액이 세부담상한을 적용받는 경우 그 상한을 적용받기 전의 세액을 종합합산과세대상 토지분 종합부동산세액에서 공제한다.

⑤ 관할 세무서장은 종합부동산세를 징수하려면 납부고지서에 주택 및 토지로 구분한 과세표준과 세액을 기재하여 납부기간 개시 5일 전까지 발급하여야 한다.

16 지방세법상 취득세 또는 등록면허세의 신고·납부에 관한 설명으로 옳은 것은?(단, 비과세 및 지방세특례제한법은 고려하지 않음)

① 상속으로 취득세 과세물건을 취득한 자는 상속개시일로부터 6개월 이내에 과세표준과 세액을 신고·납부하여야 한다.

② 취득세 과세물건을 취득한 후 중과세대상이 되었을 때에는 표준세율을 적용하여 산출한 세액에서 이미 납부한 세액(가산세 포함)을 공제한 금액을 세액으로 하여 신고·납부하여야 한다.

③ 지목변경으로 인한 취득세납세의무자가 신고를 하지 아니하고 매각하는 경우 산출세액에 100분의 80을 가산한 금액을 세액으로 하여 징수한다.

④ 등록을 하려는 자가 등록면허세신고의무를 다하지 않고 산출세액을 등록 전까지 납부한 경우 지방세기본법에 따른 무신고가산세를 부과한다.

⑤ 등기·등록관서의 장은 등기 또는 등록 후에 등록면허세가 납부되지 아니하였거나 납부부족액을 발견한 경우에는 다음 달 10일까지 납세지를 관할하는 시장·군수·구청장에게 통보하여야 한다.

2019년 제30회 기출문제

시행일 : 2019.10.26.　　　　　　　　　　　　　Time　　　분 | 해설편 316p

01 국내 소재 부동산의 보유단계에서 부담할 수 있는 세목은 모두 몇 개인가?　　기출수정

□□□

- 농어촌특별세
- 지방교육세
- 개인지방소득세
- 소방분에 대한 지역자원시설세

① 0개　　　　　　　　　　　　② 1개
③ 2개　　　　　　　　　　　　④ 3개
⑤ 4개

02 「지방세기본법」상 이의신청·심판청구에 관한 설명으로 틀린 것은?　　기출수정

□□□

① 「지방세기본법」에 따른 과태료의 부과처분을 받은 자는 이의신청 또는 심판청구를 할 수 없다.

② 심판청구는 그 처분의 집행에 효력이 미치지 아니하지만 압류한 재산에 대하여는 심판청구의 결정이 있는 날부터 30일까지 그 공매처분을 보류할 수 있다.

③ 지방세에 관한 불복 시 불복청구인은 심판청구를 거치지 아니하고 행정소송을 제기할 수 있다.

④ 이의신청인은 신청 금액이 1천만원 미만인 경우에는 그의 배우자, 4촌 이내의 혈족 또는 그의 배우자의 4촌 이내 혈족을 대리인으로 선임할 수 있다.

⑤ 이의신청이 이유 없다고 인정될 때에는 신청을 기각하는 결정을 한다.

03 법정기일 전에 저당권의 설정을 등기한 사실이 등기사항증명서(부동산등기부 등본)에 따라 증명되는 재산을 매각하여 그 매각금액에서 국세 또는 지방세를 징수하는 경우, 그 재산에 대하여 부과되는 다음의 국세 또는 지방세 중 저당권에 따라 담보된 채권에 우선하여 징수하는 것은 모두 몇 개인가?(단, 가산금은 고려하지 않음)　`기출수정`

> • 종합부동산세
> • 취득세에 부가되는 지방교육세
> • 등록면허세
> • 부동산임대에 따른 종합소득세
> • 소방분에 대한 지역자원시설세

① 1개　　　　　　　　　　　　② 2개
③ 3개　　　　　　　　　　　　④ 4개
⑤ 5개

04 지방세법상 취득의 시기에 관한 설명으로 틀린 것은?

① 상속으로 인한 취득의 경우 : 상속개시일
② 공매방법에 의한 취득의 경우 : 그 사실상의 잔금지급일과 등기일 또는 등록일 중 빠른 날
③ 건축물(주택 아님)을 건축하여 취득하는 경우로서 사용승인서를 내주기 전에 임시사용승인을 받은 경우 : 그 임시사용승인일과 사실상의 사용일 중 빠른 날
④ 「민법」 제839조의2에 따른 재산분할로 인한 취득의 경우 : 취득물건의 등기일 또는 등록일
⑤ 관계법령에 따라 매립으로 토지를 원시취득하는 경우 : 취득물건의 등기일

05 지방세법상 취득세가 부과되지 않는 것은?

① 「주택법」에 따른 공동주택의 개수(「건축법」에 따른 대수선 제외)로 인한 취득 중 개수로 인한 취득 당시 주택의 시가표준액이 9억원 이하인 경우
② 형제간에 부동산을 상호교환한 경우
③ 직계존속으로부터 거주하는 주택을 증여받은 경우
④ 파산선고로 인하여 처분되는 부동산을 취득한 경우
⑤ 「주택법」에 따른 주택조합이 해당 조합원용으로 조합주택용 부동산을 취득한 경우

06 지방세법상 취득세의 표준세율이 가장 높은 것은?(단, 「지방세특례제한법」은 고려하지 않음)

☐☐☐

① 상속으로 건물(주택 아님)을 취득한 경우
② 「사회복지사업법」에 따라 설립된 사회복지법인이 독지가의 기부에 의하여 건물을 취득한 경우
③ 영리법인이 공유수면을 매립하여 농지를 취득한 경우
④ 유상거래를 원인으로 「지방세법」 제10조에 따른 취득 당시의 가액이 6억원인 주택(「주택법」에 의한 주택으로서 등기부에 주택으로 기재된 주거용 건축물과 그 부속토지)을 취득한 경우
⑤ 유상거래를 원인으로 농지를 취득한 경우

07 지방세법상 재산세 표준세율이 초과누진세율로 되어 있는 재산세 과세대상을 모두 고른 것은?

☐☐☐

> ㄱ. 별도합산과세대상 토지
> ㄴ. 분리과세대상 토지
> ㄷ. 광역시(군 지역은 제외) 지역에서 「국토의 계획 및 이용에 관한 법률」과 그 밖의 관계법령에 따라 지정된 주거지역의 대통령령으로 정하는 공장용 건축물
> ㄹ. 주택(「지방세법」에 따른 별장 제외)

① ㄱ, ㄴ   ② ㄱ, ㄷ
③ ㄱ, ㄹ   ④ ㄴ, ㄷ
⑤ ㄷ, ㄹ

08 지방세법상 재산세 비과세대상에 해당하는 것은?(단, 주어진 조건 외에는 고려하지 않음)

☐☐☐

① 지방자치단체가 1년 이상 공용으로 사용하는 재산으로서 유료로 사용하는 재산
② 「한국농어촌공사 및 농지관리기금법」에 따라 설립된 한국농어촌공사가 같은 법에 따라 농가에 공급하기 위하여 소유하는 농지
③ 「공간정보의 구축 및 관리 등에 관한 법률」에 따른 제방으로서 특정인이 전용하는 제방
④ 「군사기지 및 군사시설 보호법」에 따른 군사기지 및 군사시설 보호구역 중 통제보호구역에 있는 전답
⑤ 「산림자원의 조성 및 관리에 관한 법률」에 따라 지정된 채종림·시험림

09 지방세법상 재산세에 관한 설명으로 옳은 것은?

① 건축물에 대한 재산세의 납기는 매년 9월 16일에서 9월 30일이다.

② 재산세의 과세대상 물건이 공부상 등재현황과 사실상의 현황이 다른 경우에는 공부상 등재현황에 따라 재산세를 부과한다.

③ 주택에 대한 재산세는 납세의무자별로 해당 지방자치단체의 관할구역에 있는 주택의 과세표준을 합산하여 주택의 세율을 적용한다.

④ 지방자치단체의 장은 재산세의 납부세액(재산세 도시지역분 포함)이 1천만원을 초과하는 경우에는 납세의무자의 신청을 받아 해당 지방자치단체의 관할구역에 있는 부동산에 대하여만 대통령령으로 정하는 바에 따라 물납을 허가할 수 있다.

⑤ 토지에 대한 재산세의 과세표준은 시가표준액의 100분의 60으로 한다.

10 지방세법상 등록면허세에 관한 설명으로 틀린 것은?

① 부동산등기에 대한 등록면허세의 납세지는 부동산 소재지이다.

② 등록을 하려는 자가 법정신고기한까지 등록면허세 산출세액을 신고하지 않은 경우로서 등록 전까지 그 산출세액을 납부한 때에도 「지방세기본법」에 따른 무신고가산세가 부과된다.

③ 등기 담당 공무원의 착오로 인한 지번의 오기에 대한 경정등기에 대해서는 등록면허세를 부과하지 아니한다.

④ 채권금액으로 과세액을 정하는 경우에 일정한 채권금액이 없을 때에는 채권의 목적이 된 것의 가액 또는 처분의 제한의 목적이 된 금액을 그 채권금액으로 본다.

⑤ 「한국은행법」 및 「한국수출입은행법」에 따른 은행업을 영위하기 위하여 대도시에서 법인을 설립함에 따른 등기를 한 법인이 그 등기일부터 2년 이내에 업종 변경이나 업종 추가가 없는 때에는 등록면허세의 세율을 중과하지 아니한다.

11 소득세법상 거주자가 국내에 있는 자산을 양도한 경우 양도소득과세표준에 적용되는 세율로 **틀린** 것은?(단, 주어진 자산이나 해당 조건 외에는 고려하지 않으며, 해당 세율에 대한 세액은 누진세율로 적용한 세액보다는 크다) 기출수정

① 보유기간이 1년 이상 2년 미만인 등기된 상업용 건물 : 100분의 40
② 보유기간이 1년 미만인 조합원입주권 : 100분의 40
③ 보유기간이 1년 이상 2년 미만인 분양권 : 100분의 60
④ 양도소득과세표준이 1,400만원 이하인 등기된 비사업용 토지(지정지역에 있지 않음) : 100분의 16
⑤ 미등기건물(미등기양도 제외 자산 아님) : 100분의 70

12 소득세법상 국내에 있는 자산의 기준시가 산정에 관한 설명으로 **틀린** 것은?

① 개발사업 등으로 지가가 급등하거나 급등우려가 있는 지역으로서 국세청장이 지정한 지역에 있는 토지의 기준시가는 배율방법에 따라 평가한 가액으로 한다.
② 상업용 건물에 대한 새로운 기준시가가 고시되기 전에 취득 또는 양도하는 경우에는 직전의 기준시가에 의한다.
③ 「민사집행법」에 의한 저당권 실행을 위하여 토지가 경매되는 경우의 그 경락가액이 개별공시지가보다 낮은 경우에는 그 차액을 개별공시지가에서 차감하여 양도 당시 기준시가를 계산한다(단, 지가 급등지역 아님).
④ 부동산을 취득할 수 있는 권리에 대한 기준시가는 양도자산의 종류를 고려하여 취득일 또는 양도일까지 납입한 금액으로 한다.
⑤ 국세청장이 지정하는 지역에 있는 오피스텔의 기준시가는 건물의 종류, 규모, 거래상황, 위치 등을 고려하여 매년 1회 이상 국세청장이 토지와 건물에 대하여 일괄하여 산정·고시하는 가액으로 한다.

13 거주자 甲은 국내에 있는 양도소득세 과세대상 X토지를 2010년 시가 1억원에 매수하여 2019년 배우자 乙에게 증여하였다. X토지에는 甲의 금융기관 차입금 5천만원에 대한 저당권이 설정되어 있었으며, 乙이 이를 인수한 사실은 채무부담계약서에 의하여 확인되었다. X토지의 증여가액과 증여 시「상속세 및 증여세법」에 따라 평가한 가액(시가)은 각각 2억원이었다. 다음 중 틀린 것은?

① 배우자 간 부담부증여로서 수증자에게 인수되지 아니한 것으로 추정되는 채무액은 부담부증여의 채무액에 해당하는 부분에서 제외한다.

② 乙이 인수한 채무 5천만원에 해당하는 부분은 양도로 본다.

③ 양도로 보는 부분의 취득가액은 2천5백만원이다.

④ 양도로 보는 부분의 양도가액은 5천만원이다.

⑤ 甲이 X토지와 증여가액(시가) 2억원인 양도소득세 과세대상에 해당하지 않는 Y자산을 함께 乙에게 부담부증여하였다면 乙이 인수한 채무 5천만원에 해당하는 부분은 모두 X토지에 대한 양도로 본다.

14 소득세법상 농지에 관한 설명으로 틀린 것은?

① 농지란 논밭이나 과수원으로서 지적공부의 지목과 관계없이 실제로 경작에 사용되는 토지를 말하며, 농지의 경영에 직접 필요한 농막, 퇴비사, 양수장, 지소(池沼), 농도(農道) 및 수로(水路) 등에 사용되는 토지를 포함한다.

②「국토의 계획 및 이용에 관한 법률」에 따른 주거지역·상업지역·공업지역 외에 있는 농지(환지예정지 아님)를 경작상 필요에 의하여 교환함으로써 발생한 소득은, 쌍방 토지가액의 차액이 가액이 큰 편의 4분의 1 이하이고 새로이 취득한 농지를 3년 이상 농지소재지에 거주하면서 경작하는 경우 비과세한다.

③ 농지로부터 직선거리 30킬로미터 이내에 있는 지역에 사실상 거주하는 자가 그 소유농지에서 농작업의 2분의 1 이상을 자기의 노동력에 의하여 경작하는 경우 비사업용 토지에서 제외한다(단, 농지는 도시지역 외에 있으며, 소유기간 중 재촌과 자경에 변동이 없고, 농업에서 발생한 소득 이외에 다른 소득은 없음).

④「국토의 계획 및 이용에 관한 법률」에 따른 개발제한구역에 있는 농지는 비사업용 토지에 해당한다(단, 소유기간 중 개발제한구역 지정·변경은 없음).

⑤ 비사업용 토지에 해당하는지 여부를 판단함에 있어 농지의 판정은 소득세법령상 규정이 있는 경우를 제외하고 사실상의 현황에 의하며, 사실상의 현황이 분명하지 아니한 경우에는 공부상의 등재현황에 의한다.

15 거주자 甲이 국외에 있는 양도소득세 과세대상 X토지를 양도함으로써 소득이 발생하였다. 다음 중 **틀린** 것은?(단, 해당 과세기간에 다른 자산의 양도는 없음)

① 甲이 X토지의 양도일까지 계속 5년 이상 국내에 주소 또는 거소를 둔 경우에만 해당 양도소득에 대한 납세의무가 있다.

② 甲이 국외에서 외화를 차입하여 X토지를 취득한 경우 환율변동으로 인하여 외화차입금으로부터 발생한 환차익은 양도소득의 범위에서 제외한다.

③ X토지의 양도가액은 양도 당시의 실지거래가액으로 하는 것이 원칙이다.

④ X토지에 대한 양도차익에서 장기보유 특별공제액을 공제한다.

⑤ X토지에 대한 양도소득금액에서 양도소득 기본공제로 250만원을 공제한다.

16 2021년 귀속 종합부동산세에 관한 설명으로 **틀린** 것은? `기출수정`

① 과세기준일 현재 토지분 재산세의 납세의무자로서 「자연공원법」에 따라 지정된 공원자연환경지구의 임야를 소유하는 자는 토지에 대한 종합부동산세를 납부할 의무가 있다.

② 주택분 종합부동산세 납세의무자가 1세대 1주택자에 해당하는 경우의 주택분 종합부동산세액 계산 시 연령에 따른 세액공제와 보유기간에 따른 세액공제는 공제율 합계 100분의 80의 범위에서 중복하여 적용할 수 있다.

③ 「문화재보호법」에 따른 등록문화재에 해당하는 주택은 과세표준 합산의 대상이 되는 주택의 범위에 포함되지 않는 것으로 본다.

④ 관할 세무서장은 종합부동산세로 납부하여야 할 세액이 400만원인 경우 최대 150만원의 세액을 납부기한이 경과한 날부터 6개월 이내에 분납하게 할 수 있다.

⑤ 주택분 종합부동산세액을 계산할 때 1주택을 여러 사람이 공동으로 매수하여 소유한 경우 공동소유자 각자가 그 주택을 소유한 것으로 본다.

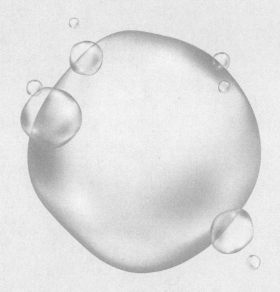

우리가 쓰는 것 중
가장 값비싼 것은 시간이다.

－ 테오프라스토스 －

최고의 순간은 아직 오지 않았다.

– 제리 로이스터 –

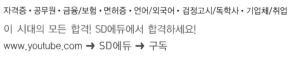

5개년 기출문제해설

공인중개사 2차

2차

2024 최신개정판

제1과목
공인중개사법 및 중개실무

제2과목
부동산공법

제3과목
부동산공시법 및 부동산세법

5개년

기출문제해설

SD공인중개사연구소 편저

최근 5개년(2023~2019) 기출문제해설 수록

공인중개사 2차

정답 및 해설

SD에듀
(주)시대고시기획

앞선 정보 제공! 도서업데이트

언제, 왜 업데이트될까?

도서의 학습 효율을 높이기 위해 자료를 추가로 제공할 때!
공기업 · 대기업 필기시험에 변동사항 발생 시 정보 공유를 위해!
공기업 · 대기업 채용 및 시험 관련 중요 이슈가 생겼을 때!

01 SD에듀 도서
www.sdedu.co.kr/book
홈페이지 접속

02 상단 카테고리
「도서업데이트」
클릭

03 해당
시험명으로
검색

참고자료, 시험 개정사항 등 정보 제공으로 **학습효율**을 높여 드립니다.

PART 1

공인중개사법 및 중개실무

01 2023년 제34회 정답 및 해설

02 2022년 제33회 정답 및 해설

03 2021년 제32회 정답 및 해설

04 2020년 제31회 정답 및 해설

05 2019년 제30회 정답 및 해설

2023년 제34회 정답 및 해설

✅ 문제편 002p

01	02	03	04	05	06	07	08	09	10	11	12	13	14	15	16	17	18	19	20
④	①	⑤	④	②	②	③	①	②	⑤	⑤	②	④	②	④	⑤	③	②	①	①
21	22	23	24	25	26	27	28	29	30	31	32	33	34	35	36	37	38	39	40
④	①	⑤	①	⑤	②	⑤	②	④	③	③	①	③	③	④	⑤	④	③	①	④

01 정답 ④

해설 ㄱ. (허용) 법인인 개업공인중개사는 중개업과 함께 상업용 건축물 및 주택의 분양대행 업무를 함께 할 수 있다(공인중개사법 제14조 제1항 제4호).

> **관계법령 개업공인중개사의 겸업제한 등(공인중개사법 제14조)**
>
> ① 법인인 개업공인중개사는 다른 법률에 규정된 경우를 제외하고는 중개업 및 다음 각 호에 규정된 업무와 제2항에 규정된 업무 외에 다른 업무를 함께 할 수 없다.
> 1. 상업용 건축물 및 주택의 임대관리 등 부동산의 관리대행
> 2. 부동산의 이용 · 개발 및 거래에 관한 상담
> 3. 개업공인중개사를 대상으로 한 중개업의 경영기법 및 경영정보의 제공
> 4. 상업용 건축물 및 주택의 분양대행
> 5. 그 밖에 중개업에 부수되는 업무로서 대통령령으로 정하는 업무
>
> > **법인인 개업공인중개사의 업무(공인중개사법 시행령 제17조)**
> > ② 법 제14조 제1항 제5호에서 "대통령령이 정하는 업무"라 함은 중개의뢰인의 의뢰에 따른 도배 · 이사업체의 소개 등 주거이전에 부수되는 용역의 알선을 말한다.
>
> ② 개업공인중개사는 「민사집행법」에 의한 경매 및 「국세징수법」 그 밖의 법령에 의한 공매대상 부동산에 대한 권리분석 및 취득의 알선과 매수신청 또는 입찰신청의 대리를 할 수 있다.

ㄴ. (금지) 공인중개사법 제19조 제2항
ㄷ. (금지) 공인중개사법 제19조 제1항, 제3항

> **관계법령 중개사무소등록증 대여 등의 금지(공인중개사법 제19조)**
>
> ① 개업공인중개사는 다른 사람에게 자기의 성명 또는 상호를 사용하여 중개업무를 하게 하거나 자기의 중개사무소등록증을 양도 또는 대여하는 행위를 하여서는 아니 된다.
> ② 누구든지 다른 사람의 성명 또는 상호를 사용하여 중개업무를 하거나 다른 사람의 중개사무소등록증을 양수 또는 대여받아 이를 사용하는 행위를 하여서는 아니 된다.
> ③ 누구든지 제1항 및 제2항에서 금지한 행위를 알선하여서는 아니 된다.

02 정답 ①

해설

① 심의위원회 위원장은 국토교통부 제1차관이 되고, 위원은 다음 각 호의 어느 하나에 해당하는 사람 중에서 국토교통부장관이 임명하거나 위촉한다(공인중개사법 시행령 제1조의2 제2항).
② 공인중개사법 제2조의2 제1항 제3호
③ 공인중개사법 제2조의2 제3항

> **관계법령** 공인중개사 정책심의위원회(공인중개사법 제2조의2)
>
> ① 공인중개사의 업무에 관한 다음 각 호의 사항을 심의하기 위하여 국토교통부에 공인중개사 정책심의위원회를 둘 수 있다.
> 1. 공인중개사의 시험 등 공인중개사의 자격취득에 관한 사항
> 2. 부동산 중개업의 육성에 관한 사항
> 3. 중개보수 변경에 관한 사항
> 4. 손해배상책임의 보장 등에 관한 사항
> ③ 제1항에 따라 공인중개사 정책심의위원회에서 심의한 사항 중 제1호의 경우에는 특별시장·광역시장·도지사·특별자치도지사(이하 "시·도지사"라 한다)는 이에 따라야 한다.

④ 공인중개사법 제2조의2 제1항에 따른 공인중개사 정책심의위원회는 위원장 1명을 포함하여 7명 이상 11명 이내의 위원으로 구성한다(공인중개사법 시행령 제1조의2 제1항).
⑤ 공인중개사법 시행령 제1조의3 제1항 제4호

> **관계법령** 위원의 제척·기피·회피 등(공인중개사법 시행령 제1조의3)
>
> ① 심의위원회의 위원이 다음 각 호의 어느 하나에 해당하는 경우에는 심의위원회의 심의·의결에서 제척(除斥)된다.
> 1. 위원 또는 그 배우자나 배우자이었던 사람이 해당 안건의 당사자(당사자가 법인·단체 등인 경우에는 그 임원을 포함한다. 이하 이 호 및 제2호에서 같다)가 되거나 그 안건의 당사자와 공동권리자 또는 공동의무자인 경우
> 2. 위원이 해당 안건의 당사자와 친족이거나 친족이었던 경우
> 3. 위원이 해당 안건에 대하여 증언, 진술, 자문, 조사, 연구, 용역 또는 감정을 한 경우
> 4. 위원이나 위원이 속한 법인·단체 등이 해당 안건의 당사자의 대리인이거나 대리인이었던 경우

03 정답 ⑤

해설

① "중개"라 함은 제3조에 따른 중개대상물에 대하여 거래당사자 간의 매매·교환·임대차 그 밖의 권리의 득실변경에 관한 행위를 알선하는 것을 말한다(공인중개사법 제2조 제1호).
② "중개업"이라 함은 다른 사람의 의뢰에 의하여 일정한 보수를 받고 중개를 업으로 행하는 것을 말한다(공인중개사법 제2조 제3호).
③ "개업공인중개사"라 함은 이 법에 의하여 중개사무소의 개설등록을 한 자를 말한다(공인중개사법 제2조 제4호). 개업공인중개사인 법인의 임원으로서 공인중개사인 자가 중개업무를 수행하는 경우는 "소속공인중개사"에 해당한다(공인중개사법 제2조 제5호 참고).
④ "중개보조원"이라 함은 공인중개사가 아닌 자로서 개업공인중개사에 소속되어 중개대상물에 대한 현장안내 및 일반서무 등 개업공인중개사의 중개업무와 관련된 단순한 업무를 보조하는 자를 말한다(공인중개사법 제2조 제6호).
⑤ "공인중개사"라 함은 이 법에 의한 공인중개사자격을 취득한 자를 말한다(공인중개사법 제2조 제2호).

04 정답 ④

해설
① 개업공인중개사는 그 등록관청의 관할 구역 안에 중개사무소를 두되, 1개의 중개사무소만을 둘 수 있다 (공인중개사법 제13조 제1항).
② 개업공인중개사는 천막 그 밖에 이동이 용이한 임시 중개시설물을 설치하여서는 아니 된다(공인중개사 법 제13조 제2항).
③ 법 제13조 제3항에 따른 분사무소는 주된 사무소의 소재지가 속한 시(구가 설치되지 아니한 시와 특별자 치도의 행정시를 말한다)·군·구를 제외한 시·군·구별로 설치하되, 시·군·구별로 1개소를 초과 할 수 없다(공인중개사법 시행령 제15조 제1항).
④ 제1항에도 불구하고 <u>법인인 개업공인중개사는</u> 대통령령으로 정하는 기준과 절차에 따라 등록관청에 신고하고 그 관할 구역 외의 지역에 <u>분사무소를 둘 수 있다</u>(공인중개사법 제13조 제3항).
⑤ 제3항에 따라 분사무소 설치신고를 받은 등록관청은 그 신고내용이 적합한 경우에는 국토교통부령으로 정하는 신고확인서를 교부하고 지체 없이 그 분사무소설치예정지역을 관할하는 시장·군수 또는 구청 장에게 이를 통보해야 한다(공인중개사법 제13조 제4항).

05 정답 ②

해설
①·② 대표자는 공인중개사이어야 하며, <u>대표자를 제외한 임원 또는 사원</u>(합명회사 또는 합자회사의 무한 책임사원을 말한다)의 3분의 1 이상은 공인중개사일 것(공인중개사법 시행령 제13조 제1항 제2호 다목)
③ 「상법」상 회사 또는 「협동조합 기본법」 제2조 제1호에 따른 협동조합(같은 조 제3호에 따른 사회적협동 조합은 제외한다)으로서 자본금이 5천만원 이상일 것(공인중개사법 시행령 제13조 제1항 제2호 가목)
④·⑤ 대표자, 임원 또는 사원 전원 및 분사무소의 책임자(법 제13조 제3항에 따라 분사무소를 설치하려는 경우에만 해당한다)가 법 제34조 제1항에 따른 실무교육을 받았을 것(공인중개사법 시행령 제13조 제1 항 제2호 라목)

06 정답 ②

해설
ㄱ. (×) <u>금전채권</u>은 구 공인중개사법 제3조, 같은 법 시행령 제2조에서 정한 중개대상물이 아니다. 금전채 권 매매계약을 중개한 것은 구 공인중개사법이 규율하고 있는 중개행위에 해당하지 않으므로, 구 공인 중개사법이 규정하고 있는 중개수수료의 한도액은 금전채권 매매계약의 중개행위에는 적용되지 않는 다(대판 2019.7.11. 2017도13559).
ㄴ. (○) 중개대상물 중 '건물'에는 기존의 건축물뿐만 아니라, 장차 건축될 특정의 건물도 포함된다고 볼 것이므로 아파트의 특정 동, 호수에 대하여 피분양자가 선정되거나 분양계약이 체결된 후에는 그 특정 아파트가 완성되기 전이라 하여도 이에 대한 매매 등 거래를 중개하는 것은 '건물'의 중개에 해당한다 (대판 2005.5.27. 2004도62).
ㄷ. (○) 공인중개사법 시행령 제2조 제1호

관계법령 중개대상물의 범위(공인중개사법 제3조)
1. 토 지 2. 건축물 그 밖의 토지의 정착물

3. 그 밖에 대통령령이 정하는 재산권 및 물건

> **중개대상물의 범위(공인중개사법 시행령 제2조)**
> 1. 입목에 관한 법률에 따른 입목(토지에 부착된 수목의 집단으로서 그 소유자가 소유권 보존의 등기를 받은 것을 말한다)
> 2. 공장 및 광업재단 저당법에 따른 공장재단(공장에 속하는 일정한 기업용 재산으로 구성되는 일단의 기업재산으로서 소유권과 저당권의 목적이 되는 것을 말한다) 및 광업재단(광업권과 광업권에 기하여 광물을 채굴·취득하기 위한 각종 설비 및 이에 부속하는 사업의 설비로 구성되는 일단의 기업재산으로서 소유권과 저당권의 목적이 되는 것을 말한다)

ㄹ. (×) 구 부동산중개업법 제2조 제1호, 제3조, 같은 법 시행령 제2조의 규정을 종합하여 보면, 영업용 건물의 영업시설·비품 등 유형물이나 거래처, 신용, 영업상의 노하우 또는 점포위치에 따른 영업상의 이점 등 무형의 재산적 가치는 같은 법 제3조, 같은 법 시행령 제2조에서 정한 중개대상물이라고 할 수 없으므로, 그러한 유·무형의 재산적 가치의 양도에 대하여 이른바 "권리금" 등을 수수하도록 중개한 것은 구 부동산중개업법이 규율하고 있는 중개행위에 해당하지 아니하고, 따라서 같은 법이 규정하고 있는 중개수수료의 한도액 역시 이러한 거래대상의 중개행위에는 적용되지 아니한다(대판 2006.9.22. 2005도6054).

07 정답 ③

해설 ① 소속공인중개사 또는 중개보조원의 업무상 행위는 그를 고용한 개업공인중개사의 행위로 본다(공인중개사법 제15조 제2항).
② 개업공인중개사는 소속공인중개사 또는 중개보조원을 고용한 경우에는 법 제34조 제2항 또는 제3항에 따른 교육을 받도록 한 후 법 제15조 제1항에 따라 업무개시 전까지 등록관청에 신고(전자문서에 의한 신고를 포함한다)해야 한다(공인중개사법 시행규칙 제8조 제1항).
③ 개업공인중개사는 소속공인중개사 또는 중개보조원과의 고용관계가 종료된 때에는 법 제15조 제1항에 따라 고용관계가 종료된 날부터 10일 이내에 등록관청에 신고해야 한다(공인중개사법 시행규칙 제8조 제4항).
④ 제1항에 따른 고용 신고를 받은 등록관청은 법 제10조 제2항에 따른 결격사유 해당 여부와 법 제34조 제2항(소속공인중개사에 대한 실무교육) 또는 제3항(중개보조원에 대한 직무교육)에 따른 교육 수료 여부를 확인하여야 한다(공인중개사법 시행규칙 제8조 제3항). 그러나 개업공인중개사의 실무교육 수료확인증 제출의무는 없다.
⑤ 제1항 및 제4항에 따른 (개업공인중개사의) 소속공인중개사 또는 중개보조원의 고용·고용관계종료 신고는 별지 제11호 서식에 따른다. 이 경우 소속공인중개사 또는 중개보조원으로 외국인을 고용하는 경우에는 제4조 제1항 제6호 가목의 서류(외국정부 또는 그 밖에 권한 있는 기관이 발행한 등록 결격사유가 없음을 증명하는 서류)를 첨부해야 한다(공인중개사법 시행규칙 제8조 제5항).

08 　정답 ①

해설　① 중개사무소의 개설등록 신청 시 공인중개사자격증 사본 제출의무는 없으며, 등록관청이 해당 공인중개
사 자격증을 발급한 시·도지사에게 개설등록을 하려는 자의 공인중개사 자격 확인을 요청한다(공인중
개사법 시행규칙 제4조 제1항 참고).
② 공인중개사법 시행규칙 제4조 제1항 제5호 후단
③ 공인중개사법 시행규칙 제4조 제1항 제4호
④ 공인중개사법 시행규칙 제4조 제1항 제3호
⑤ 공인중개사법 시행규칙 제4조 제1항 제6호 나목

관계법령　중개사무소 개설등록의 신청(공인중개사법 시행규칙 제4조)

① 법 제9조 제1항에 따라 중개사무소의 개설등록을 하려는 자는 별지 제5호 서식의 부동산중개사무소
개설등록신청서에 다음 각 호의 서류(전자문서를 포함한다)를 첨부하여 중개사무소(법인의 경우에
는 주된 중개사무소를 말한다)를 두고자 하는 지역을 관할하는 시장(구가 설치되지 아니한 시와
특별자치도의 행정시의 시장을 말한다. 이하 같다)·군수 또는 구청장(이하 "등록관청"이라 한다)에
게 신청하여야 한다. 이 경우 등록관청은 법 제5조 제2항에 따라 공인중개사 자격증을 발급한 시·
도지사에게 개설등록을 하려는 자(법인의 경우에는 대표자를 포함한 공인중개사인 임원 또는 사원
을 말한다)의 공인중개사 자격 확인을 요청하여야 하고, 「전자정부법」 제36조 제1항에 따라 행정정
보의 공동이용을 통하여 법인 등기사항증명서(신청인이 법인인 경우에만 해당한다)와 건축물대장(「
건축법」 제20조 제5항에 따른 가설건축물대장은 제외한다. 이하 같다)을 확인하여야 한다.
1. 삭제 〈2012.6.27.〉
2. 삭제 〈2006.8.7.〉
3. 법 제34조 제1항의 규정에 따른 실무교육의 수료확인증 사본(영 제36조 제1항에 따라 실무교육
을 위탁받은 기관 또는 단체가 실무교육 수료 여부를 등록관청이 전자적으로 확인할 수 있도록
조치한 경우는 제외한다)
4. 여권용 사진
5. 건축물대장에 기재된 건물(준공검사, 준공인가, 사용승인, 사용검사 등을 받은 건물로서 건축물
대장에 기재되기 전의 건물을 포함한다. 이하 같다)에 중개사무소를 확보(소유·전세·임대차
또는 사용대차 등의 방법에 의하여 사용권을 확보하여야 한다)하였음을 증명하는 서류. 다만,
건축물대장에 기재되지 아니한 건물에 중개사무소를 확보하였을 경우에는 건축물대장 기재가
지연되는 사유를 적은 서류도 함께 내야 한다.
6. 다음 각 목의 서류(외국인이나 외국에 주된 영업소를 둔 법인의 경우에 한한다)
가. 법 제10조 제1항 각 호의 어느 하나에 해당되지 아니함을 증명하는 다음의 어느 하나에 해당
하는 서류
1) 외국 정부나 그 밖에 권한 있는 기관이 발행한 서류 또는 공증인(법률에 따른 공증인의
자격을 가진 자만 해당한다. 이하 이 목에서 같다)이 공증한 신청인의 진술서로서 「재외
공관 공증법」에 따라 그 국가에 주재하는 대한민국공관의 영사관이 확인한 서류
2) 「외국공문서에 대한 인증의 요구를 폐지하는 협약」을 체결한 국가의 경우에는 해당 국가
의 정부나 공증인, 그 밖의 권한이 있는 기관이 발행한 것으로서 해당 국가의 아포스티유
(Apostille) 확인서 발급 권한이 있는 기관이 그 확인서를 발급한 서류
나. 「상법」 제614조의 규정에 따른 영업소의 등기를 증명할 수 있는 서류

09 정답 ②

해설 ㄱ. (○) 법인인 개업공인중개사는 분사무소의 3개월을 초과한 휴업 또는 폐업신고를 하는 경우 분사무소설
치신고확인서를 첨부해야 한다(공인중개사법 시행령 제18조 제2항 단서 참고).

ㄴ. (○) 개업공인중개사의 휴업은 6개월을 초과할 수 없다. 다만, 질병으로 인한 요양, 징집으로 인한
입영, 취학, <u>임신 또는 출산</u>, 이에 준하는 부득이한 사유로서 국토교통부장관이 정하여 고시하는 사유
가 있는 경우에는 6개월을 초과하여 휴업할 수 있다(공인중개사법 제21조 제2항, 동법 시행령 제18조
제6항).

ㄷ. (×) 제39조에 따라 업무정지처분을 받고 제21조에 따른 폐업신고를 한 자로서 업무정지기간(폐업에도
불구하고 진행되는 것으로 본다)이 지나지 아니한 자는 중개사무소의 개설등록을 할 수 없다(공인중개
사법 제10조 제1항 제9호).

10 정답 ⑤

해설 ① 개업공인중개사 및 소속공인중개사는 법 제16조 제1항의 규정에 따라 업무를 개시하기 전에 중개행위에
사용할 인장을 등록관청에 등록(전자문서에 의한 등록을 포함한다)하여야 한다(공인중개사법 시행규칙
제9조 제1항). 따라서 개업공인중개사는 중개사무소 개설등록 후에도 업무를 개시하기 전이라면 인장을
등록할 수 있다.

② 공인중개사법 시행규칙 제9조 제6항 제2호

관계법령 인장등록 등(공인중개사법 시행규칙 제9조)

⑥ 제1항에 따른 인장의 등록은 다음 각 호의 신청이나 신고와 같이 할 수 있다.
　1. 제4조에 따른 중개사무소 개설등록신청
　2. 제8조에 따른 <u>소속공인중개사 · 중개보조원에 대한 고용 신고</u>

---

③ · ④ 제1항 및 제2항에 따라 개업공인중개사 및 소속공인중개사가 등록하여야 할 인장은 공인중개사인
개업공인중개사, 법 제7638호 부칙 제6조 제2항에 규정된 개업공인중개사 및 소속공인중개사의 경우에
는 「가족관계의 등록 등에 관한 법률」에 따른 가족관계등록부 또는 「주민등록법」에 따른 주민등록표에
기재되어 있는 성명이 나타난 인장으로서 그 크기가 <u>가로 · 세로 각각 7밀리미터 이상 30밀리미터 이내
인 인장</u>이어야 하며, 법인인 개업공인중개사의 경우에는 「상업등기규칙」에 따라 신고한 법인의 인장이
어야 한다. 다만, 분사무소에서 사용할 인장의 경우에는 「상업등기규칙」 제35조 제3항에 따라 법인의
대표자가 보증하는 인장을 등록할 수 있다(공인중개사법 시행규칙 제9조 제3항).

⑤ 제1항의 규정에 따라 등록한 인장을 변경한 경우에는 개업공인중개사 및 소속공인중개사는 변경일부터
<u>7일</u> 이내에 그 변경된 인장을 등록관청에 등록(전자문서에 의한 등록을 포함한다)하여야 한다(공인중개
사법 시행규칙 제9조 제2항).

11 　정답 ⑤

해설 　① 개업공인중개사는 중개사무소를 이전한 때에는 이전한 날부터 10일 이내에 국토교통부령으로 정하는 바에 따라 등록관청에 이전사실을 신고해야 한다. 다만, 중개사무소를 등록관청의 관할 지역 외의 지역으로 이전한 경우에는 이전 후의 중개사무소를 관할하는 시장·군수 또는 구청장(이하 이 조에서 "이전후 등록관청"이라 한다)에게 신고해야 한다(공인중개사법 제20조 제1항).

② 공인중개사법 제21조의2 제1항 제1호

관계법령　간판의 철거(공인중개사법 제21조의2)

① 개업공인중개사는 다음 각 호의 어느 하나에 해당하는 경우에는 지체 없이 사무소의 간판을 철거하여야 한다.
1. 제20조 제1항에 따라 등록관청에 중개사무소의 이전사실을 신고한 경우
2. 제21조 제1항에 따라 등록관청에 폐업사실을 신고한 경우
3. 제38조 제1항 또는 제2항에 따라 중개사무소의 개설등록 취소처분을 받은 경우

③·⑤ 공인중개사인 개업공인중개사가 중개사무소이전신고서를 제출할 때 중개사무소등록증을 첨부해야 한다(공인중개사법 시행규칙 제11조 제1항 제1호 참고).

관계법령　중개사무소의 이전신고 등(공인중개사법 시행규칙 제11조)

① 법 제20조 제1항에 따라 중개사무소의 이전신고를 하려는 자는 별지 제12호 서식의 중개사무소이전 신고서에 다음 각 호의 서류를 첨부하여 등록관청(분사무소의 경우에는 주된 사무소의 소재지를 관할하는 등록관청을 말한다. 이하 이 조에서 같다)에 제출해야 한다.
1. 중개사무소등록증(분사무소의 경우에는 분사무소설치신고확인서를 말한다)
2. 건축물대장에 기재된 건물에 중개사무소를 확보(소유·전세·임대차 또는 사용대차 등의 방법에 의하여 사용권을 확보하여야 한다)하였음을 증명하는 서류. 다만, 건축물대장에 기재되지 아니한 건물에 중개사무소를 확보하였을 경우에는 건축물대장 기재가 지연되는 사유를 적은 서류도 함께 내야 한다.

④ 공인중개사법 시행령 제16조 제2항 제2호

관계법령　중개사무소의 공동사용(공인중개사법 시행령 제16조)

② 법 제39조에 따른 업무의 정지기간 중에 있는 개업공인중개사는 법 제13조 제6항 단서에 따라 다음 각 호의 어느 하나에 해당하는 방법으로 다른 개업공인중개사와 중개사무소를 공동으로 사용할 수 없다.
1. 법 제39조에 따른 업무의 정지기간 중에 있는 개업공인중개사가 다른 개업공인중개사에게 중개사무소의 공동사용을 위하여 제1항에 따른 승낙서를 주는 방법. 다만, 법 제39조에 따른 업무의 정지기간 중에 있는 개업공인중개사가 영업정지 처분을 받기 전부터 중개사무소를 공동사용 중인 다른 개업공인중개사는 제외한다.
2. 법 제39조에 따른 업무의 정지기간 중에 있는 개업공인중개사가 다른 개업공인중개사의 중개사무소를 공동으로 사용하기 위하여 중개사무소의 이전신고를 하는 방법

12 정답 ②

해설 ① 전속중개계약서는 3년간 보존하여야 한다(공인중개사법 제23조 제2항, 동법 시행규칙 제14조 제2항 참고). 그러나 일반중개계약서의 보존기간에 관한 규정은 없다.

② 국토교통부장관은 일반중개계약의 표준이 되는 서식을 정하여 개업공인중개사에게 그 사용을 권장할 수 있으며, 일반중개계약서의 표준서식은 공인중개사법 시행규칙에 규정되어 있다(공인중개사법 시행령 제19조, 동법 시행규칙 제13조).

③ 전속중개계약은 국토교통부령으로 정하는 계약서에 의하여야 하며(공인중개사법 제23조 제2항 전문), 중개의뢰인 甲과 개업공인중개사 乙은 각자 서명 또는 날인한 후 쌍방이 (전속중개계약서를) 1통씩 보관한다(공인중개사법 시행규칙 [별지 제15호 서식(전속중개계약서)] 참고). 소속공인중개사는 전속중개계약서에 서명 또는 날인할 의무가 없다.

④ 법 제23조 제1항의 규정에 따른 전속중개계약의 유효기간은 3월로 한다. 다만, 당사자 간에 다른 약정이 있는 경우에는 그 약정에 따른다(공인중개사법 시행령 제20조 제1항).

⑤ 전속중개계약의 유효기간 내에 갑이 스스로 발견한 상대방과 거래한 경우에는 중개보수의 50퍼센트에 해당하는 금액의 범위에서 을이 중개행위를 할 때 소요된 비용(사회통념에 비추어 상당하다고 인정되는 비용을 말한다)을 지불한다(공인중개사법 시행규칙 [별지 제15호 서식(전속중개계약서)] 2. ① 단서 참고).

13 정답 ④

해설 ① 다수의 부동산, 관련 필지, 매도·매수인, 개업공인중개사 등 기재사항이 복잡한 경우에는 다른 용지에 작성하여 간인 처리한 후 첨부합니다(부동산 거래신고 등에 관한 법률 시행규칙 [별지 제1호 서식(부동산거래계약신고서)] 작성방법 11.).

②·④ 공급계약은 시행사 또는 건축주 등이 최초로 부동산을 공급(분양)하는 계약을 말하며, 준공 전과 준공 후 계약 여부에 따라 ✓표시하고, "임대주택 분양전환"은 임대주택사업자(법인으로 한정)가 임대기한이 완료되어 분양전환하는 주택인 경우에 ✓표시합니다. 전매는 부동산을 취득할 수 있는 권리의 매매로서, "분양권" 또는 "입주권"에 ✓표시를 합니다(부동산 거래신고 등에 관한 법률 시행규칙 [별지 제1호 서식(부동산거래계약신고서)] 작성방법 4. ⑤).

③ "계약대상 면적"란에는 실제 거래면적을 계산하여 적되, 건축물 면적은 집합건축물의 경우 전용면적을 적고, 그 밖의 건축물의 경우 연면적을 적습니다(부동산 거래신고 등에 관한 법률 시행규칙 [별지 제1호 서식(부동산거래계약신고서)] 작성방법 6. ⑦).

⑤ "물건별 거래가격"란에는 각각의 부동산별 거래가격을 적습니다. 최초 공급계약(분양) 또는 전매계약(분양권, 입주권)의 경우 분양가격, 발코니 확장 등 선택비용 및 추가 지급액 등(프리미엄 등 분양가격을 초과 또는 미달하는 금액)을 각각 적습니다. 이 경우 각각의 비용에 부가가치세가 있는 경우 부가가치세를 포함한 금액으로 적습니다(부동산 거래신고 등에 관한 법률 시행규칙 [별지 제1호 서식(부동산거래계약신고서)] 작성방법 7. ⑧).

14 정답 ②

해설 ① 개업공인중개사는 중개가 완성되어 거래계약서를 작성하는 때에는 제1항에 따른 확인·설명사항을 대통령령으로 정하는 바에 따라 서면으로 작성하여 거래당사자에게 교부하고 대통령령으로 정하는 기간(3년) 동안 그 원본, 사본 또는 전자문서를 보존하여야 한다. 다만, 확인·설명사항이 「전자문서 및 전자거래 기본법」 제2조 제9호에 따른 공인전자문서센터(이하 "공인전자문서센터"라 한다)에 보관된 경우에는 그러하지 아니하다(공인중개사법 제25조 제3항).

② 부동산중개업자는 중개대상 물건에 근저당이 설정된 경우에는 그 채권최고액을 조사·확인하여 의뢰인에게 설명하면 족하고, 실제의 피담보채무액까지 조사·확인하여 설명할 의무까지 있다고 할 수는 없으나, 부동산중개업자가 이에 그치지 않고 실제의 피담보채무액에 관한 그릇된 정보를 제대로 확인하지도 않은 채 마치 그것이 진실인 것처럼 의뢰인에게 그대로 전달하여 의뢰인이 그 정보를 믿고 상대방과 계약에 이르게 되었다면, 부동산중개업자의 그러한 행위는 선량한 관리자의 주의로 신의를 지켜 성실하게 중개행위를 하여야 할 중개업자의 의무에 위반된다(대판 1999.5.14. 98다30667).

③ 부동산중개업자와 중개의뢰인의 법률관계는 민법상 위임관계와 유사하므로 중개의뢰를 받은 중개업자는 선량한 관리자의 주의로 중개대상물의 권리관계 등을 조사·확인하여 중개의뢰인에게 설명할 의무가 있고, 이는 부동산중개업자나 중개보조원이 구 부동산중개업법에서 정한 중개대상물의 범위 외의 물건이나 권리 또는 지위를 중개하는 경우에도 다르지 않다(대판 2015.1.29. 2012다74342).

④ 공인중개사는 자기가 조사·확인하여 설명할 의무가 없는 사항이라도 중개의뢰인이 계약을 맺을지를 결정하는 데 중요한 것이라면 그에 관해 그릇된 정보를 제공해서는 안 되고, 그 정보가 진실인 것처럼 그대로 전달하여 중개의뢰인이 이를 믿고 계약을 체결하도록 했다면 선량한 관리자의 주의로 신의를 지켜 성실하게 중개해야 할 의무를 위반한 것이 된다(대판 2022.6.30. 2022다212594).

⑤ 제25조 제1항을 위반하여 성실·정확하게 중개대상물의 확인·설명을 하지 아니하거나 설명의 근거자료를 제시하지 아니한 자에게는 500만원 이하의 과태료를 부과한다(공인중개사법 제51조 제2항 제1호의6).

15 정답 ④

해설 ① 개업공인중개사는 중개사무소 개설등록을 한 때에는 업무를 시작하기 전에 제1항의 규정에 따른 손해배상책임을 보장하기 위한 조치(이하 이 조 및 제25조에서 "보증"이라 한다)를 한 후 그 증명서류를 갖추어 등록관청에 신고하여야 한다. 다만, 보증보험회사·공제사업자 또는 공탁기관(이하 "보증기관"이라 한다)이 보증사실을 등록관청에 직접 통보한 경우에는 신고를 생략할 수 있다(공인중개사법 시행령 제24조 제2항).

② 공인중개사법 시행령 제24조 제1항 제2호

관계법령 **손해배상책임의 보장(공인중개사법 시행령 제24조)**

① 개업공인중개사는 법 제30조 제3항에 따라 다음 각 호의 구분에 따른 금액을 보장하는 보증보험 또는 공제에 가입하거나 공탁을 해야 한다.
  1. 법인인 개업공인중개사 : 4억원 이상. 다만, 분사무소를 두는 경우에는 분사무소마다 2억원 이상을 추가로 설정해야 한다.
  2. 법인이 아닌 개업공인중개사 : 2억원 이상

③ 개업공인중개사는 보증보험금·공제금 또는 공탁금으로 손해배상을 한 때에는 15일 이내에 보증보험 또는 공제에 다시 가입하거나 공탁금 중 부족하게 된 금액을 보전해야 한다(공인중개사법 시행령 제26조 제2항).

④ 등록관청은 개업공인중개사가 제30조 제3항에 따른 손해배상책임을 보장하기 위한 조치를 이행하지 아니하고 업무를 개시한 경우에는 중개사무소의 개설등록을 취소할 수 있으며(공인중개사법 제38조 제2항 제8호), 6개월의 범위 안에서 기간을 정하여 업무의 정지를 명할 수 있다(공인중개사법 제39조 제1항 제11호).

⑤ 개업공인중개사는 자기의 중개사무소를 다른 사람의 중개행위의 장소로 제공함으로써 거래당사자에게 재산상의 손해를 발생하게 한 때에는 그 손해를 배상할 책임이 있다(공인중개사법 제30조 제2항).

16 정답 ⑤

해설 ①·② 공인중개사법 제17조, 동법 시행규칙 제10조 제3호·제5호

> **관계법령** 중개사무소등록증 등의 게시(공인중개사법 제17조)
>
> 개업공인중개사는 중개사무소등록증·중개보수표 그 밖에 국토교통부령으로 정하는 사항을 해당 중개사무소 안의 보기 쉬운 곳에 게시하여야 한다.
>
> > **중개사무소등록증 등의 게시(공인중개사법 시행규칙 제10조)**
> > 법 제17조에서 "국토교통부령으로 정하는 사항"이란 다음 각 호의 사항을 말한다.
> > 1. 중개사무소등록증 원본(법인인 개업공인중개사의 분사무소의 경우에는 분사무소설치신고 확인서 원본을 말한다)
> > 2. 중개보수·실비의 요율 및 한도액표
> > 3. 개업공인중개사 및 소속공인중개사의 공인중개사자격증 원본(해당되는 자가 있는 경우로 한정한다)
> > 4. 보증의 설정을 증명할 수 있는 서류
> > 5. 「부가가치세법 시행령」 제11조에 따른 사업자등록증

③ 개업공인중개사는 그 사무소의 명칭에 "공인중개사사무소" 또는 "부동산중개"라는 문자를 사용해야 한다(공인중개사법 제18조 제1항).

④ 개업공인중개사가 「옥외광고물 등의 관리와 옥외광고산업 진흥에 관한 법률」 제2조 제1호에 따른 옥외광고물을 설치하는 경우 중개사무소등록증에 표기된 개업공인중개사(법인의 경우에는 대표자, 법인 분사무소의 경우에는 제13조 제4항의 규정에 따른 신고확인서에 기재된 책임자를 말한다)의 성명을 표기하여야 한다(공인중개사법 제18조 제3항).

⑤ 법 제7638호 부칙 제6조 제2항에 따른 개업공인중개사는 그 사무소의 명칭에 "공인중개사사무소"라는 문자를 사용하여서는 아니 된다(법률 제7638호 부칙 제6조 제3항), '부동산중개'라는 문자의 사용은 가능하다.

17 정답 ③

해설

① 폐업신고 후 <u>1년 이내</u>에 중개사무소의 개설등록을 다시 신청하려는 자는 실무교육을 받지 않아도 된다(공인중개사법 제34조 제1항 제1호).

> **관계법령 개업공인중개사등의 교육(공인중개사법 제34조)**
>
> ① 제9조에 따라 중개사무소의 개설등록을 신청하려는 자(법인의 경우에는 사원·임원을 말하며, 제13조 제3항에 따라 분사무소의 설치신고를 하려는 경우에는 분사무소의 책임자를 말한다)는 등록신청일(분사무소 설치신고의 경우에는 신고일을 말한다) 전 1년 이내에 시·도지사가 실시하는 실무교육(실무수습을 포함한다)을 받아야 한다. 다만, 다음 각 호의 어느 하나에 해당하는 자는 그러하지 아니하다.
> 1. 폐업신고 후 1년 이내에 중개사무소의 개설등록을 다시 신청하려는 자
> 2. 소속공인중개사로서 고용관계 종료 신고 후 1년 이내에 중개사무소의 개설등록을 신청하려는 자

② 중개보조원의 직무수행에 필요한 직업윤리에 대한 교육시간은 <u>3시간 이상 4시간 이하</u>이다(공인중개사법 시행령 제28조 제2항 참고).

③ 시·도지사는 법 제34조 제4항에 따른 연수교육을 실시하려는 경우 실무교육 또는 연수교육을 받은 후 2년이 되기 2개월 전까지 연수교육의 일시·장소·내용 등을 대상자에게 통지하여야 한다(공인중개사법 시행령 제28조 제4항).

④ 개업공인중개사 및 소속공인중개사의 직무수행에 필요한 법률지식, 부동산 중개 및 경영 실무, 직업윤리 등 실무교육의 교육시간은 <u>28시간 이상 32시간 이하</u>이다(공인중개사법 시행령 제28조 제1항 참고).

⑤ 국토교통부장관, 시·도지사 및 등록관청은 부동산 거래질서를 확립하고, 부동산거래사고로 인한 피해를 방지하기 위하여 법 제34조의2 제2항에 따른 부동산거래사고 예방을 위한 교육을 실시하려는 경우에는 교육일 <u>10일 전까지</u> 교육일시·교육장소 및 교육내용, 그 밖에 교육에 필요한 사항을 공고하거나 교육대상자에게 통지하여야 한다(공인중개사법 시행령 제28조의2 제2항).

18 정답 ②

해설

ㄱ. (○), ㄴ. (×), ㄷ. (○), ㄹ. (×) 예치명의자는 개업공인중개사, 은행, <u>보험회사</u>, 신탁업자, 체신관서, 공인중개사법 제42조에 따라 공제사업을 하는 자, 전문회사 등이며, 예치기관은 금융기관, 공인중개사법 제42조에 따라 공제사업을 하는 자, 신탁업자 등이다(공인중개사법 제31조 제1항, 동법 시행령 제27조 제1항 제2호·제3호 참고).

> **관계법령 계약금등의 반환채무이행의 보장(공인중개사법 제31조)**
>
> ① 개업공인중개사는 거래의 안전을 보장하기 위하여 필요하다고 인정하는 경우에는 거래계약의 이행이 완료될 때까지 계약금·중도금 또는 잔금(이하 이 조에서 "계약금등"이라 한다)을 <u>개업공인중개사 또는 대통령령으로 정하는 자</u>의 명의로 금융기관, 제42조에 따라 공제사업을 하는 자 또는 「자본시장과 금융투자업에 관한 법률」에 따른 신탁업자 등에 예치하도록 거래당사자에게 권고할 수 있다.
>
> > **계약금등의 예치·관리 등(공인중개사법 시행령 제27조)**
> > ① 법 제31조 제1항에서 "대통령령이 정하는 자"라 함은 다음 각 호의 자를 말한다.
> > 1. 「은행법」에 따른 은행
> > 2. <u>「보험업법」</u>에 따른 보험회사

3. 「자본시장과 금융투자업에 관한 법률」에 따른 신탁업자
4. 「우체국예금·보험에 관한 법률」에 따른 체신관서
5. 법 제42조의 규정에 따라 공제사업을 하는 자
6. 부동산 거래계약의 이행을 보장하기 위하여 계약금·중도금 또는 잔금(이하 이 조에서 "계약금등"이라 한다) 및 계약 관련서류를 관리하는 업무를 수행하는 전문회사

19 **정답** ①

해설 ※ 공인중개사법 시행령 [별표 2] 참고
① 공인중개사법 제21조 제1항을 위반하여 휴업, 폐업, 휴업한 중개업의 재개 또는 휴업기간의 변경 신고를 하지 않은 경우 : 20만원
② 공인중개사법 제17조를 위반하여 중개사무소등록증 등을 게시하지 않은 경우 : 30만원
③ 공인중개사법 제20조 제1항을 위반하여 중개사무소의 이전신고를 하지 않은 경우 : 30만원
④ 공인중개사법 제34조 제4항에 따른 연수교육을 정당한 사유 없이 받지 않은 경우 : 법 위반상태의 기간이 1개월 이내인 경우 20만원, 법 위반상태의 기간이 1개월 초과 3개월 이내인 경우 30만원, 법 위반상태의 기간이 3개월 초과 6개월 이내인 경우 50만원, 법 위반상태의 기간이 6개월 초과인 경우 100만원
⑤ 공인중개사법 제30조 제5항을 위반하여 손해배상책임에 관한 사항을 설명하지 않거나 관계 증서의 사본 또는 관계 증서에 관한 전자문서를 교부하지 않은 경우 : 30만원

20 **정답** ①

해설 (1) 법 제32조 제4항에 따른 주택의 중개에 대한 보수는 중개의뢰인 쌍방으로부터 각각 받되, 그 일방으로부터 받을 수 있는 한도는 [별표 1]과 같으며, 그 금액은 법 제32조 제4항에 따라 시·도의 조례로 정하는 요율한도 이내에서 중개의뢰인과 개업공인중개사가 서로 협의하여 결정한다(공인중개사법 시행규칙 제20조 제1항).
(2) 동일한 중개대상물에 대하여 동일 당사자 간에 매매를 포함한 둘 이상의 거래가 동일 기회에 이루어지는 경우에는 매매계약에 관한 거래금액만을 적용하여 거래금액을 계산한다(공인중개사법 시행규칙 제20조 제5항 제3호).
(3) 따라서 거래금액은 매매대금 2억 5천만원을 적용하고 이에 대한 상한요율 0.4%를 적용하여 계산한 중개보수 최고한도는 2억 5천만원 × 0.4% = 1백만원이다.
(4) 한편, 부동산중개업법 및 같은 법 시행규칙 소정의 상한을 초과하는 부동산중개수수료 약정은 강행법규 위반으로 그 한도액을 초과하는 부분은 무효이므로(대판 2002.9.4. 2000다54406 참고), 당사자가 합의한 매매계약에 대한 중개보수 160만원은 한도액 1백만원을 초과하는 범위 내에서 무효이다.

21 정답 ④

해설 ㄱ. (허용) 공인중개사가 아닌 자는 공인중개사 또는 이와 유사한 명칭을 사용하지 못한다(공인중개사법 제8조). 따라서 소속공인중개사 역시 공인중개사에 해당하므로 공인중개사 명칭을 사용할 수 있다.

ㄴ. (금지) 개업공인중개사가 아닌 자는 중개대상물에 대한 표시·광고를 하여서는 아니 된다(공인중개사법 제18조의2 제3항).

ㄷ. (금지) 개업공인중개사등(개업공인중개사·소속공인중개사·중개보조원 및 개업공인중개사인 법인의 사원·임원)은 중개대상물의 매매를 업으로 해서는 안 된다(공인중개사법 제33조 제1항 제1호).

ㄹ. (금지) 누구든지 시세에 부당한 영향을 줄 목적으로 안내문, 온라인 커뮤니티 등을 이용하여 특정 가격 이하로 중개를 의뢰하지 아니하도록 유도하는 행위로 개업공인중개사등의 업무를 방해해서는 아니 된다(공인중개사법 제33조 제2항 제3호).

22 정답 ①

해설 ㄱ. (자격정지 6월) 공인중개사법 시행규칙 [별표 3] 1.

ㄴ. (자격정지 3월) 공인중개사법 시행규칙 [별표 3] 5.

ㄷ. (자격정지 3월) 공인중개사법 시행규칙 [별표 3] 2.

ㄹ. (자격정지 3월) 공인중개사법 시행규칙 [별표 3] 3.

관계법령 공인중개사 자격정지의 기준(공인중개사법 시행규칙 [별표 3])

위반행위	해당 법조문	자격정지 기준
1. 법 제12조 제2항의 규정을 위반하여 2 이상의 중개사무소에 소속된 경우	법 제36조 제1항 제1호	자격정지 6월
2. 법 제16조의 규정을 위반하여 인장등록을 하지 아니하거나 등록하지 아니한 인장을 사용한 경우	법 제36조 제1항 제2호	자격정지 3월
3. 법 제25조 제1항의 규정을 위반하여 성실·정확하게 중개대상물의 확인·설명을 하지 아니하거나 설명의 근거자료를 제시하지 아니한 경우	법 제36조 제1항 제3호	자격정지 3월
4. 법 제25조 제4항의 규정을 위반하여 중개대상물확인·설명서에 서명·날인을 하지 아니한 경우	법 제36조 제1항 제4호	자격정지 3월
5. 법 제26조 제2항의 규정을 위반하여 거래계약서에 서명·날인을 하지 아니한 경우	법 제36조 제1항 제5호	자격정지 3월
6. 법 제26조 제3항의 규정을 위반하여 거래계약서에 거래금액 등 거래내용을 거짓으로 기재하거나 서로 다른 2 이상의 거래계약서를 작성한 경우	법 제36조 제1항 제6호	자격정지 6월
7. 법 제33조 제1항 각 호에 규정된 금지행위를 한 경우	법 제36조 제1항 제7호	자격정지 6월

23 정답 ⑤

해설 ① 개업공인중개사가 제21조에 따른 폐업신고 후 제9조에 따라 다시 중개사무소의 개설등록을 한 때에는 폐업신고 전의 개업공인중개사의 지위를 승계한다(공인중개사법 제40조 제1항). 공인중개사법 제40조의 입법취지가 중개업자가 자신의 위법행위로 인한 행정처분, 등록취소 후 3년의 등록제한 및 수차 위반에 따른 가중처분을 회피하는 것을 방지하기 위한 것인 점을 고려하면 다른 개업공인중개사가 중개사무소를 개설등록한 경우에는 그 지위를 승계하지 않는다.

② · ⑤ 제1항의 경우 폐업신고 전의 개업공인중개사에 대하여 제39조(업무의 정지) 제1항 각 호, 제51조(과태료) 제1항 각 호, 같은 조 제2항 각 호 및 같은 조 제3항 각 호의 위반행위를 사유로 행한 행정처분의 효과는 그 처분일부터 1년간 다시 중개사무소의 개설등록을 한 자(이하 이 조에서 "재등록 개업공인중개사"라 한다)에게 승계된다(공인중개사법 제40조 제2항). 개업공인중개사가 2022.4.1. 과태료 부과 처분을 받은 후 폐업신고를 하고 처분일로부터 1년이 지나지 않은 2023.3.2. 다시 중개사무소의 개설등록을 한 경우는 그 처분의 효과가 승계된다.

③ 제1항의 경우 재등록 개업공인중개사에 대하여 폐업신고 전의 제38조(등록의 취소) 제1항 각 호, 같은 조 제2항 각 호 및 제39조(업무의 정지) 제1항 각 호의 위반행위에 대한 행정처분을 할 수 있다. 다만, 폐업기간이 3년을 초과한 경우와 폐업신고 전의 위반행위에 대한 행정처분이 업무정지에 해당하는 경우로서 폐업기간이 1년을 초과한 경우는 제외한다(공인중개사법 제40조 제3항).

④ 제3항에 따라 행정처분을 하는 경우에는 폐업기간과 폐업의 사유 등을 고려해야 한다(공인중개사법 제40조 제4항).

24 정답 ①

해설 ① 법 제35조의 규정에 따른 공인중개사의 자격취소처분 및 법 제36조의 규정에 따른 자격정지처분은 그 공인중개사자격증을 교부한 시 · 도지사가 행한다(공인중개사법 시행령 제29조 제1항).

② 공인중개사법 제35조 제1항 제3호

> **관계법령** 자격의 취소(공인중개사법 제35조)
>
> ① 시 · 도지사는 공인중개사가 다음 각 호의 어느 하나에 해당하는 경우에는 그 자격을 취소하여야 한다.
> 1. 부정한 방법으로 공인중개사의 자격을 취득한 경우
> 2. 제7조 제1항의 규정을 위반하여 다른 사람에게 자기의 성명을 사용하여 중개업무를 하게 하거나 공인중개사자격증을 양도 또는 대여한 경우
> 3. 제36조에 따른 자격정지처분을 받고 그 자격정지기간 중에 중개업무를 행한 경우(다른 개업공인중개사의 소속공인중개사 · 중개보조원 또는 법인인 개업공인중개사의 사원 · 임원이 되는 경우를 포함한다)
> 4. 이 법 또는 공인중개사의 직무와 관련하여 「형법」 제114조, 제231조, 제234조, 제347조, 제355조 또는 제356조를 위반하여 금고 이상의 형(집행유예를 포함한다)을 선고받은 경우

③ 법 제35조 제3항의 규정에 따라 공인중개사자격증을 반납하려는 자는 자격취소처분을 받은 날부터 7일 이내에 그 공인중개사자격증을 교부한 시 · 도지사에게 공인중개사자격증을 반납해야 한다(공인중개사법 시행규칙 제21조).

④ 시 · 도지사는 공인중개사의 자격취소처분을 한 때에는 5일 이내에 이를 국토교통부장관과 다른 시 · 도지사에게 통보해야 한다(공인중개사법 시행령 제29조 제3항).

⑤ 분실 등의 사유로 인하여 제3항의 규정에 따라 공인중개사자격증을 반납할 수 없는 자는 제3항에도 불구하고 자격증 반납을 대신하여 그 이유를 기재한 사유서를 시 · 도지사에게 제출해야 한다(공인중개사법 제35조 제4항).

25 정답 ⑤

해설 ① 협회는 총회의 의결내용을 지체 없이 국토교통부장관에게 보고해야 한다(공인중개사법 시행령 제32조 제1항).

② 공인중개사법 제42조 제5항, 동법 시행령 제35조

> **관계법령 공제사업(공인중개사법 제42조)**
>
> ⑤ 협회는 대통령령으로 정하는 바에 따라 매년도의 공제사업 운용실적을 일간신문·협회보 등을 통하여 공제계약자에게 공시하여야 한다.
>
> > **공제사업 운용실적의 공시(공인중개사법 시행령 제35조)**
> > 협회는 법 제42조 제5항에 따라 다음 각 호의 사항을 매 회계연도 종료 후 3개월 이내에 일간신문 또는 협회보에 공시하고 협회의 인터넷 홈페이지에 게시해야 한다.
> > 1. 결산서인 요약 재무상태표, 손익계산서 및 감사보고서
> > 2. 공제료 수입액, 공제금 지급액, 책임준비금 적립액
> > 3. 그 밖에 공제사업의 운용과 관련된 참고사항

③ 제1항에 따른 창립총회에는 서울특별시에서는 100인 이상, 광역시·도 및 특별자치도에서는 각각 20인 이상의 회원이 참여해야 한다(공인중개사법 시행령 제30조 제2항).

④ 책임준비금의 적립비율은 공제사고 발생률 및 공제금 지급액 등을 종합적으로 고려하여 정하되, 공제료 수입액의 100분의 10 이상으로 정한다(공인중개사법 시행령 제34조 제3호).

⑤ 협회는 공제사업을 다른 회계와 구분하여 별도의 회계로 관리하여야 하며, 책임준비금을 다른 용도로 사용하려는 경우에는 국토교통부장관의 승인을 얻어야 한다(공인중개사법 제42조 제4항).

26 정답 ②

해설 ㄱ. (○) ⑧ 취득 시 부담할 조세의 종류 및 세율은 중개가 완성되기 전 「지방세법」의 내용을 확인하여 적습니다(임대차의 경우에는 제외합니다)(공인중개사법 시행규칙 [별지 제20호 서식] 작성방법, 세부항목 10.).

ㄴ. (○) ⑩ 내부·외부 시설물의 상태(건축물), ⑪ 벽면·바닥면 및 도배 상태와 ⑫ 환경조건은 중개대상물에 대해 개업공인중개사가 매도(임대)의뢰인에게 자료를 요구하여 확인한 사항을 적고, ⑩ 내부·외부 시설물의 상태(건축물)의 "그 밖의 시설물"은 가정자동화 시설(Home Automation 등 IT 관련 시설)의 설치 여부를 적습니다(공인중개사법 시행규칙 [별지 제20호 서식] 작성방법, 세부항목 12.).

ㄷ. (×) ⑨ 실제 권리관계 또는 공시되지 않은 물건의 권리 사항은 매도(임대)의뢰인이 고지한 사항(법정지상권, 유치권, 「주택임대차보호법」에 따른 임대차, 토지에 부착된 조각물 및 정원수, 계약 전 소유권 변동 여부, 도로의 점용허가 여부 및 권리·의무 승계 대상 여부 등)을 적습니다. 「건축법 시행령」 [별표 1] 제2호에 따른 공동주택(기숙사는 제외합니다) 중 분양을 목적으로 건축되었으나 분양되지 않아 보존등기만 마쳐진 상태인 공동주택에 대해 임대차계약을 알선하는 경우에는 이를 임차인에게 설명해야 합니다.

※ 임대차계약의 경우 임대보증금, 월 단위의 차임액, 계약기간, 장기수선충당금의 처리 등을 확인하고, 근저당 등이 설정된 경우 채권최고액을 확인하여 적습니다. 그 밖에 경매 및 공매 등의 특이사항이 있는 경우 이를 확인하여 적습니다(공인중개사법 시행규칙 [별지 제20호 서식] 작성방법, 세부항목 11.).

27 정답 ⑤

해설 ① 이 규칙에 의한 매수신청대리의 대상물은 토지, 건물 그 밖의 토지의 정착물, 「입목에 관한 법률」에 따른 입목, 「공장 및 광업재단 저당법」에 따른 공장재단·광업재단이다(공인중개사의 매수신청대리인 등록 등에 관한 규칙 제3조). 미등기의 건물이라도 채무자의 소유로써 건축허가나 건축신고가 된 건물이라면 경매를 신청할 수 있고, 중개대상물에 해당하므로 매수신청대리의 대상물이 될 수 있다.

② 공인중개사의 매수신청대리인 등록 등에 관한 규칙 제2조 제7호

> **관계법령** 매수신청대리권의 범위(공인중개사의 매수신청대리인 등록 등에 관한 규칙 제2조)
>
> 법원에 매수신청대리인으로 등록된 개업공인중개사가 매수신청대리의 위임을 받은 경우 다음 각 호의 행위를 할 수 있다.
> 1. 「민사집행법」 제113조의 규정에 따른 매수신청 보증의 제공
> 2. 입찰표의 작성 및 제출
> 3. 「민사집행법」 제114조의 규정에 따른 차순위매수신고
> 4. 「민사집행법」 제115조 제3항, 제142조 제6항의 규정에 따라 매수신청의 보증을 돌려줄 것을 신청하는 행위
> 5. 「민사집행법」 제140조의 규정에 따른 공유자의 우선매수신고
> 6. 구「임대주택법」 제22조의 규정에 따른 임차인의 임대주택 우선매수신고
> 7. 공유자 또는 임대주택 임차인의 우선매수신고에 따라 차순위매수신고인으로 보게 되는 경우 그 차순위매수신고인의 지위를 포기하는 행위

③ 매수신청대리인으로 등록하기 위해서는 개업공인중개사이거나 법인인 개업공인중개사이어야 한다(공인중개사의 매수신청대리인 등록 등에 관한 규칙 제5조 제1호 참고). 소속공인중개사는 매수신청대리인으로 등록할 수 없다.

> **관계법령** 등록요건(공인중개사의 매수신청대리인 등록 등에 관한 규칙 제5조)
>
> 공인중개사가 매수신청대리인으로 등록하기 위한 요건은 다음 각 호와 같다.
> 1. 개업공인중개사이거나 법인인 개업공인중개사일 것
> 2. 제10조의 규정에 따라 부동산경매에 관한 실무교육을 이수하였을 것
> 3. 제11조 제2항의 규정에 따라 보증보험 또는 공제에 가입하였거나 공탁을 하였을 것

④ 매수신청대리인이 되고자 하는 개업공인중개사는 중개사무소(법인인 개업공인중개사의 경우에는 주된 중개사무소를 말한다)가 있는 곳을 관할하는 지방법원의 장(이하 "지방법원장"이라 한다)에게 매수신청대리인 등록을 하여야 한다(공인중개사의 매수신청대리인 등록 등에 관한 규칙 제4조).

⑤ 개업공인중개사는 제2조의 규정에 따른 대리행위를 함에 있어서 매각장소 또는 집행법원에 직접 출석하여야 한다(공인중개사의 매수신청대리인 등록 등에 관한 규칙 제14조 제3항).

28 정답 ②

해설 ① 부동산 거래신고 등에 관한 법률 시행령 제14조 제9호 다목
② 단독주택 중 다중주택 및 공관은 제외한다(부동산 거래신고 등에 관한 법률 시행령 제14조 제9호 가목 참고).
③ 부동산 거래신고 등에 관한 법률 시행령 제14조 제10호
④ 부동산 거래신고 등에 관한 법률 시행령 제14조 제9호 라목
⑤ 부동산 거래신고 등에 관한 법률 시행령 제14조 제9호 나목

> **관계법령** **토지 이용에 관한 의무 등(부동산 거래신고 등에 관한 법률 제17조)**
>
> ① 제11조에 따라 토지거래계약을 허가받은 자는 대통령령으로 정하는 사유가 있는 경우 외에는 5년의 범위에서 대통령령으로 정하는 기간에 그 토지를 허가받은 목적대로 이용하여야 한다.
>
> > **토지 이용에 관한 의무 등(부동산 거래신고 등에 관한 법률 시행령 제14조)**
> >
> > ① 법 제17조 제1항에서 "대통령령으로 정하는 사유가 있는 경우"란 다음 각 호의 어느 하나에 해당하는 경우를 말한다.
> > 9. 다음 각 목의 건축물을 취득하여 실제로 이용하는 자가 해당 건축물의 일부를 임대하는 경우
> >   가. 「건축법 시행령」 [별표 1] 제1호의 단독주택[다중주택 및 공관(公館)은 제외한다]
> >   나. 「건축법 시행령」 [별표 1] 제2호의 공동주택(기숙사는 제외한다)
> >   다. 「건축법 시행령」 [별표 1] 제3호의 제1종 근린생활시설
> >   라. 「건축법 시행령」 [별표 1] 제4호의 제2종 근린생활시설
> > 10. 「산업집적활성화 및 공장설립에 관한 법률」 제2조 제1호에 따른 공장을 취득하여 실제로 이용하는 자가 해당 공장의 일부를 임대하는 경우

29 정답 ④

해설 특별자치시·특별자치도·시·군(광역시 및 경기도의 관할구역에 있는 군으로 한정)·구(자치구를 말한다)에서 보증금이 6천만원을 초과하거나 월차임이 30만원을 초과하는 주택임대차계약을 체결한 경우 임대차계약당사자는 신고의무가 있다.

> **관계법령** **주택임대차계약의 신고(부동산 거래신고 등에 관한 법률 제6조의2)**
>
> ① 임대차계약당사자는 주택(「주택임대차보호법」 제2조에 따른 주택을 말하며, 주택을 취득할 수 있는 권리를 포함한다. 이하 같다)에 대하여 대통령령으로 정하는 금액을 초과하는 임대차계약을 체결한 경우 그 보증금 또는 차임 등 국토교통부령으로 정하는 사항을 임대차계약의 체결일부터 30일 이내에 주택 소재지를 관할하는 신고관청에 공동으로 신고하여야 한다. 다만, 임대차계약당사자 중 일방이 국가등인 경우에는 국가등이 신고하여야 한다.
> ② 제1항에 따른 주택임대차계약의 신고는 임차가구 현황 등을 고려하여 대통령령으로 정하는 지역에 적용한다.
>
> > **주택임대차계약의 신고(부동산 거래신고 등에 관한 법률 시행령 제4조의3)**
> >
> > ① 법 제6조의2 제1항 본문에서 "대통령령으로 정하는 금액을 초과하는 임대차계약"이란 보증금이 6천만원을 초과하거나 월차임이 30만원을 초과하는 주택임대차계약(계약을 갱신하는 경우로서 보증금 및 차임의 증감 없이 임대차 기간만 연장하는 계약은 제외한다)을 말한다.
> > ② 법 제6조의2 제2항에서 "대통령령으로 정하는 지역"이란 특별자치시·특별자치도·시·군(광역시 및 경기도의 관할구역에 있는 군으로 한정한다)·구(자치구를 말한다)를 말한다.

ㄱ. (×) 임대차계약당사자는 제6조의2에 따라 신고한 후 해당 **주택임대차계약의 보증금, 차임 등 임대차 가격이** 변경되거나 임대차계약이 해제된 때에는 변경 또는 해제가 확정된 날부터 30일 이내에 해당 신고관청에 **공동으로 신고**하여야 한다. 다만, 임대차계약당사자 중 일방이 국가등인 경우에는 국가등이 신고하여야 한다(부동산 거래신고 등에 관한 법률 제6조의3 제1항).

ㄴ. (○) 제6조의2에도 불구하고 임차인이 「주민등록법」에 따라 전입신고를 하는 경우 이 법에 따른 주택임대차계약의 신고를 한 것으로 본다(부동산 거래신고 등에 관한 법률 제6조의5 제1항).

ㄷ. (○) 제6조의2, 제6조의3에 따른 신고의 접수를 완료한 때에는 「주택임대차보호법」 제3조의6 제1항에 따른 확정일자를 부여한 것으로 본다(임대차계약서가 제출된 경우로 한정한다). 이 경우 신고관청은 「주택임대차보호법」 제3조의6 제2항에 따라 확정일자부를 작성하거나 「주택임대차보호법」 제3조의6의 확정일자부여기관에 신고 사실을 통보하여야 한다(부동산 거래신고 등에 관한 법률 제6조의5 제3항).

30 정답 ③

해설 ① 가족묘지는 가족당 1개소로 제한하되, 그 면적은 100제곱미터 이하여야 한다(장사 등에 관한 법률 시행령 [별표 2] 2. 가.).

② 장사 등에 관한 법률 제14조 제1항 제1호

> **관계법령 사설묘지의 설치 등(장사 등에 관한 법률 제14조)**
>
> ① 국가, 시·도지사 또는 시장·군수·구청장이 아닌 자는 다음 각 호의 구분에 따른 묘지(이하 "사설묘지"라 한다)를 설치·관리할 수 있다.
> 1. 개인묘지 : 1기의 분묘 또는 해당 분묘에 매장된 자와 배우자 관계였던 자의 분묘를 같은 구역 안에 설치하는 묘지
> 2. 가족묘지 : 「민법」에 따라 친족관계였던 자의 분묘를 같은 구역 안에 설치하는 묘지
> 3. 종중·문중묘지 : 종중이나 문중 구성원의 분묘를 같은 구역 안에 설치하는 묘지
> 4. 법인묘지 : 법인이 불특정 다수인의 분묘를 같은 구역 안에 설치하는 묘지

③ 법인묘지에는 폭 5미터 이상의 도로와 그 도로로부터 각 분묘로 통하는 충분한 진출입로를 설치하고, 주차장을 마련하여야 한다(장사 등에 관한 법률 시행령 [별표 2] 4. 라.).

④ 시신 또는 화장하지 아니한 유골은 위생적으로 처리하여야 하며, 매장 깊이는 지면으로부터 1미터 이상이어야 한다. 화장한 유골을 매장하는 경우 매장 깊이는 지면으로부터 30센티미터 이상이어야 한다(장사 등에 관한 법률 시행령 제7조 제1호).

⑤ 시장등은 묘지의 설치·관리를 목적으로 「민법」에 따라 설립된 재단법인에 한정하여 법인묘지의 설치·관리를 허가할 수 있다(장사 등에 관한 법률 제14조 제5항).

31 정답 ③

해설 ① 거래당사자는 다음 각 호의 어느 하나에 해당하는 계약을 체결한 경우 그 실제 거래가격 등 대통령령으로 정하는 사항을 거래계약의 체결일부터 30일 이내에 그 권리의 대상인 부동산등의 소재지를 관할하는 시장·군수 또는 구청장에게 공동으로 신고해야 한다. 다만, 거래당사자 중 일방이 국가, 지방자치단체, 대통령령으로 정하는 자의 경우(이하 "국가등"이라 한다)에는 국가등이 신고를 하여야 한다(부동산 거래신고 등에 관한 법률 제3조 제1항).

② 제1항에도 불구하고 거래당사자 중 일방이 신고를 거부하는 경우에는 국토교통부령으로 정하는 바에 따라 단독으로 신고할 수 있다(부동산 거래신고 등에 관한 법률 제3조 제2항).

③ 거래당사자는 제3조에 따라 신고한 후 해당 거래계약이 해제, 무효 또는 <u>취소된 경우</u> 해제등이 확정된 날부터 30일 이내에 해당 신고관청에 <u>공동으로 신고해야 한다</u>. 다만, 거래당사자 중 일방이 신고를 거부하는 경우에는 국토교통부령으로 정하는 바에 따라 단독으로 신고할 수 있다(부동산 거래신고 등에 관한 법률 제3조의2 제1항).

④ 「공인중개사법」 제2조 제4호에 따른 개업공인중개사(이하 "개업공인중개사"라 한다)가 같은 법 제26조 제1항에 따라 거래계약서를 작성·교부한 경우에는 제1항에도 불구하고 해당 개업공인중개사가 같은 항에 따른 신고를 하여야 한다. 이 경우 공동으로 중개를 한 경우에는 해당 개업공인중개사가 공동으로 신고하여야 한다(부동산 거래신고 등에 관한 법률 제3조 제3항).

⑤ 개업공인중개사가 제3조 제3항에 따라 거래신고를 한 경우에는 제1항에도 불구하고 개업공인중개사가 해제신고(공동으로 중개를 한 경우에는 해당 개업공인중개사가 공동으로 신고하는 것을 말한다)를 할 수 있다. 다만, 개업공인중개사 중 일방이 신고를 거부한 경우에는 제1항 단서를 준용한다(부동산 거래신고 등에 관한 법률 제3조의2 제2항).

32 정답 ①

해설 ①·③ 첫 경매개시결정등기 전에 설정된 매각부동산 위의 권리 중 담보권이나 최선순위가 아닌 용익권은 매각으로 당연히 소멸하지만, 별도의 배당요구가 없더라도 순위에 따라 배당받을 수 있다. 최선순위의 용익권은 매각으로 소멸되지 않고 매수인이 인수하나, <u>최선순위의 용익권 중 전세권은 그 권리자가 배당요구를 하여야만 매각으로 소멸된다</u>(민사집행법 제91조 제3항, 제4항 참고).

관계법령 인수주의와 잉여주의의 선택 등(민사집행법 제91조)

③ 지상권·지역권·전세권 및 등기된 임차권은 저당권·압류채권·가압류채권에 대항할 수 없는 경우에는 매각으로 소멸된다.

④ 제3항의 경우 외의 <u>지상권</u>·지역권·전세권 및 등기된 임차권은 <u>매수인이 인수한다</u>. 다만, 그중 <u>전세권의 경우에는</u> 전세권자가 제88조에 따라 <u>배당요구를</u> 하면 <u>매각으로 소멸된다</u>.

---

② 부동산 경매절차에서의 매수인은 민사집행법 제91조 제5항에 따라 유치권자에게 그 유치권으로 담보하는 채권을 변제할 책임이 있는 것이 원칙이나, 채무자 소유의 건물 등 부동산에 경매개시결정의 기입등기가 경료되어 압류의 효력이 발생한 후에 채무자가 위 부동산에 관한 공사대금 채권자에게 그 점유를 이전함으로써 그로 하여금 유치권을 취득하게 한 경우, 그와 같은 점유의 이전은 목적물의 교환가치를 감소시킬 우려가 있는 처분행위에 해당하여 민사집행법 제92조 제1항, 제83조 제4항에 따른 압류의 처분금지효에 저촉되므로 점유자로서는 위 유치권을 내세워 그 부동산에 관한 경매절차의 매수인에게 대항할 수 없다(대판 2009.1.15. 2008다70763).

④ 매각부동산 위의 모든 저당권은 매각으로 소멸된다(민사집행법 제91조 제2항).

⑤ 경매개시결정에 따른 압류의 효력이 생긴 때(그 경매개시결정 전에 다른 경매개시결정이 있는 경우를 제외한다)에는 집행법원은 절차에 필요한 기간을 고려하여 배당요구를 할 수 있는 종기(終期)를 첫 매각기일 이전으로 정한다(민사집행법 제84조 제1항).

33 정답 ③

해설 ㄱ. (30), ㄴ. (60) 외국인등이 대한민국 안의 부동산등을 취득하는 계약[제3조 제1항 각 호에 따른 계약(부동산거래신고의 대상인 계약)은 제외한다]을 체결하였을 때에는 계약체결일부터 60일 이내에 대통령령으로 정하는 바에 따라 신고관청에 신고하여야 한다(부동산 거래신고 등에 관한 법률 제8조 제1항). 따라서 부동산의 매매계약은 부동산거래신고대상 계약에 해당하므로(동법 제3조 제1항 제1호), 계약체결일부터 30일 이내에 부동산거래신고를 해야 하고, 증여계약은 이에 해당하지 않는 계약이므로 60일 이내에 신고해야 한다.

ㄷ. (6) 외국인등이 상속 · 경매, 그 밖에 대통령령으로 정하는 계약 외의 원인으로 대한민국 안의 부동산등을 취득한 때에는 부동산등을 취득한 날부터 6개월 이내에 신고관청에 신고하여야 한다(부동산 거래신고 등에 관한 법률 제8조 제2항).

34 정답 ③

해설 ㄱ. (○) 제1항에 따른 허가를 받지 아니하고 체결한 토지거래계약은 그 효력이 발생하지 아니한다(부동산 거래신고 등에 관한 법률 제11조 제6항).

ㄴ. (×) 토지거래허가를 전제로 하는 매매계약의 경우 토지거래허가를 받기 전에는, 그 계약 내용대로의 효력이 있을 수 없어 당사자는 그 계약 내용에 따른 어떠한 의무도 부담하지 아니하고 어떠한 이행청구도 할 수 없으므로 그 계약 내용에 따른 상대방의 채무불이행을 이유로 계약을 해제할 수 없다(대판 2010.2.11. 2008다88795).

ㄷ. (○) 국토이용관리법상 토지거래허가를 받지 않아 거래계약이 유동적 무효의 상태에 있는 경우, 유동적 무효 상태의 계약은 관할 관청의 불허가처분이 있을 때뿐만 아니라 당사자 쌍방이 허가신청협력의무의 이행거절 의사를 명백히 표시한 경우에는 허가 전 거래계약관계, 즉 계약의 유동적 무효 상태가 더 이상 지속된다고 볼 수 없으므로, 계약관계는 확정적으로 무효가 된다고 할 것이고, 그와 같은 법리는 거래계약상 일방의 채무가 이행불능임이 명백하고 나아가 상대방이 거래계약의 존속을 더 이상 바라지 않고 있는 경우에도 마찬가지라고 보아야 하며, 거래계약이 확정적으로 무효가 된 경우에는 거래계약이 확정적으로 무효로 됨에 있어서 귀책사유가 있는 자라고 하더라도 그 계약의 무효를 주장할 수 있다(대판 1997.7.25. 97다4357).

35 정답 ④

해설 ㄱ. (○) 부동산 거래신고 등에 관한 법률 시행령 제19조의2 제2항 제3호

관계법령 포상금 지급대상 및 기준(부동산 거래신고 등에 관한 법률 시행령 제19조의2)

② 제1항에도 불구하고 다음 각 호의 어느 하나에 해당하는 경우에는 포상금을 지급하지 아니할 수 있다.
1. 공무원이 직무와 관련하여 발견한 사실을 신고하거나 고발한 경우
2. 해당 위반행위를 하거나 위반행위에 관여한 자가 신고하거나 고발한 경우
3. 익명이나 가명으로 신고 또는 고발하여 신고인 또는 고발인을 확인할 수 없는 경우

ㄴ. (×) 신고관청 또는 허가관청은 제4항에 따른 신청서가 접수된 날부터 2개월 이내에 포상금을 지급하여야 한다(부동산 거래신고 등에 관한 법률 시행령 제19조의3 제5항).

ㄷ. (×) 신고관청 또는 허가관청은 하나의 위반행위에 대하여 2명 이상이 각각 신고 또는 고발한 경우에는 최초로 신고 또는 고발한 사람에게 포상금을 지급한다(부동산 거래신고 등에 관한 법률 시행규칙 제20조의2 제4항).

36 정답 ⑤

해설 ① "전유부분"이란 구분소유권의 목적인 건물부분을 말한다(집합건물의 소유 및 관리에 관한 법률 제2조 제3호).

② 1동의 건물 중 구분된 각 부분이 구조상, 이용상 독립성을 가지고 있는 경우에 그 각 부분을 1개의 구분 건물로 하는 것도 가능하고, 그 1동 전체를 1개의 건물로 하는 것도 가능하기 때문에, 이를 구분건물로 할 것인지 여부는 특별한 사정이 없는 한 소유자의 의사에 의하여 결정된다고 할 것이므로, 구분건물이 되기 위하여는 객관적, 물리적인 측면에서 구분건물이 구조상, 이용상의 독립성을 갖추어야 하고, 그 건물을 구분소유권의 객체로 하려는 의사표시 즉 구분행위가 있어야 하는 것으로서, 소유자가 기존 건물에 증축을 한 경우에도 증축 부분이 구조상, 이용상의 독립성을 갖추었다는 사유만으로 당연히 구분소유권이 성립된다고 할 수는 없고, 소유자의 구분행위가 있어야 비로소 구분소유권이 성립된다고 할 것이며, 이 경우에 소유자가 기존 건물에 마쳐진 등기를 이와 같이 증축한 건물의 현황과 맞추어 1동의 건물로서 증축으로 인한 건물표시변경등기를 경료한 때에는 이를 구분건물로 하지 않고 그 전체 를 1동의 건물로 하려는 의사였다고 봄이 상당하다(대판 1999.7.27. 98다35020).

③ 구분소유자는 건물의 보존에 해로운 행위나 그 밖에 건물의 관리 및 사용에 관하여 구분소유자 공동의 이익에 어긋나는 행위를 하여서는 아니 된다(집합건물의 소유 및 관리에 관한 법률 제5조 제1항).

④ 공용부분은 구분소유자 전원의 공유에 속한다. 다만, 일부의 구분소유자만이 공용하도록 제공되는 것임 이 명백한 공용부분(이하 "일부공용부분"이라 한다)은 그들 구분소유자의 공유에 속한다(집합건물의 소유 및 관리에 관한 법률 제10조 제1항).

⑤ 일부공용부분의 관리에 관한 사항 중 구분소유자 전원에게 이해관계가 있는 사항과 제29조 제2항의 규약으로써 정한 사항은 구분소유자 전원의 집회결의로써 결정하고, 그 밖의 사항은 그것을 공용하는 구분소유자만의 집회결의로써 결정한다(집합건물의 소유 및 관리에 관한 법률 제14조).

37 정답 ④

해설 ㄱ. (○) 주택의 등기를 하지 아니한 전세계약에 관하여는 이 법을 준용한다. 이 경우 "전세금"은 "임대차의 보증금"으로 본다(주택임대차보호법 제12조).

ㄴ. (×) 주택임대차보호법 제2조 소정의 주거용 건물에 해당하는지 여부는 임대차목적물의 공부상의 표시 만을 기준으로 할 것이 아니라 그 실지 용도에 따라서 정하여야 하고 또 건물의 일부가 임대차의 목적이 되어 주거용과 비주거용으로 겸용되는 경우에는 구체적인 경우에 따라 그 임대차의 목적, 전체 건물과 임대차목적물의 구조와 형태 및 임차인의 임대차목적물의 이용관계 그리고 임차인이 그곳에서 일상생 활을 영위하는지 여부 등을 아울러 고려하여 합목적적으로 결정하여야 한다(대판 1995.3.10. 94다 52522).

ㄷ. (×) 주택임대차보호법에 의하여 우선변제청구권이 인정되는 소액임차인의 소액보증금반환채권은 현행 법상 민사집행법 제88조 제1항에서 규정하는 배당요구가 필요한 배당요구채권에 해당한다(대판 2002.1.22. 2001다70702).

38 정답 ③

해설 ㄱ. (✕) 분묘의 기지인 토지가 분묘의 수호·관리권자 아닌 다른 사람의 소유인 경우에 그 토지 소유자가 분묘 수호·관리권자에 대하여 분묘의 설치를 승낙한 때에는 그 분묘의 기지에 관하여 분묘기지권을 설정한 것으로 보아야 한다. 이와 같이 승낙에 의하여 성립하는 분묘기지권의 경우 성립 당시 토지 소유자와 분묘의 수호·관리자가 지료 지급의무의 존부나 범위 등에 관하여 약정을 하였다면 그 약정의 효력은 분묘 기지의 승계인에 대하여도 미친다(대판 2021.9.16. 2017다271834).

ㄴ. (○), ㄷ. (✕) 장사법 부칙 제2조에 의하면, 분묘의 설치기간을 제한하고 토지 소유자의 승낙 없이 설치된 분묘에 대하여 토지 소유자가 이를 개장하는 경우에 분묘의 연고자는 토지 소유자에 대항할 수 없다는 내용의 규정들은 장사법 시행 후 설치된 분묘에 관하여만 적용한다고 명시하고 있어서, 장사법의 시행 전에 설치된 분묘에 대한 분묘기지권의 존립 근거가 위 법률의 시행으로 상실되었다고 볼 수 없다. (중략) 그렇다면 타인 소유의 토지에 분묘를 설치한 경우에 20년간 평온, 공연하게 분묘의 기지를 점유하면 지상권과 유사한 관습상의 물권인 분묘기지권을 시효로 취득한다는 점은 오랜 세월 동안 지속되어 온 관습 또는 관행으로서 법적 규범으로 승인되어 왔고, 이러한 법적 규범이 장사법 시행일인 2001.1.13. 이전에 설치된 분묘에 관하여 현재까지 유지되고 있다고 보아야 한다(대판[전합] 2017.1.19. 2013다17292). 따라서 장사 등에 관한 법률 시행일인 2001.1.13 이후 토지 소유자의 승낙 없이 설치한 분묘에 대해서는 분묘기지권의 시효취득이 인정되지 않는다.

39 정답 ①

해설 ① 허가구역의 지정은 제3항에 따라 허가구역의 지정을 공고한 날부터 5일 후에 그 효력이 발생한다(부동산 거래신고 등에 관한 법률 제10조 제5항).

② 제11조에 따른 처분에 이의가 있는 자는 그 처분을 받은 날부터 1개월 이내에 시장·군수 또는 구청장에게 이의를 신청할 수 있다(부동산 거래신고 등에 관한 법률 제13조 제1항).

③ 허가구역에 있는 토지에 관한 소유권·지상권(소유권·지상권의 취득을 목적으로 하는 권리를 포함한다)을 이전하거나 설정(대가를 받고 이전하거나 설정하는 경우만 해당한다)하는 계약(예약을 포함한다. 이하 "토지거래계약"이라 한다)을 체결하려는 당사자는 공동으로 대통령령으로 정하는 바에 따라 시장·군수 또는 구청장의 허가를 받아야 한다. 허가받은 사항을 변경하려는 경우에도 또한 같다(부동산 거래신고 등에 관한 법률 제11조 제1항). 따라서 토지거래허가대상은 대가를 받고 이전하거나 설정하는 유상이어야 하므로, 무상인 상속·증여·사용대차 등의 경우에는 토지거래허가를 받을 필요가 없다.

④ 제1항 또는 제2항에 따른 신청서를 받은 허가관청은 지체 없이 필요한 조사를 하고 신청서를 받은 날부터 15일 이내에 허가·변경허가 또는 불허가 처분을 해야 한다(부동산 거래신고 등에 관한 법률 시행령 제8조 제3항).

⑤ 제11조 제1항에 따른 허가신청에 대하여 불허가처분을 받은 자는 그 통지를 받은 날부터 1개월 이내에 시장·군수 또는 구청장에게 해당 토지에 관한 권리의 매수를 청구할 수 있다(부동산 거래신고 등에 관한 법률 제16조 제1항).

40 정답 ④

해설 ㄱ. (○) 명의신탁약정은 무효로 한다(부동산 실권리자명의 등기에 관한 법률 제4조 제1항).

ㄴ. (○) 부동산 실권리자명의 등기에 관한 법률이 규정하는 명의신탁약정은 부동산에 관한 물권의 실권리자가 타인과의 사이에서 대내적으로는 실권리자가 부동산에 관한 물권을 보유하거나 보유하기로 하고 그에 관한 등기는 그 타인의 명의로 하기로 하는 약정을 말하는 것일 뿐이므로, 그 자체로 선량한 풍속 기타 사회질서에 위반하는 경우에 해당한다고 단정할 수 없을 뿐만 아니라, 위 법률은 원칙적으로 명의신탁약정과 그 등기에 기한 물권변동만을 무효로 하고 명의신탁자가 다른 법률관계에 기하여 등기회복 등의 권리행사를 하는 것까지 금지하지는 않는 대신, 명의신탁자에 대하여 행정적 제재나 형벌을 부과함으로써 사적자치 및 재산권보장의 본질을 침해하지 않도록 규정하고 있으므로, 위 법률이 비록 부동산등기제도를 악용한 투기·탈세·탈법행위 등 반사회적 행위를 방지하는 것 등을 목적으로 제정되었다고 하더라도, 무효인 명의신탁약정에 기하여 타인 명의의 등기가 마쳐졌다는 이유만으로 그것이 당연히 불법원인급여에 해당한다고 볼 수 없다(대판 2003.11.27. 2003다41722).

ㄷ. (×) 명의신탁자와 명의수탁자가 이른바 계약명의신탁 약정을 맺고 매매계약을 체결한 소유자도 명의신탁자와 명의수탁자 사이의 명의신탁약정을 알면서 그 매매계약에 따라 명의수탁자 앞으로 당해 부동산의 소유권이전등기를 마친 경우 부동산 실권리자명의 등기에 관한 법률 제4조 제2항 본문에 의하여 명의수탁자 명의의 소유권이전등기는 무효이므로, 당해 부동산의 소유권은 매매계약을 체결한 소유자에게 그대로 남아 있게 되고, 명의수탁자가 자신의 명의로 소유권이전등기를 마친 부동산을 제3자에게 처분하면 이는 매도인의 소유권 침해행위로서 불법행위가 된다(대판 2013.9.12. 2010다95185).

2022년 제33회 정답 및 해설

● 문제편 020p

01	02	03	04	05	06	07	08	09	10	11	12	13	14	15	16	17	18	19	20
④	①	⑤	①	③	⑤	②	⑤	③	④	①	②	④	⑤	②	②	④	④	③	②
21	22	23	24	25	26	27	28	29	30	31	32	33	34	35	36	37	38	39	40
①	②	③	⑤	②	④	⑤	②	④	③	③	②	①	⑤	①	①	④	④	⑤	③

01 정답 ④

해설 ① "중개"라 함은 제3조에 따른 중개대상물에 대하여 거래당사자 간의 매매·교환·임대차 그 밖의 권리의 득실변경에 관한 행위를 알선하는 것을 말한다(공인중개사법 제2조 제1호).
② "개업공인중개사"라 함은 이 법에 의하여 중개사무소의 개설등록을 한 자를 말한다(공인중개사법 제2조 제4호).
③ "중개업"이라 함은 다른 사람의 의뢰에 의하여 일정한 보수를 받고 중개를 업으로 행하는 것을 말한다(공인중개사법 제2조 제3호).
④ "소속공인중개사"라 함은 개업공인중개사에 소속된 공인중개사(개업공인중개사인 법인의 사원 또는 임원으로서 공인중개사인 자를 포함한다)로서 중개업무를 수행하거나 개업공인중개사의 중개업무를 보조하는 자를 말한다(공인중개사법 제2조 제5호).
⑤ "중개보조원"이라 함은 공인중개사가 아닌 자로서 개업공인중개사에 소속되어 중개대상물에 대한 현장안내 및 일반서무 등 개업공인중개사의 중개업무와 관련된 단순한 업무를 보조하는 자를 말한다(공인중개사법 제2조 제6호).

02 정답 ①

해설 ㄱ. (○) 공인중개사법 제3조 제2호에 규정된 '건축물'에는 기존의 건축물뿐만 아니라 장차 건축될 특정의 건물도 포함되므로, 아파트의 특정 동·호수에 대하여 피분양자가 선정되거나 분양계약이 체결된 후에는 그 특정 아파트가 완성되기 전이라 하여도 이에 대한 매매 등 거래를 중개하는 것은 '건물'의 중개에 해당한다(대판 2020.6.25. 선고 2019도3757).
ㄴ. (○) 건물이라고 함은 최소한의 기둥과 지붕 그리고 주벽이 이루어지면 이를 법률상 건물이라 할 것이다(대판 1986.11.11. 86누173). 또한 미등기·미허가 건축물도 공인중개사법 제3조 제2호의 중개대상물인 건축물에 해당한다.
ㄷ. (×) 특정한 아파트에 입주할 수 있는 권리가 아니라 아파트에 대한 추첨기일에 신청을 하여 당첨이 되면 아파트의 분양예정자로 선정될 수 있는 지위를 가리키는 데에 불과한 입주권은 부동산중개업법 제3조 제2호 소정의 중개대상물인 건물에 해당한다고 보기 어렵다(대판 1991.4.23. 90도1287).
ㄹ. (×) 대토권은 이 사건 주택이 철거될 경우 일정한 요건하에 택지개발지구 내에 이주자택지를 공급받을 지위에 불과하고 특정한 토지나 건물 기타 정착물 또는 법 시행령이 정하는 재산권 및 물건에 해당한다고 볼 수 없으므로 법 제3조에서 정한 중개대상물에 해당하지 않는다(대판 2011.5.26. 2011다23682).

03 정답 ⑤

해설 ㄱ. (○), ㄴ. (○), ㄷ. (○), ㄹ. (○) 공인중개사법 제2조의2 제1항

관계법령 **공인중개사 정책심의위원회(공인중개사법 제2조의2 제1항)**

공인중개사의 업무에 관한 다음 각 호의 사항을 심의하기 위하여 국토교통부에 공인중개사 정책심의위원회를 둘 수 있다.
1. 공인중개사의 시험 등 공인중개사의 자격취득에 관한 사항
2. 부동산 중개업의 육성에 관한 사항
3. 중개보수 변경에 관한 사항
4. 손해배상책임의 보장 등에 관한 사항

---

04 정답 ①

해설
① 특별시장·광역시장·도지사·특별자치도지사(이하 "시·도지사"라 한다)는 공인중개사법 제5조 제1항에 따른 시험합격자의 결정 공고일부터 1개월 이내에 시험합격자에 관한 사항을 공인중개사자격증교부대장에 기재한 후, 시험 합격자에게 공인중개사자격증을 교부하여야 한다(공인중개사법 시행규칙 제3조 제1항).
② 법 제5조 제3항의 규정에 따라 공인중개사자격증의 재교부를 신청하는 자는 별지 제4호 서식의 재교부신청서를 자격증을 교부한 시·도지사에게 제출하여야 한다(공인중개사법 시행규칙 제3조 제2항).
③ 공인중개사자격시험 응시, 공인중개사자격증의 재교부 신청, 중개사무소의 개설등록 신청, 중개사무소등록증의 재교부 신청, 분사무소 설치의 신고, 분사무소설치신고확인서의 재교부 신청을 하려는 자는 해당 지방자치단체의 조례로 정하는 바에 따라 수수료를 납부하여야 한다(공인중개사법 제47조 제1항 본문).
④ 공인중개사는 다른 사람에게 자기의 성명을 사용하여 중개업무를 하게 하거나 자기의 공인중개사자격증을 양도 또는 대여하여서는 아니 된다(공인중개사법 제7조 제1항).
⑤ 제8조의 규정을 위반하여 공인중개사가 아닌 자로서 공인중개사 또는 이와 유사한 명칭을 사용한 자는 1년 이하의 징역 또는 1천만원 이하의 벌금에 처한다(공인중개사법 제49조 제1항 제2호).

---

05 정답 ③

해설
관계법령 **등록의 결격사유 등(공인중개사법 제10조 제1항)**

다음 각 호의 어느 하나에 해당하는 자는 중개사무소의 개설등록을 할 수 없다.
1. 미성년자
2. 피성년후견인 또는 피한정후견인
3. 파산선고를 받고 복권되지 아니한 자
4. 금고 이상의 실형의 선고를 받고 그 집행이 종료(집행이 종료된 것으로 보는 경우를 포함한다)되거나 집행이 면제된 날부터 3년이 지나지 아니한 자(ㄱ)
5. 금고 이상의 형의 집행유예를 받고 그 유예기간이 만료된 날부터 2년이 지나지 아니한 자

6. 제35조 제1항에 따라 공인중개사의 자격이 취소된 후 3년이 지나지 아니한 자
7. 제36조 제1항에 따라 공인중개사의 자격이 정지된 자로서 자격정지기간 중에 있는 자
8. 제38조 제1항 제2호·제4호부터 제8호까지, 같은 조 제2항 제2호부터 제11호까지에 해당하는 사유로 중개사무소의 개설등록이 취소된 후 3년(제40조 제3항에 따라 등록이 취소된 경우에는 3년에서 같은 항 제1호에 따른 폐업기간을 공제한 기간을 말한다)이 지나지 아니한 자
9. 제39조에 따라 업무정지처분을 받고 제21조에 따른 폐업신고를 한 자로서 업무정지기간(폐업에도 불구하고 진행되는 것으로 본다)이 지나지 아니한 자
10. 제39조에 따라 업무정지처분을 받은 개업공인중개사인 법인의 업무정지의 사유가 발생한 당시의 사원 또는 임원이었던 자로서 해당 개업공인중개사에 대한 업무정지기간이 지나지 아니한 자
11. <u>이 법을 위반하여 300만원 이상의 벌금형의 선고를 받고 3년이 지나지 아니한 자</u>
12. <u>사원 또는 임원 중 제1호부터 제11호까지의 어느 하나에 해당하는 자가 있는 법인(ㄷ)</u>

06 정답 ⑤

해설
① 공인중개사(<u>소속공인중개사는 제외한다</u>) 또는 법인이 아닌 자는 중개사무소의 개설등록을 신청할 수 없다(공인중개사법 제9조 제2항). 즉, 소속공인중개사는 자신의 중개사무소 개설등록을 신청할 수 없다.
② 법인인 개업공인중개사는 '중개업'과 '개업공인중개사를 대상으로 한 중개업의 경영기법 및 경영정보의 제공업무'를 함께 할 수 있다.

관계법령 개업공인중개사의 겸업제한 등(공인중개사법 제14조)

① 법인인 개업공인중개사는 다른 법률에 규정된 경우를 제외하고는 <u>중개업</u> 및 다음 각 호에 규정된 업무와 제2항에 규정된 업무 외에 다른 업무를 함께 할 수 없다.
1. 상업용 건축물 및 주택의 임대관리 등 부동산의 관리대행
2. 부동산의 이용·개발 및 거래에 관한 상담
3. <u>개업공인중개사를 대상으로 한 중개업의 경영기법 및 경영정보의 제공</u>
4. 상업용 건축물 및 주택의 분양대행
5. 그 밖에 중개업에 부수되는 업무로서 대통령령으로 정하는 업무

③ 개업공인중개사는 그 등록관청의 관할 구역 안에 중개사무소를 두되, 1개의 중개사무소만을 둘 수 있다(공인중개사법 제13조 제1항). 그러나 법인인 개업공인중개사는 대통령령으로 정하는 기준과 절차에 따라 등록관청에 <u>신고</u>하고 그 관할 구역 외의 지역에 분사무소를 둘 수 있다(공인중개사법 제13조 제3항).
④ 개업공인중개사는 천막 그 밖에 이동이 용이한 임시 중개시설물을 설치하여서는 아니 된다(공인중개사법 제13조 제2항). 따라서 개업공인중개사에 소속된 공인중개사로서 중개업무를 수행하거나 중개업무를 보조하는 <u>소속공인중개사</u>는 천막 그 밖에 이동이 용이한 임시 중개시설물을 설치할 수 없다.
⑤ 개업공인중개사가 의뢰받은 중개대상물에 대하여 표시·광고를 하려면 중개사무소, 개업공인중개사에 관한 사항으로서 대통령령으로 정하는 사항을 명시하여야 하며, 중개보조원에 관한 사항은 명시해서는 아니 된다(공인중개사법 제18조의2 제1항).

PART 1

PART 2

PART 3

PART 4

07 정답 ②

해설 ① 제6조(신고 내용의 조사 등)를 위반하여 거래대금 지급을 증명할 수 있는 자료를 제출하지 아니하거나 거짓으로 제출한 자 또는 그 밖의 필요한 조치를 이행하지 아니한 자에게는 <u>3천만원 이하의 과태료</u>를 부과한다(부동산 거래신고 등에 관한 법률 제28조 제1항 제3호).

② 제11조 제1항(허가구역 내 토지거래계약)에 따른 허가 또는 변경허가를 받지 아니하고 토지거래계약을 체결하거나, 속임수나 그 밖의 부정한 방법으로 토지거래계약 허가를 받은 자는 <u>2년 이하의 징역 또는 계약 체결 당시의 개별공시지가에 따른 해당 토지가격의 100분의 30에 해당하는 금액 이하의 벌금</u>에 처한다(부동산 거래신고 등에 관한 법률 제26조 제3항).

③ 제8조 제2항(외국인등이 상속ㆍ경매, 그 밖에 대통령령으로 정하는 계약 외의 원인으로 대한민국 안의 부동산등을 취득ㆍ보유한 경우의 신고)에 따른 취득의 신고를 하지 아니하거나 거짓으로 신고한 자에게는 <u>100만원 이하의 과태료</u>를 부과한다(부동산 거래신고 등에 관한 법률 제28조 제5항 제1호).

④ 제4조 제1호(부동산 거래신고에 관한 금지행위)를 위반하여 개업공인중개사에게 제3조에 따른 신고를 하지 아니하게 하거나 거짓으로 신고하도록 요구한 자에게는 <u>500만원 이하의 과태료</u>를 부과한다(부동산 거래신고 등에 관한 법률 제28조 제2항 제2호).

⑤ 제3조 제1항부터 제4항까지(실제 거래가격 등 신고) 또는 제4조 제2호(신고 의무자가 아닌 자가 거짓으로 신고를 하는 행위금지)를 위반하여 그 신고를 거짓으로 한 자에게는 <u>해당 부동산등의 취득가액의 100분의 10 이하에 상당하는 금액의 과태료</u>를 부과한다(부동산 거래신고 등에 관한 법률 제28조 제3항).

08 정답 ⑤

해설 ① 중개의뢰인은 중개대상물의 중개를 의뢰하는 경우 특정한 개업공인중개사를 정하여 그 개업공인중개사에 한정하여 해당 중개대상물을 중개하도록 하는 계약(이하 "<u>전속중개계약</u>"이라 한다)을 체결할 수 있다(공인중개사법 제23조 제1항).

② 개업공인중개사는 <u>전속중개계약</u>을 체결한 때에는 제24조에 따른 부동산거래정보망 또는 일간신문에 해당 중개대상물에 관한 정보를 공개하여야 한다. 다만, 중개의뢰인이 비공개를 요청한 경우에는 이를 공개하여서는 아니 된다(공인중개사법 제23조 제3항). 일반중개계약은 전속중개계약과 달리 부동산거래정보망에 중개대상물에 관한 정보를 공개할 의무가 없다.

③ 개업공인중개사는 중개의뢰인에게 <u>전속중개계약</u>의 체결 후 2주일에 1회 이상 중개업무 처리상황을 문서로 통지하여야 한다(공인중개사법 시행규칙 [별지 제15호 서식] 1. ① 참고).

④ 등록관청은 개업공인중개사가 제23조 제2항(전속중개계약)의 규정을 위반하여 국토교통부령으로 정하는 전속중개계약서에 의하지 아니하고 전속중개계약을 체결하거나 계약서를 보존하지 아니한 경우에는 6개월의 범위 안에서 기간을 정하여 <u>업무의 정지를 명할 수 있다</u>(공인중개사법 제39조 제1항 제3호).

⑤ 표준서식인 일반중개계약서와 전속중개계약서에는 개업공인중개사가 중개보수 또는 실비의 과다 수령 시 차액을 환급하는 손해배상책임을 규정하고 있다(공인중개사법 시행규칙 [별지 제14호ㆍ제15호 서식] 5. 참고).

09 정답 ③

해설 ①·②·⑤ 대상물건의 표시에 관한 사항, 권리관계(소유권에 관한 사항, 소유권 외의 권리사항)은 중개대 상물확인·설명서[Ⅰ](주거용 건축물), [Ⅱ](비주거용 건축물), [Ⅲ](토지), [Ⅳ](입목·광업재단·공장 재단) 서식의 공통적 기재사항이다.

③ 비선호시설(1km 이내)의 유무에 관한 사항은 중개대상물확인·설명서[Ⅰ](주거용 건축물), [Ⅲ](토지) 서식에 기재된 사항으로, 중개대상물 확인·설명서[Ⅱ](비주거용 건축물)에서 기본 확인사항이 아니다.

④ 관리주체 등 관리에 관한 사항은 중개대상물확인·설명서[Ⅰ](주거용 건축물), [Ⅱ](비주거용 건축물 서식의 기재사항이다.

알아보기 중개대상물확인·설명서의 기재사항 비교

구 분	Ⅰ (주거용)	Ⅱ (비주거용)	Ⅲ (토지)	Ⅳ (입목·광업재단·공장재단)
Ⅰ. 개업공인중개사 기본확인사항				
① 대상물건의 표시	○ (내진설계)	○ (내진설계)	○	○
② 권리관계	○	○	○	○
③ 토지이용계획, 공법상 이용제한 및 거래규제에 관한 사항	○	○	○	×
④ 입지조건(도로·대중교통·주차장 ·교육시설·판매 및 의료시설)	○	△ (교육·판매 및 의료 ×)	△ (주차장·교 육·판매 및 의료 ×)	×
⑤ 관리에 관한 사항	○	○	×	×
⑥ 비선호시설(1km 이내)	○	×	○	×
⑦ 거래예정금액 등 (공시지가·공시가격 포함)	○	○	○	○
⑧ 취득 시 부담할 조세의 종류 및 세율	○	○	○	○
※ 재단목록 또는 입목의 생육상태	×	×	×	○
※ 그 밖의 참고사항	×	×	×	○
Ⅱ. 개업공인중개사 세부확인사항				
⑨ 실제 권리관계 또는 공시되지 않은 물건의 권리사항	○	○	○	○
⑩ 내부·외부시설물의 상태(건축물)	○ (단독경보형 감지기)	○	×	×
⑪ 벽면·바닥면 및 도배상태	○	△ (도배 ×)	×	×
⑫ 환경조건(일조량·소음·진동)	○	×	×	×
Ⅲ. 중개보수 등에 관한 사항				
⑬ 중개보수 및 실비의 금액과 산출내역	○	○	○	○

10 정답 ④

해설 ㄱ. (✕) 부동산 중개보수 제한에 관한 공인중개사법 제32조 제4항과 같은 법 시행규칙 제20조 제1항, 제4항의 규정들(이하 '보수 제한 규정'이라 한다)은 공매대상 부동산 취득의 알선에 대해서도 적용된다(대판 2021.7.29. 2017다243723).

ㄴ. (○) 공인중개사법 제32조 제1항 본문은 "개업 공인중개사는 중개업무에 관하여 중개의뢰인으로부터 소정의 보수를 받는다."라고 정하고 있고, 제32조 제4항과 같은 법 시행규칙 제20조 제1항, 제4항은 중개대상물별로 공인중개사가 중개업무에 관하여 중개의뢰인으로부터 받을 수 있는 보수의 한도를 정하고 있다. 부동산 중개보수 제한에 관한 위 규정들은 중개보수 약정 중 소정의 한도를 초과하는 부분에 대한 사법상의 효력을 제한하는 이른바 강행법규에 해당한다. 따라서 공인중개사법 등 관련 법령에서 정한 한도를 초과하는 부동산 중개보수 약정은 한도를 초과하는 범위 내에서 무효이다(대판 2021.7.29. 2017다243723).

ㄷ. (○) 공인중개사가 중개대상물에 대한 계약이 완료되지 않을 경우에도 중개행위에 상응하는 보수를 지급하기로 약정할 수 있다. 이 경우 당사자의 약정에서 보수액을 산정하는 구체적인 기준을 정하지 않았으면 중개의뢰 경위, 중개사건처리 경과와 난이도, 중개에 들인 기간과 노력의 정도, 의뢰인이 중개로 얻는 구체적 이익, 중개대상물의 가액, 그 밖에 변론에 나타난 여러 사정을 고려하여 보수를 정해야 하고, 약정에서 특정 보수액이 정해졌다면 신의성실의 원칙, 형평의 원칙 등을 고려하여 합리적이라고 인정되는 범위 내의 보수만을 청구할 수 있다. 이러한 보수는 계약이 완료되었을 경우에 적용되었을 부동산 중개보수 제한에 관한 공인중개사법 제32조 제4항과 같은 법 시행규칙 제20조 제1항, 제4항에 따른 한도를 초과할 수는 없다고 보아야 한다(대판 2021.7.29. 2017다243723).

11 정답 ①

해설 ㄱ. 개업공인중개사는 보증보험금·공제금 또는 공탁금으로 손해배상을 한 때에는 15일 이내에 보증보험 또는 공제에 다시 가입하거나 공탁금 중 부족하게 된 금액을 보전하여야 한다(공인중개사법 시행령 제26조 제2항).

ㄴ. 제1항의 규정에 따라 등록한 인장을 변경한 경우에는 개업공인중개사 및 소속공인중개사는 변경일부터 7일 이내에 그 변경된 인장을 등록관청에 등록(전자문서에 의한 등록을 포함한다)하여야 한다(공인중개사법 시행규칙 제9조 제2항).

ㄷ. 개업공인중개사는 중개사무소를 이전한 때에는 이전한 날부터 10일 이내에 국토교통부령으로 정하는 바에 따라 등록관청에 이전사실을 신고하여야 한다(공인중개사법 제20조 제1항 본문).

12 정답 ②

해설 ① 국토교통부장관은 개업공인중개사가 작성하는 거래계약서의 표준이 되는 서식을 정하여 그 사용을 권장할 수 있다(공인중개사법 시행령 제22조 제3항). 그러나 현재 국토교통부장관이 정한 거래계약서 표준서식이 정해져 있지 않고, 권장사항에 불과하므로 이를 사용하지 않더라도 시·도지사는 그 자격을 취소할 수 없다.

② 공인중개사법 시행령 제22조 제1항 제8호

관계법령 거래계약서 등(공인중개사법 시행령 제22조)

① 법 제26조 제1항의 규정에 따른 거래계약서에는 다음 각 호의 사항을 기재하여야 한다.
1. 거래당사자의 인적 사항
2. 물건의 표시
3. 계약일

4. 거래금액·계약금액 및 그 지급일자 등 지급에 관한 사항
5. 물건의 인도일시
6. 권리이전의 내용
7. 계약의 조건이나 기한이 있는 경우에는 그 조건 또는 기한
8. 중개대상물확인·설명서 교부일자
9. 그 밖의 약정내용

③ 개업공인중개사는 거래계약서를 작성하는 때에는 거래금액 등 거래내용을 거짓으로 기재하거나 서로 다른 둘 이상의 거래계약서를 작성하여서는 아니 된다(공인중개사법 제26조 제3항). 이에 위반하여 거래계약서에 거래금액 등 거래내용을 거짓으로 기재하거나 서로 다른 둘 이상의 거래계약서를 작성한 경우 6개월의 범위 안에서 기간을 정하여 그 자격을 정지할 수 있다(공인중개사법 제36조 제1항 제6호).

④ 거래계약서에는 개업공인중개사가 서명 및 날인하되, 해당 중개행위를 한 소속공인중개사가 있는 경우에는 소속공인중개사가 함께 서명 및 날인하여야 한다(공인중개사법 제26조 제2항, 제25조 제4항).

⑤ 개업공인중개사는 중개대상물에 관하여 중개가 완성된 때에는 대통령령으로 정하는 바에 따라 거래계약서를 작성하여 거래당사자에게 교부하고 대통령령으로 정하는 기간(5년) 동안 그 원본, 사본 또는 전자문서를 보존하여야 한다. 다만, 거래계약서가 공인전자문서센터에 보관된 경우에는 그러하지 아니하다(공인중개사법 제26조 제1항).

13 정답 ④

해설 ① (절대적 등록취소 사유) 공인중개사법 제38조 제1항 제7호
② (절대적 등록취소 사유) 공인중개사법 제38조 제1항 제1호
③ (절대적 등록취소 사유) 공인중개사법 제38조 제1항 제4호
④ (임의적 등록취소 사유) 공인중개사법 제38조 제2항 제3호
⑤ (절대적 등록취소 사유) 공인중개사법 제38조 제1항 제8호

관계법령 **등록의 취소(공인중개사법 제38조)**

① 등록관청은 개업공인중개사가 다음 각 호의 어느 하나에 해당하는 경우에는 중개사무소의 개설등록을 취소하여야 한다.
1. 개인인 개업공인중개사가 사망하거나 개업공인중개사인 법인이 해산한 경우
2. 거짓이나 그 밖의 부정한 방법으로 중개사무소의 개설등록을 한 경우
3. 제10조(등록의 결격사유 등) 제1항 제2호부터 제6호까지 또는 같은 항 제11호·제12호에 따른 결격사유에 해당하게 된 경우. 다만, 같은 항 제12호에 따른 결격사유에 해당하는 경우로서 그 사유가 발생한 날부터 2개월 이내에 그 사유를 해소한 경우에는 그러하지 아니하다.
4. 제12조 제1항의 규정을 위반하여 이중으로 중개사무소의 개설등록을 한 경우
5. 제12조 제2항의 규정을 위반하여 다른 개업공인중개사의 소속공인중개사·중개보조원 또는 개업공인중개사인 법인의 사원·임원이 된 경우
5의2. 제15조 제3항을 위반하여 중개보조원을 고용한 경우
6. 제19조 제1항의 규정을 위반하여 다른 사람에게 자기의 성명 또는 상호를 사용하여 중개업무를 하게 하거나 중개사무소등록증을 양도 또는 대여한 경우
7. 업무정지기간 중에 중개업무를 하거나 자격정지처분을 받은 소속공인중개사로 하여금 자격정지기간 중에 중개업무를 하게 한 경우
8. 최근 1년 이내에 공인중개사법에 의하여 2회 이상 업무정지처분을 받고 다시 업무정지처분에 해당하는 행위를 한 경우

② 등록관청은 개업공인중개사가 다음 각 호의 어느 하나에 해당하는 경우에는 중개사무소의 개설등록을 취소할 수 있다.

1. 제9조 제3항에 따른 등록기준에 미달하게 된 경우
2. 제13조 제1항의 규정을 위반하여 둘 이상의 중개사무소를 둔 경우
3. 제13조 제2항의 규정을 위반하여 임시 중개시설물을 설치한 경우
4. 제14조 제1항의 규정을 위반하여 겸업을 한 경우
5. 제21조 제2항의 규정을 위반하여 계속하여 6개월을 초과하여 휴업한 경우
6. 제23조 제3항의 규정을 위반하여 중개대상물에 관한 정보를 공개하지 아니하거나 중개의뢰인의 비공개요청에도 불구하고 정보를 공개한 경우
7. 제26조 제3항의 규정을 위반하여 거래계약서에 거래금액 등 거래내용을 거짓으로 기재하거나 서로 다른 둘 이상의 거래계약서를 작성한 경우
8. 제30조 제3항에 따른 손해배상책임을 보장하기 위한 조치를 이행하지 아니하고 업무를 개시한 경우
9. 제33조 제1항 각 호에 규정된 금지행위를 한 경우
10. 최근 1년 이내에 이 법에 의하여 3회 이상 업무정지 또는 과태료의 처분을 받고 다시 업무정지 또는 과태료의 처분에 해당하는 행위를 한 경우(제1항 제8호에 해당하는 경우는 제외한다)
11. 개업공인중개사가 조직한 사업자단체(「독점규제 및 공정거래에 관한 법률」 제2조 제2호의 사업자단체를 말한다. 이하 같다) 또는 그 구성원인 개업공인중개사가 「독점규제 및 공정거래에 관한 법률」 제51조를 위반하여 같은 법 제52조 또는 제53조에 따른 처분을 최근 2년 이내에 2회 이상 받은 경우

14　정답　⑤

해설　ㄱ. (○) 공인중개사법 제24조 제5항 제1호
　　　ㄴ. (○) 공인중개사법 제24조 제5항 제4호
　　　ㄷ. (○) 공인중개사법 제24조 제5항 제3호, 제24조 제4항
　　　ㄹ. (○) 공인중개사법 제24조 제5항 제2호, 제24조 제3항

관계법령　거래정보사업자의 지정취소사유(공인중개사법 제24조 제5항)

1. 거짓이나 그 밖의 부정한 방법으로 지정을 받은 경우
2. 제3항의 규정을 위반하여 운영규정의 승인 또는 변경승인을 받지 아니하거나 운영규정을 위반하여 부동산거래정보망을 운영한 경우
3. 제4항의 규정을 위반하여 정보를 공개한 경우

> **거래정보사업자의 지정취소사유(공인중개사법 제24조 제4항)**
> 거래정보사업자는 개업공인중개사로부터 공개를 의뢰받은 중개대상물의 정보에 한정하여 이를 부동산거래정보망에 공개하여야 하며, 의뢰받은 내용과 다르게 정보를 공개하거나 어떠한 방법으로든지 개업공인중개사에 따라 정보가 차별적으로 공개되도록 하여서는 아니 된다.

4. 정당한 사유 없이 지정받은 날부터 1년 이내에 부동산거래정보망을 설치·운영하지 아니한 경우
5. 개인인 거래정보사업자의 사망 또는 법인인 거래정보사업자의 해산 그 밖의 사유로 부동산거래정보망의 계속적인 운영이 불가능한 경우

15 　정답 ②

해설　① 3년 이하의 징역 또는 3천만원 이하의 벌금(공인중개사법 제48조 제3호, 제33조 제1항 제5호)
② 1년 이하의 징역 또는 1천만원 이하의 벌금(공인중개사법 제49조 제1항 제10호, 제33조 제1항 제3호)
③ㆍ④ 3년 이하의 징역 또는 3천만원 이하의 벌금(공인중개사법 제48조 제3호, 제33조 제1항 제6호)
⑤ 3년 이하의 징역 또는 3천만원 이하의 벌금(공인중개사법 제48조 제3호, 제33조 제1항 제9호)

관계법령　공인중개사법

제48조(벌칙)
다음 각 호의 어느 하나에 해당하는 자는 3년 이하의 징역 또는 3천만원 이하의 벌금에 처한다.
1. 제9조에 따른 중개사무소의 개설등록을 하지 아니하고 중개업을 한 자
2. 거짓이나 그 밖의 부정한 방법으로 중개사무소의 개설등록을 한 자
3. 제33조 제1항 제5호부터 제9호까지의 규정을 위반한 자

> **금지행위(공인중개사법 제33조)**
> ① 개업공인중개사등은 다음 각 호의 행위를 하여서는 아니 된다.
>   5. 관계 법령에서 양도ㆍ알선 등이 금지된 부동산의 분양ㆍ임대 등과 관련 있는 증서
>   등의 매매ㆍ교환 등을 중개하거나 그 매매를 업으로 하는 행위
>   6. 중개의뢰인과 직접 거래를 하거나 거래당사자 쌍방을 대리하는 행위
>   7. 탈세 등 관계 법령을 위반할 목적으로 소유권보존등기 또는 이전등기를 하지 아니한
>   부동산이나 관계 법령의 규정에 의하여 전매 등 권리의 변동이 제한된 부동산의 매매
>   를 중개하는 등 부동산투기를 조장하는 행위
>   8. 부당한 이익을 얻거나 제3자에게 부당한 이익을 얻게 할 목적으로 거짓으로 거래가 완료된
>   것처럼 꾸미는 등 중개대상물의 시세에 부당한 영향을 주거나 줄 우려가 있는 행위
>   9. 단체를 구성하여 특정 중개대상물에 대하여 중개를 제한하거나 단체 구성원 이외의
>   자와 공동중개를 제한하는 행위

4. 제33조 제2항 각 호의 규정을 위반한 자

> **금지행위(공인중개사법 제33조)**
> ② 누구든지 시세에 부당한 영향을 줄 목적으로 다음 각 호의 어느 하나의 방법으로 개업공
>   인중개사등의 업무를 방해해서는 아니 된다.
>   1. 안내문, 온라인 커뮤니티 등을 이용하여 특정 개업공인중개사등에 대한 중개의뢰를
>   제한하거나 제한을 유도하는 행위
>   2. 안내문, 온라인 커뮤니티 등을 이용하여 중개대상물에 대하여 시세보다 현저하게 높
>   게 표시ㆍ광고 또는 중개하는 특정 개업공인중개사등에게만 중개의뢰를 하도록 유
>   도함으로써 다른 개업공인중개사등을 부당하게 차별하는 행위
>   3. 안내문, 온라인 커뮤니티 등을 이용하여 특정 가격 이하로 중개를 의뢰하지 아니하도
>   록 유도하는 행위
>   4. 정당한 사유 없이 개업공인중개사등의 중개대상물에 대한 정당한 표시ㆍ광고 행위를
>   방해하는 행위
>   5. 개업공인중개사등에게 중개대상물을 시세보다 현저하게 높게 표시ㆍ광고하도록 강
>   요하거나 대가를 약속하고 시세보다 현저하게 높게 표시ㆍ광고하도록 유도하는 행위

PART 1
PART 2
PART 3
PART 4

제49조(벌칙)

① 다음 각 호의 어느 하나에 해당하는 자는 <u>1년 이하의 징역 또는 1천만원 이하의 벌금</u>에 처한다.
  10. 제33조 제1항 제1호부터 제4호까지의 규정을 위반한 자

금지행위(공인중개사법 제33조)

① 개업공인중개사등은 다음 각 호의 행위를 하여서는 아니 된다.
  1. 제3조에 따른 중개대상물의 매매를 업으로 하는 행위
  2. 제9조에 따른 중개사무소의 개설등록을 하지 아니하고 중개업을 영위하는 자인 사실을 알면서 그를 통하여 중개를 의뢰받거나 그에게 자기의 명의를 이용하게 하는 행위
  3. 사례·증여 그 밖의 어떠한 명목으로도 <u>제32조에 따른 보수 또는 실비를 초과하여 금품을 받는 행위</u>
  4. 해당 중개대상물의 거래상의 중요사항에 관하여 거짓된 언행 그 밖의 방법으로 중개의뢰인의 판단을 그르치게 하는 행위

---

16 정답 ②

해설 ① 협회는 공제사업을 다른 회계와 구분하여 별도의 회계로 관리하여야 하며, 책임준비금을 다른 용도로 사용하고자 하는 경우에는 국토교통부장관의 승인을 얻어야 한다(공인중개사법 제42조 제4항).
② 책임준비금의 적립비율은 공제사고 발생률 및 공제금 지급액 등을 종합적으로 고려하여 정하되, 공제료 수입액의 <u>100분의 10</u> 이상으로 정한다(공인중개사법 시행령 제34조 제3호).
③·④ 공인중개사법 제42조의4 제2호, 제4호

관계법령 공제사업 운영의 개선명령(공인중개사법 제42조의4)

국토교통부장관은 협회의 공제사업 운영이 적정하지 아니하거나 자산상황이 불량하여 중개사고 피해자 및 공제 가입자 등의 권익을 해칠 우려가 있다고 인정하면 다음 각 호의 조치를 명할 수 있다.
  1. 업무집행방법의 변경
  2. <u>자산예탁기관의 변경</u>
  3. 자산의 장부가격의 변경
  4. <u>불건전한 자산에 대한 적립금의 보유</u>
  5. 가치가 없다고 인정되는 자산의 손실 처리
  6. 그 밖에 이 법 및 공제규정을 준수하지 아니하여 공제사업의 건전성을 해할 우려가 있는 경우 이에 대한 개선명령

---

⑤ 협회는 대통령령으로 정하는 바에 따라 매년도의 공제사업 운용실적을 일간신문·협회보 등을 통하여 공제계약자에게 공시하여야 한다(공인중개사법 제42조 제5항).

17 정답 ④

해설 ① 개업공인중개사는 중개업무에 관하여 중개의뢰인으로부터 소정의 보수를 받는다. 다만, 개업공인중개사의 고의 또는 과실로 인하여 중개의뢰인 간의 거래행위가 무효·취소 또는 해제된 경우에는 그러하지 아니하다(공인중개사법 제32조 제1항).

② · ③ 개업공인중개사는 중개의뢰인으로부터 제25조 제1항에 따른 중개대상물의 권리관계 등의 확인 또는 제31조에 따른 계약금등의 반환채무이행 보장에 소요되는 실비를 받을 수 있다(공인중개사법 제32조 제2항).

④ 법 제32조 제3항에 따른 중개보수의 지급시기는 개업공인중개사와 중개의뢰인 간의 약정에 따르되, 약정이 없을 때에는 중개대상물의 거래대금 지급이 완료된 날로 한다(공인중개사법 시행령 제27조의2).

⑤ 주택(부속토지를 포함)의 중개에 대한 보수와 제2항에 따른 실비의 한도 등에 관하여 필요한 사항은 국토교통부령으로 정하는 범위 안에서 시·도의 조례로 정하고, 주택 외의 중개대상물의 중개에 대한 보수는 국토교통부령으로 정한다(공인중개사법 제32조 제4항).

18 정답 ④

해설 ㄱ. (×), ㄷ. (○) 제1항의 경우 폐업신고 전의 개업공인중개사에 대하여 행한 업무정지처분 및 과태료부과 처분의 효과는 그 처분일부터 1년간 다시 중개사무소의 개설등록을 한 자(이하 이 조에서 "재등록 개업공인중개사"라 한다)에게 승계된다(공인중개사법 제40조 제2항).

ㄴ. (○), ㄹ. (○) 재등록 개업공인중개사에 대하여 폐업신고 전의 제38조(등록의 취소) 제1항 각 호, 같은 조 제2항 각 호 및 제39조(업무의 정지) 제1항 각 호의 위반행위에 대한 행정처분을 할 수 있다. 다만, 폐업기간이 3년을 초과한 경우와 폐업신고 전의 위반행위에 대한 행정처분이 업무정지에 해당하는 경우로서 폐업기간이 1년을 초과한 경우는 제외한다(공인중개사법 제40조 제3항).

19 정답 ③

해설 ㄱ. (○) 공인중개사법 시행령 제13조 제1항 제2호 다.

ㄴ. (○) 공인중개사법 시행령 제13조 제1항 제2호 마.

ㄷ. (×) 사회적협동조합은 영리를 목적으로 하지 아니하는 협동조합이므로 중개사무소의 등록을 할 수 없다(공인중개사법 시행령 제13조 제1항 제2호 가. 참고).

> **관계법령** 중개사무소 개설등록의 기준 등(공인중개사법 시행령 제13조 제1항)
>
> 2. 법인이 중개사무소를 개설하려는 경우
>   가. 「상법」상 회사 또는 「협동조합 기본법」 제2조 제1호에 따른 협동조합(같은 조 제3호에 따른 사회적협동조합은 제외한다)으로서 자본금이 5천만원 이상일 것
>   나. 법 제14조에 규정된 업무만을 영위할 목적으로 설립된 법인일 것
>   다. 대표자는 공인중개사이어야 하며, 대표자를 제외한 임원 또는 사원(합명회사 또는 합자회사의 무한책임사원을 말한다. 이하 이 조에서 같다)의 3분의 1 이상은 공인중개사일 것
>   라. 대표자, 임원 또는 사원 전원 및 분사무소의 책임자(법 제13조 제3항에 따라 분사무소를 설치하려는 경우에만 해당한다)가 법 제34조 제1항에 따른 실무교육을 받았을 것
>   마. 건축물대장에 기재된 건물에 중개사무소를 확보(소유·전세·임대차 또는 사용대차 등의 방법에 의하여 사용권을 확보하여야 한다)할 것

20 　정답 ②

해설　ㄱ. (×) 중개대상물의 매매를 업으로 하는 행위는 개업공인중개사의 금지행위에는 해당되나 포상금을 지급받을 수 있는 신고 또는 고발의 대상은 아니다(공인중개사법 제33조 제1항 제1호 참고).

　　　ㄴ. (○) 공인중개사법 제46조 제1항 제3호

　　　ㄷ. (×) 해당 중개대상물의 거래상의 중요사항에 관하여 거짓된 언행으로 중개의뢰인의 판단을 그르치게 하는 행위는 개업공인중개사의 금지행위에는 해당되나 포상금을 지급받을 수 있는 신고 또는 고발의 대상은 아니다(공인중개사법 제33조 제1항 제4호 참고).

관계법령　포상금(공인중개사법 제46조 제1항)

등록관청은 다음 각 호의 어느 하나에 해당하는 자를 등록관청, 수사기관이나 제47조의2에 따른 부동산거래질서교란행위 신고센터에 신고 또는 고발한 자에 대하여 대통령령으로 정하는 바에 따라 포상금을 지급할 수 있다.

1. 중개사무소의 개설등록을 하지 아니하고 중개업을 한 자
2. 거짓이나 그 밖의 부정한 방법으로 중개사무소의 개설등록을 한 자
3. <u>중개사무소등록증 또는 공인중개사자격증을 다른 사람에게 양도·대여하거나 다른 사람으로부터 양수·대여받은 자</u>
4. 제18조의2 제3항(개업공인중개사가 아닌 자는 중개대상물에 대한 표시·광고를 하여서는 아니 된다)을 위반하여 표시·광고를 한 자
5. 제33조 제1항 제8호 또는 제9호에 따른 행위를 한 자

> **금지행위(공인중개사법 제33조)**
> ① 개업공인중개사등은 다음 각 호의 행위를 하여서는 아니 된다.
> 　8. 부당한 이익을 얻거나 제3자에게 부당한 이익을 얻게 할 목적으로 거짓으로 거래가 완료된 것처럼 꾸미는 등 중개대상물의 시세에 부당한 영향을 주거나 줄 우려가 있는 행위
> 　9. 단체를 구성하여 특정 중개대상물에 대하여 중개를 제한하거나 단체 구성원 이외의 자와 공동중개를 제한하는 행위

6. 제33조 제2항을 위반하여 개업공인중개사등의 업무를 방해한 자

> **금지행위(공인중개사법 제33조)**
> ② 누구든지 시세에 부당한 영향을 줄 목적으로 다음 각 호의 어느 하나의 방법으로 개업공인중개사등의 업무를 방해해서는 아니 된다.
> 　1. 안내문, 온라인 커뮤니티 등을 이용하여 특정 개업공인중개사등에 대한 중개의뢰를 제한하거나 제한을 유도하는 행위
> 　2. 안내문, 온라인 커뮤니티 등을 이용하여 중개대상물에 대하여 시세보다 현저하게 높게 표시·광고 또는 중개하는 특정 개업공인중개사등에게만 중개의뢰를 하도록 유도함으로써 다른 개업공인중개사등을 부당하게 차별하는 행위
> 　3. 안내문, 온라인 커뮤니티 등을 이용하여 특정 가격 이하로 중개를 의뢰하지 아니하도록 유도하는 행위
> 　4. 정당한 사유 없이 개업공인중개사등의 중개대상물에 대한 정당한 표시·광고 행위를 방해하는 행위
> 　5. 개업공인중개사등에게 중개대상물을 시세보다 현저하게 높게 표시·광고하도록 강요하거나 대가를 약속하고 시세보다 현저하게 높게 표시·광고하도록 유도하는 행위

21 정답 ①

해설 ① 공인중개사법을 위반하여 300만원 이상의 벌금형의 선고를 받고 3년이 지나지 않은 경우는 중개사무소의 개설등록 결격사유에 해당하고(공인중개사법 제10조 제1항 제11호), 등록관청은 중개사무소의 개설등록을 취소해야 한다(공인중개사법 제38조 제1항 제3호).

② 공인중개사의 자격이 취소된 자는 자격취소처분을 받은 날부터 7일 이내에 그 공인중개사자격증을 교부한 시·도지사에게 공인중개사자격증을 반납하여야 한다(공인중개사법 제35조 제3항, 동법 시행규칙 제21조).

③ 시·도지사는 공인중개사의 자격취소처분을 한 때에는 5일 이내에 이를 국토교통부장관과 다른 시·도지사에게 통보해야 한다(공인중개사법 시행령 제29조 제3항).

④ 시·도지사는 제1항에 따라 공인중개사의 자격을 취소하고자 하는 경우에는 청문을 실시하여야 한다(공인중개사법 제35조 제2항).

⑤ 공인중개사법 제35조 제1항 제1호

관계법령 **자격의 취소(공인중개사법 제35조)**

① 시·도지사는 공인중개사가 다음 각 호의 어느 하나에 해당하는 경우에는 그 자격을 취소하여야 한다.

1. 부정한 방법으로 공인중개사의 자격을 취득한 경우
2. 제7조 제1항의 규정을 위반하여 다른 사람에게 자기의 성명을 사용하여 중개업무를 하게 하거나 공인중개사자격증을 양도 또는 대여한 경우
3. 제36조에 따른 자격정지처분을 받고 그 자격정지기간 중에 중개업무를 행한 경우(다른 개업공인중개사의 소속공인중개사·중개보조원 또는 법인인 개업공인중개사의 사원·임원이 되는 경우를 포함한다)
4. 이 법 또는 공인중개사의 직무와 관련하여 형법 제114조(범죄단체 등의 조직), 제231조(사문서 등의 위조·변조), 제234조(위조사문서등의 행사), 제347조(사기), 제355조(횡령, 배임) 또는 제356조(업무상의 횡령과 배임)를 위반하여 금고 이상의 형(집행유예를 포함한다)을 선고받은 경우

---

22 정답 ②

해설 괄호 안에 들어갈 내용은 ㄱ : 60, ㄴ : 150, ㄷ : 150, ㄹ : 200이다(부동산 거래신고 등에 관한 법률 시행령 제9조 제1항 제1호).

관계법령 **허가구역 내 토지거래에 대한 허가(부동산 거래신고 등에 관한 법률 제11조 제2항 제1호)**

경제 및 지가의 동향과 거래단위면적 등을 종합적으로 고려하여 대통령령으로 정하는 용도별 면적 이하의 토지에 대한 토지거래계약을 체결하려는 경우에는 제1항에 따른 허가가 필요하지 아니하다.

토지거래계약허가 면제 대상 토지면적 등(부동산 거래신고 등에 관한 법률 시행령 제9조)

① 법 제11조 제2항 제1호에서 "대통령령으로 정하는 용도별 면적"이란 다음 각 호의 구분에 따른 면적을 말한다. 다만, 국토교통부장관 또는 시·도지사가 허가구역을 지정할 당시 해당 지역에서의 거래실태 등을 고려하여 다음 각 호의 면적으로 하는 것이 타당하지 않다고 인정하여 해당 기준면적의 10퍼센트 이상 300퍼센트 이하의 범위에서 따로 정하여 공고한 경우에는 그에 따른다.

1. 도시지역 : 다음 각 목의 세부 용도지역별 구분에 따른 면적
   가. 주거지역 : 60제곱미터
   나. 상업지역 : 150제곱미터
   다. 공업지역 : 150제곱미터
   라. 녹지지역 : 200제곱미터
   마. 가목부터 라목까지의 구분에 따른 용도지역의 지정이 없는 구역 : 60제곱미터
2. 도시지역 외의 지역 : 250제곱미터. 다만, 농지(「농지법」 제2조 제1호에 따른 농지를 말한다. 이하 같다)의 경우에는 500제곱미터로 하고, 임야의 경우에는 1천 제곱미터로 한다.

23 [정답] ③

[해설] ㄱ. (○) 부동산 거래신고 등에 관한 법률 시행령 제19조 제1항 제6호
ㄴ. (○) 부동산 거래신고 등에 관한 법률 시행령 제19조 제1항 제5호
ㄷ. (×) 중개사무소의 개설등록에 관한 정보는 부동산 거래신고 등에 관한 법령상 부동산정보체계의 관리대상 정보로 명시되어 있지 않다.
ㄹ. (○) 부동산 거래신고 등에 관한 법률 시행령 제19조 제1항 제4호

관계법령 부동산정보체계의 구축·운영(부동산 거래신고 등에 관한 법률 시행령 제19조 제1항)

국토교통부장관은 법 제25조에 따라 효율적인 정보의 관리 및 국민편의 증진을 위하여 다음 각 호의 정보를 관리할 수 있는 정보체계를 구축·운영할 수 있다.
1. 법 제3조에 따른 부동산거래 신고 정보
2. 검증체계 관련 정보
2의2. 법 제6조의2에 따른 주택임대차계약 신고 정보
2의3. 법 제6조의3에 따른 주택임대차계약의 변경 및 해제 신고 정보
3. 법 제8조에 따른 외국인등의 부동산 취득·보유 신고 자료 및 관련 정보
4. 토지거래계약의 허가 관련 정보
5. 「부동산등기 특별조치법」 제3조에 따른 검인 관련 정보
6. 부동산 거래계약 등 부동산거래 관련 정보

24 [정답] ⑤

[해설] ① 외국인등이 취득하려는 토지가 「자연환경보전법」에 따른 생태·경관보전지역에 해당하는 구역·지역 등에 있으면 토지를 취득하는 계약을 체결하기 전에 대통령령으로 정하는 바에 따라 신고관청으로부터 토지취득의 허가를 받아야 한다(부동산 거래신고 등에 관한 법률 제9조 제1항 제3호). 이에 위반하여 체결한 토지취득계약은 그 효력이 발생하지 않는다(부동산 거래신고 등에 관한 법률 제9조 제3항).
② 외국인등이 상속·경매, 그 밖에 대통령령으로 정하는 계약 외의 원인(환매권의 행사, 법원의 확정판결, 법인의 합병, 건축물의 신축·증축·개축·재축)으로 대한민국 안의 부동산등을 취득한 때에는 부동산 등을 취득한 날부터 6개월 이내에 대통령령으로 정하는 바에 따라 신고관청에 신고하여야 한다(부동산 거래신고 등에 관한 법률 제8조 제2항, 부동산 거래신고 등에 관한 법률 시행령 제5조 제2항).

③ 외국인이 취득하려는 토지가 토지거래허가구역과 「문화유산의 보존 및 활용에 관한 법률」에 따른 지정 문화유산과 이를 위한 보호물 또는 보호구역에 있으면 토지거래계약허가만 받으면 된다.

관계법령 **외국인등의 토지거래 허가(부동산 거래신고 등에 관한 법률 제9조)**

① 제3조 및 제8조에도 불구하고 외국인등이 취득하려는 토지가 다음 각 호의 어느 하나에 해당하는 구역·지역 등에 있으면 토지를 취득하는 계약(이하 "토지취득계약"이라 한다)을 체결하기 전에 대통령령으로 정하는 바에 따라 신고관청으로부터 토지취득의 허가를 받아야 한다. 다만, 제11조 (토지거래허가구역의 지정)에 따라 토지거래계약에 관한 허가를 받은 경우에는 그러하지 아니하다.
  1. 「군사기지 및 군사시설 보호법」 제2조 제6호에 따른 군사기지 및 군사시설 보호구역, 그 밖에 국방목적을 위하여 외국인등의 토지취득을 특별히 제한할 필요가 있는 지역으로서 대통령령으로 정하는 지역
  2. 「문화유산의 보존 및 활용에 관한 법률」 제2조 제3항에 따른 지정문화유산과 이를 위한 보호물 또는 보호구역
  2의2. 「자연유산의 보존 및 활용에 관한 법률」에 따라 지정된 천연기념물등과 이를 위한 보호물 또는 보호구역
  3. 「자연환경보전법」 제2조 제12호에 따른 생태·경관보전지역
  4. 「야생생물 보호 및 관리에 관한 법률」 제27조에 따른 야생생물 특별보호구역

④ 대한민국 안의 부동산등을 가지고 있는 대한민국국민이나 대한민국의 법령에 따라 설립된 법인 또는 단체가 외국인등으로 변경된 경우 그 외국인등이 해당 부동산등을 계속 보유하려는 경우에는 외국인등 으로 변경된 날부터 6개월 이내에 대통령령으로 정하는 바에 따라 신고관청에 <u>신고하여야 한다</u>(부동산 거래신고 등에 관한 법률 제8조 제3항).

⑤ 부동산 거래신고 등에 관한 법률 시행령 제6조 제3항 제2호

관계법령 **외국인등의 토지거래 허가(부동산 거래신고 등에 관한 법률 시행령 제6조)**

③ 제1항에 따른 신청서를 받은 신고관청은 신청서를 받은 날부터 다음 각 호의 구분에 따른 기간 안에 허가 또는 불허가 처분을 해야 한다. 다만, 부득이한 사유로 제1호에 따른 기간 안에 허가 또는 불허가 처분을 할 수 없는 경우에는 30일의 범위에서 그 기간을 연장할 수 있으며, 기간을 연장하는 경우에는 연장 사유와 처리예정일을 지체 없이 신청인에게 알려야 한다.
  1. 법 제9조 제1항 제1호에 따른 구역·지역의 경우 : 30일
  2. 제1호 외의 구역·지역의 경우 : 15일

25 정답 ②

해설 ㄱ. 시장·군수 또는 구청장은 제17조 제1항에 따른 토지의 이용 의무를 이행하지 아니한 자에 대하여는 상당한 기간을 정하여 토지의 이용 의무를 이행하도록 명할 수 있다. 다만, 대통령령으로 정하는 사유가 있는 경우에는 이용 의무의 이행을 명하지 아니할 수 있다(부동산 거래신고 등에 관한 법률 제18조 제1항). 법 제18조 제1항 본문에 따른 이행명령은 문서로 하여야 하며, 이행기간은 <u>3개월</u> 이내로 정하여 야 한다(부동산 거래신고 등에 관한 법률 시행령 제16조 제1항).
  ㄴ. 시장·군수 또는 구청장은 이행명령이 정하여진 기간에 이행되지 아니한 경우에는 토지 취득가액의 <u>100분의 10의 범위</u>에서 대통령령으로 정하는 금액의 이행강제금을 부과한다(부동산 거래신고 등에 관한 법률 제18조 제2항).

26 정답 ④

해설 ① 부동산 거래신고 등에 관한 법률 제15조 제1항 제1호

> **관계법령** 선매(부동산 거래신고 등에 관한 법률 제15조)
>
> ① 시장·군수 또는 구청장은 제11조 제1항에 따른 토지거래계약에 관한 허가신청이 있는 경우 다음 각 호의 어느 하나에 해당하는 토지에 대하여 국가, 지방자치단체, 한국토지주택공사, 그 밖에 대통령령으로 정하는 공공기관 또는 공공단체가 그 매수를 원하는 경우에는 이들 중에서 해당 토지를 매수할 자[이하 "선매자(先買者)"라 한다]를 지정하여 그 토지를 협의 매수하게 할 수 있다.
> 1. 공익사업용 토지
> 2. 제11조 제1항에 따른 토지거래계약허가를 받아 취득한 토지를 그 이용목적대로 이용하고 있지 아니한 토지

② 국토교통부장관 또는 시·도지사는 허가구역의 지정 사유가 없어졌다고 인정되거나 관계 시·도지사, 시장·군수 또는 구청장으로부터 받은 허가구역의 지정 해제 또는 축소 요청이 이유 있다고 인정되면 지체 없이 허가구역의 지정을 해제하거나 지정된 허가구역의 일부를 축소하여야 한다(부동산 거래신고 등에 관한 법률 제10조 제6항).

③ 제11조 제1항에 따른 허가신청에 대하여 불허가처분을 받은 자는 그 통지를 받은 날부터 1개월 이내에 시장·군수 또는 구청장에게 해당 토지에 관한 권리의 매수를 청구할 수 있다(부동산 거래신고 등에 관한 법률 제16조 제1항).

④ 허가구역의 지정은 허가구역의 지정을 공고한 날부터 5일 후에 그 효력이 발생한다(부동산 거래신고 등에 관한 법률 제10조 제5항).

⑤ 제1항에 따른 허가를 받으려는 자는 그 허가신청서에 계약내용과 그 토지의 이용계획, 취득자금 조달계획 등을 적어 시장·군수 또는 구청장에게 제출하여야 한다. 이 경우 토지이용계획, 취득자금 조달계획 등에 포함되어야 할 사항은 국토교통부령으로 정한다. 다만, 시장·군수 또는 구청장에게 제출한 취득자금 조달계획이 변경된 경우에는 취득토지에 대한 등기일까지 시장·군수 또는 구청장에게 그 변경 사항을 제출할 수 있다(부동산 거래신고 등에 관한 법률 제11조 제3항).

27 정답 ⑤

해설

> **관계법령** 정의 – 외국인등(부동산 거래신고 등에 관한 법률 제2조 제4호)
>
> 가. 대한민국의 국적을 보유하고 있지 아니한 개인(ㄴ)
> 나. 외국의 법령에 따라 설립된 법인 또는 단체(ㄷ)
> 다. 사원 또는 구성원의 2분의 1 이상이 가목에 해당하는 자인 법인 또는 단체
> 라. 업무를 집행하는 사원이나 이사 등 임원의 2분의 1 이상이 가목에 해당하는 자인 법인 또는 단체
> 마. 가목에 해당하는 사람이나 나목에 해당하는 법인 또는 단체가 자본금의 2분의 1 이상이나 의결권의 2분의 1 이상을 가지고 있는 법인 또는 단체
> 바. 외국 정부(ㅁ)
> 사. 대통령령으로 정하는 국제기구
>
> > **외국인등에 해당하는 국제기구(부동산 거래신고 등에 관한 법률 시행령 제2조)**
> > 1. 국제연합과 그 산하기구·전문기구(ㄱ)
> > 2. 정부 간 기구
> > 3. 준정부 간 기구
> > 4. 비정부 간 국제기구(ㄹ)

28 정답 ②

해설
ㄱ. (×) 농지에 대하여 토지거래계약 허가를 받은 경우에는 「농지법」에 따른 농지취득자격증명을 받은 것으로 본다(부동산 거래신고 등에 관한 법률 제20조 제1항).

ㄴ. (×) 부동산 거래신고 등에 관한 법률 제14조 제2항 제3호, 동법 시행령 제11조 제3항 제12호

관계법령 **국가 등의 토지거래계약에 관한 특례 등(부동산 거래신고 등에 관한 법률 제14조)**

② 다음 각 호의 경우에는 제11조(허가구역 내 토지거래에 대한 허가)를 적용하지 아니한다.
1. 「공익사업을 위한 토지 등의 취득 및 보상에 관한 법률」에 따른 토지의 수용
2. 「민사집행법」에 따른 경매
3. 그 밖에 대통령령으로 정하는 경우

국가 등의 토지거래계약에 관한 특례(부동산 거래신고 등에 관한 법률 시행령 제11조)
③ 법 제14조 제2항 제3호에서 "대통령령으로 정하는 경우"란 다음 각 호의 어느 하나에 해당하는 경우를 말한다.
12. 국세 및 지방세의 체납처분 또는 강제집행을 하는 경우

ㄷ. (×) 시장·군수 또는 구청장은 제17조 제1항에 따른 이용 토지 이용 의무기간이 지난 후에는 이행강제금을 부과할 수 없다(부동산 거래신고 등에 관한 법률 제18조 제4항).

ㄹ. (○) 제10조부터 제20조까지에 따라 토지의 소유권자, 지상권자 등에게 발생되거나 부과된 권리·의무는 그 토지 또는 건축물에 관한 소유권이나 그 밖의 권리의 변동과 동시에 그 승계인에게 이전한다(부동산 거래신고 등에 관한 법률 제22조 제1항).

29 정답 ④

해설
ㄱ. (×) 명의신탁약정은 무효로 한다(부동산 실권리자명의 등기에 관한 법률 제4조 제1항). 그러나 ⊙ 채무의 변제를 담보하기 위하여 채권자가 부동산에 관한 물권을 이전(移轉)받거나 가등기하는 경우, ⓒ 부동산의 위치와 면적을 특정하여 2인 이상이 구분소유하기로 하는 약정을 하고 그 구분소유자의 공유로 등기하는 경우, ⓒ 「신탁법」 또는 「자본시장과 금융투자업에 관한 법률」에 따른 신탁재산인 사실을 등기한 경우에는 명의신탁약정으로 보지 아니한다(부동산 실권리자명의 등기에 관한 법률 제2조 제1호 단서).

ㄴ. (○) 명의신탁약정은 무효로 하고, 이에 따른 등기로 이루어진 부동산에 관한 물권변동도 무효로 한다(부동산 실권리자명의 등기에 관한 법률 제4조 제1항·제2항 본문). 다만, ⊙ 종중(宗中)이 보유한 부동산에 관한 물권을 종중(종중과 그 대표자를 같이 표시하여 등기한 경우를 포함한다) 외의 자의 명의로 등기한 경우, ⓒ 배우자 명의로 부동산에 관한 물권을 등기한 경우, ⓒ 종교단체의 명의로 그 산하 조직이 보유한 부동산에 관한 물권을 등기한 경우로서 조세포탈, 강제집행의 면탈 또는 법령상 제한의 회피를 목적으로 하지 아니하는 경우, 특례가 인정되어 명의신탁약정 및 그 등기가 유효하다(부동산 실권리자명의 등기에 관한 법률 제8조).

ㄷ. (○) 부동산 실권리자명의 등기에 관한 법률에 의하면, 이른바 3자간 등기명의신탁의 경우 같은 법에서 정한 유예기간의 경과에 의하여 기존 명의신탁약정과 그에 의한 등기가 무효로 되고 그 결과 명의신탁된 부동산은 매도인 소유로 복귀하므로, 매도인은 명의수탁자에게 무효인 명의 등기의 말소를 구할 수 있고, 한편 같은 법에서 정한 유예기간 경과 후에도 매도인과 명의신탁자 사이의 매매계약은 여전히 유효하므로, 명의신탁자는 매도인에게 매매계약에 기한 소유권이전등기를 청구할 수 있고, 소유권이전등기청구권을 보전하기 위하여 매도인을 대위하여 명의수탁자에게 무효인 명의 등기의 말소를 구할 수 있다(대판 2011.9.8. 2009다49193).

30 정답 ③

해설 ① 매각부동산 위의 모든 저당권은 매각으로 소멸된다(민사집행법 제91조 제2항).

② 지상권·지역권·전세권 및 등기된 임차권은 저당권·압류채권·가압류채권에 대항할 수 없는 경우에는 매각으로 소멸된다(민사집행법 제91조 제3항).

③ 민사집행법 제91조 제5항은 매수인은 유치권자에게 그 유치권으로 담보하는 채권을 변제할 책임이 있다고 규정하고 있다. 여기에서 '변제할 책임이 있다'는 의미는 부동산상의 부담을 승계한다는 취지로서 인적채무까지 인수한다는 취지는 아니므로, <u>유치권자는 경락인에 대하여 그 피담보채권의 변제가 있을 때까지 유치목적물인 부동산의 인도를 거절할 수 있을 뿐이고 그 피담보채권의 변제를 청구할 수는 없다</u>(대결 2014.12.30. 2014마1407).

④ 민사집행법 제91조 제3항은 "전세권은 저당권·압류채권·가압류채권에 대항할 수 없는 경우에는 매각으로 소멸된다"라고 규정하고, 같은 조 제4항은 "제3항의 경우 외의 전세권은 매수인이 인수한다. 다만, 전세권자가 배당요구를 하면 매각으로 소멸된다"라고 규정하고 있고, 이는 저당권 등에 대항할 수 없는 전세권과 달리 최선순위의 전세권은 오로지 전세권자의 배당요구에 의하여만 소멸되고, 전세권자가 배당요구를 하지 않는 한 매수인에게 인수되며, 반대로 배당요구를 하면 존속기간에 상관없이 소멸된다는 취지라고 할 것이다(대판 2010.6.24. 2009다40790).

⑤ 매수인은 매각대금을 다 낸 때에 매각의 목적인 권리를 취득한다(민사집행법 제135조).

31 정답 ③

해설 ㄱ. (○) 대통령령으로 정하는 보증금액을 초과하는 임대차의 경우에도 '대항력', '계약갱신요구', '계약갱신특례', '폐업으로 인한 임차인의 해지권' 및 <u>'권리금' 관련 규정 등은 적용된다</u>(상가건물 임대차보호법 제2조 제3항).

ㄴ. (×) 임차인이 <u>3기</u>의 차임액에 해당하는 금액에 이르도록 차임을 연체한 사실이 있는 경우, 임대인은 임차인의 계약갱신요구를 거절할 수 있다(상가건물 임대차보호법 제10조 제1항 제1호).

ㄷ. (○) 임대인의 동의를 받고 전대차계약을 체결한 전차인은 임차인의 계약갱신요구권 행사기간 이내에 임차인을 대위하여 임대인에게 계약갱신요구권을 행사할 수 있다(상가건물 임대차보호법 제13조 제2항).

32 정답 ③

해설 ① 이 법은 주거용 건물(이하 "주택"이라 한다)의 전부 또는 일부의 임대차에 관하여 적용한다. 그 임차주택의 일부가 주거 외의 목적으로 사용되는 경우에도 또한 같다(주택임대차보호법 제2조).

② 임차인은 제1항에 따른 계약갱신요구권을 1회에 한하여 행사할 수 있다. 이 경우 갱신되는 임대차의 존속기간은 2년으로 본다(주택임대차보호법 제6조의3 제2항).

③ 임차인은 보증금 중 일정액을 다른 담보물권자보다 우선하여 변제받을 권리가 있다. 이 경우 임차인은 주택에 대한 경매신청의 등기 전에 제3조 제1항의 요건[대항요건(주택의 인도와 주민등록)]을 갖추어야 한다(주택임대차보호법 제8조 제1항, 제3조 제1항).

④ 임차주택의 양수인(그 밖에 임대할 권리를 승계한 자를 포함한다)은 임대인의 지위를 승계한 것으로 본다(주택임대차보호법 제3조 제4항).

⑤ 임차인은 임차권등기명령의 집행에 따른 임차권등기를 마치면 제3조 제1항·제2항 또는 제3항에 따른 대항력과 제3조의2 제2항에 따른 우선변제권을 취득한다. 다만, 임차인이 임차권등기 이전에 이미 대항력이나 우선변제권을 취득한 경우에는 그 대항력이나 우선변제권은 그대로 유지되며, 임차권등기 이후에는 제3조 제1항·제2항 또는 제3항의 대항요건을 상실하더라도 이미 취득한 대항력이나 우선변제권을 상실하지 아니한다(주택임대차보호법 제3조의3 제5항).

33 정답 ①

해설 ㄱ. (○) 취득 시 부담할 조세의 종류 및 세율은 중개가 완성되기 전 「지방세법」의 내용을 확인하여 적습니다(임대차의 경우에는 제외합니다)(공인중개사법 시행규칙 [별지 제20호 서식] 작성방법 세부항목 10.).

ㄴ. (○) 거래예정금액 등의 "거래예정금액"은 중개가 완성되기 전 거래예정금액을, "개별공시지가(m^2당)" 및 "건물(주택)공시가격"은 중개가 완성되기 전 공시된 공시지가 또는 공시가격을 적습니다[임대차의 경우에는 "개별공시지가(m^2당)" 및 "건물(주택)공시가격"을 생략할 수 있습니다](공인중개사법 시행규칙 [별지 제20호 서식] 작성방법 세부항목 9.).

ㄷ. (×) "다가구주택 확인서류 제출 여부"는 대상물건이 다가구주택인 경우로서 매도인(임대인) 또는 개업공인중개사가 주민센터 등에서 발급받은 다가구주택 확정일자 부여현황(임대차기간, 보증금 및 차임)이 적힌 서류를 제출하면 "제출"에 ✓로 표시하고, 제출하지 않은 경우에는 "미제출"에 ✓로 표시하며, 다가구주택이 아닌 경우에는 "해당 없음"에 ✓로 표시하고 그 사실을 중개의뢰인에게 설명해야 합니다(공인중개사법 시행규칙 [별지 제20호 서식] 작성방법 세부항목 6. 나.).

ㄹ. (×) 대상물건의 표시는 토지대장 및 건축물대장 등을 확인하여 적고, 건축물의 방향은 주택의 경우 거실이나 안방 등 주실(主室)의 방향을, 그 밖의 건축물은 주된 출입구의 방향을 기준으로 남향, 북향 등 방향을 적고 방향의 기준이 불분명한 경우 기준(예: 남동향 - 거실앞 발코니 기준)을 표시하여 적습니다(공인중개사법 시행규칙 [별지 제20호 서식] 작성방법 세부항목 3.).

34 정답 ⑤

해설 ① 전속중개계약의 유효기간은 3월로 한다. 다만, 당사자 간에 다른 약정이 있는 경우에는 그 약정에 따른다(공인중개사법 시행령 제20조 제1항). 따라서 유효기간을 4개월로 약정한 것은 유효하다.

② 제1항에 따른 전속중개계약은 국토교통부령으로 정하는 계약서에 의하여야 하며, 개업공인중개사는 전속중개계약을 체결한 때에는 해당 계약서를 국토교통부령으로 정하는 기간(3년) 동안 보존하여야 한다(공인중개사법 제23조 제2항, 동법 시행규칙 제14조 제2항).

③ 갑은 을이 법 제25조에 따른 중개대상물 확인·설명의무를 이행하는 데 협조하여야 한다(공인중개사법 시행규칙 [별지 제15호 서식] 2. ②).

④ 이 계약에 정하지 않은 사항에 대하여는 갑과 을이 합의하여 별도로 정할 수 있다(공인중개사법 시행규칙 [별지 제15호 서식] 6.).

⑤ 전속중개계약의 유효기간 내에 을 외의 다른 개업공인중개사에게 중개를 의뢰하여 거래한 경우와 전속중개계약의 유효기간 내에 을의 소개에 의하여 알게 된 상대방과 을을 배제하고 거래당사자 간에 직접 거래한 경우에는 갑은 그가 지급해야 할 중개보수에 해당하는 금액을 을에게 위약금으로 지급해야 한다. 다만, 전속중개계약의 유효기간 내에 갑이 스스로 발견한 상대방과 거래한 경우에는 중개보수의 50퍼센트에 해당하는 금액의 범위에서 을이 중개행위를 할 때 소요된 비용(사회통념에 비추어 상당하다고 인정되는 비용을 말한다)을 지급한다(공인중개사법 시행규칙 [별지 제15호 서식] 2. ①).

35 정답 ①

해설 ㄱ. (○) 공인중개사의 매수신청대리인 등록 등에 관한 규칙 제3조 제4호

> **관계법령** 매수신청대리의 대상물(공인중개사의 매수신청대리인 등록 등에 관한 규칙 제3조)
>
> 이 규칙에 의한 매수신청대리의 대상물은 다음 각 호와 같다.
>   1. 토 지
>   2. 건물 그 밖의 토지의 정착물
>   3. 「입목에 관한 법률」에 따른 입목
>   4. 「공장 및 광업재단 저당법」에 따른 공장재단, 광업재단

ㄴ. (×) 공인중개사의 매수신청대리인 등록 등에 관한 규칙 제21조 제1항 제4호

> **관계법령** 등록취소 사유 등(공인중개사의 매수신청대리인 등록 등에 관한 규칙 제21조)
>
> ① 지방법원장은 다음 각 호의 어느 하나에 해당하는 경우에는 매수신청대리인 등록을 취소하여야 한다.
>   1. 법 제10조 제1항(중개사무소 개설등록의 결격사유) 각 호의 어느 하나에 해당하는 경우
>   2. 법 제21조 또는 이 규칙 제13조의2 제1항의 규정에 따라 폐업신고를 한 경우
>   3. 법 제35조의 규정에 따라 공인중개사 자격이 취소된 경우
>   4. 법 제38조의 규정에 따라 중개사무소 개설등록이 취소된 경우
>   5. 등록 당시 제5조에 규정된 등록요건을 갖추지 않았던 경우
>   6. 등록 당시 제6조에 규정된 결격사유가 있었던 경우

ㄷ. (×) 공인중개사의 매수신청대리인 등록 등에 관한 규칙 제6조 제1호

> **관계법령** 등록의 결격사유(공인중개사의 매수신청대리인 등록 등에 관한 규칙 제6조)
>
> 다음 각 호의 어느 하나에 해당하는 자는 매수신청대리인 등록을 할 수 없다.
>   1. 매수신청대리인 등록이 취소된 후 3년이 지나지 아니한 자. 단, 제21조 제1항 제2호(폐업신고)에 의한 등록 취소는 제외한다.
>   2. 「민사집행법」 제108조 제4호에 해당하는 자
>   3. 제22조의 규정에 의하여 매수신청대리업무정지처분을 받고 법 제21조의 규정에 의한 폐업신고를 한 자로서 업무정지기간(폐업에 불구하고 진행되는 것으로 본다)이 경과되지 아니한 자
>   4. 제22조의 규정에 의하여 매수신청대리업무정지처분을 받은 개업공인중개사인 법인의 업무정지의 사유가 발생한 당시의 사원 또는 임원이었던 자로서 당해 개업공인중개사에 대한 업무정지기간이 경과되지 아니한 자
>   5. 제1호부터 제4호까지 중 어느 하나에 해당하는 자가 사원 또는 임원으로 있는 법인인 개업공인중개사

36 정답 ①

해설 ① 전유부분이 속하는 1동의 건물의 설치 또는 보존의 흠으로 인하여 다른 자에게 손해를 입힌 경우에는 그 흠은 공용부분에 존재하는 것으로 추정한다(집합건물의 소유 및 관리에 관한 법률 제6조).

② 구분소유자는 그 전유부분이나 공용부분을 보존하거나 개량하기 위하여 필요한 범위에서 다른 구분소유자의 전유부분 또는 자기의 공유(共有)에 속하지 아니하는 공용부분의 사용을 청구할 수 <u>있다</u>(집합건물의 소유 및 관리에 관한 법률 제5조 제3항).

③ 공유자가 공용부분에 관하여 다른 공유자에 대하여 가지는 채권은 그 특별승계인에 대하여도 행사할 수 <u>있다</u>(집합건물의 소유 및 관리에 관한 법률 제18조).

④ 대지 위에 구분소유권의 목적인 건물이 속하는 1동의 건물이 있을 때에는 그 대지의 공유자는 그 건물 사용에 필요한 범위의 대지에 대하여는 <u>분할을 청구하지 못한다</u>(집합건물의 소유 및 관리에 관한 법률 제8조).

⑤ 공용부분에 대한 공유자의 지분은 그가 가지는 <u>전유부분의 처분</u>에 따른다(집합건물의 소유 및 관리에 관한 법률 제13조 제1항).

37 정답 ④

해설 ①·②·③·⑤ 소유자 및 등기명의인, 중개대상물의 표시(은행융자·권리금·제세공과금 등), 권리관계, 중개의뢰 금액, 거래규제 및 공법상 제한사항 등은 권리이전용(매도·임대등)에 기재할 사항이다.

④ 희망 지역은 권리취득용(매수·임차등)에 기재할 사항이다.

알아보기	일반중개계약서에 기재하는 항목(공인중개사법 시행규칙 [별지 제14호 서식] 참고)	
구 분	**권리이전용(매도·임대 등)**	**권리취득용(매수·임차 등)**
기재하는 항목	• 소유자 및 등기명의인 • 중개대상물의 표시 • 권리관계 • 거래규제 및 공법상 제한사항 • 중개의뢰 금액 • 그 밖의 사항	• 희망물건의 종류 • 취득 희망가격 • <u>희망 지역</u> • 그 밖의 희망조건

38 정답 ④

해설 ㄱ. (O) 제1항 및 제2항의 경우에 중개대상물의 소재지와 중개사무소의 소재지가 다른 경우에는 개업공인중개사는 중개사무소의 소재지를 관할하는 시·도의 조례에서 정한 기준에 따라 중개보수 및 실비를 받아야 한다(공인중개사법 시행규칙 제20조 제3항). 따라서 甲이 받을 수 있는 실비는 중개사무소가 속한 A시가 속한 시·도의 조례에서 정한 기준에 따른다.

ㄴ. (O), ㄷ. (O) 전용면적이 85제곱미터 이하이고, 상·하수도 시설이 갖추어진 전용입식 부엌, 전용수세식 화장실 및 목욕시설을 갖춘 오피스텔 경우에 중개보수는 중개의뢰인 쌍방으로부터 각각 받되, 매매·교환의 경우 거래금액의 1천분의 5, 임대차 등의 경우 1천분의 4의 범위에서 결정한다(공인중개사법 시행규칙 제20조 제4항 제1호, [별표 2] 참고).

ㄹ. (×) 오피스텔은 <u>주택 외의</u> 중개대상물에 대한 보수 및 실비규정을 적용한다(공인중개사법 시행규칙 제20조 제4항 제1호).

PART 1

PART 2

PART 3

PART 4

39 정답 ⑤

해설 ① 거래당사자가 다수인 경우 매도인 또는 매수인의 주소란에 거래대상별 거래지분을 기준으로 각자의 거래 지분 비율(매도인과 매수인의 거래지분 비율은 일치해야 합니다)을 표시하고, 거래당사자가 외국인인 경우 거래당사자의 국적을 반드시 적어야 하며, 외국인이 부동산등을 매수하는 경우 매수용도란의 주거용(아파트), 주거용(단독주택), 주거용(그 밖의 주택), 레저용, 상업용, 공장용, 그 밖의 용도 중 하나에 ✓표시를 합니다(부동산 거래신고 등에 관한 법률 시행규칙 [별지 제1호 서식] 작성방법 1.).

② "계약대상 면적"란에는 실제 거래면적을 계산하여 적되, 건축물 면적은 집합건축물의 경우 전용면적을 적고, 그 밖의 건축물의 경우 연면적을 적습니다(부동산 거래신고 등에 관한 법률 시행규칙 [별지 제1호 서식] 작성방법 6.).

③ "종전 부동산"란은 입주권 매매의 경우에만 작성하고, 거래금액란에는 추가 지급액 등(프리미엄 등 분양가격을 초과 또는 미달하는 금액) 및 권리가격, 합계 금액, 계약금, 중도금, 잔금을 적습니다(부동산 거래신고 등에 관한 법률 시행규칙 [별지 제1호 서식] 작성방법 9.).

④ "계약의 조건 및 참고사항"란은 부동산 거래계약 내용에 계약조건이나 기한을 붙인 경우, 거래와 관련한 참고내용이 있을 경우에 적습니다(부동산 거래신고 등에 관한 법률 시행규칙 [별지 제1호 서식] 작성방법 10.).

⑤ 거래대상의 종류가 공급계약(분양) 또는 전매계약(분양권, 입주권)인 경우 물건별 거래가격 및 총 실제 거래가격에 부가가치세를 포함한 금액을 적고, 그 외의 거래대상의 경우 부가가치세를 제외한 금액을 적습니다(부동산 거래신고 등에 관한 법률 시행규칙 [별지 제1호 서식] 유의사항 5.).

40 정답 ③

해설 ① 분묘수호를 위한 유사지상권(분묘기지권)의 존속기간에 관하여는 민법의 지상권에 관한 규정에 따를 것이 아니라, 당사자 사이에 약정이 있는 등 특별한 사정이 있으면 그에 따를 것이며, 그런 사정이 없는 경우에는 권리자가 분묘의 수호와 봉사를 계속하는 한 그 분묘가 존속하고 있는 동안은 분묘기지권은 존속한다고 해석함이 상당하다(대판 1982.1.26. 81다1220).

② 타인 소유의 토지에 분묘를 설치한 경우에 20년간 평온, 공연하게 분묘의 기지를 점유하면 지상권과 유사한 관습상의 물권인 분묘기지권을 시효로 취득한다는 점은 오랜 세월 동안 지속되어 온 관습 또는 관행으로서 법적 규범으로 승인되어 왔고, 이러한 법적 규범이 장사법 시행일인 2001.1.13. 이전에 설치된 분묘에 관하여 현재까지 유지되고 있다(대판[전합] 2017.1.19. 2013다17292).

③ 자기 소유 토지에 분묘를 설치한 사람이 그 토지를 양도하면서 분묘를 이장하겠다는 특약을 하지 않음으로써 분묘기지권을 취득한 경우, 특별한 사정이 없는 한 분묘기지권자는 분묘기지권이 성립한 때부터 토지 소유자에게 그 분묘의 기지에 대한 토지사용의 대가로서 지료를 지급할 의무가 있다(대판 2021.5.27. 2020다295892).

④ 취득시효형 분묘기지권이 관습법으로 인정되어 온 역사적·사회적 배경, 분묘를 둘러싸고 형성된 기존의 사실관계에 대한 당사자의 신뢰와 법적 안정성, 관습법상 권리로서의 분묘기지권의 특수성, 조리와 신의성실의 원칙 및 부동산의 계속적 용익관계에 관하여 이러한 가치를 구체화한 민법상 지료증감청구권 규정의 취지 등을 종합하여 볼 때, 시효로 분묘기지권을 취득한 사람은 토지소유자가 분묘기지에 관한 지료를 청구하면 그 청구한 날부터의 지료를 지급하여야 한다고 봄이 타당하다(대판[전합] 2021.4.29. 2017다228007).

⑤ 분묘가 멸실된 경우이더라도 유골이 존재하여 분묘의 원상회복이 가능하여 일시적인 멸실에 불과하다면 분묘기지권은 소멸하지 않고 존속하고 있다고 해석함이 상당하다(대판 2007.6.28. 2005다44114).

2021년 제32회 정답 및 해설

✅ 문제편 038p

01	02	03	04	05	06	07	08	09	10	11	12	13	14	15	16	17	18	19	20
④	①	③	⑤	①	④	④	③	②	③	③	④	②	⑤	②	③	⑤	④	②	②
21	22	23	24	25	26	27	28	29	30	31	32	33	34	35	36	37	38	39	40
①	①	⑤	②	⑤	④	③	⑤	⑤	④	①	①	⑤	①,④	③	②	③	①	⑤	③

01 　정답　④

해설　① 미채굴광물은 국유재산으로 공인중개사법령상 중개대상물에 해당하지 않는다.

② 영업용 건물의 영업시설·비품 등 유형물이나 거래처, 신용, 영업상의 노하우 또는 점포 위치에 따른 영업상의 이점 등 무형의 재산적 가치는 구 부동산중개업법과 공인중개사의 업무 및 부동산 거래신고에 관한 법률 각 제3조에서 정한 '중개대상물'에 해당하지 않는다(대판 2009.1.15. 2008도9427).

③ 토지로부터 분리된 수목은 토지의 정착물이 아니라 동산이므로 중개대상물에 해당하지 않는다.

④ 토지는 지목과 상관없이 중개대상물에 해당한다(공인중개사법 제3조 제1호).

> **관계법령　중개대상물의 범위(공인중개사법 제3조)**
>
> 이 법에 의한 중개대상물은 다음 각 호와 같다.
> 1. 토 지
> 2. 건축물 그 밖의 토지의 정착물
> 3. 그 밖에 대통령령으로 정하는 재산권 및 물건(동법 시행령 제2조)
>   • 「입목에 관한 법률」에 따른 입목
>   • 「공장 및 광업재단 저당법」에 따른 공장재단 및 광업재단

⑤ 이 사건 대토권은 이 사건 주택이 철거될 경우 일정한 요건하에 택지개발지구 내에 이주자택지를 공급받을 지위에 불과하고 특정한 토지나 건물 기타 정착물 또는 법 시행령이 정하는 재산권 및 물건에 해당한다고 볼 수 없으므로 법 제3조에서 정한 중개대상물에 해당하지 않는다고 볼 것이다(대판 2011.5.26. 2011다23682).

02 정답 ①

해설 ㄱ. (○) 공인중개사법 제2조의2 제1항 제3호

> **관계법령 공인중개사 정책심의위원회(공인중개사법 제2조의2 제1항)**
>
> 공인중개사의 업무에 관한 다음 각 호의 사항을 심의하기 위하여 국토교통부에 공인중개사 정책심의위원회를 둘 수 있다.
> 1. 공인중개사의 시험 등 공인중개사의 자격취득에 관한 사항
> 2. 부동산 중개업의 육성에 관한 사항
> 3. 중개보수 변경에 관한 사항
> 4. 손해배상책임의 보장 등에 관한 사항

ㄴ. (○) 공인중개사 정책심의위원회는 위원장 1명을 포함하여 7명 이상 11명 이내의 위원으로 구성한다(공인중개사법 시행령 제1조의2 제1항).

ㄷ. (×) 심의위원회 위원장은 국토교통부 제1차관이 된다(공인중개사법 시행령 제1조의2 제2항).

ㄹ. (×) 위원장이 부득이한 사유로 직무를 수행할 수 없을 때에는 위원장이 미리 지명한 위원이 그 직무를 대행한다(공인중개사법 시행령 제1조의4 제2항).

03 정답 ③

해설 ㄱ. (×) 명의신탁약정에 따른 등기로 이루어진 부동산에 관한 물권변동은 무효로 한다. 다만, 부동산에 관한 물권을 취득하기 위한 계약에서 명의수탁자가 어느 한쪽 당사자가 되고 상대방 당사자는 명의신탁약정이 있다는 사실을 알지 못한 경우에는 그러하지 아니하다(부동산실명법 제4조 제2항). 사안의 X토지 매매계약의 당사자는 甲과 乙이고 명의수탁자 丙이 계약의 당사자가 되는 경우가 아니다(3자간 등기명의신탁). 따라서 부동산실명법 제4조 제2항 단서가 아닌 본문에 해당하므로 乙과 丙의 명의신탁 약정에 따라 甲이 丙명의로 마쳐준 소유권이전등기는 무효이다.

ㄴ. (×) 이른바 3자간 등기명의신탁의 경우 부동산 실권리자명의 등기에 관한 법률에서 정한 유예기간 경과에 의하여 그 명의신탁 약정과 그에 의한 등기가 무효로 되더라도 명의신탁자는 매도인에 대하여 매매계약에 기한 소유권이전등기청구권을 보유하고 있어 그 유예기간의 경과로 그 등기 명의를 보유하지 못하는 손해를 입었다고 볼 수 없다(대판 2008.11.27. 2008다55290). 즉, 명의신탁자 乙은 매도인 甲에게 여전히 매매계약에 기한 소유권이전등기청구권을 보유하고 있어 손해가 있다고 볼 수 없으므로 丙을 상대로 매매대금 상당의 부당이득 반환청구권을 행사할 수 없다.

ㄷ. (○) 부동산 실권리자명의 등기에 관한 법률에 의하면, 이른바 3자간 등기명의신탁의 경우 같은 법에서 정한 유예기간의 경과에 의하여 기존 명의신탁약정과 그에 의한 등기가 무효로 되고 그 결과 명의신탁된 부동산은 매도인 소유로 복귀하므로, 매도인은 명의수탁자에게 무효인 명의 등기의 말소를 구할 수 있고, 한편 같은 법에서 정한 유예기간 경과 후에도 매도인과 명의신탁자 사이의 매매계약은 여전히 유효하므로, 명의신탁자는 매도인에게 매매계약에 기한 소유권이전등기를 청구할 수 있고, 소유권이전등기청구권을 보전하기 위하여 매도인을 대위하여 명의수탁자에게 무효인 명의 등기의 말소를 구할 수 있다(대판 2011.9.8. 2009다49193).

04 정답 ⑤

해설 ① 등기는 부동산의 표시(表示)와 소유권, 지상권, 지역권, 전세권, 저당권, 권리질권, 채권담보권, 임차권의 어느 하나에 해당하는 권리의 보존, 이전, 설정, 변경, 처분의 제한 또는 소멸에 대하여 한다(부동산등기법 제3조). 즉, 관습상의 물권인 분묘기지권은 등기할 사항인 권리에 해당하지 않으므로 등기사항증명서를 통해 확인할 수 없다.

② 분묘기지권은 분묘를 수호하고 봉제사하는 목적을 달성하는 데 필요한 범위 내에서 타인의 토지를 사용할 수 있는 권리를 의미하는 것으로서, 분묘기지권은 분묘의 기지 자체 뿐만 아니라 그 분묘의 설치목적인 분묘의 수호 및 제사에 필요한 범위 내에서 분묘의 기지 주위의 공지를 포함한 지역에까지 미치는 것이다(대판 1994.12.23. 94다15530).

③ 토지소유자의 승낙을 얻어 분묘가 설치된 경우 분묘소유자는 분묘기지권을 취득하고, 분묘기지권의 존속기간에 관하여는 당사자 사이에 약정이 있는 등 특별한 사정이 있으면 그에 따를 것이나, 그러한 사정이 없는 경우에는 권리자가 분묘의 수호와 봉사를 계속하며 그 분묘가 존속하고 있는 동안 존속한다고 해석함이 타당하다. 또, 분묘가 멸실된 경우라고 하더라도 유골이 존재하여 분묘의 원상회복이 가능하여 일시적인 멸실에 불과하다면 분묘기지권은 소멸하지 않고 존속하고 있다고 해석함이 상당하다(대판 2007.6.28. 2005다44114).

④ 분묘기지권은 분묘를 수호하고 봉제사하는 목적을 달성하는 데 필요한 범위 내에서 타인의 토지를 사용할 수 있는 권리를 의미하는 것으로서, 분묘기지권에는 그 효력이 미치는 지역의 범위 내라고 할지라도 기존의 분묘 외에 새로운 분묘를 신설할 권능은 포함되지 아니하는 것이므로, 부부 중 일방이 먼저 사망하여 이미 그 분묘가 설치되고 그 분묘기지권이 미치는 범위 내에서 그 후에 사망한 다른 일방의 합장을 위하여 쌍분 형태의 분묘를 설치하는 것도 허용되지 않는다(대판 1997.5.23. 95다29086,29093).

⑤ 자기 소유 토지에 분묘를 설치한 사람이 그 토지를 양도하면서 분묘를 이장하겠다는 특약을 하지 않음으로써 분묘기지권을 취득한 경우, 특별한 사정이 없는 한 분묘기지권자는 분묘기지권이 성립한 때부터 토지 소유자에게 그 분묘의 기지에 대한 토지사용의 대가로서 지료를 지급할 의무가 있다(대판 2021.5.27. 2020다295892).

05 정답 ①

해설 ① 개업공인중개사가 의뢰받은 중개대상물에 대하여 표시·광고를 하려면 중개사무소, 개업공인중개사에 관한 사항으로서 대통령령으로 정하는 사항을 명시하여야 하며, 중개보조원에 관한 사항은 명시해서는 아니 된다(공인중개사법 제18조의2 제1항).

②·③ 공인중개사법 제18조의2 제4항 제1호·제2호

> **관계법령** **중개대상물의 표시·광고(공인중개사법 제18조의2 제4항)**
>
> 개업공인중개사는 중개대상물에 대하여 다음 각 호의 어느 하나에 해당하는 부당한 표시·광고를 하여서는 아니 된다.
> 1. 중개대상물이 존재하지 않아서 실제로 거래를 할 수 없는 중개대상물에 대한 표시·광고
> 2. 중개대상물의 가격 등 내용을 사실과 다르게 거짓으로 표시·광고하거나 사실을 과장되게 하는 표시·광고
> 3. 그 밖에 표시·광고의 내용이 부동산거래질서를 해치거나 중개의뢰인에게 피해를 줄 우려가 있는 것으로서 대통령령으로 정하는 내용의 표시·광고

PART 1

PART 2

PART 3

PART 4

④ 국토교통부장관은 인터넷을 이용한 중개대상물에 대한 표시·광고가 제18조의2(중개대상물의 표시·광고)의 규정을 준수하는지 여부를 모니터링 할 수 있다(공인중개사법 제18조의3 제1항).

관계법령 **인터넷 표시·광고 모니터링 업무의 내용 및 방법 등(공인중개사법 시행규칙 제10조의3 제1항)**

법 제18조의3 제1항에 따른 모니터링 업무는 다음 각 호의 구분에 따라 수행한다.
1. 기본 모니터링 : 제2항 제1호에 따른 모니터링 기본계획서에 따라 분기별로 실시하는 모니터링
2. 수시 모니터링 : 법 제18조의2를 위반한 사실이 의심되는 경우 등 국토교통부장관이 필요하다고 판단하여 실시하는 모니터링

⑤ 국토교통부장관은 제1항에 따른 모니터링 업무를 대통령령으로 정하는 기관에 위탁할 수 있다(공인중개사법 제18조의3 제4항).

관계법령 **인터넷 표시·광고 모니터링 업무의 위탁(공인중개사법 시행령 제17조의3 제1항)**

국토교통부장관은 법 제18조의3 제4항에 따라 다음 각 호의 어느 하나에 해당하는 기관에 같은 조 제1항에 따른 모니터링 업무를 위탁할 수 있다.
1. 「공공기관의 운영에 관한 법률」 제4조에 따른 공공기관
2. 「정부출연연구기관 등의 설립·운영 및 육성에 관한 법률」 제2조에 따른 정부출연연구기관
3. 「민법」 제32조에 따라 설립된 비영리법인으로서 인터넷 표시·광고 모니터링 또는 인터넷 광고 시장 감시와 관련된 업무를 수행하는 법인
4. 그 밖에 인터넷 표시·광고 모니터링 업무 수행에 필요한 전문인력과 전담조직을 갖췄다고 국토교통부장관이 인정하는 기관 또는 단체

06 정답 ④

해설 ① 아파트 지하실이 건축 당시부터 그 지상의 주택 부분과는 별도의 용도나 목적으로 건축되었다고 볼 특별한 사정이 엿보이지 않는다면 건축 당시 그 아파트의 각층 주택의 관리를 위한 기계실 또는 전입주자 공동사용의 목적을 위한 창고, 대피소 등으로 사용하기 위하여 건축된 것으로 봄이 타당하고, 이에 관한 건축물관리대장상 용도가 주택으로 되어 있다거나 그 지하실이 주택 또는 상가 등의 용도로 사용하기에 충분한 높이와 환기 시설 등을 갖추고 있다는 등의 사정만으로 달리 볼 수 없으므로, 이는 구분소유자 전원의 공용에 제공되는 건물 부분으로 그들의 공유에 속할 뿐 따로 구분소유의 목적이 될 수 없다(대판 1995.3.3. 94다4691).
② 전유부분이 주거의 용도로 분양된 것인 경우에는 구분소유자는 정당한 사유 없이 그 부분을 주거 외의 용도로 사용하거나 그 내부 벽을 철거하거나 파손하여 증축·개축하는 행위를 하여서는 아니 된다(집합건물법 제5조 제2항).
③ 지상 주택의 구분소유자 전원의 공용에 제공된 건물 부분은 구분소유자 전원의 공유에 속한 것이기는 하나, 공유자는 그가 가지는 전유부분과 분리하여 이에 대한 지분을 처분할 수 없다(대판 1995.3.3. 94다4691).
④ 구분소유자는 그가 가지는 전유부분과 분리하여 대지사용권을 처분할 수 없다. 다만, 규약으로써 달리 정한 경우에는 그러하지 아니하다(집합건물법 제20조 제2항).
⑤ 공용부분은 구분소유자 전원의 공유에 속한다. 다만, 일부의 구분소유자만이 공용하도록 제공되는 것임이 명백한 공용부분(일부공용부분)은 그들 구분소유자의 공유에 속한다(집합건물법 제10조 제1항).

07 정답 ④

해설 ① 개업공인중개사는 소속공인중개사 또는 중개보조원과의 고용관계가 종료된 때에는 법 제15조 제1항에 따라 고용관계가 종료된 날부터 10일 이내에 등록관청에 신고하여야 한다(공인중개사법 시행규칙 제8조 제4항).

② 소속공인중개사 또는 중개보조원의 고용 신고를 받은 등록관청은 법 제5조 제2항에 따라 공인중개사 자격증을 발급한 시·도지사에게 그 소속공인중개사의 공인중개사 자격 확인을 요청하여야 한다(공인중개사법 시행규칙 제8조 제2항).

③ 소속공인중개사 또는 중개보조원의 업무상 행위는 그를 고용한 개업공인중개사의 행위로 본다(공인중개사법 제15조 제2항).

④ 개업공인중개사는 소속공인중개사 또는 중개보조원을 고용한 경우에는 법 제34조 제2항 또는 제3항에 따른 <u>교육을 받도록 한 후</u> 법 제15조 제1항에 따라 업무개시 전까지 등록관청에 신고(전자문서에 의한 신고를 포함한다)하여야 한다(공인중개사법 시행규칙 제8조 제1항).

⑤ 공인중개사법 시행령 제14조 제3호

> **관계법령** 등록사항 등의 통보(공인중개사법 시행령 제14조)
>
> 등록관청은 다음 각 호의 어느 하나에 해당하는 때에는 그 사실을 국토교통부령이 정하는 바에 따라 법 제41조에 따른 공인중개사협회에 통보하여야 한다.
> 1. 법 제11조 제1항의 규정에 따라 중개사무소등록증을 교부한 때
> 2. 법 제13조 제3항·법 제20조 제1항 또는 법 제21조 제1항의 규정에 따른 신고를 받은 때
> 3. 법 제15조 제1항에 따라 <u>소속공인중개사 또는 중개보조원의 고용이나 고용관계 종료의 신고를 받은 때</u>
> 4. 법 제38조 또는 법 제39조에 따른 행정처분을 한 때

08 정답 ③

해설 ①·② 개업공인중개사는 중개사무소등록증·중개보수표 그 밖에 국토교통부령으로 정하는 사항을 해당 중개사무소 안의 보기 쉬운 곳에 게시하여야 한다(공인중개사법 제17조).

> **관계법령** 중개사무소등록증 등의 게시(공인중개사법 시행규칙 제10조)
>
> 법 제17조에서 "국토교통부령으로 정하는 사항"이란 다음 각 호의 사항을 말한다.
> 1. 중개사무소등록증 원본(법인인 개업공인중개사의 분사무소의 경우에는 분사무소설치신고확인서 원본을 말한다)
> 2. 중개보수·실비의 요율 및 한도액표
> 3. 개업공인중개사 및 소속공인중개사의 공인중개사자격증 원본(해당되는 자가 있는 경우로 한정한다)
> 4. 보증의 설정을 증명할 수 있는 서류
> 5. 「부가가치세법 시행령」 제11조에 따른 사업자등록증

③ 제18조 제2항의 규정을 위반하여 개업공인중개사가 아닌 자로서 "공인중개사사무소", "부동산중개" 또는 이와 유사한 명칭을 사용한 자는 <u>1년 이하의 징역 또는 1천만원 이하의 벌금</u>에 처한다(공인중개사법 제49조 제1항 제6호).

④ 무자격자가 자신의 명함에 '부동산뉴스 대표'라는 명칭을 기재하여 사용한 것은 구 부동산중개업법 제28 조에서 금지하는 공인중개사와 유사한 명칭을 사용한 것에 해당한다(대판 2007.3.29. 2006도9334).
⑤ 개업공인중개사가 「옥외광고물 등의 관리와 옥외광고산업 진흥에 관한 법률」 제2조 제1호에 따른 옥외 광고물을 설치하는 경우 중개사무소등록증에 표기된 개업공인중개사(법인의 경우에는 대표자, 법인 분 사무소의 경우에는 제13조 제4항의 규정에 따른 신고확인서에 기재된 책임자를 말한다)의 성명을 표기 하여야 한다(공인중개사법 제18조 제3항).

09 정답 ②

해설 ㄱ. (×) 피성년후견인 또는 피한정후견인은 중개사무소의 개설등록을 할 수 없으나(공인중개사법 제10조 제1항 제2호) 피특정후견인은 개설등록결격사유에 해당하지 않는다.

ㄴ. (○) 금고 이상의 형의 집행유예를 받고 그 유예기간이 만료된 날부터 2년이 지나지 아니한 자는 중개 사무소의 개설등록을 할 수 없다(공인중개사법 제10조 제1항 제5호).

ㄷ. (×) 사회적협동조합은 영리를 목적으로 하지 아니하는 협동조합이므로 중개사무소의 등록을 할 수 없다(공인중개사법 시행령 제13조 제1항 제2호 가. 참고).

> **관계법령 중개사무소 개설등록의 기준 등(공인중개사법 시행령 제13조 제1항)**
>
> 2. 법인이 중개사무소를 개설하려는 경우
>   가. 「상법」상 회사 또는 「협동조합 기본법」 제2조 제1호에 따른 협동조합(같은 조 제3호에 따른 사회적협동조합은 제외한다)으로서 자본금이 5천만원 이상일 것
>   나. 법 제14조에 규정된 업무만을 영위할 목적으로 설립된 법인일 것
>   다. 대표자는 공인중개사이어야 하며, 대표자를 제외한 임원 또는 사원(합명회사 또는 합자회사 의 무한책임사원을 말한다. 이하 이 조에서 같다)의 3분의 1 이상은 공인중개사일 것
>   라. 대표자, 임원 또는 사원 전원 및 분사무소의 책임자(법 제13조 제3항에 따라 분사무소를 설치하려는 경우에만 해당한다)가 법 제34조 제1항에 따른 실무교육을 받았을 것
>   마. 건축물대장에 기재된 건물에 중개사무소를 확보(소유·전세·임대차 또는 사용대차 등의 방법에 의하여 사용권을 확보하여야 한다)할 것

10 정답 ③

해설 법인인 개업공인중개사는 개업공인중개사를 대상으로 한 중개업의 경영기법 및 경영정보의 제공을 할 수 있으나 공제업무의 대행은 할 수 없다(공인중개사법 제14조 제1항 제3호 참고).

> **관계법령 개업공인중개사의 겸업제한 등(공인중개사법 제14조)**
>
> ① 법인인 개업공인중개사는 다른 법률에 규정된 경우를 제외하고는 중개업 및 다음 각 호에 규정된 업무와 제2항에 규정된 업무 외에 다른 업무를 함께 할 수 없다.
>   1. 상업용 건축물 및 주택의 임대관리 등 부동산의 관리대행
>   2. 부동산의 이용·개발 및 거래에 관한 상담
>   3. 개업공인중개사를 대상으로 한 중개업의 경영기법 및 경영정보의 제공
>   4. 상업용 건축물 및 주택의 분양대행

5. 그 밖에 중개업에 부수되는 업무로서 대통령령으로 정하는 업무

> **법인인 개업공인중개사의 업무(공인중개사법 시행령 제17조)**
>
> ② 법 제14조 제1항 제5호에서 "대통령령이 정하는 업무"라 함은 중개의뢰인의 의뢰에 따른 도배·이사업체의 소개 등 주거이전에 부수되는 용역의 알선을 말한다.

② 개업공인중개사는 「민사집행법」에 의한 경매 및 「국세징수법」 그 밖의 법령에 의한 공매대상 부동산에 대한 권리분석 및 취득의 알선과 매수신청 또는 입찰신청의 대리를 할 수 있다.

11 　정답　③

해설　(ㄱ) 공법상의 거래규제에 관한 사항, (ㄴ) 벽면 및 도배의 상태, (ㄷ) 일조·소음의 환경조건은 '중개대상물의 확인·설명사항'과 '전속중개계약에 따라 부동산거래정보망에 공개해야 할 중개대상물에 관한 정보'에 공통으로 규정된 사항이나 (ㄹ) 취득 시 부담해야 할 조세의 종류와 세율은 중개대상물의 확인·설명사항이지만 전속중개계약에 따라 부동산거래정보망에 공개해야 할 중개대상물에 관한 정보사항이 아니다.

관계법령

중개대상물의 확인·설명사항(공인중개사법 제25조 제1항)

1. 해당 중개대상물의 상태·입지 및 권리관계
2. 법령의 규정에 의한 거래 또는 이용제한사항
3. 그 밖에 대통령령으로 정하는 사항(동법 시행령 제21조 제1항)
   - 소유권·전세권·저당권·지상권 및 임차권 등 중개대상물의 권리관계에 관한 사항
   - 거래예정금액·중개보수 및 실비의 금액과 그 산출내역
   - 토지이용계획, 공법상의 거래규제 및 이용제한에 관한 사항
   - 수도·전기·가스·소방·열공급·승강기 및 배수 등 시설물의 상태
   - 벽면·바닥면 및 도배의 상태
   - 일조·소음·진동 등 환경조건
   - 도로 및 대중교통수단과의 연계성, 시장·학교와의 근접성 등 입지조건
   - 중개대상물에 대한 권리를 취득함에 따라 부담하여야 할 조세의 종류 및 세율

전속중개계약에 따라 부동산거래정보망에 공개해야 할 중개대상물에 관한 정보(공인중개사법 시행령 제20조 제2항)

1. 중개대상물의 종류, 소재지, 지목 및 면적, 건축물의 용도·구조 및 건축연도 등 중개대상물을 특정하기 위하여 필요한 사항
2. 벽면 및 도배의 상태
3. 수도·전기·가스·소방·열공급·승강기 설비, 오수·폐수·쓰레기 처리시설 등의 상태
4. 도로 및 대중교통수단과의 연계성, 시장·학교 등과의 근접성, 지형 등 입지조건, 일조(日照)·소음·진동 등 환경조건
5. 소유권·전세권·저당권·지상권 및 임차권 등 중개대상물의 권리관계에 관한 사항. 다만, 각 권리자의 주소·성명 등 인적 사항에 관한 정보는 공개하여서는 아니 된다.
6. 공법상의 이용제한 및 거래규제에 관한 사항
7. 중개대상물의 거래예정금액 및 공시지가. 다만, 임대차의 경우에는 공시지가를 공개하지 아니할 수 있다.

12 정답 ④

해설 ① 차순위매수신고는 그 신고액이 최고가매수신고액에서 그 보증액을 뺀 금액을 넘는 때에만 할 수 있고(민사집행법 제114조 제2항), 이에 따라 매수신청대리인으로 등록한 개업공인중개사는 차순위매수신고를 할 수 있다(공인중개사의 매수신청대리인 등록 등에 관한 규칙 제2조 제3호).
② 공인중개사의 매수신청대리인 등록 등에 관한 규칙 제2조 제2호
③ 공인중개사의 매수신청대리인 등록 등에 관한 규칙 제2조 제4호

> **관계법령** 매수신청대리권의 범위(공인중개사의 매수신청대리인 등록 등에 관한 규칙 제2조)
>
> 법원에 매수신청대리인으로 등록된 개업공인중개사가 매수신청대리의 위임을 받은 경우 다음 각 호의 행위를 할 수 있다.
> 1. 「민사집행법」 제113조의 규정에 따른 매수신청 보증의 제공
> 2. 입찰표의 작성 및 제출
> 3. 「민사집행법」 제114조의 규정에 따른 차순위매수신고
> 4. 「민사집행법」 제115조 제3항, 제142조 제6항의 규정에 따라 매수신청의 보증을 돌려줄 것을 신청하는 행위
> 5. 「민사집행법」 제140조의 규정에 따른 공유자의 우선매수신고
> 6. 구 「임대주택법」 제22조의 규정에 따른 임차인의 임대주택 우선매수신고
> 7. 공유자 또는 임대주택 임차인의 우선매수신고에 따라 차순위매수신고인으로 보게 되는 경우 그 차순위매수신고인의 지위를 포기하는 행위

④ 보수의 지급시기는 매수신청인과 매수신청대리인의 약정에 따르며, 약정이 없을 때에는 매각대금의 지급기한일로 한다(공인중개사의 매수신청대리인 등록 등에 관한 규칙 제17조 제5항).
⑤ 개업공인중개사는 제2조의 규정에 따른 대리행위를 함에 있어서 매각장소 또는 집행법원에 직접 출석하여야 한다(공인중개사의 매수신청대리인 등록 등에 관한 규칙 제14조 제3항).

13 정답 ②

해설 ㄱ. (○) 개업공인중개사는 중개가 완성되어 거래계약서를 작성하는 때에는 제1항에 따른 확인·설명사항을 대통령령으로 정하는 바에 따라 서면으로 작성하여 거래당사자에게 교부하고 대통령령으로 정하는 기간 동안 그 원본, 사본 또는 전자문서를 보존하여야 한다. 다만, 확인·설명사항이 「전자문서 및 전자거래 기본법」 제2조 제9호에 따른 공인전자문서센터에 보관된 경우에는 그러하지 아니하다(공인중개사법 제25조 제3항).
ㄹ. (○) 개업공인중개사는 중개대상물에 관하여 중개가 완성된 때에는 대통령령으로 정하는 바에 따라 거래계약서를 작성하여 거래당사자에게 교부하고 대통령령으로 정하는 기간 동안 그 원본, 사본 또는 전자문서를 보존하여야 한다. 다만, 거래계약서가 공인전자문서센터에 보관된 경우에는 그러하지 아니하다(공인중개사법 제26조 제1항).

14 정답 ⑤

해설 ① 공인중개사법 시행규칙 제15조 제3항 제1호
② 공인중개사법 시행규칙 제15조 제3항 제2호
③ 공인중개사법 시행규칙 제15조 제3항 제4호

④ 공인중개사법 시행규칙 제15조 제3항 제5호
⑤ 「전기통신사업법」에 따른 부가통신사업자번호는 거래정보사업자지정대장 서식에 기재되는 사항이 아니다.

15 정답 ②

해설 ① 공인중개사법 제30조 제5항 제3호

② 개업공인중개사는 중개행위를 하는 경우 고의 또는 과실로 인하여 거래당사자에게 재산상의 손해를
   발생하게 한 때에는 그 손해를 배상할 책임이 있다(공인중개사법 제30조 제1항).
③ 개업공인중개사는 자기의 중개사무소를 다른 사람의 중개행위의 장소로 제공함으로써 거래당사자에게
   재산상의 손해를 발생하게 한 때에는 그 손해를 배상할 책임이 있다(공인중개사법 제30조 제2항).
④ 공인중개사법 시행령 제24조 제1항 제1호

⑤ 다른 법률에 따라 부동산중개업을 할 수 있는 자가 부동산중개업을 하려는 경우에는 중개업무를 개시하
   기 전에 보장금액 2천만원 이상의 보증을 보증기관에 설정하고 그 증명서류를 갖추어 등록관청에 신고
   해야 한다(공인중개사법 시행령 제24조 제3항).

16 정답 ③

해설 ㄱ. (○) 개업공인중개사는 중개사무소를 이전한 때에는 이전한 날부터 10일 이내에 국토교통부령으로 정하는 바에 따라 등록관청에 이전사실을 신고하여야 한다. 다만, 중개사무소를 등록관청의 관할 지역 외의 지역으로 이전한 경우에는 이전 후의 중개사무소를 관할하는 시장·군수 또는 구청장(이전 후 등록관청)에게 신고하여야 한다(공인중개사법 제20조 제1항).

ㄴ. (×) 중개사무소의 이전신고를 받은 등록관청은 그 내용이 적합한 경우에는 중개사무소등록증 또는 분사무소설치신고확인서를 재교부해야 한다. 다만, 개업공인중개사가 등록관청의 관할지역 내로 이전한 경우에는 등록관청은 중개사무소등록증 또는 분사무소설치신고확인서에 변경사항을 적어 교부할 수 있다(공인중개사법 시행규칙 제11조 제2항).

ㄷ. (×), ㄹ. (○) 공인중개사법 시행규칙 제11조 제1항

관계법령 **중개사무소의 이전신고 등(공인중개사법 시행규칙 제11조)**

① 법 제20조 제1항에 따라 중개사무소의 이전신고를 하려는 자는 [별지 제12호 서식]의 중개사무소이전신고서에 다음 각 호의 서류를 첨부하여 등록관청(분사무소의 경우에는 주된 사무소의 소재지를 관할하는 등록관청을 말한다. 이하 이 조에서 같다)에 제출해야 한다.

1. 중개사무소등록증(분사무소의 경우에는 분사무소설치신고확인서를 말한다)
2. 건축물대장에 기재된 건물에 중개사무소를 확보(소유·전세·임대차 또는 사용대차 등의 방법에 의하여 사용권을 확보하여야 한다)하였음을 증명하는 서류. 다만, 건축물대장에 기재되지 아니한 건물에 중개사무소를 확보하였을 경우에는 건축물대장 기재가 지연되는 사유를 적은 서류도 함께 내야 한다.

17 정답 ⑤

해설 ① 개업공인중개사는 3개월을 초과하는 휴업(중개사무소의 개설등록 후 업무를 개시하지 아니하는 경우를 포함한다. 이하 같다), 폐업 또는 휴업한 중개업을 재개하고자 하는 때에는 등록관청에 그 사실을 신고하여야 한다. 휴업기간을 변경하고자 하는 때에도 또한 같다(공인중개사법 제21조 제1항).

② 개업공인중개사가 6개월을 초과하여 휴업을 할 수 있는 사유는 질병으로 인한 요양, 징집으로 인한 입영, 취학, 임신 또는 출산, 이에 준하는 부득이한 사유로서 국토교통부장관이 정하여 고시하는 사유가 있다(공인중개사법 제21조 제2항, 동법 시행령 제18조 제6항).

③·④ 3개월 초과의 휴업·폐업의 경우에는 중개사무소등록증을 첨부하여 신고하여야 하나, 휴업한 중개업의 재개·신고한 휴업기간의 변경의 경우에는 중개사무소등록증을 첨부할 필요가 없다. 또한 3개월을 초과하여 휴업한 부동산중개업의 재개·신고한 휴업기간의 변경 신고의 경우에는 전자문서에 의한 신고를 할 수 있다.

관계법령 **휴업 또는 폐업의 신고 등(공인중개사법 시행령 제18조 제1항)**

개업공인중개사는 법 제21조 제1항에 따라 다음 각 호의 어느 하나에 해당하는 경우에는 국토교통부령으로 정하는 신고서에 중개사무소등록증을 첨부(제1호 및 제2호의 경우만 해당한다)하여 등록관청에 미리 신고(제3호 및 제4호에 해당하여 신고하는 경우에는 전자문서에 의한 신고를 포함한다)해야 한다.

1. 3개월을 초과하여 휴업(법 제9조에 따른 중개사무소 개설등록 후 업무를 개시하지 않는 경우를 포함한다. 이하 이 조에서 같다)하려는 경우
2. 폐업하려는 경우
3. 3개월을 초과하여 휴업한 부동산중개업을 재개하려는 경우
4. 신고한 휴업기간을 변경하려는 경우

⑤ 중개사무소재개신고를 받은 등록관청은 반납 받은 중개사무소등록증 또는 신고확인서를 즉시 반환해야 한다(공인중개사법 시행령 제18조 제5항).

18 정답 ④

해설 ㄱ. (○), ㄴ. (○), ㄷ. (○), ㄹ. (✕) 공인중개사법 제21조의2 제1항

> **관계법령 간판의 철거(공인중개사법 제21조의2 제1항)**
>
> 개업공인중개사는 다음 각 호의 어느 하나에 해당하는 경우에는 지체 없이 사무소의 간판을 철거하여야 한다.
> 1. 제20조 제1항에 따라 등록관청에 중개사무소의 이전사실을 신고한 경우
> 2. 제21조 제1항에 따라 등록관청에 폐업사실을 신고한 경우
> 3. 제38조 제1항 또는 제2항에 따라 중개사무소의 개설등록 취소처분을 받은 경우

19 정답 ②

해설
① · ② 구 부동산중개업법 제19조 제1항에 정한 중개행위에 해당하는지 여부는 거래당사자의 보호에 목적을 둔 법 규정의 취지에 비추어 볼 때 중개업자가 진정으로 거래당사자를 위하여 거래를 알선 · 중개하려는 의사를 갖고 있었느냐 하는 중개업자의 주관적 의사를 기준으로 판단할 것이 아니라 중개업자의 행위를 객관적으로 보아 사회통념상 거래의 알선 · 중개를 위한 행위라고 인정되는지 아닌지에 따라 판단하여야 한다. 따라서 임대차계약을 알선한 중개업자가 계약 체결 후에도 보증금의 지급, 목적물의 인도, 확정일자의 취득 등과 같은 거래당사자의 계약상 의무의 실현에 관여함으로써 계약상 의무가 원만하게 이행되도록 주선할 것이 예정되어 있는 때에는 그러한 중개업자의 행위는 객관적으로 보아 사회통념상 거래의 알선 · 중개를 위한 행위로서 중개행위의 범주에 포함된다(대판 2007.2.8. 2005다55008).
③ 공인중개사(소속공인중개사는 제외한다) 또는 법인이 아닌 자는 중개사무소의 개설등록을 신청할 수 없다(공인중개사법 제9조 제2항). 즉, 소속공인중개사는 자신의 중개사무소 개설등록을 신청할 수 없다.
④ 거래계약서에는 개업공인중개사(법인인 경우에는 대표자를 말하며, 법인에 분사무소가 설치되어 있는 경우에는 분사무소의 책임자를 말한다)가 서명 및 날인하되, 해당 중개행위를 한 소속공인중개사가 있는 경우에는 소속공인중개사가 함께 서명 및 날인하여야 한다(공인중개사법 제26조 제2항 · 제25조 제4항).
⑤ 국토교통부장관은 개업공인중개사가 작성하는 거래계약서의 표준이 되는 서식을 정하여 그 사용을 권장할 수 있다(공인중개사법 시행령 제22조 제3항). 그러나 현재 국토교통부장관이 정한 거래계약서 표준서식도 없고, 권장사항에 불과하므로 이를 사용하지 않더라도 과태료부과처분을 받게 되는 것은 아니다.

20 정답 ②

해설
① · ③ 제11조 제1항(허가구역 내 토지거래계약)에 따른 허가 또는 변경허가를 받지 아니하고 토지거래계약을 체결하거나, 속임수나 그 밖의 부정한 방법으로 토지거래계약 허가를 받은 자는 2년 이하의 징역 또는 계약 체결 당시의 개별공시지가에 따른 해당 토지가격의 100분의 30에 해당하는 금액 이하의 벌금에 처한다(부동산 거래신고 등에 관한 법률 제26조 제3항).
② 제9조 제1항(외국인 등의 토지거래 허가)에 따른 허가를 받지 아니하고 토지취득계약을 체결하거나 부정한 방법으로 허가를 받아 토지취득계약을 체결한 외국인 등은 2년 이하의 징역 또는 2천만원 이하의 벌금에 처한다(부동산 거래신고 등에 관한 법률 제26조 제2항).
④ · ⑤ 제3조 제1항부터 제4항까지(실제 거래가격 등 신고) 또는 제4조 제2호(신고 의무자가 아닌 자가 거짓으로 신고를 하는 행위금지)를 위반하여 그 신고를 거짓으로 한 자에게는 해당 부동산등의 취득가액의 100분의 10 이하에 상당하는 금액의 과태료를 부과한다(부동산 거래신고 등에 관한 법률 제28조 제3항).

21 정답 ①

해설 ㄱ. (○) 폐업신고 전의 개업공인중개사에 대하여 업무의 정지 및 과태료의 위반행위를 사유로 행한 행정처분의 효과는 그 처분일부터 1년간 다시 중개사무소의 개설등록을 한 자에게 승계된다(공인중개사법 제40조 제2항). 따라서 甲은 폐업신고 전의 행위에 대한 과태료 처분일인 2020.11.16.부터 1년이 지나지 아니한 2021.10.15.에 다시 중개사무소의 개설등록을 하였으므로 종전의 과태료부과처분의 효과는 승계된다.

ㄴ. (×) 재등록 개업공인중개사에 대하여 폐업신고 전의 제38조(등록의 취소) 제1항 각 호, 같은 조 제2항 각 호 및 제39조(업무의 정지) 제1항 각 호의 위반행위에 대한 행정처분을 할 수 있다. 다만, 폐업기간이 3년을 초과한 경우와 폐업신고 전의 위반행위에 대한 행정처분이 업무정지에 해당하는 경우로서 폐업기간이 1년을 초과한 경우는 제외한다(공인중개사법 제40조 제3항). 사안의 경우 乙이 폐업신고 전인 2020.8.1.에 전속중개계약서에 의하지 않고 전속중개계약을 체결한 행위는 제39조 제1항 제3호 위반행위로서 업무정지처분사유에 해당한다. 그러나 乙이 2020.9.1. 폐업신고 후 2021.10.1. 다시 중개사무소의 개설등록을 하여 폐업기간이 1년을 초과하게 되므로 등록관청은 폐업신고 전의 위반행위에 대해 업무정지처분을 할 수 없다.

ㄷ. (×) 丙이 폐업신고 전인 2018.8.5.에 다른 사람에게 자기의 상호를 사용하여 중개업무를 하게 한 행위는 제38조 제1항 제6호의 등록취소사유에 해당하나, 2018.9.5. 폐업신고를 후 2021.10.5. 다시 중개사무소의 개설등록을 하여 폐업기간이 3년을 초과하므로 폐업신고 전의 위반행위에 대해 등록취소처분을 할 수 없다.

22 정답 ①

해설 ① 기간을 정하지 아니하거나 2년 미만으로 정한 임대차는 그 기간을 2년으로 본다. 다만, 임차인은 2년 미만으로 정한 기간이 유효함을 주장할 수 있다(주택임대차보호법 제4조 제1항).

② 묵시적 갱신의 경우 임대차의 존속기간은 2년으로 본다(주택임대차보호법 제6조 제2항).

③ 계약이 묵시적으로 갱신된 경우 임차인은 언제든지 임대인에게 계약해지를 통지할 수 있고(주택임대차보호법 제6조의2 제1항), 이에 따른 해지는 임대인이 그 통지를 받은 날부터 3개월이 지나면 그 효력이 발생한다(주택임대차보호법 제6조의2 제2항).

④ 임차인은 제1항에 따른 계약갱신요구권을 1회에 한하여 행사할 수 있다. 이 경우 갱신되는 임대차의 존속기간은 2년으로 본다(주택임대차보호법 제6조의3 제2항).

⑤ 임차인의 계약갱신요구권에 따라 갱신되는 임대차의 해지에 관하여는 제6조의2(묵시적 갱신의 경우 계약의 해지)를 준용한다(주택임대차보호법 제6조의3 제4항). 따라서 임차인 乙은 언제든지 임대인 丙에게 계약해지를 통지할 수 있다.

23 정답 ⑤

해설 ㄱ·ㄴ·ㄷ 모두 자격취소사유에 해당한다.

관계법령 자격의 취소(공인중개사법 제35조 제1항)
1. 부정한 방법으로 공인중개사의 자격을 취득한 경우
2. 다른 사람에게 자기의 성명을 사용하여 중개업무를 하게 하거나 공인중개사자격증을 양도 또는 대여한 경우
3. 자격정지처분을 받고 그 자격정지기간 중에 중개업무를 행한 경우(다른 개업공인중개사의 소속공인중개사·중개보조원 또는 법인인 개업공인중개사의 사원·임원이 되는 경우를 포함한다)
4. 이 법 또는 공인중개사의 직무와 관련하여 형법 제114조(범죄단체 등의 조직), 제231조(사문서 등의 위조·변조), 제234조(위조사문서등의 행사), 제347조(사기), 제355조(횡령, 배임) 또는 제356조(업무상의 횡령과 배임)를 위반하여 금고 이상의 형(집행유예를 포함한다)을 선고받은 경우

24 　정답　②

　해설　• 등록관청은 개업공인중개사가 최근 (ㄱ – 1)년 이내에 이 법에 의하여 (ㄴ – 2)회 이상 업무정지처분을 받고 다시 업무정지처분에 해당하는 행위를 한 경우에는 중개사무소의 개설등록을 취소하여야 한다(공인중개사법 제38조 제1항 제8호).
• 금고 이상의 실형의 선고를 받고 그 집행이 종료(집행이 종료된 것으로 보는 경우를 포함한다)되거나 집행이 면제된 날부터 (ㄷ – 3)년이 지나지 아니한 자는 중개사무소의 개설등록을 할 수 없다(공인중개사법 제10조 제1항 제4호).
• 중개행위와 관련된 손해배상책임을 보장하기 위하여 이 법에 따라 공탁한 공탁금은 개업공인중개사가 폐업한 날부터 (ㄹ – 3)년 이내에는 회수할 수 없다(공인중개사법 제30조 제4항).

25 　정답　⑤

　해설　ㄱ. (절대적 등록취소 사유) 공인중개사법 제38조 제1항 제1호
ㄴ. (절대적 등록취소 사유) 공인중개사법 제38조 제1항 제2호
ㄷ. (절대적 등록취소 사유) 공인중개사법 제38조 제1항 제4호
ㄹ. (절대적 등록취소 사유) 공인중개사법 제38조 제1항 제3호, 제10조 제1항 제5호

관계법령　등록의 취소(공인중개사법 제38조 제1항)

등록관청은 개업공인중개사가 다음 각 호의 어느 하나에 해당하는 경우에는 중개사무소의 개설등록을 취소하여야 한다.

1. 개인인 개업공인중개사가 사망하거나 개업공인중개사인 법인이 해산한 경우
2. 거짓이나 그 밖의 부정한 방법으로 중개사무소의 개설등록을 한 경우
3. 제10조 제1항 제2호부터 제6호까지 또는 같은 항 제11호 · 제12호에 따른 결격사유에 해당하게 된 경우. 다만, 같은 항 제12호에 따른 결격사유에 해당하는 경우로서 그 사유가 발생한 날부터 2개월 이내에 그 사유를 해소한 경우에는 그러하지 아니하다.

> **등록의 결격사유 등(공인중개사법 제10조 제1항)**
>
> 2. 피성년후견인 또는 피한정후견인
> 3. 파산선고를 받고 복권되지 아니한 자
> 4. 금고 이상의 실형의 선고를 받고 그 집행이 종료(집행이 종료된 것으로 보는 경우를 포함한다)되거나 집행이 면제된 날부터 3년이 지나지 아니한 자
> 5. 금고 이상의 형의 집행유예를 받고 그 유예기간이 만료된 날부터 2년이 지나지 아니한 자
> 6. 공인중개사의 자격이 취소된 후 3년이 지나지 아니한 자
> 11. 이 법을 위반하여 300만원 이상의 벌금형의 선고를 받고 3년이 지나지 아니한 자
> 12. 사원 또는 임원 중 제1호부터 제11호까지의 어느 하나에 해당하는 자가 있는 법인

4. 이중으로 중개사무소의 개설등록을 한 경우
5. 다른 개업공인중개사의 소속공인중개사 · 중개보조원 또는 개업공인중개사인 법인의 사원 · 임원이 된 경우
5의2. 제15조 제3항(개업공인중개사가 고용할 수 있는 중개보조원의 수)을 위반하여 중개보조원을 고용한 경우
6. 다른 사람에게 자기의 성명 또는 상호를 사용하여 중개업무를 하게 하거나 중개사무소등록증을 양도 또는 대여한 경우
7. 업무정지기간 중에 중개업무를 하거나 자격정지처분을 받은 소속공인중개사로 하여금 자격정지기간 중에 중개업무를 하게 한 경우
8. 최근 1년 이내에 공인중개사법에 의하여 2회 이상 업무정지처분을 받고 다시 업무정지처분에 해당하는 행위를 한 경우

26 정답 ④

해설 ① 보증설정신고에서 "증명서류"라 함은 보증보험증서 사본, 공제증서 사본, 공탁증서 사본의 어느 하나에 해당하는 서류(전자문서를 포함한다)를 말한다(공인중개사법 시행규칙 제18조 제2항).
  ② 개업공인중개사는 중개사무소 개설등록을 한 때에는 업무를 시작하기 전에 손해배상책임을 보장하기 위한 조치(보증)를 한 후 그 증명서류를 갖추어 등록관청에 신고하여야 한다. 다만, 보증보험회사·공제사업자 또는 공탁기관(이하 "보증기관"이라 한다)이 보증사실을 등록관청에 직접 통보한 경우에는 신고를 생략할 수 있다(공인중개사법 시행령 제24조 제2항).
  ③ 보증을 설정한 개업공인중개사는 그 보증을 다른 보증으로 변경하고자 하는 경우에는 이미 설정한 보증의 효력이 있는 기간 중에 다른 보증을 설정하고 그 증명서류를 갖추어 등록관청에 신고하여야 한다(공인중개사법 시행령 제25조 제1항).
  ④ 보증변경신고 시 "보증"란에는 변경 후 보증내용을 적고 "변경 전 보증내용"란에는 변경 전의 보증내용을 적는다(손해배상책임보증(설정, 변경)신고서 – 공인중개사법 시행규칙 [별지 제25호 서식] 참고).
  ⑤ 개업공인중개사는 보증보험금·공제금 또는 공탁금으로 손해배상을 한 때에는 15일 이내에 보증보험 또는 공제에 다시 가입하거나 공탁금 중 부족하게 된 금액을 보전하여야 한다(공인중개사법 시행령 제26조 제2항).

27 정답 ③

해설 ① 공인중개사법 시행령 제36조 제1항 제2호

관계법령 업무의 위탁(공인중개사법 시행령 제36조 제1항)

시·도지사는 법 제45조에 따라 법 제34조 제1항부터 제4항까지의 규정에 따른 실무교육, 직무교육 및 연수교육에 관한 업무를 위탁하는 때에는 다음 각 호의 기관 또는 단체 중 국토교통부령으로 정하는 인력 및 시설을 갖춘 기관 또는 단체를 지정하여 위탁하여야 한다.
  1. 부동산 관련 학과가 개설된 「고등교육법」 제2조에 따른 학교
  2. 협 회
  3. 「공공기관의 운영에 관한 법률」 제5조 제4항에 따른 공기업 또는 준정부기관

  ②·⑤ 협회는 공제사업을 다른 회계와 구분하여 별도의 회계로 관리하여야 하며, 책임준비금을 다른 용도로 사용하고자 하는 경우에는 국토교통부장관의 승인을 얻어야 한다(공인중개사법 제42조 제4항).
  ③ 공인중개사법 시행령 제31조 제5호

관계법령 협회의 업무(공인중개사법 시행령 제31조)

협회는 법 제41조(협회의 설립) 제1항의 규정에 따른 목적을 달성하기 위하여 다음 각 호의 업무를 수행할 수 있다.
  1. 회원의 품위유지를 위한 업무
  2. 부동산중개제도의 연구·개선에 관한 업무
  3. 회원의 자질향상을 위한 지도 및 교육·연수에 관한 업무
  4. 회원의 윤리헌장 제정 및 그 실천에 관한 업무
  5. 부동산 정보제공에 관한 업무
  6. 법 제42조의 규정에 따른 공제사업. 이 경우 공제사업은 비영리사업으로서 회원 간의 상호부조를 목적으로 한다.
  7. 그 밖에 협회의 설립목적 달성을 위하여 필요한 업무

  ④ 협회에 관하여 이 법에 규정된 것 외에는 「민법」 중 사단법인에 관한 규정을 적용한다(공인중개사법 제43조).

28 정답 ⑤

해설
① 공인중개사법 제46조 제1항 제1호
② 공인중개사법 제46조 제1항 제2호
③ 공인중개사법 제46조 제1항 제3호
④ 공인중개사법 제46조 제1항 제5호
⑤ 개업공인중개사가 중개의뢰인과 직접 거래를 한 행위는 신고포상금 지급대상이 아니다.

관계법령 **포상금(공인중개사법 제46조 제1항)**

등록관청은 다음 각 호의 어느 하나에 해당하는 자를 등록관청, 수사기관이나 제47조의2에 따른 부동산거래질서교란행위 신고센터에 신고 또는 고발한 자에 대하여 대통령령으로 정하는 바에 따라 포상금을 지급할 수 있다.

1. 중개사무소의 개설등록을 하지 아니하고 중개업을 한 자
2. 거짓이나 그 밖의 부정한 방법으로 중개사무소의 개설등록을 한 자
3. 중개사무소등록증 또는 공인중개사자격증을 다른 사람에게 양도·대여하거나 다른 사람으로부터 양수·대여받은 자
4. 제18조의2 제3항(개업공인중개사가 아닌 자는 중개대상물에 대한 표시·광고를 하여서는 아니 된다)을 위반하여 표시·광고를 한 자
5. 제33조 제1항 제8호 또는 제9호에 따른 행위를 한 자

> **금지행위(공인중개사법 제33조)**
> ① 개업공인중개사등은 다음 각 호의 행위를 하여서는 아니 된다.
> 8. 부당한 이익을 얻거나 제3자에게 부당한 이익을 얻게 할 목적으로 거짓으로 거래가 완료된 것처럼 꾸미는 등 중개대상물의 시세에 부당한 영향을 주거나 줄 우려가 있는 행위
> 9. 단체를 구성하여 특정 중개대상물에 대하여 중개를 제한하거나 단체 구성원 이외의 자와 공동중개를 제한하는 행위

6. 제33조 제2항을 위반하여 개업공인중개사등의 업무를 방해한 자

> **금지행위(공인중개사법 제33조)**
> ② 누구든지 시세에 부당한 영향을 줄 목적으로 다음 각 호의 어느 하나의 방법으로 개업공인중개사등의 업무를 방해해서는 아니 된다.
> 1. 안내문, 온라인 커뮤니티 등을 이용하여 특정 개업공인중개사등에 대한 중개의뢰를 제한하거나 제한을 유도하는 행위
> 2. 안내문, 온라인 커뮤니티 등을 이용하여 중개대상물에 대하여 시세보다 현저하게 높게 표시·광고 또는 중개하는 특정 개업공인중개사등에게만 중개의뢰를 하도록 유도함으로써 다른 개업공인중개사등을 부당하게 차별하는 행위
> 3. 안내문, 온라인 커뮤니티 등을 이용하여 특정 가격 이하로 중개를 의뢰하지 아니하도록 유도하는 행위
> 4. 정당한 사유 없이 개업공인중개사등의 중개대상물에 대한 정당한 표시·광고 행위를 방해하는 행위
> 5. 개업공인중개사등에게 중개대상물을 시세보다 현저하게 높게 표시·광고하도록 강요하거나 대가를 약속하고 시세보다 현저하게 높게 표시·광고하도록 유도하는 행위

29 정답 ⑤

해설 ㄱ. (○) 공인중개사법 제39조 제1항 제4호
ㄴ. (○) 공인중개사법 제39조 제1항 제6호
ㄷ. (○) 공인중개사법 제39조 제1항 제8호
ㄹ. (○) 공인중개사법 제39조 제1항 제11호, 제38조 제2항 제9호, 제33조 제1항 제4호

관계법령 업무의 정지(공인중개사법 제39조 제1항)

등록관청은 개업공인중개사가 다음 각 호의 어느 하나에 해당하는 경우에는 6개월의 범위 안에서 기간을 정하여 업무의 정지를 명할 수 있다. 이 경우 법인인 개업공인중개사에 대하여는 법인 또는 분사무소별로 업무의 정지를 명할 수 있다.

1. 제10조 제2항의 규정을 위반하여 같은 조 제1항 제1호부터 제11호까지의 어느 하나에 해당하는 자를 소속공인중개사 또는 중개보조원으로 둔 경우. 다만, 그 사유가 발생한 날부터 2개월 이내에 그 사유를 해소한 경우에는 그러하지 아니하다.
2. 제16조의 규정을 위반하여 인장등록을 하지 아니하거나 등록하지 아니한 인장을 사용한 경우
3. 제23조 제2항의 규정을 위반하여 국토교통부령으로 정하는 전속중개계약서에 의하지 아니하고 전속중개계약을 체결하거나 계약서를 보존하지 아니한 경우
4. 제24조 제7항의 규정을 위반하여 중개대상물에 관한 정보를 거짓으로 공개하거나 거래정보사업자에게 공개를 의뢰한 중개대상물의 거래가 완성된 사실을 해당 거래정보사업자에게 통보하지 아니한 경우
5. 삭제 〈2014.1.28.〉
6. 제25조 제3항의 규정을 위반하여 중개대상물확인 · 설명서를 교부하지 아니하거나 보존하지 아니한 경우
7. 제25조 제4항의 규정을 위반하여 중개대상물확인 · 설명서에 서명 및 날인을 하지 아니한 경우
8. 제26조 제1항의 규정을 위반하여 적정하게 거래계약서를 작성 · 교부하지 아니하거나 보존하지 아니한 경우
9. 제26조 제2항의 규정을 위반하여 거래계약서에 서명 및 날인을 하지 아니한 경우
10. 제37조 제1항에 따른 보고, 자료의 제출, 조사 또는 검사를 거부 · 방해 또는 기피하거나 그 밖의 명령을 이행하지 아니하거나 거짓으로 보고 또는 자료제출을 한 경우
11. 제38조 제2항 각 호의 어느 하나에 해당하는 경우

> **공인중개사법**
> **제38조(등록의 취소)**
> ② 등록관청은 개업공인중개사가 다음 각 호의 어느 하나에 해당하는 경우에는 중개사무소의 개설등록을 취소할 수 있다.
> 　9. 제33조 제1항 각 호에 규정된 금지행위를 한 경우
>
> **제33조(금지행위)**
> ① 개업공인중개사등은 다음 각 호의 행위를 하여서는 아니 된다.
> 　4. 해당 중개대상물의 거래상의 중요사항에 관하여 거짓된 언행 그 밖의 방법으로 중개의뢰인의 판단을 그르치게 하는 행위

12. 최근 1년 이내에 이 법에 의하여 2회 이상 업무정지 또는 과태료의 처분을 받고 다시 과태료의 처분에 해당하는 행위를 한 경우
13. 개업공인중개사가 조직한 사업자단체 또는 그 구성원인 개업공인중개사가 「독점규제 및 공정거래에 관한 법률」 제51조를 위반하여 같은 법 제52조 또는 제53조에 따른 처분을 받은 경우
14. 그 밖에 이 법 또는 이 법에 의한 명령이나 처분을 위반한 경우

30 정답 ④

해설
① 공인중개사법 제36조 제1항 제1호
② 공인중개사법 제36조 제1항 제3호
③ 공인중개사법 제36조 제1항 제2호
④ 「공인중개사법」을 위반하여 징역형의 선고를 받은 경우는 공인중개사 자격취소사유(공인중개사법 제35조 제1항 제4호)이지 소속공인중개사 자격정지사유가 아니다.
⑤ 공인중개사법 제36조 제1항 제7호·제33조 제1항 제1호

관계법령 **자격의 정지(공인중개사법 제36조 제1항)**

시·도지사는 공인중개사가 소속공인중개사로서 업무를 수행하는 기간 중에 다음 각 호의 어느 하나에 해당하는 경우에는 6개월의 범위 안에서 기간을 정하여 그 자격을 정지할 수 있다.
1. 제12조 제2항의 규정을 위반하여 둘 이상의 중개사무소에 소속된 경우
2. 제16조의 규정을 위반하여 인장등록을 하지 아니하거나 등록하지 아니한 인장을 사용한 경우
3. 제25조 제1항의 규정을 위반하여 성실·정확하게 중개대상물의 확인·설명을 하지 아니하거나 설명의 근거자료를 제시하지 아니한 경우
4. 제25조 제4항의 규정을 위반하여 중개대상물확인·설명서에 서명 및 날인을 하지 아니한 경우
5. 제26조 제2항의 규정을 위반하여 거래계약서에 서명 및 날인을 하지 아니한 경우
6. 제26조 제3항의 규정을 위반하여 거래계약서에 거래금액 등 거래내용을 거짓으로 기재하거나 서로 다른 둘 이상의 거래계약서를 작성한 경우
7. 제33조 제1항 각 호에 규정된 금지행위를 한 경우

금지행위(공인중개사법 제33조)
① 개업공인중개사등은 다음 각 호의 행위를 하여서는 아니 된다.
1. 제3조에 따른 중개대상물의 매매를 업으로 하는 행위

31 정답 ①

해설
① 중개대상물의 거래상의 중요사항에 관해 거짓된 언행으로 중개의뢰인의 판단을 그르치게 하는 행위는 1년 이하의 징역 또는 1천만원 이하의 벌금부과 대상이다(공인중개사법 제49조 제1항 제10호·제33조 제1항 제4호).
② 100만원 이하의 과태료 부과대상이다(공인중개사법 제51조 제3항 제4호).
③ 500만원 이하의 과태료 부과대상이다(공인중개사법 제51조 제2항 제1의6호).
④ 100만원 이하의 과태료 부과대상이다(공인중개사법 제51조 제3항 제2의2호·제18조의2 제2항).
⑤ 500만원 이하의 과태료 부과대상이다(공인중개사법 제51조 제2항 제5의2호).

관계법령 **과태료(공인중개사법 제51조)**

② 다음 각 호의 어느 하나에 해당하는 자에게는 500만원 이하의 과태료를 부과한다.
1. 중개대상물에 대하여 부당한 표시·광고를 한 자
1의2. 정당한 사유 없이 인터넷 표시·광고 모니터링을 위하여 필요한 자료제출 요구에 따르지 아니하여 관련 자료를 제출하지 아니한 자
1의3. 정당한 사유 없이 인터넷 표시·광고 모니터링 결과에 따른 요구에 따르지 아니하여 필요한 조치를 하지 아니한 자

1의4. 중개의뢰인에게 본인이 중개보조원이라는 사실을 미리 알리지 아니한 사람 및 그가 소속된 개업공인중개사. 다만, 개업공인중개사가 그 위반행위를 방지하기 위하여 해당 업무에 관하여 상당한 주의와 감독을 게을리하지 아니한 경우는 제외한다.

1의5. 운영규정의 승인 또는 변경승인을 얻지 아니하거나 운영규정의 내용을 위반하여 부동산거래 정보망을 운영한 자

1의6. 성실·정확하게 중개대상물의 확인·설명을 하지 아니하거나 설명의 근거자료를 제시하지 아니한 자

5의2. 연수교육을 정당한 사유 없이 받지 아니한 자

6. 보고, 자료의 제출, 조사 또는 검사를 거부·방해 또는 기피하거나 그 밖의 명령을 이행하지 아니하거나 거짓으로 보고 또는 자료제출을 한 거래정보사업자

7. 공제사업 운용실적을 공시하지 아니한 자

8. 공제업무의 개선명령을 이행하지 아니한 자

8의2. 임원에 대한 징계·해임의 요구를 이행하지 아니하거나 시정명령을 이행하지 아니한 자

9. "공제사업에 관한 조사·검사" 또는 "협회에 대한 지도·감독"에 따른 보고, 자료의 제출, 조사 또는 검사를 거부·방해 또는 기피하거나 그 밖의 명령을 이행하지 아니하거나 거짓으로 보고 또는 자료제출을 한 자

③ 다음 각 호의 어느 하나에 해당하는 자에게는 100만원 이하의 과태료를 부과한다.

1. 중개사무소등록증 등을 게시하지 아니한 자

2. 사무소의 명칭에 "공인중개사사무소", "부동산중개"라는 문자를 사용하지 아니한 자 또는 옥외 광고물에 성명을 표기하지 아니하거나 거짓으로 표기한 자

2의2. 제18조의2 제1항 또는 제2항을 위반하여 중개대상물의 중개에 관한 표시·광고를 한 자

중개대상물의 표시·광고(공인중개사법 제18조의2)

① 개업공인중개사가 의뢰받은 중개대상물에 대하여 표시·광고를 하려면 중개사무소, 개업공인중개사에 관한 사항으로서 대통령령으로 정하는 사항을 명시하여야 하며, 중개보조원에 관한 사항은 명시해서는 아니 된다.

② 개업공인중개사가 인터넷을 이용하여 중개대상물에 대한 표시·광고를 하는 때에는 제1항에서 정하는 사항 외에 중개대상물의 종류별로 대통령령으로 정하는 소재지, 면적, 가격 등의 사항을 명시하여야 한다.

---

3. 중개사무소의 이전신고를 하지 아니한 자

4. 휴업, 폐업, 휴업한 중개업의 재개 또는 휴업기간의 변경 신고를 하지 아니한 자

5. 손해배상책임에 관한 사항을 설명하지 아니하거나 관계 증서의 사본 또는 관계 증서에 관한 전자문서를 교부하지 아니한 자

6. 공인중개사자격증을 반납하지 아니하거나 공인중개사자격증을 반납할 수 없는 사유서를 제출하지 아니한 자 또는 거짓으로 공인중개사자격증을 반납할 수 없는 사유서를 제출한 자

7. 중개사무소의 개설등록이 취소된 경우에 중개사무소등록증을 반납하지 아니한 자

32 정답 ①

해설 ㄱ. (○) 부동산 거래신고 등에 관한 법률 제25조의2 제1항 제1호
       ㄷ. (○) 부동산 거래신고 등에 관한 법률 제25조의2 제1항 제3호

관계법령	신고포상금의 지급(부동산 거래신고 등에 관한 법률 제25조의2 제1항)

시장·군수 또는 구청장은 다음 각 호의 어느 하나에 해당하는 자를 관계 행정기관이나 수사기관에 신고하거나 고발한 자에게 예산의 범위에서 포상금을 지급할 수 있다.
  1. 부동산등의 실제 거래가격을 거짓으로 신고한 자
  1의2. 부동산 거래신고 대상에 해당하는 계약을 체결하지 아니하였음에도 불구하고 거짓으로 부동산 거래신고를 한 자
  1의3. 부동산 거래신고 후 해당 계약이 해제등이 되지 아니하였음에도 불구하고 거짓으로 부동산 거래해제신고를 한 자
  1의4. 제6조의2(주택임대차계약의 신고) 또는 제6조의3(주택임대차계약의 변경 및 해제 신고)을 위반하여 주택임대차계약의 보증금·차임 등 계약금액을 거짓으로 신고한 자
  2. 허가구역 내 토지거래에 대한 허가 또는 변경허가를 받지 아니하고 토지거래계약을 체결한 자 또는 거짓이나 그 밖의 부정한 방법으로 토지거래계약허가를 받은 자
  3. 토지거래계약허가를 받아 취득한 토지에 대하여 허가받은 목적대로 이용하지 아니한 자

33 정답 ⑤

해설 ① 개업공인중개사는 그 등록관청의 관할 구역 안에 중개사무소를 두되, 1개의 중개사무소만을 둘 수 있다(공인중개사법 제13조 제1항). 그러나 법인인 개업공인중개사는 대통령령으로 정하는 기준과 절차에 따라 등록관청에 신고하고 그 관할 구역 외의 지역에 분사무소를 둘 수 있다(공인중개사법 제13조 제3항).
② 분사무소에는 공인중개사를 책임자로 두어야 한다. 다만, 다른 법률의 규정에 따라 중개업을 할 수 있는 법인의 분사무소인 경우에는 그러하지 아니하다(공인중개사법 시행령 제15조 제2항).
③ 중개사무소를 공동으로 사용하려는 개업공인중개사는 중개사무소의 개설등록 또는 중개사무소의 이전신고를 하는 때에 그 중개사무소를 사용할 권리가 있는 다른 개업공인중개사의 승낙서를 첨부하여야 한다(공인중개사법 시행령 제16조 제1항).
④ 법인이 중개사무소를 개설하려는 경우 건축물대장에 기재된 건물에 중개사무소를 확보(소유·전세·임대차 또는 사용대차 등의 방법에 의하여 사용권을 확보하여야 한다)해야 한다(공인중개사법 시행령 제13조 제1항 제2호 마목).
⑤ 법인인 개업공인중개사가 둘 수 있는 분사무소는 주된 사무소의 소재지가 속한 시(구가 설치되지 아니한 시와 특별자치도의 행정시를 말한다)·군·구를 제외한 시·군·구별로 설치하되, 시·군·구별로 1개소를 초과할 수 없다(공인중개사법 시행령 제15조 제1항).

34 정답 ①·④

해설

[정답심사위원회 심사결과 답변]
법령의 해석상으로는 보기항 ㄱ지문만 옳은 것으로 보여지나, 실무상으로는 보기항 ㄷ지문도 옳은 것으로 판단되고 있는 점, 본 과목은 부동산 중개실무를 다루고 있는 점 등에 비추어, 보기항 ㄱ지문만 포함하고 있는 답지항 ①과 보기항 ㄱ지문, 보기항 ㄷ지문을 모두 포함하고 있는 답지항 ④를 [복수정답]으로 처리하는 것이 타당하다.

• 법인 외의 자가 실제 거래가격이 6억원 이상인 주택을 매수하거나 투기과열지구 또는 조정대상지역에 소재하는 주택을 매수하는 경우(매수인 중 국가 등이 포함되어 있는 경우는 제외한다)에는 거래대상 주택에 매수자 본인이 입주할지 여부, 입주 예정 시기 등 거래대상 주택의 이용계획을 신고하여야 한다(부동산 거래신고 등에 관한 법률 시행령 [별표 1]).

ㄱ. (○), ㄷ. (○) 자연인인 甲이 투기과열지구에 소재하는 주택을 매수하는 경우이므로 실제 거래가격에 관계없이 매수자 본인이 입주할지 여부를 신고해야 한다.
　　＊ 출제 당시에는 [별표 1]의 규정이 '거래당사자 중 국가가 포함되어 있는 경우에는 제외한다'고 되어 있어 ㄷ지문이 옳은 것인지 논란이 되었으나 그 후 '매수인 중 국가 등이 포함되어 있는 경우는 제외한다'로 개정되었고 이에 따라 지방공단 丁이 국가 등에 해당하지만 매수인이 아니고 매도인이므로 현재는 ㄷ지문은 옳은 지문으로 보는 것이 맞다.

ㄴ. (×) '투기과열지구 또는 조정대상지역' 외의 장소에 소재하는 5억원의 주택을 매수하는 경우이므로 매수자 본인이 입주할지 여부는 신고사항이 아니다.

35 정답 ③

해설
임대차계약당사자는 주택(「주택임대차보호법」 제2조에 따른 주택을 말하며, 주택을 취득할 수 있는 권리를 포함한다. 이하 같다)에 대하여 보증금이 (6천만원)을 초과하거나 월차임이 (30만원)을 초과하는 주택임대차계약(계약을 갱신하는 경우로서 보증금 및 차임의 증감 없이 임대차 기간만 연장하는 계약은 제외한다)을 체결한 경우 그 보증금 또는 차임 등을 임대차계약의 체결일부터 (30일) 이내에 주택 소재지를 관할하는 신고관청에 공동으로 신고하여야 한다. 다만, 임대차계약당사자 중 일방이 국가등인 경우에는 국가등이 신고하여야 한다(부동산 거래신고 등에 관한 법률 제6조의2 제1항, 동법 시행령 제4조의3 제1항).

36 정답 ②

해설 ② 공인중개사법 제49조 제2항·제29조 제2항

관계법령　공인중개사법

제49조(벌칙)
② 제29조 제2항의 규정에 위반한 자는 피해자의 명시한 의사에 반하여 벌하지 아니한다.

제29조(개업공인중개사등의 기본윤리)
② 개업공인중개사등은 이 법 및 다른 법률에 특별한 규정이 있는 경우를 제외하고는 그 업무상 알게 된 비밀을 누설하여서는 아니 된다. 개업공인중개사등이 그 업무를 떠난 후에도 또한 같다.

37 [정답] ③

[해설] ㄱ. (○) 부동산 거래신고 등에 관한 법률 제2조 제4호 라목

관계법령 정의 - 외국인등(부동산 거래신고 등에 관한 법률 제2조 제4호)

가. 대한민국의 국적을 보유하고 있지 아니한 개인
나. 외국의 법령에 따라 설립된 법인 또는 단체
다. 사원 또는 구성원의 2분의 1 이상이 가목에 해당하는 자인 법인 또는 단체
라. 업무를 집행하는 사원이나 이사 등 임원의 2분의 1 이상이 가목에 해당하는 자인 법인 또는 단체
마. 가목에 해당하는 사람이나 나목에 해당하는 법인 또는 단체가 자본금의 2분의 1 이상이나 의결권의 2분의 1 이상을 가지고 있는 법인 또는 단체
바. 외국 정부
사. 대통령령으로 정하는 국제기구

ㄴ. (○) 외국인등이 상속 · 경매, 그 밖에 대통령령으로 정하는 계약 외의 원인(환매권의 행사, 법원의 확정판결, 법인의 합병, 건축물의 신축 · 증축 · 개축 · 재축)으로 대한민국 안의 부동산등을 취득한 때에는 부동산등을 취득한 날부터 6개월 이내에 신고관청에 신고하여야 한다(부동산 거래신고 등에 관한 법률 제8조 제2항, 동법 시행령 제5조 제2항).

ㄷ. (×) 군사기지 및 군사시설 보호구역 안의 토지라도 토지취득허가를 받으면 외국인도 토지를 취득할 수 있다(부동산 거래신고 등에 관한 법률 제9조 제1항 제1호 참고).

ㄹ. (○) 부동산 거래신고 등에 관한 법률 제9조 제1항 제3호, 제3항

관계법령 외국인등의 토지거래 허가(부동산 거래신고 등에 관한 법률 제9조)

① 제3조 및 제8조에도 불구하고 외국인등이 취득하려는 토지가 다음 각 호의 어느 하나에 해당하는 구역 · 지역 등에 있으면 토지를 취득하는 계약(이하 "토지취득계약"이라 한다)을 체결하기 전에 대통령령으로 정하는 바에 따라 신고관청으로부터 토지취득의 허가를 받아야 한다. 다만, 제11조에 따라 토지거래계약에 관한 허가를 받은 경우에는 그러하지 아니하다.
　1. 「군사기지 및 군사시설 보호법」 제2조 제6호에 따른 군사기지 및 군사시설 보호구역, 그 밖에 국방목적을 위하여 외국인등의 토지취득을 특별히 제한할 필요가 있는 지역으로서 대통령령으로 정하는 지역
　2. 「문화유산의 보존 및 활용에 관한 법률」 제2조 제3항에 따른 지정문화유산과 이를 위한 보호물 또는 보호구역
　2의2. 「자연유산의 보존 및 활용에 관한 법률」에 따라 지정된 천연기념물등과 이를 위한 보호물 또는 보호구역
　3. 「자연환경보전법」 제2조 제12호에 따른 생태 · 경관보전지역
　4. 「야생생물 보호 및 관리에 관한 법률」 제27조에 따른 야생생물 특별보호구역
③ 제1항을 위반하여 체결한 토지취득계약은 그 효력이 발생하지 아니한다.

38 정답 ①

해설 ① 토지거래계약허가를 받아 취득한 토지를 허가받은 목적대로 이용하고 있지 않은 경우 허가취소 또는
그 밖에 필요한 처분이나 조치, 선매, 이행명령, 이행강제금의 부과를 할 수 있으나 과태료를 부과할
수는 없다.

② 부동산 거래신고 등에 관한 법률 제21조 제2호

> **관계법령** 제재처분 등(부동산 거래신고 등에 관한 법률 제21조)
>
> 국토교통부장관, 시·도지사, 시장·군수 또는 구청장은 다음 각 호의 어느 하나에 해당하는 자에게
> 제11조(허가구역 내 토지거래에 대한 허가)에 따른 허가 취소 또는 그 밖에 필요한 처분을 하거나 조치
> 를 명할 수 있다.
> 1. 토지거래계약에 관한 허가 또는 변경허가를 받지 아니하고 토지거래계약 또는 그 변경계약을
>   체결한 자
> 2. 토지거래계약에 관한 허가를 받은 자가 그 토지를 허가받은 목적대로 이용하지 아니한 자
> 3. 부정한 방법으로 토지거래계약에 관한 허가를 받은 자

③ 시장·군수 또는 구청장은 제17조 제1항에 따른 토지의 이용 의무를 이행하지 아니한 자에 대하여는
상당한 기간을 정하여 토지의 이용 의무를 이행하도록 명할 수 있다. 다만, 대통령령으로 정하는 사유가
있는 경우에는 이용 의무의 이행을 명하지 아니할 수 있다(부동산 거래신고 등에 관한 법률 제18조
제1항).

> **관계법령** 이행강제금의 부과(부동산 거래신고 등에 관한 법률 시행령 제16조 제1항)
>
> 법 제18조 제1항 본문에 따른 이행명령은 문서로 하여야 하며, 이행기간은 3개월 이내로 정하여야
> 한다.

④ 시장·군수 또는 구청장은 제11조 제1항에 따른 토지거래계약에 관한 허가신청이 있는 경우 공익사업용
토지 또는 토지거래계약허가를 받아 취득한 토지를 그 이용목적대로 이용하고 있지 아니한 토지에 대하
여 국가, 지방자치단체, 한국토지주택공사, 그 밖에 대통령령으로 정하는 공공기관 또는 공공단체가
그 매수를 원하는 경우에는 이들 중에서 해당 토지를 매수할 자를 지정하여 그 토지를 협의 매수하게
할 수 있다(부동산 거래신고 등에 관한 법률 제15조 제1항).

⑤ 시장·군수 또는 구청장은 제1항에 따른 이행명령이 정하여진 기간에 이행되지 아니한 경우에는 토지
취득가액의 100분의 10의 범위에서 대통령령으로 정하는 금액의 이행강제금을 부과한다(부동산 거래신
고 등에 관한 법률 제18조 제2항).

> **관계법령** 이행강제금의 부과(부동산 거래신고 등에 관한 법률 시행령 제16조 제3항)
>
> 법 제18조 제2항에서 "대통령령으로 정하는 금액"이란 다음 각 호의 구분에 따른 금액을 말한다.
> 1. 토지거래계약허가를 받아 토지를 취득한 자가 당초의 목적대로 이용하지 아니하고 방치한 경우
>   : 토지 취득가액의 100분의 10에 상당하는 금액
> 2. 토지거래계약허가를 받아 토지를 취득한 자가 직접 이용하지 아니하고 임대한 경우 : 토지 취득
>   가액의 100분의 7에 상당하는 금액
> 3. 토지거래계약허가를 받아 토지를 취득한 자가 제14조 제1항 제3호에 따른 허가관청의 승인 없이
>   당초의 이용목적을 변경하여 이용하는 경우 : 토지 취득가액의 100분의 5에 상당하는 금액
> 4. 제1호부터 제3호까지에 해당하지 아니하는 경우 : 토지 취득가액의 100분의 7에 상당하는 금액

39 정답 ⑤

해설 ① 허가구역의 지정은 허가구역의 지정을 공고한 날부터 <u>5일 후</u>에 그 효력이 발생한다(부동산 거래신고 등에 관한 법률 제10조 제5항).

② 도시지역 중 녹지지역 안의 <u>200제곱미터</u> 면적 이하의 토지거래계약에 관하여는 허가가 필요 없다(부동산 거래신고 등에 관한 법률 시행령 제9조 제1항 제1호 라목).

관계법령 허가구역 내 토지거래에 대한 허가(부동산 거래신고 등에 관한 법률 제11조 제2항 제1호)

경제 및 지가의 동향과 거래단위면적 등을 종합적으로 고려하여 대통령령으로 정하는 용도별 면적 이하의 토지에 대한 토지거래계약에 관하여는 제1항에 따른 허가가 필요하지 아니하다.

> **토지거래계약허가 면제 대상 토지면적 등(부동산 거래신고 등에 관한 법률 시행령 제9조)**
>
> ① 법 제11조 제2항 제1호에서 "대통령령으로 정하는 용도별 면적"이란 다음 각 호의 구분에 따른 면적을 말한다. 다만, 국토교통부장관 또는 시·도지사가 허가구역을 지정할 당시 해당 지역에서의 거래실태 등을 고려하여 다음 각 호의 면적으로 하는 것이 타당하지 않다고 인정하여 해당 기준면적의 10퍼센트 이상 300퍼센트 이하의 범위에서 따로 정하여 공고한 경우에는 그에 따른다.
>   1. 도시지역 : 다음 각 목의 세부 용도지역별 구분에 따른 면적
>   가. 주거지역 : 60제곱미터
>   나. 상업지역 : 150제곱미터
>   다. 공업지역 : 150제곱미터
>   라. <u>녹지지역 : 200제곱미터</u>
>   마. 가목부터 라목까지의 구분에 따른 용도지역의 지정이 없는 구역 : 60제곱미터
>   2. 도시지역 외의 지역 : 250제곱미터. 다만, 농지(「농지법」 제2조 제1호에 따른 농지를 말한다. 이하 같다)의 경우에는 500제곱미터로 하고, 임야의 경우에는 1천 제곱미터로 한다.

③ 제11조에 따라 토지거래계약을 허가받은 자는 대통령령으로 정하는 사유가 있는 경우 외에는 <u>5년</u>의 범위에서 대통령령으로 정하는 기간에 그 토지를 허가받은 목적대로 이용하여야 한다(부동산 거래신고 등에 관한 법률 제17조 제1항).

④ 이행강제금 부과처분을 받은 자는 이의를 제기하려는 경우에는 부과처분을 고지받은 날부터 <u>30일 이내</u>에 하여야 한다(부동산 거래신고 등에 관한 법률 시행령 제16조 제7항).

⑤ 허가구역 내 토지거래에 대한 허가신청에 대하여 불허가처분을 받은 자는 그 통지를 받은 날부터 1개월 이내에 시장·군수 또는 구청장에게 해당 토지에 관한 권리의 매수를 청구할 수 있다(부동산 거래신고 등에 관한 법률 제16조 제1항).

40 정답 ③

해설

> 실제 시험에서는 ③번 지문의 '축척'이 '축적'으로 오기되었고 이에 대한 수정이 시험장별로 상이하여 전항정답으로 처리되었으나 교재에서는 이를 바로잡고 정답을 ③으로 하였습니다.

① 토지이용에 대한 행위제한이 강화되는 지역이 아닌 <u>행위제한이 완화되거나 해제되는 지역</u>을 허가구역으로 지정할 수 있다(부동산 거래신고 등에 관한 법률 제10조 제1항·동법 시행령 제7조 제1항 제2호).

관계법령 토지거래허가구역의 지정(부동산 거래신고 등에 관한 법률 제10조 제1항)

국토교통부장관 또는 시·도지사는 국토의 이용 및 관리에 관한 계획의 원활한 수립과 집행, 합리적인 토지 이용 등을 위하여 <u>토지의 투기적인 거래가 성행하거나 지가(地價)가 급격히 상승하는 지역과 그러한 우려가 있는 지역</u>으로서 대통령령으로 정하는 지역에 대해서는 다음 각 호의 구분에 따라 <u>5년 이내의 기간</u>을 정하여 제11조 제1항에 따른 토지거래계약에 관한 허가구역으로 지정할 수 있다.

이 경우 국토교통부장관 또는 시·도지사는 대통령령으로 정하는 바에 따라 허가대상자(외국인등을 포함한다. 이하 이 조에서 같다), 허가대상 용도와 지목 등을 특정하여 허가구역을 지정할 수 있다.

허가구역의 지정(부동산 거래신고 등에 관한 법률 시행령 제7조)

① 법 제10조 제1항 각 호 외의 부분 전단에서 "대통령령으로 정하는 지역"이란 다음 각 호의 어느 하나에 해당하는 지역을 말한다.

  1. 「국토의 계획 및 이용에 관한 법률」에 따른 광역도시계획, 도시·군기본계획, 도시·군관리 계획 등 토지이용계획이 새로 수립되거나 변경되는 지역
  2. 법령의 제정·개정 또는 폐지나 그에 따른 고시·공고로 인하여 토지이용에 대한 행위제한 이 완화되거나 해제되는 지역
  3. 법령에 따른 개발사업이 진행 중이거나 예정되어 있는 지역과 그 인근지역
  4. 그 밖에 국토교통부장관 또는 특별시장·광역시장·특별자치시장·도지사·특별자치도지 사(이하 "시·도지사"라 한다)가 투기우려가 있다고 인정하는 지역 또는 관계 행정기관의 장이 특별히 투기가 성행할 우려가 있다고 인정하여 국토교통부장관 또는 시·도지사에게 요청하는 지역

---

② 토지의 투기적인 거래가 성행하거나 지가(地價)가 급격히 상승하는 지역과 그러한 우려가 있는 지역을 5년 이내의 기간을 정하여 허가구역으로 지정할 수 있다(부동산 거래신고 등에 관한 법률 제10조 제1항 전단).

③ 부동산 거래신고 등에 관한 법률 시행령 제7조 제4항 제3호

관계법령 토지거래허가구역 지정 시 공고사항(부동산 거래신고 등에 관한 법률 시행령 제7조 제4항)

  1. 허가구역의 지정기간
  1의2. 허가대상자, 허가대상 용도와 지목
  2. 허가구역 내 토지의 소재지·지번·지목·면적 및 용도지역
  3. 허가구역에 대한 축척 5만분의 1 또는 2만 5천분의 1의 지형도
  4. 허가 면제 대상 토지면적

---

④ 국토교통부장관 또는 시·도지사는 허가구역으로 지정한 때에는 지체 없이 허가대상자, 허가대상 용도와 지목 등 대통령령으로 정하는 사항을 공고하고, 그 공고 내용을 국토교통부장관은 시·도지사를 거쳐 시장·군수 또는 구청장에게 통지하고, 시·도지사는 국토교통부장관, 시장·군수 또는 구청장에게 통지하여야 한다. 이에 따라 통지를 받은 시장·군수 또는 구청장은 지체 없이 그 공고 내용을 그 허가구역을 관할하는 등기소의 장에게 통지하여야 하며, 지체 없이 그 사실을 7일 이상 공고하고, 그 공고 내용을 15일간 일반이 열람할 수 있도록 하여야 한다(부동산 거래신고 등에 관한 법률 제10조 제3항·제4항).

⑤ 허가구역 지정에 대해서는 이의를 신청할 수 있는 규정은 없고 허가구역 내 토지거래 허가신청에 대한 처분에 대해 이의가 있는 자는 그 처분을 받은 날부터 1개월 이내에 시장·군수 또는 구청장에게 이의를 신청할 수 있다(부동산 거래신고 등에 관한 법률 제13조 제1항 참고).

2020년 제31회 정답 및 해설

● 문제편 056p

01	02	03	04	05	06	07	08	09	10	11	12	13	14	15	16	17	18	19	20
④	①	②	③	④	②	③	③,④	⑤	①	②	⑤	⑤	①	⑤	⑤	④	③	②	④
21	22	23	24	25	26	27	28	29	30	31	32	33	34	35	36	37	38	39	40
④	②	④	⑤	④	②	①	③	④	①	②	②	⑤	③	①	①	⑤	③	②	③

01 정답 ④

해설 ① 중개보조원은 개업공인중개사의 중개업무와 관련된 단순한 업무를 보조할 수 있을 뿐(공인중개사법 제2조 제6호), 중개대상물에 관한 확인·설명의무는 없다.

② 소속공인중개사는 개업공인중개사인 법인의 사원 또는 임원으로서 공인중개사인 자를 포함하므로(공인중개사법 제2조 제5호), 개업공인중개사인 법인의 임원이 될 수 있다.

③ 공인중개사자격 취득에 국적제한은 없으므로, 외국인도 공인중개사가 될 수 있다. 공인중개사법 시행규칙 제8조는 외국인을 소속공인중개사·중개보조원으로 고용하는 데 필요한 서류에 대하여 규정하고 있다.

④ 개업공인중개사가 성실·정확하게 중개대상물의 확인·설명을 하지 아니하거나 설명의 근거자료를 제시하지 아니한 경우 500만원 이하의 과태료를 부과한다(공인중개사법 제51조 제2항 제1의6호).

⑤ 토지이용계획, 공법상 이용제한 및 거래규제에 관한 사항은 주거용 건축물매매계약 시 개업공인중개사가 확인·설명하여야 할 사항이다(공인중개사법 시행규칙 [별지 제20호 서식] 작성방법 세부항목 7. 참고).

02 정답 ①

해설 ① 법인이 중개사무소를 개설하려는 경우 대표자, 임원 또는 사원 전원 및 분사무소의 책임자(분사무소를 설치하려는 경우에만 해당한다)가 실무교육을 받아야 한다(공인중개사법 시행령 제13조 제1항 제2호 라목).

② 상법상 회사 또는 협동조합 기본법상 협동조합으로서 자본금이 5천만원 이상이어야만 개설등록을 할 수 있다(공인중개사법 시행령 제13조 제1항 제2호 가목).

③ 대표자는 공인중개사이어야 하며, 대표자를 제외한 임원 또는 사원의 3분의 1 이상이 공인중개사이어야 한다(공인중개사법 시행령 제13조 제1항 제2호 다목).

④ 공인중개사(소속공인중개사는 제외한다) 또는 법인이 아닌 자는 중개사무소의 개설등록을 신청할 수 없다(공인중개사법 제9조 제2항).

⑤ 건축물대장에 기재된 건물에 중개사무소를 소유·전세·임대차 또는 사용대차 등의 방법에 의하여 사용권을 확보하여야 한다(공인중개사법 시행령 제13조 제1항 제1호 나목, 제2호 마목).

03 정답 ②

해설
ㄱ. (○) 공인중개사법 제10조 제1항 제3호
ㄴ. (×) 중개사무소의 개설등록결격사유에 해당하는 자는 <u>피성년후견인</u> 또는 <u>피한정후견인</u>(공인중개사법 제10조 제1항 제2호)이지 피특정후견인이 아니다.
ㄷ. (○) 공인중개사법 제10조 제1항 제6호, 제12호
ㄹ. (×) 개인인 개업공인중개사가 사망하거나 개업공인중개사인 법인이 해산한 경우(공인중개사법 제38조 제1항 제1호)는 중개사무소의 <u>개설등록취소사유</u>일 뿐이다. 개업공인중개사인 법인의 해산으로 중개사무소개설등록이 취소되었다 하더라도, 이는 <u>중개사무소의 개설등록결격사유에 해당하지 아니한다.</u>

관계법령 **중개사무소의 개설등록 결격사유(공인중개사법 제10조 제1항)**

1. 미성년자
2. <u>피성년후견인 또는 피한정후견인(ㄴ)</u>
3. <u>파산선고를 받고 복권되지 아니한 자(ㄱ)</u>
4. 금고 이상의 실형의 선고를 받고 그 집행이 종료(집행이 종료된 것으로 보는 경우를 포함한다)되거나 집행이 면제된 날부터 3년이 지나지 아니한 자
5. 금고 이상의 형의 집행유예를 받고 그 유예기간이 만료된 날부터 2년이 지나지 아니한 자
6. <u>공인중개사의 자격이 취소된 후 3년이 지나지 아니한 자</u>
7. 공인중개사의 자격이 정지된 자로서 자격정지기간 중에 있는 자
8. <u>제38조 제1항 제2호·제4호부터 제8호까지, 같은 조 제2항 제2호부터 제11호까지에 해당하는 사유로 중개사무소의 개설등록이 취소된 후 3년(제40조 제3항에 따라 등록이 취소된 경우에는 3년에서 같은 항 제1호에 따른 폐업기간을 공제한 기간을 말한다)이 지나지 아니한 자(ㄹ)</u>
9. 업무정지처분을 받고 폐업신고를 한 자로서 업무정지기간(폐업에도 불구하고 진행되는 것으로 본다)이 지나지 아니한 자
10. 업무정지처분을 받은 개업공인중개사인 법인의 업무정지의 사유가 발생한 당시의 사원 또는 임원이었던 자로서 해당 개업공인중개사에 대한 업무정지기간이 지나지 아니한 자
11. 이 법을 위반하여 300만원 이상의 벌금형의 선고를 받고 3년이 지나지 아니한 자
12. <u>사원 또는 임원 중 제1호부터 제11호까지의 어느 하나에 해당하는 자가 있는 법인(ㄷ)</u>

---

04 정답 ③

해설
ㄱ. (○) 공인중개사법 시행령 제2조 제2호
ㄴ. (×) 영업용 건물의 <u>영업시설·비품 등 유형물</u>이나 거래처, 신용, 영업상의 노하우 또는 점포위치에 따른 영업상의 이점 등 <u>무형의 재산적 가치</u>는 구법 제3조, 구법 시행령 제2조에서 정한 <u>중개대상물이라고 할 수 없다</u>(대판 2006.9.22. 2005도6054).
ㄷ. (○) 가압류된 토지와 같이 사법상 제한이 있는 토지도 공인중개사법 제3조 제1호의 중개대상물인 토지에 해당한다.
ㄹ. (○) 미등기·미허가건축물도 공인중개사법 제3조 제2호의 중개대상물인 건축물에 해당한다.

05 정답 ④

해설 ① 중개사무소의 개설등록결격사유 중 제10조 제1항 제1호부터 제11호까지의 어느 하나에 해당하는 자는 소속공인중개사 또는 중개보조원이 될 수 없는데(공인중개사법 제10조 제2항), 공인중개사의 자격이 취소된 후 3년이 지나지 아니한 자는 제10조 제1항 제6호의 개설등록결격사유이다.

② 공인중개사는 다른 사람에게 자기의 성명을 사용하여 중개업무를 하게 하거나 자기의 공인중개사자격 증을 양도 또는 대여하여서는 아니 된다(공인중개사법 제7조 제1항).

③ 개설등록결격사유는 중개업의 종사요건도 될 수 있으므로, 공인중개사의 자격이 정지된 자로서 자격정 지기간 중에 있는 자(공인중개사법 제10조 제1항 제7호)는 개업공인중개사인 법인의 사원·임원이 될 수 없다. 하지만 공인중개사의 자격정지기간은 6개월의 범위 내이므로, 자격정지처분을 받은 날부터 6월이 경과한 공인중개사는 법인인 개업공인중개사의 임원이 될 수 있다.

④ 다른 사람에게 자기의 성명을 사용하여 중개업무를 하게 하거나 공인중개사자격증을 양도 또는 대여한 경우는, 자격취소사유에 해당한다(공인중개사법 제35조 제1항 제2호).

⑤ 공인중개사법 제8조

06 정답 ②

해설 ㄱ. (×) 상업용 건축물 및 주택의 분양대행을 겸업할 수 있으나(공인중개사법 제14조 제1항 제4호), 주택용 지의 분양대행은 할 수 없다.

ㄴ. (○) 공인중개사법 제14조 제1항 제1호·제4호

ㄷ. (×) 부동산의 거래에 관한 상담을 겸업할 수 있으나(공인중개사법 제14조 제1항 제2호), 부동산의 거래 에 관한 금융의 알선은 할 수 없다.

ㄹ. (×) 민사집행법에 의한 경매 및 국세징수법 그 밖의 법령에 의한 공매대상 부동산에 대한 권리분석 및 취득의 알선과 매수신청 또는 입찰신청의 대리를 겸업할 수 있으나(공인중개사법 제14조 제2항, 제1항), 국세징수법상 공매대상 동산에 대한 입찰신청의 대리는 할 수 없다.

ㅁ. (○) 공인중개사법 제14조 제1항 제3호

07 정답 ③

해설 ① 분사무소는 주된 사무소의 소재지가 속한 시·군·구를 제외한 시·군·구별로 설치하되, 시·군·구 별로 1개소를 초과할 수 없다(공인중개사법 시행령 제15조 제1항).

②·③ 개업공인중개사는 1개의 중개사무소만을 둘 수 있으나(공인중개사법 제13조 제1항), 법인인 개업공 인중개사는 대통령령으로 정하는 기준과 절차에 따라 등록관청에 신고하고 그 관할구역 외의 지역에 분사무소를 둘 수 있다(공인중개사법 제13조 제3항). 즉, 공인중개사인 개업공인중개사는 분사무소를 설치할 수 없고, 법인인 개업공인중개사는 등록관청으로부터의 인가가 없더라도, 등록관청에 신고만 하면 분사무소를 설치할 수 있다.

④ 다른 법률의 규정에 따라 중개업을 할 수 있는 법인의 분사무소인 경우에는 공인중개사를 책임자로 두지 아니할 수 있다(공인중개사법 시행령 제15조 제2항 단서).

⑤ 분사무소의 책임자인 공인중개사는 시·도지사가 실시하는 실무교육을 받아야 한다(공인중개사법 제34 조 제1항).

08 정답 ③·④

해설 ① 중개사무소의 이전신고 시 중개사무소등록증과 건축물대장에 기재된 건물에 중개사무소를 확보하였음을 증명하는 서류를 첨부하여 등록관청에 제출하여야 한다(공인중개사법 시행규칙 제11조 제1항).

②·⑤ 3개월을 초과하는 중개사무소 휴업·폐업 시 중개사무소등록증을 첨부하여 등록관청에 미리 신고해야 한다(공인중개사법 시행령 제18조 제1항).

③ 분사무소의 설치신고 시 분사무소책임자의 실무교육의 수료확인증 사본, 보증의 설정을 증명할 수 있는 서류 및 건축물대장에 기재된 건물에 분사무소를 확보하였음을 증명하는 서류를 첨부하여 주된 사무소의 소재지를 관할하는 등록관청에 제출하여야 한다(공인중개사법 시행령 제15조 제3항). 따라서 중개사무소등록증은 첨부할 필요 없다.

④ 중개사무소의 개설 시에는 중개사무소등록증을 교부받고(공인중개사법 제11조 제1항), 분사무소의 설치신고 시에는 분사무소신고확인서를 교부받는다(공인중개사법 제13조 제4항). 따라서 분사무소의 경우 폐업신고 시 제출할 분사무소등록증이 존재하지 아니하고, 주된 사무소의 등록증을 제출할 근거 또한 없다.

09 정답 ⑤

해설 ① 중개보조원은 중개업무와 관련된 단순업무보조자로서 중개행위에 인장을 사용할 일이 없으므로, 인장 등록의무가 없다.

② 등록한 인장을 변경한 경우에는 개업공인중개사 및 소속공인중개사는 변경일부터 7일 이내에 그 변경된 인장을 등록관청에 등록(전자문서에 의한 등록을 포함한다)하여야 한다(공인중개사법 시행규칙 제9조 제2항).

③ 분사무소에서 사용하는 인장은 주된 사무소의 소재지를 관할하는 등록관청에 등록하여야 한다(공인중개사법 시행규칙 [별지 제10호 서식] 참고).

④ 분사무소에서 사용할 인장의 경우에는 상업등기규칙에 따라 신고한 법인의 인장 또는 법인의 대표자가 보증하는 인장을 등록할 수 있다(공인중개사법 시행규칙 제9조 제3항 단서).

⑤ 공인중개사법 제36조 제1항 제2호

10 정답 ①

해설 ① 공인중개사법 제18조 제1항

② "개업공인중개사"라 함은 이 법에 의하여 중개사무소의 개설등록을 한 자를 말하는데(공인중개사법 제2조 제4호), 개업공인중개사가 아닌 자는 "공인중개사사무소", "부동산중개" 또는 이와 유사한 명칭을 사용하여서는 아니 된다(공인중개사법 제18조 제2항).

③ 개업공인중개사는 옥외광고물을 설치하는 경우, 개업공인중개사(법인의 경우에는 대표자, 법인 분사무소의 경우에는 신고확인서에 기재된 책임자를 말한다)의 성명을 인식할 수 있는 정도의 크기로 표기해야 한다(공인중개사법 시행규칙 제10조의2).

④ 개업공인중개사가 아닌 자가 "공인중개사사무소", "부동산중개" 또는 이와 유사한 명칭을 사용한 경우, 등록관청은 사무소의 간판 등에 대하여 철거를 명할 수 있다(공인중개사법 제18조 제2항·제5항).

⑤ 개업공인중개사가 의뢰받은 중개대상물에 대하여 표시·광고를 하려면, 중개사무소의 명칭, 소재지, 연락처 및 등록번호, 개업공인중개사의 성명(법인인 경우에는 대표자의 성명)을 명시하여야 한다(공인중개사법 제18조의2 제1항, 동법 시행령 제17조의2 제1항).

11 정답 ②

해설 ① 개업공인중개사가 의뢰받은 중개대상물에 대하여 표시·광고를 하려면, 중개보조원에 관한 사항을 명시해서는 아니 된다(공인중개사법 제18조의2 제1항).

② 공인중개사법 시행령 제17조의2 제3항

③ 중개대상물의 내용을 사실과 다르게 거짓으로 표시·광고한 자를 신고한 자는 포상금지급대상이 아니다. 다만, 개업공인중개사가 아님에도 중개대상물에 대한 표시·광고를 한 자를 신고한 자는 포상금지급대상이다(공인중개사법 제46조 제1항 제4호).

④ 개업공인중개사가 인터넷을 이용하여 중개대상물에 대한 표시·광고를 하는 때에는 중개사무소, 개업공인중개사에 관한 사항으로서 대통령령으로 정하는 사항 외에 중개대상물의 종류별로 대통령령으로 정하는 소재지, 면적, 가격 등의 사항을 명시하여야 한다(공인중개사법 제18조의2 제1항·제2항).

⑤ 인터넷을 이용한 중개대상물의 표시·광고 모니터링업무 수탁기관은, 모니터링기본계획서에 따라 분기별로 실시하는 기본 모니터링업무를 수행한다(공인중개사법 시행규칙 제10조의3 제1항).

12 정답 ⑤

해설 ④ 소속공인중개사가 있는 경우에는 소속공인중개사의 공인중개사자격증 원본을 게시하여야 한다.

⑤ 법인인 개업공인중개사의 분사무소의 경우에는 분사무소설치신고확인서 원본을 해당 중개사무소 안의 보기 쉬운 곳에 게시하여야 한다(공인중개사법 제17조, 동법 시행규칙 제10조).

> **관계법령** 중개사무소등록증 등의 게시(공인중개사법 시행규칙 제10조)
>
> 1. 중개사무소등록증 원본(법인인 개업공인중개사의 분사무소의 경우에는 분사무소설치신고확인서 원본을 말한다)
> 2. 중개보수·실비의 요율 및 한도액표
> 3. 개업공인중개사 및 소속공인중개사의 공인중개사자격증 원본(해당되는 자가 있는 경우로 한정한다)
> 4. 보증의 설정을 증명할 수 있는 서류
> 5. 「부가가치세법 시행령」 제11조에 따른 사업자등록증

13 정답 ⑤

해설 ① 등록관청 관할지역 외의 지역으로 중개사무소 또는 분사무소를 이전하는 경우, 중개사무소의 이전신고를 받은 등록관청은 그 내용이 적합한 경우에는 중개사무소등록증 또는 분사무소설치신고확인서를 재교부하여야 한다. 다만, 개업공인중개사가 등록관청의 관할지역 내로 이전한 경우에는 등록관청은 중개사무소등록증 또는 분사무소설치신고확인서에 변경사항을 적어 교부할 수 있다(공인중개사법 시행규칙 제11조 제2항).

② 건축물대장에 기재되지 아니한 건물에 중개사무소를 확보하였을 경우에는 건축물대장 기재가 지연되는 사유를 적은 서류도 함께 내야 한다(공인중개사법 시행규칙 제11조 제1항 제2호 단서).

③ 중개사무소의 이전신고를 하지 아니한 자에게는 100만원 이하의 과태료를 부과한다(공인중개사법 제51조 제3항 제3호).

④ 분사무소의 경우에는 이전한 날부터 10일 이내에 주된 사무소의 소재지를 관할하는 등록관청에 이전사실을 신고하여야 한다(공인중개사법 제20조 제1항, 동법 시행규칙 제11조 제1항).

⑤ 공인중개사법 시행규칙 제11조 제3항

14 정답 ①

해설 ① 폐업신고 전의 개업공인중개사에 대하여 위반행위를 사유로 행한 업무정지처분의 효과는 그 처분일부터 1년간 다시 중개사무소의 개설등록을 한 자에게 승계된다(공인중개사법 제40조 제2항).

② 공인중개사법 제34조 제2항 제2호

③ 손해배상책임을 보장하기 위하여 공탁한 공탁금은 개업공인중개사가 폐업 또는 사망한 날부터 3년 이내에는 이를 회수할 수 없다(공인중개사법 제30조 제4항).

④ 법인인 개업공인중개사의 분사무소도 휴업 또는 폐업의 신고를 하도록 규정되어 있는 점, 부동산중개업 휴업신고서 등에 별도로 표시하게 되어 있는 점 등을 고려하면, 분사무소도 주된 사무소와 별도로 휴업할 수 있다고 봄이 타당하다(공인중개사법 시행령 제18조 제2항, 동법 시행규칙 제12조 참고).

⑤ 공인중개사자격시험 응시, 공인중개사자격증의 재교부 신청, 중개사무소의 개설등록 신청, 중개사무소 등록증의 재교부 신청, 분사무소 설치의 신고, 분사무소설치신고확인서의 재교부 신청을 하려는 자는 해당 지방자치단체의 조례로 정하는 바에 따라 수수료를 납부하여야 한다(공인중개사법 제47조 제1항 본문).

15 정답 ⑤

해설 ① 공인중개사법 제26조 제1항

② 공인중개사법 제26조 제2항, 제25조 제4항

③ 공인중개사법 시행령 제22조 제1항 제8호

④ 공인중개사법 시행령 제22조 제2항

⑤ 등록관청은 개업공인중개사가 거래계약서에 거래금액 등 거래내용을 거짓으로 기재하거나 서로 다른 둘 이상의 거래계약서를 작성한 경우에는 중개사무소의 개설등록을 취소할 수 있다(공인중개사법 제38조 제2항 제7호).

16 정답 ⑤

해설 ① 공인중개사법 제30조 제3항

② 보증을 설정한 개업공인중개사는 그 보증을 다른 보증으로 변경하고자 하는 경우에는 이미 설정한 보증의 효력이 있는 기간 중에 다른 보증을 설정하고 그 증명서류를 갖추어 등록관청에 신고하여야 한다(공인중개사법 시행령 제25조 제1항).

③ 보증보험 또는 공제에 가입한 개업공인중개사로서 보증기간이 만료되어 다시 보증을 설정하고자 하는 자는 그 보증기간만료일까지 다시 보증을 설정하고 그 증명서류를 갖추어 등록관청에 신고하여야 한다(공인중개사법 시행령 제25조 제2항).

④ 공인중개사법 제38조 제2항 제8호

⑤ 개업공인중개사는 보증보험금·공제금 또는 공탁금으로 손해배상을 한 때에는 15일 이내에 보증보험 또는 공제에 다시 가입하거나 공탁금 중 부족하게 된 금액을 보전하여야 한다(공인중개사법 시행령 제26조 제2항).

17 정답 ④

해설 ① 소속공인중개사 또는 중개보조원의 업무상 행위는 그를 고용한 개업공인중개사의 행위로 본다(공인중개사법 제15조 제2항).

② 확인·설명서에는 개업공인중개사(법인인 경우에는 대표자를 말하며, 법인에 분사무소가 설치되어 있는 경우에는 분사무소의 책임자를 말한다)가 서명 및 날인하되, 해당 중개행위를 한 소속공인중개사가 있는 경우에는 소속공인중개사가 함께 서명 및 날인하여야 한다(공인중개사법 제25조 제4항).

③ 개업공인중개사의 위임을 받은 소속공인중개사는 부동산거래계약신고서 등의 제출을 대행할 수 있다(부동산 거래신고 등에 관한 법률 시행규칙 제5조 제2항 전단).

④ 소속공인중개사·중개보조원 또는 개업공인중개사인 법인의 사원·임원이 중개업무에 관하여 제48조 또는 제49조의 규정에 해당하는 위반행위를 한 때에는 그 행위자를 벌하는 외에 그 개업공인중개사에 대하여도 해당 조에 규정된 벌금형을 과한다(공인중개사법 제50조 본문). 즉, 양벌규정은 개업공인중개사에게 <u>벌금형을 과할 때에</u> 한하여 적용된다.

⑤ 개업공인중개사는 중개가 완성된 때에는 거래당사자에게 손해배상책임의 보장에 관한 사항(보장금액, 보증보험회사, 공제사업을 행하는 자, 공탁기관 및 그 소재지, 보장기간)을 설명하고 관계증서의 사본을 교부하거나 관계증서에 관한 전자문서를 제공하여야 한다(공인중개사법 제30조 제5항).

18 정답 ③

해설 ① 개업공인중개사의 고의 또는 과실로 인하여 중개의뢰인 간의 거래행위가 무효·취소 또는 해제된 경우에는 중개보수를 받을 수 없다(공인중개사법 제32조 제1항 단서). 따라서 개업공인중개사 甲의 고의와 과실 없이 의뢰인 乙의 사정으로 거래계약이 해제된 경우라면, 甲은 중개보수를 받을 수 있다.

② 공인중개사법 제32조 제4항

③ 부동산중개업자가 아파트분양권의 매매를 중개하면서 중개수수료 산정에 관한 지방자치단체의 <u>조례를 잘못 해석하여</u> 법에서 허용하는 금액을 <u>초과한 중개수수료를 수수한 경우</u>는 법률의 착오에 해당하지 <u>않는다</u>(대판 2005.5.27. 2004도62). 즉, 甲의 행위가 형법 제16조에서 말하는 법률의 착오로 인정되면 처벌받지 아니하나, 판례에 따라 그 행위는 법률의 착오에 해당하지 아니하므로, 결국 공인중개사법 제33조의 금지행위 위반으로 처벌받게 된다.

④ 부동산중개수수료에 관한 규정들은 중개수수료약정 중 소정의 한도를 초과하는 부분에 대한 사법상의 효력을 제한하는 이른바 강행법규에 해당하고, 따라서 구 부동산중개업법 등 관련 법령에서 정한 한도를 초과하는 부동산중개수수료약정은 그 한도를 초과하는 범위 내에서 무효이다(대판 2007.12.20. 2005다32159).

⑤ 공인중개사법 시행령 제27조의2

19 정답 ②

해설 ① 공인중개사법 제33조 제1항 제2호

② 중개업자가 <u>다른 중개업자의 중개로</u> 부동산을 매수매도한 행위는 <u>중개의뢰인과의 직접거래에 해당하지 않는다</u>(대판 1991.3.27. 90도2858). 따라서 개업공인중개사가 당해 부동산을 다른 개업공인중개사의 중개를 통하여 임차한 행위도, 공인중개사법 제33조 제1항 제6호의 금지행위인 중개의뢰인과의 직접거래에 해당하지 아니하게 된다.

③ 공인중개사법 제33조 제1항 제6호

④ 공인중개사법 제33조 제1항 제8호

⑤ 공인중개사법 제33조 제1항 제9호

20 정답 ④

해설 ㄷ. (×) 정당한 사유 없이 지정받은 날부터 <u>1년 이내</u>에 부동산거래정보망을 설치·운영하지 아니한 경우에 그 지정이 취소된다.

> **관계법령** **거래정보사업자의 지정취소사유(공인중개사법 제24조 제5항)**
>
> 1. 거짓이나 그 밖의 부정한 방법으로 지정을 받은 경우
> 2. 운영규정의 승인 또는 변경승인을 받지 아니하거나 운영규정을 위반하여 부동산거래정보망을 운영한 경우
> 3. 규정을 위반하여 정보를 공개한 경우
> 4. 정당한 사유 없이 지정받은 날부터 1년 이내에 부동산거래정보망을 설치·운영하지 아니한 경우
> 5. 개인인 거래정보사업자의 사망 또는 법인인 거래정보사업자의 해산 그 밖의 사유로 부동산거래 정보망의 계속적인 운영이 불가능한 경우

21 정답 ④

해설 ① 중개사무소의 개설등록을 신청하려는 자가 법인인 경우에는 사원·임원 모두 실무교육대상이다(공인중개사법 제34조 제1항). 이때 사원·임원이 공인중개사인지 여부는 상관없다.
② 실무교육시간은 <u>28시간 이상 32시간 이하</u>이다(공인중개사법 시행령 제28조 제1항 제2호).
③ 중개보조원이 받는 교육은 <u>직무교육</u>이고(공인중개사법 제34조 제3항), 부동산중개 관련 법·제도의 변경사항은 연수교육내용이다(공인중개사법 시행령 제28조 제3항 제1호).
④ 공인중개사법 제34조의2 제1항
⑤ 개업공인중개사 및 소속공인중개사는 실무교육을 받은 후 2년마다 <u>시·도지사</u>가 실시하는 연수교육을 받아야 한다(공인중개사법 제34조 제4항).

22 정답 ②

해설 ㄱ. (○) 국토교통부장관이 500만원 이하의 과태료를 부과한다(공인중개사법 제51조 제2항 제1호의5, 제5항 제1호).
ㄴ. (○) 국토교통부장관이 500만원 이하의 과태료를 부과한다(공인중개사법 제51조 제2항 제6호, 제5항 제1호).
ㄷ. (○) 등록관청이 100만원 이하의 과태료를 부과한다(공인중개사법 제51조 제3항 제1호, 제5항 제4호).
ㄹ. (×) <u>시·도지사</u>가 100만원 이하의 과태료를 부과한다(공인중개사법 제51조 제3항 제6호, 제5항 제2호).
ㅁ. (×) <u>등록관청</u>이 100만원 이하의 과태료를 부과한다(공인중개사법 제51조 제3항 제7호, 제5항 제4호).

> **알아보기** **과태료의 부과·징수 정리(공인중개사법 제51조 제5항)**

부과대상자 및 위반사항	부과 ·징수권자
정보통신서비스제공자, 거래정보사업자 및 협회의 위반사항, 감독상의 명령위반자	국토교통부장관
연수교육의 미이수자 및 자격취소 후 자격증의 미반납자	시·도지사
그 밖의 개업공인중개사의 위반사항	등록관청

23 **정답** ④

해설 괄호 안에 들어갈 내용은 ㄱ : 개업공인중개사, ㄴ : 2, ㄷ : 30, ㄹ : 1이다.

> **관계법령** **부동산거래정보망설치·운영자의 지정요건(공인중개사법 시행규칙 제15조 제2항)**
>
> 1. 그 부동산거래정보망의 가입·이용신청을 한 개업공인중개사의 수가 5백명 이상이고 2개 이상의 특별시·광역시·도 및 특별자치도에서 각각 30인 이상의 개업공인중개사가 가입·이용신청을 하였을 것
> 2. 정보처리기사 1명 이상을 확보할 것
> 3. 공인중개사 1명 이상을 확보할 것
> 4. 부동산거래정보망의 가입자가 이용하는 데 지장이 없는 정도로서 국토교통부장관이 정하는 용량 및 성능을 갖춘 컴퓨터설비를 확보할 것

24 **정답** ⑤

해설 ㄱ. (○) 자격취소사유(공인중개사법 제35조 제1항 제2호)
ㄴ. (○) 자격취소사유(공인중개사법 제1항 제4호)
ㄷ. (○) 자격정지사유(공인중개사법 제36조 제1항 제6호)
ㄹ. (○) 자격정지사유(공인중개사법 제36조 제1항 제7호)

> **관계법령** **자격취소사유(공인중개사법 제35조 제1항)**
>
> 1. 부정한 방법으로 공인중개사의 자격을 취득한 경우
> 2. 다른 사람에게 자기의 성명을 사용하여 중개업무를 하게 하거나 공인중개사자격증을 양도 또는 대여한 경우
> 3. 자격정지처분을 받고 그 자격정지기간 중에 중개업무를 행한 경우(다른 개업공인중개사의 소속공인중개사·중개보조원 또는 법인인 개업공인중개사의 사원·임원이 되는 경우를 포함한다)
> 4. 이 법 또는 공인중개사의 직무와 관련하여 형법 제114조(범죄단체 등의 조직), 제231조(사문서 등의 위조·변조), 제234조(위조사문서등의 행사), 제347조(사기), 제355조(횡령, 배임) 또는 제356조(업무상의 횡령과 배임)를 위반하여 금고 이상의 형(집행유예를 포함한다)을 선고받은 경우

25 **정답** ④

해설 ㄱ. (○) 3년 이하의 징역 또는 3천만원 이하의 벌금(공인중개사법 제48조 제1호)
ㄴ. (○) 3년 이하의 징역 또는 3천만원 이하의 벌금(공인중개사법 제48조 제2호)
ㄷ. (○) 1년 이하의 징역 또는 1천만원 이하의 벌금(공인중개사법 제49조 제1항 제4호)
ㄹ. (○) 1년 이하의 징역 또는 1천만원 이하의 벌금(공인중개사법 제49조 제1항 제5호)
ㅁ. (×) 중개대상물이 존재하지 않아서 실제로 거래를 할 수 없는 중개대상물에 대한 표시·광고(공인중개사법 제18조의2 제4항 제1호)를 한 개업공인중개사에 대하여는 500만원 이하의 과태료를 부과한다(동법 제51조 제2항 제1호).

26 정답 ②

해설 ① 이행명령은 <u>문서</u>로 하여야 하며, 이행기간은 3개월 이내로 정하여야 한다(부동산 거래신고 등에 관한 법률 시행령 제16조 제1항).
② 부동산 거래신고 등에 관한 법률 제18조 제2항, 동법 시행령 제16조 제3항 제1호
③ 이행강제금의 부과처분에 불복하는 자는 시장·군수 또는 구청장에게 이의를 제기할 수 있다(부동산 거래신고 등에 관한 법률 제18조 제6항).
④ 시장·군수 또는 구청장은 이행명령을 받은 자가 그 명령을 이행하는 경우에는 새로운 이행강제금의 부과를 즉시 중지하되, 명령을 이행하기 전에 이미 부과된 이행강제금은 <u>징수하여야 한다</u>(부동산 거래신고 등에 관한 법률 제18조 제5항).
⑤ 시장·군수 또는 구청장은 최초의 이행명령이 있었던 날을 기준으로 <u>1년에 한 번씩</u> 그 이행명령이 이행될 때까지 반복하여 이행강제금을 부과·징수할 수 있다(부동산 거래신고 등에 관한 법률 제18조 제3항).

27 정답 ①

해설 ㄱ. (○) 국제연합과 그 산하기구·전문기구, 정부 간 기구, 준정부 간 기구, 비정부 간 국제기구는 외국인 등에 해당하는 국제기구이다(부동산 거래신고 등에 관한 법률 시행령 제2조).
ㄴ. (×) 외국인등이 대한민국 안의 부동산등을 취득하는 계약(부동산거래신고의 대상인 계약은 제외한다)을 체결하였을 때에는 계약체결일부터 60일 이내에 대통령령으로 정하는 바에 따라 신고관청에 신고하여야 한다(부동산 거래신고 등에 관한 법률 제8조 제1항). 하지만 <u>부동산의 매매계약은 부동산거래신고 대상 계약에 해당하므로</u>(동법 제3조 제1항 제1호), 계약체결일부터 <u>30일 이내</u>에 부동산거래신고를 할 의무만 있을 뿐, 별도로 외국인등의 부동산취득신고를 할 의무는 없다.
ㄷ. (×) 외국인등이 상속·경매, 그 밖에 대통령령으로 정하는 계약 외의 원인으로 대한민국 안의 부동산등을 취득한 때에는 부동산등을 취득한 날부터 <u>6개월 이내</u>에 신고관청에 신고하여야 한다(부동산 거래신고 등에 관한 법률 제8조 제2항).
ㄹ. (×) 수도법에 따른 상수원보호구역에 있는 토지는 사전허가대상이 아니다(부동산 거래신고 등에 관한 법률 제9조 제1항 참고).

관계법령	외국인등의 토지거래허가대상(부동산 거래신고 등에 관한 법률 제9조 제1항)

1. 군사기지 및 군사시설 보호법에 따른 군사기지 및 군사시설 보호구역, 그 밖에 국방목적을 위하여 외국인등의 토지취득을 특별히 제한할 필요가 있는 지역으로서 대통령령으로 정하는 지역
2. 「문화유산의 보존 및 활용에 관한 법률」 제2조 제3항에 따른 지정문화유산과 이를 위한 보호물 또는 보호구역
2의2. 「자연유산의 보존 및 활용에 관한 법률」에 따라 지정된 천연기념물등과 이를 위한 보호물 또는 보호구역
3. 자연환경보전법에 따른 생태·경관보전지역
4. 야생생물 보호 및 관리에 관한 법률에 따른 야생생물 특별보호구역

28 정답 ③

해설 ① 국토교통부장관 또는 시·도지사는, 토지의 투기적인 거래가 성행하거나 지가가 급격히 상승하는 지역과 그러한 우려가 있는 지역에 대해서는, 5년 이내의 기간을 정하여 토지거래계약에 관한 허가구역으로 지정할 수 있다(부동산 거래신고 등에 관한 법률 제10조 제1항).

② 시·도지사가 토지거래허가구역을 지정하려는 경우, 시·도도시계획위원회의 심의를 거쳐야 할 뿐, 인접 시·도지사의 의견을 들을 필요는 없다(부동산 거래신고 등에 관한 법률 제10조 제2항 참고).

③ 국토교통부장관 또는 시·도지사는 허가구역으로 지정한 때에는 지체 없이 허가대상자, 허가대상 용도와 지목 등 대통령령으로 정하는 사항을 공고하고, 그 공고 내용을 국토교통부장관은 시·도지사를 거쳐 시장·군수 또는 구청장에게 통지하고, 시·도지사는 국토교통부장관, 시장·군수 또는 구청장에게 통지하여야 한다(부동산 거래신고 등에 관한 법률 제10조 제3항).

④ 허가구역의 지정은 허가구역의 지정을 공고한 날부터 5일 후에 그 효력이 발생한다(부동산 거래신고 등에 관한 법률 제10조 제5항).

⑤ 국토의 계획 및 이용에 관한 법률에 따른 도시지역 중 주거지역 내 60제곱미터 이하의 토지에 대해서는 토지거래계약허가가 면제된다(부동산 거래신고 등에 관한 법률 시행령 제9조 제1항 제1호 가목).

29 정답 ④

해설 ① 개업공인중개사는 3개월을 초과하는 휴업, 폐업, 3개월을 초과하여 휴업한 부동산중개업의 재개, 신고한 휴업기간을 변경하려는 경우에는 등록관청에 미리 신고하여야 한다(공인중개사법 시행령 제18조 제1항).

② 개업공인중개사가 폐업사실을 신고하고 중개사무소간판을 철거하지 아니한 경우, 등록관청은 행정대집행법에 따라 대집행을 할 수 있을 뿐(공인중개사법 제21조의2 제2항 참고), 과태료를 부과할 수는 없다.

③ 폐업신고 전의 개업공인중개사에 대하여 업무정지 및 과태료의 위반행위를 사유로 행한 행정처분의 효과는 그 처분일부터 1년간 다시 중개사무소의 개설등록을 한 자(이하 "재등록 개업공인중개사"라 한다)에게 승계된다(공인중개사법 제40조 제2항). 따라서 甲은 업무정지처분일인 2019.2.8.로부터 1년이 지나지 아니한 2019.12.11. 다시 중개사무소개설등록을 하였으므로, 종전의 업무정지처분의 효과는 승계된다.

④ 폐업기간이 1년을 초과하지 아니한 재등록 개업공인중개사에 대하여 폐업신고 전의 업무정지에 해당하는 위반행위에 대한 행정처분을 할 수 있다(공인중개사법 제40조 제3항 제2호 참고). 따라서 甲은 1월의 업무정지처분에 해당하는 행위를 하였고, 폐업기간이 1년을 초과하지 아니하였으므로, 종전의 위반행위에 대하여 1월의 업무정지처분을 받을 수 있다.

⑤ 폐업기간이 3년을 초과하지 아니한 재등록 개업공인중개사에 대하여 폐업신고 전의 등록취소에 해당하는 위반행위에 대한 행정처분을 할 수 있다(공인중개사법 제40조 제3항 제1호 참고). 따라서 甲은 등록취소처분에 해당하는 행위를 하였고, 폐업기간이 3년을 초과하지 아니하였으므로, 종전의 위반행위에 대한 등록취소처분을 할 수 있다.

30 정답 ①

해설 ㄱ. (○) 중개보조원에 국적제한은 없다. 공인중개사법 시행규칙 제8조는 외국인을 소속공인중개사·중개보조원으로 고용하는 데 필요한 서류에 대하여 규정하고 있다.

ㄴ. (×) 직무교육은 중개보조원이 받는 것이므로, 고용신고를 받은 등록관청은 소속공인중개사인 乙에 대하여는 실무교육 수료 여부를 확인하여야 한다(공인중개사법 시행규칙 제8조 제3항 참고).

ㄷ. (×) 개업공인중개사는 소속공인중개사 또는 중개보조원을 고용한 경우에는 업무개시 전까지 등록관청에 신고(전자문서에 의한 신고를 포함한다)하여야 한다(공인중개사법 시행규칙 제8조 제1항).

31 정답 ②

해설 ① 명의신탁약정은 무효로 한다(부동산 실권리자명의 등기에 관한 법률 제4조 제1항).

② · ⑤ 부동산거래계약의 당사자는 명의수탁자 甲과 거래상대방 丙이다. 이는 계약명의신탁에 해당하고 명의신탁약정이 있다는 사실을 상대방 丙이 알지 못한 경우에는 그 부동산에 관한 물권변동은 유효로 한다(부동산 실권리자명의 등기에 관한 법률 제4조 제2항 참고). 이때 상대방이 알았는지 여부의 판단기준시기는 매매계약을 체결할 당시이며, 상대방이 계약체결 이후에 명의신탁약정사실을 알게 되었다고 하더라도 그 계약과 등기의 효력에는 영향이 없다(대판 2018.4.10. 2017다257715). 따라서 X토지의 소유자는 甲이다.

③ 명의신탁약정이 있다는 사실을 丙이 알지 못한 경우, X토지의 소유자는 甲이므로, A는 甲에게 X토지의 소유권이전등기를 청구할 수 없다. 반대로 명의신탁약정이 있다는 사실을 丙이 안 경우에는, 물권변동의 무효로 인해 소유권은 그대로 丙이 보유하므로, 마찬가지로 A는 甲에게 X토지의 소유권이전등기를 청구할 수 없다.

④ 명의신탁약정과 부동산에 관한 물권변동의 무효는 제3자에게 대항하지 못하므로(부동산 실권리자명의 등기에 관한 법률 제4조 제3항), 제3자 丁은 유효하게 소유권을 취득한다.

32 정답 ②

해설

서울특별시의 경우, 상가건물 임대차보호법의 적용대상이 되는 보증금액은 환산보증금 9억원 이하이므로(상가건물 임대차보호법 시행령 제2조 제1항 제1호), 보증금 10억원인 乙과 丙 간의 임대차는 상가건물 임대차보호법이 적용되지 아니한다. 그러나 법에서 정한 보증금액을 초과하는 임대차의 경우에도, 다음의 규정은 적용된다(동법 제2조 제3항).

알아보기 법에서 정한 보증금액을 초과하는 임대차에 대하여 적용 가능한 규정

• 대항력(상가건물 임대차보호법 제3조)
• 계약갱신요구권 및 계약갱신요구권을 거절할 수 있는 사유(상가건물 임대차보호법 제10조 제1항·제2항·제3항 본문)
• 계약갱신의 특례(상가건물 임대차보호법 제10조의2)
• 권리금 관련 규정(상가건물 임대차보호법 제10조의3부터 제10조의7)
• 차임연체와 해지규정(상가건물 임대차보호법 제10조의8)
• 계약갱신요구 등에 관한 임시특례(상가건물 임대차보호법 제10조의9)
• 폐업으로 인한 임차인의 해지권(상가건물 임대차보호법 제11조의2)
• 표준계약서의 사용권장(상가건물 임대차보호법 제19조)

① 임차인 乙은 X건물을 인도받아 2020.3.10. 사업자등록을 신청하였으므로, 그 다음 날인 2020.3.11.부터 제3자에 대하여 대항력이 생긴다(상가건물 임대차보호법 제3조).

② 보증금에 대한 우선변제권규정은 법에서 정한 보증금액을 초과하는 임대차에 대하여 적용 가능한 규정이 아니므로, 乙은 우선변제권을 취득하지 못한다.

③ 임대인은 임차인이 임대차기간이 만료되기 6개월 전부터 1개월 전까지 사이에 계약갱신을 요구할 경우 정당한 사유 없이 거절하지 못한다(상가건물 임대차보호법 제10조 제1항 본문).

④ 상가건물 임대차보호법 제10조 제2항

⑤ 상가건물 임대차보호법 제10조 제3항

33 정답 ⑤

해설 ① 임차권등기명령의 신청서에는 신청의 취지 및 이유, 임대차의 목적인 주택(임대차의 목적이 주택의 일부분인 경우에는 해당 부분의 도면을 첨부한다), 임차권등기의 원인이 된 사실(임차인이 대항력을 취득하였거나 우선변제권을 취득한 경우에는 그 사실), 그 밖에 대법원규칙으로 정하는 사항을 적어야 하며, <u>신청의 이유와 임차권등기의 원인이 된 사실을 소명하여야 한다</u>(주택임대차보호법 제3조의3 제2항).

② 임차인은 <u>임차권등기명령의 신청과 그에 따른 임차권등기와 관련하여 든 비용을 임대인에게 청구할 수 있다</u>(주택임대차보호법 제3조의3 제8항).

③·④ 임차인은 임차권등기명령의 집행에 따른 임차권등기를 마치면 <u>대항력과 우선변제권을 취득한다.</u> 다만, 임차인이 임차권등기 이전에 이미 대항력이나 우선변제권을 취득한 경우에는 그 대항력이나 우선변제권은 그대로 유지되며, 임차권등기 이후에는 대항요건을 상실하더라도 이미 취득한 <u>대항력이나 우선변제권을 상실하지 아니한다</u>(주택임대차보호법 제3조의3 제5항).

⑤ 임차권등기명령의 집행에 따른 임차권등기가 끝난 주택(임대차의 목적이 주택의 일부분인 경우에는 해당 부분으로 한정한다)을 그 이후에 임차한 임차인은 소액보증금에 관한 최우선변제를 받을 권리가 없다(주택임대차보호법 제3조의3 제6항).

34 정답 ③

해설 ③ 2주일에 1회 이상 중개업무처리상황을 통지할 의무, 계약체결 후 7일 이내 부동산거래정보망 또는 일간신문에 중개대상물에 관한 정보를 공개할 의무 및 정보공개를 통지할 의무, 중개의뢰인의 위약금 지불에 관한 사항은 <u>전속중개계약서에만</u> 기재되어 있다(공인중개사법 시행규칙 [별지 제15호 서식] 1. ①·②, 2. ① 참고).

35 정답 ①

해설 ① 부동산 거래신고 등에 관한 법률 시행령 [별표 1] 참고

② 주택법에 따라 지정된 투기과열지구에 소재하는 주택의 거래계약을 체결한 경우, 신고서를 제출할 때 매수인이 단독으로 서명 또는 날인한 자금조달·입주계획서를 신고관청에 함께 제출해야 한다(부동산 거래신고 등에 관한 법률 시행규칙 제2조 제6항 전단).

③ 부동산거래계약신고서의 물건별 거래가격란에는 공급계약 또는 전매, 분양가격, 발코니 확장 등 선택비용, 추가지불액 등의 기재란이 있다(부동산 거래신고 등에 관한 법률 시행규칙 [별지 제1호 서식] 거래대상 ⑧ 참고).

④ 계약대상 면적에는 실제 거래면적을 계산하여 적되, 건축물면적은 집합건축물의 경우 전용면적을 적고, 그 밖의 건축물의 경우 연면적을 적는다(부동산 거래신고 등에 관한 법률 시행규칙 [별지 제1호 서식] 작성방법 6.).

⑤ 개업공인중개사가 거짓으로 부동산거래계약신고서를 작성하여 신고한 경우에는, 해당 부동산등의 취득가액의 100분의 10 이하에 상당하는 금액의 과태료를 부과한다(부동산 거래신고 등에 관한 법률 제28조 제3항).

36 정답 ①

해설 ① 부동산경매절차에서의 매수인은 민사집행법 제91조 제5항에 따라 유치권자에게 그 유치권으로 담보하는 채권을 변제할 책임이 있는 것이 원칙이나, 채무자 소유의 건물 등 부동산에 경매개시결정의 기입등기가 경료되어 압류의 효력이 발생한 후에 채무자가 위 부동산에 관한 공사대금채권자에게 그 점유를 이전함으로써 그로 하여금 유치권을 취득하게 한 경우, 그와 같은 점유의 이전은 목적물의 교환가치를 감소시킬 우려가 있는 처분행위에 해당하여 민사집행법 제92조 제1항, 제83조 제4항에 따른 압류의 처분금지효에 저촉되므로 점유자로서는 위 유치권을 내세워 그 부동산에 관한 경매절차의 매수인에게 대항할 수 없다(대판 2009.1.15. 2008다70763).

② 민사집행법 제114조 제2항

③ 민사집행법 제135조

④ 민사집행법 제138조 제4항

⑤ 민사집행법 제91조 제2항, 대판 1999.4.23. 98다32939

37 정답 ⑤

해설 ① 법원에 매수신청대리인으로 등록된 개업공인중개사가 매수신청대리의 위임을 받은 경우 ㉠ 매수신청보증의 제공, ㉡ 입찰표의 작성 및 제출, ㉢ 차순위매수신고, ㉣ 매수신청의 보증을 돌려줄 것을 신청하는 행위, ㉤ 공유자의 우선매수신고, ㉥ 임차인의 임대주택 우선매수신고, ㉦ 차순위매수신고인의 지위를 포기하는 행위를 할 수 있다(공인중개사의 매수신청대리인 등록 등에 관한 규칙 제2조).

② 공인중개사의 매수신청대리인 등록 등에 관한 규칙 제14조 제3항

③ 공인중개사의 매수신청대리인 등록 등에 관한 규칙 제17조 제5항

④ 공인중개사의 매수신청대리인 등록 등에 관한 규칙 제18조 제4항 제1호

⑤ 매수신청대리업무의 정지기간은 1월 이상 2년 이하로 한다(공인중개사의 매수신청대리인 등록 등에 관한 규칙 제22조 제3항).

38 정답 ③

해설 ㄱ. (○), ㄷ. (○), ㅁ. (○) 대상물건의 표시, 권리관계(등기부 기재사항), 거래예정금액, 취득 시 부담할 조세의 종류 및 세율, 실제 권리관계 또는 공시되지 않은 물건의 권리사항, 중개보수 및 실비의 금액과 산출내역은 중개대상물확인·설명서[Ⅰ](주거용 건축물), [Ⅱ](비주거용 건축물, [Ⅲ](토지), [Ⅳ](입목·광업재단·공장재단) 서식의 공통적 기재사항이다.

ㄴ. (×) 비선호시설은 중개대상물확인·설명서[Ⅰ](주거용 건축물), [Ⅲ](토지) 서식에 기재된 사항이다.

ㄹ. (×) 환경조건(일조량·소음·진동)은 중개대상물확인·설명서[Ⅰ](주거용 건축물) 서식에만 기재된 사항이다.

알아보기 중개대상물확인·설명서의 기재사항 비교

구분	Ⅰ (주거용)	Ⅱ (비주거용)	Ⅲ (토지)	Ⅳ (입목·광업재단·공장재단)
Ⅰ. 개업공인중개사 기본확인사항				
① 대상물건의 표시	○ (내진설계)	○ (내진설계)	○	○
② 권리관계	○	○	○	○
③ 토지이용계획, 공법상 이용제한 및 거래규제에 관한 사항	○	○	○	×
④ 입지조건(도로·대중교통·주차장·교육시설·판매 및 의료시설)	○	△ (교육·판매 및 의료 ×)	△ (주차장·교육·판매 및 의료 ×)	×
⑤ 관리에 관한 사항	○	○	×	×
⑥ 비선호시설(1km 이내)	○	×	○	×
⑦ 거래예정금액 등 (공시지가·공시가격 포함)	○	○	○	○
⑧ 취득 시 부담할 조세의 종류 및 세율	○	○	○	○
※ 재단목록 또는 입목의 생육상태	×	×	×	○
※ 그 밖의 참고사항	×	×	×	○
Ⅱ. 개업공인중개사 세부확인사항				
⑨ 실제 권리관계 또는 공시되지 않은 물건의 권리사항	○	○	○	○
⑩ 내부·외부시설물의 상태(건축물)	○ (단독경보형 감지기)	○	×	×
⑪ 벽면·바닥면 및 도배상태	○	△ (도배 ×)	×	×
⑫ 환경조건(일조량·소음·진동)	○	×	×	×
Ⅲ. 중개보수 등에 관한 사항				
⑬ 중개보수 및 실비의 금액과 산출내역	○	○	○	○

39 정답 ②

해설

중개대상물인 건축물 중 주택의 면적이 2분의 1 이상인 경우에는 주택의 중개에 대한 보수규정을 적용하고, 주택의 면적이 <u>2분의 1 미만인 경우</u>에는 <u>주택 외의 중개대상물에 대한 중개보수규정을 적용</u>한다(공인중개사법 시행규칙 제20조 제6항). 문제에서 乙 소유의 건축물은 주택의 면적이 3분의 1이므로, 주택 외의 중개대상물에 대한 중개보수규정을 적용한다.

ㄱ. (○) 주택 외의 중개대상물에 대한 중개보수는 중개의뢰인 쌍방으로부터 각각 받는다(공인중개사법 시행규칙 제20조 제4항).
ㄴ. (×) 주택 외의 중개대상물의 중개에 대한 보수는 <u>국토교통부령으로 정한다</u>(공인중개사법 제32조 제4항).
ㄷ. (○) 동일한 중개대상물에 대하여 동일 당사자 간에 매매를 포함한 둘 이상의 거래가 동일 기회에 이루어지는 경우에는 매매계약에 관한 거래금액만을 적용한다(공인중개사법 시행규칙 제20조 제5항 제3호).
ㄹ. (×) 공인중개사법 시행규칙 제20조 제6항

40 정답 ③

해설
① 거래당사자는 부동산의 매매계약을 체결한 경우 그 실제 거래가격 등 대통령령으로 정하는 사항을 거래계약의 체결일부터 <u>30일</u> 이내에 신고관청에 공동으로 신고하여야 한다. 다만, 거래당사자 중 일방이 신고를 거부하는 경우에는 단독으로 신고할 수 있다(부동산 거래신고 등에 관한 법률 제3조 제1항 본문·제2항).
② 거래당사자 중 일방이 국가등인 경우에는 <u>국가등이 신고</u>를 하여야 한다(부동산 거래신고 등에 관한 법률 제3조 제1항 단서).
③ 권리의 대상인 부동산등의 소재지를 관할하는 시장(구가 설치되지 아니한 시의 시장 및 특별자치시장과 특별자치도 행정시의 시장을 말한다)·군수 또는 구청장이 신고관청이 된다(부동산 거래신고 등에 관한 법률 제3조 제1항 참고).
④ 개업공인중개사가 거래계약서를 작성·교부한 경우에는 해당 <u>개업공인중개사가 신고</u>를 하여야 한다(부동산 거래신고 등에 관한 법률 제3조 제3항 전단).
⑤ 부동산거래계약을 신고하려는 개업공인중개사는 부동산거래계약신고서에 서명 또는 날인하여 <u>신고관청</u>에 제출하여야 한다(부동산 거래신고 등에 관한 법률 시행규칙 제2조 제4항).

2019년 제30회 정답 및 해설

✅ 문제편 073p

01	02	03	04	05	06	07	08	09	10	11	12	13	14	15	16	17	18	19	20
③	①	④	⑤	④	③	②	④	⑤	②	④	①	⑤	③	②	④	①	③	③	⑤
21	22	23	24	25	26	27	28	29	30	31	32	33	34	35	36	37	38	39	40
④	①	⑤	②	④	①	③	②	⑤	③	①	②	④	⑤	①	③	②	④	②	⑤

01 정답 ③

해설 ①·② 공인중개사법 제2조 제5호

③ 공인중개사의 업무 및 부동산 거래신고에 관한 법률(이하 "공인중개사법"이라 한다)에서 "중개"는 중개행위자가 아닌 거래당사자 사이의 거래를 알선하는 것이고 "중개업"은 거래당사자로부터 의뢰를 받아 중개를 업으로 행하는 것이므로, 중개를 의뢰하는 거래당사자, 즉 중개의뢰인과 중개를 의뢰받아 거래를 알선하는 중개업자는 서로 구별되어 동일인일 수 없고, 결국 중개는 그 개념상 중개 의뢰에 대응하여 이루어지는 별개의 행위로서 서로 병존하며 중개의뢰행위가 중개행위에 포함되어 흡수될 수 없다. 따라서 비록 거래당사자가 개설등록을 하지 아니한 중개업자에게 중개를 의뢰하거나 미등기 부동산의 전매에 대하여 중개를 의뢰하였다고 하더라도, 공인중개사법 제48조 제1호, 제9조와 제48조 제3호, 제33조 제7호의 처벌규정들이 중개행위를 처벌 대상으로 삼고 있을 뿐이므로 그 중개의뢰행위 자체는 위 처벌규정들의 처벌 대상이 될 수 없으며, 또한 위와 같이 중개행위가 중개의뢰행위에 대응하여 서로 구분되어 존재하여야 하는 이상, 중개의뢰인의 중개의뢰행위를 중개업자의 중개행위와 동일시하여 중개행위에 관한 공동정범 행위로 처벌할 수도 없다고 해석하여야 한다(대판 2013.6.27. 2013도3246).

④ 공인중개사법 제12조 제2항

⑤ 공인중개사법 제2조 제1호

02 정답 ①

해설 ① 공인중개사법을 위반하여 300만원 이상의 벌금형의 선고를 받고 3년이 지나지 아니한 자는 중개사무소의 개설등록을 할 수 없다(공인중개사법 제10조 제1항 제11호).

② 공인중개사법 제10조 제1항 제4호

③ 공인중개사법 제10조 제1항 제6호

④ 공인중개사법 제10조 제1항 제10호

⑤ 공인중개사법 제10조 제1항 제7호

03 정답 ④

해설 ① 국토교통부장관이 직접 시험문제를 출제하거나 시험을 시행하려는 경우에는 심의위원회의 <u>의결을 미리 거쳐야</u> 한다(공인중개사법 시행령 제3조).

② 공인중개사자격증의 재교부를 신청하는 자는 재교부신청서를 자격증을 교부한 시·도지사에게 제출하여야 한다(공인중개사법 시행규칙 제3조 제2항).

③ <u>시·도지사</u>는 합격자에게 국토교통부령이 정하는 바에 따라 공인중개사자격증을 교부하여야 한다(공인중개사법 제5조 제2항).

④ 공인중개사법 제4조의3

⑤ 시험시행기관장은 시험을 시행하려는 때에는 예정 시험일시·시험방법 등 시험시행에 관한 개략적인 사항을 매년 <u>2월</u> 말일까지 일간신문, 관보, 방송 중 하나 이상에 공고하고, 인터넷 홈페이지 등에도 이를 공고해야 한다(공인중개사법 시행령 제7조 제2항).

04 정답 ⑤

해설 ㄱ, ㄴ, ㄷ, ㄹ 모두 중개대상물에 해당하지 않는다.

관계법령 **중개대상물의 범위(공인중개사법 제3조)**

1. 토 지
2. 건축물 그 밖의 토지의 정착물
3. 그 밖에 대통령령이 정하는 재산권 및 물건

> **중개대상물의 범위(공인중개사법 시행령 제2조)**
>
> 1. 입목에 관한 법률에 따른 입목(<u>토지에 부착된 수목의 집단으로서 그 소유자가 소유권 보존의 등기를 받은 것을 말한다</u>)
> 2. 공장 및 광업재단 저당법에 따른 공장재단(<u>공장에 속하는 일정한 기업용 재산으로 구성되는 일단의 기업재산으로서 소유권과 저당권의 목적이 되는 것을 말한다</u>) 및 광업재단(<u>광업권과 광업권에 기하여 광물을 채굴·취득하기 위한 각종 설비 및 이에 부속하는 사업의 설비로 구성되는 일단의 기업재산으로서 소유권과 저당권의 목적이 되는 것을 말한다</u>)

---

05 정답 ④

해설 ① 공인중개사법 제13조 제1항

② 공인중개사법 제13조 제2항

③·⑤ 공인중개사법 제13조 제3항

④ <u>원칙적으로 법인 및 공인중개사인 개업공인중개사의 업무지역에 제한은 없다.</u> 예외적으로 부칙상의 개업공인중개사(중개업자)의 업무지역은 당해 중개사무소가 속하는 특별시·광역시·도의 관할구역으로 하며, 그 관할구역 안에 있는 중개대상물에 한하여 중개행위를 할 수 있다. 그러나 이들도 부동산거래 정보망에 가입하고 이를 이용하여 중개하는 경우에는 당해 정보망에 공개된 관할구역 외의 중개대상물에 대하여도 이를 중개할 수 있다(공인중개사법 제7638호 부칙 제6조 제6항).

06 정답 ③

해설 ① 공제사업은 비영리사업으로서 회원 간의 상호부조를 목적으로 한다(공인중개사법 시행령 제31조 제6호 후단).
② 협회는 총회의 의결내용을 지체 없이 국토교통부장관에게 보고하여야 한다(공인중개사법 시행령 제32조 제1항).
③ 공인중개사법 시행령 제32조 제2항
④ 등록관청은 개업공인중개사에 대한 행정제재처분의 부과와 집행의 업무를 할 수 있다.
⑤ 협회는 부동산정보 제공에 관한 업무를 수행할 수 있다(공인중개사법 시행령 제31조 제5호).

07 정답 ②

해설 ① 공인중개사법 시행규칙 제9조 제4항
② 시·도지사는 공인중개사가 소속공인중개사로서 업무를 수행하는 기간 중에 인장등록을 하지 아니하거나 등록하지 아니한 인장을 사용한 경우에는 6개월의 범위 안에서 기간을 정하여 그 자격을 정지할 수 있다(공인중개사법 제36조 제1항 제2호).
③ 공인중개사법 시행규칙 제9조 제6항 제1호
④ 공인중개사법 시행규칙 제9조 제6항 제2호
⑤ 공인중개사법 시행규칙 제9조 제2항

08 정답 ④

해설 ① 공인중개사법 제2조의2 제1항
② 공인중개사법 시행령 제1조의2 제1항
③ 공인중개사법 시행령 제1조의3 제1항 제3호
④ 위원장이 부득이한 사유로 직무를 수행할 수 없을 때에는 위원장이 미리 지명한 위원이 그 직무를 대행한다(공인중개사법 시행령 제1조의4 제2항).
⑤ 공인중개사법 시행령 제1조의5 제2항

09 정답 ⑤

해설

관계법령 **개업공인중개사의 겸업제한 등(공인중개사법 제14조 제1항)**

법인인 개업공인중개사는 다른 법률에 규정된 경우를 제외하고는 중개업 및 다음 각 호에 규정된 업무 외에 다른 업무를 함께 할 수 없다.
1. 상업용 건축물 및 주택의 임대관리 등 부동산의 관리대행
2. 부동산의 이용·개발 및 거래에 관한 상담
3. 개업공인중개사를 대상으로 한 중개업의 경영기법 및 경영정보의 제공
4. 상업용 건축물 및 주택의 분양대행
5. 그 밖에 중개업에 부수되는 업무로서 대통령령으로 정하는 업무[중개의뢰인의 의뢰에 따른 도배·이사업체의 소개 등 주거이전에 부수되는 용역의 알선(공인중개사법 시행령 제17조 제2항)]

10 정답 ②

해설 ① 소속공인중개사 또는 중개보조원의 업무상 행위는 그를 고용한 개업공인중개사의 행위로 본다(공인중개사법 제15조 제2항).

② 개업공인중개사는 소속공인중개사 또는 중개보조원과의 고용관계가 종료된 때에는 고용관계가 종료된 날부터 10일 이내에 등록관청에 신고하여야 한다(공인중개사법 시행규칙 제8조 제4항).

③ 부동산중개업자가 고용한 중개보조원이 고의 또는 과실로 거래당사자에게 재산상 손해를 입힌 경우에 중개보조원은 당연히 불법행위자로서 거래당사자가 입은 손해를 배상할 책임을 지는 것이고, 구 부동산중개업법 제6조 제5항[현 제15조 제2항(註)]은 이 경우에 중개보조원의 업무상 행위는 그를 고용한 중개업자의 행위로 본다고 정함으로써 중개업자 역시 거래당사자에게 손해를 배상할 책임을 지도록 하는 규정이다(대판 2012.2.23. 2011다77870).

④ 공인중개사법 제17조, 동법 시행규칙 제10조 제3호

⑤ 공인중개사법 시행규칙 제8조 제1항

11 정답 ④

해설

관계법령 중개대상물의 표시 · 광고(공인중개사법 제18조의2 제1항)

개업공인중개사가 의뢰받은 중개대상물에 대하여 표시 · 광고(표시 · 광고의 공정화에 관한 법률에 따른 표시 · 광고를 말한다)를 하려면 중개사무소, 개업공인중개사에 관한 사항으로서 대통령령으로 정하는 사항을 명시하여야 하며, 중개보조원에 관한 사항은 명시해서는 아니 된다.

> **중개대상물의 표시 · 광고(공인중개사법 시행령 제17조의2 제1항)**
> 1. 중개사무소의 명칭, 소재지, 연락처 및 등록번호
> 2. 개업공인중개사의 성명(법인인 경우에는 대표자의 성명)

12 정답 ①

해설 ① 부동산중개업자와 중개의뢰인의 법률관계는 민법상 위임관계와 유사하므로 중개의뢰를 받은 중개업자는 선량한 관리자의 주의로 중개대상물의 권리관계 등을 조사 · 확인하여 중개의뢰인에게 설명할 의무가 있다(대판 2015.1.29. 2012다74342).

② 확인 · 설명서에는 개업공인중개사(법인인 경우에는 대표자를 말하며, 법인에 분사무소가 설치되어 있는 경우에는 분사무소의 책임자를 말한다)가 서명 및 날인하되, 해당 중개행위를 한 소속공인중개사가 있는 경우에는 소속공인중개사가 함께 서명 및 날인하여야 한다(공인중개사법 제25조 제4항 · 제26조 제2항).

③ 개업공인중개사는 중개를 의뢰받은 경우에는 중개가 완성되기 전에 해당 중개대상물의 상태 · 입지 및 권리관계, 법령의 규정에 의한 거래 또는 이용제한사항, 그 밖에 대통령령으로 정하는 사항을 확인하여 이를 해당 중개대상물에 관한 권리를 취득하고자 하는 중개의뢰인에게 성실 · 정확하게 설명하고, 토지대장 등본 또는 부동산종합증명서, 등기사항증명서 등 설명의 근거자료를 제시하여야 한다(공인중개사법 제25조 제1항).

④ 중개대상물의 확인 · 설명의무자는 개업공인중개사이다. 중개보조원은 중개대상물에 대한 현장안내 및 일반서무 등 개업공인중개사의 중개업무와 관련된 단순한 업무를 보조할 수 있을 뿐이다(공인중개사법 제2조 제6호 참고).

⑤ 개업공인중개사는 중개가 완성되어 거래계약서를 작성하는 때에는 확인 · 설명사항을 대통령령으로 정하는 바에 따라 서면으로 작성하여 거래당사자에게 교부하고 3년 동안 그 원본, 사본 또는 전자문서를 보존하여야 한다(공인중개사법 제25조 제3항, 동법 시행령 제21조 제4항).

13 정답 ⑤

해설 ① 공인중개사법 제24조 제1항
② 공인중개사법 제24조 제2항
③·④ 공인중개사법 제24조 제3항
⑤ 거래정보사업자는 개업공인중개사로부터 공개를 의뢰받은 중개대상물의 정보에 한정하여 이를 부동산 거래정보망에 공개하여야 하며, 의뢰받은 내용과 다르게 정보를 공개하거나 어떠한 방법으로든지 개업 공인중개사에 따라 정보가 <u>차별적으로 공개되도록 하여서는 아니 된다</u>(공인중개사법 제24조 제4항).

14 정답 ③

해설

관계법령	개업공인중개사등의 금지행위(공인중개사법 제33조 제1항)

개업공인중개사등(개업공인중개사·소속공인중개사·중개보조원 및 개업공인중개사인 법인의 사원 ·임원)은 다음 각 호의 행위를 하여서는 아니 된다.

1. <u>중개대상물의 매매를 업으로 하는 행위</u>
2. 중개사무소의 개설등록을 하지 아니하고 중개업을 영위하는 자인 사실을 알면서 그를 통하여 중개를 의뢰받거나 그에게 자기의 명의를 이용하게 하는 행위
3. 사례·증여 그 밖의 어떠한 명목으로도 보수 또는 실비를 초과하여 금품을 받는 행위
4. 해당 중개대상물의 거래상의 중요사항에 관하여 거짓된 언행 그 밖의 방법으로 중개의뢰인의 판단을 그르치게 하는 행위
5. 관계법령에서 양도·알선 등이 금지된 부동산의 분양·임대 등과 관련 있는 증서 등의 매매·교환 등을 중개하거나 그 매매를 업으로 하는 행위
6. <u>중개의뢰인과 직접 거래를 하거나 거래당사자 쌍방을 대리하는 행위</u>
7. 탈세 등 관계법령을 위반할 목적으로 소유권보존등기 또는 이전등기를 하지 아니한 부동산이나 관계법령의 규정에 의하여 전매 등 권리의 변동이 제한된 부동산의 매매를 중개하는 등 부동산 투기를 조장하는 행위
8. 부당한 이익을 얻거나 제3자에게 부당한 이익을 얻게 할 목적으로 거짓으로 거래가 완료된 것처럼 꾸미는 등 중개대상물의 시세에 부당한 영향을 주거나 줄 우려가 있는 행위
9. 단체를 구성하여 특정 중개대상물에 대하여 중개를 제한하거나 단체구성원 이외의 자와 공동중개를 제한하는 행위

15 정답 ②

해설 ① 공인중개사법 시행규칙 [별지 제13호 서식] 개업공인중개사 종별 참고
② 개업공인중개사가 부동산중개업폐업신고서를 작성하는 경우에는 '<u>폐업일</u>', 부동산중개업휴업신고서를 작성하는 경우에는 '<u>휴업기간</u>'을 기재하여야 한다(공인중개사법 시행규칙 [별지 제13호 서식] 신고사항 참고).
③ 공인중개사법 시행령 제18조 제1항 제1호
④ 공인중개사법 제21조의2 제1항 제2호
⑤ 개업공인중개사의 휴업은 6개월을 초과할 수 없다. 다만, 질병으로 인한 요양, 징집으로 인한 입영, 취학, <u>임신 또는 출산</u>, 이에 준하는 부득이한 사유로서 국토교통부장관이 정하여 고시하는 사유가 있는 경우에는 6개월을 초과하여 휴업할 수 있다(공인중개사법 제21조 제2항, 동법 시행령 제18조 제6항).

16 정답 ④

해설 개업공인중개사는 거래의 안전을 보장하기 위하여 필요하다고 인정하는 경우에는 거래계약의 이행이 완료
될 때까지 계약금·중도금 또는 잔금(이하 "계약금등"이라 한다)을 개업공인중개사 또는 대통령령으로 정
하는 자의 명의로 금융기관, 공제사업을 하는 자 또는 자본시장과 금융투자업에 관한 법률에 따른 신탁업자
등에 예치하도록 거래당사자에게 권고할 수 있다(공인중개사법 제31조 제1항). 개업공인중개사는 거래계약
과 관련된 계약금등을 자기 명의로 금융기관 등에 예치하는 경우에는 자기 소유의 예치금과 분리하여 관리
될 수 있도록 하여야 하며, 예치된 계약금등은 거래당사자의 동의 없이 인출하여서는 아니 된다(공인중개사
법 시행령 제27조 제3항).

> **관계법령** **계약금등의 예치·관리 등(공인중개사법 시행령 제27조 제1항)**
>
> 1. 은행법에 따른 은행
> 2. 보험업법에 따른 보험회사
> 3. 자본시장과 금융투자업에 관한 법률에 따른 신탁업자
> 4. 우체국예금·보험에 관한 법률에 따른 체신관서
> 5. 공제사업을 하는 자
> 6. 부동산거래계약의 이행을 보장하기 위하여 계약금·중도금 또는 잔금(이하 "계약금등"이라 한
>   다) 및 계약 관련 서류를 관리하는 업무를 수행하는 전문회사

17 정답 ①

해설
> **관계법령** **전속중개계약(공인중개사법 시행령 제20조 제2항)**
>
> 전속중개계약을 체결한 개업공인중개사가 공개하여야 할 중개대상물에 관한 정보의 내용은 다음 각
> 호와 같다.
> 1. 중개대상물의 종류, 소재지, 지목 및 면적, 건축물의 용도·구조 및 건축연도 등 중개대상물을
>   특정하기 위하여 필요한 사항
> 2. 벽면 및 도배의 상태
> 3. 수도·전기·가스·소방·열공급·승강기 설비, 오수·폐수·쓰레기 처리시설 등의 상태
> 4. 도로 및 대중교통수단과의 연계성, 시장·학교 등과의 근접성, 지형 등 입지조건, 일조(日照)·
>   소음·진동 등 환경조건
> 5. 소유권·전세권·저당권·지상권 및 임차권 등 중개대상물의 권리관계에 관한 사항. 다만, 각
>   권리자의 주소·성명 등 인적 사항에 관한 정보는 공개하여서는 아니 된다.
> 6. 공법상의 이용제한 및 거래규제에 관한 사항
> 7. 중개대상물의 거래예정금액 및 공시지가. 다만, 임대차의 경우에는 공시지가를 공개하지 아니
>   할 수 있다.

18 정답 ③

해설

관계법령 **수수료(공인중개사법 제47조 제1항)**

다음 각 호의 어느 하나에 해당하는 자는 해당 지방자치단체의 조례로 정하는 바에 따라 수수료를 납부하여야 한다. 다만, 공인중개사자격시험을 국토교통부장관이 시행하는 경우 제1호에 해당하는 자는 국토교통부장관이 결정·공고하는 수수료를 납부하여야 한다.

1. 공인중개사자격시험에 응시하는 자
2. 공인중개사자격증의 재교부를 신청하는 자
3. 중개사무소의 개설등록을 신청하는 자
4. 중개사무소등록증의 재교부를 신청하는 자
5. 분사무소 설치의 신고를 하는 자
6. 분사무소설치신고확인서의 재교부를 신청하는 자

19 정답 ③

해설

알아보기 **일반중개계약서에 기재하는 항목(공인중개사법 시행규칙 [별지 제14호 서식] 참고)**

구 분	기재하는 항목
권리이전용 (매도·임대 등)	• 소유자 및 등기명의인 • 중개대상물의 표시 • 권리관계 • 거래규제 및 공법상 제한사항 • 중개의뢰 금액 • 그 밖의 사항
권리취득용 (매수·임차 등)	• 희망물건의 종류 • 취득 희망가격 • 희망지역 • 그 밖의 희망조건

20 정답 ⑤

해설

관계법령 **등록의 취소(공인중개사법 제38조)**

① 등록관청은 개업공인중개사가 다음 각 호의 어느 하나에 해당하는 경우에는 중개사무소의 개설등록을 취소하여야 한다(절대적 등록취소사유).

1. 개인인 개업공인중개사가 사망하거나 개업공인중개사인 법인이 해산한 경우
2. 거짓이나 그 밖의 부정한 방법으로 중개사무소의 개설등록을 한 경우

3. 제10조 제1항 제2호부터 제6호까지 또는 같은 항 제11호·제12호에 따른 결격사유에 해당하게 된 경우. 다만, 같은 항 제12호에 따른 결격사유에 해당하는 경우로서 그 사유가 발생한 날부터 2개월 이내에 그 사유를 해소한 경우에는 그러하지 아니하다.

등록의 결격사유 등(공인중개사법 제10조 제1항)

2. 피성년후견인 또는 피한정후견인

3. 파산선고를 받고 복권되지 아니한 자

4. 금고 이상의 실형의 선고를 받고 그 집행이 종료(집행이 종료된 것으로 보는 경우를 포함한다)되거나 집행이 면제된 날부터 3년이 지나지 아니한 자

5. 금고 이상의 형의 집행유예를 받고 그 유예기간이 만료된 날부터 2년이 지나지 아니한 자

6. 공인중개사의 자격이 취소된 후 3년이 지나지 아니한 자

11. 이 법을 위반하여 300만원 이상의 벌금형의 선고를 받고 3년이 지나지 아니한 자

12. 사원 또는 임원 중 제1호부터 제11호까지의 어느 하나에 해당하는 자가 있는 법인

---

4. 이중으로 중개사무소의 개설등록을 한 경우

5. 다른 개업공인중개사의 소속공인중개사·중개보조원 또는 개업공인중개사인 법인의 사원·임원이 된 경우

5의2. 개업공인중개사가 고용할 수 있는 중개보조원의 수를 위반하여 중개보조원을 고용한 경우

6. 다른 사람에게 자기의 성명 또는 상호를 사용하여 중개업무를 하게 하거나 중개사무소등록증을 양도 또는 대여한 경우

7. 업무정지기간 중에 중개업무를 하거나 자격정지처분을 받은 소속공인중개사로 하여금 자격정지기간 중에 중개업무를 하게 한 경우

8. 최근 1년 이내에 공인중개사법에 의하여 2회 이상 업무정지처분을 받고 다시 업무정지처분에 해당하는 행위를 한 경우

② 등록관청은 개업공인중개사가 다음 각 호의 어느 하나에 해당하는 경우에는 중개사무소의 개설등록을 취소할 수 있다(임의적 등록취소사유).

1. 등록기준에 미달하게 된 경우

2. 2 이상의 중개사무소를 둔 경우

3. 임시 중개시설물을 설치한 경우

4. 겸업을 한 경우

5. 계속하여 6월을 초과하여 휴업한 경우

6. 중개대상물에 관한 정보를 공개하지 아니하거나 중개의뢰인의 비공개요청에도 불구하고 정보를 공개한 경우

7. 거래계약서에 거래금액 등 거래내용을 거짓으로 기재하거나 서로 다른 2 이상의 거래계약서를 작성한 경우

8. 손해배상책임을 보장하기 위한 조치를 이행하지 아니하고 업무를 개시한 경우

9. 제33조 제1항 각 호에 규정된 금지행위를 한 경우

10. 최근 1년 이내에 공인중개사법에 의하여 3회 이상 업무정지 또는 과태료의 처분을 받고 다시 업무정지 또는 과태료의 처분에 해당하는 행위를 한 경우(제1항 제8호에 해당하는 경우를 제외한다)

11. 개업공인중개사가 조직한 사업자단체(독점규제 및 공정거래에 관한 법률의 사업자단체를 말한다) 또는 그 구성원인 개업공인중개사가 독점규제 및 공정거래에 관한 법률을 위반하여 동법 제52조 또는 제53조에 따른 처분을 최근 2년 이내에 2회 이상 받은 경우

21 정답 ④

해설 • 공인중개사협회를 설립하고자 하는 때에는 발기인이 작성하여 서명·날인한 정관에 대하여 회원 600인 이상이 출석한 창립총회에서 출석한 회원 과반수의 동의를 얻어 국토교통부장관의 설립인가를 받아야 한다(공인중개사법 시행령 제30조 제1항).

• 창립총회에는 서울특별시에서는 100인 이상, 광역시·도 및 특별자치도에서는 각각 20인 이상의 회원이 참여하여야 한다(공인중개사법 시행령 제30조 제2항).

22 정답 ①

해설

관계법령 **자격의 정지(공인중개사법 제36조 제1항)**

시·도지사는 공인중개사가 소속공인중개사로서 업무를 수행하는 기간 중에 다음 각 호의 어느 하나에 해당하는 경우에는 6개월의 범위 안에서 기간을 정하여 그 자격을 정지할 수 있다.

1. 둘 이상의 중개사무소에 소속된 경우
2. 인장등록을 하지 아니하거나 등록하지 아니한 인장을 사용한 경우
3. 성실·정확하게 중개대상물의 확인·설명을 하지 아니하거나 설명의 근거자료를 제시하지 아니한 경우
4. 중개대상물확인·설명서에 서명·날인을 하지 아니한 경우
5. 거래계약서에 서명·날인을 하지 아니한 경우
6. 거래계약서에 거래금액 등 거래내용을 거짓으로 기재하거나 서로 다른 둘 이상의 거래계약서를 작성한 경우
7. 법 제33조 제1항 각 호에 규정된 금지행위를 한 경우

23 정답 ⑤

해설 ① 공인중개사법 제42조 제2항
② 공인중개사법 제42조의3
③ 공인중개사법 제42조 제4항
④ 공인중개사법 시행령 제34조 제3호
⑤ 협회는 회계연도 종료 후 3개월 이내에 매 연도의 공제사업 운용실적을 일간신문·협회보 등을 통하여 공제계약자에게 공시하여야 한다(공인중개사법 제42조 제5항, 동법 시행령 제35조).

관계법령 **공제사업(공인중개사법 제42조 제5항)**

협회는 대통령령으로 정하는 바에 따라 매년도의 공제사업 운용실적을 일간신문·협회보 등을 통하여 공제계약자에게 공시하여야 한다.

공제사업 운용실적의 공시(공인중개사법 시행령 제35조)

협회는 법 제42조 제5항에 따라 다음 각 호의 사항을 매 회계연도 종료 후 3개월 이내에 일간신문 또는 협회보에 공시하고 협회의 인터넷 홈페이지에 게시해야 한다.

1. 결산서인 요약 재무상태표, 손익계산서 및 감사보고서
2. 공제료 수입액, 공제금 지급액, 책임준비금 적립액
3. 그 밖에 공제사업의 운용과 관련된 참고사항

24 정답 ②

해설 ① 시·도지사가 공인중개사의 자격을 취소한다(공인중개사법 제35조 제1항 참고).
② 시·도지사는 공인중개사의 자격취소처분을 한 때에는 5일 이내에 이를 국토교통부장관과 다른 시·도지사에게 통보해야 한다(공인중개사법 시행령 제29조 제3항).
③ 시·도지사는 공인중개사의 자격을 취소하고자 하는 경우에는 청문을 실시하여야 한다(공인중개사법 제35조 제2항).
④ 공인중개사의 자격이 취소된 자는 자격취소처분을 받은 날부터 7일 이내에 그 공인중개사자격증을 교부한 시·도지사에게 반납하여야 한다(공인중개사법 제35조 제3항, 동법 시행규칙 제21조).
⑤ 분실 등의 사유로 인하여 공인중개사자격증을 반납할 수 없는 자는 자격증 반납을 대신하여 그 이유를 기재한 사유서를 시·도지사에게 제출하여야 한다(공인중개사법 제35조 제4항).

25 정답 ④

해설 ① 포상금은 1건당 50만원으로 한다(공인중개사법 시행령 제36조의2 제1항).
② 검사가 공소제기 또는 기소유예의 결정을 한 경우에 한하여 지급한다(공인중개사법 시행령 제36조의2 제2항).
③ 포상금의 지급에 소요되는 비용 중 국고에서 보조할 수 있는 비율은 100분의 50 이내로 한다(공인중개사법 시행령 제36조의2 제3항).
④ 공인중개사법 시행규칙 제28조 제2항
⑤ 등록관청은 하나의 사건에 대하여 2건 이상의 신고 또는 고발이 접수된 경우에는 최초로 신고 또는 고발한 자에게 포상금을 지급한다(공인중개사법 시행규칙 제28조 제4항). 등록관청은 하나의 사건에 대하여 2인 이상이 공동으로 신고 또는 고발한 경우에는 포상금을 균등하게 배분하여 지급한다. 다만, 포상금을 지급받을 자가 배분방법에 관하여 미리 합의하여 포상금의 지급을 신청한 경우에는 그 합의된 방법에 따라 지급한다(공인중개사법 시행규칙 제28조 제3항).

26 정답 ①

해설 ① 공제업무의 개선명령을 이행하지 않은 경우 : 400만원
② 휴업한 중개업의 재개신고를 하지 않은 경우 : 20만원
③ 중개사무소의 이전신고를 하지 않은 경우 : 30만원
④ 중개사무소등록증을 게시하지 않은 경우 : 30만원
⑤ 휴업기간의 변경신고를 하지 않은 경우 : 20만원
※ 공인중개사법 시행령 [별표 2] 참고

27 정답 ③

해설 ①·⑤ 외국인등이 상속·경매, 그 밖에 대통령령으로 정하는 계약 외의 원인(공익사업을 위한 토지 등의 취득 및 보상에 관한 법률 및 그 밖의 법률에 따른 환매권의 행사, <u>법원의 확정판결</u>, 법인의 합병, 건축물의 신축·증축·개축·재축)으로 대한민국 안의 부동산등을 취득한 때에는 부동산등을 취득한 날부터 <u>6개월 이내</u>에 대통령령으로 정하는 바에 따라 신고관청에 신고하여야 한다(부동산 거래신고 등에 관한 법률 제8조 제2항, 동법 시행령 제5조 제2항).

② 외국인등이 대한민국 안의 부동산등을 취득하는 계약(부동산거래신고의 대상인 계약은 제외한다)을 체결하였을 때에는 계약체결일부터 60일 이내에 대통령령으로 정하는 바에 따라 신고관청에 신고하여야 한다(부동산 거래신고 등에 관한 법률 제8조 제1항). 따라서 외국인등이 부동산 임대차계약을 체결하는 경우에는 신고관청에 신고하지 않아도 된다.

③ 신고관청은 신고내용을 매 분기 종료일부터 1개월 이내에 특별시장·광역시장·도지사 또는 특별자치도지사에게 제출(전자서명법에 따른 전자문서에 의한 제출을 포함한다)하여야 한다. 다만, <u>특별자치시장은 직접 국토교통부장관에게 제출하여야 한다</u>(부동산 거래신고 등에 관한 법률 시행령 제5조 제3항).

④ <u>15일 이내</u>에 허가 또는 불허가처분을 하여야 한다(부동산 거래신고 등에 관한 법률 제9조 제1항, 동법 시행령 제6조 제3항 참고).

> **관계법령** **외국인등의 토지거래 허가(부동산 거래신고 등에 관한 법률 제9조)**
>
> ① 제3조 및 제8조에도 불구하고 외국인등이 취득하려는 토지가 다음 각 호의 어느 하나에 해당하는 구역·지역 등에 있으면 토지를 취득하는 계약(이하 "토지취득계약"이라 한다)을 체결하기 전에 대통령령으로 정하는 바에 따라 신고관청으로부터 토지취득의 허가를 받아야 한다. 다만, 제11조에 따라 토지거래계약에 관한 허가를 받은 경우에는 그러하지 아니하다.
> 1. 「군사기지 및 군사시설 보호법」 제2조 제6호에 따른 군사기지 및 군사시설 보호구역, 그 밖에 국방목적을 위하여 외국인등의 토지취득을 특별히 제한할 필요가 있는 지역으로서 대통령령으로 정하는 지역
> 2. 「문화유산의 보존 및 활용에 관한 법률」 제2조 제3항에 따른 지정문화유산과 이를 위한 보호물 또는 보호구역
> 2의2. 「자연유산의 보존 및 활용에 관한 법률」에 따라 지정된 천연기념물등과 이를 위한 보호물 또는 보호구역
> 3. 「자연환경보전법」 제2조 제12호에 따른 생태·경관보전지역
> 4. 「야생생물 보호 및 관리에 관한 법률」 제27조에 따른 야생생물 특별보호구역
>
> > **외국인등의 토지거래 허가(부동산 거래신고 등에 관한 법률 시행령 제6조)**
> >
> > ③ 제1항에 따른 신청서를 받은 신고관청은 신청서를 받은 날부터 다음 각 호의 구분에 따른 기간 안에 허가 또는 불허가 처분을 해야 한다. 다만, 부득이한 사유로 제1호에 따른 기간 안에 허가 또는 불허가 처분을 할 수 없는 경우에는 30일의 범위에서 그 기간을 연장할 수 있으며, 기간을 연장하는 경우에는 연장 사유와 처리예정일을 지체 없이 신청인에게 알려야 한다.
> > 1. 법 제9조 제1항 제1호에 따른 구역·지역의 경우 : 30일
> > 2. 제1호 외의 구역·지역의 경우 : 15일

28 정답 ②

해설 매수청구를 받은 시장·군수 또는 구청장은 국가, 지방자치단체, 한국토지주택공사, 그 밖에 대통령령으로 정하는 공공기관 또는 공공단체 중에서 매수할 자를 지정하여, 매수할 자로 하여금 예산의 범위에서 공시지가를 기준으로 하여 해당 토지를 매수하게 하여야 한다(부동산 거래신고 등에 관한 법률 제16조 제2항 본문).

관계 법령	토지에 관한 매수청구(부동산 거래신고 등에 관한 법률 시행령 제11조 제1항 제1호 내지 제10호·제13조 제2항)

1. 한국농수산식품유통공사법에 따른 한국농수산식품유통공사
2. 대한석탄공사법에 따른 대한석탄공사
3. 한국토지주택공사법에 따른 한국토지주택공사
4. 한국관광공사법에 따른 한국관광공사
5. 한국농어촌공사 및 농지관리기금법에 따른 한국농어촌공사
6. 한국도로공사법에 따른 한국도로공사
7. 한국석유공사법에 따른 한국석유공사
8. 한국수자원공사법에 따른 한국수자원공사
9. 한국전력공사법에 따른 한국전력공사
10. 한국철도공사법에 따른 한국철도공사

29 정답 ⑤

해설 ① 포상금의 지급에 드는 비용은 시·군이나 구의 재원으로 충당한다(부동산 거래신고 등에 관한 법률 제25조의2 제2항).
② 해당 위반행위를 하거나 위반행위에 관여한 자가 신고하거나 고발한 경우에는 포상금을 지급하지 아니할 수 있다(부동산 거래신고 등에 관한 법률 시행령 제19조의2 제2항 제2호).
③ 익명이나 가명으로 신고 또는 고발하여 신고인 또는 고발인을 확인할 수 없는 경우에는 포상금을 지급하지 아니할 수 있다(부동산 거래신고 등에 관한 법률 시행령 제19조의2 제2항 제3호).
④ 신고관청 또는 허가관청은 신고관청이 적발하기 전에 부동산등의 실제 거래가격을 거짓으로 신고한 자를 신고하고 이를 입증할 수 있는 증거자료를 제출한 경우로서 그 신고사건에 대하여 과태료가 부가된 경우에는 포상금을 지급해야 한다(부동산 거래신고 등에 관한 법률 제25조의2 제1항 제1호, 동법 시행령 제19조의2 제1항 제1호). 따라서 부동산등의 거래가격을 신고하지 않은 자는 신고대상이 아니다.
⑤ 부동산 거래신고 등에 관한 법률 시행령 제19조의3 제4항

30 정답 ③

해설 ① 시장·군수 또는 구청장은 최초의 이행명령이 있었던 날을 기준으로 1년에 한 번씩 그 이행명령이 이행될 때까지 반복하여 이행강제금을 부과·징수할 수 있다(부동산 거래신고 등에 관한 법률 제18조 제3항).
② 시장·군수 또는 구청장은 이용의무기간이 지난 후에는 이행강제금을 부과할 수 없다(부동산 거래신고 등에 관한 법률 제18조 제4항).
③ 시장·군수 또는 구청장은 이행명령을 받은 자가 그 명령을 이행하는 경우에는 새로운 이행강제금의 부과를 즉시 중지하되, 명령을 이행하기 전에 이미 부과된 이행강제금은 징수하여야 한다(부동산 거래신고 등에 관한 법률 제18조 제5항).

④ 시장·군수 또는 구청장은 토지거래계약허가를 받아 토지를 취득한 자가 직접 이용하지 아니하고 임대한 경우에는 토지 취득가액의 <u>100분의 7</u>에 상당하는 금액의 이행강제금을 부과한다(부동산 거래신고 등에 관한 법률 제18조 제2항, 동법 시행령 제16조 제3항 제2호).

⑤ 이행강제금의 부과처분에 불복하는 자는 <u>시장·군수 또는 구청장</u>에게 이의를 제기할 수 있고(부동산 거래신고 등에 관한 법률 제18조 제6항), 이의를 제기하려는 경우에는 부과처분을 고지받은 날부터 <u>30일 이내</u>에 하여야 한다(동법 시행령 제16조 제7항).

31 정답 ①

해설 ㄱ. (○) 동일인의 소유에 속하였던 토지와 건물이 매매, 증여, 강제경매, 국세징수법에 의한 공매 등으로 그 소유권자를 달리하게 된 경우에 그 건물을 철거한다는 특약이 없는 한 건물소유자는 그 건물의 소유를 위하여 그 부지에 관하여 관습상의 법정지상권을 취득하는 것이고 그 건물은 건물로서의 요건을 갖추고 있는 이상 무허가건물이거나 미등기건물이거나를 가리지 않는다(대판 1988.4.12. 87다카2404).

ㄴ. (○) 관습법상 법정지상권이 성립한 후에는 건물을 개축 또는 증축하는 경우는 물론 건물이 멸실되거나 철거된 후에 신축하는 경우에도 법정지상권은 성립하나, 다만 그 법정지상권의 범위는 구 건물을 기준으로 하여 그 유지 또는 사용을 위하여 일반적으로 필요한 범위 내의 대지 부분에 한정되는 것이다(대판 1997.1.21. 96다40080).

ㄷ. (×) 대지상의 건물만을 매수하면서 대지에 관한 임대차계약을 체결하였다면 위 건물매수로 인하여 취득하게 될 <u>습관상의 법정지상권을 포기하였다고 볼 것이다</u>(대판 1991.5.14. 91다1912).

ㄹ. (×) 관습상의 법정지상권이 인정되면 건물 매수인은 대지소유자에게 <u>지료를 지급할 의무가 있다</u>(대판 1997.12.26. 96다34665).

32 정답 ②

해설

관계법령 **부동산거래계약신고내용의 정정 및 변경(부동산 거래신고 등에 관한 법률 시행규칙 제3조 제1항)**

거래당사자 또는 개업공인중개사는 부동산거래계약신고내용 중 다음 각 호의 어느 하나에 해당하는 사항이 잘못 기재된 경우에는 신고관청에 신고내용의 정정을 신청할 수 있다.
1. 거래당사자의 주소·전화번호 또는 휴대전화번호
2. 거래지분 비율
3. 개업공인중개사의 전화번호·상호 또는 사무소 소재지
4. 거래대상 건축물의 종류
5. 거래대상 부동산등(부동산을 취득할 수 있는 권리에 관한 계약의 경우에는 그 권리의 대상인 부동산을 말한다)의 지목, 면적, 거래지분 및 대지권 비율

33 정답 ④

해설 ① 기일입찰에서 매수신청의 보증금액은 최저매각가격의 10분의 1로 한다(민사집행규칙 제63조 제1항). 따라서 보증금액은 1천만원으로 한다.

②·③ 최고가매수신고를 한 사람이 둘 이상인 때에는 집행관은 <u>그 사람들에게 다시 입찰하게 하여 최고가매수신고인을 정한다</u>. 이 경우 입찰자는 <u>전의 입찰가격에 못 미치는 가격으로는 입찰할 수 없다</u>(민사집행규칙 제66조 제1항).

④ 차순위매수신고는 그 신고액이 최고가 매수신고액(1억 5천만원)에서 그 보증액(1천만원)을 뺀 금액을 넘는 때에만 할 수 있다(민사집행법 제114조 제2항). 따라서 1억 4천만원을 넘어야 한다.

⑤ 차순위매수신고인은 매각기일이 종결될 때가 아닌 <u>매수인이 대금을 모두 지급한 때</u>에 매수의 책임을 벗게 되고 즉시 매수신청의 보증을 돌려줄 것을 요구할 수 있다(민사집행법 제142조 제6항 참고).

34 정답 ⑤

해설 ① 임차인의 차임연체액이 3기의 차임액에 달하는 때에는 임대인은 계약을 해지할 수 있다(상가건물 임대차보호법 제10조의8). 따라서 乙의 차임연체액이 300만원에 달하는 때에는 甲은 계약을 해지할 수 있다.
② 증액청구는 임대차계약 또는 약정한 차임 등의 증액이 있은 후 1년 이내에는 하지 못한다(상가건물 임대차보호법 제11조 제2항).
③ 임대인이 임대차기간이 만료되기 6개월 전부터 1개월 전까지의 기간 이내에 임차인에게 갱신 거절의 통지 또는 조건 변경의 통지를 하지 아니한 경우에는 그 기간이 만료된 때에 전 임대차와 동일한 조건으로 다시 임대차한 것으로 본다. 이 경우에 임대차의 존속기간은 1년으로 본다(상가건물 임대차보호법 제10조 제4항).
④ 환산보증금 = 보증금 + (월세액 × 100) = 5천만원 + (100만원 × 100) = 1억 5천만원이므로, 우선변제를 받을 임차인의 범위(서울특별시 : 6천 5백만원)에 해당하지 않는다(상가건물 임대차보호법 시행령 제6조 제1호). 따라서 보증금 5천만원을 선순위저당권자보다 우선변제받을 수 없다.
⑤ 임대차는 그 등기가 없는 경우에도 임차인이 건물의 인도와 부가가치세법, 소득세법 또는 법인세법에 따른 사업자등록을 신청하면 그 다음 날부터 제3자에 대하여 효력이 생긴다(상가건물 임대차보호법 제3조 제1항). 따라서 임차인 乙은 사업자등록을 마치지 못한 상태이므로, 상가건물매수인 丙에게 대항할 수 없다.

35 정답 ①

해설 ① 타인 소유의 토지에 분묘를 설치한 경우에 20년간 평온, 공연하게 분묘의 기지를 점유하면 지상권과 유사한 관습상의 물권인 분묘기지권을 시효로 취득한다는 점은 오랜 세월 동안 지속되어 온 관습 또는 관행으로서 법적 규범으로 승인되어 왔고, 이러한 법적 규범이 장사법(법률 제6158호) 시행일인 2001.1.13. 이전에 설치된 분묘에 관하여 현재까지 유지되고 있다고 보아야 한다(대판[전합] 2017.1.19. 2013다17292).
② 분묘기지권이 성립하기 위하여는 봉분 등 외부에서 분묘의 존재를 인식할 수 있는 형태를 갖추고 있어야 하고, 평장되어 있거나 암장되어 있어 객관적으로 인식할 수 있는 외형을 갖추고 있지 아니한 경우에는 분묘기지권이 인정되지 아니한다(대판 1991.10.25. 91다18040).
③ 대판 1976.10.26. 76다1359
④ 취득시효형 분묘기지권이 관습법으로 인정되어 온 역사적·사회적 배경, 분묘를 둘러싸고 형성된 기존의 사실관계에 대한 당사자의 신뢰와 법적 안정성, 관습법상 권리로서의 분묘기지권의 특수성, 조리와 신의성실의 원칙 및 부동산의 계속적 용익관계에 관하여 이러한 가치를 구체화한 민법상 지료증감청구권 규정의 취지 등을 종합하여 볼 때, 시효로 분묘기지권을 취득한 사람은 토지소유자가 분묘기지에 관한 지료를 청구하면 그 청구한 날부터의 지료를 지급하여야 한다고 봄이 타당하다(대판[전합] 2021.4.29. 2017다228007).
⑤ 분묘기지권에는 그 효력이 미치는 지역의 범위 내라고 할지라도 기존의 분묘 외에 새로운 분묘를 신설할 권능은 포함되지 아니하는 것이므로, 부부 중 일방이 먼저 사망하여 이미 그 분묘가 설치되고 그 분묘기지권이 미치는 범위 내에서 그 후에 사망한 다른 일방을 단분(單墳)형태로 합장하여 분묘를 설치하는 것도 허용되지 않는다(대판 2001.8.21. 2001다28367).

36 정답 ③

해설 ㄱ. (✕) 명의신탁약정은 무효로 하고, 이에 따른 등기로 이루어진 부동산에 관한 물권변동도 무효로 한다 (부동산 실권리자명의 등기에 관한 법률 제4조 제1항·제2항 본문). 다만, 종중, 배우자 및 종교단체는 조세포탈, 강제집행의 면탈 또는 법령상 제한의 회피를 목적으로 하지 아니하는 경우, 특례가 인정되어 명의신탁약정 및 그 등기가 유효한데(동법 제8조 참고), 甲과 乙은 친구관계로서 위 경우에 해당하지 아니하므로, 명의신탁약정 및 그 등기는 무효이다.

ㄴ. (○) 부동산을 매수한 명의신탁자가 자신의 명의로 소유권이전등기를 하지 아니하고 명의수탁자와 맺은 명의신탁약정에 따라 매도인에게서 바로 명의수탁자에게 중간생략의 소유권이전등기를 마친 경우, 부동산 실권리자명의 등기에 관한 법률(이하 "부동산실명법"이라 한다) 제4조 제2항 본문에 의하여 명의수탁자 명의의 소유권이전등기는 무효이고, 신탁부동산의 소유권은 매도인이 그대로 보유하게 된다. 따라서 명의신탁자로서는 매도인에 대한 소유권이전등기청구권을 가질 뿐 신탁부동산의 소유권을 가지지 아니하고, 명의수탁자 역시 명의신탁자에 대하여 직접 신탁부동산의 소유권을 이전할 의무를 부담하지는 아니하므로, 신탁부동산의 소유자도 아닌 명의신탁자에 대한 관계에서 명의수탁자가 횡령죄에서 말하는 '타인의 재물을 보관하는 자'의 지위에 있다고 볼 수는 없다(대판[전합] 2016.5.19. 2014도6992).

ㄷ. (○) 중간생략등기형 명의신탁에 해당되어 매도인(乙)과 명의신탁자(甲) 사이의 매매계약은 여전히 유효하므로 명의신탁자는 그 매매계약에 기한 소유권이전등기를 청구할 수 있으며, 매도인을 대위하여 명의수탁자(丙)를 상대로 그 명의 등기의 말소를 구할 수 있다(대판 2013.12.12. 2013다26647).

ㄹ. (✕) 중간생략등기형 명의신탁약정은 무효이고, 그에 따른 부동산 물권변동 및 등기도 무효이므로, 소유권은 여전히 매도인(乙)에 있기 때문에 명의수탁자(丙)는 소유권을 취득할 수 없다(대판 2013.9.12. 2010다95185).

37 정답 ②

해설 ①·② 주택임대차는 그 등기가 없는 경우에도 임차인이 주택의 인도와 주민등록을 마친 때에는 그 다음 날부터 제3자에 대하여 대항력이 생기므로(주택임대차보호법 제3조 제1항 전단), 채권자 丙이 1순위 (2019.6.3. 16:00시), 임차인 乙이 2순위(2019.6.4. 00:00시), 다른 채권자 丁이 3순위(2019.6.4. 16:00시)이다. 그런데 매각부동산 위의 모든 저당권은 매각으로 소멸되고(민사집행법 제91조 제2항), 지상권·지역권·전세권 및 등기된 임차권은 저당권·압류채권·가압류채권에 대항할 수 없는 경우에는 매각으로 소멸된다(동법 제91조 제3항). 따라서 강제집행이나 후순위저당권의 실행으로 부동산이 매각된 경우에는 선순위저당권까지도 당연히 소멸하게 되고, 그보다 후순위인 <u>임차권도 함께 소멸하게 되므로</u>, 후순위근저당권을 실행하여 주택이 경매로 매각된 경우에도, <u>乙은 매수인에 대하여 임차권으로 대항할 수 없다</u>(대판 1999.4.23. 98다32939; 대판 2000.2.11. 99다59306 참고).

③ 주택의 임차인이 주택의 인도와 주민등록을 마친 당일 또는 그 이전에 임대차계약증서상에 확정일자를 갖춘 경우 주택임대차법 제3조의2 제1항에 의한 우선변제권은 같은 법 제3조 제1항에 의한 대항력과 마찬가지로 주택의 인도와 주민등록을 마친 다음 날을 기준으로 발생한다(대판 1999.3.23. 98다46938). 따라서 X주택의 경매 시 우선순위는 丙이 1순위, 乙이 2순위, 丁이 3순위이므로, 乙이 경매법원에 배당요구를 하면 <u>선순위권리자 丙보다는 우선하여 보증금을 배당받을 수 없으나, 丁보다는 우선하여 보증금을 배당받을 수 있다.</u>

④ 임차인은 임차주택을 양수인에게 인도하지 아니하면 보증금을 받을 수 없다(주택임대차보호법 제3조의2 제3항). 따라서 X주택이 경매로 매각된 후 乙이 우선변제권을 행사하여 보증금을 반환받기 위해서는 X주택을 법원이 아니라 <u>매수인에게 인도하여야 한다.</u>

⑤ 주택임대차보호법상의 대항력과 우선변제권을 모두 가지고 있는 임차인이 보증금을 반환받기 위하여 보증금반환청구 소송의 확정판결 등 집행권원을 얻어 임차주택에 대하여 <u>스스로 강제경매를 신청하였다면</u> 특별한 사정이 없는 한 대항력과 우선변제권 중 우선변제권을 선택하여 행사한 것으로 보아야 하고, 이 경우 우선변제권을 인정받기 위하여 배당요구의 종기까지 별도로 배당요구를 하여야 하는 <u>것은 아니다</u>(대판 2013.11.14. 2013다27831).

PART 1

PART 2

PART 3

PART 4

38 정답 ④

해설 ① 국토교통부장관은 효율적인 정보의 관리 및 국민편의 증진을 위하여 대통령령으로 정하는 바에 따라 부동산거래 및 주택임대차의 계약·신고·허가·관리 등의 업무와 관련된 정보체계를 구축·운영할 수 있다(부동산 거래신고 등에 관한 법률 제25조).

② 전자문서로 제출하는 경우에는 전자서명법에 따른 인증서(서명자의 실지명의를 확인할 수 있는 것으로 한정한다)를 통한 본인확인의 방법으로 서명 또는 날인할 수 있다(부동산 거래신고 등에 관한 법률 시행령 제19조의5 제2항).

③ 정보처리시스템을 이용하여 주택임대차계약을 체결한 경우 해당 주택의 임차인은 정보처리시스템을 통하여 전자계약증서에 확정일자 부여를 신청할 수 있다(주택임대차계약증서상의 확정일자 부여 및 임대차 정보제공에 관한 규칙 제2조의2 제1항).

④ 부동산거래계약시스템을 통하여 부동산거래계약을 체결한 경우에는 부동산거래계약이 체결된 때에 부동산거래계약신고서를 제출한 것으로 본다(부동산 거래신고 등에 관한 법률 시행규칙 제2조 제14항).

⑤ 개업공인중개사는 중개가 완성되어 거래계약서를 작성하는 때에는 확인·설명사항을 대통령령이 정하는 바에 따라 서면으로 작성하여 거래당사자에게 교부하고 대통령령이 정하는 기간 동안 그 원본, 사본 또는 전자문서를 보존하여야 한다. 다만, 확인·설명사항이 전자문서 및 전자거래 기본법에 따른 공인전자문서센터에 보관된 경우에는 그러하지 아니하다(공인중개사법 제25조 제3항).

39 정답 ②

해설 토지의 임대차계약은 부동산거래신고의 대상이 아니다(부동산 거래신고 등에 관한 법률 제3조 제1항). 단, 주택임대차계약은 일정한 경우 신고대상이 된다(부동산 거래신고 등에 관한 법률 제6조의2 참고).

관계법령 **부동산거래신고의 대상(부동산 거래신고 등에 관한 법률 제3조 제1항)**

1. 부동산의 매매계약
2. 택지개발촉진법, 주택법 등 대통령령으로 정하는 법률에 따른 부동산에 대한 공급계약

> **부동산거래의 신고(부동산 거래신고 등에 관한 법률 시행령 제3조 제3항**
> 1. 건축물의 분양에 관한 법률
> 2. 공공주택 특별법
> 3. 도시개발법
> 4. 도시 및 주거환경정비법
> 4의2. 빈집 및 소규모주택 정비에 관한 특례법
> 5. 산업입지 및 개발에 관한 법률
> 6. 주택법
> 7. 택지개발촉진법

3. 다음 각 목의 어느 하나에 해당하는 지위의 매매계약
   가. 제2호에 따른 계약을 통하여 부동산을 공급받는 자로 선정된 지위
   나. 도시 및 주거환경정비법에 따른 관리처분계획의 인가 및 빈집 및 소규모주택 정비에 관한 특례법에 따른 사업시행계획인가로 취득한 입주자로 선정된 지위

40 정답 ⑤

해설 ① 개업공인중개사가 거래계약서를 작성·교부한 경우에는 해당 개업공인중개사가 거래계약의 체결일부터 30일 이내에 신고를 하여야 한다(부동산 거래신고 등에 관한 법률 제3조 제3항 전단).

② 개업공인중개사의 위임을 받은 소속공인중개사(공인중개사법에 따른 소속공인중개사를 말한다)는 부동산거래계약신고서 등의 제출을 대행할 수 있지만(부동산 거래신고 등에 관한 법률 시행규칙 제5조 제2항), 직접 부동산거래신고를 할 수는 없다.

③ 거래당사자 중 일방이 국가, 지방자치단체, 대통령령으로 정하는 자(지방공기업법에 따른 지방직영기업·지방공사 또는 지방공단)의 경우(이하 "국가등"이라 한다)에는 국가등이 신고를 하여야 한다(부동산 거래신고 등에 관한 법률 제3조 제1항 단서, 동법 시행령 제3조 제2항 제2호).

④ 거래대상 부동산의 공법상 이용제한 및 거래규제에 관한 사항은 중개대상물확인·설명서의 기재사항이다(공인중개사법 시행규칙 [별지 제20호 서식] 작성방법 세부항목 6. 참고). 부동산거래계약신고서의 기재사항은 매도인, 매수인, 개업공인중개사, 거래대상(종류, 소재지/지목/면적, 계약대상 면적, 물건별 거래가격), 총실제 거래가격(전체), 종전 부동산(소재지/지목/면적, 계약대상 면적, 거래금액), 계약의 조건 및 참고사항 등이다(부동산 거래신고 등에 관한 법률 시행규칙 [별지 제1호 서식] 참고).

⑤ 계약의 조건이나 기한이 있는 경우에는 그 조건 또는 기한은 부동산거래신고사항이다.

관계법령	부동산거래신고사항(부동산 거래신고 등에 관한 법률 시행령 [별표 1])

1. 공통
   가. 거래당사자의 인적사항
   나. 계약체결일, 중도금지급일 및 잔금지급일
   다. 거래대상 부동산등(부동산을 취득할 수 있는 권리에 관한 계약의 경우에는 그 권리의 대상인 부동산을 말한다)의 소재지·지번·지목 및 면적
   라. 거래대상 부동산등의 종류(부동산을 취득할 수 있는 권리에 관한 계약의 경우에는 그 권리의 종류를 말한다)
   마. 실제 거래가격
   바. 계약의 조건이나 기한이 있는 경우에는 그 조건 또는 기한
   사. 매수인이 국내에 주소 또는 거소(잔금 지급일부터 60일을 초과하여 거주하는 장소를 말한다)를 두지 않을 경우(매수인이 외국인인 경우로서 「출입국관리법」 제31조에 따른 외국인등록을 하거나 「재외동포의 출입국과 법적 지위에 관한 법률」 제6조에 따른 국내거소신고를 한 경우에는 그 체류기간 만료일이 잔금 지급일부터 60일 이내인 경우를 포함한다)에는 위탁관리인의 인적사항
   아. 개업공인중개사가 거래계약서를 작성·교부한 경우에는 다음의 사항
     1) 개업공인중개사의 인적사항
     2) 개업공인중개사가 「공인중개사법」 제9조에 따라 개설등록한 중개사무소의 상호·전화번호 및 소재지

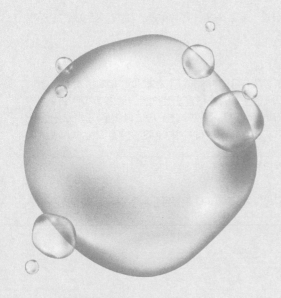

"간절"하면 이루어지는 것이 아니라,

"하면" 이루어지는 것이다.

− 작가 이동영 −

PART 2

부동산공법

01 2023년 제34회 정답 및 해설

02 2022년 제33회 정답 및 해설

03 2021년 제32회 정답 및 해설

04 2020년 제31회 정답 및 해설

05 2019년 제30회 정답 및 해설

2023년 제34회 정답 및 해설

✓ 문제편 092p

01	02	03	04	05	06	07	08	09	10	11	12	13	14	15	16	17	18	19	20
③	④	②	②	⑤	③	①	②	⑤	⑤	①	④	③	①	②	⑤	④	②	⑤	①
21	22	23	24	25	26	27	28	29	30	31	32	33	34	35	36	37	38	39	40
④	③	②	①	①	④	②	④	③	④	⑤	③	①	④	③	①	⑤	⑤	③	⑤

01 정답 ③

해설 ① 물건을 1개월 이상 쌓아놓는 행위 시 개발행위허가를 받아야 하는 지역은 녹지지역·관리지역 또는 자연환경보전지역이고(국토의 계획 및 이용에 관한 법률 제56조 제1항 제5호 참고), 농림지역의 경우는 대상이 아니다.

> **관계법령** **개발행위의 허가(국토의 계획 및 이용에 관한 법률 제56조)**
>
> ① 다음 각 호의 어느 하나에 해당하는 행위로서 대통령령으로 정하는 행위(이하 "개발행위"라 한다)를 하려는 자는 특별시장·광역시장·특별자치시장·특별자치도지사·시장 또는 군수의 허가(이하 "개발행위허가"라 한다)를 받아야 한다. 다만, 도시·군계획사업(다른 법률에 따라 도시·군계획사업을 의제한 사업을 포함한다)에 의한 행위는 그러하지 아니하다.
> 1. 건축물의 건축 또는 공작물의 설치
> 2. 토지의 형질 변경(경작을 위한 경우로서 대통령령으로 정하는 토지의 형질 변경은 제외한다)
> 3. 토석의 채취
> 4. 토지 분할(건축물이 있는 대지의 분할은 제외한다)
> 5. 녹지지역·관리지역 또는 자연환경보전지역에 물건을 1개월 이상 쌓아놓는 행위

② 국토의 계획 및 이용에 관한 법률 제59조 제2항 제7호

> **관계법령** **개발행위에 대한 도시계획위원회의 심의(국토의 계획 및 이용에 관한 법률 제59조)**
>
> ② 제1항에도 불구하고 다음 각 호의 어느 하나에 해당하는 개발행위는 중앙도시계획위원회와 지방도시계획위원회의 심의를 거치지 아니한다.
> 1. 제8조, 제9조 또는 다른 법률에 따라 도시계획위원회의 심의를 받는 구역에서 하는 개발행위
> 2. 지구단위계획 또는 성장관리계획을 수립한 지역에서 하는 개발행위
> 3. 주거지역·상업지역·공업지역에서 시행하는 개발행위 중 특별시·광역시·특별자치시·특별자치도·시 또는 군의 조례로 정하는 규모·위치 등에 해당하지 아니하는 개발행위

4. 「환경영향평가법」에 따라 환경영향평가를 받은 개발행위

5. 「도시교통정비 촉진법」에 따라 교통영향평가에 대한 검토를 받은 개발행위

6. 「농어촌정비법」 제2조 제4호에 따른 농어촌정비사업 중 대통령령으로 정하는 사업을 위한 개발행위

7. 「산림자원의 조성 및 관리에 관한 법률」에 따른 산림사업 및 「사방사업법」에 따른 사방사업을 위한 개발행위

③ 일정 기간 동안 개발행위허가를 제한할 수 있는 대상지역에는 <u>지구단위계획구역도 포함된다</u>(국토의 계획 및 이용에 관한 법률 제63조 제1항 제4호 참고).

④ · ⑤ 도시 · 군기본계획이나 도시 · 군관리계획을 수립하고 있는 지역으로서 그 도시 · 군기본계획이나 도시 · 군관리계획이 결정될 경우 용도지역 · 용도지구 또는 용도구역의 변경이 예상되고 그에 따라 개발행위허가의 기준이 크게 달라질 것으로 예상되는 지역, 지구단위계획구역으로 지정된 지역, <u>기반시설 부담구역으로 지정된 지역</u>에 대해서는 중앙도시계획위원회나 지방도시계획위원회의 심의를 거치지 아니하고 한 차례만 2년 이내의 기간 동안 개발행위허가의 제한을 연장할 수 있다(국토의 계획 및 이용에 관한 법률 제63조 제1항 단서).

관계법령 **개발행위허가의 제한(국토의 계획 및 이용에 관한 법률 제63조)**

① 국토교통부장관, 시 · 도지사, 시장 또는 군수는 다음 각 호의 어느 하나에 해당되는 지역으로서 도시 · 군관리계획상 특히 필요하다고 인정되는 지역에 대해서는 대통령령으로 정하는 바에 따라 중앙도시계획위원회나 지방도시계획위원회의 심의를 거쳐 한 차례만 3년 이내의 기간 동안 개발행위허가를 제한할 수 있다. 다만, 제3호부터 제5호까지에 해당하는 지역에 대해서는 중앙도시계획위원회나 지방도시계획위원회의 심의를 거치지 아니하고 한 차례만 2년 이내의 기간 동안 개발행위허가의 제한을 연장할 수 있다.

1. 녹지지역이나 계획관리지역으로서 수목이 집단적으로 자라고 있거나 조수류 등이 집단적으로 서식하고 있는 지역 또는 우량 농지 등으로 보전할 필요가 있는 지역

2. 개발행위로 인하여 주변의 환경 · 경관 · 미관 및 「국가유산기본법」 제3조에 따른 국가유산 등이 크게 오염되거나 손상될 우려가 있는 지역

3. 도시 · 군기본계획이나 도시 · 군관리계획을 수립하고 있는 지역으로서 그 도시 · 군기본계획이나 도시 · 군관리계획이 결정될 경우 용도지역 · 용도지구 또는 용도구역의 변경이 예상되고 그에 따라 개발행위허가의 기준이 크게 달라질 것으로 예상되는 지역

4. <u>지구단위계획구역으로 지정된 지역</u>

5. 기반시설부담구역으로 지정된 지역

02 **정답** ④

해설 ① 국토의 계획 및 이용에 관한 법률 시행령 제55조 제3항 제1호
② 국토의 계획 및 이용에 관한 법률 시행령 제55조 제3항 제2호
③ 국토의 계획 및 이용에 관한 법률 시행령 제55조 제3항 제4호
④ 「환경친화적 자동차의 개발 및 보급 촉진에 관한 법률」에 따른 수소연료공급시설은 도시 · 군관리계획의 결정 없이 설치할 수 있는 시설에는 해당하지만(국토의 계획 및 이용에 관한 법률 시행규칙 제6조 제1항 제6호 다목 참고), <u>개발행위허가 시 개발행위 규모의 제한을 받는다.</u>

⑤ 국토의 계획 및 이용에 관한 법률 시행령 제55조 제3항 제2호의2

관계법령 개발행위허가의 기준(국토의 계획 및 이용에 관한 법률 제58조)

① 특별시장·광역시장·특별자치시장·특별자치도지사·시장 또는 군수는 개발행위허가의 신청 내용이 다음 각 호의 기준에 맞는 경우에만 개발행위허가 또는 변경허가를 하여야 한다.

1. 용도지역별 특성을 고려하여 대통령령으로 정하는 개발행위의 규모에 적합할 것. 다만, 개발행위가 「농어촌정비법」 제2조 제4호에 따른 농어촌정비사업으로 이루어지는 경우 등 대통령령으로 정하는 경우에는 개발행위 규모의 제한을 받지 아니한다.

개발행위허가의 규모(국토의 계획 및 이용에 관한 법률 시행령 제55조)

③ 법 제58조 제1항 제1호 단서에서 "개발행위가 「농어촌정비법」 제2조 제4호에 따른 농어촌정비사업으로 이루어지는 경우 등 대통령령으로 정하는 경우"란 다음 각 호의 어느 하나에 해당하는 경우를 말한다.

1. 지구단위계획으로 정한 가구 및 획지의 범위 안에서 이루어지는 토지의 형질변경으로서 당해 형질변경과 관련된 기반시설이 이미 설치되었거나 형질변경과 기반시설의 설치가 동시에 이루어지는 경우

2. 해당 개발행위가 「농어촌정비법」 제2조 제4호에 따른 농어촌정비사업으로 이루어지는 경우

2의2. 해당 개발행위가 「국방·군사시설 사업에 관한 법률」 제2조 제2호에 따른 국방·군사시설사업으로 이루어지는 경우

3. 초지조성, 농지조성, 영림 또는 토석채취를 위한 경우

3의2. 해당 개발행위가 다음 각 목의 어느 하나에 해당하는 경우. 이 경우 특별시장·광역시장·특별자치시장·특별자치도지사·시장 또는 군수는 그 개발행위에 대한 허가를 하려면 시·도도시계획위원회 또는 법 제113조 제2항에 따른 시·군·구도시계획위원회(이하 "시·군·구도시계획위원회"라 한다) 중 대도시에 두는 도시계획위원회의 심의를 거쳐야 하고, 시장(대도시 시장은 제외한다) 또는 군수(특별시장·광역시장의 개발행위허가 권한이 법 제139조 제2항에 따라 조례로 군수 또는 자치구의 구청장에게 위임된 경우에는 그 군수 또는 자치구의 구청장을 포함한다)는 시·도도시계획위원회에 심의를 요청하기 전에 해당 지방자치단체에 설치된 지방도시계획위원회에 자문할 수 있다.

　가. 하나의 필지(법 제62조에 따른 준공검사를 신청할 때 둘 이상의 필지를 하나의 필지로 합칠 것을 조건으로 하여 허가하는 경우를 포함하되, 개발행위허가를 받은 후에 매각을 목적으로 하나의 필지를 둘 이상의 필지로 분할하는 경우는 제외한다)에 건축물을 건축하거나 공작물을 설치하기 위한 토지의 형질변경

　나. 하나 이상의 필지에 하나의 용도에 사용되는 건축물을 건축하거나 공작물을 설치하기 위한 토지의 형질변경

4. 건축물의 건축, 공작물의 설치 또는 지목의 변경을 수반하지 아니하고 시행하는 토지복원사업

5. 그 밖에 국토교통부령이 정하는 경우

03 정답 ②

해설 ㄱ. (×), ㄴ. (×), ㄷ. (○), ㄹ. (○), ㅁ. (×) 국토의 계획 및 이용에 관한 법률 시행령 제31조 제6항

> **관계법령** **용도지구의 지정(국토의 계획 및 이용에 관한 법률 제37조)**
>
> ⑤ 시·도지사 또는 대도시 시장은 대통령령으로 정하는 주거지역·공업지역·관리지역에 복합용도지구를 지정할 수 있으며, 그 지정기준 및 방법 등에 필요한 사항은 대통령령으로 정한다.
>
> > **용도지구의 지정(국토의 계획 및 이용에 관한 법률 시행령 제31조)**
> >
> > ⑥ 법 제37조 제5항에서 "대통령령으로 정하는 주거지역·공업지역·관리지역"이란 다음 각 호의 어느 하나에 해당하는 용도지역을 말한다.
> > 1. 일반주거지역
> > 2. 일반공업지역
> > 3. 계획관리지역

04 정답 ②

해설 ① 「산업입지 및 개발에 관한 법률」에 따른 <u>산업단지와 준산업단지에 대하여는 지구단위계획구역을 지정할 수 있다</u>(국토의 계획 및 이용에 관한 법률 제51조 제1항 제6호 참고).
② 도시지역 내 복합적인 토지 이용을 증진시킬 필요가 있는 지역으로서 지구단위계획구역을 지정할 수 있는 지역은 일반주거지역, 준주거지역, 준공업지역 및 상업지역이다. 일반공업지역은 이에 해당하지 않는다(국토의 계획 및 이용에 관한 법률 제51조 제1항 제8호의2, 동법 시행령 제43조 제1항 참고).

> **관계법령** **지구단위계획구역의 지정 등(국토의 계획 및 이용에 관한 법률 제51조)**
>
> ① 국토교통부장관, 시·도지사, 시장 또는 군수는 다음 각 호의 어느 하나에 해당하는 지역의 전부 또는 일부에 대하여 <u>지구단위계획구역을 지정할 수 있다.</u>
> 1. 제37조에 따라 지정된 용도지구
> 2. 「도시개발법」 제3조에 따라 지정된 도시개발구역
> 3. 「도시 및 주거환경정비법」 제8조에 따라 지정된 정비구역
> 4. 「택지개발촉진법」 제3조에 따라 지정된 택지개발지구
> 5. 「주택법」 제15조에 따른 대지조성사업지구
> 6. <u>「산업입지 및 개발에 관한 법률」 제2조 제8호의 산업단지와 같은 조 제12호의 준산업단지</u>
> 7. 「관광진흥법」 제52조에 따라 지정된 관광단지와 같은 법 제70조에 따라 지정된 관광특구
> 8. 개발제한구역·도시자연공원구역·시가화조정구역 또는 공원에서 해제되는 구역, 녹지지역에서 주거·상업·공업지역으로 변경되는 구역과 새로 도시지역으로 편입되는 구역 중 계획적인 개발 또는 관리가 필요한 지역
> 8의2. 도시지역 내 주거·상업·업무 등의 기능을 결합하는 등 복합적인 토지 이용을 증진시킬 필요가 있는 지역으로서 대통령령으로 정하는 요건에 해당하는 지역
>
> > **도시지역 내 지구단위계획구역 지정대상지역(국토의 계획 및 이용에 관한 법률 시행령 제43조)**
> >
> > ① 법 제51조 제1항 제8호의2에서 "대통령령으로 정하는 요건에 해당하는 지역"이란 <u>일반주거지역, 준주거지역, 준공업지역 및 상업지역에서 낙후된 도심 기능을 회복하거나 도시 균형발전을 위한 중심지 육성이 필요한 경우로서 다음 각 호의 어느 하나에 해당하는 지역</u>을 말한다.

8의3. 도시지역 내 유휴토지를 효율적으로 개발하거나 교정시설, 군사시설, 그 밖에 대통령령으로 정하는 시설을 이전 또는 재배치하여 토지 이용을 합리화하고, 그 기능을 증진시키기 위하여 집중적으로 정비가 필요한 지역으로서 대통령령으로 정하는 요건에 해당하는 지역
9. 도시지역의 체계적·계획적인 관리 또는 개발이 필요한 지역
10. 그 밖에 양호한 환경의 확보나 기능 및 미관의 증진 등을 위하여 필요한 지역으로서 대통령령으로 정하는 지역

③ 국토교통부장관, 시·도지사, 시장 또는 군수는 정비구역 및 택지개발지구에서 시행되는 사업이 끝난 후 10년이 지난 지역은 지구단위계획구역으로 지정하여야 한다(국토의 계획 및 이용에 관한 법률 제51조 제2항 제1호 참고).

④ 지정하려는 구역 면적의 100분의 50 이상이 계획관리지역으로서 대통령령으로 정하는 요건에 해당하는 지역은 도시지역 외의 지역을 지구단위계획구역으로 지정할 수 있다(국토의 계획 및 이용에 관한 법률 제51조 제3항 제1호 참고).

⑤ 산업·유통개발진흥지구 및 복합개발진흥지구(주거기능이 포함되지 아니한 경우에 한함)가 지구단위계획구역으로 지정되기 위해서는 계획관리지역·생산관리지역 또는 농림지역에 위치해야 한다(국토의 계획 및 이용에 관한 법률 시행령 제44조 제2항 제2호 나목 참고).

관계법령 지구단위계획구역의 지정 등(국토의 계획 및 이용에 관한 법률 제51조)

③ 도시지역 외의 지역을 지구단위계획구역으로 지정하려는 경우 다음 각 호의 어느 하나에 해당하여야 한다.
1. 지정하려는 구역 면적의 100분의 50 이상이 제36조에 따라 지정된 계획관리지역으로서 대통령령으로 정하는 요건에 해당하는 지역
2. 제37조에 따라 지정된 개발진흥지구로서 대통령령으로 정하는 요건에 해당하는 지역

> **도시지역 외 지역에서의 지구단위계획구역 지정대상지역(국토의 계획 및 이용에 관한 법률 시행령 제44조)**
>
> ② 법 제51조 제3항 제2호에서 "대통령령으로 정하는 요건"이란 다음 각 호의 요건을 말한다.
> 1. 제1항 제2호부터 제4호까지의 요건에 해당할 것
> 2. 당해 개발진흥지구가 다음 각 목의 지역에 위치할 것
>   가. 주거개발진흥지구, 복합개발진흥지구(주거기능이 포함된 경우에 한한다) 및 특정개발진흥지구 : 계획관리지역
>   나. 산업·유통개발진흥지구 및 복합개발진흥지구(주거기능이 포함되지 아니한 경우에 한한다) : 계획관리지역·생산관리지역 또는 농림지역
>   다. 관광·휴양개발진흥지구 : 도시지역 외의 지역

3. 제37조에 따라 지정된 용도지구를 폐지하고 그 용도지구에서의 행위 제한 등을 지구단위계획으로 대체하려는 지역

05 **정답** ⑤

해설 ① 국토의 계획 및 이용에 관한 법률 제26조 제1항 제5호

② 국토의 계획 및 이용에 관한 법률 제26조 제1항 제2호

③ 국토의 계획 및 이용에 관한 법률 제26조 제1항 제1호

④ 국토의 계획 및 이용에 관한 법률 제26조 제1항 제3호 가목, 동법 시행령 제19조의2 제1항

⑤ 시가화조정구역의 지정 및 변경에 관한 사항은 주민이 도시 · 군관리계획의 입안권자에게 그 입안을 제안할 수 있는 사항이 아니다.

관계법령 **도시 · 군관리계획 입안의 제안(국토의 계획 및 이용에 관한 법률 제26조)**

① 주민(이해관계자를 포함한다. 이하 같다)은 다음 각 호의 사항에 대하여 제24조에 따라 도시 · 군관리계획을 입안할 수 있는 자에게 도시 · 군관리계획의 입안을 제안할 수 있다. 이 경우 제안서에는 도시 · 군관리계획도서와 계획설명서를 첨부하여야 한다.

1. 기반시설의 설치 · 정비 또는 개량에 관한 사항

2. 지구단위계획구역의 지정 및 변경과 지구단위계획의 수립 및 변경에 관한 사항

3. 다음 각 목의 어느 하나에 해당하는 용도지구의 지정 및 변경에 관한 사항

　가. 개발진흥지구 중 공업기능 또는 유통물류기능 등을 집중적으로 개발 · 정비하기 위한 개발진흥지구로서 대통령령으로 정하는 개발진흥지구

도시 · 군관리계획 입안의 제안(국토의 계획 및 이용에 관한 법률 시행령 제19조의2)

① 법 제26조 제1항 제3호 가목에서 "대통령령으로 정하는 개발진흥지구"란 제31조 제2항 제8호 나목에 따른 산업 · 유통개발진흥지구를 말한다.

　나. 제37조에 따라 지정된 용도지구 중 해당 용도지구에 따른 건축물이나 그 밖의 시설의 용도 · 종류 및 규모 등의 제한을 지구단위계획으로 대체하기 위한 용도지구

4. 삭제 〈2024.2.6.〉

5. 도시 · 군계획시설입체복합구역의 지정 및 변경과 도시 · 군계획시설입체복합구역의 건축제한 · 건폐율 · 용적률 · 높이 등에 관한 사항

---

06 **정답** ③

해설 ③ 지구단위계획(제26조 제1항에 따라 주민이 입안을 제안한 것에 한정한다)에 관한 도시 · 군관리계획결정의 고시일부터 5년 이내에 이 법 또는 다른 법률에 따라 허가 · 인가 · 승인 등을 받아 사업이나 공사에 착수하지 아니하면 그 5년이 된 날의 다음 날에 그 지구단위계획에 관한 도시 · 군관리계획결정은 효력을 잃는다. 이 경우 지구단위계획과 관련한 도시 · 군관리계획결정에 관한 사항은 해당 지구단위계획구역 지정 당시의 도시 · 군관리계획으로 환원된 것으로 본다(국토의 계획 및 이용에 관한 법률 제53조 제2항).

07 정답 ①

해설
ㄱ. 집단취락지구 : 개발제한구역 안의 취락을 정비하기 위하여 필요한 지구(국토의 계획 및 이용에 관한 법률 시행령 제31조 제2항 제7호 나목)

ㄴ. 복합개발진흥지구 : 주거기능, 공업기능, 유통·물류기능 및 관광·휴양기능 중 2 이상의 기능을 중심으로 개발·정비할 필요가 있는 지구(국토의 계획 및 이용에 관한 법률 시행령 제31조 제2항 제8호 마목)

08 정답 ②

해설
① 국토의 계획 및 이용에 관한 법률 제40조의3 제2항 제1호
② 건축물의 용도별 복합적인 배치비율 및 규모 등에 관한 사항은 복합용도계획에 포함되어야 할 사항이다 (국토의 계획 및 이용에 관한 법률 제40조의4 제2항 제3호 참고).
③ 국토의 계획 및 이용에 관한 법률 제40조의3 제2항 제2호
④ 국토의 계획 및 이용에 관한 법률 제40조의3 제2항 제3호
⑤ 국토의 계획 및 이용에 관한 법률 제40조의3 제2항 제4호

관계법령 복합용도구역의 지정 등(국토의 계획 및 이용에 관한 법률 제40조의3)

② 도시혁신계획에는 도시혁신구역의 지정 목적을 이루기 위하여 다음 각 호에 관한 사항이 포함되어야 한다.
1. 용도지역·용도지구, 도시·군계획시설 및 지구단위계획의 결정에 관한 사항
2. 주요 기반시설의 확보에 관한 사항
3. 건축물의 건폐율·용적률·높이에 관한 사항
4. 건축물의 용도·종류 및 규모 등에 관한 사항
5. 제83조의3에 따른 다른 법률 규정 적용의 완화 또는 배제에 관한 사항
6. 도시혁신구역 내 개발사업 및 개발사업의 시행자 등에 관한 사항
7. 그 밖에 도시혁신구역의 체계적 개발과 관리에 필요한 사항

09 정답 ⑤

해설
① 국토의 계획 및 이용에 관한 법률 제130조 제1항 제2호

관계법령 토지에의 출입 등(국토의 계획 및 이용에 관한 법률 제130조)

① 국토교통부장관, 시·도지사, 시장 또는 군수나 도시·군계획시설사업의 시행자는 다음 각 호의 행위를 하기 위하여 필요하면 타인의 토지에 출입하거나 타인의 토지를 재료 적치장 또는 임시통로로 일시 사용할 수 있으며, 특히 필요한 경우에는 나무, 흙, 돌, 그 밖의 장애물을 변경하거나 제거할 수 있다.
1. 도시·군계획·광역도시·군계획에 관한 기초조사
2. 개발밀도관리구역, 기반시설부담구역 및 제67조 제4항에 따른 기반시설설치계획에 관한 기초조사
3. 지가의 동향 및 토지거래의 상황에 관한 조사
4. 도시·군계획시설사업에 관한 조사·측량 또는 시행

② 개발밀도관리구역의 지정기준, 개발밀도관리구역의 관리 등에 관하여 필요한 사항은 대통령령으로 정하는 바에 따라 국토교통부장관이 정한다(국토의 계획 및 이용에 관한 법률 제66조 제5항).

③ 특별시장·광역시장·특별자치시장·특별자치도지사·시장 또는 군수는 개발밀도관리구역에서는 대통령령으로 정하는 범위(해당 용도지역에 적용되는 용적률의 최대한도의 50퍼센트)에서 제77조나 제78조에 따른 건폐율 또는 용적률을 강화하여 적용한다(국토의 계획 및 이용에 관한 법률 제66조 제2항, 동법 시행령 제62조 제1항).

④ 특별시장·광역시장·특별자치시장·특별자치도지사·시장 또는 군수는 제1항에 따라 개발밀도관리구역을 지정하거나 변경하려면 다음 각 호의 사항을 포함하여 해당 지방자치단체에 설치된 지방도시계획위원회의 심의를 거쳐야 한다(국토의 계획 및 이용에 관한 법률 제66조 제3항).

⑤ "기반시설부담구역"이란 개발밀도관리구역 외의 지역으로서 개발로 인하여 도로, 공원, 녹지 등 대통령령으로 정하는 기반시설의 설치가 필요한 지역을 대상으로 기반시설을 설치하거나 그에 필요한 용지를 확보하게 하기 위하여 제67조에 따라 지정·고시하는 구역을 말한다(국토의 계획 및 이용에 관한 법률 제2조 제19호).

10 　정답　⑤

　해설　
ㄱ. (○) 국토의 계획 및 이용에 관한 법률 제113조 제2항 제2호
ㄴ. (○) 국토의 계획 및 이용에 관한 법률 제113조 제2항 제4호, 동법 시행령 제110조 제2항 제4호
ㄷ. (○) 국토의 계획 및 이용에 관한 법률 제113조 제2항 제1호

관계법령　지방도시계획위원회(국토의 계획 및 이용에 관한 법률 제113조)

② 도시·군관리계획과 관련된 다음 각 호의 심의를 하게 하거나 자문에 응하게 하기 위하여 시·군(광역시의 관할 구역에 있는 군을 포함한다. 이하 이 조에서 같다) 또는 구에 각각 시·군·구도시계획위원회를 둔다.
1. 시장 또는 군수가 결정하는 도시·군관리계획의 심의와 국토교통부장관이나 시·도지사의 권한에 속하는 사항 중 시·도도시계획위원회의 심의대상에 해당하는 사항이 시장·군수 또는 구청장에게 위임되거나 재위임된 경우 그 위임되거나 재위임된 사항의 심의
2. 도시·군관리계획과 관련하여 시장·군수 또는 구청장이 자문하는 사항에 대한 조언
3. 제59조에 따른 개발행위의 허가 등에 관한 심의
4. 그 밖에 대통령령으로 정하는 사항에 관한 심의 또는 조언

> **지방도시계획위원회의 업무(국토의 계획 및 이용에 관한 법률 시행령 제110조)**
>
> ② 시·군·구도시계획위원회는 법 제113조 제2항 제4호에 따라 다음 각 호의 업무를 할 수 있다.
> 1. 해당 시·군·구와 관련한 도시·군계획조례의 제정·개정과 관련하여 시장·군수·구청장이 자문하는 사항에 대한 조언
> 2. 제55조 제3항 제3호의2에 따른 개발행위허가에 대한 심의(대도시에 두는 도시계획위원회에 한정한다)
> 3. 개발행위허가와 관련하여 시장 또는 군수(특별시장·광역시장의 개발행위허가 권한이 이 법 제139조 제2항에 따라 조례로 군수 또는 구청장에게 위임된 경우에는 그 군수 또는 구청장을 포함한다)가 자문하는 사항에 대한 조언
> 4. 제128조 제1항에 따른 시범도시사업계획의 수립에 관하여 시장·군수·구청장이 자문하는 사항에 대한 조언

11 정답 ①

해설 ①·⑤ 제1항에 따라 타인의 토지에 출입하려는 자는 특별시장·광역시장·특별자치시장·특별자치도지사·시장 또는 군수의 허가를 받아야 하며, 출입하려는 날의 7일 전까지 그 토지의 소유자·점유자 또는 관리인에게 그 일시와 장소를 알려야 한다. 다만, 행정청인 도시·군계획시설사업의 시행자는 허가를 받지 아니하고 타인의 토지에 출입할 수 있다(국토의 계획 및 이용에 관한 법률 제130조 제2항).

② 제1항에 따라 타인의 토지를 재료 적치장 또는 임시통로로 일시사용하거나 나무, 흙, 돌, 그 밖의 장애물을 변경 또는 제거하려는 자는 토지의 소유자·점유자 또는 관리인의 동의를 받아야 한다(국토의 계획 및 이용에 관한 법률 제130조 제3항). 이 경우 토지나 장애물의 소유자·점유자 또는 관리인이 현장에 없거나 주소 또는 거소가 불분명하여 그 동의를 받을 수 없는 경우에는 행정청인 도시·군계획시설사업의 시행자는 관할 특별시장·광역시장·특별자치시장·특별자치도지사·시장 또는 군수에게 그 사실을 통지하여야 하며, 행정청이 아닌 도시·군계획시설사업의 시행자는 미리 관할 특별시장·광역시장·특별자치시장·특별자치도지사·시장 또는 군수의 허가를 받아야 한다(국토의 계획 및 이용에 관한 법률 제130조 제4항).

③ 일출 전이나 일몰 후에는 그 토지 점유자의 승낙 없이 택지나 담장 또는 울타리로 둘러싸인 타인의 토지에 출입할 수 없다(국토의 계획 및 이용에 관한 법률 제130조 제6항).

④ 손실을 보상할 자나 손실을 입은 자는 제2항에 따른 협의가 성립되지 아니하거나 협의를 할 수 없는 경우에는 관할 토지수용위원회에 재결을 신청할 수 있다(국토의 계획 및 이용에 관한 법률 제131조 제3항).

12 정답 ④

해설 ① 「도시 및 주거환경정비법」에 따라 도시·군관리계획의 결정이 의제되는 경우에는 해당 도시·군계획시설결정의 고시일부터 2년 이내에 도시·군계획시설에 대하여 단계별 집행계획을 수립하여야 한다(국토의 계획 및 이용에 관한 법률 제85조 제1항 단서, 동법 시행령 제95조 제2항 제1호 참고).

관계법령 단계별 집행계획의 수립(국토의 계획 및 이용에 관한 법률 제85조)

① 특별시장·광역시장·특별자치시장·특별자치도지사·시장 또는 군수는 도시·군계획시설에 대하여 도시·군계획시설결정의 고시일부터 3개월 이내에 대통령령으로 정하는 바에 따라 재원조달계획, 보상계획 등을 포함하는 단계별 집행계획을 수립하여야 한다. 다만, 대통령령으로 정하는 법률에 따라 도시·군관리계획의 결정이 의제되는 경우에는 해당 도시·군계획시설결정의 고시일부터 2년 이내에 단계별 집행계획을 수립할 수 있다.

단계별 집행계획의 수립(국토의 계획 및 이용에 관한 법률 시행령 제95조)

② 법 제85조 제1항 단서에서 "대통령령으로 정하는 법률"이란 다음 각 호의 법률을 말한다.
1. 「도시 및 주거환경정비법」
2. 「도시재정비 촉진을 위한 특별법」
3. 「도시재생 활성화 및 지원에 관한 특별법」

---

② 단계별 집행계획은 제1단계 집행계획과 제2단계 집행계획으로 구분하여 수립하되, 3년 이내에 시행하는 도시·군계획시설사업은 제1단계 집행계획에, 3년 후에 시행하는 도시·군계획시설사업은 제2단계 집행계획에 포함되도록 하여야 한다(국토의 계획 및 이용에 관한 법률 제85조 제3항).

③ 한국토지주택공사는 대통령령으로 정하는 공공기관이므로 도시·군계획시설사업의 시행자로 지정을 받기 위해 토지소유자의 동의를 받을 필요가 없다(국토의 계획 및 이용에 관한 법률 제86조 제7항 제2호, 동법 시행령 제96조 제3항 제3호 참고).

관계법령 도시·군계획시설사업의 시행자(국토의 계획 및 이용에 관한 법률 제86조)

⑦ 다음 각 호에 해당하지 아니하는 자가 제5항에 따라 도시·군계획시설사업의 시행자로 지정을 받으려면 도시·군계획시설사업의 대상인 토지(국공유지는 제외한다)의 소유 면적 및 토지 소유자의 동의 비율에 관하여 대통령령으로 정하는 요건(면적의 2/3 이상에 해당하는 토지를 소유하고, 토지 소유자 총수의 1/2 이상에 해당하는 자의 동의를 얻는 것)을 갖추어야 한다.
1. 국가 또는 지방자치단체
2. 대통령령으로 정하는 공공기관

> **시행자의 지정(국토의 계획 및 이용에 관한 법률 시행령 제96조)**
> ③ 법 제86조 제7항 제2호에서 "대통령령으로 정하는 공공기관"이란 다음 각 호의 어느 하나에 해당하는 기관을 말한다.
> 1. 「한국농수산식품유통공사법」에 따른 한국농수산식품유통공사
> 2. 「대한석탄공사법」에 따른 대한석탄공사
> 3. 「한국토지주택공사법」에 따른 한국토지주택공사
> 4. 「한국관광공사법」에 따른 한국관광공사
> 5. 「한국농어촌공사 및 농지관리기금법」에 따른 한국농어촌공사
> 6. 「한국도로공사법」에 따른 한국도로공사
> 7. 「한국석유공사법」에 따른 한국석유공사
> 8. 「한국수자원공사법」에 따른 한국수자원공사
> 9. 「한국전력공사법」에 따른 한국전력공사
> 10. 「한국철도공사법」에 따른 한국철도공사
> 11. 삭제 〈2009.9.21.〉

3. 그 밖에 대통령령으로 정하는 자

④ 제1항부터 제3항까지의 규정에도 불구하고 국토교통부장관은 국가계획과 관련되거나 그 밖에 특히 필요하다고 인정되는 경우에는 관계 특별시장·광역시장·특별자치시장·특별자치도지사·시장 또는 군수의 의견을 들어 직접 도시·군계획시설사업을 시행할 수 있으며, 도지사는 광역도시계획과 관련되거나 특히 필요하다고 인정되는 경우에는 관계 시장 또는 군수의 의견을 들어 직접 도시·군계획시설사업을 시행할 수 있다(국토의 계획 및 이용에 관한 법률 제86조 제4항).

⑤ 도시·군계획시설사업의 시행자는 도시·군계획시설사업을 효율적으로 추진하기 위하여 필요하다고 인정되면 사업시행대상지역 또는 대상시설을 둘 이상으로 분할하여 도시·군계획시설사업을 시행할 수 있다(국토의 계획 및 이용에 관한 법률 제87조).

13 정답 ③

해설 환지 설계를 평가식으로 하는 경우 환지 계획에 포함되어야 하는 비례율 계산식은 다음과 같다(도시개발법 시행규칙 제26조 제3항 제2호, 제4항 제2호 참고).

> {[도시개발사업으로 조성되는 토지·건축물의 평가액 합계(공공시설 또는 무상으로 공급되는 토지·건축물의 평가액 합계를 제외한다) - 총 사업비] ÷ 환지 전 토지·건축물의 평가액 합계(제27조 제5항 각 호에 해당하는 토지 및 제27조 제7항에 해당하는 건축물의 평가액 합계를 제외한다)} × 100

∴ [(1,000억 - 250억) ÷ 500억] × 100 = 150%

14 정답 ①

해설 ① 법 제25조의2 제9항에 따른 원형지개발자의 선정은 수의계약의 방법으로 한다. 다만, 법 제25조의2 제1항 제5호(원형지를 학교나 공장 등의 부지로 직접 사용하는 자)에 해당하는 원형지개발자의 선정은 경쟁입찰의 방식으로 하며, 경쟁입찰이 2회 이상 유찰된 경우에는 수의계약의 방법으로 할 수 있다(도시개발법 시행령 제55조의2 제6항).

② 지정권자는 제1항(원형지의 공급과 개발)에 따라 승인을 할 때에는 용적률 등 개발밀도, 토지용도별 면적 및 배치, 교통처리계획 및 기반시설의 설치 등에 관한 이행조건을 붙일 수 있다(도시개발법 제25조의2 제5항).

③ 법 제25조의2 제9항에 따른 원형지 공급가격은 개발계획이 반영된 원형지의 감정가격에 시행자가 원형지에 설치한 기반시설 등의 공사비를 더한 금액을 기준으로 시행자와 원형지개발자가 협의하여 결정한다(도시개발법 시행령 제55조의2 제7항).

④ 원형지개발자(국가 및 지방자치단체는 제외한다)는 10년의 범위에서 대통령령으로 정하는 기간 안에는 원형지를 매각할 수 없다. 다만, 이주용 주택이나 공공·문화 시설 등 대통령령으로 정하는 경우로서 미리 지정권자의 승인을 받은 경우에는 예외로 한다(도시개발법 제25조의2 제6항).

⑤ 원형지개발자가 공급받은 토지의 전부를 시행자의 동의 없이 제3자에게 매각하는 경우 시행자는 원형지개발자에게 2회 이상 시정을 요구하여야 한다(도시개발법 제25조의2 제8항 제3호, 동법 시행령 제55조의2 제5항 참고).

관계법령

원형지의 공급과 개발(도시개발법 제25조의2)
⑧ 시행자는 다음 각 호의 어느 하나에 해당하는 경우 대통령령으로 정하는 바에 따라 원형지 공급계약을 해제할 수 있다.
1. 원형지개발자가 세부계획에서 정한 착수 기한 안에 공사에 착수하지 아니하는 경우
2. 원형지개발자가 공사 착수 후 세부계획에서 정한 사업 기간을 넘겨 사업 시행을 지연하는 경우
3. 공급받은 토지의 전부나 일부를 시행자의 동의 없이 제3자에게 매각하는 경우
4. 그 밖에 공급받은 토지를 세부계획에서 정한 목적대로 사용하지 아니하는 등 제4항에 따른 공급계약의 내용을 위반한 경우

> **원형지의 공급과 개발 절차 등(도시개발법 시행령 제55조의2)**
> ⑤ 시행자는 법 제25조의2 제8항 각 호의 어느 하나에 해당하는 사유가 발생한 경우에 원형지개발자에게 2회 이상 시정을 요구하여야 하고, 원형지개발자가 시정하지 아니한 경우에는 원형지 공급계약을 해제할 수 있다. 이 경우 원형지개발자는 시행자의 시정 요구에 대하여 의견을 제시할 수 있다.

15 정답 ②

해설 ㄱ. (○) 도시개발법 제14조 제3항 제3호

관계법령 조합원 등(도시개발법 제14조)
③ 다음 각 호의 어느 하나에 해당하는 자는 조합의 임원이 될 수 없다.
1. 피성년후견인, 피한정후견인 또는 미성년자
2. 파산선고를 받은 자로서 복권되지 아니한 자
3. 금고 이상의 형을 선고받고 그 집행이 끝나거나 집행을 받지 아니하기로 확정된 후 2년이 지나지 아니한 자 또는 그 형의 집행유예 기간 중에 있는 자

ㄴ. (×) 조합이 제1항에 따라 인가를 받은 사항을 변경하려면 지정권자로부터 변경인가를 받아야 한다. 다만, 주된 사무소의 소재지를 변경하거나, 공고방법을 변경하려는 경우에는 신고하여야 한다(도시개발법 제13조 제2항).

ㄷ. (×) 조합장 또는 이사의 자기를 위한 조합과의 계약이나 소송에 관하여는 감사가 조합을 대표한다(도시개발법 시행령 제34조 제4항).

ㄹ. (○) 도시개발법 시행령 제36조 제1항, 제2항

관계법령 | **대의원회(도시개발법 시행령 제36조)**

① 의결권을 가진 조합원의 수가 50인 이상인 조합은 총회의 권한을 대행하게 하기 위하여 대의원회를 둘 수 있다.

② 대의원회에 두는 대의원의 수는 의결권을 가진 조합원 총수의 100분의 10 이상으로 하고, 대의원은 의결권을 가진 조합원 중에서 정관에서 정하는 바에 따라 선출한다.

---

16 | **정답** | ⑤

해설 | 도시개발법 제11조 제11항, 동법 시행령 제25조의2 제1항

관계법령 | **시행자 등(도시개발법 제11조)**

⑪ 제1항 제1호부터 제4호까지의 규정에 해당하는 자(국가나 지방자치단체, 공공기관, 정부출연기관, 지방공사)는 도시개발사업을 효율적으로 시행하기 위하여 필요한 경우에는 대통령령으로 정하는 바에 따라 설계·분양 등 도시개발사업의 일부를 「주택법」 제4조에 따른 주택건설사업자 등으로 하여금 대행하게 할 수 있다.

> **도시개발사업의 대행(도시개발법 시행령 제25조의2)**
>
> ① 법 제11조 제11항에 따라 주택건설사업자 등에게 대행하게 할 수 있는 도시개발사업의 범위는 다음 각 호와 같다.
> 1. 실시설계
> 2. 부지조성공사
> 3. 기반시설공사
> 4. 조성된 토지의 분양

---

17 | **정답** | ④

해설 | 도시개발법 제5조 제1항 제15호

관계법령 | **개발계획의 내용(도시개발법 제5조)**

① 개발계획에는 다음 각 호의 사항이 포함되어야 한다. 다만, 제13호부터 제16호까지의 규정에 해당하는 사항은 도시개발구역을 지정한 후에 개발계획에 포함시킬 수 있다.

13. 도시개발구역 밖의 지역에 기반시설을 설치하여야 하는 경우에는 그 시설의 설치에 필요한 비용의 부담 계획

14. 수용 또는 사용의 대상이 되는 토지·건축물 또는 토지에 정착한 물건과 이에 관한 소유권 외의 권리, 광업권, 어업권, 양식업권, 물의 사용에 관한 권리(이하 "토지등"이라 한다)가 있는 경우에는 그 세부목록

15. 임대주택건설계획 등 세입자 등의 주거 및 생활 안정 대책

16. 제21조의2에 따른 순환개발 등 단계적 사업추진이 필요한 경우 사업추진 계획 등에 관한 사항

18 정답 ②

해설 ① 시행자는 환지처분이 공고된 후에 확정된 청산금을 징수하거나 교부하여야 한다. 다만, 제30조(토지소유자의 신청·동의)와 제31조(토지면적을 고려한 환지)에 따라 환지를 정하지 아니하는 토지에 대하여는 환지처분 전이라도 청산금을 교부할 수 있다(도시개발법 제46조 제1항).

② 제1항에 따른 청산금은 환지처분을 하는 때에 결정하여야 한다. 다만, 제30조(토지소유자의 신청·동의)나 제31조(토지면적을 고려한 환지)에 따라 환지 대상에서 제외한 토지등에 대하여는 <u>청산금을 교부하는 때에 청산금을 결정할 수 있다</u>(도시개발법 제41조 제2항).

③ 청산금을 받을 권리나 징수할 권리를 5년간 행사하지 아니하면 시효로 소멸한다(도시개발법 제47조).

④ 청산금은 대통령령으로 정하는 바에 따라 이자를 붙여 분할징수하거나 분할교부할 수 있다(도시개발법 제46조 제2항).

⑤ 도시개발법 제46조 제3항, 제16조 제5항

관계법령 **도시개발법**

제46조(청산금의 징수·교부 등)
③ 행정청인 시행자는 청산금을 내야 할 자가 이를 내지 아니하면 국세 또는 지방세 체납처분의 예에 따라 징수할 수 있으며, 행정청이 아닌 시행자는 특별자치도지사·시장·군수 또는 구청장에게 청산금의 징수를 위탁할 수 있다. 이 경우 제16조 제5항을 준용한다.

제16조(조합원의 경비 부담 등)
⑤ 특별자치도지사·시장·군수 또는 구청장이 제4항에 따라 부과금이나 연체료의 징수를 위탁받으면 지방세 체납처분의 예에 따라 징수할 수 있다. 이 경우 조합은 특별자치도지사·시장·군수 또는 구청장이 징수한 금액의 100분의 4에 해당하는 금액을 해당 특별자치도·시·군 또는 구(자치구의 구를 말한다. 이하 같다)에 지급하여야 한다.

19 정답 ⑤

해설 도시 및 주거환경정비법 제2조 제4호, 동법 시행령 제3조

관계법령 **정의(도시 및 주거환경정비법 제2조)**

이 법에서 사용하는 용어의 뜻은 다음과 같다.
4. "정비기반시설"이란 도로·상하수도·구거(溝渠 : 도랑)·공원·공용주차장·공동구(「국토의 계획 및 이용에 관한 법률」 제2조 제9호에 따른 공동구를 말한다. 이하 같다), 그 밖에 주민의 생활에 필요한 열·가스 등의 공급시설로서 대통령령으로 정하는 시설을 말한다.

> **정비기반시설(도시 및 주거환경정비법 시행령 제3조)**
> 법 제2조 제4호에서 "대통령령으로 정하는 시설"이란 다음 각 호의 시설을 말한다.
> 1. <u>녹 지</u>
> 2. <u>하 천</u>
> 3. <u>공공공지</u>
> 4. 광 장
> 5. <u>소방용수시설</u>
> 6. 비상대피시설
> 7. 가스공급시설

8. 지역난방시설
9. 주거환경개선사업을 위하여 지정·고시된 정비구역에 설치하는 공동이용시설로서 법 제52조에 따른 사업시행계획서(이하 "사업시행계획서"라 한다)에 해당 특별자치시장·특별자치도지사·시장·군수 또는 자치구의 구청장(이하 "시장·군수등"이라 한다)이 관리하는 것으로 포함된 시설

20 정답 ①

해설 ㄱ. (○) 분양을 신청하지 아니한 자에 대한 조치는 공통으로 포함되어야 할 사항이다(도시 및 주거환경정비법 제72조 제1항, 동법 시행령 제59조 제1항·제2항 참고).
ㄴ. (×) 분양공고사항에만 해당한다.
ㄷ. (×), ㄹ. (×) 분양신청의 통지사항에만 해당한다.

알아보기	분양공고, 분양신청 사항	
분 류	토지등소유자에 대한 분양신청의 통지사항	토지등소유자에 대한 분양공고사항
공통사항	㉠ 사업시행인가의 내용 ㉡ 정비사업의 종류·명칭 및 정비구역의 위치·면적 ㉢ 분양신청기간 및 장소 ㉣ 분양대상 대지 또는 건축물의 내역 ㉤ 분양신청자격 ㉥ 분양신청방법 ㉦ 분양을 신청하지 아니한 자에 대한 조치 ㉧ 그 밖에 시·도조례로 정하는 사항	
개별사항	㉠ 분양대상자별 종전의 토지 또는 건축물의 명세 및 사업시행계획인가의 고시가 있는 날을 기준으로 한 가격(사업시행계획인가 전에 제81조 제3항에 따라 철거된 건축물은 시장·군수등에게 허가를 받은 날을 기준으로 한 가격) ㉡ 분양대상자별 분담금의 추산액 ㉢ 분양신청서	㉠ 토지등소유자 외의 권리자의 권리 신고방법

21 정답 ④

해설 ①·②·③·⑤ 조합이 정관을 변경하려는 경우에는 제35조 제2항부터 제5항까지의 규정에도 불구하고 총회를 개최하여 조합원 과반수의 찬성으로 시장·군수등의 인가를 받아야 한다. 다만, 제1항 제2호(조합원의 자격)·제3호(조합원의 제명·탈퇴 및 교체)·제4호(정비구역의 위치 및 면적)·제8호(조합의 비용부담 및 조합의 회계)·제13호(정비사업비의 부담 시기 및 절차) 또는 제16호(시공자·설계자의 선정 및 계약서에 포함될 내용)의 경우에는 조합원 3분의 2 이상의 찬성으로 한다(도시 및 주거환경정비법 제40조 제3항).
④ 청산금의 징수·지급의 방법 및 절차에 관한 정관의 변경의 경우에는 조합원 과반수의 찬성이 필요하다(도시 및 주거환경정비법 제40조 제3항 참고).

22 정답 ③

해설 ① 공동구에 수용될 전기·가스·수도의 공급시설과 전기통신시설 등의 관리자(이하 "공동구점용예정자"라 한다)가 부담할 공동구의 설치에 드는 비용의 부담비율은 공동구의 점용예정면적비율에 따른다(도시 및 주거환경정비법 시행규칙 제16조 제2항).

② 도시 및 주거환경정비법 시행규칙 제16조 제1항 제4호

관계법령 공동구의 설치비용 등(도시 및 주거환경정비법 시행규칙 제16조)

① 법 제94조 제2항에 따른 공동구의 설치에 드는 비용은 다음 각 호와 같다. 다만, 법 제95조에 따른 보조금이 있는 경우에는 설치에 드는 비용에서 해당 보조금의 금액을 빼야 한다.
  1. 설치공사의 비용
  2. 내부공사의 비용
  3. 설치를 위한 측량·설계비용
  4. 공동구의 설치로 인한 보상의 필요가 있는 경우에는 그 보상비용
  5. 공동구 부대시설의 설치비용
  6. 법 제95조에 따른 융자금이 있는 경우에는 그 이자에 해당하는 금액

---

③ 제3항에 따라 부담금의 납부통지를 받은 공동구점용예정자는 공동구의 설치공사가 착수되기 전에 부담금액의 3분의 1 이상을 납부하여야 하며, 그 잔액은 법 제83조 제3항 또는 제4항에 따른 공사완료 고시일 전까지 납부하여야 한다(도시 및 주거환경정비법 시행규칙 제16조 제4항).

④ 공동구 관리비용은 연도별로 산출하여 부과한다(도시 및 주거환경정비법 시행규칙 제17조 제3항).

⑤ 공동구 관리비용의 납입기한은 매년 3월 31일까지로 하며, 시장·군수등은 납입기한 1개월 전까지 납입통지서를 발부하여야 한다. 다만, 필요한 경우에는 2회로 분할하여 납부하게 할 수 있으며 이 경우 분할금의 납입기한은 3월 31일과 9월 30일로 한다(도시 및 주거환경정비법 시행규칙 제17조 제4항).

23 정답 ②

해설 ① 제2항에도 불구하고 조합임원의 사임, 해임 또는 임기만료 후 6개월 이상 조합임원이 선임되지 아니한 경우에는 시장·군수등이 조합임원 선출을 위한 총회를 소집할 수 있다(도시 및 주거환경정비법 제44조 제3항).

② 제2항(결격사유에 의한 당연 퇴임)에 따라 퇴임된 임원이 퇴임 전에 관여한 행위는 그 효력을 잃지 아니한다(도시 및 주거환경정비법 제43조 제3항).

③ 제41조 제5항 제2호(총회의 전문조합관리인의 선정요청)에 따라 시장·군수등이 전문조합관리인을 선정한 경우 전문조합관리인이 업무를 대행할 임원은 당연 퇴임한다(도시 및 주거환경정비법 제43조 제5항).

④ 조합장이 아닌 조합임원은 대의원이 될 수 없다(도시 및 주거환경정비법 제46조 제3항).

⑤ 대의원회는 조합임원의 선임 및 해임과 대의원의 선임 및 해임에 관한 사항의 경우에는 총회의 권한을 대행할 수 없다. 다만, 정관으로 정하는 바에 따라 임기 중 궐위된 자(조합장은 제외한다)를 보궐선임하는 경우에는 총회의 권한을 대행할 수 있다(도시 및 주거환경정비법 제46조 제4항, 동법 시행령 제43조 제6호 참고).

24 정답 ①

해설 ㄱ. (90), ㄴ. (40) 도시 및 주거환경정비법 제80조 제2항, 동법 시행령 제71조 제1항

관계법령 지분형주택 등의 공급(도시 및 주거환경정비법 제80조)

② 국토교통부장관, 시·도지사, 시장, 군수, 구청장 또는 토지주택공사등은 정비구역에 세입자와 대통령령으로 정하는 면적 이하의 토지 또는 주택을 소유한 자의 요청이 있는 경우에는 제79조 제5항에 따라 인수한 임대주택의 일부를 「주택법」에 따른 토지임대부 분양주택으로 전환하여 공급하여야 한다.

소규모 토지 등의 소유자에 대한 토지임대부 분양주택 공급(도시 및 주거환경정비법 시행령 제71조)

① 법 제80조 제2항에서 "대통령령으로 정하는 면적 이하의 토지 또는 주택을 소유한 자"란 다음 각 호의 어느 하나에 해당하는 자를 말한다.
1. 면적이 <u>90제곱미터</u> 미만의 토지를 소유한 자로서 건축물을 소유하지 아니한 자
2. 바닥면적이 <u>40제곱미터</u> 미만의 사실상 주거를 위하여 사용하는 건축물을 소유한 자로서 토지를 소유하지 아니한 자

25 정답 ①

해설 ㄱ. (1), ㄴ. (3), ㄷ. (20) 주택법 시행령 제72조의3 제1항 제2호 가목·나목

관계법령 조정대상지역의 지정기준(주택법 시행령 제72조의3)

① 법 제63조의2 제1항 각 호 외의 부분 전단에서 "대통령령으로 정하는 기준을 충족하는 지역"이란 다음 각 호의 구분에 따른 지역을 말한다.
2. 법 제63조의2 제1항 제2호에 해당하는 지역(주택가격, 주택거래량, 미분양주택의 수 및 주택보급률 등을 고려하여 주택의 분양·매매 등 거래가 위축되어 있거나 위축될 우려가 있는 지역)의 경우 : 조정대상지역지정직전월부터 소급하여 6개월간의 평균 주택가격상승률이 마이너스 <u>1퍼센트</u> 이하인 지역으로서 다음 각 목에 해당하는 지역
가. 조정대상지역지정직전월부터 소급하여 <u>3개월</u> 연속 주택매매거래량이 직전 연도의 같은 기간보다 <u>20퍼센트</u> 이상 감소한 지역
나. 조정대상지역지정직전월부터 소급하여 <u>3개월간의 평균</u> 미분양주택(법 제15조 제1항에 따른 사업계획승인을 받아 입주자를 모집했으나 입주자가 선정되지 않은 주택을 말한다)의 수가 직전 연도의 같은 기간보다 2배 이상인 지역
다. 해당 지역이 속하는 시·도의 주택보급률 또는 자가주택비율이 전국 평균을 초과하는 지역

26 정답 ④

해설 ① 주택법 제49조 제1항 단서, 동법 시행령 제54조 제2항 제2호

> **관계법령** 사용검사 등(주택법 제49조)
>
> ① 사업주체는 제15조에 따른 사업계획승인을 받아 시행하는 주택건설사업 또는 대지조성사업을 완료한 경우에는 주택 또는 대지에 대하여 국토교통부령으로 정하는 바에 따라 시장·군수·구청장(국가 또는 한국토지주택공사가 사업주체인 경우와 대통령령으로 정하는 경우에는 국토교통부장관을 말한다. 이하 이 조에서 같다)의 사용검사를 받아야 한다. 다만, 제15조 제3항(주택단지를 공구별로 분할하여 주택을 건설·공급)에 따라 사업계획을 승인받은 경우에는 완공된 주택에 대하여 공구별로 사용검사(이하 "분할 사용검사"라 한다)를 받을 수 있고, 사업계획승인 조건의 미이행 등 대통령령으로 정하는 사유가 있는 경우에는 공사가 완료된 주택에 대하여 동별로 사용검사(이하 "동별 사용검사"라 한다)를 받을 수 있다.
>
> > **사용검사 등(주택법 시행령 제54조)**
> > ② 법 제49조 제1항 단서에서 "사업계획승인 조건의 미이행 등 대통령령으로 정하는 사유가 있는 경우"란 다음 각 호의 어느 하나에 해당하는 경우를 말한다.
> > 1. 법 제15조에 따른 사업계획승인의 조건으로 부과된 사항의 미이행
> > 2. 하나의 주택단지의 입주자를 분할 모집하여 전체 단지의 사용검사를 마치기 전에 입주가 필요한 경우
> > 3. 그 밖에 사업계획승인권자가 동별로 사용검사를 받을 필요가 있다고 인정하는 경우

② 제3항에 따른 사용검사는 신청일부터 15일 이내에 하여야 한다(주택법 시행령 제54조 제4항).

③ 주택법 제49조 제4항 단서, 동법 시행령 제56조 제1항 제1호

> **관계법령** 사용검사 등(주택법 제49조)
>
> ④ 사업주체 또는 입주예정자는 제1항에 따른 사용검사를 받은 후가 아니면 주택 또는 대지를 사용하게 하거나 이를 사용할 수 없다. 다만, 대통령령으로 정하는 경우로서 사용검사권자의 임시 사용승인을 받은 경우에는 그러하지 아니하다.
>
> > **임시 사용승인(주택법 시행령 제56조)**
> > ① 법 제49조 제4항 단서에서 "대통령령으로 정하는 경우"란 다음 각 호의 구분에 따른 경우를 말한다.
> > 1. 주택건설사업의 경우 : 건축물의 동별로 공사가 완료된 경우
> > 2. 대지조성사업의 경우 : 구획별로 공사가 완료된 경우

④ 사업주체가 파산 등으로 주택건설사업을 계속할 수 없는 경우에는 법 제49조 제3항 제1호에 따라 해당 주택의 시공을 보증한 자가 잔여공사를 시공하고 사용검사를 받아야 한다. 다만, 시공보증자가 없거나 파산 등으로 시공을 할 수 없는 경우에는 입주예정자의 대표회의가 시공자를 정하여 잔여공사를 시공하고 사용검사를 받아야 한다(주택법 시행령 제55조 제1항).

⑤ 제49조 제3항에 따라 사업주체의 파산 등으로 입주예정자가 사용검사를 받을 때에는 「공동주택관리법」 제38조 제1항에도 불구하고 입주예정자의 대표회의가 사용검사권자에게 사용검사를 신청할 때 하자보수보증금을 예치하여야 한다(주택법 제50조 제1항).

27 정답 ②

해설 ㄱ. (○), ㄴ. (○), ㄷ. (×), ㄹ. (○) 주택법 제11조의5 제1항, 동법 시행령 제24조의4 제1항

> **관계법령 | 조합원 모집 광고 등에 관한 준수사항(주택법 제11조의5)**
>
> ① 모집주체가 주택조합의 조합원을 모집하기 위하여 광고를 하는 경우에는 다음 각 호의 내용이 포함되어야 한다.
> 1. "지역주택조합 또는 직장주택조합의 조합원 모집을 위한 광고"라는 문구
> 2. 조합원의 자격기준에 관한 내용
> 3. 주택건설대지의 사용권원 및 소유권을 확보한 비율
> 4. 그 밖에 조합원 보호를 위하여 대통령령으로 정하는 내용
>
> > **조합원 모집 광고 등에 관한 준수사항(주택법 시행령 제24조의4)**
> >
> > ① 법 제11조의5 제1항 제4호에서 "대통령령으로 정하는 내용"이란 다음 각 호의 사항을 말한다.
> > 1. 조합의 명칭 및 사무소의 소재지
> > 2. 조합원 모집 신고 수리일

28 정답 ④

해설 ㄱ. (×), ㄴ. (○), ㄷ. (○), ㄹ. (○) 주택법 제2조 제19호, 동법 시행령 제9조 제1항 제2호

> **관계법령 | 정의(주택법 제2조)**
>
> 이 법에서 사용하는 용어의 뜻은 다음과 같다.
> 19. "세대구분형 공동주택"이란 공동주택의 주택 내부 공간의 일부를 세대별로 구분하여 생활이 가능한 구조로 하되, 그 구분된 공간의 일부를 구분소유 할 수 없는 주택으로서 대통령령으로 정하는 건설기준, 설치기준, 면적기준 등에 적합한 주택을 말한다.
>
> > **세대구분형 공동주택(주택법 시행령 제9조)**
> >
> > ① 법 제2조 제19호에서 "대통령령으로 정하는 건설기준, 설치기준, 면적기준 등에 적합한 주택"이란 다음 각 호의 구분에 따른 요건을 충족하는 공동주택을 말한다.
> > 1. 법 제15조에 따른 사업계획의 승인을 받아 건설하는 공동주택의 경우 : 다음 각 목의 요건을 모두 충족할 것
> >   가. 세대별로 구분된 각각의 공간마다 별도의 욕실, 부엌과 현관을 설치할 것
> >   나. 하나의 세대가 통합하여 사용할 수 있도록 세대 간에 연결문 또는 경량구조의 경계벽 등을 설치할 것
> >   다. 세대구분형 공동주택의 세대수가 해당 주택단지 안의 공동주택 전체 세대수의 3분의 1을 넘지 않을 것
> >   라. 세대별로 구분된 각각의 공간의 주거전용면적(주거의 용도로만 쓰이는 면적으로서 법 제2조 제6호 후단에 따른 방법으로 산정된 것을 말한다. 이하 같다) 합계가 해당 주택단지 전체 주거전용면적 합계의 3분의 1을 넘지 않는 등 국토교통부장관이 정하여 고시하는 주거전용면적의 비율에 관한 기준을 충족할 것

2. 「공동주택관리법」 제35조에 따른 행위의 허가를 받거나 신고를 하고 설치하는 공동주택의 경우 : 다음 각 목의 요건을 모두 충족할 것
　　가. 구분된 공간의 세대수는 기존 세대를 포함하여 2세대 이하일 것
　　나. 세대별로 구분된 각각의 공간마다 별도의 욕실, 부엌과 구분 출입문을 설치할 것
　　다. 세대구분형 공동주택의 세대수가 해당 주택단지 안의 공동주택 전체 세대수의 10분의 1과 해당 동의 전체 세대수의 3분의 1을 각각 넘지 않을 것. 다만, 특별자치시장, 특별자치도지사, 시장, 군수 또는 구청장(구청장은 자치구의 구청장을 말하며, 이하 "시장·군수·구청장"이라 한다)이 부대시설의 규모 등 해당 주택단지의 여건을 고려하여 인정하는 범위에서 세대수의 기준을 넘을 수 있다.
　　라. 구조, 화재, 소방 및 피난안전 등 관계 법령에서 정하는 안전 기준을 충족할 것

29　정답　③

해설　① 주택법 제4조 제1항 제4호

관계법령　주택건설사업 등의 등록(주택법 제4조)

① 연간 대통령령으로 정하는 호수(戶數) 이상의 주택건설사업을 시행하려는 자 또는 연간 대통령령으로 정하는 면적 이상의 대지조성사업을 시행하려는 자는 국토교통부장관에게 등록하여야 한다. 다만, 다음 각 호의 사업주체의 경우에는 그러하지 아니하다.
1. 국가·지방자치단체
2. 한국토지주택공사
3. 지방공사
4. 「공익법인의 설립·운영에 관한 법률」 제4조에 따라 주택건설사업을 목적으로 설립된 공익법인
5. 제11조에 따라 설립된 주택조합(제5조 제2항에 따라 등록사업자와 공동으로 주택건설사업을 하는 주택조합만 해당한다)
6. 근로자를 고용하는 자(제5조 제3항에 따라 등록사업자와 공동으로 주택건설사업을 시행하는 고용자만 해당하며, 이하 "고용자"라 한다)

② 제11조에 따라 설립된 주택조합(세대수를 증가하지 아니하는 리모델링주택조합은 제외한다)이 그 구성원의 주택을 건설하는 경우에는 대통령령으로 정하는 바에 따라 등록사업자(지방자치단체·한국토지주택공사 및 지방공사를 포함한다)와 공동으로 사업을 시행할 수 있다. 이 경우 주택조합과 등록사업자를 공동사업주체로 본다(주택법 제5조 제2항). 따라서 세대수를 증가하는 리모델링주택조합이 그 구성원의 주택을 건설하는 경우 국가와 공동으로 사업을 시행할 수 없다.
③ 고용자가 그 근로자의 주택을 건설하는 경우에는 대통령령으로 정하는 바에 따라 등록사업자와 공동으로 사업을 시행하여야 한다. 이 경우 고용자와 등록사업자를 공동사업주체로 본다(주택법 제5조 제3항).
④ 국토교통부장관은 등록사업자가 다음 각 호의 어느 하나에 해당하면 그 등록을 말소하거나 1년 이내의 기간을 정하여 영업의 정지를 명할 수 있다. 다만, 제1호(거짓이나 그 밖의 부정한 방법으로 등록한 경우) 또는 제5호(제90조 제1항을 위반하여 등록증의 대여 등을 한 경우)에 해당하는 경우에는 그 등록을 말소하여야 한다(주택법 제8조 제1항).
⑤ 제8조에 따라 등록말소 또는 영업정지 처분을 받은 등록사업자는 그 처분 전에 제15조에 따른 사업계획승인을 받은 사업은 계속 수행할 수 있다. 다만, 등록말소 처분을 받은 등록사업자가 그 사업을 계속 수행할 수 없는 중대하고 명백한 사유가 있을 경우에는 그러하지 아니하다(주택법 제9조).

30 정답 ④

해설 ① 공동주택에는 건축법 시행령에 따른 아파트, 연립주택, 다세대주택이 포함된다(주택법 시행령 제3조 참고).

② 준주택에는 건축법 시행령에 따른 기숙사, 다중생활시설, 노인복지주택, 오피스텔이 포함된다(주택법 시행령 제4조 참고).

③ 주택법 제2조 제12호 다목

관계법령 정의(주택법 제2조)

이 법에서 사용하는 용어의 뜻은 다음과 같다.

12. "주택단지"란 제15조에 따른 주택건설사업계획 또는 대지조성사업계획의 승인을 받아 주택과 그 부대시설 및 복리시설을 건설하거나 대지를 조성하는 데 사용되는 일단(一團)의 토지를 말한다. 다만, 다음 각 목의 시설로 분리된 토지는 각각 별개의 주택단지로 본다.

가. 철도·고속도로·자동차전용도로

나. 폭 20미터 이상인 일반도로

다. 폭 8미터 이상인 도시계획예정도로

라. 가목부터 다목까지의 시설에 준하는 것으로서 대통령령으로 정하는 시설

---

④ 주택에 딸린 자전거보관소는 부대시설에 해당한다(주택법 제2조 제13호 다목, 동법 시행령 제6조 제1호 참고).

관계법령 정의(주택법 제2조)

이 법에서 사용하는 용어의 뜻은 다음과 같다.

13. "부대시설"이란 주택에 딸린 다음 각 목의 시설 또는 설비를 말한다.

가. 주차장, 관리사무소, 담장 및 주택단지 안의 도로

나. 「건축법」 제2조 제1항 제4호에 따른 건축설비

다. 가목 및 나목의 시설·설비에 준하는 것으로서 대통령령으로 정하는 시설 또는 설비

> **부대시설의 범위(주택법 시행령 제6조)**
>
> 법 제2조 제13호 다목에서 "대통령령으로 정하는 시설 또는 설비"란 다음 각 호의 시설 또는 설비를 말한다.
>
> 1. 보안등, 대문, 경비실 및 자전거보관소
> 2. 조경시설, 옹벽 및 축대
> 3. 안내표지판 및 공중화장실
> 4. 저수시설, 지하양수시설 및 대피시설
> 5. 쓰레기 수거 및 처리시설, 오수처리시설, 정화조
> 6. 소방시설, 냉난방공급시설(지역난방공급시설은 제외한다) 및 방범설비
> 7. 「환경친화적 자동차의 개발 및 보급 촉진에 관한 법률」 제2조 제3호에 따른 전기자동차에 전기를 충전하여 공급하는 시설
> 8. 「전기통신사업법」 등 다른 법령에 따라 거주자의 편익을 위해 주택단지에 의무적으로 설치해야 하는 시설로서 사업주체 또는 입주자의 설치 및 관리 의무가 없는 시설
> 9. 그 밖에 제1호부터 제8호까지의 시설 또는 설비와 비슷한 것으로서 사업계획승인권자가 주택의 사용 및 관리를 위해 필요하다고 인정하는 시설 또는 설비

---

⑤ "기간시설"이란 도로·상하수도·전기시설·가스시설·통신시설·지역난방시설 등을 말한다(주택법 제2조 제16호).

31 정답 ⑤

해설 ① "리모델링 기본계획"이란 세대수 증가형 리모델링으로 인한 도시과밀, 이주수요 집중 등을 체계적으로 관리하기 위하여 수립하는 계획을 말한다(주택법 제2조 제26호).

② 법 제66조 제2항에 따라 리모델링에 동의한 소유자는 리모델링주택조합 또는 입주자대표회의가 제2항에 따라 시장·군수·구청장에게 허가신청서를 제출하기 전까지 서면으로 동의를 철회할 수 있다(주택법 시행령 제75조 제3항).

③ 특별시장·광역시장 및 대도시의 시장은 리모델링 기본계획을 수립하거나 변경한 때에는 이를 지체 없이 해당 지방자치단체의 공보에 고시하여야 한다(주택법 제73조 제1항).

④ 수직증축형 리모델링의 설계자는 국토교통부장관이 정하여 고시하는 구조기준에 맞게 구조설계도서를 작성하여야 한다(주택법 제70조).

⑤ 제2조 제25호 나목 및 다목에 따라 증축하는 리모델링(증축형 리모델링)을 하려는 자는 시장·군수·구청장에게 안전진단을 요청하여야 하며, 안전진단을 요청받은 시장·군수·구청장은 해당 건축물의 증축 가능 여부의 확인 등을 위하여 안전진단을 실시하여야 한다(주택법 제68조 제1항). 따라서 주택법 제2조 제25호 가목에 해당하는 대수선인 리모델링을 하려는 자는 시장·군수·구청장에게 안전진단을 요청할 필요가 없다.

32 정답 ③

해설 ㄱ. 소요 너비의 2분의 1의 수평거리만큼 물러난 선(건축법 제46조 제1항 참고)
ㄴ. 소요 너비에 해당하는 수평거리의 선(건축법 제46조 제1항 참고)
ㄷ. 제외(건축법 시행령 제119조 제1항 제1호 가목 참고)

> **관계법령**
>
> **건축선의 지정(건축법 제46조)**
> ① 도로와 접한 부분에 건축물을 건축할 수 있는 선[이하 "건축선"이라 한다]은 대지와 도로의 경계선으로 한다. 다만, 제2조 제1항 제11호에 따른 소요 너비에 못 미치는 너비의 도로인 경우에는 그 중심선으로부터 그 소요 너비의 2분의 1의 수평거리만큼 물러난 선을 건축선으로 하되, 그 도로의 반대쪽에 경사지, 하천, 철도, 선로부지, 그 밖에 이와 유사한 것이 있는 경우에는 그 경사지 등이 있는 쪽의 도로경계선에서 소요 너비에 해당하는 수평거리의 선을 건축선으로 하며, 도로의 모퉁이에서는 대통령령으로 정하는 선을 건축선으로 한다.
>
> **면적 등의 산정방법(건축법 시행령 제119조)**
> ① 법 제84조에 따라 건축물의 면적·높이 및 층수 등은 다음 각 호의 방법에 따라 산정한다.
> 1. 대지면적 : 대지의 수평투영면적으로 한다. 다만, 다음 각 목의 어느 하나에 해당하는 면적은 제외한다.
>   가. 법 제46조 제1항 단서에 따라 대지에 건축선이 정하여진 경우 : 그 건축선과 도로 사이의 대지면적
>   나. 대지에 도시·군계획시설인 도로·공원 등이 있는 경우 : 그 도시·군계획시설에 포함되는 대지(「국토의 계획 및 이용에 관한 법률」 제47조 제7항에 따라 건축물 또는 공작물을 설치하는 도시·군계획시설의 부지는 제외한다)면적

33 정답 ①

해설 ① 건축협정구역에 건축하는 건축물에 대하여는 제42조(대지의 조경), 제55조(건축물의 건폐율), 제56조(건축물의 용적률), 제58조(대지 안의 공지), 제60조(건축물의 높이 제한) 및 제61조(일조 등의 확보를 위한 건출물의 높이 제한)와 「주택법」 제35조를 대통령령으로 정하는 바에 따라 완화하여 적용할 수 있다. 다만, 제56조(건축물의 용적률)를 완화하여 적용하는 경우에는 제4조에 따른 건축위원회의 심의와 「국토의 계획 및 이용에 관한 법률」 제113조에 따른 지방도시계획위원회의 심의를 통합하여 거쳐야 한다(건축법 제77조의13 제6항).

34 정답 ④

해설 ①·②·④ 사용승인을 받은 건축물을 용도변경하려는 경우 상위군으로의 용도변경은 허가대상이고, 하위군으로의 용도변경은 신고대상이며, 같은 시설군 안에서의 용도변경은 건축물대장 기재내용의 변경신청 대상이다(건축법 제19조 제2항, 제3항 참고). 자동차영업소로서 같은 건축물에 해당 용도로 쓰는 바닥면적의 합계가 1천 제곱미터 미만인 경우 제2종 근린생활시설이고(건축법 시행령 [별표 1] 제4호 다목), 노래연습장도 제2종 근린생활시설이므로(건축법 시행령 [별표 1] 제4호 러목) 같은 근린생활시설군에 해당하여(건축법 제19조 제4항 제7호) 원칙적으로 甲은 용도변경 시 B시장에게 건축물대장 기재내용의 변경을 신청하여야 한다. 한편 용도별 건축물의 종류(건축법 시행령 [별표 1])의 같은 호에 속하는 건축물 상호 간의 용도변경은 건축물대장 기재내용의 변경신청 대상에서 제외되지만(건축법 제19조 제3항 단서, 동법 시행령 제14조 제4항 제1호), 건축법 시행령 [별표 1] 제4호 러목에 해당하는 노래연습장으로 용도변경하려는 경우는 건축물대장 기재내용 변경신청의 대상이 된다(건축법 제19조 제3항 단서, 동법 시행령 제14조 제4항 단서). 결국 甲은 B시장에게 건축물대장 기재내용의 변경을 신청하여야 한다.

③ 허가나 신고 대상인 경우로서 용도변경하려는 부분의 바닥면적의 합계가 100제곱미터 이상인 경우에 사용승인을 받아야 하나(건축법 제19조 제5항 참고), 사안은 허가나 신고대상이 아니라 건축물대장 기재내용 변경신청의 대상에 해당하므로 사용승인을 받을 필요가 없다.

⑤ 허가 대상인 경우로서 용도변경하려는 부분의 바닥면적의 합계가 500제곱미터 이상인 경우 용도변경을 위한 설계는 건축사가 해야 하나(건축법 제19조 제6항, 제23조 제1항 참고), 마찬가지로 사안은 허가 대상이 아니라 건축물대장 기재내용 변경신청의 대상에 해당하므로 건축사가 아니어도 용도변경을 위한 설계를 할 수 있다.

관계법령 **건축법**

제19조(용도변경)
② 제22조에 따라 사용승인을 받은 건축물의 용도를 변경하려는 자는 다음 각 호의 구분에 따라 국토교통부령으로 정하는 바에 따라 특별자치시장·특별자치도지사 또는 시장·군수·구청장의 허가를 받거나 신고를 하여야 한다.
　1. 허가 대상 : 제4항 각 호의 어느 하나에 해당하는 시설군에 속하는 건축물의 용도를 상위군(제4항 각 호의 번호가 용도변경하려는 건축물이 속하는 시설군보다 작은 시설군을 말한다)에 해당하는 용도로 변경하는 경우
　2. 신고 대상 : 제4항 각 호의 어느 하나에 해당하는 시설군에 속하는 건축물의 용도를 하위군(제4항 각 호의 번호가 용도변경하려는 건축물이 속하는 시설군보다 큰 시설군을 말한다)에 해당하는 용도로 변경하는 경우

③ 제4항에 따른 시설군 중 같은 시설군 안에서 용도를 변경하려는 자는 국토교통부령으로 정하는 바에 따라 특별자치시장·특별자치도지사 또는 시장·군수·구청장에게 건축물대장 기재내용의 변경을 신청하여야 한다. 다만, 대통령령으로 정하는 변경의 경우에는 그러하지 아니하다.

> **용도변경(건축법 시행령 제14조)**
> ④ 법 제19조 제3항 단서에서 "대통령령으로 정하는 변경"이란 다음 각 호의 어느 하나에 해당하는 건축물 상호 간의 용도변경을 말한다. 다만, [별표 1] 제3호 다목(목욕장만 해당한다)·라목, 같은 표 제4호 가목·사목·카목·파목(골프연습장, 놀이형시설만 해당한다)·더목·러목(안마시술소, 노래연습장)·머목, 같은 표 제7호 다목 2), 같은 표 제15호 가목(생활숙박시설만 해당한다) 및 같은 표 제16호 가목·나목에 해당하는 용도로 변경하는 경우는 제외한다.
> 1. [별표 1]의 같은 호에 속하는 건축물 상호 간의 용도변경
> 2. 「국토의 계획 및 이용에 관한 법률」이나 그 밖의 관계 법령에서 정하는 용도제한에 적합한 범위에서 제1종 근린생활시설과 제2종 근린생활시설 상호 간의 용도변경

④ 시설군은 다음 각 호와 같고 각 시설군에 속하는 건축물의 세부 용도는 대통령령으로 정한다.
7. 근린생활시설군
⑤ 제2항에 따른 허가나 신고 대상인 경우로서 용도변경하려는 부분의 바닥면적의 합계가 100제곱미터 이상인 경우의 사용승인에 관하여는 제22조를 준용한다. 다만, 용도변경하려는 부분의 바닥면적의 합계가 500제곱미터 미만으로서 대수선에 해당되는 공사를 수반하지 아니하는 경우에는 그러하지 아니하다.
⑥ 제2항에 따른 허가 대상인 경우로서 용도변경하려는 부분의 바닥면적의 합계가 500제곱미터 이상인 용도변경(대통령령으로 정하는 경우는 제외한다)의 설계에 관하여는 제23조를 준용한다.

제23조(건축물의 설계)

① 제11조 제1항에 따라 건축허가를 받아야 하거나 제14조 제1항에 따라 건축신고를 하여야 하는 건축물 또는 「주택법」 제66조 제1항 또는 제2항에 따른 리모델링을 하는 건축물의 건축등을 위한 설계는 건축사가 아니면 할 수 없다. 다만, 다음 각 호의 어느 하나에 해당하는 경우에는 그러하지 아니하다.

35 정답 ③

해설 ㄱ. (○) 건축법 시행령 제32조 제2항 제3호
ㄴ. (×) 건축법 시행령 제32조 제2항 제4호
ㄷ. (○) 건축법 시행령 제32조 제2항 제5호

관계법령 **구조 안전의 확인(건축법 시행령 제32조)**

② 제1항에 따라 구조 안전을 확인한 건축물 중 다음 각 호의 어느 하나에 해당하는 건축물의 건축주는 해당 건축물의 설계자로부터 구조 안전의 확인 서류를 받아 법 제21조에 따른 착공신고를 하는 때에 그 확인 서류를 허가권자에게 제출하여야 한다. 다만, 표준설계도서에 따라 건축하는 건축물은 제외한다.
1. 층수가 2층[주요구조부인 기둥과 보를 설치하는 건축물로서 그 기둥과 보가 목재인 목구조 건축물(이하 "목구조 건축물"이라 한다)의 경우에는 3층] 이상인 건축물
2. 연면적이 200제곱미터(목구조 건축물의 경우에는 500제곱미터) 이상인 건축물. 다만, 창고, 축사, 작물 재배사는 제외한다.

3. 높이가 13미터 이상인 건축물
4. 처마높이가 9미터 이상인 건축물
5. 기둥과 기둥 사이의 거리가 10미터 이상인 건축물
6. 건축물의 용도 및 규모를 고려한 중요도가 높은 건축물로서 국토교통부령으로 정하는 건축물
7. 국가적 문화유산으로 보존할 가치가 있는 건축물로서 국토교통부령으로 정하는 것
8. 제2조 제18호(특수구조건축물) 가목 및 다목의 건축물
9. [별표 1] 제1호의 단독주택 및 같은 표 제2호의 공동주택

36 정답 ①

해설
① 문화 및 집회시설은 바깥쪽으로 나가는 출구를 설치하여야 하는 건축물에 해당하나 이 중 전시장 및 동·식물원은 제외한다(건축법 시행령 제39조 제1항 제2호).
② 무도학원은 위락시설에 속하는 것으로 바깥쪽으로 나가는 출구를 설치하여야 하는 건축물에 해당한다 (건축법 시행령 제39조 제1항 제6호, 건축법 시행령 [별표 1] 제16호 마목).
③ 동물 전용의 장례식장은 장례시설에 속하는 것으로 바깥쪽으로 나가는 출구를 설치하여야 하는 건축물에 해당한다(건축법 시행령 제39조 제1항 제9호, 건축법 시행령 [별표 1] 제28호 나목).
④ 건축법 시행령 제39조 제1항 제1호
⑤ 건축법 시행령 제39조 제1항 제5호

관계법령 **건축물 바깥쪽으로의 출구 설치(건축법 시행령 제39조)**

① 법 제49조 제1항에 따라 다음 각 호의 어느 하나에 해당하는 건축물에는 국토교통부령으로 정하는 기준에 따라 그 건축물로부터 바깥쪽으로 나가는 출구를 설치하여야 한다.
1. 제2종 근린생활시설 중 공연장·종교집회장·인터넷컴퓨터게임시설제공업소(해당 용도로 쓰는 바닥면적의 합계가 각각 300제곱미터 이상인 경우만 해당한다)
2. 문화 및 집회시설(전시장 및 동·식물원은 제외한다)
3. 종교시설
4. 판매시설
5. 업무시설 중 국가 또는 지방자치단체의 청사
6. 위락시설
7. 연면적이 5천 제곱미터 이상인 창고시설
8. 교육연구시설 중 학교
9. 장례시설
10. 승강기를 설치하여야 하는 건축물

---

37 정답 ②

해설
(1) 용적률은 대지면적에 대한 연면적의 비율이다(건축법 제56조 참고).

$$용적률 = \frac{연면적}{대지면적} \times 100$$

(2) 건축물의 연면적은 하나의 건축물 각 층의 바닥면적의 합계로 하되, 용적률을 산정할 때에는 ㉠ 지하층의 면적, ㉡ 지상층의 주차용(해당 건축물의 부속용도인 경우만 해당한다)으로 쓰는 면적, ㉢ 초고층 건축물과 준초고층 건축물에 설치하는 피난안전구역의 면적, ㉣ 건축물의 경사지붕 아래에 설치하는 대피공간의 면적은 제외한다(건축법 시행령 제119조 제1항 제4호). 따라서 연면적은 지하 1~3층의 면적을 제외하고, 지상 1층 중 건축물의 부속용도인 주차장으로 쓰는 $500m^2$를 제외한 나머지 $500m^2$와 지상 2~11층의 면적을 합산하여 계산하여야 하므로 $500m^2 + (1,000m^2 \times 10) = 10,500m^2$이다.

(3) 대지면적은 $1,500m^2$이고 연면적은 $10,500m^2$이므로, 용적률은 $\dfrac{10,500}{1,500} \times 100 = 700\%$이다.

38 <u>정답</u> ⑤

<u>해설</u> ① 교육연구시설에 해당하는 초등학교(건축법 시행령 [별표 1] 제10호 가목 참고)는 공개 공지 또는 공개 공간을 설치하여야 하는 건축물에 해당하지 않는다.
② 「농수산물 유통 및 가격안정에 관한 법률」에 따른 농수산물유통시설은 제외한다(건축법 시행령 제27조의2 제1항 제1호 참고).
③ 관광 휴게시설에 해당하는 관망탑(건축법 시행령 [별표 1] 제27호 라목 참고)은 공개 공지 또는 공개 공간을 설치하여야 하는 건축물에 해당하지 않는다.
④ 자연녹지지역은 일반적으로 공개 공지 또는 공개 공간을 설치하여야 하는 지역이 아니고, 수련시설에 해당하는 「청소년활동진흥법」에 따른 유스호스텔(건축법 시행령 [별표 1] 제12호 다목 참고)도 공개 공지 또는 공개 공간을 설치하여야 하는 건축물에 해당하지 않는다.
⑤ 준공업지역에 있는 여객용 운수시설은 대지에 공개 공지 또는 공개 공간을 설치하여야 하는 건축물이다(건축법 제43조 제1항 제3호, 동법 시행령 제27조의2 제1항 제1호 참고).

관계법령 공개 공지 등의 확보(건축법 제43조)

① 다음 각 호의 어느 하나에 해당하는 지역의 환경을 쾌적하게 조성하기 위하여 대통령령으로 정하는 용도와 규모의 건축물은 일반이 사용할 수 있도록 대통령령으로 정하는 기준에 따라 소규모 휴식시설 등의 공개 공지(空地 : 공터) 또는 공개 공간(이하 "공개공지등"이라 한다)을 설치하여야 한다.
1. 일반주거지역, 준주거지역
2. 상업지역
3. <u>준공업지역</u>
4. 특별자치시장·특별자치도지사 또는 시장·군수·구청장이 도시화의 가능성이 크거나 노후 산업단지의 정비가 필요하다고 인정하여 지정·공고하는 지역

> **공개 공지 등의 확보(건축법 시행령 제27조의2)**
> ① 법 제43조 제1항에 따라 다음 각 호의 어느 하나에 해당하는 건축물의 대지에는 공개 공지 또는 공개 공간(이하 이 조에서 "공개공지등"이라 한다)을 설치해야 한다. 이 경우 공개 공지는 필로티의 구조로 설치할 수 있다.
> 1. 문화 및 집회시설, 종교시설, 판매시설(「<u>농수산물 유통 및 가격안정에 관한 법률</u>」에 <u>따른 농수산물유통시설은 제외한다</u>), <u>운수시설(여객용 시설만 해당한다)</u>, 업무시설 및 숙박시설로서 해당 용도로 쓰는 <u>바닥면적의 합계가 5천 제곱미터 이상인 건축물</u>
> 2. 그 밖에 다중이 이용하는 시설로서 건축조례로 정하는 건축물

39 정답 ③

해설 ㄱ. (60), ㄴ. (5) 농지법 제23조 제1항 제4호, 동법 시행령 제24조 제2항 제2호

ㄷ. (3) 농지법 제23조 제1항 제3호, 동법 시행령 제24조 제1항 제3호

관계법령 **농지의 임대차 또는 사용대차(농지법 제23조)**

① 다음 각 호의 어느 하나에 해당하는 경우 외에는 농지를 임대하거나 무상사용하게 할 수 없다.

　3. 질병, 징집, 취학, 선거에 따른 공직취임, 그 밖에 대통령령으로 정하는 부득이한 사유로 인하여 일시적으로 농업경영에 종사하지 아니하게 된 자가 소유하고 있는 농지를 임대하거나 무상사용하게 하는 경우

> **농지의 임대차 또는 사용대차(농지법 시행령 제24조)**
>
> ① 법 제23조 제1항 제3호에서 "그 밖에 대통령령으로 정하는 부득이한 사유"란 다음 각 호의 어느 하나에 해당하는 경우를 말한다.
>　1. 부상으로 3월 이상의 치료가 필요한 경우
>　2. 교도소·구치소 또는 보호감호시설에 수용 중인 경우
>　3. 3월 이상 국외여행을 하는 경우
>　4. 농업법인이 청산 중인 경우
>　5. 임신 중이거나 분만 후 6개월 미만인 경우

　4. 60세 이상인 사람으로서 대통령령으로 정하는 사람이 소유하고 있는 농지 중에서 자기의 농업경영에 이용한 기간이 5년이 넘은 농지를 임대하거나 무상사용하게 하는 경우

> **농지의 임대차 또는 사용대차(농지법 시행령 제24조)**
>
> ② 법 제23조 제1항 제4호에서 "대통령령으로 정하는 사람이 소유하고 있는 농지"란 다음 각 호의 어느 하나에 해당하는 사람이 거주하는 시(특별시 및 광역시를 포함한다. 이하 이 항에서 같다)·군 또는 이에 연접한 시·군에 있는 소유 농지를 말한다.
>　1. 농업경영에 더 이상 종사하지 않게 된 사람
>　2. 농업인

---

40 정답 ⑤

해설 ① 농지법 제9조 제4호
② 농지법 제9조 제1호
③ 농지법 제9조 제3호
④ 농지법 제9조 제5호
⑤ 농업인이 자기 노동력이 부족하여 농작업의 일부를 위탁하는 경우에 농지의 위탁경영이 가능하다(농지법 제9조 제6호).

관계법령 **농지의 위탁경영(농지법 제9조)**

농지 소유자는 다음 각 호의 어느 하나에 해당하는 경우 외에는 소유 농지를 위탁경영할 수 없다.
　1. 「병역법」에 따라 징집 또는 소집된 경우
　2. 3개월 이상 국외 여행 중인 경우
　3. 농업법인이 청산 중인 경우
　4. 질병, 취학, 선거에 따른 공직 취임, 그 밖에 대통령령으로 정하는 사유로 자경할 수 없는 경우
　5. 제17조에 따른 농지이용증진사업 시행계획에 따라 위탁경영하는 경우
　6. 농업인이 자기 노동력이 부족하여 농작업의 일부를 위탁하는 경우

2022년 제33회 정답 및 해설

✅ 문제편 109p

01	02	03	04	05	06	07	08	09	10	11	12	13	14	15	16	17	18	19	20
⑤	③	②	①	⑤	③	①	④	④	⑤	①	③	②	③	③	②	②	④	⑤	③
21	22	23	24	25	26	27	28	29	30	31	32	33	34	35	36	37	38	39	40
④	②	①	⑤	④	②	③	①	①	②	①	⑤	②	⑤	④	③	②	③	④	①

01 정답 ⑤

해설 ① 시·도지사 또는 대도시 시장은 대통령령으로 정하는 <u>주거지역·공업지역·관리지역에 복합용도지구</u>를 지정할 수 있으며, 그 지정기준 및 방법 등에 필요한 사항은 대통령령으로 정한다(국토의 계획 및 이용에 관한 법률 제37조 제5항).

② 풍수해, 산사태 등의 동일한 재해가 최근 10년 이내 2회 이상 발생하여 인명 피해를 입은 지역으로서 향후 동일한 재해 발생 시 상당한 피해가 우려되는 지역에 대해서는 <u>방재지구의 지정 또는 변경을 도시·군관리계획으로 결정하여야 한다(국토의 계획 및 이용에 관한 법률 제37조 제4항, 동법 시행령 제31조 제5항 제2호). 특정용도제한지구</u>란 주거 및 교육 환경 보호나 청소년 보호 등의 목적으로 오염물질 배출시설, 청소년 유해시설 등 특정시설의 입지를 제한할 필요가 있는 지구를 말한다(국토의 계획 및 이용에 관한 법률 제37조 제1항 제8호 참고).

③ 용도지역·용도지구안에서의 도시·군계획시설에 대하여는 제71조(용도지역 안에서의 건축제한) 내지 제82조의 규정을 <u>적용하지 아니한다</u>(국토의 계획 및 이용에 관한 법률 시행령 제83조 제1항).

④ 공유수면(바다만 해당한다)의 매립 목적이 그 매립구역과 이웃하고 있는 용도지역의 내용과 같으면 제25조와 제30조에도 불구하고 도시·군관리계획의 입안 및 결정 절차 없이 그 매립준공구역은 그 매립의 준공인가일부터 이와 이웃하고 있는 용도지역으로 지정된 것으로 본다. 이 경우 관계 특별시장·광역시장·특별자치시장·특별자치도지사·시장 또는 군수는 그 사실을 지체 없이 고시하여야 한다(국토의 계획 및 이용에 관한 법률 제41조 제1항). 그러나 공유수면의 매립 목적이 그 매립구역과 <u>이웃하고 있는 용도지역의 내용과 다른 경우</u> 및 그 매립구역이 둘 이상의 용도지역에 걸쳐 있거나 이웃하고 있는 경우 그 매립구역이 속할 용도지역은 <u>도시·군관리계획결정으로 지정하여야 한다</u>(국토의 계획 및 이용에 관한 법률 제41조 제2항).

⑤ 국토의 계획 및 이용에 관한 법률 제42조 제1항 제4호

02 정답 ③

해설 ① 국토의 계획 및 이용에 관한 법률 제59조 제2항 제7호

② 국토의 계획 및 이용에 관한 법률 제56조 제4항 제3호, 동법 시행령 제53조 제5호 라목

3. 그 밖에 대통령령으로 정하는 경미한 행위

허가를 받지 아니하여도 되는 경미한 행위(국토의 계획 및 이용에 관한 법률 시행령 제53조)

법 제56조 제4항 제3호에서 "대통령령으로 정하는 경미한 행위"란 다음 각 호의 행위를 말한다. 다만, 다음 각 호에 규정된 범위에서 특별시·광역시·특별자치시·특별자치도·시 또는 군의 도시·군계획조례로 따로 정하는 경우에는 그에 따른다.

5. 토지분할
   가. 「사도법」에 의한 사도개설허가를 받은 토지의 분할
   나. 토지의 일부를 국유지 또는 공유지로 하거나 공공시설로 사용하기 위한 토지의 분할
   다. 행정재산중 용도폐지되는 부분의 분할 또는 일반재산을 매각·교환 또는 양여하기 위한 분할
   라. 토지의 일부가 도시·군계획시설로 지형도면고시가 된 당해 토지의 분할
   마. 너비 5미터 이하로 이미 분할된 토지의 「건축법」 제57조 제1항에 따른 분할제한면적 이상으로의 분할

③ 국토의 계획 및 이용에 관한 법률 제63조 제1항 제2호

관계법령 개발행위허가의 제한(국토의 계획 및 이용에 관한 법률 제63조)

① 국토교통부장관, 시·도지사, 시장 또는 군수는 다음 각 호의 어느 하나에 해당되는 지역으로서 도시·군관리계획상 특히 필요하다고 인정되는 지역에 대해서는 대통령령으로 정하는 바에 따라 중앙도시계획위원회나 지방도시계획위원회의 심의를 거쳐 한 차례만 3년 이내의 기간 동안 개발행위허가를 제한할 수 있다. 다만, 제3호부터 제5호까지에 해당하는 지역에 대해서는 중앙도시계획위원회나 지방도시계획위원회의 심의를 거치지 아니하고 한 차례만 2년 이내의 기간 동안 개발행위허가의 제한을 연장할 수 있다.
1. 녹지지역이나 계획관리지역으로서 수목이 집단적으로 자라고 있거나 조수류 등이 집단적으로 서식하고 있는 지역 또는 우량 농지 등으로 보전할 필요가 있는 지역
2. 개발행위로 인하여 주변의 환경·경관·미관 및 「국가유산기본법」 제3조에 따른 국가유산 등이 크게 오염되거나 손상될 우려가 있는 지역
3. 도시·군기본계획이나 도시·군관리계획을 수립하고 있는 지역으로서 그 도시·군기본계획이나 도시·군관리계획이 결정될 경우 용도지역·용도지구 또는 용도구역의 변경이 예상되고 그에 따라 개발행위허가의 기준이 크게 달라질 것으로 예상되는 지역
4. 지구단위계획구역으로 지정된 지역
5. 기반시설부담구역으로 지정된 지역

④ 기반시설부담구역으로 지정된 지역의 경우 중앙도시계획위원회나 지방도시계획위원회의 심의를 거쳐 한 차례만 3년 이내의 기간 동안 개발행위허가를 제한하고, 중앙도시계획위원회나 지방도시계획위원회의 심의를 거치지 아니하고 한 차례만 2년 이내의 기간 동안 개발행위허가의 제한을 연장할 수 있다(국토의 계획 및 이용에 관한 법률 제63조 제1항 제5호 참고).

⑤ 제56조 제1항 제1호부터 제3호까지의 행위[건축물의 건축 또는 공작물의 설치, 토지의 형질 변경(경작을 위한 경우로서 대통령령으로 정하는 토지의 형질 변경은 제외), 토석의 채취]에 대한 개발행위허가를 받은 자는 그 개발행위를 마치면 특별시장·광역시장·특별자치시장·특별자치도지사·시장 또는 군수의 준공검사를 받아야 한다(국토의 계획 및 이용에 관한 법률 제62조 제1항). 따라서 제56조 제1항 제4호(토지 분할)와 제5호(녹지지역·관리지역 또는 자연환경보전지역에 물건을 1개월 이상 쌓아놓는 행위)에 대한 개발행위의 허가를 받은 자는 준공검사를 받지 않아도 된다.

03 정답 ②

해설 ① 특별시장·광역시장·특별자치시장·특별자치도지사·시장 또는 군수는 녹지지역, 관리지역, 농림지역 및 자연환경보전지역 중 일정한 경우에 해당하는 지역의 전부 또는 일부에 대하여 성장관리계획구역을 지정할 수 있다(국토의 계획 및 이용에 관한 법률 제75조의2 제1항). 따라서 공업지역에는 성장관리계획구역을 지정할 수 없다.

② 국토의 계획 및 이용에 관한 법률 제75조의3 제2항 제2호, 동법 시행령 제70조의14 제2항

> **관계법령** 성장관리계획의 수립 등(국토의 계획 및 이용에 관한 법률 제75조의3)
>
> ② 성장관리계획구역에서는 제77조 제1항에도 불구하고 다음 각 호의 구분에 따른 범위에서 성장관리계획으로 정하는 바에 따라 특별시·광역시·특별자치시·특별자치도·시 또는 군의 조례로 정하는 비율까지 건폐율을 완화하여 적용할 수 있다.
> 1. 계획관리지역 : 50퍼센트 이하
> 2. 생산관리지역·농림지역 및 대통령령으로 정하는 녹지지역 : 30퍼센트 이하
>
>> **성장관리계획의 수립 등(국토의 계획 및 이용에 관한 법률 시행령 제70조의14)**
>> ② 법 제75조의3 제2항 제2호에서 "대통령령으로 정하는 녹지지역"이란 자연녹지지역과 생산녹지지역을 말한다.

③ 성장관리계획구역 내 계획관리지역에서는 제78조 제1항에도 불구하고 125퍼센트 이하의 범위에서 성장관리계획으로 정하는 바에 따라 특별시·광역시·특별자치시·특별자치도·시 또는 군의 조례로 정하는 비율까지 용적률을 완화하여 적용할 수 있다(국토의 계획 및 이용에 관한 법률 제75조의3 제3항).

④ 특별시장·광역시장·특별자치시장·특별자치도지사·시장 또는 군수는 성장관리계획구역을 지정할 때에는 다음 각 호의 사항 중 그 성장관리계획구역의 지정목적을 이루는 데 필요한 사항을 포함하여 성장관리계획을 수립하여야 한다(국토의 계획 및 이용에 관한 법률 제75조의3 제1항).

⑤ 특별시장·광역시장·특별자치시장·특별자치도지사·시장 또는 군수는 성장관리계획구역의 지정 또는 변경에 관한 공고를 한 때에는 성장관리계획구역안을 14일 이상 일반이 열람할 수 있도록 해야 한다(국토의 계획 및 이용에 관한 법률 시행령 제70조의13 제2항 참고).

04 정답 ①

해설 ① 개발행위허가(다른 법률에 따라 개발행위허가가 의제되는 협의를 거친 인가·허가·승인 등을 포함한다. 이하 이 조에서 같다)를 받은 자가 행정청인 경우 개발행위허가를 받은 자가 새로 공공시설을 설치하거나 기존의 공공시설에 대체되는 공공시설을 설치한 경우에는 「국유재산법」과 「공유재산 및 물품 관리법」에도 불구하고 새로 설치된 공공시설은 그 시설을 관리할 관리청에 무상으로 귀속되고, 종래의 공공시설은 개발행위허가를 받은 자에게 무상으로 귀속된다(국토의 계획 및 이용에 관한 법률 제65조 제1항).

② 개발행위허가를 받은 자가 행정청이 아닌 경우 개발행위허가를 받은 자가 새로 설치한 공공시설은 그 시설을 관리할 관리청에 무상으로 귀속되고, 개발행위로 용도가 폐지되는 공공시설은 「국유재산법」과 「공유재산 및 물품 관리법」에도 불구하고 새로 설치한 공공시설의 설치비용에 상당하는 범위에서 개발행위허가를 받은 자에게 무상으로 양도할 수 있다(국토의 계획 및 이용에 관한 법률 제65조 제2항).

③ 특별시장·광역시장·특별자치시장·특별자치도지사·시장 또는 군수는 제1항과 제2항에 따른 공공시설의 귀속에 관한 사항이 포함된 개발행위허가를 하려면 미리 해당 공공시설이 속한 관리청의 의견을 들어야 한다. 다만, 관리청이 지정되지 아니한 경우에는 관리청이 지정된 후 준공되기 전에 관리청의 의견을 들어야 하며, 관리청이 불분명한 경우에는 도로 등에 대하여는 국토교통부장관을, 하천에 대하여는 환경부장관을 관리청으로 보고, 그 외의 재산에 대하여는 기획재정부장관을 관리청으로 본다(국토의 계획 및 이용에 관한 법률 제65조 제3항).

④ 개발행위허가를 받은 자가 행정청인 경우 개발행위허가를 받은 자는 개발행위가 끝나 준공검사를 마친 때에는 해당 시설의 관리청에 공공시설의 종류와 토지의 세목(細目)을 통지하여야 한다. 이 경우 공공 시설은 그 통지한 날에 해당 시설을 관리할 관리청과 개발행위허가를 받은 자에게 각각 귀속된 것으로 본다(국토의 계획 및 이용에 관한 법률 제65조 제5항). 반면에 개발행위허가를 받은 자가 행정청이 아닌 경우 개발행위허가를 받은 자는 제2항에 따라 관리청에 귀속되거나 그에게 양도될 공공시설에 관하여 개발행위가 끝나기 전에 그 시설의 관리청에 그 종류와 토지의 세목을 통지하여야 하고, 준공검사를 한 특별시장·광역시장·특별자치시장·특별자치도지사·시장 또는 군수는 그 내용을 해당 시설의 관 리청에 통보하여야 한다. 이 경우 공공시설은 준공검사를 받음으로써 그 시설을 관리할 관리청과 개발행 위허가를 받은 자에게 각각 귀속되거나 양도된 것으로 본다(국토의 계획 및 이용에 관한 법률 제65조 제6항).

⑤ 개발행위허가를 받은 자가 행정청인 경우 개발행위허가를 받은 자는 제1항에 따라 그에게 귀속된 공공 시설의 처분으로 인한 수익금을 도시·군계획사업 외의 목적에 사용하여서는 아니 된다(국토의 계획 및 이용에 관한 법률 제65조 제8항).

05 정답 ⑤

해설 ①·② 국토의 계획 및 이용에 관한 법률 제10조 제1항

관계법령 광역계획권의 지정(국토의 계획 및 이용에 관한 법률 제10조)

① 국토교통부장관 또는 도지사는 둘 이상의 특별시·광역시·특별자치시·특별자치도·시 또는 군 의 공간구조 및 기능을 상호 연계시키고 환경을 보전하며 광역시설을 체계적으로 정비하기 위하여 필요한 경우에는 다음 각 호의 구분에 따라 인접한 둘 이상의 특별시·광역시·특별자치시·특별 자치도·시 또는 군의 관할 구역 전부 또는 일부를 대통령령으로 정하는 바에 따라 광역계획권으로 지정할 수 있다.
  1. 광역계획권이 둘 이상의 특별시·광역시·특별자치시·도 또는 특별자치도(이하 "시·도"라 한다)의 관할 구역에 걸쳐 있는 경우 : 국토교통부장관이 지정
  2. 광역계획권이 도의 관할 구역에 속하여 있는 경우 : 도지사가 지정

③ 도지사가 광역계획권을 지정하거나 변경하려면 관계 중앙행정기관의 장, 관계 시·도지사, 시장 또는 군수의 의견을 들은 후 지방도시계획위원회의 심의를 거쳐야 한다(국토의 계획 및 이용에 관한 법률 제10조 제4항).

④ 국토교통부장관은 광역계획권을 지정하거나 변경하려면 관계 시·도지사, 시장 또는 군수의 의견을 들은 후 중앙도시계획위원회의 심의를 거쳐야 한다(국토의 계획 및 이용에 관한 법률 제10조 제3항).

⑤ 중앙행정기관의 장, 시·도지사, 시장 또는 군수는 국토교통부장관이나 도지사에게 광역계획권의 지정 또는 변경을 요청할 수 있다(국토의 계획 및 이용에 관한 법률 제10조 제2항).

06 정답 ③

해설 ① 도시·군관리계획과 관련된 다음 각 호의 심의를 하게 하거나 자문에 응하게 하기 위하여 시·군(광역시의 관할 구역에 있는 군을 포함한다. 이하 이 조에서 같다) 또는 구에 각각 **시·군·구도시계획위원회**를 둔다(국토의 계획 및 이용에 관한 법률 제113조 제2항).

② 분과위원회의 심의는 중앙도시계획위원회의 심의로 본다. 다만, <u>제1항 제4호(중앙도시계획위원회에서 위임하는 사항)의 경우에는 중앙도시계획위원회가 분과위원회의 심의를 중앙도시계획위원회의 심의로 보도록 하는 경우만 해당한다</u>(국토의 계획 및 이용에 관한 법률 제110조 제2항).

③ 국토의 계획 및 이용에 관한 법률 제48조의2 제6항, 동법 시행령 제42조의2 제6항

관계법령

도시·군계획시설결정의 해제 신청 등(국토의 계획 및 이용에 관한 법률 제48조의2)
⑥ 제5항에 따라 신청을 받은 국토교통부장관은 대통령령으로 정하는 바에 따라 해당 도시·군계획시설에 대한 도시·군관리계획 결정권자에게 도시·군계획시설결정의 해제를 권고할 수 있다.

도시·군계획시설결정의 해제 신청 등(국토의 계획 및 이용에 관한 법률 시행령 제42조의2)
⑥ 국토교통부장관은 법 제48조의2 제6항에 따라 해제를 권고하려는 경우에는 중앙도시계획위원회의 심의를 거쳐야 한다.

④ 국토의 계획 및 이용에 관한 법률 제113조의2, 동법 시행령 제113조의3 제2항

관계법령

회의록의 공개(국토의 계획 및 이용에 관한 법률 제113조의2)
중앙도시계획위원회 및 지방도시계획위원회의 심의 일시·장소·안건·내용·결과 등이 기록된 회의록은 1년의 범위에서 대통령령으로 정하는 기간이 지난 후에는 공개 요청이 있는 경우 대통령령으로 정하는 바에 따라 공개하여야 한다. 다만, 공개에 의하여 부동산 투기 유발 등 공익을 현저히 해칠 우려가 있다고 인정하는 경우나 심의·의결의 공정성을 침해할 우려가 있다고 인정되는 이름·주민등록번호 등 대통령령으로 정하는 개인 식별 정보에 관한 부분의 경우에는 그러하지 아니하다.

회의록의 공개(국토의 계획 및 이용에 관한 법률 시행령 제113조의3)
② 법 제113조의2 본문에 따른 회의록의 공개는 <u>열람 또는 사본</u>을 제공하는 방법으로 한다.

⑤ 특별시장·광역시장·특별자치시장·특별자치도지사·시장 또는 군수는 성장관리계획구역을 지정하거나 이를 변경하려면 대통령령으로 정하는 바에 따라 <u>미리 주민과 해당 지방의회의 의견을 들어야 하며, 관계 행정기관과의 협의 및 지방도시계획위원회의 심의를 거쳐야 한다</u>. 다만, 대통령령으로 정하는 경미한 사항을 변경하는 경우에는 그러하지 아니하다(국토의 계획 및 이용에 관한 법률 제75조의2 제2항).

07 정답 ①

해설 ① 기존 관리용건축물의 면적을 포함하여 33제곱미터 이하인 경우이다(국토의 계획 및 이용에 관한 법률 시행령 제88조, [별표 24] 1. 바.).

② 국토의 계획 및 이용에 관한 법률 시행령 제88조, [별표 24] 2. 가. (1)

③ 국토의 계획 및 이용에 관한 법률 시행령 제88조, [별표 24] 2. 나. (4)

④ 국토의 계획 및 이용에 관한 법률 시행령 제88조, [별표 24] 2. 나. (1)

⑤ 국토의 계획 및 이용에 관한 법률 시행령 제88조, [별표 24] 2. 나. (5)

관계법령 **시가화조정구역 안에서의 행위제한(국토의 계획 및 이용에 관한 법률 시행령 제88조)**

법 제81조 제2항의 규정에 의하여 시가화조정구역 안에서 특별시장·광역시장·특별자치시장·특별자치도지사·시장 또는 군수의 허가를 받아 할 수 있는 행위는 [별표 24]와 같다.

시가화조정구역 안에서 할 수 있는 행위(국토의 계획 및 이용에 관한 법률 시행령 [별표 24])

1. 법 제81조 제2항 제1호의 규정에 의하여 할 수 있는 행위 : 농업·임업 또는 어업을 영위하는 자가 행하는 다음 각 목의 1에 해당하는 건축물 그 밖의 시설의 건축

   가. 축 사
   나. 퇴비사
   다. 잠 실
   라. 창고(저장 및 보관시설을 포함한다)
   마. 생산시설(단순가공시설을 포함한다)
   바. 관리용건축물로서 기존 관리용건축물의 면적을 포함하여 33제곱미터 이하인 것
   사. 양어장

2. 법 제81조 제2항 제2호의 규정에 의하여 할 수 있는 행위

   가. 주택 및 그 부속건축물의 건축으로서 다음의 1에 해당하는 행위
      (1) 주택의 증축(기존주택의 면적을 포함하여 100제곱미터 이하에 해당하는 면적의 증축을 말한다)
      (2) 부속건축물의 건축(주택 또는 이에 준하는 건축물에 부속되는 것에 한하되, 기존건축물의 면적을 포함하여 33제곱미터 이하에 해당하는 면적의 신축·증축·재축 또는 대수선을 말한다)

   나. 마을공동시설의 설치로서 다음의 1에 해당하는 행위
      (1) 농로·제방 및 사방시설의 설치
      (2) 새마을회관의 설치
      (3) 기존정미소(개인소유의 것을 포함한다)의 증축 및 이축(시가화조정구역의 인접지에서 시행하는 공공사업으로 인하여 시가화조정구역안으로 이전하는 경우를 포함한다)
      (4) 정자 등 간이휴게소의 설치
      (5) 농기계수리소 및 농기계용 유류판매소(개인소유의 것을 포함한다)의 설치
      (6) 선착장 및 물양장(소형선 부두)의 설치

08 정답 ④

해설
① 특별시장·광역시장·특별자치시장·특별자치도지사·시장 또는 군수는 개발밀도관리구역에서는 용도지역에 적용되는 용적률의 최대한도의 50퍼센트 범위에서 제77조나 제78조에 따른 건폐율 또는 용적률을 강화하여 적용한다(국토의 계획 및 이용에 관한 법률 제66조 제2항, 동법 시행령 제62조 제1항).
② 국토의 계획 및 이용에 관한 법률 제67조 제1항 제3호, 동법 시행령 제64조 제1항 제1호

관계법령 기반시설부담구역의 지정(국토의 계획 및 이용에 관한 법률 제67조)

① 특별시장·광역시장·특별자치시장·특별자치도지사·시장 또는 군수는 다음 각 호의 어느 하나에 해당하는 지역에 대하여는 기반시설부담구역으로 지정하여야 한다. 다만, 개발행위가 집중되어 특별시장·광역시장·특별자치시장·특별자치도지사·시장 또는 군수가 해당 지역의 계획적 관리를 위하여 필요하다고 인정하면 다음 각 호에 해당하지 아니하는 경우라도 기반시설부담구역으로 지정할 수 있다.
1. 이 법 또는 다른 법령의 제정·개정으로 인하여 행위 제한이 완화되거나 해제되는 지역
2. 이 법 또는 다른 법령에 따라 지정된 용도지역 등이 변경되거나 해제되어 행위 제한이 완화되는 지역
3. 개발행위허가 현황 및 인구증가율 등을 고려하여 대통령령으로 정하는 지역

> **기반시설부담구역의 지정(국토의 계획 및 이용에 관한 법률 시행령 제64조)**
>
> ① 법 제67조 제1항 제3호에서 "대통령령으로 정하는 지역"이란 특별시장·광역시장·특별자치시장·특별자치도지사·시장 또는 군수가 제4조의2에 따른 기반시설의 설치가 필요하다고 인정하는 지역으로서 다음 각 호의 어느 하나에 해당하는 지역을 말한다.
> 1. 해당 지역의 전년도 개발행위허가 건수가 전전년도 개발행위허가 건수보다 20퍼센트 이상 증가한 지역
> 2. 해당 지역의 전년도 인구증가율이 그 지역이 속하는 특별시·광역시·특별자치시·특별자치도·시 또는 군(광역시의 관할 구역에 있는 군은 제외한다)의 전년도 인구증가율보다 20퍼센트 이상 높은 지역

---

③ 특별시장·광역시장·특별자치시장·특별자치도지사·시장 또는 군수는 제2항에 따라 기반시설부담구역이 지정되면 대통령령으로 정하는 바에 따라 기반시설설치계획을 수립하여야 하며, 이를 도시·군관리계획에 반영하여야 한다(국토의 계획 및 이용에 관한 법률 제67조 제4항).
④ 기반시설부담구역의 지정고시일부터 1년이 되는 날까지 기반시설설치계획을 수립하지 아니하면 그 1년이 되는 날의 다음 날에 기반시설부담구역의 지정은 해제된 것으로 본다(국토의 계획 및 이용에 관한 법률 시행령 제65조 제4항).
⑤ 특별시장·광역시장·특별자치시장·특별자치도지사·시장 또는 군수는 기반시설설치비용의 관리 및 운용을 위하여 기반시설부담구역별로 특별회계를 설치하여야 하며, 그에 필요한 사항은 지방자치단체의 조례로 정한다(국토의 계획 및 이용에 관한 법률 제70조 제1항).

09 정답 ④

해설

ㄱ. (×) 광장 중 건축물부설광장이다(국토의 계획 및 이용에 관한 법률 시행규칙 제6조 제1항 제4호).
ㄴ. (○) 국토의 계획 및 이용에 관한 법률 시행규칙 제6조 제1항 제10호 가목
ㄷ. (○) 국토의 계획 및 이용에 관한 법률 시행규칙 제6조 제1항 제11호
ㄹ. (○) 국토의 계획 및 이용에 관한 법률 시행규칙 제6조 제1항 제8호 라목

관계법령

도시·군계획시설의 설치·관리(국토의 계획 및 이용에 관한 법률 제43조)

① 지상·수상·공중·수중 또는 지하에 기반시설을 설치하려면 그 시설의 종류·명칭·위치·규모 등을 미리 도시·군관리계획으로 결정하여야 한다. 다만, 용도지역·기반시설의 특성 등을 고려하여 대통령령으로 정하는 경우에는 그러하지 아니하다.

도시·군계획시설의 설치·관리(국토의 계획 및 이용에 관한 법률 시행령 제35조)

① 법 제43조 제1항 단서에서 "대통령령으로 정하는 경우"란 다음 각 호의 경우를 말한다.
  1. 도시지역 또는 지구단위계획구역에서 다음 각 목의 기반시설을 설치하고자 하는 경우
    가. 주차장, 차량 검사 및 면허시설, 공공공지, 열공급설비, 방송·통신시설, 시장·공공청사·문화시설·공공필요성이 인정되는 체육시설·연구시설·사회복지시설·공공직업 훈련시설·청소년수련시설·저수지·방화설비·방풍설비·방수설비·사방설비·방조설비·장사시설·종합의료시설·빗물저장 및 이용시설·폐차장
    나. 「도시공원 및 녹지 등에 관한 법률」의 규정에 의하여 점용허가대상이 되는 공원 안의 기반시설
    다. 그 밖에 국토교통부령으로 정하는 시설

도시·군관리계획의 결정 없이 설치할 수 있는 시설(국토의 계획 및 이용에 관한 법률 시행규칙 제6조)

① 영 제35조 제1항 제1호 다목에서 "국토교통부령으로 정하는 시설"이란 다음 각 호의 시설을 말한다.
  1. 공항 중 「공항시설법 시행령」 제3조 제3호의 규정에 의한 도심공항터미널
  2. 삭제 〈2016.12.30.〉
  3. 여객자동차터미널 중 전세버스운송사업용 여객자동차터미널
  4. 광장 중 건축물부설광장
  5. 전기공급설비(발전시설, 옥외에 설치하는 변전시설 및 지상에 설치하는 전압 15만 4천볼트 이상의 송전선로는 제외한다)
  5의2. 「신에너지 및 재생에너지 개발·이용·보급 촉진법」 제2조 제3호에 따른 신·재생에너지설비로서 다음 각 목의 어느 하나에 해당하는 설비
    가. 「신에너지 및 재생에너지 개발·이용·보급 촉진법 시행규칙」 제2조 제2호에 따른 연료전지 설비 및 같은 조 제4호에 따른 태양에너지 설비
    나. 「신에너지 및 재생에너지 개발·이용·보급 촉진법 시행규칙」 제2조 제1호, 제3호 및 제5호부터 제12호까지에 해당하는 설비로서 발전용량이 200킬로와트 이하인 설비(전용주거지역 및 일반주거지역 외의 지역에 설치하는 경우로 한정한다)
  6. 다음 각 목의 어느 하나에 해당하는 가스공급설비
    가. 「액화석유가스의 안전관리 및 사업법」 제5조 제1항에 따라 액화석유가스충전사업의 허가를 받은 자가 설치하는 액화석유가스 충전시설
    나. 「도시가스사업법」 제3조에 따라 도시가스사업의 허가를 받은 자 또는 같은 법 제39조의2 제1항 각 호 외의 부분 전단에 따른 도시가스사업자 외의 가스공급시설설치자가 설치하는 같은 법 제2조 제5호에 따른 가스공급시설
    다. 「환경친화적 자동차의 개발 및 보급 촉진에 관한 법률」 제2조 제9호에 따른 수소연료공급시설

라. 「고압가스 안전관리법」제3조 제1호에 따른 저장소로서 자기가 직접 다음의 어느 하나의 용도로 소비할 목적으로 고압가스를 저장하는 저장소
　　1) 발전용 : 전기(電氣)를 생산하는 용도
　　2) 산업용 : 제조업의 제조공정용 원료 또는 연료(제조부대시설의 운영에 필요한 연료를 포함한다)로 사용하는 용도
　　3) 열병합용 : 전기와 열을 함께 생산하는 용도
　　4) 열 전용(專用) 설비용 : 열만을 생산하는 용도
6의2. 수도공급설비 중 「수도법」제3조 제9호의 마을상수도
7. 유류저장 및 송유설비 중 「위험물안전관리법」제6조에 따른 제조소등의 설치허가를 받은 자가 「위험물안전관리법 시행령」[별표 1]에 따른 인화성액체 중 유류를 저장하기 위하여 설치하는 유류저장시설
8. 다음 각 목의 학교
　가. 「유아교육법」제2조 제2호에 따른 유치원
　나. 「장애인 등에 대한 특수교육법」제2조 제10호에 따른 특수학교
　다. 「초·중등교육법」제60조의3에 따른 대안학교
　라. 「고등교육법」제2조 제5호에 따른 방송대학·통신대학 및 방송통신대학
9. 삭제 〈2018.12.27.〉
10. 다음 각 목의 어느 하나에 해당하는 도축장
　가. 대지면적이 500제곱미터 미만인 도축장
　나. 「산업입지 및 개발에 관한 법률」제2조 제8호에 따른 산업단지 내에 설치하는 도축장
11. 폐기물처리 및 재활용시설 중 재활용시설
12. 수질오염방지시설 중 「광산피해의 방지 및 복구에 관한 법률」제31조에 따른 한국광해관리공단이 같은 법 제11조에 따른 광해방지사업의 일환으로 폐광의 폐수를 처리하기 위하여 설치하는 시설(「건축법」제11조에 따른 건축허가를 받아 건축하여야 하는 시설은 제외한다)

10 　정답　⑤

　해설　ㄱ. 개발밀도관리구역
　　　　ㄴ. 기반시설부담구역

관계법령　토지에의 출입 등(국토의 계획 및 이용에 관한 법률 제130조)

① 국토교통부장관, 시·도지사, 시장 또는 군수나 도시·군계획시설사업의 시행자는 다음 각 호의 행위를 하기 위하여 필요하면 타인의 토지에 출입하거나 타인의 토지를 재료 적치장 또는 임시통로로 일시 사용할 수 있으며, 특히 필요한 경우에는 나무, 흙, 돌, 그 밖의 장애물을 변경하거나 제거할 수 있다.
1. 도시·군계획·광역도시·군계획에 관한 기초조사
2. 개발밀도관리구역, 기반시설부담구역 및 제67조 제4항에 따른 기반시설설치계획에 관한 기초조사
3. 지가의 동향 및 토지거래의 상황에 관한 조사
4. 도시·군계획시설사업에 관한 조사·측량 또는 시행

11 정답 ①

해설
① 국토의 계획 및 이용에 관한 법률 시행령 제17조 제1항 제1호
② 청문회의 청문조서가 아니라 <u>공청회개최 결과</u>이다(국토의 계획 및 이용에 관한 법률 시행령 제17조 제1항 제2호).
③ 해당 시·군 및 도의 의회의 심의·의결 결과가 아니라 해당 시·군의 의회의 <u>의견청취 결과</u>이다(국토의 계획 및 이용에 관한 법률 시행령 제17조 제1항 제3호).
④ 해당 시·군 및 도의 지방도시계획위원회의 심의 결과가 아니라—해당 시·군에 설치된 <u>지방도시계획위원회의 자문결과</u>이다(국토의 계획 및 이용에 관한 법률 시행령 제17조 제1항 제4호).
⑤ 관계 중앙행정기관의 장과의 협의 및 중앙도시계획위원 회의 심의에 필요한 서류가 아니라 관계 행정기관의 장과의 협의 및 도의 <u>지방도시계획위원회의 심의에 필요한 서류</u>이다(국토의 계획 및 이용에 관한 법률 시행령 제17조 제1항 제5호).

> **관계법령** 시·군 도시·군기본계획의 승인(국토의 계획 및 이용에 관한 법률 시행령 제17조)
>
> ① 시장 또는 군수는 법 제22조의2 제1항에 따라 도시·군기본계획의 승인을 받으려면 도시·군기본 계획안에 다음 각 호의 서류를 첨부하여 도지사에게 제출하여야 한다.
> 1. <u>기초조사 결과</u>
> 2. 공청회개최 결과
> 3. 법 제21조에 따른 해당 시·군의 의회의 의견청취 결과
> 4. 해당 시·군에 설치된 지방도시계획위원회의 자문을 거친 경우에는 그 결과
> 5. 법 제22조의2 제2항에 따른 관계 행정기관의 장과의 협의 및 도의 지방도시계획위원회의 심의에 필요한 서류

12 정답 ③

해설

> **관계법령** 용도지역에서의 용적률(국토의 계획 및 이용에 관한 법률 제78조)
>
> ① 제36조에 따라 지정된 용도지역에서 용적률의 최대한도는 관할 구역의 면적과 인구 규모, 용도지역의 특성 등을 고려하여 다음 각 호의 범위에서 대통령령으로 정하는 기준에 따라 특별시·광역시·특별자치시·특별자치도·시 또는 군의 조례로 정한다.
> 1. 도시지역
>   가. 주거지역 : <u>500퍼센트 이하</u>(ㄱ)
>   나. 상업지역 : 1천500퍼센트 이하
>   다. 공업지역 : 400퍼센트 이하
>   라. 녹지지역 : 100퍼센트 이하
> 2. 관리지역
>   가. 보전관리지역 : 80퍼센트 이하
>   나. 생산관리지역 : 80퍼센트 이하
>   다. 계획관리지역 : <u>100퍼센트 이하</u>(ㄴ)
> 3. 농림지역 : <u>80퍼센트 이하</u>(ㄷ)
> 4. 자연환경보전지역 : 80퍼센트 이하

13 정답 ②

해설 ①·⑤ 시행자는 토지 소유자가 원하면 토지 등의 <u>매수 대금의 일부를 지급하기 위하여</u> 대통령령으로 정하는 바에 따라 사업 시행으로 조성된 토지·건축물로 상환하는 채권(이하 "토지상환채권"이라 한다)을 발행할 수 있다. 다만, 제11조 제1항 제5호부터 제11호까지의 규정에 해당하는 자(토지 소유자 등 민간사업자)는 대통령령으로 정하는 금융기관(은행법에 따른 은행, 보험업법에 따른 보험회사, 건설산업기본법에 따른 공제조합) 등으로부터 지급보증을 받은 경우에만 이를 발행할 수 있다(도시개발법 제23조 제1항, 동법 시행령 제46조). 「지방공기업법」에 따라 설립된 지방공사는 도시개발법 제11조 제4항 규정에 해당하는 자로서 은행 등의 지급보증을 받지 않고 토지상환채권을 발행할 수 있다.

② 법 제23조 제1항에 따른 토지상환채권(이하 "토지상환채권"이라 한다)의 발행규모는 그 토지상환채권으로 상환할 토지·건축물이 해당 도시개발사업으로 조성되는 분양토지 또는 분양건축물 면적의 2분의 1을 초과하지 아니하도록 하여야 한다(도시개발법 시행령 제45조).

③ <u>토지상환채권을 이전하는 경우</u> 취득자는 그 성명과 주소를 토지상환채권원부에 기재하여 줄 것을 요청하여야 하며, 취득자의 성명과 주소가 토지상환채권에 기재되지 아니하면 취득자는 발행자 및 그 밖의 제3자에게 대항하지 못한다(도시개발법 시행령 제53조 제1항).

④ 도시개발법 시행령 제47조 제6호

> **관계법령** **토지상환채권의 발행계획(도시개발법 시행령 제47조)**
>
> 법 제23조 제2항에 따른 토지상환채권의 발행계획에는 다음 각 호의 사항이 포함되어야 한다.
> 1. 시행자의 명칭
> 2. 토지상환채권의 발행총액
> 3. 토지상환채권의 이율
> 4. 토지상환채권의 발행가액 및 발행시기
> 5. 상환대상지역 또는 상환대상토지의 용도
> 6. <u>토지가격의 추산방법</u>
> 7. 보증기관 및 보증의 내용(법 제11조 제1항 제5호부터 제11호까지의 규정에 해당하는 자가 발행하는 경우에만 해당한다)

14 정답 ③

해설 ① 도시개발구역의 토지 소유자나 이해관계인은 제1항의 공람 기간에 시행자에게 의견서를 제출할 수 있으며, 의견서를 받은 시행자는 공사 결과와 실시계획 내용에 맞는지를 확인하여 필요한 조치를 하여야 한다(도시개발법 제40조 제2항).

② 환지를 정하거나 그 대상에서 제외한 경우 그 과부족분(過不足分)은 종전의 토지(제32조에 따라 입체 환지 방식으로 사업을 시행하는 경우에는 환지 대상 건축물을 포함한다. 이하 제42조 및 제45조에서 같다) 및 환지의 위치·지목·면적·토질·수리·이용 상황·환경, 그 밖의 사항을 종합적으로 고려하여 금전으로 청산하여야 한다(도시개발법 제41조 제1항).

③ 시행자는 지정권자에 의한 준공검사를 받은 경우(지정권자가 시행자인 경우에는 제51조에 따른 공사 완료 공고가 있는 때)에는 대통령령으로 정하는 기간(<u>60일</u>)에 환지처분을 하여야 한다(도시개발법 제40조 제4항, 동법 시행령 제65조).

④ 시행자는 환지처분을 하려는 경우에는 환지 계획에서 정한 사항을 토지 소유자에게 알리고 대통령령으로 정하는 바에 따라(관보 또는 공보에) 이를 공고하여야 한다(도시개발법 제40조 제5항, 동법 시행령 제66조 제1항).

⑤ 환지 계획에서 정하여진 환지는 그 환지처분이 공고된 날의 다음 날부터 종전의 토지로 보며, 환지 계획에서 환지를 정하지 아니한 종전의 토지에 있던 권리는 그 환지처분이 공고된 날이 끝나는 때에 소멸한다(도시개발법 제42조 제1항).

15 정답 ③

해설 ① 도시개발법 제3조 제3항 제1호
② 도시개발법 제3조 제3항 제2호
③ 제11조 제1항 제2호의 공공기관의 장인 한국토지주택공사 사장이 <u>30만 제곱미터 이상의 규모로 국가</u>계획과 밀접한 관련이 있는 도시개발구역의 지정을 제안하는 경우에 국토교통부장관이 도시개발구역을 지정할 수 있다(도시개발법 제3조 제3항 제3호, 동법 시행령 제4조 제1항).
④ 도시개발법 제3조 제3항 제5호, 동법 시행령 제4조 제2항
⑤ 도시개발법 제3조 제3항 제4호

관계법령 **도시개발구역의 지정 등(도시개발법 제3조)**

③ 국토교통부장관은 다음 각 호의 어느 하나에 해당하면 제1항과 제2항에도 불구하고 도시개발구역을 지정할 수 있다.
1. 국가가 도시개발사업을 실시할 필요가 있는 경우
2. 관계 중앙행정기관의 장이 요청하는 경우
3. 제11조 제1항 제2호에 따른 공공기관(대통령령으로 정하는 공공기관)의 장 또는 같은 항 제3호에 따른 정부출연기관(대통령령으로 정하는 정부출연기관)의 장이 대통령령으로 정하는 규모 이상으로서 국가계획과 밀접한 관련이 있는 도시개발구역의 지정을 제안하는 경우

> **도시개발법 시행령**
> **제4조(국토교통부장관의 도시개발구역 지정)**
> ① 법 제3조 제3항 제3호에서 "대통령령으로 정하는 규모"란 <u>30만 제곱미터</u>를 말한다.
>
> **제18조(시행자)**
> ① 법 제11조 제1항 제2호에서 "대통령령으로 정하는 공공기관"이란 다음 각 호의 공공기관을 말한다.
> 1. 「한국토지주택공사법」에 따른 한국토지주택공사(이하 "한국토지주택공사"라 한다)
> 2. 삭제 〈2009.9.21.〉
> 3. 「한국수자원공사법」에 따른 한국수자원공사
> 4. 「한국농어촌공사 및 농지관리기금법」에 따른 한국농어촌공사
> 5. 「한국관광공사법」에 따른 한국관광공사
> 6. 「한국철도공사법」에 따른 한국철도공사
> 7. 「혁신도시 조성 및 발전에 관한 특별법」 제43조 제3항에 따른 매입공공기관(같은 법 제2조 제6호에 따른 종전부동산 및 그 주변을 개발하는 경우로 한정한다)

4. 제2항에 따른 협의가 성립되지 아니하는 경우
5. 그 밖에 대통령령으로 정하는 경우

> **국토교통부장관의 도시개발구역 지정(도시개발법 시행령 제4조)**
> ② 법 제3조 제3항 제5호에서 "대통령령으로 정하는 경우"란 천재지변, 그 밖의 사유로 인하여 도시개발사업을 긴급하게 할 필요가 있는 경우를 말한다.

16 정답 ②

해설 ① 조합은 그 주된 사무소의 소재지에서 등기를 하면 성립한다(도시개발법 제15조 제2항).
② 조합이 제1항에 따라 인가를 받은 사항을 변경하려면 지정권자로부터 변경인가를 받아야 한다. 다만, 대통령령으로 정하는 경미한 사항을 변경하려는 경우(주된 사무소의 소재지를 변경하려는 경우, 공고방법을 변경하려는 경우)에는 신고하여야 한다(도시개발법 제13조 제2항, 동법 시행령 제30조).
③ 제1항에 따라 조합 설립의 인가를 신청하려면 해당 도시개발구역의 토지면적의 3분의 2 이상에 해당하는 토지 소유자와 그 구역의 토지 소유자 총수의 2분의 1 이상의 동의를 받아야 한다(도시개발법 제13조 제3항).
④ 조합의 조합원은 도시개발구역의 토지 소유자로 한다(도시개발법 제14조 제1항).
⑤ 법 제13조에 따라 조합의 설립인가를 받은 조합의 대표자는 설립인가를 받은 날부터 30일 이내에 주된 사무소의 소재지에서 설립등기를 하여야 한다(도시개발법 시행령 제32조 제1항).

17 정답 ②

해설 ① 도시개발법 제11조 제1항 제1호
② 「한국부동산원법」에 따른 한국부동산원은 도시개발법령상 도시개발사업 시행자로 지정될 수 없다.
③ 도시개발법 제11조 제1항 제2호, 동법 시행령 제18조 제1항 제3호
④ 도시개발법 제11조 제1항 제2호, 동법 시행령 제18조 제1항 제5호
⑤ 도시개발법 제11조 제1항 제4호

> **관계법령** 시행자 등(도시개발법 제11조)
>
> ① 도시개발사업의 시행자(이하 "시행자"라 한다)는 다음 각 호의 자 중에서 지정권자가 지정한다. 다만, 도시개발구역의 전부를 환지 방식으로 시행하는 경우에는 제5호의 토지 소유자나 제6호의 조합을 시행자로 지정한다.
> 1. 국가나 지방자치단체
> 2. 대통령령으로 정하는 공공기관
>
> > **시행자(도시개발법 시행령 제18조)**
> > ① 법 제11조 제1항 제2호에서 "대통령령으로 정하는 공공기관"이란 다음 각 호의 공공기관을 말한다.
> > 1. 「한국토지주택공사법」에 따른 한국토지주택공사(이하 "한국토지주택공사"라 한다)
> > 2. 삭제 〈2009.9.21.〉
> > 3. 「한국수자원공사법」에 따른 한국수자원공사
> > 4. 「한국농어촌공사 및 농지관리기금법」에 따른 한국농어촌공사
> > 5. 「한국관광공사법」에 따른 한국관광공사
> > 6. 「한국철도공사법」에 따른 한국철도공사
> > 7. 「혁신도시 조성 및 발전에 관한 특별법」 제43조 제3항에 따른 매입공공기관(같은 법 제2조 제6호에 따른 종전부동산 및 그 주변을 개발하는 경우로 한정한다)
>
> 3. 대통령령으로 정하는 정부출연기관
> 4. 「지방공기업법」에 따라 설립된 지방공사
> 5. 도시개발구역의 토지 소유자(「공유수면 관리 및 매립에 관한 법률」 제28조에 따라 면허를 받은 자를 해당 공유수면을 소유한 자로 보고 그 공유수면을 토지로 보며, 제21조에 따른 수용 또는 사용 방식의 경우에는 도시개발구역의 국공유지를 제외한 토지면적의 3분의 2 이상을 소유한 자를 말한다)

6. 도시개발구역의 토지 소유자(「공유수면 관리 및 매립에 관한 법률」 제28조에 따라 면허를 받은 자를 해당 공유수면을 소유한 자로 보고 그 공유수면을 토지로 본다)가 도시개발을 위하여 설립한 조합(도시개발사업의 전부를 환지 방식으로 시행하는 경우에만 해당하며, 이하 "조합"이라 한다)

7. 「수도권정비계획법」에 따른 과밀억제권역에서 수도권 외의 지역으로 이전하는 법인 중 과밀억제권역의 사업 기간 등 대통령령으로 정하는 요건에 해당하는 법인

8. 「주택법」 제4조에 따라 등록한 자 중 도시개발사업을 시행할 능력이 있다고 인정되는 자로서 대통령령으로 정하는 요건에 해당하는 자(「주택법」 제2조 제12호에 따른 주택단지와 그에 수반되는 기반시설을 조성하는 경우에만 해당한다)

9. 「건설산업기본법」에 따른 토목공사업 또는 토목건축공사업의 면허를 받는 등 개발계획에 맞게 도시개발사업을 시행할 능력이 있다고 인정되는 자로서 대통령령으로 정하는 요건에 해당하는 자

9의2. 「부동산개발업의 관리 및 육성에 관한 법률」 제4조 제1항에 따라 등록한 부동산개발업자로서 대통령령으로 정하는 요건에 해당하는 자

10. 「부동산투자회사법」에 따라 설립된 자기관리부동산투자회사 또는 위탁관리부동산투자회사로서 대통령령으로 정하는 요건에 해당하는 자

11. 제1호부터 제9호까지, 제9호의2 및 제10호에 해당하는 자(제6호에 따른 조합은 제외한다)가 도시개발사업을 시행할 목적으로 출자에 참여하여 설립한 법인으로서 대통령령으로 정하는 요건에 해당하는 법인

18 정답 ④

해설 | **관계법령** **개발계획의 경미한 변경(도시개발법 시행령 제7조)**

① 법 제4조 제4항 후단에서 "대통령령으로 정하는 경미한 사항의 변경"이란 개발계획을 변경하는 경우로서 다음 각 호에 해당하는 경우를 제외한 경우를 말한다.

1. 환지방식을 적용하는 지역의 면적 변경이 다음 각 목의 어느 하나에 해당하는 경우
   가. 편입되는 토지의 면적이 종전(법 제4조 제4항에 따라 토지소유자의 동의를 받아 개발계획을 수립 또는 변경한 때를 말한다. 이하 이 조에서 같다) 환지방식이 적용되는 면적의 100분의 5 이상인 경우(경미한 사항이 여러 차례 변경된 경우에는 누적하여 산정한다. 이하 이 조에서 같다)
   나. 제외되는 토지의 면적이 종전 환지방식이 적용되는 면적의 <u>100분의 10</u> 이상인 경우
   다. 편입 또는 제외되는 면적이 각각 <u>3만</u> 제곱미터 이상인 경우
   라. 토지의 편입이나 제외로 인하여 환지방식이 적용되는 면적이 종전보다 <u>100분의 10</u> 이상 증감하는 경우

19 정답 ⑤

해설 ① 사업시행자는 제54조 제4항에 따라 건설한 국민주택규모 주택을 국토교통부장관, 시·도지사, 시장, 군수, 구청장 또는 토지주택공사등(이하 "인수자"라 한다)에 공급하여야 한다(도시 및 주거환경정비법 제55조 제1항).

② 사업시행자는 법 제54조 제4항에 따라 건설한 국민주택규모 주택 중 법 제55조 제1항에 따라 국토교통부장관, 시·도지사, 시장·군수·구청장 또는 토지주택공사등(이하 "인수자"라 한다)에 공급해야 하는 국민주택규모 주택을 공개추첨의 방법으로 선정해야 하며, 그 선정결과를 지체 없이 같은 항에 따른 인수자에게 통보해야 한다(도시 및 주거환경정비법 시행령 제48조 제1항).

③·⑤ 사업시행자가 제1항에 따라 선정된 국민주택규모 주택을 공급하는 경우에는 시·도지사, 시장·군수·구청장 순으로 우선하여 인수할 수 있다. 다만, 시·도지사 및 시장·군수·구청장이 국민주택규모 주택을 인수할 수 없는 경우에는 시·도지사는 국토교통부장관에게 인수자 지정을 요청해야 한다(도시 및 주거환경정비법 시행령 제48조 제2항).

④ 제1항에 따른 국민주택규모 주택의 공급가격은 「공공주택 특별법」 제50조의4에 따라 국토교통부장관이 고시하는 공공건설임대주택의 표준건축비로 하며, 부속 토지는 인수자에게 기부채납한 것으로 본다(도시 및 주거환경정비법 제55조 제2항).

20 정답 ③

해설 ① 법 제41조 제1항에 따라 조합에 두는 이사의 수는 3명 이상으로 하고, 감사의 수는 1명 이상 3명 이하로 한다. 다만, 토지등소유자의 수가 100인을 초과하는 경우에는 이사의 수를 5명 이상으로 한다(도시 및 주거환경정비법 시행령 제40조).

② 조합임원의 임기는 3년 이하의 범위에서 정관으로 정하되, 연임할 수 있다(도시 및 주거환경정비법 제41조 제4항).

③ 조합장이 아닌 조합임원은 대의원이 될 수 없다(도시 및 주거환경정비법 제46조 제3항).

④ 조합임원은 같은 목적의 정비사업을 하는 다른 조합의 임원 또는 직원을 겸할 수 없다(도시 및 주거환경정비법 제42조 제4항).

⑤ 제41조 제5항 제2호에 따라 시장·군수등이 전문조합관리인을 선정한 경우 전문조합관리인이 업무를 대행할 임원은 당연 퇴임한다(도시 및 주거환경정비법 제43조 제5항).

21 정답 ④

해설 ㄱ. 도시 및 주거환경정비법 제73조 제1항 제1호
ㄴ. 도시 및 주거환경정비법 제73조 제2항

관계법령 **분양신청을 하지 아니한 자 등에 대한 조치(도시 및 주거환경정비법 제73조)**

① 사업시행자는 관리처분계획이 인가·고시된 다음 날부터 90일 이내에 다음 각 호에서 정하는 자와 토지, 건축물 또는 그 밖의 권리의 손실보상에 관한 협의를 하여야 한다. 다만, 사업시행자는 분양신청기간 종료일의 다음 날부터 협의를 시작할 수 있다.
   1. 분양신청을 하지 아니한 자
   2. 분양신청기간 종료 이전에 분양신청을 철회한 자
   3. 제72조 제6항 본문에 따라 분양신청을 할 수 없는 자
   4. 제74조에 따라 인가된 관리처분계획에 따라 분양대상에서 제외된 자
② 사업시행자는 제1항에 따른 협의가 성립되지 아니하면 그 기간의 만료일 다음 날부터 60일 이내에 수용재결을 신청하거나 매도청구소송을 제기하여야 한다.

22 정답 ②

해설 ② 도시 및 주거환경정비법 시행령 제29조 제1항 제9호, 제30조 제2항 제3호

관계법령 도시 및 주거환경정비법 시행령

제29조(추진위원회의 운영)
① 추진위원회는 법 제34조 제5항에 따라 다음 각 호의 사항을 토지등소유자가 쉽게 접할 수 있는 일정한 장소에 게시하거나 인터넷 등을 통하여 공개하고, 필요한 경우에는 토지등소유자에게 서면통지를 하는 등 토지등소유자가 그 내용을 충분히 알 수 있도록 하여야 한다. 다만, 제8호 및 제9호의 사항은 법 제35조에 따른 조합설립인가(이하 "조합설립인가"라 한다) 신청일 60일 전까지 추진위원회 구성에 동의한 토지등소유자에게 등기우편으로 통지하여야 한다.
1. 법 제12조에 따른 안전진단의 결과
2. 정비사업전문관리업자의 선정에 관한 사항
3. 토지등소유자의 부담액 범위를 포함한 개략적인 사업시행계획서
4. 추진위원회 위원의 선정에 관한 사항
5. 토지등소유자의 비용부담을 수반하거나 권리·의무에 변동을 일으킬 수 있는 사항
6. 법 제32조 제1항에 따른 추진위원회의 업무에 관한 사항
7. 창립총회 개최의 방법 및 절차
8. 조합설립에 대한 동의철회(법 제31조 제2항 단서에 따른 반대의 의사표시를 포함한다) 및 방법
9. 제30조 제2항에 따른 조합설립 동의서에 포함되는 사항

제30조(조합설립인가신청의 방법 등)
② 제1항에 따른 동의서에는 다음 각 호의 사항이 포함되어야 한다.
1. 건설되는 건축물의 설계의 개요
2. 공사비 등 정비사업비용에 드는 비용(이하 "정비사업비"라 한다)
3. 정비사업비의 분담기준
4. 사업 완료 후 소유권의 귀속에 관한 사항
5. 조합 정관

23 정답 ①

해설 ① 토지등소유자 전체회의는 신탁업자가 사업시행자인 경우에 한하여 시행규정에 작성해야 하는 사항이다 (도시 및 주거환경정비법 제53조 제11호).
② 도시 및 주거환경정비법 제53조 제4호
③ 도시 및 주거환경정비법 제53조 제7호
④ 도시 및 주거환경정비법 제53조 제2호
⑤ 도시 및 주거환경정비법 제53조 제6호

관계법령 시행규정의 작성(도시 및 주거환경정비법 제53조)

시장·군수등, 토지주택공사등 또는 신탁업자가 단독으로 정비사업을 시행하는 경우 다음 각 호의 사항을 포함하는 시행규정을 작성하여야 한다.
1. 정비사업의 종류 및 명칭
2. 정비사업의 시행연도 및 시행방법

3. 비용부담 및 회계
4. <u>토지등소유자의 권리·의무</u>
5. 정비기반시설 및 공동이용시설의 부담
6. <u>공고·공람 및 통지의 방법</u>
7. <u>토지 및 건축물에 관한 권리의 평가방법</u>
8. 관리처분계획 및 청산(분할징수 또는 납입에 관한 사항을 포함한다). 다만, 수용의 방법으로 시행하는 경우는 제외한다.
9. 시행규정의 변경
10. 사업시행계획서의 변경
11. <u>토지등소유자 전체회의(신탁업자가 사업시행자인 경우로 한정한다)</u>
12. 그 밖에 시·도조례로 정하는 사항

---

24 정답 ⑤

해설 ㄱ. 도시 및 주거환경정비법 시행령 제77조 제3호
ㄴ. 도시 및 주거환경정비법 시행령 제77조 제8호
ㄷ. 도시 및 주거환경정비법 시행령 제77조 제5호
ㄹ. 도시 및 주거환경정비법 시행령 제77조 제4호

관계법령 **비용부담의 원칙(도시 및 주거환경정비법 제92조)**

② 시장·군수등은 시장·군수등이 아닌 사업시행자가 시행하는 정비사업의 정비계획에 따라 설치되는 다음 각 호의 시설에 대하여는 그 건설에 드는 비용의 전부 또는 일부를 부담할 수 있다.
1. 도시·군계획시설 중 대통령령으로 정하는 주요 정비기반시설 및 공동이용시설

> **주요 정비기반시설(도시 및 주거환경정비법 시행령 제77조)**
> 법 제92조 제2항 제1호에서 "대통령령으로 정하는 주요 정비기반시설 및 공동이용시설"이란 다음 각 호의 시설을 말한다.
> 1. 도 로
> 2. 상·하수도
> 3. <u>공 원</u>
> 4. <u>공용주차장</u>
> 5. <u>공동구</u>
> 6. 녹 지
> 7. 하 천
> 8. <u>공공공지</u>
> 9. 광 장

2. 임시거주시설

25 ④

ㄱ. (○) 주택법 시행령 제10조 제1항 제1호 가목
ㄴ. (○) 주택법 시행령 제10조 제1항 제1호 나목
ㄷ. (×) 300세대 미만의 국민주택규모에 해당하는 주택(주택법 제2조 제20호)
ㄹ. (○) 주택법 시행령 제10조 제1항 제1호 마목

관계법령

정의(주택법 제2조)

이 법에서 사용하는 용어의 뜻은 다음과 같다.
20. "도시형 생활주택"이란 300세대 미만의 국민주택규모에 해당하는 주택으로서 대통령령으로 정하는 주택을 말한다.

도시형 생활주택(주택법 시행령 제10조)

① 법 제2조 제20호에서 "대통령령으로 정하는 주택"이란 「국토의 계획 및 이용에 관한 법률」 제36조 제1항 제1호에 따른 도시지역에 건설하는 다음 각 호의 주택을 말한다.
1. 소형 주택 : 다음 각 목의 요건을 모두 갖춘 공동주택
   가. 세대별 주거전용면적은 60제곱미터 이하일 것
   나. 세대별로 독립된 주거가 가능하도록 욕실 및 부엌을 설치할 것
   다. 지하층에는 세대를 설치하지 않을 것

26 ②

① 주택법 시행령 제84조 제1항 제1호

관계법령

주택상환사채의 발행(주택법 제80조)

① 한국토지주택공사와 등록사업자는 대통령령으로 정하는 바에 따라 주택으로 상환하는 사채(이하 "주택상환사채"라 한다)를 발행할 수 있다. 이 경우 등록사업자는 자본금·자산평가액 및 기술인력 등이 대통령령으로 정하는 기준에 맞고 금융기관 또는 주택도시보증공사의 보증을 받은 경우에만 주택상환사채를 발행할 수 있다.

등록사업자의 주택상환사채 발행(주택법 시행령 제84조)

① 법 제80조 제1항 후단에서 "대통령령으로 정하는 기준"이란 다음 각 호의 기준 모두를 말한다.
1. 법인으로서 자본금이 5억원 이상일 것
2. 「건설산업기본법」 제9조에 따라 건설업 등록을 한 자일 것
3. 최근 3년간 연평균 주택건설 실적이 300호 이상일 것

② 주택상환사채권에는 기호와 번호를 붙이고 국토교통부령으로 정하는 사항(발행기관, 발행금액, 발행조건, 상환의 시기와 절차)을 적어야 한다(주택법 시행령 제83조 제2항, 주택법 시행규칙 제33조 제1항).
③ 주택상환사채를 발행하려는 자는 대통령령으로 정하는 바에 따라 주택상환사채발행계획을 수립하여 국토교통부장관의 승인을 받아야 한다(주택법 제80조 제2항).

④ 법 제80조 제1항에 따른 주택상환사채는 <u>액면 또는 할인의 방법</u>으로 발행한다(주택법 시행령 제83조 제1항).

⑤ 주택상환사채는 <u>기명증권(記名證券)</u>으로 하고, 사채권자의 명의변경은 취득자의 성명과 주소를 사채 원부에 기록하는 방법으로 하며, 취득자의 성명을 채권에 기록하지 아니하면 사채발행자 및 제3자에게 대항할 수 없다(주택법 제81조 제2항).

---

27 [정답] ③

[해설] ① · ② 토지임대부 분양주택의 토지에 대한 임대차기간은 <u>40년 이내</u>로 한다. 이 경우 토지임대부 분양주택 소유자의 <u>75퍼센트 이상</u>이 계약갱신을 청구하는 경우 40년의 범위에서 이를 갱신할 수 있다(주택법 제78조 제1항).

③ 법 제78조 제6항에 따라 토지임대료를 보증금으로 전환하려는 경우 그 보증금을 산정할 때 적용되는 이자율은 「은행법」에 따른 은행의 3년 만기 정기예금 평균이자율 이상이어야 한다(주택법 시행령 제82조).

④ 토지임대부 분양주택을 공급받은 자는 제64조 제1항에도 불구하고 전매제한기간이 지나기 전에 대통령령으로 정하는 바에 따라 <u>한국토지주택공사</u>에 해당 주택의 매입을 신청할 수 있다(주택법 제78조의2 제1항).

⑤ 제5항의 토지임대료는 월별 임대료를 원칙으로 하되, 토지소유자와 주택을 공급받은 자가 합의한 경우 대통령령으로 정하는 바에 따라 임대료를 선납하거나 보증금으로 전환하여 납부할 수 있다(주택법 제78조 제6항).

---

28 [정답] ①

[해설] ① <u>1년 이하의 징역 또는 1천만원 이하의 벌금</u>(주택법 제104조 제13호)

관계법령	주택법

제104조(벌칙)
다음 각 호의 어느 하나에 해당하는 자는 <u>1년 이하의 징역 또는 1천만원 이하의 벌금</u>에 처한다.
13. 제93조 제1항에 따른 검사 등을 거부 · 방해 또는 기피한 자

제93조(보고 · 검사 등)
① 국토교통부장관 또는 지방자치단체의 장은 필요하다고 인정할 때에는 다음 각 호의 어느 하나에 해당하는 자에게 필요한 보고를 하게 하거나, 관계 공무원으로 하여금 사업장에 출입하여 필요한 검사를 하게 할 수 있다. 다만, 제2조 제24호에 따른 공공택지를 공급하기 위하여 한국토지주택공사등(제4조 제1항 제1호부터 제4호까지에 해당하는 자를 말한다)이 제4조 제2항에 따른 등록기준 관련 검사를 요청하는 경우 요청받은 지방자치단체의 장은 검사요청을 받은 날부터 30일 이내에 검사결과를 통보하여야 한다.
1. 이 법에 따른 신고 · 인가 · 승인 또는 등록을 한 자
2. 관할구역에서 공공택지를 공급받은 자(제4조 제1항 단서에 해당하는 자는 제외한다)

② 2천만원 이하의 과태료(주택법 제106조 제1항 제2호)

관계법령　주택법

제106조(과태료)
① 다음 각 호의 어느 하나에 해당하는 자에게는 2천만원 이하의 과태료를 부과한다.
　2. 제48조의3 제3항을 위반하여 점검에 따르지 아니하거나 기피 또는 방해한 자

제48조의3(품질점검단의 설치 및 운영 등)
③ 사업주체는 제2항에 따른 품질점검단의 점검에 협조하여야 하며 이에 따르지 아니하거나 기피 또는 방해해서는 아니 된다.

③ 1천만원 이하의 과태료(주택법 제106조 제2항 제4호)

관계법령　주택법

제106조(과태료)
② 다음 각 호의 어느 하나에 해당하는 자에게는 1천만원 이하의 과태료를 부과한다.
　4. 제13조 제4항을 위반하여 겸직한 자

제13조(조합임원의 결격사유 등)
④ 주택조합의 임원은 다른 주택조합의 임원, 직원 또는 발기인을 겸할 수 없다.

④ 300만원 이하의 과태료(주택법 제106조 제4항 제2호)

관계법령　주택법

제106조(과태료)
④ 다음 각 호의 어느 하나에 해당하는 자에게는 300만원 이하의 과태료를 부과한다.
　2. 제57조의3 제1항에 따른 서류 등의 제출을 거부하거나 해당 주택의 출입·조사 또는 질문을
　　방해하거나 기피한 자

제57조의3(분양가상한제 적용주택 등의 거주실태 조사 등)
① 국토교통부장관 또는 지방자치단체의 장은 거주의무자 등의 실제 거주 여부를 확인하기 위하여 거주의무자등에게 필요한 서류 등의 제출을 요구할 수 있으며, 소속 공무원으로 하여금 해당 주택에 출입하여 조사하게 하거나 관계인에게 필요한 질문을 하게 할 수 있다. 이 경우 서류 등의 제출을 요구받거나 해당 주택의 출입·조사 또는 필요한 질문을 받은 거주의무자등은 모든 세대원의 해외 출장 등 특별한 사유가 없으면 이에 따라야 한다.

⑤ 500만원 이하의 과태료(주택법 제106조 제3항 제4의5호)

관계법령　주택법

제106조(과태료)
③ 다음 각 호의 어느 하나에 해당하는 자에게는 500만원 이하의 과태료를 부과한다.
　4의5. 제48조의3 제7항을 위반하여 조치명령을 이행하지 아니한 자

제48조의3(품질점검단의 설치 및 운영 등)
⑦ 제6항에 따라 보수·보강 등의 조치명령을 받은 사업주체는 대통령령으로 정하는 바에 따라 조치를 하고, 그 결과를 사용검사권자에게 보고하여야 한다. 다만, 조치명령에 이의가 있는 사업주체는 사용검사권자에게 이의신청을 할 수 있다.

29 정답 ①

해설 ㄱ. (○) 주택법 제57조 제2항 제1호

알아보기 주택의 분양가격 제한 등(주택법 제57조 참고)

[1] 적용하는 경우(제1항)

1. 공공택지
2. 공공택지 외의 택지에서 주택가격 상승 우려가 있어 제58조에 따라 국토교통부장관이 주거기본법 제8조에 따른 주거정책심의위원회의 심의를 거쳐 지정하는 지역

[2] 적용하지 아니하는 경우(제2항)

1. 도시형 생활주택
2. 경제자유구역의 지정 및 운영에 관한 특별법에 따라 지정·고시된 경제자유구역에서 건설·공급하는 공동주택으로서 경제자유구역위원회에서 외자유치 촉진과 관련이 있다고 인정하여 분양가격 제한을 적용하지 아니하기로 심의·의결한 경우
3. 관광진흥법에 따라 지정된 관광특구에서 건설·공급하는 공동주택으로서 해당 건축물의 층수가 50층 이상이거나 높이가 150미터 이상인 경우
4. 한국토지주택공사 또는 지방공사가 다음 각 목의 정비사업의 시행자로 참여하는 등 대통령령으로 정하는 공공성요건을 충족하는 경우로서 해당 사업에서 건설·공급하는 주택
   가. 도시 및 주거환경정비법에 따른 정비사업으로서 면적, 세대수 등이 대통령령으로 정하는 요건에 해당되는 사업
   나. 빈집 및 소규모주택 정비에 관한 특례법에 따른 소규모주택정비사업
4의2. 도시 및 주거환경정비법에 따른 주거환경개선사업 및 공공재개발사업에서 건설·공급하는 주택
5. 도시재생 활성화 및 지원에 관한 특별법에 따른 주거재생혁신지구에서 시행하는 혁신지구재생사업에서 건설·공급하는 주택
6. 공공주택 특별법에 따른 도심 공공주택 복합사업에서 건설·공급하는 주택

ㄴ. (×) 제1항의 분양가격은 택지비와 건축비로 구성(토지임대부 분양주택의 경우에는 건축비만 해당한다)되며, 구체적인 명세, 산정방식, 감정평가기관 선정방법 등은 국토교통부령으로 정한다(주택법 제57조 제3항).

ㄷ. (×) 주택법 제57조 제5항 제3호

관계법령 주택의 분양가격 제한 등(주택법 제57조)

⑤ 사업주체는 분양가상한제 적용주택으로서 공공택지에서 공급하는 주택에 대하여 입주자모집 승인을 받았을 때에는 입주자 모집공고에 다음 각 호[국토교통부령으로 정하는 세분류(細分類)를 포함한다]에 대하여 분양가격을 공시하여야 한다.

1. 택지비
2. 공사비
3. 간접비
4. 그 밖에 국토교통부령으로 정하는 비용

해설 ① 주택법 제2조 제25호 가목

관계법령 정의(주택법 제2조)

이 법에서 사용하는 용어의 뜻은 다음과 같다.

25. "리모델링"이란 제66조 제1항 및 제2항에 따라 건축물의 노후화 억제 또는 기능 향상 등을 위한 다음 각 목의 어느 하나에 해당하는 행위를 말한다.
    가. 대수선
    나. 제49조에 따른 사용검사일(주택단지 안의 공동주택 전부에 대하여 임시사용승인을 받은 경우에는 그 임시사용승인일을 말한다) 또는 「건축법」 제22조에 따른 사용승인일부터 15년[15년 이상 20년 미만의 연수 중 특별시·광역시·특별자치시·도 또는 특별자치도(이하 "시·도"라 한다)의 조례로 정하는 경우에는 그 연수로 한다]이 지난 공동주택을 각 세대의 주거전용면적(「건축법」 제38조에 따른 건축물대장 중 집합건축물대장의 전유부분의 면적을 말한다)의 30퍼센트 이내(세대의 주거전용면적이 85제곱미터 미만인 경우에는 40퍼센트 이내)에서 증축하는 행위. 이 경우 공동주택의 기능 향상 등을 위하여 공용부분에 대하여도 별도로 증축할 수 있다.
    다. 나목에 따른 각 세대의 증축 가능 면적을 합산한 면적의 범위에서 기존 세대수의 15퍼센트 이내에서 세대수를 증가하는 증축 행위(이하 "세대수 증가형 리모델링"이라 한다). 다만, 수직으로 증축하는 행위(이하 "수직증축형 리모델링"이라 한다)는 다음 요건을 모두 충족하는 경우로 한정한다.
       1) 최대 3개층 이하로서 대통령령으로 정하는 범위에서 증축할 것
       2) 리모델링 대상 건축물의 구조도 보유 등 대통령령으로 정하는 요건을 갖출 것

---

② 공동주택의 리모델링은 주택단지별 또는 동별로 한다[주택법 시행령 [별표 4] 2. 가. 1)].
③ 주택법 제11조 제3항 제1호

관계법령 주택조합의 설립 등(주택법 제11조)

③ 제1항에 따라 주택을 리모델링하기 위하여 주택조합을 설립하려는 경우에는 다음 각 호의 구분에 따른 구분소유자(「집합건물의 소유 및 관리에 관한 법률」 제2조 제2호에 따른 구분소유자를 말한다. 이하 같다)와 의결권(「집합건물의 소유 및 관리에 관한 법률」 제37조에 따른 의결권을 말한다. 이하 같다)의 결의를 증명하는 서류를 첨부하여 관할 시장·군수·구청장의 인가를 받아야 한다.
  1. 주택단지 전체를 리모델링하고자 하는 경우에는 주택단지 전체의 구분소유자와 의결권의 각 3분의 2 이상의 결의 및 각 동의 구분소유자와 의결권의 각 과반수의 결의
  2. 동을 리모델링하고자 하는 경우에는 그 동의 구분소유자 및 의결권의 각 3분의 2 이상의 결의

---

④ 공동주택(부대시설과 복리시설을 포함한다)의 입주자·사용자 또는 관리주체가 공동주택을 리모델링하려고 하는 경우에는 허가와 관련된 면적, 세대수 또는 입주자 등의 동의 비율에 관하여 대통령령으로 정하는 기준 및 절차 등에 따라 시장·군수·구청장의 허가를 받아야 한다(주택법 제66조 제1항).
⑤ 리모델링주택조합 설립에 동의한 자로부터 건축물을 취득한 자는 리모델링주택조합 설립에 동의한 것으로 본다(주택법 시행령 제20조 제8항).

31 정답 ①

해설 ① 주택사업자단체에 위탁(주택법 시행령 제91조 제1항 제1호)
②·⑤ 시·도지사에게 위임(주택법 시행령 제90조 제1호)
③·④ 시·도지사에게 위임(주택법 시행령 제90조 제3호)

관계법령　주택법 시행령

제90조(권한의 위임)
국토교통부장관은 법 제89조 제1항에 따라 다음 각 호의 권한을 시·도지사에게 위임한다.
1. 법 제8조에 따른 주택건설사업자 및 대지조성사업자의 등록말소 및 영업의 정지
2. 법 제15조 및 제16조에 따른 사업계획의 승인·변경승인·승인취소 및 착공신고의 접수. 다만,
   다음 각 목의 어느 하나에 해당하는 경우는 제외한다.
   가. 제27조 제3항 제1호의 경우 중 택지개발사업을 추진하는 지역 안에서 주택건설사업을 시행
       하는 경우
   나. 제27조 제3항 제3호에 따른 주택건설사업을 시행하는 경우. 다만, 착공신고의 접수는 시·
       도지사에게 위임한다.
3. 법 제49조에 따른 사용검사 및 임시 사용승인
4. 법 제51조 제2항 제1호에 따른 새로운 건설기술을 적용하여 건설하는 공업화주택에 관한 권한
5. 법 제93조에 따른 보고·검사
6. 법 제96조 제1호 및 제2호에 따른 청문

제91조(업무의 위탁)
① 국토교통부장관은 법 제89조 제2항에 따라 다음 각 호의 업무를 법 제85조 제1항에 따른 주택사업
자단체(이하 "협회"라 한다)에 위탁한다.
1. 법 제4조에 따른 주택건설사업 및 대지조성사업의 등록
2. 법 제10조에 따른 영업실적 등의 접수

32 정답 ⑤

해설 관계법령　건축물 안전영향평가(건축법 시행령 제10조의3)

③ 법 제13조의2 제1항에 따라 허가권자로부터 안전영향평가를 의뢰받은 기관(같은 조 제2항에 따라
지정·고시된 기관을 말하며, 이하 "안전영향평가기관"이라 한다)은 다음 각 호의 항목을 검토하여
야 한다.
1. 해당 건축물에 적용된 설계 기준 및 하중의 적정성
2. 해당 건축물의 하중저항시스템의 해석 및 설계의 적정성
3. 지반조사 방법 및 지내력(地耐力) 산정결과의 적정성
4. 굴착공사에 따른 지하수위 변화 및 지반 안전성에 관한 사항
5. 그 밖에 건축물의 안전영향평가를 위하여 국토교통부장관이 필요하다고 인정하는 사항

33 정답 ②

해설 **관계법령** 대지 안의 피난 및 소화에 필요한 통로 설치(건축법 시행령 제41조)

① 건축물의 대지 안에는 그 건축물 바깥쪽으로 통하는 주된 출구와 지상으로 통하는 피난계단 및 특별피난계단으로부터 도로 또는 공지(공원, 광장, 그 밖에 이와 비슷한 것으로서 피난 및 소화를 위하여 해당 대지의 출입에 지장이 없는 것을 말한다. 이하 이 조에서 같다)로 통하는 통로를 다음 각 호의 기준에 따라 설치하여야 한다.
  1. 통로의 너비는 다음 각 목의 구분에 따른 기준에 따라 확보할 것
    가. 단독주택 : 유효 너비 0.9미터 이상
    나. 바닥면적의 합계가 500제곱미터 이상인 문화 및 집회시설, 종교시설, 의료시설, 위락시설 또는 장례시설 : 유효 너비 3미터 이상
    다. 그 밖의 용도로 쓰는 건축물 : 유효 너비 1.5미터 이상
  2. 필로티 내 통로의 길이가 2미터 이상인 경우에는 피난 및 소화활동에 장애가 발생하지 아니하도록 자동차 진입억제용 말뚝 등 통로 보호시설을 설치하거나 통로에 단차(段差)를 둘 것

34 정답 ⑤

해설 ① 공연장(극장, 영화관, 연예장, 음악당, 서커스장, 비디오물감상실, 비디오물소극장, 그 밖에 이와 비슷한 것을 말한다. 이하 같다)으로서 같은 건축물에 해당 용도로 쓰는 바닥면적의 합계가 500제곱미터 미만인 것은 제2종 근린생활시설이나(건축법 시행령 [별표 1] 4. 가.), 그 이외의 공연장은 문화 및 집회시설이다(건축법 시행령 [별표 1] 5. 가.).
② 식품·잡화·의류·완구·서적·건축자재·의약품·의료기기 등 일용품을 판매하는 소매점으로서 같은 건축물에 해당 용도로 쓰는 바닥면적의 합계가 1천 제곱미터 미만인 경우에는 제1종 근린생활시설이나(건축법 시행령 [별표 1] 3. 가.), 이에 해당하지 않는 서점은 제2종 근린생활시설이다(건축법 시행령 [별표 1] 4. 라.).
③ 탁구장, 체육도장으로서 같은 건축물에 해당 용도로 쓰는 바닥면적의 합계가 500제곱미터 미만인 것은 제1종 근린생활시설이나(건축법 시행령 [별표 1] 3. 마.), 이에 해당하지 않는 것은 운동시설이다(건축법 시행령 [별표 1] 13. 가.).
④ 지역자치센터, 파출소, 지구대, 소방서, 우체국, 방송국, 보건소, 공공도서관, 건강보험공단 사무소 등 주민의 편의를 위하여 공공업무를 수행하는 시설로서 같은 건축물에 해당 용도로 쓰는 바닥면적의 합계가 1천 제곱미터 미만인 것은 제1종 근린생활시설이나(건축법 시행령 [별표 1] 3. 바.), 국가 또는 지방자치단체의 청사와 외국공관의 건축물로서 제1종 근린생활시설에 해당하지 아니하는 것은 업무시설이다(건축법 시행령 [별표 1] 14. 가.).
⑤ 의원, 치과의원, 한의원, 침술원, 접골원(接骨院), 조산원, 안마원, 산후조리원 등 주민의 진료·치료 등을 위한 시설은 제1종 근린생활시설이다(건축법 시행령 [별표 1] 3. 라.).

35 정답 ④

해설

① 건축법 제77조의15 제1항 제1호

② 건축법 제77조의15 제1항 제2호

③ 건축법 제77조의15 제1항 제4호, 동법 시행령 제111조 제2항 제1호

④ 특별가로구역은 결합건축 대상지가 아니다. 특별건축구역과 혼동을 노린 지문이다(건축법 제77조의15 제1항 제4호, 동법 시행령 제111조 제2항 제2호).

⑤ 건축법 제77조의15 제1항 제4호, 동법 시행령 제111조 제2항 제3호

관계법령 결합건축 대상지(건축법 제77조의15)

① 다음 각 호의 어느 하나에 해당하는 지역에서 대지 간의 최단거리가 100미터 이내의 범위에서 대통령령으로 정하는 범위에 있는 2개의 대지의 건축주가 서로 합의한 경우 2개의 대지를 대상으로 결합건축을 할 수 있다.

1. 「국토의 계획 및 이용에 관한 법률」 제36조에 따라 지정된 상업지역
2. 「역세권의 개발 및 이용에 관한 법률」 제4조에 따라 지정된 역세권개발구역
3. 「도시 및 주거환경정비법」 제2조에 따른 정비구역 중 주거환경개선사업의 시행을 위한 구역
4. 그 밖에 도시 및 주거환경 개선과 효율적인 토지이용이 필요하다고 대통령령으로 정하는 지역

> **결합건축 대상지(건축법 시행령 제111조)**
>
> ② 법 제77조의15 제1항 제4호에서 "대통령령으로 정하는 지역"이란 다음 각 호의 지역을 말한다.
>
> 1. 건축협정구역
> 2. 특별건축구역
> 3. 리모델링 활성화 구역
> 4. 「도시재생 활성화 및 지원에 관한 특별법」 제2조 제1항 제5호에 따른 도시재생활성화 지역
> 5. 「한옥 등 건축자산의 진흥에 관한 법률」 제17조 제1항에 따른 건축자산 진흥구역

---

36 정답 ③

해설 ㄱ. (○), ㄴ. (×), ㄷ. (×), ㄹ. (○)

관계법령 관계 법령의 적용 특례(건축법 제73조)

① 특별건축구역에 건축하는 건축물에 대하여는 다음 각 호를 적용하지 아니할 수 있다.

1. 제42조(대지의 조경), 제55조(건축물의 건폐율), 제56조(건축물의 용적률), 제58조(대지 안의 공지), 제60조(건축물의 높이 제한) 및 제61조(일조 등의 확보를 위한 건축물의 높이 제한)
2. 「주택법」 제35조 중 대통령령으로 정하는 규정

37 정답 ②

해설 ① 공동주택으로서 지상층에 설치한 기계실, 전기실, 어린이놀이터, 조경시설 및 생활폐기물 보관시설의 면적은 바닥면적에 산입하지 않는다(건축법 시행령 제119조 제1항 제3호 마목).

② 지하주차장의 경사로는 건축면적에 산입하지 않는다(건축법 시행령 제119조 제1항 제2호 다목 4) 참고).

관계법령 **건축면적에 산입하지 않는 경우(건축법 시행령 제119조 제1항 제2호 다목)**

1) 지표면으로부터 1미터 이하에 있는 부분(창고 중 물품을 입출고하기 위하여 차량을 접안 시키는 부분의 경우에는 지표면으로부터 1.5미터 이하에 있는 부분)
2) 「다중이용업소의 안전관리에 관한 특별법 시행령」에 따라 기존의 다중이용업소(2004년 5월 29일 이전의 것만 해당한다)의 비상구에 연결하여 설치하는 폭 2미터 이하의 옥외 피난계단(기존 건축물에 옥외 피난계단을 설치함으로써 법 제55조에 따른 건폐율의 기준에 적합하지 아니하게 된 경우만 해당한다)
3) 건축물 지상층에 일반인이나 차량이 통행할 수 있도록 설치한 보행통로나 차량통로
4) 지하주차장의 경사로
5) 건축물 지하층의 출구 상부(출입구 너비에 상당하는 규모의 부분을 말한다)
6) 생활폐기물 보관시설(음식물쓰레기, 의류 등의 수거시설을 말한다. 이하 같다)
7) 「영유아보육법」에 따른 어린이집(2005년 1월 29일 이전에 설치된 것만 해당한다)의 비상구에 연결하여 설치하는 폭 2미터 이하의 영유아용 대피용 미끄럼대 또는 비상계단(기존 건축물에 영유아용 대피용 미끄럼대 또는 비상계단을 설치함으로써 법 제55조에 따른 건폐율 기준에 적합하지 아니하게 된 경우만 해당한다)
8) 「장애인·노인·임산부 등의 편의증진 보장에 관한 법률 시행령」[별표 2]의 기준에 따라 설치하는 장애인용 승강기, 장애인용 에스컬레이터, 휠체어리프트 또는 경사로
9) 「가축전염병 예방법」에 따른 소독설비를 갖추기 위하여 같은 호에 따른 가축사육시설 (2015년 4월 27일 전에 건축되거나 설치된 가축사육시설로 한정한다)에서 설치하는 시설
10) 「매장문화재 보호 및 조사에 관한 법률」에 따른 현지보존 및 이전보존을 위하여 매장문화재 보호 및 전시에 전용되는 부분
11) 「가축분뇨의 관리 및 이용에 관한 법률」에 따른 처리시설(법률 제12516호 가축분뇨의 관리 및 이용에 관한 법률 일부개정법률 부칙 제9조에 해당하는 배출시설의 처리시설로 한정한다)
12) 「영유아보육법」에 따른 설치기준에 따라 직통계단 1개소를 갈음하여 건축물의 외부에 설치하는 비상계단(같은 조에 따른 어린이집이 2011년 4월 6일 이전에 설치된 경우로서 기존 건축물에 비상계단을 설치함으로써 법 제55조에 따른 건폐율 기준에 적합하지 않게 된 경우만 해당한다)

③ 영 제119조 제1항 제2호 나목 1) 및 3)에 따라 태양열을 주된 에너지원으로 이용하는 주택의 건축면적과 단열재를 구조체의 외기측에 설치하는 단열공법으로 건축된 건축물의 건축면적은 건축물의 외벽 중 내측 내력벽의 중심선을 기준으로 한다. 이 경우 태양열을 주된 에너지원으로 이용하는 주택의 범위는 국토교통부장관이 정하여 고시하는 바에 따른다(건축법 시행규칙 제43조 제1항).

④ 연면적은 하나의 건축물 각 층의 바닥면적의 합계로 하되, 용적률을 산정할 때에는 지하층의 면적, 지상층의 주차용(해당 건축물의 부속용도인 경우만 해당한다)으로 쓰는 면적, 초고층 건축물과 준초고층 건축물에 설치하는 피난안전구역의 면적, 건축물의 경사지붕 아래에 설치하는 대피공간의 면적은 제외한다(건축법 시행령 제119조 제1항 제4호).

⑤ 승강기탑(옥상 출입용 승강장을 포함한다), 계단탑, 망루, 장식탑, 옥탑, 그 밖에 이와 비슷한 건축물의 옥상 부분으로서 그 수평투영면적의 합계가 해당 건축물 건축면적의 8분의 1(「주택법」 제15조 제1항에 따른 사업계획승인 대상인 공동주택 중 세대별 전용면적이 85제곱미터 이하인 경우에는 6분의 1) 이하인 것과 지하층은 건축물의 층수에 산입하지 아니하고, 층의 구분이 명확하지 아니한 건축물은 그 건축물의 높이 4미터마다 하나의 층으로 보고 그 층수를 산정하며, 건축물이 부분에 따라 그 층수가 다른 경우에는 그중 가장 많은 층수를 그 건축물의 층수로 본다(건축법 시행령 제119조 제1항 제9호).

38 정답 ③

해설 ㄱ. (○) 건축법 제10조 제6항 제3호
ㄴ. (○) 건축법 제10조 제6항 제4호
ㄷ. (○) 건축법 제10조 제6항 제1호
ㄹ. (✕) 보전산지인 경우에는 도시지역만 해당된다(건축법 제10조 제6항 제2호).

관계법령 건축 관련 입지와 규모의 사전결정(건축법 제10조)

⑥ 제4항에 따른 사전결정 통지를 받은 경우에는 다음 각 호의 허가를 받거나 신고 또는 협의를 한 것으로 본다.
1. 「국토의 계획 및 이용에 관한 법률」 제56조에 따른 개발행위허가
2. 「산지관리법」 제14조와 제15조에 따른 산지전용허가와 산지전용신고, 같은 법 제15조의2에 따른 산지일시사용허가·신고. 다만, 보전산지인 경우에는 도시지역만 해당된다.
3. 「농지법」 제34조, 제35조 및 제43조에 따른 농지전용허가·신고 및 협의
4. 「하천법」 제33조에 따른 하천점용허가

39 정답 ④

해설 ① 농지법 제6조 제2항 제5호, 동법 시행령 제4조
② 농지법 제6조 제2항 제10호 마목
③ 농지법 제6조 제2항 제10호 다목
④ 주말·체험영농을 하려고 농업진흥지역 외의 농지를 소유하는 경우에 예외가 인정된다(농지법 제6조 제2항 제3호).
⑤ 농지법 제6조 제2항 제2호

관계법령 농지 소유 제한(농지법 제6조)

① 농지는 자기의 농업경영에 이용하거나 이용할 자가 아니면 소유하지 못한다.
② 제1항에도 불구하고 다음 각 호의 어느 하나에 해당하는 경우에는 농지를 소유할 수 있다. 다만, 소유 농지는 농업경영에 이용되도록 하여야 한다(제2호 및 제3호는 제외한다).
1. 국가나 지방자치단체가 농지를 소유하는 경우
2. 「초·중등교육법」 및 「고등교육법」에 따른 학교, 농림축산식품부령으로 정하는 공공단체·농업연구기관·농업생산자단체 또는 종묘나 그 밖의 농업 기자재 생산자가 그 목적사업을 수행하기 위하여 필요한 시험지·연구지·실습지·종묘생산지 또는 과수 인공수분용 꽃가루 생산지로 쓰기 위하여 농림축산식품부령으로 정하는 바에 따라 농지를 취득하여 소유하는 경우
3. 주말·체험영농을 하려고 제28조에 따른 농업진흥지역 외의 농지를 소유하는 경우
4. 상속[상속인에게 한 유증(遺贈)을 포함한다. 이하 같다]으로 농지를 취득하여 소유하는 경우
5. 대통령령으로 정하는 기간(8년) 이상 농업경영을 하던 사람이 이농(離農)한 후에도 이농 당시 소유하고 있던 농지를 계속 소유하는 경우
6. 제13조 제1항에 따라 담보농지를 취득하여 소유하는 경우(「자산유동화에 관한 법률」 제3조에 따른 유동화전문회사등이 제13조 제1항 제1호부터 제4호까지에 규정된 저당권자로부터 농지를 취득하는 경우를 포함한다)

PART 1

PART 2

PART 3

PART 4

7. 제34조 제1항에 따른 농지전용허가[다른 법률에 따라 농지전용허가가 의제(擬制)되는 인가·허가·승인 등을 포함한다]를 받거나 제35조 또는 제43조에 따른 농지전용신고를 한 자가 그 농지를 소유하는 경우
8. 제34조 제2항에 따른 농지전용협의를 마친 농지를 소유하는 경우
9. 「한국농어촌공사 및 농지관리기금법」 제24조 제2항에 따른 농지의 개발사업지구에 있는 농지로서 대통령령으로 정하는 1천500제곱미터 미만의 농지나 「농어촌정비법」 제98조 제3항에 따른 농지를 취득하여 소유하는 경우
9의2. 제28조에 따른 농업진흥지역 밖의 농지 중 최상단부부터 최하단부까지의 평균경사율이 15퍼센트 이상인 농지로서 대통령령으로 정하는 농지를 소유하는 경우
10. 다음 각 목의 어느 하나에 해당하는 경우
  가. 「한국농어촌공사 및 농지관리기금법」에 따라 한국농어촌공사가 농지를 취득하여 소유하는 경우
  나. 「농어촌정비법」 제16조·제25조·제43조·제82조 또는 제100조에 따라 농지를 취득하여 소유하는 경우
  다. 「공유수면 관리 및 매립에 관한 법률」에 따라 매립농지를 취득하여 소유하는 경우
  라. 토지수용으로 농지를 취득하여 소유하는 경우
  마. 농림축산식품부장관과 협의를 마치고 「공익사업을 위한 토지 등의 취득 및 보상에 관한 법률」에 따라 농지를 취득하여 소유하는 경우
  바. 「공공토지의 비축에 관한 법률」 제2조 제1호 가목에 해당하는 토지 중 같은 법 제7조 제1항에 따른 공공토지비축심의위원회가 비축이 필요하다고 인정하는 토지로서 「국토의 계획 및 이용에 관한 법률」 제36조에 따른 계획관리지역과 자연녹지지역 안의 농지를 한국토지주택공사가 취득하여 소유하는 경우. 이 경우 그 취득한 농지를 전용하기 전까지는 한국농어촌공사에 지체 없이 위탁하여 임대하거나 무상사용하게 하여야 한다.

40 정답 ①

해설 ① 법 제49조 제1항에 따른 농지대장은 모든 농지에 대해 필지별로 작성한다(농지법 시행령 제70조).
② 제1항의 농지대장에 적을 사항을 전산정보처리조직으로 처리하는 경우 그 농지대장 파일(자기디스크나 자기테이프, 그 밖에 이와 비슷한 방법으로 기록하여 보관하는 농지대장을 말한다)은 제1항에 따른 농지대장으로 본다(농지법 제49조 제5항).
③ 시·구·읍·면장은 관할구역 안에 있는 농지가 법 제34조에 따른 농지전용허가 등의 사유로 농지에 해당하지 않게 된 경우에는 그 농지대장을 따로 편철하여 10년간 보존해야 한다. 이 경우 전산정보처리조직을 이용할 수 있다(농지법 시행규칙 제56조 제4항).
④ 농지법 제49조의2 제1호

관계법령 **농지이용 정보 등 변경신청(농지법 제49조의2)**

농지소유자 또는 임차인은 다음 각 호의 사유가 발생하는 경우 그 변경사유가 발생한 날부터 60일 이내에 시·구·읍·면의 장에게 농지대장의 변경을 신청하여야 한다.
1. 농지의 임대차계약과 사용대차계약이 체결·변경 또는 해제되는 경우
2. 제2조 제1호 나목에 따른 토지에 농축산물 생산시설을 설치하는 경우
3. 그 밖에 농림축산식품부령으로 정하는 사유에 해당하는 경우

---

⑤ 농지대장의 열람은 해당 시·구·읍·면의 사무소 안에서 관계공무원의 참여하에 해야 한다(농지법 시행규칙 제58조 제2항).

2021년 제32회 정답 및 해설

● 문제편 126p

01	02	03	04	05	06	07	08	09	10	11	12	13	14	15	16	17	18	19	20
②	①	①	④	①	⑤	④	③	②	②	⑤	②	④	④	②	④	①	⑤	①	③
21	22	23	24	25	26	27	28	29	30	31	32	33	34	35	36	37	38	39	40
③	①	⑤	②	②	③	②	①	④	①	③	③	⑤	①	⑤	②	④	⑤	③

01

정답 ②

해설 ① 광역도시계획의 수립기준 등은 대통령령으로 정하는 바에 따라 국토교통부장관이 정한다(국토의 계획 및 이용에 관한 법률 제12조 제2항).

② · ⑤ 국토의 계획 및 이용에 관한 법률 제11조 제1항 제1호 · 제3호

> **관계법령** **광역도시계획의 수립권자(국토의 계획 및 이용에 관한 법률 제11조 제1항)**
>
> 1. 광역계획권이 같은 도의 관할 구역에 속하여 있는 경우 : 관할 시장 또는 군수가 공동으로 수립
> 2. 광역계획권이 둘 이상의 시 · 도의 관할 구역에 걸쳐 있는 경우 : 관할 시 · 도지사가 공동으로 수립
> 3. 광역계획권을 지정한 날부터 3년이 지날 때까지 관할 시장 또는 군수로부터 광역도시계획의 승인 신청이 없는 경우 : 관할 도지사가 수립
> 4. 국가계획과 관련된 광역도시계획의 수립이 필요한 경우나 광역계획권을 지정한 날부터 3년이 지날 때까지 관할 시 · 도지사로부터 광역도시계획의 승인 신청이 없는 경우 : 국토교통부장관이 수립

③ 시 · 도지사, 시장 또는 군수는 광역도시계획을 수립하거나 변경하려면 미리 관계 시 · 도, 시 또는 군의 의회와 관계 시장 또는 군수의 의견을 들어야 한다(국토의 계획 및 이용에 관한 법률 제15조 제1항).

④ 국토교통부장관, 시 · 도지사, 시장 또는 군수가 기초조사정보체계를 구축한 경우에는 등록된 정보의 현황을 5년마다 확인하고 변동사항을 반영하여야 한다(국토의 계획 및 이용에 관한 법률 제13조 제5항).

02 정답 ①

해설 ① 특별시장·광역시장·특별자치시장·특별자치도지사·시장 또는 군수는 관할 구역에 대하여 도시·군기본계획을 수립하여야 한다. 다만, 시 또는 군의 위치, 인구의 규모, 인구감소율 등을 고려하여 대통령령으로 정하는 시 또는 군은 도시·군기본계획을 수립하지 아니할 수 있다(국토의 계획 및 이용에 관한 법률 제18조 제1항).

관계법령	도시·군기본계획을 수립하지 아니할 수 있는 지역(국토의 계획 및 이용에 관한 법률 시행령 제14조)

법 제18조 제1항 단서에서 "대통령령으로 정하는 시 또는 군"이란 다음 각 호의 어느 하나에 해당하는 시 또는 군을 말한다.
  1. 「수도권정비계획법」 제2조 제1호의 규정에 의한 수도권에 속하지 아니하고 광역시와 경계를 같이하지 아니한 시 또는 군으로서 인구 10만 명 이하인 시 또는 군
  2. 관할구역 전부에 대하여 광역도시계획이 수립되어 있는 시 또는 군으로서 당해 광역도시계획에 법 제19조 제1항 각 호의 사항이 모두 포함되어 있는 시 또는 군

② 도시·군기본계획에는 기후변화 대응 및 에너지절약에 관한 사항에 대한 정책 방향이 포함되어야 한다(국토의 계획 및 이용에 관한 법률 제19조 제1항 제8의2호).
③ 광역도시계획이 수립되어 있는 지역에 대하여 수립하는 도시·군기본계획은 그 광역도시계획에 부합되어야 하며, 도시·군기본계획의 내용이 광역도시계획의 내용과 다를 때에는 광역도시계획의 내용이 우선한다(국토의 계획 및 이용에 관한 법률 제4조 제3항).
④ 특별시장·광역시장·특별자치시장·특별자치도지사·시장 또는 군수는 5년마다 관할 구역의 도시·군기본계획에 대하여 타당성을 전반적으로 재검토하여 정비하여야 한다(국토의 계획 및 이용에 관한 법률 제23조 제1항).
⑤ 특별시장·광역시장·특별자치시장 또는 특별자치도지사는 도시·군기본계획을 수립하거나 변경하려면 관계 행정기관의 장(국토교통부장관을 포함)과 협의한 후 지방도시계획위원회의 심의를 거쳐야 한다(국토의 계획 및 이용에 관한 법률 제22조 제1항).

03 정답 ①

해설 ① 국토의 계획 및 이용에 관한 법률 제47조 제2항

관계법령	도시·군계획시설 부지의 매수 청구(국토의 계획 및 이용에 관한 법률 제47조 제2항)

매수의무자는 제1항에 따라 매수 청구를 받은 토지를 매수할 때에는 현금으로 그 대금을 지급한다. 다만, 다음 각 호의 어느 하나에 해당하는 경우로서 매수의무자가 지방자치단체인 경우에는 채권(이하 "도시·군계획시설채권"이라 한다)을 발행하여 지급할 수 있다.
  1. 토지 소유자가 원하는 경우
  2. 대통령령으로 정하는 부재부동산 소유자의 토지 또는 비업무용 토지로서 매수대금이 대통령령으로 정하는 금액을 초과하여 그 초과하는 금액을 지급하는 경우

② 매수의무자는 매수 청구를 받은 날부터 6개월 이내에 매수 여부를 결정하여 토지 소유자와 특별시장·광역시장·특별자치시장·특별자치도지사·시장 또는 군수(매수의무자가 특별시장·광역시장·특별자치시장·특별자치도지사·시장 또는 군수인 경우는 제외한다)에게 알려야 하며, 매수하기로 결정한 토지는 매수 결정을 알린 날부터 2년 이내에 매수하여야 한다(국토의 계획 및 이용에 관한 법률 제47조 제6항).

③ 국토의 계획 및 이용에 관한 법률 제44조 제1항 제1호·동법 시행령 제35조의2 제1항

> **관계법령** **공동구의 설치(국토의 계획 및 이용에 관한 법률 제44조 제1항)**
>
> 다음 각 호에 해당하는 지역·지구·구역 등이 대통령령으로 정하는 규모(200만 제곱미터)를 초과하는 경우에는 해당 지역등에서 개발사업을 시행하는 자는 공동구를 설치하여야 한다.
> 1. 「도시개발법」에 따른 도시개발구역
> 2. 「택지개발촉진법」에 따른 택지개발지구
> 3. 「경제자유구역의 지정 및 운영에 관한 특별법」에 따른 경제자유구역
> 4. 「도시 및 주거환경정비법」에 따른 정비구역
> 5. 그 밖에 대통령령으로 정하는 지역

④ 국가계획으로 설치하는 광역시설은 그 광역시설의 설치·관리를 사업목적 또는 사업종목으로 하여 다른 법률에 따라 설립된 법인이 설치·관리할 수 있다(국토의 계획 및 이용에 관한 법률 제45조 제3항).

⑤ 도시·군계획시설채권의 상환기간은 10년 이내로 하며, 그 이율은 채권 발행 당시 「은행법」에 따른 인가를 받은 은행 중 전국을 영업으로 하는 은행이 적용하는 1년 만기 정기예금금리의 평균 이상이어야 하며, 구체적인 상환기간과 이율은 특별시·광역시·특별자치시·특별자치도·시 또는 군의 조례로 정한다(국토의 계획 및 이용에 관한 법률 제47조 제3항).

04 **정답** ④

해설 ① 국토의 계획 및 이용에 관한 법률 제24조 제5항 제1호

> **관계법령** **도시·군관리계획의 입안권자(국토의 계획 및 이용에 관한 법률 제24조 제5항)**
>
> 국토교통부장관은 제1항이나 제2항에도 불구하고 다음 각 호의 어느 하나에 해당하는 경우에는 직접 또는 관계 중앙행정기관의 장의 요청에 의하여 도시·군관리계획을 입안할 수 있다. 이 경우 국토교통부장관은 관할 시·도지사 및 시장·군수의 의견을 들어야 한다.
> 1. 국가계획과 관련된 경우
> 2. 둘 이상의 시·도에 걸쳐 지정되는 용도지역·용도지구 또는 용도구역과 둘 이상의 시·도에 걸쳐 이루어지는 사업의 계획 중 도시·군관리계획으로 결정하여야 할 사항이 있는 경우
> 3. 특별시장·광역시장·특별자치시장·특별자치도지사·시장 또는 군수가 제138조에 따른 기한까지 국토교통부장관의 도시·군관리계획 조정 요구에 따라 도시·군관리계획을 정비하지 아니하는 경우

② 주민은 산업·유통개발진흥지구의 지정에 관한 사항에 대하여 도시·군관리계획의 입안권자에게 도시·군관리계획의 입안을 제안할 수 있다(국토의 계획 및 이용에 관한 법률 제26조 제1항 제3호, 동법 시행령 제19조의2 제1항).

③ 도시·군관리계획으로 입안하려는 지역이 도심지에 위치하거나 개발이 끝나 나대지가 없는 등 대통령령으로 정하는 요건에 해당하면 제1항부터 제3항까지의 규정에 따른 기초조사, 환경성 검토, 토지적성평가 또는 재해취약성분석을 하지 아니할 수 있다(국토의 계획 및 이용에 관한 법률 제27조 제4항).

<table>
<tr><td>관계법령</td><td>도시·군관리계획의 입안을 위한 기초조사 면제사유 등(국토의 계획 및 이용에 관한 법률 시행령 제21조 제2항)</td></tr>
</table>

법 제27조 제4항에서 "대통령령으로 정하는 요건"이란 다음 각 호의 구분에 따른 요건을 말한다.
1. 기초조사를 실시하지 아니할 수 있는 요건 : 다음 각 목의 어느 하나에 해당하는 경우
    가. 해당 지구단위계획구역이 도심지(상업지역과 상업지역에 연접한 지역을 말한다)에 위치하는 경우
    나. 해당 지구단위계획구역 안의 나대지면적이 구역면적의 2퍼센트에 미달하는 경우
    다. 해당 지구단위계획구역 또는 도시·군계획시설부지가 다른 법률에 따라 지역·지구 등으로 지정되거나 개발계획이 수립된 경우
    라. 해당 지구단위계획구역의 지정목적이 해당 구역을 정비 또는 관리하고자 하는 경우로서 지구단위계획의 내용에 너비 12미터 이상 도로의 설치계획이 없는 경우
    마. 기존의 용도지구를 폐지하고 지구단위계획을 수립 또는 변경하여 그 용도지구에 따른 건축물이나 그 밖의 시설의 용도·종류 및 규모 등의 제한을 그대로 대체하려는 경우
    바. 해당 도시·군계획시설의 결정을 해제하려는 경우
    사. 그 밖에 국토교통부령으로 정하는 요건에 해당하는 경우
4. 재해취약성분석을 실시하지 않을 수 있는 요건 : 다음 각 목의 어느 하나에 해당하는 경우
    가. 제1호 가목부터 사목까지의 어느 하나에 해당하는 경우
    나. 도시·군관리계획 입안일부터 5년 이내에 재해취약성분석을 실시한 경우
    다. 제3호 아목에 해당하는 경우(방재지구의 지정·변경은 제외한다)
    라. 다음의 어느 하나에 해당하는 기반시설을 설치하는 경우
        1) 제3호 자목 1)의 기반시설
        2) 삭제 〈2019.8.6.〉
        3) 공간시설 중 녹지·공공공지

④ 도시·군관리계획 결정의 효력은 지형도면을 고시한 날부터 발생한다(국토의 계획 및 이용에 관한 법률 제31조 제1항).
⑤ 인접한 특별시·광역시·특별자치시·특별자치도·시 또는 군의 관할 구역에 대한 도시·군관리계획은 관계 특별시장·광역시장·특별자치시장·특별자치도지사·시장 또는 군수가 협의하여 공동으로 입안하거나 입안할 자를 정한다(국토의 계획 및 이용에 관한 법률 제24조 제3항).

05 정답 ①

해설 ① 지구단위계획구역에서 건축물(일정 기간 내 철거가 예상되는 경우 등 대통령령으로 정하는 가설건축물은 제외한다)을 건축 또는 용도변경하거나 공작물을 설치하려면 그 지구단위계획에 맞게 하여야 한다. 다만, 지구단위계획이 수립되어 있지 아니한 경우에는 그러하지 아니하다(국토의 계획 및 이용에 관한 법률 제54조).

관계법령 지구단위계획이 적용되지 않는 가설건축물(국토의 계획 및 이용에 관한 법률 시행령 제50조의2)

법 제54조 본문에서 "대통령령으로 정하는 가설건축물"이란 다음 각 호의 어느 하나에 해당하는 가설건축물을 말한다.

1. 존치기간(연장된 존치기간을 포함한 총 존치기간을 말한다)이 3년의 범위에서 해당 특별시·광역시·특별자치시·특별자치도·시 또는 군의 도시·군계획조례로 정한 존치기간 이내인 가설건축물. 다만, 다음 각 목의 어느 하나에 해당하는 가설건축물의 경우에는 각각 다음 각 목의 기준에 따라 존치기간을 연장할 수 있다.
   가. 국가 또는 지방자치단체가 공익 목적으로 건축하는 가설건축물 또는 「건축법 시행령」 제15조 제5항 제4호에 따른 전시를 위한 견본주택이나 그 밖에 이와 비슷한 가설건축물 : 횟수별 3년의 범위에서 해당 특별시·광역시·특별자치시·특별자치도·시 또는 군의 도시·군계획조례로 정하는 횟수만큼
   나. 「건축법」 제20조 제1항에 따라 특별자치시장·특별자치도지사 또는 시장·군수·구청장의 허가를 받아 도시·군계획시설 및 도시·군계획시설예정지에서 건축하는 가설건축물 : 도시·군계획사업이 시행될 때까지
2. 재해복구기간 중 이용하는 재해복구용 가설건축물
3. 공사기간 중 이용하는 공사용 가설건축물

② 국토의 계획 및 이용에 관한 법률 제49조 제1항 제3호

관계법령 지구단위계획의 수립(국토의 계획 및 이용에 관한 법률 제49조 제1항)

지구단위계획은 다음 각 호의 사항을 고려하여 수립한다.
1. 도시의 정비·관리·보전·개발 등 지구단위계획구역의 지정 목적
2. 주거·산업·유통·관광휴양·복합 등 지구단위계획구역의 중심기능
3. 해당 용도지역의 특성
4. 그 밖에 대통령령으로 정하는 사항(동법 시행령 제42조의3 제1항)
   • 지역 공동체의 활성화
   • 안전하고 지속가능한 생활권의 조성
   • 해당 지역 및 인근 지역의 토지 이용을 고려한 토지이용계획과 건축계획의 조화

③ 국토의 계획 및 이용에 관한 법률 제29조 제1항 제1호

관계법령 도시·군관리계획의 결정권자(국토의 계획 및 이용에 관한 법률 제29조 제1항)

도시·군관리계획은 시·도지사가 직접 또는 시장·군수의 신청에 따라 결정한다. 다만, 「지방자치법」 제198조에 따른 서울특별시와 광역시 및 특별자치시를 제외한 인구 50만 이상의 대도시(이하 "대도시"라 한다)의 경우에는 해당 시장(이하 "대도시 시장"이라 한다)이 직접 결정하고, 다음 각 호의 도시·군관리계획은 시장 또는 군수가 직접 결정한다.
1. 시장 또는 군수가 입안한 지구단위계획구역의 지정·변경과 지구단위계획의 수립·변경에 관한 도시·군관리계획
2. 제52조 제1항 제1호의2에 따라 지구단위계획으로 대체하는 용도지구 폐지에 관한 도시·군관리계획[해당 시장(대도시 시장은 제외한다) 또는 군수가 도지사와 미리 협의한 경우에 한정한다]

④ 지구단위계획구역 및 지구단위계획은 도시·군관리계획으로 결정한다(국토의 계획 및 이용에 관한 법률 제50조).

⑤ 국토의 계획 및 이용에 관한 법률 제51조 제1항 제7호

관계법령 지구단위계획구역의 지정 등(국토의 계획 및 이용에 관한 법률 제51조 제1항)

국토교통부장관, 시·도지사, 시장 또는 군수는 다음 각 호의 어느 하나에 해당하는 지역의 전부 또는 일부에 대하여 지구단위계획구역을 지정할 수 있다.

1. 용도지구
2. 「도시개발법」에 따라 지정된 도시개발구역
3. 「도시 및 주거환경정비법」에 따라 지정된 정비구역
4. 「택지개발촉진법」에 따라 지정된 택지개발지구
5. 「주택법」에 따른 대지조성사업지구
6. 「산업입지 및 개발에 관한 법률」의 산업단지와 준산업단지
7. 「관광진흥법」에 따라 지정된 관광단지와 관광특구
8. 개발제한구역·도시자연공원구역·시가화조정구역 또는 공원에서 해제되는 구역, 녹지지역에서 주거·상업·공업지역으로 변경되는 구역과 새로 도시지역으로 편입되는 구역 중 계획적인 개발 또는 관리가 필요한 지역
8의2. 도시지역 내 주거·상업·업무 등의 기능을 결합하는 등 복합적인 토지 이용을 증진시킬 필요가 있는 지역으로서 대통령령으로 정하는 요건에 해당하는 지역
8의3. 도시지역 내 유휴토지를 효율적으로 개발하거나 교정시설, 군사시설, 그 밖에 대통령령으로 정하는 시설을 이전 또는 재배치하여 토지 이용을 합리화하고, 그 기능을 증진시키기 위하여 집중적으로 정비가 필요한 지역으로서 대통령령으로 정하는 요건에 해당하는 지역
9. 도시지역의 체계적·계획적인 관리 또는 개발이 필요한 지역
10. 그 밖에 양호한 환경의 확보나 기능 및 미관의 증진 등을 위하여 필요한 지역으로서 대통령령으로 정하는 지역

06 정답 ⑤

해설 ①·④ 개발행위허가(다른 법률에 따라 개발행위허가가 의제되는 협의를 거친 인가·허가·승인 등을 포함)를 받은 자가 행정청인 경우 개발행위허가를 받은 자가 새로 공공시설을 설치하거나 기존의 공공시설에 대체되는 공공시설을 설치한 경우에는 「국유재산법」과 「공유재산 및 물품 관리법」에도 불구하고 새로 설치된 공공시설은 그 시설을 관리할 관리청에 무상으로 귀속되고, 종래의 공공시설은 개발행위허가를 받은 자에게 무상으로 귀속된다(국토의 계획 및 이용에 관한 법률 제65조 제1항).

② 개발행위허가를 받은 자가 행정청인 경우 개발행위허가를 받은 자는 개발행위가 끝나 준공검사를 마친 때에는 해당 시설의 관리청에 공공시설의 종류와 토지의 세목(細目)을 통지하여야 한다. 이 경우 공공시설은 그 통지한 날에 해당 시설을 관리할 관리청과 개발행위허가를 받은 자에게 각각 귀속된 것으로 본다(국토의 계획 및 이용에 관한 법률 제65조 제5항).

③·⑤ 개발행위허가를 받은 자가 행정청이 아닌 경우 개발행위허가를 받은 자가 새로 설치한 공공시설은 그 시설을 관리할 관리청에 무상으로 귀속되고, 개발행위로 용도가 폐지되는 공공시설은 「국유재산법」과 「공유재산 및 물품 관리법」에도 불구하고 새로 설치한 공공시설의 설치비용에 상당하는 범위에서 개발행위허가를 받은 자에게 무상으로 양도할 수 있다(국토의 계획 및 이용에 관한 법률 제65조 제2항).

07 정답 ④

해설 ① 특별시장·광역시장·특별자치시장·특별자치도지사·시장 또는 군수는 개발밀도관리구역을 지정하거나 변경하려면 개발밀도관리구역의 명칭과 범위, 용도지역의 건폐율 또는 용적률의 강화 범위를 포함하여 해당 지방자치단체에 설치된 지방도시계획위원회의 심의를 거쳐야 한다(국토의 계획 및 이용에 관한 법률 제66조 제3항).

② 기반시설부담구역의 지정고시일부터 <u>1년</u>이 되는 날까지 기반시설설치계획을 수립하지 아니하면 그 <u>1년</u>이 되는 날의 다음 날에 기반시설부담구역의 지정은 해제된 것으로 본다(국토의 계획 및 이용에 관한 법률 시행령 제65조 제4항).

③·⑤ 특별시장·광역시장·특별자치시장·특별자치도지사·시장 또는 군수는 납부의무자가 국가 또는 지방자치단체로부터 건축허가(다른 법률에 따른 사업승인 등 건축허가가 의제되는 경우에는 그 사업승인)를 받은 날부터 <u>2개월</u> 이내에 기반시설설치비용을 부과하여야 하고, 납부의무자는 <u>사용승인</u>(다른 법률에 따라 준공검사 등 사용승인이 의제되는 경우에는 그 준공검사) <u>신청 시까지</u> 이를 내야 한다(국토의 계획 및 이용에 관한 법률 제69조 제2항).

④ 특별시장·광역시장·특별자치시장·특별자치도지사·시장 또는 군수는 개발밀도관리구역에서는 해당 용도지역에 적용되는 용적률의 최대한도의 50퍼센트 범위에서 용적률을 강화하여 적용한다(국토의 계획 및 이용에 관한 법률 제66조 제2항, 동법 시행령 제62조 제1항).

08 정답 ③

해설 ③ 성장관리계획구역을 지정할 수 있는 지역은 녹지지역, 관리지역, 농림지역, 자연환경보전지역이다.

| **관계법령** 성장관리계획구역의 지정 등(국토의 계획 및 이용에 관한 법률 제75조의2 제1항) |

특별시장·광역시장·특별자치시장·특별자치도지사·시장 또는 군수는 <u>녹지지역, 관리지역, 농림지역 및 자연환경보전지역</u> 중 다음 각 호의 어느 하나에 해당하는 지역의 전부 또는 일부에 대하여 성장관리계획구역을 지정할 수 있다.
1. 개발수요가 많아 무질서한 개발이 진행되고 있거나 진행될 것으로 예상되는 지역
2. 주변의 토지이용이나 교통여건 변화 등으로 향후 시가화가 예상되는 지역
3. 주변지역과 연계하여 체계적인 관리가 필요한 지역
4. 「토지이용규제 기본법」에 따른 지역·지구등의 변경으로 토지이용에 대한 행위제한이 완화되는 지역
5. 그 밖에 난개발의 방지와 체계적인 관리가 필요한 지역으로서 대통령령으로 정하는 지역(동법 시행령 제70조의12)
   • 인구 감소 또는 경제성장 정체 등으로 압축적이고 효율적인 도시성장관리가 필요한 지역
   • 공장 등과 입지 분리 등을 통해 쾌적한 주거환경 조성이 필요한 지역
   • 그 밖에 난개발의 방지와 체계적인 관리가 필요한 지역으로서 특별시·광역시·특별자치시·특별자치도·시 또는 군의 도시·군계획조례로 정하는 지역

09 정답 ②

해설 ① · ② 시 · 도지사는 직접 또는 관계 행정기관의 장의 요청을 받아 도시지역과 그 주변지역의 무질서한 시가화를 방지하고 계획적 · 단계적인 개발을 도모하기 위하여 <u>5년 이상 20년 이내의 기간</u> 동안 시가화를 유보할 필요가 있다고 인정되면 시가화조정구역의 지정 또는 변경을 도시 · 군관리계획으로 결정할 수 있다. 다만, 국가계획과 연계하여 시가화조정구역의 지정 또는 변경이 필요한 경우에는 국토교통부장관이 직접 시가화조정구역의 지정 또는 변경을 도시 · 군관리계획으로 결정할 수 있다(국토의 계획 및 이용에 관한 법률 제39조 제1항, 동법 시행령 제32조 제1항).

③ 시가화조정구역의 지정에 관한 도시 · 군관리계획의 결정은 <u>시가화 유보기간이 끝난 날의 다음 날부터</u> 그 효력을 잃는다. 이 경우 국토교통부장관 또는 시 · 도지사는 대통령령으로 정하는 바에 따라 그 사실을 고시하여야 한다(국토의 계획 및 이용에 관한 법률 제39조 제2항).

④ 시가화조정구역에서의 도시 · 군계획사업은 국방상 또는 공익상 시가화조정구역안에서의 사업시행이 불가피한 것으로서 <u>관계 중앙행정기관의 장의 요청에 의하여 국토교통부장관이</u> 시가화조정구역의 지정 목적달성에 지장이 없다고 인정하는 도시 · 군계획사업만 시행할 수 있다(국토의 계획 및 이용에 관한 법률 제81조 제1항, 동법 시행령 제87조).

⑤ 국토의 계획 및 이용에 관한 법률 제81조 제2항 제3호

> **관계법령** **시가화조정구역에서의 행위 제한 등(국토의 계획 및 이용에 관한 법률 제81조 제2항)**
>
> 시가화조정구역에서는 제56조와 제76조에도 불구하고 제1항에 따른 도시 · 군계획사업의 경우 외에는 다음 각 호의 어느 하나에 해당하는 행위에 한정하여 특별시장 · 광역시장 · 특별자치시장 · 특별자치도지사 · 시장 또는 군수의 <u>허가를 받아</u> 그 행위를 할 수 있다.
> 1. 농업 · 임업 또는 어업용의 건축물 중 대통령령으로 정하는 종류와 규모의 건축물이나 그 밖의 시설을 건축하는 행위
> 2. 마을공동시설, 공익시설 · 공공시설, 광공업 등 주민의 생활을 영위하는 데에 필요한 행위로서 대통령령으로 정하는 행위
> 3. 입목의 벌채, 조림, 육림, 토석의 채취, 그 밖에 대통령령으로 정하는 경미한 행위

10 정답 ②

해설 ① "도시 · 군계획시설"이란 기반시설 중 도시 · 군관리계획으로 결정된 시설을 말한다(국토의 계획 및 이용에 관한 법률 제2조 제7호).

② 도시 · 군계획시설사업이 둘 이상의 특별시 · 광역시 · 특별자치시 · 특별자치도 · 시 또는 군의 관할 구역에 걸쳐 시행되게 되는 경우에는 관계 특별시장 · 광역시장 · 특별자치시장 · 특별자치도지사 · 시장 또는 군수가 서로 협의하여 시행자를 정하고(국토의 계획 및 이용에 관한 법률 제86조 제2항), 협의가 성립되지 아니하는 경우 도시 · 군계획시설사업을 시행하려는 구역이 <u>같은 도의 관할 구역에 속하는 경우에는 관할 도지사가 시행자를 지정하고</u>, 둘 이상의 시 · 도의 관할 구역에 걸치는 경우에는 국토교통부장관이 시행자를 지정한다(국토의 계획 및 이용에 관한 법률 제86조 제3항).

③ 국가 또는 지방자치단체, <u>대통령령으로 정하는 공공기관</u>, 그 밖에 대통령령으로 정하는 자에 해당하지 아니하는 자가 도시 · 군계획시설사업의 시행자로 지정을 받으려면 도시 · 군계획시설사업의 대상인 토지(국공유지는 제외한다)의 소유면적 및 토지소유자의 동의비율에 관하여 대통령령으로 정하는 요건을 갖추어야 한다(국토의 계획 및 이용에 관한 법률 제86조 제7항). 한국토지주택공사법에 따른 <u>한국토지주택공사는 대통령령으로 정하는 공공기관에 해당하므로, 토지소유자의 동의요건을 갖추지 아니하여도</u> 도시 · 군계획시설사업의 시행자로 지정을 받을 수 있다(동법 시행령 제96조 제3항 제3호).

④ 도시 · 군계획시설사업에 관한 실시계획에는 ⊙ 사업의 종류 및 명칭, ⊙ 사업의 면적 또는 규모, ⓒ 사업시행자의 성명 및 주소(법인인 경우에는 법인의 명칭 및 소재지와 대표자의 성명 및 주소), ㉣ 사업의 착수예정일 및 준공예정일이 포함되어야 한다(국토의 계획 및 이용에 관한 법률 시행령 제97조 제1항).

⑤ 특별시장 · 광역시장 · 특별자치시장 · 특별자치도지사 · 시장 또는 군수는 실시계획의 인가 또는 변경인가를 받지 아니하고 도시 · 군계획시설사업을 하거나 그 인가 내용과 다르게 도시 · 군계획시설사업을 하는 자에게 그 토지의 원상회복을 명할 수 있다(국토의 계획 및 이용에 관한 법률 제89조 제3항). 이에 따른 원상회복의 명령을 받은 자가 원상회복을 하지 아니하는 경우에는 「행정대집행법」에 따른 행정대집행에 따라 원상회복을 할 수 있다. 이 경우 행정대집행에 필요한 비용은 제1항에 따라 도시 · 군계획시설사업의 시행자가 예치한 이행보증금으로 충당할 수 있다(국토의 계획 및 이용에 관한 법률 제89조 제4항).

11 [정답] ⑤

[해설] ⑤ 폐기물처리 및 재활용시설은 환경기초시설이다.

관계법령	기반시설(국토의 계획 및 이용에 관한 법률 시행령 제2조 제1항)

1. 교통시설 : 도로 · 철도 · 항만 · 공항 · 주차장 · 자동차정류장 · 궤도 · 차량 검사 및 면허시설
2. 공간시설 : 광장 · 공원 · 녹지 · 유원지 · 공공공지
3. 유통 · 공급시설 : 유통업무설비, 수도 · 전기 · 가스 · 열공급설비, 방송 · 통신시설, 공동구 · 시장, 유류저장 및 송유설비
4. 공공 · 문화체육시설 : 학교 · 공공청사 · 문화시설 · 공공필요성이 인정되는 체육시설 · 연구시설 · 사회복지시설 · 공공직업훈련시설 · 청소년수련시설
5. 방재시설 : 하천 · 유수지 · 저수지 · 방화설비 · 방풍설비 · 방수설비 · 사방설비 · 방조설비
6. 보건위생시설 : 장사시설 · 도축장 · 종합의료시설
7. 환경기초시설 : 하수도 · 폐기물처리 및 재활용시설 · 빗물저장 및 이용시설 · 수질오염방지시설 · 폐차장

12 [정답] ②

[해설] ㄱ. 근린상업지역 : 200퍼센트 이상 900퍼센트 이하(국토의 계획 및 이용에 관한 법률 시행령 제85조 제1항 제9호)

ㄴ. 준공업지역 : 150퍼센트 이상 400퍼센트 이하(국토의 계획 및 이용에 관한 법률 시행령 제85조 제1항 제13호)

ㄷ. 준주거지역 : 200퍼센트 이상 500퍼센트 이하(국토의 계획 및 이용에 관한 법률 시행령 제85조 제1항 제6호)

ㄹ. 보전녹지지역 : 50퍼센트 이상 80퍼센트 이하(국토의 계획 및 이용에 관한 법률 시행령 제85조 제1항 제14호)

ㅁ. 계획관리지역 : 50퍼센트 이상 100퍼센트 이하(국토의 계획 및 이용에 관한 법률 시행령 제85조 제1항 제19호)

13 정답 ④

해설 ㄱ. (○), ㄴ. (○), ㄷ. (○)

관계법령 **도시개발구역의 지정 등(도시개발법 제3조)**

① 다음 각 호의 어느 하나에 해당하는 자는 계획적인 도시개발이 필요하다고 인정되는 때에는 도시개발구역을 지정할 수 있다.
  1. 특별시장·광역시장·도지사·특별자치도지사(이하 "<u>시·도지사</u>"라 한다)
  2. 「지방자치법」 제198조에 따른 서울특별시와 광역시를 제외한 인구 50만 이상의 대도시의 시장(이하 "<u>대도시 시장</u>"이라 한다)
③ 국토교통부장관은 다음 각 호의 어느 하나에 해당하면 제1항과 제2항에도 불구하고 도시개발구역을 지정할 수 있다.
  1. 국가가 도시개발사업을 실시할 필요가 있는 경우
  2. 관계 중앙행정기관의 장이 요청하는 경우
  3. 제11조 제1항 제2호에 따른 공공기관의 장 또는 같은 항 제3호에 따른 정부출연기관의 장이 대통령령으로 정하는 규모 이상으로서 국가계획과 밀접한 관련이 있는 도시개발구역의 지정을 제안하는 경우
  4. 제2항에 따른 협의가 성립되지 아니하는 경우
  5. 그 밖에 대통령령으로 정하는 경우

---

14 정답 ④

해설 ① 지정권자는 도시개발구역지정 이후 제11조 제1항 제1호부터 제4호까지의 시행자(국가나 <u>지방자치단체</u>, 대통령령으로 정하는 공공기관, 대통령령으로 정하는 정부출연기관, 「지방공기업법」에 따라 설립된 지방공사)가 대통령령으로 정하는 기준에 따라 도시개발사업의 시행방식을 <u>수용 또는 사용방식에서 전부 환지 방식으로 변경하는 경우</u> 또는 도시개발사업의 시행방식을 <u>혼용방식에서 전부 환지 방식으로 변경하는 경우</u>에는 도시개발사업의 시행방식을 변경할 수 있다(도시개발법 제21조 제2항 제1호·제2호).
② 시행자는 도시개발사업에 필요한 토지등을 수용하거나 사용할 수 있다. 다만, 제11조 제1항 제5호 및 제7호부터 제11호까지의 규정(같은 항 제1호부터 제4호까지의 규정에 해당하는 자가 100분의 50 비율을 초과하여 출자한 경우는 제외한다)에 해당하는 시행자는 사업대상 토지면적의 3분의 2 이상에 해당하는 토지를 소유하고 토지 소유자 총수의 2분의 1 이상에 해당하는 자의 동의를 받아야 한다(도시개발법 제22조 제1항). 그러나 <u>정부출연기관은 제11조 제1항 제3호의 규정에 해당하는 시행자로서 이러한 소유자 동의 없이 토지등을 수용하거나 사용할 수 있다.</u>

관계법령 **시행자 등(도시개발법 제11조 제1항)**

도시개발사업의 시행자는 다음 각 호의 자 중에서 지정권자가 지정한다. 다만, 도시개발구역의 전부를 환지 방식으로 시행하는 경우에는 제5호의 토지 소유자나 제6호의 조합을 시행자로 지정한다.
  1. 국가나 지방자치단체
  2. 대통령령으로 정하는 공공기관
  3. 대통령령으로 정하는 정부출연기관
  4. 「지방공기업법」에 따라 설립된 지방공사

---

5. 도시개발구역의 토지 소유자(「공유수면 관리 및 매립에 관한 법률」 제28조에 따라 면허를 받은 자를 해당 공유수면을 소유한 자로 보고 그 공유수면을 토지로 보며, 제21조에 따른 수용 또는 사용 방식의 경우에는 도시개발구역의 국공유지를 제외한 토지면적의 3분의 2 이상을 소유한 자를 말한다)

6. 도시개발구역의 토지 소유자(「공유수면 관리 및 매립에 관한 법률」 제28조에 따라 면허를 받은 자를 해당 공유수면을 소유한 자로 보고 그 공유수면을 토지로 본다)가 도시개발을 위하여 설립한 조합(도시개발사업의 전부를 환지 방식으로 시행하는 경우에만 해당하며, 이하 "조합"이라 한다)

7. 「수도권정비계획법」에 따른 과밀억제권역에서 수도권 외의 지역으로 이전하는 법인 중 과밀억제권역의 사업 기간 등 대통령령으로 정하는 요건에 해당하는 법인

8. 「주택법」 제4조에 따라 등록한 자 중 도시개발사업을 시행할 능력이 있다고 인정되는 자로서 대통령령으로 정하는 요건에 해당하는 자(「주택법」 제2조 제12호에 따른 주택단지와 그에 수반되는 기반시설을 조성하는 경우에만 해당한다)

9. 「건설산업기본법」에 따른 토목공사업 또는 토목건축공사업의 면허를 받는 등 개발계획에 맞게 도시개발사업을 시행할 능력이 있다고 인정되는 자로서 대통령령으로 정하는 요건에 해당하는 자

9의2. 「부동산개발업의 관리 및 육성에 관한 법률」 제4조 제1항에 따라 등록한 부동산개발업자로서 대(大)통령령으로 정하는 요건에 해당하는 자

10. 「부동산투자회사법」에 따라 설립된 자기관리부동산투자회사 또는 위탁관리부동산투자회사로서 대통령령으로 정하는 요건에 해당하는 자

11. 제1호부터 제9호까지, 제9호의2 및 제10호에 해당하는 자(제6호에 따른 조합은 제외한다)가 도시개발사업을 시행할 목적으로 출자에 참여하여 설립한 법인으로서 대통령령으로 정하는 요건에 해당하는 법인

③ 시행자는 토지 소유자가 원하면 토지등의 매수 대금의 일부를 지급하기 위하여 대통령령으로 정하는 바에 따라 사업 시행으로 조성된 토지·건축물로 상환하는 채권(토지상환채권)을 발행할 수 있다. 다만, 제11조 제1항 제5호부터 제11호까지의 규정에 해당하는 자는 대통령령으로 정하는 금융기관 등으로부터 지급보증을 받은 경우에만 이를 발행할 수 있다(도시개발법 제23조 제1항).

④ 원형지개발자(국가 및 지방자치단체는 제외한다)는 10년의 범위에서 대통령령으로 정하는 기간 안에는 원형지를 매각할 수 없다. 다만, 이주용 주택이나 공공·문화 시설 등 대통령령으로 정하는 경우로서 미리 지정권자의 승인을 받은 경우에는 예외로 한다(도시개발법 제25조의2 제6항).

관계법령 원형지의 공급과 개발 절차 등(도시개발법 시행령 제55조의2 제3항)

법 제25조의2 제6항 본문에서 "대통령령으로 정하는 기간"이란 다음 각 호의 기간 중 먼저 끝나는 기간을 말한다.
1. 원형지에 대한 공사완료 공고일부터 5년
2. 원형지 공급 계약일부터 10년

⑤ 원형지개발자의 선정은 수의계약의 방법으로 한다. 다만, 원형지를 학교나 공장 등의 부지로 직접 사용하는 자에 해당하는 원형지개발자의 선정은 경쟁입찰의 방식으로 하며, 경쟁입찰이 2회 이상 유찰된 경우에는 수의계약의 방법으로 할 수 있다(도시개발법 시행령 제55조의2 제6항).

15 정답 ②

해설 ① 도시개발법 제28조 제1항 제6호, 동법 시행규칙 제26조 제3항 제3호

> **관계법령** **환지 계획의 작성(도시개발법 제28조 제1항)**
>
> 시행자는 도시개발사업의 전부 또는 일부를 환지 방식으로 시행하려면 다음 각 호의 사항이 포함된 환지 계획을 작성하여야 한다.
> 1. 환지 설계
> 2. 필지별로 된 환지 명세
> 3. 필지별과 권리별로 된 청산 대상 토지 명세
> 4. 체비지(替費地) 또는 보류지(保留地)의 명세
> 5. 입체 환지를 계획하는 경우에는 입체 환지용 건축물의 명세와 공급 방법·규모에 관한 사항
> 6. 그 밖에 국토교통부령으로 정하는 사항(동법 시행규칙 제26조 제3항)
>   • 수입·지출 계획서
>   • 평균부담률 및 비례율과 그 계산서(제27조 제3항에 따라 평가식으로 환지 설계를 하는 경우로 한정한다)
>   • 건축 계획(입체 환지를 시행하는 경우로 한정한다)
>   • 법 제28조 제3항에 따른 토지평가협의회 심의 결과

② 시행자는 토지 면적의 규모를 조정할 특별한 필요가 있으면 면적이 작은 토지는 과소 토지가 되지 아니하도록 면적을 늘려 환지를 정하거나 환지 대상에서 제외할 수 있고, 면적이 넓은 토지는 그 면적을 줄여서 환지를 정할 수 있다(도시개발법 제31조 제1항).

③ 도시개발법 제32조의2 제1항 제2호

> **관계법령** **환지 지정 등의 제한(도시개발법 제32조의2 제1항)**
>
> 시행자는 제7조에 따른 주민 등의 의견청취를 위하여 공람 또는 공청회의 개최에 관한 사항을 공고한 날 또는 투기억제를 위하여 시행예정자(제3조 제3항 제2호 및 제4항에 따른 요청자 또는 제11조 제5항에 따른 제안자를 말한다)의 요청에 따라 지정권자가 따로 정하는 날(기준일)의 다음 날부터 다음 각 호의 어느 하나에 해당하는 경우에는 국토교통부령으로 정하는 바에 따라 해당 토지 또는 건축물에 대하여 금전으로 청산(건축물은 제65조에 따라 보상한다)하거나 환지 지정을 제한할 수 있다.
> 1. 1필지의 토지가 여러 개의 필지로 분할되는 경우
> 2. 단독주택 또는 다가구주택이 다세대주택으로 전환되는 경우
> 3. 하나의 대지범위 안에 속하는 동일인 소유의 토지와 주택 등 건축물을 토지와 주택 등 건축물로 각각 분리하여 소유하는 경우
> 4. 나대지에 건축물을 새로 건축하거나 기존 건축물을 철거하고 다세대주택이나 그 밖의 「집합건물의 소유 및 관리에 관한 법률」에 따른 구분소유권의 대상이 되는 건물을 건축하여 토지 또는 건축물의 소유자가 증가되는 경우

④ 시행자는 환지 예정지를 지정한 경우에 해당 토지를 사용하거나 수익하는 데에 장애가 될 물건이 그 토지에 있거나 그 밖에 특별한 사유가 있으면 그 토지의 사용 또는 수익을 시작할 날을 따로 정할 수 있다(도시개발법 제36조 제2항).

⑤ 시행자는 환지를 정하지 아니하기로 결정된 토지 소유자나 임차권자등에게 날짜를 정하여 그날부터 해당 토지 또는 해당 부분의 사용 또는 수익을 정지시킬 수 있다(도시개발법 제37조 제1항).

16 정답 ④

해설 ① 국토의 계획 및 이용에 관한 법률 제56조 제1항에 따른 허가를 받은 자 중 도시개발채권을 매입하여야 하는 자는 토지의 형질변경허가를 받은 자이다.

> **관계법령** 도시개발채권의 매입(도시개발법 제63조 제1항)
>
> 다음 각 호의 어느 하나에 해당하는 자는 도시개발채권을 매입하여야 한다.
> 1. 수용 또는 사용방식으로 시행하는 도시개발사업의 경우 제11조 제1항 제1호부터 제4호까지의 규정에 해당하는 자와 공사의 도급계약을 체결하는 자
> 2. 제1호에 해당하는 시행자 외에 도시개발사업을 시행하는 자
> 3. 「국토의 계획 및 이용에 관한 법률」 제56조 제1항에 따른 허가를 받은 자 중 대통령령으로 정하는 자(토지의 형질변경허가를 받은 자)

② 도시개발채권의 이율은 채권의 발행 당시의 국채·공채 등의 금리와 특별회계의 상황 등을 고려하여 해당 시·도의 조례로 정한다(도시개발법 시행령 제83조 제2항).

③ 시·도지사는 도시개발채권의 발행하려는 경우에는 채권의 발행총액·발행방법·발행조건·상환방법 및 절차 등에 대하여 행정안전부장관의 승인을 받아야 하고(도시개발법 시행령 제82조 제2항), 이에 따라 승인을 받은 후 채권의 발행총액·발행기간·이율·원금상환의 방법 및 시기·이자지급의 방법 및 시기를 공고하여야 한다(도시개발법 시행령 제82조 제3항).

④ 도시개발채권의 상환은 5년부터 10년까지의 범위에서 지방자치단체의 조례로 정한다(도시개발법 시행령 제83조 제3항).

⑤ 도시개발채권은 시·도의 조례로 정하는 바에 따라 시·도지사가 이를 발행한다(도시개발법 시행령 제82조 제1항).

17 정답 ①

해설 도시개발구역지정에 관한 주민 등의 의견청취를 위한 공고가 있는 지역 및 도시개발구역에서 건축물의 건축, 공작물의 설치, 토지의 형질 변경, 토석의 채취, 토지 분할, 물건을 쌓아놓는 행위, 죽목의 벌채 및 식재 등 대통령령으로 정하는 행위를 하려는 자는 특별시장·광역시장·특별자치도지사·시장 또는 군수의 허가를 받아야 한다. 허가받은 사항을 변경하려는 경우에도 또한 같다(도시개발법 제9조 제5항).

> **관계법령** 행위허가의 대상 등(도시개발법 시행령 제16조 제1항)
>
> 법 제9조 제5항에 따라 특별시장·광역시장·특별자치도지사·시장 또는 군수의 허가를 받아야 하는 행위는 다음 각 호와 같다.
> 1. 건축물의 건축 등 : 「건축법」 제2조 제1항 제2호에 따른 건축물(가설건축물을 포함한다)의 건축, 대수선 또는 용도 변경(⑤)
> 2. 공작물의 설치 : 인공을 가하여 제작한 시설물(「건축법」 제2조 제1항 제2호에 따른 건축물은 제외한다)의 설치
> 3. 토지의 형질변경 : 절토(땅깎기)·성토(흙쌓기)·정지·포장 등의 방법으로 토지의 형상을 변경하는 행위, 토지의 굴착 또는 공유수면의 매립(④)
> 4. 토석의 채취 : 흙·모래·자갈·바위 등의 토석을 채취하는 행위. 다만, 토지의 형질 변경을 목적으로 하는 것은 제3호에 따른다.(②)
> 5. 토지분할
> 6. 물건을 쌓아놓는 행위 : 옮기기 쉽지 아니한 물건을 1개월 이상 쌓아놓는 행위
> 7. 죽목의 벌채 및 식재(③)

18 정답 ⑤

해설 ⑤ 미공개정보를 목적 외로 사용하거나 타인에게 제공 또는 누설한 자는 5년 이하의 징역 또는 그 위반행위로 얻은 재산상 이익 또는 회피한 손실액의 3배 이상 5배 이하에 상당하는 벌금에 처한다. 다만, 얻은 이익 또는 회피한 손실액이 없거나 산정하기 곤란한 경우 또는 그 위반행위로 얻은 재산상 이익의 5배에 해당하는 금액이 10억원 이하인 경우에는 <u>벌금의 상한액을 10억원으로 한다</u>(도시개발법 제79조의2 제1항).

19 정답 ①

해설 ① 도시 및 주거환경정비법 제2조 제2호 가목
②·③ 도시 및 주거환경정비법 제2조 제2호 다목
④·⑤ 도시 및 주거환경정비법 제2조 제2호 나목

관계법령 정의(도시 및 주거환경정비법 제2조)

2. "정비사업"이란 이 법에서 정한 절차에 따라 도시기능을 회복하기 위하여 정비구역에서 정비기반시설을 정비하거나 주택 등 건축물을 개량 또는 건설하는 다음 각 목의 사업을 말한다.

가. 주거환경개선사업 : 도시저소득 주민이 집단거주하는 지역으로서 정비기반시설이 극히 열악하고 노후·불량건축물이 과도하게 밀집한 지역의 주거환경을 개선하거나 단독주택 및 다세대주택이 밀집한 지역에서 정비기반시설과 공동이용시설 확충을 통하여 주거환경을 보전·정비·개량하기 위한 사업

나. 재개발사업 : 정비기반시설이 열악하고 노후·불량건축물이 밀집한 지역에서 주거환경을 개선하거나 상업지역·공업지역 등에서 도시기능의 회복 및 상권활성화 등을 위하여 도시환경을 개선하기 위한 사업. 이 경우 다음 요건을 모두 갖추어 시행하는 재개발사업을 "공공재개발사업"이라 한다.

1) 특별자치시장, 특별자치도지사, 시장, 군수, 자치구의 구청장(시장·군수등) 또는 토지주택공사등(조합과 공동으로 시행하는 경우를 포함한다)이 주거환경개선사업의 시행자, 재개발사업의 시행자나 재개발사업의 대행자일 것

2) 건설·공급되는 주택의 전체 세대수 또는 전체 연면적 중 토지등소유자 대상 분양분(지분형주택은 제외한다)을 제외한 나머지 주택의 세대수 또는 연면적의 100분의 20 이상 100분의 50 이하의 범위에서 대통령령으로 정하는 기준에 따라 시·도 조례로 정하는 비율 이상을 지분형주택, 「공공주택 특별법」에 따른 공공임대주택 또는 「민간임대주택에 관한 특별법」에 따른 공공지원민간임대주택으로 건설·공급할 것. 이 경우 주택 수 산정방법 및 주택 유형별 건설비율은 대통령령으로 정한다.

다. 재건축사업 : 정비기반시설은 양호하나 노후·불량건축물에 해당하는 공동주택이 밀집한 지역에서 주거환경을 개선하기 위한 사업. 이 경우 다음 요건을 모두 갖추어 시행하는 재건축사업을 "공공재건축사업"이라 한다.

1) 시장·군수등 또는 토지주택공사등(조합과 공동으로 시행하는 경우를 포함한다)이 재건축사업의 시행자나 재건축사업의 대행자일 것

2) 종전의 용적률, 토지면적, 기반시설 현황 등을 고려하여 대통령령으로 정하는 세대수 이상을 건설·공급할 것. 다만, 정비구역의 지정권자가 「국토의 계획 및 이용에 관한 법률」에 따른 도시·군기본계획, 토지이용 현황 등 대통령령으로 정하는 불가피한 사유로 해당하는 세대수를 충족할 수 없다고 인정하는 경우에는 그러하지 아니하다.

20 정답 ③

해설 조합의 합병 또는 해산에 관한 사항은 대의원회가 총회의 권한을 대행할 수 없는 사항이지만, 사업완료로 인한 조합의 해산에 관한 사항은 대의원회가 총회의 권한을 대행할 수 있다(도시 및 주거환경정비법 시행령 제43조 제10호 참고).

관계법령	대의원회가 총회의 권한을 대행할 수 없는 사항(도시 및 주거환경정비법 시행령 제43조)

1. 정관의 변경에 관한 사항(경미한 사항의 변경은 법 또는 정관에서 총회의결사항으로 정한 경우로 한정한다)
2. 자금의 차입과 그 방법·이자율 및 상환방법에 관한 사항
3. 예산으로 정한 사항 외에 조합원에게 부담이 되는 계약에 관한 사항
4. 시공자·설계자 또는 감정평가법인등(시장·군수등이 선정·계약하는 감정평가법인등은 제외한다)의 선정 및 변경에 관한 사항
5. 정비사업전문관리업자의 선정 및 변경에 관한 사항
6. 조합임원의 선임 및 해임과 대의원의 선임 및 해임에 관한 사항. 다만, 정관으로 정하는 바에 따라 임기중 궐위된 자(조합장은 제외)를 보궐선임하는 경우를 제외한다.
7. 사업시행계획서의 작성 및 변경에 관한 사항(법 제50조 제1항 본문에 따른 정비사업의 중지 또는 폐지에 관한 사항을 포함하며, 같은 항 단서에 따른 경미한 변경은 제외)
8. 관리처분계획의 수립 및 변경에 관한 사항(경미한 변경은 제외)
9. 법 제45조 제2항에 따라 총회에 상정하여야 하는 사항
10. 조합의 합병 또는 해산에 관한 사항. 다만, 사업완료로 인한 해산의 경우는 제외한다.
11. 건설되는 건축물의 설계 개요의 변경에 관한 사항
12. 정비사업비의 변경에 관한 사항

21 정답 ③

해설 정비계획의 입안권자 또는 토지주택공사등이 정비구역의 지정권자에게 공공재개발사업 예정구역 지정을 신청한 경우 지방도시계획위원회는 (신청일)부터 (30)일 이내에 심의를 완료해야 한다. 다만, (30)일 이내에 심의를 완료할 수 없는 정당한 사유가 있다고 판단되는 경우에는 심의기간을 (30)일의 범위에서 한 차례 연장할 수 있다(도시 및 주거환경정비법 시행령 제80조의2 제3항).

22 정답 ①

해설 ① 지분형주택의 규모는 주거전용면적 60제곱미터 이하인 주택으로 한정한다(도시 및 주거환경정비법 시행령 제70조 제1항 제1호).

② 분양신청기간은 통지한 날부터 30일 이상 60일 이내로 하여야 한다. 다만, 사업시행자는 관리처분계획의 수립에 지장이 없다고 판단하는 경우에는 분양신청기간을 20일의 범위에서 한 차례만 연장할 수 있다(도시 및 주거환경정비법 제72조 제2항).

③ 1세대 또는 1명이 하나 이상의 주택 또는 토지를 소유한 경우 1주택을 공급하고, 같은 세대에 속하지 아니하는 2명 이상이 1주택 또는 1토지를 공유한 경우에는 1주택만 공급한다(도시 및 주거환경정비법 제76조 제1항 제6호).

④ 도시 및 주거환경정비법 제78조 제3항 제3호

관계법령 **관리처분계획의 공람 및 인가절차 등(도시 및 주거환경정비법 제78조 제3항)**

시장·군수 등은 다음 각 호의 어느 하나에 해당하는 경우에는 대통령령으로 정하는 공공기관에 관리처분계획의 타당성 검증을 요청하여야 한다. 이 경우 시장·군수등은 타당성 검증 비용을 사업시행자에게 부담하게 할 수 있다.

1. 정비사업비가 제52조 제1항 제12호에 따른 정비사업비 기준으로 100분의 10 이상으로서 대통령령으로 정하는 비율 이상 늘어나는 경우
2. 조합원 분담규모가 분양대상자별 분담금의 추산액 총액 기준으로 100분의 20 이상으로서 대통령령으로 정하는 비율 이상 늘어나는 경우
3. 조합원 5분의 1 이상이 관리처분계획인가 신청이 있은 날부터 15일 이내에 시장·군수등에게 타당성 검증을 요청한 경우
4. 그 밖에 시장·군수등이 필요하다고 인정하는 경우

⑤ 국토교통부장관, 시·도지사, 시장, 군수, 구청장 또는 토지주택공사등은 정비구역에 세입자와 대통령령으로 정하는 면적 이하의 토지 또는 주택을 소유한 자의 요청이 있는 경우에는 인수한 임대주택의 일부를 「주택법」에 따른 토지임대부 분양주택으로 전환하여 공급하여야 한다(도시 및 주거환경정비법 제80조 제2항).

관계법령 **소규모 토지 등의 소유자에 대한 토지임대부 분양주택 공급(도시 및 주거환경정비법 시행령 제71조 제1항)**

법 제80조 제2항에서 "대통령령으로 정하는 면적 이하의 토지 또는 주택을 소유한 자"란 다음 각 호의 어느 하나에 해당하는 자를 말한다.

1. 면적이 90제곱미터 미만의 토지를 소유한 자로서 건축물을 소유하지 아니한 자
2. 바닥면적이 40제곱미터 미만의 사실상 주거를 위하여 사용하는 건축물을 소유한 자로서 토지를 소유하지 아니한 자

23 정답 ⑤

해설 ① 시장·군수등이 토지주택공사 등을 주거환경개선사업 시행자로 지정하여 주거환경개선사업을 시행하려는 경우에는 공람공고일 현재 해당 정비예정구역의 토지 또는 건축물의 소유자 또는 지상권자의 3분의 2 이상의 동의와 세입자(공람공고일 3개월 전부터 해당 정비예정구역에 3개월 이상 거주하고 있는 자를 말한다) 세대수의 과반수의 동의를 각각 받아야 한다. 다만, 세입자의 세대수가 토지등소유자의 2분의 1 이하인 경우 등 대통령령으로 정하는 사유가 있는 경우에는 세입자의 동의절차를 거치지 아니할 수 있다(도시 및 주거환경정비법 제24조 제2항 제1호 가목, 제3항).

② 재개발사업은 토지등소유자가 20인 미만인 경우에는 토지등소유자가 시행하거나 토지등소유자가 토지등소유자의 과반수의 동의를 받아 시장·군수등, 토지주택공사등, 건설업자, 등록사업자 또는 대통령령으로 정하는 요건을 갖춘 자와 공동으로 시행할 수 있다(도시 및 주거환경정비법 제25조 제1항 제2호).

③ 추진위원회가 시장·군수등의 구성승인을 받은 날부터 3년 이내에 조합설립인가를 신청하지 아니하거나 조합이 조합설립인가를 받은 날부터 3년 이내에 사업시행계획인가를 신청하지 아니한 때에는 시장·군수등은 직접 정비사업을 시행하거나 토지주택공사등(토지주택공사등이 건설업자 또는 등록사업자와 공동으로 시행하는 경우를 포함)을 사업시행자로 지정하여 정비사업을 시행하게 할 수 있다(도시 및 주거환경정비법 제26조 제1항 제3호).

④ 조합에 두는 이사의 수는 3명 이상으로 하고, 감사의 수는 1명 이상 3명 이하로 한다. 다만, 토지등소유자의 수가 100인을 초과하는 경우에는 이사의 수를 5명 이상으로 한다(도시 및 주거환경정비법 시행령 제40조).

⑤ 주민대표회의에는 위원장과 부위원장 각 1명과 1명 이상 3명 이하의 감사를 둔다(도시 및 주거환경정비법 시행령 제45조 제1항).

24 정답 ②

해설 ① 청산금을 지급(분할지급을 포함)받을 권리 또는 이를 징수할 권리는 이전고시일의 다음 날부터 5년간 행사하지 아니하면 소멸한다(도시 및 주거환경정비법 제90조 제3항).

② 정비구역의 국유·공유재산은 정비사업 외의 목적으로 매각되거나 양도될 수 없다(도시 및 주거환경정비법 제98조 제3항).

③ 청산금을 지급받을 자가 받을 수 없거나 받기를 거부한 때에는 사업시행자는 그 청산금을 공탁할 수 있다(도시 및 주거환경정비법 제90조 제2항).

④ 시장·군수등이 아닌 사업시행자는 부과금 또는 연체료를 체납하는 자가 있는 때에는 시장·군수등에게 그 부과·징수를 위탁할 수 있고(도시 및 주거환경정비법 제93조 제4항), 시장·군수등은 이에 따라 부과·징수를 위탁받은 경우에는 지방세 체납처분의 예에 따라 부과·징수할 수 있다. 이 경우 사업시행자는 징수한 금액의 100분의 4에 해당하는 금액을 해당 시장·군수등에게 교부하여야 한다(도시 및 주거환경정비법 제93조 제5항).

⑤ 국가 또는 지방자치단체는 토지임대부 분양주택을 공급받는 자에게 해당 공급비용의 전부 또는 일부를 보조 또는 융자할 수 있다(도시 및 주거환경정비법 제95조 제6항).

25 정답 ②

해설 ② 주택법 시행령 [별표 3의2] 제3호 참고

알아보기	공공택지 외의 택지에서 건설·공급되는 주택의 매입금액	

구 분	보유기간	매입금액
분양가격이 인근지역주택매매가격의 100퍼센트 이상인 경우	–	매입비용의 100퍼센트에 해당하는 금액
분양가격이 인근지역주택매매가격의 80퍼센트 이상 100퍼센트 미만인 경우	2년 미만	매입비용의 100퍼센트에 해당하는 금액
	2년 이상 3년 미만	매입비용의 50퍼센트에 인근지역주택매매가격의 50퍼센트를 더한 금액
	3년 이상 4년 미만	매입비용의 25퍼센트에 인근지역주택매매가격의 75퍼센트를 더한 금액
	4년 이상	인근지역주택매매가격의 100퍼센트에 해당하는 금액
분양가격이 인근지역주택매매가격의 80퍼센트 미만인 경우	3년 미만	매입비용의 100퍼센트에 해당하는 금액
	3년 이상 4년 미만	매입비용의 75퍼센트에 인근지역주택매매가격의 25퍼센트를 더한 금액
	4년 이상 5년 미만	매입비용의 50퍼센트에 인근지역주택매매가격의 50퍼센트를 더한 금액
	5년 이상 6년 미만	매입비용의 25퍼센트에 인근지역주택매매가격의 75퍼센트를 더한 금액
	6년 이상	인근지역주택매매가격의 100퍼센트에 해당하는 금액

26 정답 ③

해설 | 관계법령 | 정의(주택법 제2조)

12. "주택단지"란 주택건설사업계획 또는 대지조성사업계획의 승인을 받아 주택과 그 부대시설 및 복리시설을 건설하거나 대지를 조성하는 데 사용되는 일단의 토지를 말한다. 다만, 다음 각 목의 시설로 분리된 토지는 각각 별개의 주택단지로 본다.
　가. 철도(①)·고속도로(②)·자동차전용도로(④)
　나. 폭 20미터 이상인 일반도로(③)
　다. 폭 8미터 이상인 도시계획예정도로(⑤)
　라. 가목부터 다목까지의 시설에 준하는 시설(동법 시행령 제5조 제1항)
　　• 국토의 계획 및 이용에 관한 법률에 따른 도시·군계획시설인 도로로서 국토교통부령으로 정하는 도로
　　• 도로법에 따른 일반국도·특별시도·광역시도 또는 지방도
　　• 그 밖에 관계법령에 따라 설치된 도로로서 제1호 및 제2호에 준하는 도로

27 정답 ②

해설 ㄱ. (×) 주택에 딸린 「건축법」에 따른 건축설비는 부대시설에 해당한다(주택법 제2조 제13호 나목).

ㄴ. (×) "도시형 생활주택"이란 300세대 미만의 국민주택규모에 해당하는 주택으로서 대통령령으로 정하는 주택(소형 주택, 단지형 연립주택, 단지형 다세대주택)을 말한다(주택법 제2조 제20호, 동법 시행령 제10조 제1항).

ㄷ. (○) "민영주택"이란 국민주택을 제외한 주택을 말한다(주택법 제2조 제7호).

28 정답 ①

해설

관계법령 투기과열지구의 지정기준(주택법 시행령 제72조의2 제1항)

1. 투기과열지구로 지정하는 날이 속하는 달의 바로 전달(투기과열지구지정직전월)부터 소급하여 주택공급이 있었던 (ㄱ – 2)개월 동안 해당 지역에서 공급되는 주택의 월별 평균 청약경쟁률이 모두 5대 1을 초과했거나 국민주택규모 주택의 월별 평균 청약경쟁률이 모두 (ㄴ – 10)대 1을 초과한 곳

2. 다음 각 목에 해당하는 곳으로서 주택공급이 위축될 우려가 있는 곳
   가. 투기과열지구지정직전월의 (ㄷ – 주택분양실적)이 전달보다 30퍼센트 이상 감소한 곳
   나. 법 제15조에 따른 사업계획승인 건수나 「건축법」 제11조에 따른 건축허가 건수(투기과열지구 지정직전월부터 소급하여 6개월간의 건수를 말한다)가 직전 연도보다 급격하게 감소한 곳

3. 신도시 개발이나 주택 전매행위의 성행 등으로 투기 및 주거불안의 우려가 있는 곳으로서 다음 각 목에 해당하는 곳
   가. 해당 지역이 속하는 시·도의 주택보급률이 전국 평균 이하인 곳
   나. 해당 지역이 속하는 시·도의 자가주택비율이 전국 평균 이하인 곳
   다. 해당 지역의 분양주택(투기과열지구로 지정하는 날이 속하는 연도의 직전 연도에 분양된 주택을 말한다)의 수가 법 제56조 제1항에 따른 입주자저축에 가입한 사람으로서 국토교통부령으로 정하는 사람의 수보다 현저히 적은 곳

29 정답 ④

해설 ① 주택건설사업을 시행하려는 자는 전체 세대수가 600세대 이상의 주택단지를 공구별로 분할하여 주택을 건설·공급할 수 있다(주택법 제15조 제3항 전문, 동법 시행령 제28조 제1항).

② 사업계획승인권자는 제2항에 따른 신고(착공신고)를 받은 날부터 20일 이내에 신고수리 여부를 신고인에게 통지하여야 한다(주택법 제16조 제3항).

③ 사업계획승인권자는 사업계획승인의 신청을 받았을 때에는 정당한 사유가 없으면 신청받은 날부터 60일 이내에 사업주체에게 승인 여부를 통보하여야 한다(주택법 시행령 제30조 제1항).

④ 주택법 제16조 제1항

관계법령 사업계획의 이행 및 취소 등(주택법 제16조 제1항)

사업주체는 제15조 제1항 또는 제3항에 따라 승인받은 사업계획대로 사업을 시행하여야 하고, 다음 각 호의 구분에 따라 공사를 시작하여야 한다. 다만, 사업계획승인권자는 대통령령으로 정하는 정당한 사유가 있다고 인정하는 경우에는 사업주체의 신청을 받아 그 사유가 없어진 날부터 1년의 범위에서 제1호 또는 제2호 가목에 따른 공사의 착수기간을 연장할 수 있다.

1. 제15조 제1항에 따라 승인을 받은 경우 : <u>승인받은 날부터 5년 이내</u>
2. 제15조 제3항에 따라 승인을 받은 경우
   가. 최초로 공사를 진행하는 공구 : <u>승인받은 날부터 5년 이내</u>
   나. 최초로 공사를 진행하는 공구 외의 공구 : 해당 주택단지에 대한 최초 착공신고일부터 2년
      이내

⑤ 사업계획은 쾌적하고 문화적인 주거생활을 하는 데에 적합하도록 수립되어야 하며, 그 사업계획에는
부대시설 및 복리시설의 설치에 관한 계획 등이 포함되어야 한다(주택법 제15조 제5항).

30   정답   ①

해설   **관계법령   납입금의 사용(주택법 시행령 제87조 제1항)**

주택상환사채의 납입금은 다음 각 호의 용도로만 사용할 수 있다.
1. <u>택지의 구입 및 조성(ㄴ)</u>
2. <u>주택건설자재의 구입(ㄱ)</u>
3. 건설공사비에의 충당
4. 그 밖에 주택상환을 위하여 필요한 비용으로서 국토교통부장관의 승인을 받은 비용에의 충당

31   정답   ③

해설   주택을 공급받을 수 있는 조합원 지위, 입주자저축 증서, 공공사업의 시행으로 인한 이주대책에 따라 주택
을 공급받을 수 있는 지위, 주택을 공급받을 수 있는 증서로서 시장·군수·구청장이 발행한 무허가건물
확인서를 매매(ㄷ)·증여(ㄹ)하는 것은 공급질서 교란행위에 해당하나, 이를 상속(ㄱ)·저당(ㄴ)하는 것은
공급질서 교란행위에 해당하지 않는다.

관계법령   공급질서 교란 금지(주택법 제65조 제1항)

누구든지 이 법에 따라 건설·공급되는 주택을 공급받거나 공급받게 하기 위하여 다음 각 호의 어느
하나에 해당하는 증서 또는 지위를 양도·양수(매매·증여나 <u>그 밖에 권리 변동을 수반하는 모든 행위</u>
<u>를 포함하되, 상속·저당의 경우는 제외한다</u>) 또는 이를 알선하거나 양도·양수 또는 이를 알선할
목적으로 하는 광고(각종 간행물·인쇄물·전화·인터넷, 그 밖의 매체를 통한 행위를 포함한다)를
하여서는 아니 되며, 누구든지 거짓이나 그 밖의 부정한 방법으로 이 법에 따라 건설·공급되는 증서나
지위 또는 주택을 공급받거나 공급받게 하여서는 아니 된다.
1. 제11조에 따라 <u>주택을 공급받을 수 있는 지위</u>
2. 제56조에 따른 <u>입주자저축 증서</u>
3. 제80조에 따른 주택상환사채
4. 그 밖에 주택을 공급받을 수 있는 증서 또는 지위(동법 시행령 제74조 제1항)
   • <u>시장·군수·구청장이</u> 발행한 무허가건물 확인서, 건물철거예정 증명서 또는 건물철거 확인서
   • <u>공공사업의 시행으로 인한 이주대책에 따라 주택을 공급받을 수 있는 지위</u> 또는 이주대책대상자
     확인서

32 정답 ③

해설 ① · ② 특수구조 건축물에 대해서는 건축법의 일부 규정을 강화 또는 변경하여 적용할 수 있는데 건축
공사현장 안전관리 예치금에 관한 규정(제13조), 대지의 조경에 관한 규정(제42조)는 이에 해당하지
않는다(건축법 제6조의2 참고).

③ 건축법 시행령 제2조 제18호 가목

④ 건축법 시행령 제2조 제18호 나목

관계법령 **정의(건축법 시행령 제2조)**

18. "특수구조 건축물"이란 다음 각 목의 어느 하나에 해당하는 건축물을 말한다.

가. 한쪽 끝은 고정되고 다른 끝은 지지(支持)되지 아니한 구조로 된 보·차양 등이 외벽(외벽
이 없는 경우에는 외곽 기둥을 말한다)의 중심선으로부터 3미터 이상 돌출된 건축물

나. 기둥과 기둥 사이의 거리(기둥의 중심선 사이의 거리를 말하며, 기둥이 없는 경우에는 내력
벽과 내력벽의 중심선 사이의 거리를 말한다. 이하 같다)가 20미터 이상인 건축물

다. 특수한 설계·시공·공법 등이 필요한 건축물로서 국토교통부장관이 정하여 고시하는 구
조로 된 건축물

---

⑤ 특수구조 건축물을 건축하거나 대수선하려는 건축주는 착공신고를 하기 전에 국토교통부령으로 정하는
바에 따라 허가권자에게 해당 건축물의 구조 안전에 관하여 지방건축위원회의 심의를 신청하여야 한다.
이 경우 건축주는 설계자로부터 미리 구조 안전 확인을 받아야 한다(건축법 시행령 제6조의3 제2항).

33 정답 ⑤

해설 건축주, 설계자, 공사시공자 또는 공사감리자(이하 "건축관계자"라 한다)는 업무를 수행할 때 이 법을 적용
하는 것이 매우 불합리하다고 인정되는 대지나 건축물로서 대통령령으로 정하는 것에 대하여는 이 법의
기준을 완화하여 적용할 것을 허가권자에게 요청할 수 있다(건축법 제5조 제1항).

관계법령 **적용의 완화(건축법 시행령 제6조 제1항)**

법 제5조 제1항에 따라 완화하여 적용하는 건축물 및 기준은 다음 각 호와 같다.

1. 수면 위에 건축하는 건축물 등 대지의 범위를 설정하기 곤란한 경우 : 법 제40조부터 제47조까
지, 법 제55조부터 제57조까지, 법 제60조 및 법 제61조에 따른 기준

> • 제40조(대지의 안전 등) – ④
> • 제41조(토지 굴착 부분에 대한 조치 등)
> • 제42조(대지의 조경) – ①
> • 제43조(공개 공지 등의 확보) – ②
> • 제44조(대지와 도로의 관계)
> • 제45조(도로의 지정·폐지 또는 변경)
> • 제46조(건축선의 지정)
> • 제47조(건축선에 따른 건축제한)
> • 제55조(건축물의 건폐율)
> • 제56조(건축물의 용적률)
> • 제57조(대지의 분할 제한)
> • 제60조(건축물의 높이 제한) – ③
> • 제61조(일조 등의 확보를 위한 건축물의 높이 제한)

34 정답 ③

해설 ① 국토교통부장관은 국토관리를 위하여 특히 필요하다고 인정하거나 주무부장관이 국방, 「국가유산기본법」 제3조에 따른 국가유산의 보존, 환경보전 또는 국민경제를 위하여 특히 필요하다고 인정하여 요청하면 허가권자의 건축허가나 허가를 받은 건축물의 착공을 제한할 수 있다(건축법 제18조 제1항).

② 특별시장·광역시장·도지사는 지역계획이나 도시·군계획에 특히 필요하다고 인정하면 시장·군수·구청장의 건축허가나 허가를 받은 건축물의 착공을 제한할 수 있다(건축법 제18조 제2항).

③ 건축허가나 건축물의 착공을 제한하는 경우 제한기간은 2년 이내로 한다. 다만, 1회에 한하여 1년 이내의 범위에서 제한기간을 연장할 수 있다(건축법 제18조 제4항).

④ 국토교통부장관이나 시·도지사는 건축허가나 건축허가를 받은 건축물의 착공을 제한하려는 경우에는 「토지이용규제 기본법」 주민의견을 청취한 후 건축위원회의 심의를 거쳐야 한다(건축법 제18조 제3항).

⑤ 국토교통부장관이나 특별시장·광역시장·도지사는 건축허가나 건축물의 착공을 제한하는 경우 제한 목적·기간, 대상 건축물의 용도와 대상 구역의 위치·면적·경계 등을 상세하게 정하여 허가권자에게 통보하여야 하며, 통보를 받은 허가권자는 지체 없이 이를 공고하여야 한다(건축법 제18조 제5항).

35 정답 ①

해설 ① 건축법 제14조 제1항 제3호

> **관계법령** **건축신고(건축법 제14조 제1항)**
>
> 제11조에 해당하는 허가 대상 건축물이라 하더라도 다음 각 호의 어느 하나에 해당하는 경우에는 미리 특별자치시장·특별자치도지사 또는 시장·군수·구청장에게 국토교통부령으로 정하는 바에 따라 신고를 하면 건축허가를 받은 것으로 본다.
> 1. 바닥면적의 합계가 85제곱미터 이내의 증축·개축 또는 재축. 다만, 3층 이상 건축물인 경우에는 증축·개축 또는 재축하려는 부분의 바닥면적의 합계가 건축물 연면적의 10분의 1 이내인 경우로 한정한다.
> 2. 「국토의 계획 및 이용에 관한 법률」에 따른 관리지역, 농림지역 또는 자연환경보전지역에서 연면적이 200제곱미터 미만이고 3층 미만인 건축물의 건축. 다만, 다음 각 목의 어느 하나에 해당하는 구역에서의 건축은 제외한다.
>   가. 지구단위계획구역
>   나. 방재지구 등 재해취약지역으로서 대통령령으로 정하는 구역
> 3. 연면적이 200제곱미터 미만이고 3층 미만인 건축물의 대수선
> 4. 주요구조부의 해체가 없는 등 대통령령으로 정하는 대수선
> 5. 그 밖에 소규모 건축물로서 대통령령으로 정하는 건축물의 건축

② 건축법 시행령 제12조 제1항 제3호

> **관계법령** **허가·신고사항의 변경 등(건축법 시행령 제12조 제1항)**
>
> 법 제16조 제1항에 따라 허가를 받았거나 신고한 사항을 변경하려면 다음 각 호의 구분에 따라 허가권자의 허가를 받거나 특별자치시장·특별자치도지사 또는 시장·군수·구청장에게 신고하여야 한다.
> 1. 바닥면적의 합계가 85제곱미터를 초과하는 부분에 대한 신축·증축·개축에 해당하는 변경인 경우에는 허가를 받고, 그 밖의 경우에는 신고할 것
> 2. 법 제14조 제1항 제2호 또는 제5호에 따라 신고로써 허가를 갈음하는 건축물에 대하여는 변경 후 건축물의 연면적을 각각 신고로써 허가를 갈음할 수 있는 규모에서 변경하는 경우에는 제1호에도 불구하고 신고할 것
> 3. 건축주·설계자·공사시공자 또는 공사감리자(이하 "건축관계자")를 변경하는 경우에는 신고할 것

③ 허가권자는 <u>초고층 건축물 등 대통령령으로 정하는 주요 건축물</u>에 대하여 건축허가를 하기 전에 건축물의 구조, 지반 및 풍환경(風環境) 등이 건축물의 구조안전과 인접 대지의 안전에 미치는 영향 등을 평가하는 건축물 안전영향평가를 안전영향평가기관에 의뢰하여 실시하여야 한다(건축법 제13조의2 제1항). 연면적이 100제곱미터이고 2층인 건축물은 초고층 건축물이 아니므로 건축물 안전영향평가의 대상이 아니다.

④ 건축신고를 한 자가 신고일부터 <u>1년 이내</u>에 공사에 착수하지 아니하면 그 신고의 효력은 없어진다. 다만, 건축주의 요청에 따라 허가권자가 정당한 사유가 있다고 인정하면 1년의 범위에서 착수기한을 연장할 수 있다(건축법 제14조 제5항).

⑤ 건축주가 제11조·제14조 또는 제20조 제1항에 따라 허가를 받았거나 신고를 한 건축물의 건축공사를 완료[하나의 대지에 둘 이상의 건축물을 건축하는 경우 동(棟)별 공사를 완료한 경우를 포함한다]한 후 그 건축물을 사용하려면 제25조 제6항에 따라 공사감리자가 작성한 감리완료보고서(같은 조 제1항에 따른 공사감리자를 지정한 경우만 해당된다)와 국토교통부령으로 정하는 공사완료도서를 첨부하여 허가권자에게 <u>사용승인을 신청하여야 한다</u>(건축법 제22조 제1항).

36 [정답] ⑤

[해설]

| 관계법령 | 건축물대장(건축법 제38조 제1항) |

특별자치시장·특별자치도지사 또는 시장·군수·구청장은 건축물의 소유·이용 및 유지·관리 상태를 확인하거나 건축정책의 기초 자료로 활용하기 위하여 다음 각 호의 어느 하나에 해당하면 건축물대장에 건축물과 그 대지의 현황 및 국토교통부령으로 정하는 건축물의 구조내력(構造耐力)에 관한 정보를 적어서 보관하고 이를 지속적으로 정비하여야 한다.

1. 제22조 제2항에 따라 사용승인서를 내준 경우(ㄱ)
2. 제11조에 따른 건축허가 대상 건축물(제14조에 따른 신고 대상 건축물을 포함한다) 외의 건축물의 공사를 끝낸 후 기재를 요청한 경우(ㄴ)
3. 삭제 〈2019.4.30.〉
4. 그 밖에 대통령령으로 정하는 경우(동법 시행령 제25조)
   • 「집합건물의 소유 및 관리에 관한 법률」 제56조 및 제57조에 따른 건축물대장의 신규등록 및 변경등록의 신청이 있는 경우(ㄷ)
   • 법 시행일 전에 법령 등에 적합하게 건축되고 유지·관리된 건축물의 소유자가 그 건축물의 건축물관리대장이나 그 밖에 이와 비슷한 공부(公簿)를 법 제38조에 따른 건축물대장에 옮겨 적을 것을 신청한 경우
   • 그 밖에 기재내용의 변경 등이 필요한 경우로서 국토교통부령으로 정하는 경우

37 정답 ②

해설 ① 지방자치단체가 국제행사 등을 개최하는 도시 또는 지역의 사업구역의 특별건축구역의 지정은 시·도지사가 한다(건축법 제69조 제1항 참고).

> **관계법령** **특별건축구역의 지정(건축법 제69조 제1항)**
>
> 국토교통부장관 또는 시·도지사는 다음 각 호의 구분에 따라 도시나 지역의 일부가 특별건축구역으로 특례 적용이 필요하다고 인정하는 경우에는 특별건축구역을 지정할 수 있다.
> 1. 국토교통부장관이 지정하는 경우
>   가. 국가가 국제행사 등을 개최하는 도시 또는 지역의 사업구역
>   나. 관계법령에 따른 국가정책사업으로서 대통령령으로 정하는 사업구역
> 2. 시·도지사가 지정하는 경우
>   가. 지방자치단체가 국제행사 등을 개최하는 도시 또는 지역의 사업구역
>   나. 관계법령에 따른 도시개발·도시재정비 및 건축문화 진흥사업으로서 건축물 또는 공간환경을 조성하기 위하여 대통령령으로 정하는 사업구역
>   다. 그 밖에 대통령령으로 정하는 도시 또는 지역의 사업구역

② 「개발제한구역의 지정 및 관리에 관한 특별조치법」에 따른 개발제한구역, 「자연공원법」에 따른 자연공원, 「도로법」에 따른 접도구역, 「산지관리법」에 따른 보전산지에 해당하는 지역·구역 등에 대하여는 특별건축구역으로 지정할 수 없다(건축법 제69조 제2항).

③ 건축법 제70조 제1호

> **관계법령** **특별건축구역의 건축물(건축법 제70조)**
>
> 특별건축구역에서 제73조에 따라 건축기준 등의 특례사항을 적용하여 건축할 수 있는 건축물은 다음 각 호의 어느 하나에 해당되어야 한다.
> 1. 국가 또는 지방자치단체가 건축하는 건축물
> 2. 「공공기관의 운영에 관한 법률」 제4조에 따른 공공기관 중 대통령령으로 정하는 공공기관이 건축하는 건축물
> 3. 그 밖에 대통령령으로 정하는 용도·규모의 건축물로서 도시경관의 창출, 건설기술 수준향상 및 건축 관련 제도개선을 위하여 특례 적용이 필요하다고 허가권자가 인정하는 건축물

④ 건축법 제74조 제1항 제2호

> **관계법령** **통합적용계획의 수립 및 시행(건축법 제74조 제1항)**
>
> 특별건축구역에서는 다음 각 호의 관계 법령의 규정에 대하여는 개별 건축물마다 적용하지 아니하고 특별건축구역 전부 또는 일부를 대상으로 통합하여 적용할 수 있다.
> 1. 「문화예술진흥법」 제9조에 따른 건축물에 대한 미술작품의 설치
> 2. 「주차장법」 제19조에 따른 부설주차장의 설치
> 3. 「도시공원 및 녹지 등에 관한 법률」에 따른 공원의 설치

⑤ 특별건축구역을 지정하거나 변경한 경우에는 「국토의 계획 및 이용에 관한 법률」에 따른 도시·군관리계획의 결정(용도지역·지구·구역의 지정 및 변경은 제외한다)이 있는 것으로 본다(건축법 제71조 제11항).

38 정답 ④

해설 ④ 건축법 제88조 제1항 제2호

관계법령 **건축분쟁전문위원회(건축법 제88조 제1항)**

건축등과 관련된 다음 각 호의 분쟁(「건설산업기본법」 제69조에 따른 조정의 대상이 되는 분쟁은 제외한다. 이하 같다)의 조정 및 재정을 하기 위하여 국토교통부에 건축분쟁전문위원회(이하 "분쟁위원회")를 둔다.
1. 건축관계자와 해당 건축물의 건축등으로 피해를 입은 인근주민(이하 "인근주민") 간의 분쟁
2. 관계전문기술자와 인근주민 간의 분쟁
3. 건축관계자와 관계전문기술자 간의 분쟁
4. 건축관계자 간의 분쟁
5. 인근주민 간의 분쟁
6. 관계전문기술자 간의 분쟁
7. 그 밖에 대통령령으로 정하는 사항

39 정답 ⑤

해설 알아보기 **농지취득자격증명을 발급받지 아니하고 농지를 취득할 수 있는 경우(농지법 제8조 제1항)**

1. 국가나 지방자치단체가 농지를 소유하는 경우(④)
2. 상속(상속인에게 한 유증 포함)으로 농지를 취득하여 소유하는 경우
3. 담보농지를 취득하여 소유하는 경우(유동화전문회사 등이 규정된 저당권자로부터 농지를 취득하는 경우를 포함)
4. 농지전용협의를 마친 농지를 소유하는 경우
5. 다음 어느 하나에 해당하는 경우
   • 「한국농어촌공사 및 농지관리기금법」에 따라 한국농어촌공사가 농지를 취득하여 소유하는 경우
   • 「농어촌정비법」에 따라 농지를 취득하여 소유하는 경우
   • 「공유수면매립법」에 따라 매립농지를 취득하여 소유하는 경우
   • 토지수용으로 농지를 취득하여 소유하는 경우
   • 농림축산식품부장관과 협의를 마치고 「공익사업을 위한 토지 등의 취득 및 보상에 관한 법률」에 따라 농지를 취득하여 소유하는 경우
6. 농업법인의 합병으로 농지를 취득하는 경우(③)
7. 공유 농지의 분할이나 그 밖에 대통령령으로 정하는 원인으로 농지를 취득하는 경우(②)
   • 시효의 완성으로 농지를 취득하는 경우(①)
   • 「징발재산정리에 관한 특별조치법」, 「공익사업을 위한 토지 등의 취득 및 보상에 관한 법률」에 따른 환매권자가 환매권에 따라 농지를 취득하는 경우
   • 「국가보위에 관한 특별조치법 제5조 제4항에 따른 동원대상지역 내의 토지의 수용·사용에 관한 특별조치령에 따라 수용·사용된 토지의 정리에 관한 특별조치법」에 따른 환매권자 등이 환매권 등에 따라 농지를 취득하는 경우
   • 법 제17조에 따른 농지이용증진사업 시행계획에 따라 농지를 취득하는 경우

40 정답 ③

해설 ① · ② · ⑤ 시장(구를 두지 아니한 시의 시장을 말한다.) · 군수 또는 구청장은 유휴농지(농작물 경작이나 다년생식물 재배에 이용되지 아니하는 농지로서 대통령령으로 정하는 농지를 말한다. 이하 같다)에 대하여 대통령령으로 정하는 바에 따라 그 농지의 소유권자나 임차권자를 대신하여 농작물을 경작할 자(대리경작자)를 직권으로 지정하거나 농림축산식품부령으로 정하는 바에 따라 유휴농지를 경작하려는 자의 신청을 받아 대리경작자를 지정할 수 있다(농지법 제20조 제1항).

관계법령 유휴농지의 범위(농지법 시행령 제18조)

법 제20조 제1항에서 "대통령령으로 정하는 농지"란 다음 각 호의 어느 하나에 해당하지 아니하는 농지를 말한다.
1. 지력의 증진이나 토양의 개량 · 보전을 위하여 필요한 기간 동안 휴경하는 농지
2. 연작으로 인하여 피해가 예상되는 재배작물의 경작 또는 재배 전후에 지력의 증진 또는 회복을 위하여 필요한 기간 동안 휴경하는 농지
3. 농지전용허가를 받거나 같은 농지전용협의(다른 법률에 따라 농지전용허가가 의제되는 협의를 포함한다)를 거친 농지
4. 농지전용신고를 한 농지
5. 농지의 타용도 일시사용허가를 받거나 협의를 거친 농지
6. 농지의 타용도 일시사용신고를 하거나 협의를 거친 농지
7. 그 밖에 농림축산식품부장관이 정하는 제1호부터 제6호까지의 농지에 준하는 농지

③ 농지법 제20조 제6항 제2호

관계법령 대리경작자의 지정 등(농지법 제20조 제6항)

시장 · 군수 또는 구청장은 다음 각 호의 어느 하나에 해당하면 대리경작 기간이 끝나기 전이라도 대리경작자 지정을 해지할 수 있다.
1. 대리경작 농지의 소유권자나 임차권자가 정당한 사유를 밝히고 지정 해지신청을 하는 경우
2. 대리경작자가 경작을 게을리하는 경우
3. 그 밖에 대통령령으로 정하는 사유가 있는 경우

④ 대리경작 기간은 따로 정하지 아니하면 3년으로 한다(농지법 제20조 제3항).

2020년 제31회 정답 및 해설

● 문제편 142p

01	02	03	04	05	06	07	08	09	10	11	12	13	14	15	16	17	18	19	20
④	③	③	④	④	①	②	④	②	①	④	②	⑤	④	③	②	④	①	⑤	②
21	22	23	24	25	26	27	28	29	30	31	32	33	34	35	36	37	38	39	40
①	⑤	⑤	③	⑤	③	②	②	④	⑤	③	①	⑤	①	③	②	③	①	①	④

01 정답 ④

해설
① 국토의 계획 및 이용에 관한 법률 제11조 제3항 후단
② 국토의 계획 및 이용에 관한 법률 제12조 제2항
③ 국토의 계획 및 이용에 관한 법률 시행령 제12조 제2항
④ 국토교통부장관은 직접 광역도시계획을 수립 또는 변경하거나 승인하였을 때에는 관계 중앙행정기관의 장과 시·도지사에게 관계서류를 송부하여야 하며, 관계서류를 받은 시·도지사는 대통령령으로 정하는 바에 따라 그 내용을 공고하고 일반이 열람할 수 있도록 하여야 한다(국토의 계획 및 이용에 관한 법률 제16조 제4항).
⑤ 국토의 계획 및 이용에 관한 법률 제17조 제1항

02 정답 ③

해설
① 복합용도지구 : 지역의 토지이용상황, 개발수요 및 주변여건 등을 고려하여 효율적이고 복합적인 토지이용을 도모하기 위하여 특정시설의 입지를 완화할 필요가 있는 지구(국토의 계획 및 이용에 관한 법률 제37조 제1항 제9호)
② 주거개발진흥지구 : 주거기능을 중심으로 개발·정비할 필요가 있는 지구(국토의 계획 및 이용에 관한 법률 시행령 제31조 제2항 제8호 가목)
③ 산업·유통개발진흥지구 : 공업기능 및 유통·물류기능을 중심으로 개발·정비할 필요가 있는 지구(국토의 계획 및 이용에 관한 법률 시행령 제31조 제2항 제8호 나목)
④ 관광·휴양개발진흥지구 : 관광·휴양기능을 중심으로 개발·정비할 필요가 있는 지구(국토의 계획 및 이용에 관한 법률 시행령 제31조 제2항 제8호 라목)
⑤ 특정개발진흥지구 : 주거기능, 공업기능, 유통·물류기능 및 관광·휴양기능 외의 기능을 중심으로 특정한 목적을 위하여 개발·정비할 필요가 있는 지구(국토의 계획 및 이용에 관한 법률 시행령 제31조 제2항 제8호 바목)

03 정답 ③

해설 ① 국토의 계획 및 이용에 관한 법률 시행령 [별표 1] 제22호

② 국토의 계획 및 이용에 관한 법률 시행령 [별표 1] 제19호

③ 녹지지역·관리지역·농림지역 및 자연환경보전지역에 설치하는 농수산물 유통 및 가격안정에 관한 법률에 따른 농수산물집하장은 기반시설을 유발하는 시설에서 제외된다(국토의 계획 및 이용에 관한 법률 시행령 [별표 1] 제7호 바목). 따라서 이를 상업지역에 설치하는 경우에는, 기반시설을 유발하는 시설에 해당하여 기반시설설치비용의 부과대상이 된다.

④ 국토의 계획 및 이용에 관한 법률 시행령 [별표 1] 제31호

⑤ 국토의 계획 및 이용에 관한 법률 시행령 [별표 1] 제38호 가목

04 정답 ④

해설 ① 국토의 계획 및 이용에 관한 법률 제29조 제1항 제1호

② ㉠ 국토교통부장관이 입안한 도시·군관리계획, ㉡ 개발제한구역의 지정 및 변경에 관한 도시·군관리계획, ㉢ 시가화조정구역의 지정 및 변경에 관한 도시·군관리계획은 국토교통부장관이 결정한다(국토의 계획 및 이용에 관한 법률 제29조 제2항 본문).

③ 국토의 계획 및 이용에 관한 법률 제30조 제3항

④ 국토교통부장관이나 시·도지사는 국방상 또는 국가안전보장상 기밀을 지켜야 할 필요가 있다고 인정되면(관계 중앙행정기관의 장이 요청할 때만 해당된다) 그 도시·군관리계획의 전부 또는 일부에 대하여 협의·심의절차를 생략할 수 있다(국토의 계획 및 이용에 관한 법률 제30조 제4항).

⑤ 국토의 계획 및 이용에 관한 법률 제31조 제1항

05 정답 ④

해설 국토교통부장관, 시·도지사, 시장·군수 또는 구청장은 개발행위허가의 취소(ㄱ), 도시·군계획시설사업의 시행자 지정의 취소 및 실시계획인가의 취소(ㄷ)에 해당하는 처분을 하려면 청문을 하여야 한다(국토의 계획 및 이용에 관한 법률 제136조).

06 정답 ①

해설 ① 동물 전용의 장례식장은 건축법 시행령상 장례시설에 해당하는 건축물로, 자연취락지구 안에서 건축할 수 없다(국토의 계획 및 이용에 관한 법률 시행령 [별표 23] 제1호, 건축법 시행령 [별표 1] 제28호 나목 참고).

② 단독주택 : 단독주택(국토의 계획 및 이용에 관한 법률 시행령 [별표 23] 제1호 가목, 건축법 시행령 [별표 1] 제1호 가목 참고)

③ 도축장 : 동물 및 식물 관련 시설(국토의 계획 및 이용에 관한 법률 시행령 [별표 23] 제1호 바목, 건축법 시행령 [별표 1] 제21호 다목 참고)

④ 마을회관 : 제1종 근린생활시설(국토의 계획 및 이용에 관한 법률 시행령 [별표 23] 제1호 나목, 건축법 시행령 [별표 1] 제3호 사목 참고)

⑤ 한의원 : 제1종 근린생활시설(국토의 계획 및 이용에 관한 법률 시행령 [별표 23] 제1호 나목, 건축법 시행령 [별표 1] 제3호 라목 참고)

관계법령 **자연취락지구 안에서 건축할 수 있는 건축물(국토의 계획 및 이용에 관한 법률 시행령 [별표 23])**

1. 도시·군계획조례가 정하는 바에 의하지 아니하고 건축할 수 있는 건축물(4층 이하의 건축물에 한한다. 다만, 4층 이하의 범위 안에서 도시·군계획조례로 따로 층수를 정하는 경우에는 그 층수 이하의 건축물에 한한다)

　가. 단독주택

　나. 제1종 근린생활시설

　다. 제2종 근린생활시설[휴게음식점, 제과점 등 음료·차(茶)·음식·빵·떡·과자 등을 조리하거나 제조하여 판매하는 시설(바닥면적의 합계가 300제곱미터 이상인 것), 일반음식점, 제조업소, 수리점 등 물품의 제조·가공·수리 등을 위한 시설(바닥면적의 합계가 500제곱미터 미만인 것), 단란주점(바닥면적의 합계가 150제곱미터 미만인 것) 및 안마시술소는 제외한다]

　라. 운동시설

　마. 창고(농업·임업·축산업·수산업용만 해당한다)

　바. 동물 및 식물 관련 시설

　사. 교정시설

　아. 국방·군사시설

　자. 방송통신시설

　차. 발전시설

---

07 [정답] ②

[해설] 산업입지 및 개발에 관한 법률에 따른 일반산업단지는 사업시행자가 공동구를 설치하여야 하는 지역에 해당하지 아니한다.

관계법령 **공동구의 설치(국토의 계획 및 이용에 관한 법률 제44조 제1항)**

다음 각 호에 해당하는 지역등이 대통령령으로 정하는 규모(200만 제곱미터)를 초과하는 경우에는 해당 지역등에서 개발사업을 시행하는 자(이하 "사업시행자"라 한다)는 공동구를 설치하여야 한다.

　1. 도시개발법에 따른 도시개발구역

　2. 택지개발촉진법에 따른 택지개발지구

　3. 경제자유구역의 지정 및 운영에 관한 특별법에 따른 경제자유구역

　4. 도시 및 주거환경정비법에 따른 정비구역(ㄴ)

　5. 그 밖에 대통령령으로 정하는 지역(동법 시행령 제35조의2 제2항)

　　• 공공주택 특별법에 따른 공공주택지구(ㄱ)

　　• 도청이전을 위한 도시건설 및 지원에 관한 특별법에 따른 도청이전신도시(ㄹ)

08 정답 ④

해설 ① 국토의 계획 및 이용에 관한 법률 제18조 제3항
② 국토의 계획 및 이용에 관한 법률 제20조 제3항
③ 국토의 계획 및 이용에 관한 법률 제21조 제1항
④ 시장 또는 군수는 도시·군기본계획을 수립하거나 변경하려면 대통령령으로 정하는 바에 따라 <u>도지사의 승인</u>을 받아야 하고(국토의 계획 및 이용에 관한 법률 제22조의2 제1항), <u>도지사</u>는 도시·군기본계획을 승인하려면 관계 행정기관의 장과 협의한 후 <u>지방도시계획위원회의 심의</u>를 거쳐야 한다(동법 제22조의2 제2항).
⑤ 국토의 계획 및 이용에 관한 법률 제23조 제1항

09 정답 ②

해설 ㄱ. (○) 국토의 계획 및 이용에 관한 법률 제40조의3 제1항 제1호
ㄴ. (○) 국토의 계획 및 이용에 관한 법률 제83조의3 제1항 제2호
ㄷ. (×) 다른 법률에서 제35조의6에 따른 공간재구조화계획의 결정을 의제하고 있는 경우에도 <u>이 법에 따르지 아니하고 도시혁신구역의 지정과 도시혁신계획을 결정할 수 없다</u>(국토의 계획 및 이용에 관한 법률 제40조의3 제4항).

10 정답 ①

해설 ① 자금조달계획이 목적사업의 실현에 적합하도록 수립되어 있을 것은 개발행위허가의 기준에 해당하지 아니한다(국토의 계획 및 이용에 관한 법률 제58조 제1항 참고).
② 개발행위로 건축 또는 설치하는 건축물 또는 공작물이 주변의 자연경관 및 미관을 훼손하지 아니하고, 그 높이·형태 및 색채가 주변건축물과 조화를 이루어야 하며, 도시·군계획으로 경관계획이 수립되어 있는 경우에는 그에 적합할 것[국토의 계획 및 이용에 관한 법률 시행령 [별표 1의2] 제1호 라목 (1)]
③·④ 국토의 계획 및 이용에 관한 법률 시행령 [별표 1의2] 제1호 바목
⑤ 도시·군계획조례로 정하는 건축물의 용도·규모(대지의 규모를 포함한다)·층수 또는 주택호수 등에 따른 도로의 너비 또는 교통소통에 관한 기준에 적합할 것[국토의 계획 및 이용에 관한 법률 시행령 [별표 1의2] 제1호 마목 (3)]

관계법령 개발행위허가의 일반적 기준(국토의 계획 및 이용에 관한 법률 제58조 제1항)
1. 용도지역별 특성을 고려하여 대통령령으로 정하는 개발행위의 규모에 적합할 것. 다만, 개발행위가 농어촌정비법에 따른 농어촌정비사업으로 이루어지는 경우 등 대통령령으로 정하는 경우에는 개발행위 규모의 제한을 받지 아니한다. 2. 도시·군관리계획 및 성장관리계획의 내용에 어긋나지 아니할 것 3. 도시·군계획사업의 시행에 지장이 없을 것 4. 주변지역의 토지이용실태 또는 토지이용계획, 건축물의 높이, 토지의 경사도, 수목의 상태, 물의 배수, 하천·호소·습지의 배수 등 주변환경이나 경관과 조화를 이룰 것 5. 해당 개발행위에 따른 기반시설의 설치나 그에 필요한 용지의 확보계획이 적절할 것

11 정답 ④

해설 ㄱ. (×) 특별시장·광역시장·특별자치시장·특별자치도지사·시장 또는 군수는 성장관리계획구역을 지정할 때에는 ① 도로, 공원 등 기반시설의 배치와 규모에 관한 사항, ① 건축물의 용도제한, 건축물의 건폐율 또는 용적률, ② 건축물의 배치, 형태, 색채 및 높이, ② 환경관리 및 경관계획, ② 그 밖에 난개발의 방지와 체계적인 관리에 필요한 사항으로서 대통령령으로 정하는 사항 중 그 성장관리계획구역의 지정목적을 이루는 데 필요한 사항을 포함하여 성장관리계획을 수립하여야 한다(국토의 계획 및 이용에 관한 법률 제75조의3 제1항).

ㄴ. (○) 성장관리계획의 수립대상 지역은 녹지지역, 관리지역, 농림지역 및 자연환경보전지역이다.

관계법령 성장관리계획구역의 지정(국토의 계획 및 이용에 관한 법률 제75조의2 제1항)

특별시장·광역시장·특별자치시장·특별자치도지사·시장 또는 군수는 녹지지역, 관리지역, 농림지역 및 자연환경보전지역 중 다음 각 호의 어느 하나에 해당하는 지역의 전부 또는 일부에 대하여 성장관리계획구역을 지정할 수 있다.
1. 개발수요가 많아 무질서한 개발이 진행되고 있거나 진행될 것으로 예상되는 지역
2. 주변의 토지이용이나 교통여건 변화 등으로 향후 시가화가 예상되는 지역
3. 주변지역과 연계하여 체계적인 관리가 필요한 지역
4. 토지이용규제 기본법에 따른 지역·지구등의 변경으로 토지이용에 대한 행위제한이 완화되는 지역
5. 그 밖에 난개발의 방지와 체계적인 관리가 필요한 지역으로서 대통령령으로 정하는 지역

ㄷ. (○) 성장관리계획구역에서는 계획관리지역은 50퍼센트 이하, 생산관리지역·농림지역 및 대통령령으로 정하는 녹지지역은 30퍼센트 이하의 범위에서 성장관리계획으로 정하는 바에 따라 특별시·광역시·특별자치시·특별자치도·시 또는 군의 조례로 정하는 비율까지 건폐율을 완화하여 적용할 수 있다(국토의 계획 및 이용에 관한 법률 제75조의3 제2항).

12 정답 ②

해설 기반시설부담구역에서 기반시설설치비용의 부과대상인 건축행위는 제2조 제20호에 따른 시설로서 200제곱미터(기존 건축물의 연면적을 포함한다)를 초과하는 건축물의 신축·증축행위로 한다. 다만, 기존 건축물을 철거하고 신축하는 경우에는 기존 건축물의 건축연면적을 초과하는 건축행위만 부과대상으로 한다(국토의 계획 및 이용에 관한 법률 제68조 제1항).

13 정답 ⑤

해설 ① 지정권자는 도시개발사업을 환지방식으로 시행하려고 개발계획을 수립하거나 변경할 때에 도시개발사업의 시행자가 국가나 지방자치단체이면 토지소유자의 동의를 받을 필요가 없다(도시개발법 제4조 제5항).
② 도시개발법 제36조 제4항
③ 도시개발구역의 토지에 대한 지역권은 종전의 토지에 존속한다. 다만, 도시개발사업의 시행으로 행사할 이익이 없어진 지역권은 환지처분이 공고된 날이 끝나는 때에 소멸한다(도시개발법 제42조 제3항).

④ 도시개발법 제11조 제4항

⑤ 행정청이 아닌 시행자가 인가받은 환지계획의 내용을 변경하려는 경우에는 특별자치도지사·시장·군수 또는 구청장의 인가를 받아야 한다. 다만, 대통령령으로 정하는 경미한 사항을 변경하는 경우에는 그러하지 아니하다(도시개발법 제29조 제1항·제2항).

관계법령 **환지계획변경인가의 대상에서 제외되는 경미한 사항(도시개발법 시행령 제60조 제1항)**

1. 종전 토지의 합필 또는 분필로 환지명세가 변경되는 경우
2. 토지 또는 건축물소유자의 동의에 따라 환지계획을 변경하는 경우. 다만, 다른 토지 또는 건축물 소유자에 대한 환지계획의 변경이 없는 경우로 한정한다.
3. 지적측량의 결과를 반영하기 위하여 환지계획을 변경하는 경우
4. 환지로 지정된 토지나 건축물을 금전으로 청산하는 경우
5. 그 밖에 국토교통부령으로 정하는 경우

---

14 **정답** ④

해설 ① 도시개발법 제17조 제1항

② 지정권자가 실시계획을 작성하거나 인가하는 경우 국토교통부장관이 지정권자이면 시·도지사 또는 대도시 시장의 의견을, 시·도지사가 지정권자이면 시장(대도시 시장을 제외한다)·군수 또는 구청장의 의견을 미리 들어야 한다(도시개발법 제17조 제3항).

③ 시행자(지정권자가 시행자인 경우는 제외한다)는 작성된 실시계획에 관하여 지정권자의 인가를 받아야 한다(도시개발법 제17조 제2항).

④ 실시계획을 고시한 경우 그 고시된 내용 중 국토의 계획 및 이용에 관한 법률에 따라 도시·군관리계획(지구단위계획을 포함한다)으로 결정하여야 하는 사항은 같은 법에 따른 도시·군관리계획이 결정되어 고시된 것으로 본다. 이 경우 종전에 도시·군관리계획으로 결정된 사항 중 고시내용에 저촉되는 사항은 고시된 내용으로 변경된 것으로 본다(도시개발법 제18조 제2항).

⑤ 도시개발법 제19조 제1항 제16호

---

15 **정답** ③

해설 ① 조합의 조합원은 도시개발구역의 토지소유자로 한다(도시개발법 제14조 제1항). 즉, 미성년자도 토지소유자이면 조합원이 될 수 있다. 다만, 임원이 될 수는 없다(도시개발법 제14조 제3항 참고).

② 조합원은 보유토지의 면적과 관계없는 평등한 의결권을 가지나, 공유토지는 공유자의 동의를 받은 대표 공유자 1명만 의결권이 있다(도시개발법 시행령 제32조 제2항 제1호·제3항).

③ 도시개발구역의 전부를 환지방식으로 시행하는 경우에는 토지소유자나 조합을 시행자로 지정한다. 다만, 일정한 사유가 있으면 지방자치단체등을 시행자로 지정할 수 있다(도시개발법 제11조 제1항 단서·제2항 참고).

④ 조합설립의 인가를 신청하려면 해당 도시개발구역의 토지면적의 3분의 2 이상에 해당하는 토지소유자와 그 구역의 토지소유자 총수의 2분의 1 이상의 동의를 받아야 한다(도시개발법 제13조 제3항).

⑤ 토지소유자는 조합설립인가의 신청 전에 그 동의를 철회할 수 있다. 이 경우 그 토지소유자는 동의자수에서 제외한다(도시개발법 시행령 제31조 제2항).

16 정답 ②

해설

> **관계법령** 도시개발구역 지정의 해제(도시개발법 제10조 제2항, 동법 시행령 제17조 제2항)
>
> 도시개발구역을 지정한 후 개발계획을 수립하는 경우에는 다음 각 호의 어느 하나에 규정된 날의 다음 날에 도시개발구역의 지정이 해제된 것으로 본다.
> 1. 도시개발구역이 지정·고시된 날부터 <u>2년</u>이 되는 날까지 개발계획을 수립·고시하지 아니하는 경우에는 그 <u>2년</u>이 되는 날. 다만, 도시개발구역의 면적이 330만 제곱미터 이상인 경우에는 5년으로 한다.
> 2. 개발계획을 수립·고시한 날부터 <u>3년</u>이 되는 날까지 제17조에 따른 실시계획인가를 신청하지 아니하는 경우에는 그 <u>3년</u>이 되는 날. 다만, 도시개발구역의 면적이 330만 제곱미터 이상인 경우에는 <u>5년</u>으로 한다.

17 정답 ④

해설 ④ 환지예정지의 지정은 총회의 의결사항 중 대의원회가 총회의 권한을 대행할 수 있는 사항이다.

> **알아보기** 대의원회가 총회의 권한을 대행할 수 없는 사항(도시개발법 시행령 제36조 제3항 참고)
>
> 1. 정관의 변경
> 2. 개발계획의 수립 및 변경(개발계획의 경미한 변경 및 실시계획의 수립·변경은 제외한다)
> 3. 환지계획의 작성(환지계획의 경미한 변경은 제외한다)
> 4. 조합임원(조합장·이사·감사)의 선임
> 5. 조합의 합병 또는 해산(청산금의 징수·교부를 완료하여 해산하는 경우는 제외한다)

18 정답 ①

해설
ㄱ. (○) 도시개발구역의 시설의 설치는 특별한 사유가 없으면 <u>준공검사신청일</u>(지정권자가 시행자인 경우에는 도시개발사업의 공사를 끝내는 날을 말한다)까지 끝내야 한다(도시개발법 제55조 제3항).
ㄴ. (×) 도시개발구역 안의 전기시설을 사업시행자가 지중선로로 설치할 것을 요청하는 경우에는 전기를 공급하는 자와 지중에 설치할 것을 요청하는 자가 각각 2분의 1의 비율로 그 설치비용을 부담(<u>전부환지 방식으로 도시개발사업을 시행하는 경우에는 전기시설을 공급하는 자가 3분의 2, 지중에 설치할 것을 요청하는 자가 3분의 1</u>의 비율로 부담한다)한다(도시개발법 제55조 제2항 단서).
ㄷ. (×) 지정권자가 시행자인 경우 그 시행자는 그가 시행한 도시개발사업으로 이익을 얻는 시·도 또는 시·군·구가 있으면 그 도시개발사업에 든 <u>비용의 일부</u>를 그 이익을 얻는 시·도 또는 시·군·구에 부담시킬 수 있다(도시개발법 제56조 제1항 전단).

19 정답 ⑤

해설
ㄱ. (○) 도시 및 주거환경정비법 제86조 제1항 단서
ㄴ. (×) 준공인가 등에 따른 정비구역의 해제는 <u>조합의 존속에 영향을 주지 아니한다</u>(도시 및 주거환경정비법 제84조 제2항).
ㄷ. (×) 정비사업에 관하여 소유권의 이전고시가 있은 날부터 대지 및 건축물에 관한 등기가 있을 때까지는 <u>저당권 등의 다른 등기를 하지 못한다</u>(도시 및 주거환경정비법 제88조 제3항).

20 　정답 ②

해설　② 관계중앙행정기관의 장의 의견은, 시장·군수가 정비구역 지정을 위하여 직접 정비계획을 입안하는 경우에 조사·확인하여야 하는 사항에 해당하지 아니한다(도시 및 주거환경정비법 시행령 제7조 제2항 참고).

관계법령　정비계획의 입안대상 지역(도시 및 주거환경정비법 시행령 제7조 제2항)

특별시장·광역시장·특별자치시장·특별자치도지사·시장·군수 또는 자치구의 구청장은 제1항에 따라 정비계획을 입안하는 경우에는 다음 각 호의 사항을 조사하여 [별표 1]의 요건에 적합한지 여부를 확인하여야 하며, 정비계획의 입안내용을 변경하려는 경우에는 변경내용에 해당하는 사항을 조사·확인하여야 한다.

1. 주민 또는 산업의 현황(①)
2. 토지 및 건축물의 이용과 소유현황(③)
3. 도시·군계획시설 및 정비기반시설의 설치현황
4. 정비구역 및 주변지역의 교통상황(⑤)
5. 토지 및 건축물의 가격과 임대차현황(④)
6. 정비사업의 시행계획 및 시행방법 등에 대한 주민의 의견
7. 그 밖에 시·도조례로 정하는 사항

21 　정답 ①

해설　• 재개발사업의 추진위원회가 조합을 설립하려면 토지등소유자의 4분의 3 이상 및 토지면적의 2분의 1 이상의 토지소유자의 동의를 받아 정관, 정비사업비와 관련된 자료 등 국토교통부령으로 정하는 서류, 그 밖에 시·도조례로 정하는 서류를 첨부하여 시장·군수등의 인가를 받아야 한다(도시 및 주거환경정비법 제35조 제2항).
• 재건축사업의 추진위원회가 조합을 설립하려는 경우 주택단지가 아닌 지역이 정비구역에 포함된 때에는 주택단지가 아닌 지역의 토지 또는 건축물소유자의 4분의 3 이상 및 토지면적의 3분의 2 이상의 토지소유자의 동의를 받아야 한다(도시 및 주거환경정비법 제35조 제4항).

22 　정답 ⑤

해설　① 도시 및 주거환경정비법 제79조 제1항
② 도시 및 주거환경정비법 제79조 제2항
③ 도시 및 주거환경정비법 제79조 제3항, 동법 시행령 제66조
④ 사업시행자는 분양신청을 받은 후 잔여분이 있는 경우에는 정관등 또는 사업시행계획으로 정하는 목적을 위하여 그 잔여분을 보류지(건축물을 포함한다)로 정하거나 조합원 또는 토지등소유자 이외의 자에게 분양할 수 있다(도시 및 주거환경정비법 제79조 제4항).
⑤ 조합이 재개발임대주택의 인수를 요청하는 경우 시·도지사 또는 시장, 군수, 구청장이 우선하여 인수하여야 하며, 시·도지사 또는 시장, 군수, 구청장이 예산·관리인력의 부족 등 부득이한 사정으로 인수하기 어려운 경우에는 국토교통부장관에게 토지주택공사등을 인수자로 지정할 것을 요청할 수 있다(도시 및 주거환경정비법 시행령 제68조 제1항).

23　정답　⑤

해설 ① 도시 및 주거환경정비법 제47조 제1항
② 도시 및 주거환경정비법 제47조 제2항
③ 도시 및 주거환경정비법 제47조 제3항
④ 도시 및 주거환경정비법 시행령 제45조 제1항
⑤ 주민대표회의 또는 세입자(상가세입자를 포함한다)는 사업시행자가 ㉠ <u>건축물의 철거</u>, ㉡ 주민의 이주
(세입자의 퇴거에 관한 사항을 포함한다), ㉢ 토지 및 건축물의 보상(세입자에 대한 주거이전비 등 보상
에 관한 사항을 포함한다), ㉣ 정비사업비의 부담, ㉤ 세입자에 대한 임대주택의 공급 및 입주자격,
㉥ 그 밖에 정비사업의 시행을 위하여 필요한 사항으로서 대통령령으로 정하는 사항에 관하여 <u>시행규정</u>
<u>을 정하는 때에 의견을 제시할 수 있다</u>(도시 및 주거환경정비법 제47조 제5항 전단).

24　정답　③

해설 일반적으로 도시 및 주거환경정비법 제10조에 따른 임대주택의 건설계획은 사업시행계획서에 포함되나,
재건축사업의 경우에는 포함되지 아니한다.

> **관계법령**　**사업시행계획서의 작성(도시 및 주거환경정비법 제52조 제1항)**
>
> 사업시행자는 정비계획에 따라 다음 각 호의 사항을 포함하는 사업시행계획서를 작성하여야 한다.
> 1. 토지이용계획(건축물배치계획을 포함한다)(①)
> 2. 정비기반시설 및 공동이용시설의 설치계획(②)
> 3. 임시거주시설을 포함한 주민이주대책(⑤)
> 4. 세입자의 주거 및 이주 대책(④)
> 5. 사업시행기간 동안 정비구역 내 가로등 설치, 폐쇄회로 텔레비전 설치 등 범죄예방대책
> 6. 제10조에 따른 임대주택의 건설계획(재건축사업의 경우는 제외한다)(③)
> 7. 제54조 제4항, 제101조의5 및 제101조의6에 따른 국민주택규모 주택의 건설계획(주거환경개선
>   사업의 경우는 제외한다)
> 8. 공공지원민간임대주택 또는 임대관리 위탁주택의 건설계획(필요한 경우로 한정한다)
> 9. 건축물의 높이 및 용적률 등에 관한 건축계획
> 10. 정비사업의 시행과정에서 발생하는 폐기물의 처리계획
> 11. 교육시설의 교육환경 보호에 관한 계획(정비구역부터 200미터 이내에 교육시설이 설치되어
>   있는 경우로 한정한다)
> 12. 정비사업비
> 13. 그 밖에 사업시행을 위한 사항으로서 대통령령으로 정하는 바에 따라 시·도조례로 정하는
>   사항

25　정답　⑤

해설 ① 한국토지주택공사와 등록사업자는 대통령령으로 정하는 바에 따라 주택상환사채를 발행할 수 있다(주
택법 제80조 제1항 전단).
②·③ 주택상환사채는 기명증권으로 하고, 사채권자의 명의변경은 취득자의 성명과 주소를 사채원부에
기록하는 방법으로 하며, 취득자의 성명을 채권에 기록하지 아니하면 사채발행자 및 제3자에게 대항할
수 없다(주택법 제81조 제2항).
④ 주택법 제81조 제1항
⑤ 등록사업자의 등록이 말소된 경우에도 등록사업자가 발행한 주택상환사채의 <u>효력에는 영향을 미치지</u>
<u>아니한다</u>(주택법 제82조).

26 정답 ③

해설 ① 주택법 시행령 [별표 4] 제1호 다목
② 주택법 제66조 제1항
③ 세대수가 증가되는 리모델링을 하는 경우에는 리모델링 전후의 대지 및 건축물의 권리변동명세, 조합원의 비용분담, <u>사업비</u>, 조합원 외의 자에 대한 분양계획, 그 밖에 리모델링과 관련된 권리 등에 대하여 해당 시·도 또는 시·군의 조례로 정하는 사항에 대한 계획(이하 "권리변동계획"이라 한다)을 수립하여 사업계획승인 또는 <u>행위허가를 받아야 한다</u>(주택법 제67조, 동법 시행령 제77조 제1항).
④ 주택법 제68조 제1항
⑤ 수직증축형 리모델링의 대상이 되는 기존 건축물의 층수가 15층 이상인 경우에는 3개 층, 14층 이하인 경우에는 2개 층까지 증축할 수 있다(주택법 시행령 제13조 제1항).

27 정답 ②

해설 ① 건축법 시행령에 따른 기숙사, <u>다중생활시설</u>, 노인복지주택 및 오피스텔은 <u>준주택</u>에 해당한다(주택법 시행령 제4조).
② 주택법 제2조 제5호·제6호
③ 도로·상하수도·전기시설·가스시설·통신시설·지역난방시설 등은 "<u>기간시설</u>"이다(주택법 제2조 제16호). "<u>간선시설</u>"이란 도로·상하수도·전기시설·가스시설·통신시설 및 지역난방시설 등 주택단지(둘 이상의 주택단지를 동시에 개발하는 경우에는 각각의 주택단지를 말한다) 안의 기간시설을 그 <u>주택단지 밖에 있는 같은 종류의 기간시설에 연결시키는 시설</u>을 말한다. 다만, 가스시설·통신시설 및 지역난방시설의 경우에는 주택단지 안의 기간시설을 포함한다(주택법 제2조 제17호).
④ 방범설비는 "<u>부대시설</u>"에 해당한다(주택법 시행령 제6조 제6호).
⑤ 주민공동시설은 "<u>복리시설</u>"에 해당한다(주택법 시행령 제7조 제12호).

28 정답 ②

해설 ㄱ. (×) ㉠ 국가·지방자치단체, ㉡ <u>한국토지주택공사</u>, ㉢ 지방공사, ㉣ 공익법인의 설립·운영에 관한 법률에 따라 주택건설사업을 목적으로 설립된 공익법인, ㉤ 등록사업자와 공동으로 주택건설사업을 하는 주택조합, ㉥ 등록사업자와 공동으로 주택건설사업을 시행하는 고용자는 대지조성사업의 <u>등록을 하지 아니하여도 된다</u>(주택법 제4조 제1항).
ㄴ. (×) 주택조합(<u>세대수를 증가하지 아니하는 리모델링주택조합은 제외한다</u>)이 그 구성원의 주택을 건설하는 경우에는 대통령령으로 정하는 바에 따라 등록사업자(지방자치단체·한국토지주택공사 및 지방공사를 포함한다)와 공동으로 사업을 시행할 수 있다(주택법 제5조 제2항). 따라서 세대수를 증가하는 리모델링주택조합이 그 구성원의 주택을 건설하는 경우에는, 등록사업자와 공동으로 사업을 시행할 수 있다.
ㄷ. (○) 주택법 시행령 제17조 제3항

29 정답 ④

해설   조합원의 탈퇴 등으로 조합원수가 주택건설 예정 세대수의 <u>50퍼센트 미만</u>이 되어야만 결원의 범위에서 충원할 수 있다(주택법 시행령 제22조 제1항).

관계법령   **설립인가를 받은 후 조합원의 교체 · 신규가입이 가능한 경우(주택법 시행령 제22조 제1항)**

   1. <u>조합원 수가 주택건설 예정 세대수를 초과하지 아니하는 범위에서 시장 · 군수 · 구청장으로부 터 국토교통부령으로 정하는 바에 따라 조합원 추가모집의 승인을 받은 경우</u>(③)
   2. 다음 각 목의 어느 하나에 해당하는 사유로 결원이 발생한 범위에서 충원하는 경우
     가. <u>조합원의 사망</u>(①)
     나. 사업계획승인 이후[지역주택조합 또는 직장주택조합이 해당 주택건설대지 전부의 소유권을 확보하지 아니하고 사업계획승인을 받은 경우에는 해당 주택건설대지 전부의 소유권(해당 주택건설대지가 저당권등의 목적으로 되어 있는 경우에는 그 저당권등의 말소를 포함한다) 을 확보한 이후를 말한다]에 입주자로 선정된 지위(해당 주택에 입주할 수 있는 권리 · 자격 또는 지위 등을 말한다)가 양도 · 증여 또는 판결 등으로 변경된 경우. 다만, 전매가 금지되 는 경우는 제외한다.
     다. <u>조합원의 탈퇴 등으로 조합원수가 주택건설 예정 세대수의 50퍼센트 미만이 되는 경우</u>(④)
     라. <u>조합원이 무자격자로 판명되어 자격을 상실하는 경우</u>(②)
     마. <u>사업계획승인 등의 과정에서 주택건설 예정 세대수가 변경되어 조합원수가 변경된 세대수 의 50퍼센트 미만이 되는 경우</u>(⑤)

---

30 정답 ⑤

해설   ㄱ. (×) 사업계획승인권자는 감리자가 감리자의 지정에 관한 서류를 부정 또는 거짓으로 제출하거나, 업무 수행 중 위반사항이 있음을 알고도 묵인하는 등 대통령령으로 정하는 사유에 해당하는 경우에는 감리자 를 교체하고, 그 감리자에 대하여는 <u>1년의 범위에서</u> 감리업무의 지정을 제한할 수 있다(주택법 제43조 제3항).
     ㄴ. (○) 주택법 시행령 제49조 제1항 제1호
     ㄷ. (○) 주택법 제44조 제3항

---

31 정답 ③

해설   ㄱ. (○) 주택법 제15조 제2항, 동법 시행령 제27조 제6항 제2호 마목
     ㄴ. (×) 한국토지주택공사, 지방공사 또는 등록사업자는 동일한 규모의 주택을 대량으로 건설하려는 경우 에는 국토교통부령으로 정하는 바에 따라 <u>국토교통부장관에게</u> 주택의 형별로 표본설계도서를 작성 · 제출하여 승인을 받을 수 있다(주택법 시행령 제29조 제1항).
     ㄷ. (○) 주택법 제15조 제4항, 동법 시행규칙 제13조 제5항 제7호

32 정답 ①

해설 ① 상업지역에 건축하는 물류시설은 조경 등의 조치를 하여야 하는 건축물이다(건축법 시행령 제27조 제1
항 제8호).

② 면적 5천 제곱미터 미만인 2천 제곱미터인 대지에 건축하는 공장이므로, 조경 등의 조치를 하지 아니할
수 있다(건축법 시행령 제27조 제1항 제2호).

관계법령 대지의 조경(건축법 시행령 제27조 제1항)

다음 각 호의 어느 하나에 해당하는 건축물에 대하여는 조경 등의 조치를 하지 아니할 수 있다.
  1. 녹지지역에 건축하는 건축물(④)
  2. 면적 5천 제곱미터 미만인 대지에 건축하는 공장(②)
  3. 연면적의 합계가 1천 500제곱미터 미만인 공장
  4. 산업집적활성화 및 공장설립에 관한 법률에 따른 산업단지의 공장
  5. 대지에 염분이 함유되어 있는 경우 또는 건축물 용도의 특성상 조경 등의 조치를 하기가 곤란하
     거나 조경 등의 조치를 하는 것이 불합리한 경우로서 건축조례로 정하는 건축물
  6. 축사(⑤)
  7. 가설건축물(③)
  8. 연면적의 합계가 1천 500제곱미터 미만인 물류시설(주거지역 또는 상업지역에 건축하는 것은
     제외한다)로서 국토교통부령으로 정하는 것(①)
  9. 국토의 계획 및 이용에 관한 법률에 따라 지정된 자연환경보전지역·농림지역 또는 관리지역(지
     구단위계획구역으로 지정된 지역은 제외한다)의 건축물
  10. 다음 각 목의 어느 하나에 해당하는 건축물 중 건축조례로 정하는 건축물
     가. 관광진흥법에 따른 관광지 또는 관광단지에 설치하는 관광시설
     나. 관광진흥법 시행령에 따른 전문휴양업의 시설 또는 종합휴양업의 시설
     다. 국토의 계획 및 이용에 관한 법률 시행령에 따른 관광·휴양형 지구단위계획구역에 설치하
        는 관광시설
     라. 체육시설의 설치·이용에 관한 법률 시행령에 따른 골프장

33 정답 ⑤

해설 ① 건축협정을 체결하기 위해서는 토지 또는 건축물의 소유자, 지상권자 등 대통령령으로 정하는 자(이하
"소유자등"이라 한다) 전원의 합의가 있어야 한다(건축법 제77조의4 제1항).

② 건축협정 체결대상 토지가 둘 이상의 특별자치시 또는 시·군·구에 걸치는 경우 건축협정 체결대상
토지면적의 과반(過半)이 속하는 건축협정인가권자에게 인가를 신청할 수 있다(건축법 제77조의6 제2항).

③ 협정체결자 또는 건축협정운영회의 대표자는 인가받은 사항을 변경하려면 국토교통부령으로 정하는
바에 따라 변경인가를 받아야 한다. 다만, 대통령령으로 정하는 경미한 사항을 변경하는 경우에는 그러
하지 아니하다(건축법 제77조의7 제1항 전단).

④ 협정체결자 또는 건축협정운영회의 대표자는 건축협정을 폐지하려는 경우에는 협정체결자 과반수의
동의를 받아 국토교통부령으로 정하는 바에 따라 건축협정인가권자의 인가를 받아야 한다(건축법 제77
조의9 제1항 전단).

⑤ 건축법 제77조의10 제2항

34 정답 ①

해설
① "건축"이란 건축물을 신축·증축·개축·재축(再築)하거나 건축물을 이전하는 것을 말한다(건축법 제2조 제1항 제8호).

② "고층건축물"이란 층수가 30층 이상이거나 높이가 120미터 이상인 건축물을 말한다(건축법 제2조 제1항 제19호).

③ 건축물이 천재지변으로 멸실된 경우 그 대지에 종전 규모보다 연면적의 합계를 늘려 건축물을 다시 축조하는 것은 "신축"에 해당한다. "재축"은 건축물이 천재지변이나 그 밖의 재해(災害)로 멸실된 경우 그 대지에 연면적 합계를 종전 규모 이하로 건축물을 다시 축조하는 것을 말한다(건축법 시행령 제2조 제1호, 제4호).

④ "이전"이란 건축물의 주요구조부(내력벽, 기둥, 바닥, 보, 지붕틀 및 주계단)를 해체하지 아니하고 같은 대지의 다른 위치로 옮기는 것을 말한다(건축법 시행령 제2조 제5호, 동법 제2조 제1항 제7호).

⑤ "대수선"이란 건축물의 기둥, 보, 내력벽, 주계단 등의 구조나 외부형태를 수선·변경하거나 증설하는 것으로서 증축·개축 또는 재축에 해당하지 아니하는 것을 말한다(건축법 제2조 제1항 제9호, 동법 시행령 제3조의2). 기존 건축물이 있는 대지에서 건축물의 건축면적, 연면적, 층수 또는 높이를 늘리는 것은 증축이므로(동법 시행령 제2조 제2호), 지문의 경우는 대수선에 해당하지 아니한다.

35 정답 ③

해설
①·② 상위 시설군으로 용도변경하는 경우는 허가대상이고, 하위 시설군으로 용도변경하는 경우는 신고대상이다(건축법 제19조 제2항 참고). 숙박시설은 제5호의 영업시설군에 속하므로, 하위인 제6호의 교육 및 복지시설군에 속하는 의료시설로 용도를 변경하려는 경우에는 용도변경신고를 하여야 하고, 상위인 제4호의 문화집회시설군에 속하는 종교시설로 용도를 변경하려는 경우에는 용도변경허가를 받아야 한다(건축법 제19조 제2항, 동법 시행령 제14조 제5항 참고).

③ 허가나 신고대상인 경우로서 용도변경하려는 부분의 바닥면적의 합계가 100제곱미터 이상인 경우의 사용승인에 관하여는 제22조를 준용한다. 다만, 용도변경하려는 부분의 바닥면적의 합계가 500제곱미터 미만으로서 대수선에 해당되는 공사를 수반하지 아니하는 경우에는 그러하지 아니하다(건축법 제19조 제5항). 따라서 甲이 바닥면적의 합계 1천 제곱미터의 부분에 대해서만 업무시설로 용도를 변경하는 경우에도, 사용승인을 받아야 한다.

④ 용도변경의 경우 건축허가 제한에 관한 규정이 준용되므로, 특별시장·광역시장·도지사는 지역계획이나 도시·군계획에 특히 필요하다고 인정하면 시장·군수·구청장의 용도변경허가를 제한할 수 있다(건축법 제19조 제7항, 제18조 제2항).

⑤ 건축법 시행규칙 제12조의3 제2항

> **관계법령** 용도변경(건축법 제19조, 동법 시행령 제14조 제5항)
>
> ② 사용승인을 받은 건축물의 용도를 변경하려는 자는 다음 각 호의 구분에 따라 국토교통부령으로 정하는 바에 따라 특별자치시장·특별자치도지사 또는 시장·군수·구청장의 허가를 받거나 신고를 하여야 한다.
> 1. 허가대상 : 제4항 각 호의 어느 하나에 해당하는 시설군(施設群)에 속하는 건축물의 용도를 상위군(제4항 각 호의 번호가 용도변경하려는 건축물이 속하는 시설군보다 작은 시설군을 말한다)에 해당하는 용도로 변경하는 경우
> 2. 신고대상 : 제4항 각 호의 어느 하나에 해당하는 시설군에 속하는 건축물의 용도를 하위군(제4항 각 호의 번호가 용도변경하려는 건축물이 속하는 시설군보다 큰 시설군을 말한다)에 해당하는 용도로 변경하는 경우

④ 시설군은 다음 각 호와 같고 각 시설군에 속하는 건축물의 세부용도는 대통령령으로 정한다.
  1. 자동차 관련 시설군 : 자동차 관련 시설
  2. 산업 등의 시설군 : 운수시설, 창고시설, 공장, 위험물 저장 및 처리시설, 자원순환 관련 시설, 묘지 관련 시설, 장례시설
  3. 전기통신시설군 : 방송통신시설, 발전시설
  4. 문화집회시설군 : 문화 및 집회시설, 종교시설, 위락시설, 관광휴게시설
  5. 영업시설군 : 판매시설, 운동시설, 숙박시설, 제2종 근린생활시설 중 다중생활시설
  6. 교육 및 복지시설군 : 의료시설, 교육연구시설, 노유자시설(老幼者施設), 수련시설, 야영장 시설
  7. 근린생활시설군 : 제1종 근린생활시설, 제2종 근린생활시설(다중생활시설은 제외한다)
  8. 주거업무시설군 : 단독주택, 공동주택, 업무시설, 교정시설, 국방·군사시설
  9. 그 밖의 시설군 : 동물 및 식물 관련 시설

36 정답 ②

해설 ① 건축물을 건축하거나 대수선하려는 자는 특별자치시장·특별자치도지사 또는 시장·군수·구청장의 허가를 받아야 한다. 다만, 21층 이상의 건축물 등 대통령령으로 정하는 용도 및 규모의 건축물을 특별시나 광역시에 건축하려면 특별시장이나 광역시장의 허가를 받아야 한다(건축법 제11조 제1항). 따라서 20층의 건축물을 신축하려는 甲은 B구청장에게 건축허가를 받아야 한다.
② 대지를 조성하기 위한 높이 2미터를 넘는 옹벽을 축조하려는 자는 공작물축조신고를 하여야 하나(건축법 제83조 제1항, 동법 시행령 제118조 제1항 제5호 참고), 건축허가를 받으면 공작물축조신고를 한 것으로 보므로(건축법 제11조 제5항 제2호), 甲은 따로 공작물축조신고를 하지 아니하여도 된다.
③ 건축주가 건축허가를 받았거나 건축신고한 사항을 변경하려면 변경하기 전에 대통령령으로 정하는 바에 따라 허가권자의 허가를 받거나 특별자치시장·특별자치도지사 또는 시장·군수·구청장에게 신고하여야 한다. 다만, 대통령령으로 정하는 경미한 사항의 변경은 그러하지 아니하다(건축법 제16조 제1항).
④ 건축법 제18조 제2항
⑤ 연면적의 합계가 5천 제곱미터 이상인 건축공사의 공사감리자는 필요하다고 인정하면 공사시공자에게 상세시공도면을 작성하도록 요청할 수 있다(건축법 제25조 제5항, 동법 시행령 제19조 제4항).

37 정답 ③

해설 ① 공동주택으로서 지상층에 설치한 기계실, 전기실, 어린이놀이터, 조경시설 및 생활폐기물 보관시설의 면적은 바닥면적에 산입하지 않는다(건축법 시행령 제119조 제1항 제3호 마목).
② 건축물의 연면적은 하나의 건축물 각 층의 바닥면적의 합계로 하되, 용적률을 산정할 때에는 ㉠ 지하층의 면적, ㉡ 지상층의 주차용(해당 건축물의 부속용도인 경우만 해당한다)으로 쓰는 면적, ㉢ 초고층 건축물과 준초고층 건축물에 설치하는 피난안전구역의 면적, ㉣ 건축물의 경사지붕 아래에 설치하는 대피공간의 면적은 제외한다(건축법 시행령 제119조 제1항 제4호).
③ 건축법 시행령 제119조 제1항 제5호

④ 건축물의 층고는 방의 바닥구조체 윗면으로부터 <u>위층 바닥구조체의 윗면</u>까지의 높이로 한다. 다만, 한 방에서 층의 높이가 다른 부분이 있는 경우에는 그 각 부분 높이에 따른 면적에 따라 가중평균한 높이로 한다(건축법 시행령 제119조 제1항 제8호).

⑤ 건축물이 부분에 따라 그 층수가 다른 경우에는 그중 <u>가장 많은 층수를 그 건축물의 층수로 본다</u>(건축법 시행령 제119조 제1항 제9호 후단).

38 정답 ①

해설 ㄱ. (○)·ㄷ. (×) 제5항 제4호의 가설건축물(전시를 위한 견본주택이나 그 밖에 이와 비슷한 것)을 축조하는 경우에는 법 제25조(<u>건축물의 공사감리</u>), 제38조(건축물대장), 제39조(등기촉탁) , 제42조(대지의 조경), 제45조(도로의 지정·폐지 또는 변경), 제50조의2(고층건축물의 피난 및 안전관리), 제53조(지하층), 제54조부터 제57조까지(건축물의 대지가 지역·지구 또는 구역에 걸치는 경우의 조치, 건축물의 건폐율, 건축물의 용적률, 대지의 분할 제한), 제60조(건축물의 높이 제한), 제61조(일조 등의 확보를 위한 건축물의 높이 제한) 및 제68조(기술적 기준) 와 「국토의 계획 및 이용에 관한 법률」 제76조(용도지역 및 용도지구에서의 건축물의 건축 제한 등)<u>만을 적용하지 아니한다</u>(건축법 시행령 제15조 제6항 제2호).

ㄴ. (×) 건축법령상 신고대상 가설건축물의 존치기간은 3년 이내로 한다(건축법 시행령 제15조 제7항 본문).

39 정답 ①

해설 농업진흥지역 지정은 국토의 계획 및 이용에 관한 법률에 따른 녹지지역·관리지역·농림지역 및 자연환경보전지역을 대상으로 한다. 다만, <u>특별시의 녹지지역은 제외한다</u>(농지법 제29조).

40 정답 ④

해설 ① 60세 이상인 사람으로서 ㉠ 농업경영에 더 이상 종사하지 않게 된 사람이나, ㉡ 농업인이 거주하는 시(특별시 및 광역시를 포함한다)·군 또는 이에 연접한 시·군에 있는 소유 농지 중에서 자기의 농업경영에 이용한 기간이 5년이 넘은 농지는 임대하거나 무상사용하게 할 수 있다(농지법 제23조 제1항 제4호, 동법 시행령 제24조 제2항).

② 농지법 제23조 제2항

③ 농지법 제24조 제2항

④ 농지의 임차인이 농작물의 재배시설로서 고정식온실 또는 비닐하우스를 설치한 농지의 경우에는 임대차 기간을 <u>5년 이상</u>으로 하여야 한다(농지법 제24조의2 제1항 단서, 동법 시행령 제24조의2 제1항 제2호).

⑤ 농지법 제24조의3 제3항

2019년 제30회 정답 및 해설

● 문제편 158p

01	02	03	04	05	06	07	08	09	10	11	12	13	14	15	16	17	18	19	20
③	④	③	②	⑤	⑤	③	⑤	④	①	③	①	③	①	⑤	⑤	①	②	①	②
21	22	23	24	25	26	27	28	29	30	31	32	33	34	35	36	37	38	39	40
④	④	④	⑤	①	②	④	②	②	①	④	②	②	①	④	⑤	⑤	③	③	③

01 정답 ③

해설
① 국토의 계획 및 이용에 관한 법률 제67조 제4항
② 국토의 계획 및 이용에 관한 법률 제67조 제2항
③ 국토의 계획 및 이용에 관한 법률 제67조 제1항 참고
④ 국토의 계획 및 이용에 관한 법률 시행령 제65조 제3항
⑤ 국토의 계획 및 이용에 관한 법률 시행령 제65조 제4항

> **관계법령** 기반시설부담구역의 지정(국토의 계획 및 이용에 관한 법률 제67조 제1항)
>
> 특별시장·광역시장·특별자치시장·특별자치도지사·시장 또는 군수는 다음 각 호의 어느 하나에 해당하는 지역에 대하여는 기반시설부담구역으로 지정하여야 한다. 다만, 개발행위가 집중되어 특별시장·광역시장·특별자치시장·특별자치도지사·시장 또는 군수가 해당 지역의 계획적 관리를 위하여 필요하다고 인정하면 다음 각 호에 해당하지 아니하는 경우라도 기반시설부담구역으로 지정할 수 있다.
>   1. 이 법 또는 다른 법령의 제정·개정으로 인하여 행위 제한이 완화되거나 해제되는 지역
>   2. 이 법 또는 다른 법령에 따라 지정된 용도지역 등이 변경되거나 해제되어 행위 제한이 완화되는 지역
>   3. 개발행위허가 현황 및 인구증가율 등을 고려하여 대통령령으로 정하는 지역

02 정답 ④

해설
① 국토의 계획 및 이용에 관한 법률 제26조 제3항
② 국토의 계획 및 이용에 관한 법률 제26조 제1항 후단
③ 국토의 계획 및 이용에 관한 법률 제26조 제2항
④ 개발진흥지구 중 공업기능 또는 유통물류기능 등을 집중적으로 개발·정비하기 위한 개발진흥지구로서 대통령령으로 정하는 개발진흥지구(산업·유통개발진흥지구)의 지정 및 변경에 관한 사항은 도시·군관리계획 입안의 제안대상이다(국토의 계획 및 이용에 관한 법률 제26조 제1항 제3호 가목, 동법 시행령 제19조의2 제1항 참고).
⑤ 국토의 계획 및 이용에 관한 법률 시행령 제19조의2 제2항

03 정답 ③

해설 ① 재해복구나 재난수습을 위한 응급조치는 개발행위허가를 받지 아니하고 할 수 있다. 다만, 응급조치를 한 경우에는 1개월 이내에 특별시장·광역시장·특별자치시장·특별자치도지사·시장 또는 군수에게 신고하여야 한다(국토의 계획 및 이용에 관한 법률 제56조 제4항 제1호).

② 국가나 지방자치단체가 시행하는 개발행위의 경우에는 이행보증금을 예치하지 아니한다(국토의 계획 및 이용에 관한 법률 제60조 제1항 제1호).

③ 국토의 계획 및 이용에 관한 법률 제57조 제4항, 동법 시행령 제54조 제2항

④ 개발행위허가(다른 법률에 따라 개발행위허가가 의제되는 협의를 거친 인가·허가·승인 등을 포함한 다)를 받은 자가 행정청인 경우 개발행위허가를 받은 자가 새로 공공시설을 설치하거나 기존의 공공시설에 대체되는 공공시설을 설치한 경우에는 국유재산법과 공유재산 및 물품 관리법에도 불구하고 새로 설치된 공공시설은 그 시설을 관리할 관리청에 무상으로 귀속되고, 종래의 공공시설은 개발행위허가를 받은 자에게 무상으로 귀속된다(국토의 계획 및 이용에 관한 법률 제65조 제1항).

⑤ 개발행위허가를 받은 자가 행정청이 아닌 경우 개발행위허가를 받은 자가 새로 설치한 공공시설은 그 시설을 관리할 관리청에 무상으로 귀속되고, 개발행위로 용도가 폐지되는 공공시설은 국유재산법과 공유재산 및 물품 관리법에도 불구하고 새로 설치한 공공시설의 설치비용에 상당하는 범위에서 개발행위허가를 받은 자에게 무상으로 양도할 수 있다(국토의 계획 및 이용에 관한 법률 제65조 제2항).

04 정답 ②

해설 해당 내용은 지구단위계획의 정의이다(국토의 계획 및 이용에 관한 법률 제2조 제5호).

05 정답 ⑤

해설 ① 국토교통부장관, 시·도지사, 시장 또는 군수는 광역도시계획을 수립하거나 변경하려면 미리 공청회를 열어 주민과 관계 전문가 등으로부터 의견을 들어야 하며, 공청회에서 제시된 의견이 타당하다고 인정하면 광역도시계획에 반영하여야 한다(국토의 계획 및 이용에 관한 법률 제14조 제1항).

② 특별시장·광역시장·특별자치시장·특별자치도지사·시장 또는 군수는 성장관리계획구역을 지정하거나 이를 변경하려면 대통령령으로 정하는 바에 따라 미리 주민과 해당 지방의회의 의견을 들어야 하며, 관계 행정기관과의 협의 및 지방도시계획위원회의 심의를 거쳐야 한다. 다만, 대통령령으로 정하는 경미한 사항을 변경하는 경우에는 그러하지 아니하다(국토의 계획 및 이용에 관한 법률 제75조의2 제2항).

③ 특별시장·광역시장·특별자치시장·특별자치도지사·시장·군수 또는 구청장은 시범도시사업계획을 수립하고자 하는 때에는 미리 설문조사·열람 등을 통하여 주민의 의견을 들어야 한다(국토의 계획 및 이용에 관한 법률 시행령 제128조 제3항).

④ 특별시장·광역시장·특별자치시장·특별자치도지사·시장 또는 군수는 기반시설부담구역을 지정 또는 변경하려면 주민의 의견을 들어야 하며, 해당 지방자치단체에 설치된 지방도시계획위원회의 심의를 거쳐 대통령령으로 정하는 바에 따라 이를 고시하여야 한다(국토의 계획 및 이용에 관한 법률 제67조 제2항).

⑤ 특별시장·광역시장·특별자치시장·특별자치도지사·시장 또는 군수는 개발밀도관리구역을 지정하거나 변경하려면 해당 지방자치단체에 설치된 지방도시계획위원회의 심의를 거쳐야 한다(국토의 계획 및 이용에 관한 법률 제66조 제3항).

06 정답 ⑤

해설

관계법령 **취락지구에 대한 지원(국토의 계획 및 이용에 관한 법률 시행령 제107조)**

국가 또는 지방자치단체가 취락지구 안의 주민의 생활편익과 복지증진 등을 위하여 시행하거나 지원할 수 있는 사업은 다음 각 호와 같다.

1. 집단취락지구 : 개발제한구역의 지정 및 관리에 관한 특별조치 법령에서 정하는 바에 의한다.
2. 자연취락지구
   가. 자연취락지구 안에 있거나 자연취락지구에 연결되는 도로·수도공급설비·하수도 등의 정비
   나. 어린이놀이터·공원·녹지·주차장·학교·마을회관 등의 설치·정비
   다. 쓰레기처리장·하수처리시설 등의 설치·개량
   라. 하천정비 등 재해방지를 위한 시설의 설치·개량
   마. 주택의 신축·개량

07 정답 ③

해설

① 제1종 전용주거지역 : 50% 이상 100% 이하
② 제3종 일반주거지역 : 100% 이상 300% 이하
③ 준주거지역 : 200% 이상 500% 이하
④ 일반공업지역 : 150% 이상 350% 이하
⑤ 준공업지역 : 150% 이상 400% 이하
※ 국토의 계획 및 이용에 관한 법률 시행령 제85조 제1항 참고

08 정답 ⑤

해설

도시·군계획시설결정이 고시된 도시·군계획시설에 대하여 그 고시일부터 20년이 지날 때까지 그 시설의 설치에 관한 도시·군계획시설사업이 시행되지 아니하는 경우 그 도시·군계획시설결정은 그 고시일부터 20년이 되는 날의 다음 날에 그 효력을 잃는다(국토의 계획 및 이용에 관한 법률 제48조 제1항).

09 정답 ④

해설

관계법령 **제3종 일반주거지역 안에서 건축할 수 있는 건축물(국토의 계획 및 이용에 관한 법률 시행령 [별표 6])**

2. 도시·군계획조례가 정하는 바에 의하여 건축할 수 있는 건축물
   가. 건축법 시행령 [별표 1] 제4호의 제2종 근린생활시설(단란주점 및 안마시술소를 제외한다)
   나. 건축법 시행령 [별표 1] 제5호의 문화 및 집회시설(관람장을 제외한다)
   다. 건축법 시행령 [별표 1] 제7호의 판매시설 중 같은 호 나목 및 다목(일반게임제공업의 시설은 제외한다)에 해당하는 것으로서 당해 용도에 쓰이는 바닥면적의 합계가 2천 제곱미터 미만인 것(너비 15미터 이상의 도로로서 도시·군계획조례가 정하는 너비 이상의 도로에 접한 대지에 건축하는 것에 한한다)과 기존의 도매시장 또는 소매시장을 재건축하는 경우로서 인근의 주거환경에 미치는 영향, 시장의 기능회복 등을 감안하여 도시·군계획조례가 정하는 경우에는 당해 용도에 쓰이는 바닥면적의 합계의 4배 이하 또는 대지면적의 2배 이하인 것

라. 건축법 시행령 [별표 1] 제9호의 의료시설(격리병원을 제외한다)

마. 건축법 시행령 [별표 1] 제10호의 교육연구시설 중 제1호 마목에 해당하지 아니하는 것

바. 건축법 시행령 [별표 1] 제12호의 수련시설(유스호스텔의 경우 특별시 및 광역시 지역에서는 너비 15미터 이상의 도로에 20미터 이상 접한 대지에 건축하는 것에 한하며, 그 밖의 지역에서는 너비 12미터 이상의 도로에 접한 대지에 건축하는 것에 한한다)

사. 건축법 시행령 [별표 1] 제13호의 운동시설

아. 건축법 시행령 [별표 1] 제14호의 업무시설로서 그 용도에 쓰이는 <u>바닥면적의 합계가 3천제곱미터 이하인 것</u>

자. [별표 4] 제2호 차목 및 카목의 공장

차. 건축법 시행령 [별표 1] 제18호의 창고시설

카. 건축법 시행령 [별표 1] 제19호의 위험물저장 및 처리시설 중 주유소, 석유판매소, <u>액화가스취급소 · 판매소</u>, 도료류 판매소, 대기환경보전법에 따른 저공해자동차의 연료공급시설, 시내버스차고지에 설치하는 액화석유가스충전소 및 고압가스충전 · 저장소

타. 건축법 시행령 [별표 1] 제20호의 자동차관련시설 중 동호 아목에 해당하는 것과 주차장 및 세차장

파. 건축법 시행령 [별표 1] 제21호 마목부터 사목까지의 규정에 따른 시설 및 같은 호 아목에 따른 시설 중 식물과 관련된 마목부터 사목까지의 규정에 따른 시설과 비슷한 것

하. 건축법 시행령 [별표 1] 제23호의 교정시설

거. 건축법 시행령 [별표 1] 제23호의2의 국방 · 군사시설

너. 건축법 시행령 [별표 1] 제24호의 방송통신시설

더. 건축법 시행령 [별표 1] 제25호의 발전시설

러. 건축법 시행령 [별표 1] 제29호의 야영장 시설

---

10 정답 ①

해설 ㄱ. (○) 보호지구 : 역사문화환경보호지구, 중요시설물보호지구, 생태계보호지구(국토의 계획 및 이용에 관한 법률 시행령 제31조 제2항 제5호)

ㄴ. (×) 방재지구 : 시가지방재지구, 자연방재지구(국토의 계획 및 이용에 관한 법률 시행령 제31조 제2항 제4호)

ㄷ. (×) 경관지구 : 자연경관지구, 시가지경관지구, 특화경관지구(국토의 계획 및 이용에 관한 법률 시행령 제31조 제2항 제1호)

ㄹ. (×) 취락지구 : 자연취락지구, 집단취락지구(국토의 계획 및 이용에 관한 법률 시행령 제31조 제2항 제7호)

---

11 정답 ③

해설 ① 단독주택 : 0.7

② 장례시설 : 0.7

③ 관광휴게시설 : 1.9

④ 제2종 근린생활시설 : 1.6

⑤ 비금속 광물제품 제조공장 : 1.3

※ 국토의 계획 및 이용에 관한 법률 시행령 [별표 1의3] 참고

12 정답 ①

해설 "용도지구"란 토지의 이용 및 건축물의 용도·건폐율·용적률·높이 등에 대한 용도지역의 제한을 강화하거나 완화하여 적용함으로써 용도지역의 기능을 증진시키고 경관·안전 등을 도모하기 위하여 도시·군관리계획으로 결정하는 지역을 말한다(국토의 계획 및 이용에 관한 법률 제2조 제16호).

13 정답 ③

해설 ① 서울특별시와 광역시를 제외한 인구 50만 이상의 대도시의 시장(이하 "대도시 시장"이라 한다)은 계획적인 도시개발이 필요하다고 인정되는 때에는 도시개발구역을 지정할 수 있다(도시개발법 제3조 제1항 제2호).

② 도시개발사업이 필요하다고 인정되는 지역이 둘 이상의 특별시·광역시·도·특별자치도(이하 "시·도"라 한다) 또는 지방자치법에 따른 서울특별시와 광역시를 제외한 인구 50만 이상의 대도시의 행정구역에 걸치는 경우에는 관계 시·도지사 또는 대도시 시장이 협의하여 도시개발구역을 지정할 자를 정한다(도시개발법 제3조 제2항).

③ 국토교통부장관은 천재지변, 그 밖의 사유로 인하여 도시개발사업을 긴급하게 할 필요가 있는 경우에 해당하면 도시개발구역을 지정할 수 있다(도시개발법 제3조 제3항 제5호, 동법 시행령 제4조 제2항).

④ 도시개발구역을 둘 이상의 사업시행지구로 분할할 수 있는 경우는 지정권자가 도시개발사업의 효율적인 추진을 위하여 필요하다고 인정하는 경우로서 분할 후 각 사업시행지구의 면적이 각각 1만 제곱미터 이상인 경우로 한다(도시개발법 시행령 제5조의2 제1항).

⑤ 개발계획을 공모하거나 자연녹지지역에 도시개발구역을 지정할 때에는 도시개발구역을 지정한 후에 개발계획을 수립할 수 있다(도시개발법 제4조 제1항, 동법 시행령 제6조 제1항 제1호).

14 정답 ①

해설

관계법령 시행자 등(도시개발법 제11조 제1항 단서·제2항)

도시개발구역의 전부를 환지방식으로 시행하는 경우에는 토지소유자나 조합을 시행자로 지정한다는 규정에도 불구하고 지정권자는 다음 각 호의 어느 하나에 해당하는 사유가 있으면 지방자치단체나 대통령령으로 정하는 자(이하 "지방자치단체등"이라 한다)를 시행자로 지정할 수 있다. 이 경우 도시개발사업을 시행하는 자가 시·도지사 또는 대도시 시장인 경우 국토교통부장관이 지정한다.

환지방식의 시행자 지정(도시개발법 시행령 제20조 제1항)
"대통령령으로 정하는 자"란 한국토지주택공사, 지방공기업법에 따른 지방공사와 자본시장과 금융투자업에 관한 법률에 따른 신탁업자 중 주식회사 등의 외부감사에 관한 법률에 따른 외부감사의 대상이 되는 자를 말한다.

1. 토지소유자나 조합이 대통령령으로 정하는 기간에 시행자 지정을 신청하지 아니한 경우 또는 지정권자가 신청된 내용이 위법하거나 부당하다고 인정한 경우
2. 지방자치단체의 장이 집행하는 공공시설에 관한 사업과 병행하여 시행할 필요가 있다고 인정한 경우
3. 도시개발구역의 국공유지를 제외한 토지면적의 2분의 1 이상에 해당하는 토지소유자 및 토지소유자 총수의 2분의 1 이상이 지방자치단체등의 시행에 동의한 경우

15 정답 ⑤

해설 ① 시행자는 지정권자에 의한 준공검사를 받은 경우(지정권자가 시행자인 경우에는 공사완료공고가 있는 때)에는 60일 이내에 환지처분을 하여야 한다(도시개발법 제40조 제4항, 동법 시행령 제65조).
② 보류지는 실시계획인가에 따라 정하되, 도시개발구역이 2 이상의 환지계획구역으로 구분되는 경우에는 환지계획구역별로 사업비 및 보류지를 책정하여야 한다(도시개발법 시행규칙 제28조 제1항).
③ 시행자는 환지방식이 적용되는 도시개발구역에 있는 조성토지등의 가격을 평가할 때에는 토지평가협의회의 심의를 거쳐 결정하되, 그에 앞서 감정평가법인등이 평가하게 하여야 한다(도시개발법 제28조 제3항, 동법 시행령 제59조).
④ 환지예정지가 지정되면 종전의 토지의 소유자와 임차권자 등은 환지예정지 지정의 효력발생일부터 환지처분이 공고되는 날까지 환지예정지나 해당 부분에 대하여 종전과 같은 내용의 권리를 행사할 수 있으며 종전의 토지는 사용하거나 수익할 수 없다(도시개발법 제36조 제1항).
⑤ 도시개발법 제28조 제1항 제2호·제3호

16 정답 ⑤

해설

관계법령   도시개발사업의 대행(도시개발법 시행령 제25조의2 제1항)

주택건설사업자 등에게 대행하게 할 수 있는 도시개발사업의 범위는 다음 각 호와 같다.
1. 실시설계
2. 부지조성공사
3. 기반시설공사
4. 조성된 토지의 분양

17 정답 ①

해설 ① 도시개발법 시행령 제43조 제2항 제1호
② 계획적이고 체계적인 도시개발 등 집단적인 조성과 공급이 필요한 경우 수용 또는 사용방식으로 정한다(도시개발법 시행령 제43조 제1항 제2호 참고).
③ 지정권자는 도시개발구역 지정 이후 일정한 요건에 해당하는 경우에는 도시개발사업의 시행방식을 변경할 수 있다(도시개발법 제21조 제2항 참고).
④ 시행자는 도시개발구역으로 지정하려는 지역에 대하여 환지방식, 수용 또는 사용방식, 혼용방식에 따라 도시개발사업의 시행방식을 정함을 원칙으로 하되, 사업의 용이성·규모 등을 고려하여 필요하면 국토교통부장관이 정하는 기준에 따라 도시개발사업의 시행방식을 정할 수 있다(도시개발법 시행령 제43조 제1항). 즉, 국토교통부장관의 허가사항이 아니다.
⑤ 지방자치단체등이 도시개발사업의 전부를 환지방식으로 시행하려고 할 때에는 대통령령으로 정하는 바에 따라 시행규정을 작성하여야 한다(도시개발법 제11조 제4항).

18 정답 ②

해설 ① 국가나 지방자치단체, 대통령령으로 정하는 공공기관, 대통령령으로 정하는 정부출연기관 및 지방공기업법에 따라 설립된 지방공사 등 공공사업자가 시행자인 경우에는, 토지소유자의 동의 없이도 도시개발사업에 필요한 토지등을 수용하거나 사용할 수 있다(도시개발법 제22조 제1항 참고).
② 도시개발법 제23조 제1항 단서
③ 시행자(지정권자가 시행자인 경우는 제외한다)는 해당 대금의 전부 또는 일부를 미리 받으려면 지정권자의 승인을 받아야 한다(도시개발법 제25조 제2항).
④ 공급될 수 있는 원형지의 면적은 도시개발구역 전체 토지면적의 3분의 1 이내로 한정한다(도시개발법 제25조의2 제1항 후단).
⑤ 조성토지등의 공급은 경쟁입찰의 방법에 따른다(도시개발법 시행령 제57조 제2항).

19 정답 ①

해설 ① 조합의 정관에는 정비구역의 위치 및 면적이 포함되어야 한다(도시 및 주거환경정비법 제40조 제1항 제4호).
② 시장·군수등이 직접 정비사업을 시행하거나 토지주택공사등을 사업시행자로 지정·고시한 때에는 그 고시일 다음 날에 추진위원회의 구성승인 또는 조합설립인가가 취소된 것으로 본다(도시 및 주거환경정비법 제26조 제3항 전단).
③ 조합은 명칭에 "정비사업조합"이라는 문자를 사용하여야 한다(도시 및 주거환경정비법 제38조 제3항).
④ 조합장 또는 이사가 자기를 위하여 조합과 계약이나 소송을 할 때에는 감사가 조합을 대표한다(도시 및 주거환경정비법 제42조 제3항).
⑤ 오피스텔을 건설하여 공급하는 경우에는 국토의 계획 및 이용에 관한 법률에 따른 준주거지역 및 상업지역에서만 건설할 수 있다(도시 및 주거환경정비법 제23조 제4항 전단).

20 정답 ②

해설 ① 도시 및 주거환경정비법 제92조 제1항
② 국가 또는 지방자치단체는 시장·군수등이 아닌 사업시행자가 시행하는 정비사업에 드는 비용의 일부를 보조 또는 융자하거나 융자를 알선할 수 있다(도시 및 주거환경정비법 제95조 제3항).
③ 도시 및 주거환경정비법 제98조 제4항
④ 도시 및 주거환경정비법 제93조 제4항
⑤ 도시 및 주거환경정비법 제94조 제2항

21 정답 ④

해설 분양대상자별 분담금의 추산액은 토지등소유자에게 통지하는 사항이지 공고에 포함되는 사항이 아니다(도시 및 주거환경정비법 제72조 제1항 제2호 참고).

관계법령 분양공고에 포함되어야 하는 사항(도시 및 주거환경정비법 시행령 제59조 제1항)
1. 사업시행인가의 내용
2. 정비사업의 종류·명칭 및 정비구역의 위치·면적
3. 분양신청기간 및 장소(③)

4. 분양대상 대지 또는 건축물의 내역(⑤)
5. 분양신청자격(①)
6. 분양신청방법(②)
7. 토지등소유자 외의 권리자의 권리신고방법
8. 분양을 신청하지 아니한 자에 대한 조치
9. 그 밖에 시·도 조례로 정하는 사항

22 정답 ④

해설 구체적으로 면적이 명시된 정비예정구역의 면적을 20% 미만의 범위에서 변경하는 경우에 지방의회의 의견 청취를 생략할 수 있다(도시 및 주거환경정비법 시행령 제6조 제4항 제5호).

관계법령	주민공람과 지방의회의 의견청취절차를 거치지 아니할 수 있는 경미한 사항의 변경(도시 및 주거 환경정비법 시행령 제6조 제4항)

1. 정비기반시설(제3조 제9호에 해당하는 시설은 제외한다)의 규모를 확대하거나 그 면적을 10퍼센트 미만의 범위에서 축소하는 경우
2. 정비사업의 계획기간을 단축하는 경우(②)
3. 공동이용시설에 대한 설치계획을 변경하는 경우(①)
4. 사회복지시설 및 주민문화시설 등에 대한 설치계획을 변경하는 경우(③)
5. 구체적으로 면적이 명시된 정비예정구역의 면적을 20퍼센트 미만의 범위에서 변경하는 경우 (④)
6. 단계별 정비사업 추진계획을 변경하는 경우
7. 건폐율 및 용적률을 각 20퍼센트 미만의 범위에서 변경하는 경우
8. 정비사업의 시행을 위하여 필요한 재원조달에 관한 사항을 변경하는 경우(⑤)
9. 국토의 계획 및 이용에 관한 법률에 따른 도시·군기본계획의 변경에 따라 기본계획을 변경하는 경우

23 정답 ④

해설 • 총회는 조합장이 직권으로 소집하거나 조합원 5분의 1 이상(정관의 기재사항 중 조합임원의 권리·의무·보수·선임방법·변경 및 해임에 관한 사항을 변경하기 위한 총회의 경우는 10분의 1 이상으로 한다) 또는 대의원 3분의 2 이상의 요구로 조합장이 소집하며, 조합원 또는 대의원의 요구로 총회를 소집하는 경우 조합은 소집을 요구하는 자가 본인인지 여부를 대통령령으로 정하는 기준에 따라 정관으로 정하는 방법으로 확인하여야 한다(도시 및 주거환경정비법 제44조 제2항).
• 총회를 소집하려는 자는 총회가 개최되기 7일 전까지 회의 목적·안건·일시 및 장소와 제45조 제5항에 따른 서면의결권의 행사기간 및 장소 등 서면의결 행사에 필요한 사항을 정하여 조합원에게 통지하여야 한다(도시 및 주거환경정비법 제44조 제4항).

24 정답 ⑤

해설 ① 도시 및 주거환경정비법 제6조 제1항
② 도시 및 주거환경정비법 제7조 제3항
③ 도시 및 주거환경정비법 제8조 제3항
④ 도시 및 주거환경정비법 제19조 제8항
⑤ 정비구역에서 이동이 쉽지 아니한 물건을 <u>1개월 이상</u> 쌓아 놓는 행위를 하려는 자는 시장·군수등의 허가를 받아야 한다. 허가받은 사항을 변경하려는 때에도 또한 같다(도시 및 주거환경정비법 제19조 제1항 제6호, 동법 시행령 제15조 제1항 제6호).

25 정답 ①

해설 ① 주택법 제2조 제12호 다목
② 단독주택에는 건축법 시행령에 따른 단독주택, 다중주택, <u>다가구주택</u>이 포함된다(주택법 시행령 제2조 참고).
③ 공동주택에는 건축법 시행령에 따른 아파트, 연립주택, <u>다세대주택</u>이 포함된다(주택법 시행령 제3조 참고).
④ "주택"이란 세대(世帶)의 구성원이 장기간 독립된 주거생활을 할 수 있는 구조로 된 건축물의 전부 또는 일부 및 그 <u>부속토지를</u> 말하며, 단독주택과 공동주택으로 구분한다(주택법 제2조 제1호).
⑤ 주택단지에 딸린 어린이놀이터, 근린생활시설, 유치원, 주민운동시설은 "<u>복리시설</u>"에 포함되고, 지역난방시설 등은 <u>기간시설</u>에 포함된다(주택법 제2조 제14호·제16호 참고).

26 정답 ②

해설 조합해산의 결의를 위한 총회의 의결정족수에 해당하는 조합원의 동의를 받은 정산서는 <u>해산인가신청 시 제출하는</u> 서류이다(주택법 시행령 제20조 제1항 제3호 참고).

관계법령	**설립인가신청 시 첨부서류 - 지역주택조합 또는 직장주택조합의 경우(주택법 시행령 제20조 제1항 제1호 가목)**

1. 창립총회 회의록
2. <u>조합장선출동의서</u>
3. <u>조합원 전원이 자필로 연명한 조합규약</u>
4. 조합원 명부
5. 사업계획서
6. <u>해당 주택건설대지의 80% 이상에 해당하는 토지의 사용권원을 확보하였음을 증명하는 서류</u>
7. 해당 주택건설대지의 15퍼센트 이상에 해당하는 토지의 소유권을 확보하였음을 증명하는 서류
8. 그 밖에 국토교통부령으로 정하는 서류

> **주택조합의 설립인가신청 등(주택법 시행규칙 제7조 제3항)**
> "국토교통부령으로 정하는 서류"란 다음 각 호의 서류를 말한다.
> 1. 고용자가 확인한 근무확인서(직장주택조합의 경우만 해당한다)
> 2. <u>조합원자격이 있는 자임을 확인하는 서류</u>

27　정답　④

해설　ㄱ. (×) 주거정책심의위원회의 심의사항에 해당하지 아니한다.

ㄴ. (○) 국토교통부장관은 주택가격상승률이 물가상승률보다 현저히 높은 지역으로서 그 지역의 주택가격·주택거래 등과 지역 주택시장 여건 등을 고려하였을 때 주택가격이 급등하거나 급등할 우려가 있는 지역 중 대통령령으로 정하는 기준을 충족하는 지역은 <u>주거정책심의위원회 심의를 거쳐 분양가상한제 적용지역으로 지정할 수 있다</u>(주택법 제58조 제1항).

ㄷ. (○) 국토교통부장관 또는 시·도지사는 주택가격의 안정을 위하여 필요한 경우에는 <u>주거정책심의위원회</u>(시·도지사의 경우에는 주거기본법에 따른 시·도 주거정책심의위원회를 말한다)의 심의를 거쳐 일정한 지역을 투기과열지구로 지정하거나 이를 해제할 수 있다(주택법 제63조 제1항 전단).

※ 주택법령상 주거정책심의위원회를 거치도록 규정되어 있는 사항은 분양가상한제 적용지역의 지정 및 해제(주택법 제58조), 투기과열지구의 지정 및 해제(동법 제63조), 조정대상 지역의 지정 및 해제(동법 제63조의2), 세대수 증가형 리모델링의 시기조정(동법 제74조) 등이다.

28　정답　②

해설　① 주택법 제15조 제5항

② 주택건설사업을 시행하려는 자는 <u>600세대</u> 이상의 주택단지를 공구별로 분할하여 주택을 건설·공급할 수 있다(주택법 제15조 제3항 전단, 동법 시행령 제28조 제1항).

③ 주택법 시행령 제29조 제1항

④ 주택법 제17조 제1항

⑤ 주택법 시행령 제30조 제1항

29　정답　②

해설　• 매도청구를 하려는 경우에는 해당 토지의 면적이 주택단지 전체 대지면적의 <u>5%</u> 미만이어야 한다(주택법 제62조 제4항).

• 매도청구의 의사표시는 실소유자가 해당 토지소유권을 회복한 날부터 <u>2년</u> 이내에 해당 실소유자에게 송달되어야 한다(주택법 제62조 제5항).

30　정답　①

해설

> **관계법령**　**청문(주택법 제96조)**
>
> 국토교통부장관 또는 지방자치단체의 장은 다음 각 호의 어느 하나에 해당하는 처분을 하려면 청문을 하여야 한다.
> 1. 주택건설사업 등의 등록말소
> 2. 주택조합 설립인가의 취소
> 3. 주택건설 사업계획승인의 취소
> 4. 공동주택 리모델링허가의 취소

31 정답 ④

해설

관계법령 공사 착수기간의 연장(주택법 시행령 제31조)

1. 매장문화재 보호 및 조사에 관한 법률에 따라 문화재청장의 매장문화재 발굴허가를 받은 경우
2. 해당 사업시행지에 대한 소유권 분쟁(소송절차가 진행 중인 경우만 해당한다)으로 인하여 공사 착수가 지연되는 경우
3. 사업계획승인의 조건으로 부과된 사항을 이행함에 따라 공사 착수가 지연되는 경우
4. 천재지변 또는 사업주체에게 책임이 없는 불가항력적인 사유로 인하여 공사 착수가 지연되는 경우
5. 공공택지의 개발·조성을 위한 계획에 포함된 기반시설의 설치 지연으로 공사 착수가 지연되는 경우
6. 해당 지역의 미분양주택 증가 등으로 사업성이 악화될 우려가 있거나 주택건설경기가 침체되는 등 공사에 착수하지 못할 부득이한 사유가 있다고 사업계획승인권자가 인정하는 경우

32 정답 ②

해설

관계법령 건축 관련 입지와 규모의 사전결정(건축법 제10조 제6항)

사전결정 통지를 받은 경우에는 다음 각 호의 허가를 받거나 신고 또는 협의를 한 것으로 본다.
1. 국토의 계획 및 이용에 관한 법률에 따른 개발행위허가
2. 산지관리법에 따른 산지전용허가와 산지전용신고, 동법에 따른 산지일시사용허가·신고. 다만, 보전산지인 경우에는 도시지역만 해당된다.
3. 농지법에 따른 농지전용허가·신고 및 협의
4. 하천법에 따른 하천점용허가

33 정답 ②

해설
① 건축법 제4조 제2항 제2호
② 건축민원전문위원회는 필요하다고 인정하면 신청인, 허가권자의 업무담당자, 이해관계자 또는 참고인을 위원회에 출석하게 하여 의견을 들을 수 있다(건축법 제4조의6 제2항).
③ 건축법 제4조의5 제2항 단서
④ 건축법 제4조의6 제1항
⑤ 건축법 제4조의4 제1항 제1호

34 정답 ①

해설 허가권자는 연면적이 1천 제곱미터 이상인 건축물(주택도시기금법에 따른 주택도시보증공사가 분양보증을 한 건축물, 건축물의 분양에 관한 법률에 따른 분양보증이나 신탁계약을 체결한 건축물은 제외한다)로서 해당 지방자치단체의 조례로 정하는 건축물에 대하여는 착공신고를 하는 건축주(한국토지주택공사법에 따른 한국토지주택공사 또는 지방공기업법에 따라 건축사업을 수행하기 위하여 설립된 지방공사는 제외한다)에게 장기간 건축물의 공사현장이 방치되는 것에 대비하여 미리 미관 개선과 안전관리에 필요한 비용(대통령령으로 정하는 보증서를 포함하며, 이하 "예치금"이라 한다)을 건축공사비의 1%의 범위에서 예치하게 할 수 있다(건축법 제13조 제2항).

35 정답 ④

해설

관계법령 **공용건축물에 대한 특례(건축법 제29조 제4항 전단)**

국가나 지방자치단체가 소유한 대지의 지상 또는 지하 여유공간에 구분지상권을 설정하여 주민편의시설 등 대통령령으로 정하는 시설을 설치하고자 하는 경우 허가권자는 구분지상권자를 건축주로 보고 구분지상권이 설정된 부분을 대지로 보아 건축허가를 할 수 있다.

> **공용건축물에 대한 특례(건축법 시행령 제22조 제4항)**
> "주민편의시설 등 대통령령으로 정하는 시설"이란 다음 각 호의 시설을 말한다.
>   1. 제1종 근린생활시설
>   2. 제2종 근린생활시설(총포판매소, 장의사, 다중생활시설, 제조업소, 단란주점, 안마시술소 및 노래연습장은 제외한다)
>   3. 문화 및 집회시설(공연장 및 전시장으로 한정한다)
>   4. 의료시설
>   5. 교육연구시설
>   6. 노유자시설
>   7. 운동시설
>   8. 업무시설(오피스텔은 제외한다)

36 정답 ⑤

해설

관계법령 **건축법의 적용을 받지 아니하는 시설(건축법 제3조 제1항)**

>   2. 철도나 궤도의 선로 부지(敷地)에 있는 다음 각 목의 시설
>   가. 운전보안시설
>   나. 철도 선로의 위나 아래를 가로지르는 보행시설
>   다. 플랫폼
>   라. 해당 철도 또는 궤도사업용 급수(給水)·급탄(給炭) 및 급유(給油) 시설

37 정답 ⑤

해설

관계법령 **옹벽 등의 공작물에의 준용(건축법 시행령 제118조 제1항)**

공작물을 축조(건축물과 분리하여 축조하는 것을 말한다)할 때 특별자치시장·특별자치도지사 또는 시장·군수·구청장에게 신고를 하여야 하는 공작물은 다음 각 호와 같다.
  1. 높이 6미터를 넘는 굴뚝
  2. 삭제 〈2020.12.15.〉
  3. 높이 4미터를 넘는 장식탑, 기념탑, 첨탑, 광고탑, 광고판, 그 밖에 이와 비슷한 것
  4. 높이 8미터를 넘는 고가수조나 그 밖에 이와 비슷한 것
  5. 높이 2미터를 넘는 옹벽 또는 담장
  6. 바닥면적 30제곱미터를 넘는 지하대피호
  7. 높이 6미터를 넘는 골프연습장 등의 운동시설을 위한 철탑, 주거지역·상업지역에 설치하는 통신용 철탑, 그 밖에 이와 비슷한 것

8. 높이 8미터(위험을 방지하기 위한 난간의 높이는 제외한다) 이하의 기계식 주차장 및 철골 조립식 주차장(바닥면이 조립식이 아닌 것을 포함한다)으로서 외벽이 없는 것
9. 건축조례로 정하는 제조시설, 저장시설(시멘트사일로를 포함한다), 유희시설, 그 밖에 이와 비슷한 것
10. 건축물의 구조에 심대한 영향을 줄 수 있는 중량물로서 건축조례로 정하는 것
11. 높이 5미터를 넘는 신에너지 및 재생에너지 개발·이용·보급 촉진법에 따른 태양에너지를 이용하는 발전설비와 그 밖에 이와 비슷한 것

38 　정답　③

　해설　

> **관계법령　결합건축의 절차(건축법 제77조의16 제1항)**
>
> 결합건축을 하고자 하는 건축주는 건축허가를 신청하는 때에는 다음 각 호의 사항을 명시한 결합건축협정서를 첨부하여야 하며 국토교통부령으로 정하는 도서를 제출하여야 한다.
> 1. 결합건축대상 대지의 위치 및 용도지역
> 2. 결합건축협정서를 체결하는 자(이하 "결합건축협정체결자"라 한다)의 성명, 주소 및 생년월일(법인, 법인 아닌 사단이나 재단 및 외국인의 경우에는 부동산등기법에 따라 부여된 등록번호를 말한다)
> 3. 국토의 계획 및 이용에 관한 법률에 따라 조례로 정한 용적률과 결합건축으로 조정되어 적용되는 대지별 용적률
> 4. 결합건축대상 대지별 건축계획서

39 　정답　③

　해설　ㄴ. (×) 조경목적으로 식재한 관상용 수목과 그 묘목의 재배지는 농지에서 제외한다(농지법 시행령 제2조 제1항 제3호).

> **관계법령　정의 - 농지(농지법 제2조)**
>
> 1. "농지"란 다음 각 목의 어느 하나에 해당하는 토지를 말한다.
>   가. 전·답, 과수원, 그 밖에 법적 지목(地目)을 불문하고 실제로 농작물 경작지 또는 대통령령으로 정하는 다년생식물 재배지로 이용되는 토지. 다만, 초지법에 따라 조성된 초지 등 대통령령으로 정하는 토지는 제외한다.
>
>   > **농지의 범위(농지법 시행령 제2조 제2항)**
>   > 1. 공간정보의 구축 및 관리 등에 관한 법률에 따른 지목이 전·답, 과수원이 아닌 토지(지목이 임야인 토지는 제외한다)로서 농작물 경작지 또는 다년생식물 재배지로 계속하여 이용되는 기간이 3년 미만인 토지
>   > 2. 공간정보의 구축 및 관리 등에 관한 법률에 따른 지목이 임야인 토지로서 산지관리법에 따른 산지전용허가(다른 법률에 따라 산지전용허가가 의제되는 인가·허가·승인 등을 포함한다)를 거치지 아니하고 농작물의 경작 또는 다년생식물의 재배에 이용되는 토지
>   > 3. 초지법에 따라 조성된 초지

나. 가목의 토지의 개량시설과 가목의 토지에 설치하는 농축산물 생산시설로서 대통령령으로 정하는 시설의 부지

농지의 범위(농지법 시행령 제2조 제3항)

1. 토지의 개량시설로서 다음 각 목의 어느 하나에 해당하는 시설
   가. 유지(溜池 : 웅덩이), 양·배수시설, 수로, 농로, 제방
   나. 그 밖에 농지의 보전이나 이용에 필요한 시설로서 농림축산식품부령으로 정하는 시설
2. 토지에 설치하는 농축산물 생산시설로서 농작물 경작지 또는 다년생식물의 재배지에 설치한 다음 각 목의 어느 하나에 해당하는 시설
   가. 고정식온실·버섯재배사 및 비닐하우스와 농림축산식품부령으로 정하는 그 부속시설
   나. 축사·곤충사육사와 농림축산식품부령으로 정하는 그 부속시설
   다. 간이퇴비장
   라. 농막·간이저온저장고 및 간이액비저장조 중 농림축산식품부령으로 정하는 시설

---

40 정답 ③

해설 ㄱ. (×) 농지소유자는 농작업에 1년 중 30일 이상 직접 종사하는 경우에는 소유 농지를 위탁경영할 수 있다(농지법 제9조 제6호, 동법 시행령 제8조 제2항 제2호). 따라서 농작업에 1년 중 4주간을 직접 종사하는 경우에는 소유 농지를 위탁경영할 수 없다.

ㄴ. (×) 농지소유자는 3개월 이상 국외여행 중인 경우에는 소유 농지를 위탁경영할 수 있다(농지법 제9조 제2호). 따라서 6개월간 대한민국 전역을 일주하는 여행 중인 경우에는 소유 농지를 위탁경영할 수 없다.

ㄷ. (○) 농지소유자는 선거에 따른 공직 취임으로 자경할 수 없는 경우에는 소유 농지를 위탁경영할 수 있다(농지법 제9조 제4호).

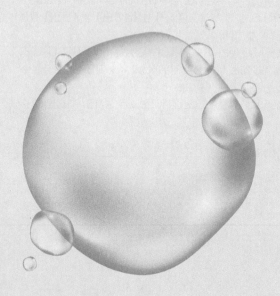

미래는

현재 우리가 무엇을 하는가에 달려 있다.

- 마하트마 간디 -

PART 3
부동산공시법

01 2023년 제34회 정답 및 해설

02 2022년 제33회 정답 및 해설

03 2021년 제32회 정답 및 해설

04 2020년 제31회 정답 및 해설

05 2019년 제30회 정답 및 해설

2023년 제34회 정답 및 해설

✅ 문제편 176p

01	02	03	04	05	06	07	08	09	10	11	12	13	14	15	16	17	18	19	20
①	⑤	④	②	①	③	③	⑤	②	②	④	①	②	①	③	③	④	①	⑤	②

21	22	23	24
④	②,⑤	③	①

01 정답 ①

해설 ① 지적측량수행자는 제1항에 따른 지적측량 의뢰를 받은 때에는 측량기간, 측량일자 및 측량 수수료 등을 적은 별지 제16호 서식의 지적측량 수행계획서를 그 다음 날까지 지적소관청에 제출해야 한다. 제출한 지적측량 수행계획서를 변경한 경우에도 같다(공간정보의 구축 및 관리 등에 관한 법률 시행규칙 제25조 제2항).

02 정답 ⑤

해설 ① 공간정보의 구축 및 관리 등에 관한 법률 제86조 제1항, 동법 시행령 제83조 제1항 제10호
② 공간정보의 구축 및 관리 등에 관한 법률 제86조 제1항, 동법 시행령 제83조 제1항 제4호
③ 공간정보의 구축 및 관리 등에 관한 법률 제86조 제1항, 동법 시행령 제83조 제1항 제2호
④ 공간정보의 구축 및 관리 등에 관한 법률 제86조 제1항, 동법 시행령 제83조 제1항 제5호
⑤ 「지적재조사에 관한 특별법」에 따른 지적재조사사업은 시행자가 그 사업의 착수·변경 및 완료 사실을 지적소관청에 신고하여야 하는 토지개발사업에 해당하지 않는다.

> **관계법령 도시개발사업 등 시행지역의 토지이동 신청에 관한 특례(공간정보의 구축 및 관리 등에 관한 법률 제86조)**
>
> ① 「도시개발법」에 따른 도시개발사업, 「농어촌정비법」에 따른 농어촌정비사업, 그 밖에 대통령령으로 정하는 토지개발사업의 시행자는 대통령령으로 정하는 바에 따라 그 사업의 착수·변경 및 완료 사실을 지적소관청에 신고하여야 한다.
>
> > **토지개발사업 등의 범위 및 신고(공간정보의 구축 및 관리 등에 관한 법률 시행령 제83조)**
> >
> > ① 법 제86조 제1항에서 "대통령령으로 정하는 토지개발사업"이란 다음 각 호의 사업을 말한다.
> > 1. 「주택법」에 따른 주택건설사업
> > 2. 「택지개발촉진법」에 따른 택지개발사업
> > 3. 「산업입지 및 개발에 관한 법률」에 따른 산업단지개발사업
> > 4. 「도시 및 주거환경정비법」에 따른 정비사업
> > 5. 「지역 개발 및 지원에 관한 법률」에 따른 지역개발사업

6. 「체육시설의 설치ㆍ이용에 관한 법률」에 따른 체육시설 설치를 위한 토지개발사업
7. 「관광진흥법」에 따른 관광단지 개발사업
8. 「공유수면 관리 및 매립에 관한 법률」에 따른 매립사업
9. 「항만법」, 「신항만건설촉진법」에 따른 항만개발사업 및 「항만 재개발 및 주변지역 발전에 관한 법률」에 따른 항만재개발사업
10. 「공공주택 특별법」에 따른 공공주택지구조성사업
11. 「물류시설의 개발 및 운영에 관한 법률」 및 「경제자유구역의 지정 및 운영에 관한 특별법」에 따른 개발사업
12. 「철도의 건설 및 철도시설 유지관리에 관한 법률」에 따른 고속철도, 일반철도 및 광역철도 건설사업
13. 「도로법」에 따른 고속국도 및 일반국도 건설사업
14. 그 밖에 제1호부터 제13호까지의 사업과 유사한 경우로서 국토교통부장관이 고시하는 요건에 해당하는 토지개발사업

03 정답 ④

해설 ① 광천지 : 지하에서 온수ㆍ약수ㆍ석유류 등이 용출되는 용출구와 그 유지에 사용되는 부지. 다만, 온수ㆍ약수ㆍ석유류 등을 일정한 장소로 운송하는 송수관ㆍ송유관 및 저장시설의 부지는 제외한다(공간정보의 구축 및 관리 등에 관한 법률 시행령 제58조 제6호).

② 종교용지 : 일반 공중의 종교의식을 위하여 예배ㆍ법요ㆍ설교ㆍ제사 등을 하기 위한 교회ㆍ사찰ㆍ향교 등 건축물의 부지와 이에 접속된 부속시설물의 부지(공간정보의 구축 및 관리 등에 관한 법률 시행령 제58조 제25호)

• 사적지 : 문화재로 지정된 역사적인 유적ㆍ고적ㆍ기념물 등을 보존하기 위하여 구획된 토지. 다만, 학교용지ㆍ공원ㆍ종교용지 등 다른 지목으로 된 토지에 있는 유적ㆍ고적ㆍ기념물 등을 보호하기 위하여 구획된 토지는 제외한다(공간정보의 구축 및 관리 등에 관한 법률 시행령 제58조 제26호).

③ 하천 : 자연의 유수가 있거나 있을 것으로 예상되는 토지(공간정보의 구축 및 관리 등에 관한 법률 시행령 제58조 제17호)

• 구거 : 용수 또는 배수를 위하여 일정한 형태를 갖춘 인공적인 수로ㆍ둑 및 그 부속시설물의 부지와 자연의 유수가 있거나 있을 것으로 예상되는 소규모 수로부지(공간정보의 구축 및 관리 등에 관한 법률 시행령 제58조 제18호)

④ 공장용지 : 가. 제조업을 하고 있는 공장시설물의 부지, 나. '산업집적활성화 및 공장설립에 관한 법률' 등 관계 법령에 따른 공장부지 조성공사가 준공된 토지, 다. 가목 및 나목의 토지와 같은 구역에 있는 의료시설 등 부속시설물의 부지(공간정보의 구축 및 관리 등에 관한 법률 시행령 제58조 제9호)

⑤ 공원 : 일반 공중의 보건ㆍ휴양 및 정서생활에 이용하기 위한 시설을 갖춘 토지로서 '국토의 계획 및 이용에 관한 법률'에 따라 공원 또는 녹지로 결정ㆍ고시된 토지(공간정보의 구축 및 관리 등에 관한 법률 시행령 제58조 제22호)

• 체육용지 : 국민의 건강증진 등을 위한 체육활동에 적합한 시설과 형태를 갖춘 종합운동장ㆍ실내체육관ㆍ야구장ㆍ골프장ㆍ스키장ㆍ승마장ㆍ경륜장 등 체육시설의 토지와 이에 접속된 부속시설물의 부지. 다만, 체육시설로서의 영속성과 독립성이 미흡한 정구장ㆍ골프연습장ㆍ실내수영장 및 체육도장과 유수를 이용한 요트장 및 카누장 등의 토지는 제외한다(공간정보의 구축 및 관리 등에 관한 법률 시행령 제58조 제23호).

04 정답 ②

해설 지적도의 축척이 600분의 1인 지역과 경계점좌표등록부에 등록하는 지역의 토지 면적은 제1호에도 불구하고 제곱미터 이하 한 자리 단위로 하되, 0.1제곱미터 미만의 끝수가 있는 경우 0.05제곱미터 미만일 때에는 버리고 0.05제곱미터를 초과할 때에는 올리며, 0.05제곱미터일 때에는 구하려는 끝자리의 숫자가 0 또는 짝수이면 버리고 홀수이면 올린다. 다만, 1필지의 면적이 0.1제곱미터 미만일 때에는 0.1제곱미터로 한다 (공간정보의 구축 및 관리 등에 관한 법률 시행령 제60조 제1항 제2호). 사례의 경우 지적도의 축척이 1/600 지역이고, 등록하는 면적의 0.1제곱미터 미만의 끝수가 0.05제곱미터이며 구하려는 끝자리의 숫자가 짝수 이므로 버리고 제곱미터 이하 한 자리 단위로 등록을 하게 된다. 따라서 등록하는 면적은 145.4m² 이다.

05 정답 ①

해설 대지권등록부와 경계점좌표등록부의 공통 등록사항은 토지의 소재(ㄷ), 지번(ㄱ), 토지의 고유번호(ㄹ)이다.

관계법령	공간정보의 구축 및 관리 등에 관한 법률

제71조(대지권등록부 등록사항) 제3항

1. <u>토지의 소재</u>
2. <u>지 번</u>
3. 대지권 비율
4. 소유자의 성명 또는 명칭, 주소 및 주민등록번호
5. 그 밖에 국토교통부령으로 정하는 사항(동법 시행규칙 제68조 제4항)
   - <u>토지의 고유번호</u>
   - 전유부분의 건물표시
   - 건물의 명칭
   - 집합건물별 대지권등록부의 장번호
   - 토지소유자가 변경된 날과 그 원인
   - 소유권 지분

제73조(경계점좌표등록부의 등록사항)

1. <u>토지의 소재</u>
2. <u>지 번</u>
3. 좌 표
4. 그 밖에 국토교통부령으로 정하는 사항(동법 시행규칙 제71조 제3항)
   - <u>토지의 고유번호</u>
   - 지적도면의 번호
   - 필지별 경계점좌표등록부의 장번호
   - 부호 및 부호도

06 정답 ③

해설 ㄱ. (지적공부), ㄴ. (7일), ㄷ. (등기완료의 통지서), ㄹ. (15일)

> **관계법령 지적정리 등의 통지(공간정보의 구축 및 관리 등에 관한 법률 시행령 제85조)**
>
> 지적소관청이 법 제90조에 따라 토지소유자에게 지적정리 등을 통지하여야 하는 시기는 다음 각 호의
> 구분에 따른다.
> 1. 토지의 표시에 관한 변경등기가 필요한 경우 : 그 <u>등기완료의 통지서</u>를 접수한 날부터 <u>15일</u>
>   이내
> 2. 토지의 표시에 관한 변경등기가 필요하지 아니한 경우 : <u>지적공부</u>에 등록한 날부터 <u>7일</u> 이내

07 정답 ③

해설 법 제27조에 따라 지적측량기준점성과 또는 그 측량부를 열람하거나 등본을 발급받으려는 자는 지적삼각점
성과에 대해서는 특별시장·광역시장·특별자치시장·도지사·특별자치도지사(이하 "시·도지사"라 한
다) 또는 지적소관청에 신청하고, <u>지적삼각보조점성과</u> 및 지적도근점성과에 대해서는 <u>지적소관청에 신청하</u>
여야 한다(공간정보의 구축 및 관리 등에 관한 법률 시행규칙 제26조 제1항).

08 정답 ⑤

해설
> **관계법령 축척변경의 확정공고(공간정보의 구축 및 관리 등에 관한 법률 시행령 제78조)**
>
> ① 청산금의 납부 및 지급이 완료되었을 때에는 지적소관청은 지체 없이 축척변경의 확정공고를 하여
>   야 한다.
>
>> **축척변경의 확정공고(공간정보의 구축 및 관리 등에 관한 법률 시행규칙 제92조)**
>> ① 영 제78조 제1항에 따른 축척변경의 확정공고에는 다음 각 호의 사항이 포함되어야 한다.
>> 1. 토지의 소재 및 지역명
>> 2. 영 제73조에 따른 축척변경 지번별 조서
>> 3. 영 제75조 제4항에 따른 청산금 조서
>> 4. 지적도의 축척

09 정답 ②

해설 ㄱ. (✕) 중앙지적위원회의 간사는 국토교통부의 지적업무 담당 공무원 중에서 <u>국토교통부장관이 임명하며</u>,
회의 준비, 회의록 작성 및 회의 결과에 따른 업무 등 중앙지적위원회의 서무를 담당한다(공간정보의
구축 및 관리 등에 관한 법률 시행령 제20조 제5항).
ㄴ. (○) 중앙지적위원회의 회의는 재적위원 과반수의 출석으로 개의(開議)하고, 출석위원 과반수의 찬성
으로 의결한다(공간정보의 구축 및 관리 등에 관한 법률 시행령 제21조 제3항).
ㄷ. (○) 중앙지적위원회는 관계인을 출석하게 하여 의견을 들을 수 있으며, 필요하면 현지조사를 할 수
있다(공간정보의 구축 및 관리 등에 관한 법률 시행령 제21조 제4항).
ㄹ. (✕) 위원장이 중앙지적위원회의 회의를 소집할 때에는 회의 일시·장소 및 심의 안건을 회의 <u>5일 전까지</u>
각 위원에게 서면으로 통지해야 한다(공간정보의 구축 및 관리 등에 관한 법률 시행령 제21조 제5항).

10 정답 ②

해설 지적측량의 측량기간은 (5)일로 하며, 측량검사기간은 (4)일로 한다. 다만, 지적기준점을 설치하여 측량 또는 측량검사를 하는 경우 지적기준점이 15점 이하인 경우에는 (4)일을, 15점을 초과하는 경우에는 (4)일에 15점을 초과하는 (4)점마다 1일을 가산한다(공간정보의 구축 및 관리 등에 관한 법률 시행규칙 제25조 제3항).

11 정답 ④

해설 공간정보의 구축 및 관리 등에 관한 법률 시행령 제78조 제2항, 동법 시행규칙 제92조 제2항 제1호

관계법령 축척변경의 확정공고(공간정보의 구축 및 관리 등에 관한 법률 시행령 제78조)

② 지적소관청은 제1항에 따른 확정공고를 하였을 때에는 지체 없이 축척변경에 따라 확정된 사항을 지적공부에 등록하여야 한다.

> **축척변경의 확정공고(공간정보의 구축 및 관리 등에 관한 법률 시행규칙 제92조)**
> ② 영 제78조 제2항에 따라 지적공부에 등록하는 때에는 다음 각 호의 기준에 따라야 한다.
> 1. 토지대장은 제1항 제2호에 따라 확정공고된 축척변경 지번별 조서에 따를 것
> 2. 지적도는 확정측량 결과도 또는 경계점좌표에 따를 것

12 정답 ①

해설

관계법령 지상경계의 구분 등(공간정보의 구축 및 관리 등에 관한 법률 제65조)

② 지적소관청은 토지의 이동에 따라 지상경계를 새로 정한 경우에는 다음 각 호의 사항을 등록한 지상경계점등록부를 작성·관리하여야 한다.
1. 토지의 소재
2. 지 번
3. 경계점좌표(경계점좌표등록부 시행지역에 한정한다)
4. 경계점위치 설명도
5. 그 밖에 국토교통부령으로 정하는 사항(동법 시행규칙 제60조 제2항)
   • 공부상 지목과 실제 토지이용지목
   • 경계점의 사진파일
   • 경계점표지의 종류 및 경계점위치

13 [정답] ②

[해설] ① 유언증서가 자필증서이고 유언자의 상속인이 유언집행자인 경우, 유증을 원인을 하는 소유권이전등기를 신청하려면 신청서에 유언집행자의 자격을 증명하는 서면(상속인임을 증명하는 서면)과 유언검인조서등본, 유증에 정지조건 등이 붙은 경우에는 그 조건성취를 증명하는 서면 등을 첨부하여야 한다(등기선례 제5-334호).

② 교육기본법 제11조에 의하여 설립된 <u>학교는 등기능력이 없으므로 그 명의로 등기신청을 할 수 없다</u>(등기예규 제1621호 4. 나.).

③ 민법 제124조는 자기계약이나 쌍방대리를 원칙적으로 제한하지만, 채무의 이행의 경우는 예외적으로 이를 허용하고 있다. 법무사가 매도인과 매수인 쌍방을 대리하여 등기를 신청하는 것은, 이미 당사자가 체결한 계약상의 단순한 채무를 이행하는 것에 불과하므로 쌍방대리가 허용된다.

④ 종중, 문중, 그 밖에 대표자나 관리인이 있는 법인 아닌 사단이나 재단에 속하는 부동산의 등기에 관하여는 그 사단이나 재단을 등기권리자 또는 등기의무자로 한다(부동산등기법 제26조 제1항).

⑤ 채권자는 '민법' 제404조에 따라 채무자를 대위하여 등기를 신청할 수 있다(부동산등기법 제28조 제1항). 대위채권자는 채무자의 등기신청권을 대리하는 것이 아니라 자기의 채권을 보전하기 위하여 채무자의 등기신청권을 자기의 이름으로 행사하여 채무자 명의의 등기를 신청하는 것이므로 대위채권자 자신이 등기신청인이 된다.

14 [정답] ①

[해설] ㄱ. (×) 등기할 수 있는 권리는 부동산등기법 제3조에서 정하고 있는데, 이러한 권리에 해당되지 않는 것은 비록 부동산물권이라 하더라도 등기능력이 없으므로 등기할 수 없다. 부동산에 대한 유치권, 점유권이 그 예이며, <u>분묘기지권도 등기할 권리가 아니므로 등기능력 없는 물건 또는 권리에 대한 등기를 신청한 경우</u>(부동산등기규칙 제52조 제1호)에 해당한다.

ㄴ. (○) 저당권은 등기·등록 등의 공시방법이 마련되어 있는 것에 관하여 설정할 수 있는바, 민법상 저당권설정등기의 목적이 될 수 있는 것은 부동산과 부동산 물권 중에서 지상권 및 전세권이다(민법 제356조, 제371조).

ㄷ. (×) <u>주위토지통행권</u> 확인 판결을 받았다고 하더라도 토지통행권은 부동산등기법 제3조에서 정하는 <u>등기할 사항이 아니므로 등기할 수 없다</u>(등기선례 제5-4호).

ㄹ. (○) 건물 또는 공작물등을 소유하기 위하여 타인 소유토지의 일정범위의 지하 또는 공간을 사용하는 권리로서의 지상권, 이른바 구분지상권은 그 권리가 미치는 지하 또는 공간의 상하의 범위를 정하여 등기할 수 있다(등기예규 제1040호 1.).

15 [정답] ③

[해설] ① 등기의 순서는 등기기록 중 같은 구에서 한 등기 상호 간에는 순위번호에 따르고, 다른 구에서 한 등기 상호 간에는 접수번호에 따른다(부동산등기법 제4조 제2항). 따라서 소유권의 처분제한의 등기인 부동산에 대한 가압류등기는 갑구에 기재하고, 저당권설정등기는 을구에 기재하므로 양 등기 상호 간의 순위는 접수번호에 따른다.

② 부기등기의 순위는 주등기의 순위에 따른다. 다만, 같은 주등기에 관한 부기등기 상호 간의 순위는 그 등기 순서에 따른다(부동산등기법 제5조). 따라서 배당에 있어서 1번 저당권 일부이전의 부기등기가 2번 저당권에 우선한다.

③ 등기는 물권의 효력발생요건이고 효력존속요건이 아니므로 물권에 관한 등기가 원인 없이 말소된 경우에 그 물권의 효력에는 아무런 영향을 미치지 않는다(대판 1982.9.14. 81다카923). 또한 부동산등기법 제59조 소정의 말소회복등기는 어떤 등기가 부적법하게 말소된 경우에 그 말소된 등기를 회복함으로써 말소 당시에 소급하여 말소가 되지 않았던 것과 같은 효과를 생기게 하는 등기를 말하므로(대판 2013.3.14. 2012다112350), 회복된 등기는 말소된 종전 등기와 동일 순위를 가지게 되어 말소된 1번 근저당권등기가 회복되면 2번 근저당권에 우선하게 된다.

④ 가등기에 의한 본등기를 한 경우 본등기의 순위는 가등기의 순위에 따른다(부동산등기법 제91조). 따라서 가등기 이후에 마쳐진 제3자의 권리에 관한 등기는 본등기의 내용과 저촉되는 범위에서 실효되거나 후순위로 되므로, 가등기 후에 제3자 명의의 소유권이전등기가 이루어진 경우, 가등기에 기한 본등기가 이루어지면 본등기는 제3자 명의 등기에 우선한다.

⑤ 저당권이 설정된 1필의 토지가 전체 집합건물에 대한 대지권의 목적인 토지가 되었을 경우에는 종전의 저당목적물에 대한 담보적 효력은 그대로 유지된다고 보아야 하므로 저당권은 개개의 전유부분에 대한 각 대지권 위에 분화되어 존속하고, 각 대지권은 저당권의 공동담보가 된다고 봄이 타당하다. 따라서 집합건물이 성립하기 전 집합건물의 대지에 관하여 저당권이 설정되었다가 집합건물이 성립한 후 어느 하나의 전유부분 건물에 대하여 경매가 이루어져 경매 대가를 먼저 배당하는 경우에는 저당권자는 매각대금 중 대지권에 해당하는 경매 대가에 대하여 우선변제받을 권리가 있고 그 경우 공동저당 중 이른바 이시배당에 관하여 규정하고 있는 민법 제368조 제2항의 법리에 따라 저당권의 피담보채권액 전부를 변제받을 수 있다고 보아야 한다(대판 2012.3.29. 2011다74932).

16 　정답　 ③

　해설　 ㄱ. (○) 부동산등기규칙 제72조 제1항·제2항

> **관계법령**　**토지표시변경등기의 신청(부동산등기규칙 제72조)**
>
> ① 법 제35조에 따라 토지의 표시변경등기를 신청하는 경우에는 그 토지의 변경 전과 변경 후의 표시에 관한 정보를 신청정보의 내용으로 등기소에 제공하여야 한다.
> ② 제1항의 경우에는 그 변경을 증명하는 토지대장 정보나 임야대장 정보를 첨부정보로서 등기소에 제공하여야 한다.

ㄴ. (○) 등기를 신청하는 경우에는 등기권리자(새로 등기명의인이 되는 경우로 한정한다)의 주소(또는 사무소 소재지) 및 주민등록번호(또는 부동산등기용등록번호)를 증명하는 정보를 등기소에 제공해야 한다. 다만, 소유권이전등기를 신청하는 경우에는 등기의무자의 주소(또는 사무소 소재지)를 증명하는 정보도 제공해야 한다(부동산등기규칙 제46조 제1항 제6호).

ㄷ. (○) 부동산등기규칙 제60조 제1항 제6호, 제4항

> **관계법령**　**인감증명의 제출(부동산등기규칙 제60조)**
>
> ① 방문신청을 하는 경우에는 다음 각 호의 인감증명을 제출하여야 한다. 이 경우 해당 신청서(위임에 의한 대리인이 신청하는 경우에는 위임장을 말한다)나 첨부서면에는 그 인감을 날인하여야 한다.
> 　6. 협의분할에 의한 상속등기를 신청하는 경우 상속인 전원의 인감증명
> ④ 제1항 제4호부터 제7호까지의 규정에 해당하는 서면이 공정증서이거나 당사자가 서명 또는 날인하였다는 뜻의 공증인의 인증을 받은 서면인 경우에는 인감증명을 제출할 필요가 없다.

ㄹ. (✕) 등기원인에 대하여 행정관청의 허가·동의 또는 승낙을 받을 것이 요구되는 때에는 부동산등기법 제40조 제3항의 규정에 불구하고 소유권이전등기를 신청할 때에 그 허가·동의 또는 승낙을 증명하는 서면을 제출하여야 하므로, 등기원인을 증명하는 서면이 집행력 있는 판결인 때에도 농지에 대한 소유권이전등기를 신청하는 경우에는 농지취득자격증명을 첨부하여야 한다(등기선례 제6-557호).

17 정답 ④

해설 ① 부동산등기법 제69조 제2호

> **관계법령 지상권의 등기사항(부동산등기법 제69조)**
>
> 등기관이 지상권설정의 등기를 할 때에는 제48조에서 규정한 사항 외에 다음 각 호의 사항을 기록하여야 한다. 다만, 제3호부터 제5호까지는 등기원인에 그 약정이 있는 경우에만 기록한다.
>   1. 지상권설정의 목적
>   2. 범위
>   3. 존속기간
>   4. 지료와 지급시기
>   5. 「민법」 제289조의2 제1항 후단의 약정
>   6. 지상권설정의 범위가 토지의 일부인 경우에는 그 부분을 표시한 도면의 번호

② 부동산등기법 제71조 제1항

> **관계법령 요역지지역권의 등기사항(부동산등기법 제71조)**
>
> ① 등기관이 승역지에 지역권설정의 등기를 하였을 때에는 직권으로 요역지의 등기기록에 다음 각 호의 사항을 기록하여야 한다.
>   1. 순위번호
>   2. 등기목적
>   3. 승역지
>   4. 지역권설정의 목적
>   5. 범위
>   6. 등기연월일

③ 건물 전세권의 존속기간이 만료된 경우에도 그 전세권설정등기를 말소하지 않고는 후순위로 중복하여 전세권설정등기를 신청할 수 없다(등기선례 제7-268호).
④ 공동전세목록은 부동산이 5개 이상일 때 작성한다(부동산등기법 제72조 제2항, 제78조 제2항 참고).

> **관계법령 부동산등기법**
>
> **제72조(전세권 등의 등기사항)**
> ② 여러 개의 부동산에 관한 권리를 목적으로 하는 전세권설정의 등기를 하는 경우에는 제78조를 준용한다.
>
> **제78조(공동저당의 등기)**
> ① 등기관이 동일한 채권에 관하여 여러 개의 부동산에 관한 권리를 목적으로 하는 저당권설정의 등기를 할 때에는 각 부동산의 등기기록에 그 부동산에 관한 권리가 다른 부동산에 관한 권리와 함께 저당권의 목적으로 제공된 뜻을 기록하여야 한다.
> ② 등기관은 제1항의 경우에 부동산이 5개 이상일 때에는 공동담보목록을 작성하여야 한다.

⑤ 차임을 정하지 아니하고 보증금의 지급만을 내용으로 하는 임대차(소위 채권적 전세)계약을 체결한 경우에도 그 임차권설정등기를 신청할 수 있을 것이나, 다만 그 등기신청서에는 차임을 기재하는 대신 임차보증금을 기재하여야 할 것이다(등기선례 제4-471호).

18 정답 ①

해설 ① 등기관이 저당권설정의 등기를 할 때에는 채무자의 성명 또는 명칭과 주소 또는 사무소 소재지를 등기기록에 기록하여야 한다(부동산등기법 제75조 제1항 제2호 참고). 그러나 채무자는 등기당사자가 아니므로 주민등록번호(또는 부동산등기용등록번호)를 기재할 필요는 없다.

> **관계법령** 저당권의 등기사항(부동산등기법 제75조)
>
> ① 등기관이 저당권설정의 등기를 할 때에는 제48조에서 규정한 사항 외에 다음 각 호의 사항을 기록하여야 한다. 다만, 제3호부터 제8호까지는 등기원인에 그 약정이 있는 경우에만 기록한다.
> 1. 채권액
> 2. 채무자의 성명 또는 명칭과 주소 또는 사무소 소재지
> 3. 변제기
> 4. 이자 및 그 발생기·지급시기
> 5. 원본 또는 이자의 지급장소
> 6. 채무불이행으로 인한 손해배상에 관한 약정
> 7. 「민법」 제358조 단서의 약정
> 8. 채권의 조건

② 근저당설정등기를 함에 있어 그 근저당권의 채권자 또는 채무자가 수인일지라도 단일한 채권최고액만을 기록하여야 하고, 각 채권자 또는 채무자별로 채권최고액을 구분하여(예) '채권최고액 채무자 갑에 대하여 1억원, 채무자 을에 대하여 2억원', 또는 '채권최고액 3억원 최고액의 내역 채무자 갑에 대하여 1억원, 채무자 을에 대하여 2억원' 등) 기록할 수 없다(등기예규 제1656호 제2조 제1항).

③ 채권최고액을 외국통화로 표시하여 신청정보로 제공한 경우에는 외화표시금액을 채권최고액으로 기록한다(예) "미화 금 ○○달러")(등기예규 제1656호 제2조 제2항).

④ 권리변경등기는 등기상 이해관계 있는 제3자가 있는 때에는 그자의 승낙이 있어야 부기로 변경등기를 할 수 있다(부동산등기법 제52조 제5호 참고). 그러나 등기의 기록 내용으로 보아 권리변경의 부기등기에 의해 자신의 권리가 전혀 침해될 염려가 없는 자는 등기상 이해관계 있는 제3자가 아니므로, 선순위 저당권의 채권액의 감액에 따라 변경등기를 하는 경우에 후순위 전세권자나 저당권자는 이해관계인이 아니다. 따라서 선순위근저당권의 채권최고액을 감액하는 변경등기는 그 저당목적물에 대한 후순위 권리자의 승낙서가 첨부되지 않더라도 할 수 있다.

⑤ 등기관이 제1항과 제3항에 따라 수용으로 인한 소유권이전등기를 하는 경우 그 부동산의 등기기록 중 소유권, 소유권 외의 권리, 그 밖의 처분제한에 관한 등기가 있으면 그 등기를 직권으로 말소하여야 한다. 다만, 그 부동산을 위하여 존재하는 지역권의 등기 또는 토지수용위원회의 재결로써 존속이 인정된 권리의 등기는 그러하지 아니하다(부동산등기법 제99조 제4항).

19 정답 ⑤

해설 ① 가등기는 제3조 각 호의 어느 하나에 해당하는 권리의 설정, 이전, 변경 또는 소멸의 청구권을 보전하려는 때에 한다. 그 청구권이 시기부 또는 정지조건부일 경우나 그 밖에 장래에 확정될 것인 경우에도 같다(부동산등기법 제88조). 그러나 종기부 또는 해제조건부 청구권은 기한이 도래하거나 조건이 성취되면 청구권이 소멸되므로 보전의 실익이 없기 때문에 가등기를 할 수 없다.

② 가등기의 형식은 가등기에 의하여 실행되는 본등기의 형식에 의하여 결정된다. 따라서 소유권이전등기가 주등기이므로 소유권이전청구권보전의 가등기는 주등기의 방식으로 하고, 소유권 외의 권리의 이전 등기가 부기등기이므로 소유권 이외의 권리의 이전청구권보전의 가등기는 부기등기로 한다.

③ 가등기의 신청은 등기의 일반원칙에 따라 가등기권리자와 가등기의무자가 공동으로 신청한다(부동산등기법 제23조 제1항 참고). 하지만 부동산등기법에서는 가등기가 예비등기라는 성격을 고려하여 예외적으로 가등기의무자의 승낙이 있거나 가등기를 명하는 법원의 가처분명령이 있을 때에는 가등기 권리자가 단독으로 가등기를 신청할 수 있게 하고 있다(부동산등기법 제89조 참고).

④ 판례는 가등기에 터잡아 본등기를 하는 것은 그 가등기에 기하여 순위보전된 권리의 취득(권리의 증대 내지 부가)이지 가등기상의 권리 자체의 처분(권리의 감소 내지 소멸)이라고는 볼 수 없으므로 가등기에 기한 본등기절차의 이행을 금지하는 취지의 가처분은 등기사항이 아니어서 허용되지 아니한다고 한다(대판 2007.2.22. 2004다59546). 즉, 등기는 부동산의 표시와 부동산등기법 제3조에서 열거하는 권리의 보존, 이전, 설정, 변경, 처분의 제한 또는 소멸에 대하여 할 수 있는데, 가등기에 기한 본등기를 금지하는 취지의 가처분은 권리의 처분의 제한이 아닌 취득의 제한이므로 이는 등기할 수 없는 사항이어서 이러한 신청이 있는 경우 등기관은 이를 각하하여야 한다는 것이다(부동산등기법 제29조 제2호 참고).

⑤ 가등기에 의한 본등기를 한 경우 본등기의 순위는 가등기의 순위에 따르므로(부동산등기법 제91조), 가등기의 순위번호를 사용하여 본등기를 하여야 하고(부동산등기규칙 제146조) <u>본등기를 한 후에도 가등기를 말소하는 표시를 하지 않는다.</u>

20 정답 ②

해설 ① 등기신청의 각하결정에 대하여는 등기신청인인 등기권리자 및 등기의무자에 한하여 이의신청을 할 수 있고, 제3자는 이의신청을 할 수 없다(등기예규 제1689호 제2조 제1항).

② 이의의 신청은 대법원규칙으로 정하는 바에 따라 <u>등기소에</u> 이의신청서를 제출하는 방법으로 한다(부동산등기법 제101조).

③ 이의신청기간에는 제한이 없으므로 이의의 이익이 있는 한 언제라도 이의신청을 할 수 있다(등기예규 제1689호 제1조 제3항).

④ 등기관의 결정 또는 처분이 부당하다고 하여 이의신청을 하는 경우에는 그 결정 또는 처분 시에 주장되거나 제출되지 아니한 사실이나 증거방법으로써 이의사유를 삼을 수 없다(등기예규 제1689호 제1조 제4항).

⑤ 이의에는 집행정지의 효력이 없다(부동산등기법 제104조). 등기사무는 그 성질상 신속을 요하므로 이의신청이 있다고 하여 결정 또는 처분의 집행을 정지하는 것이 타당하지 않기 때문이다. 따라서 등기관의 결정 또는 처분에 이의신청이 있고 그 뜻이 부기등기된 후에도 그 부동산에 대한 다른 등기신청을 수리하여야 한다.

21 정답 ④

해설 ㄱ. (×) 등기에 필요한 첨부정보를 제공하지 아니한 경우에도 등기관은 그 신청을 각하하여야 한다(부동산등기법 제29조 제9호). 법령에 규정된 첨부정보가 누락된 경우는 물론이고 그 정보가 위조·변조된 것이라고 인정되거나 효력이 상실된 경우에도 첨부하지 아니한 것으로 보아 등기관은 해당 등기신청을 부동산등기법 제29조 제9호에 따라 등기신청을 각하하여야 한다. 따라서 위조한 개명허가서를 첨부한 등기명의인 표시변경등기신청은 부동산등기법 <u>제29조 제9호</u>의 각하사유에 해당한다.

ㄴ. (○) 하천법상의 하천에 대한 등기는 소유권, 저당권, 권리질권의 설정, 보존, 이전, 변경, 처분의 제한 또는 소멸에 대하여 이를 할 수 있다(등기예규 제1387호 3. 가.). 그러나 지상권·지역권·전세권 또는 임차권에 대한 권리의 설정, 이전 또는 변경의 등기는 하천법상의 하천에 대하여는 이를 할 수 없다(등기예규 제1387호 4.). 따라서 「하천법」상 하천에 대한 지상권설정등기신청은 사건이 등기할 것이 아닌 경우로서 부동산등기법 제29조 제2호에 해당한다.

ㄷ. (○) 부동산등기법 제29조 제2호, 부동산등기규칙 제52조 제2호
ㄹ. (○) 부동산등기법 제29조 제2호, 부동산등기규칙 제52조 제6호

> **관계법령** 사건이 등기할 것이 아닌 경우(부동산등기규칙 제52조)
>
> 법 제29조 제2호에서 "사건이 등기할 것이 아닌 경우"란 다음 각 호의 어느 하나에 해당하는 경우를 말한다.
> 1. 등기능력 없는 물건 또는 권리에 대한 등기를 신청한 경우
> 2. 법령에 근거가 없는 특약사항의 등기를 신청한 경우
> 3. 구분건물의 전유부분과 대지사용권의 분리처분 금지에 위반한 등기를 신청한 경우
> 4. 농지를 전세권설정의 목적으로 하는 등기를 신청한 경우
> 5. 저당권을 피담보채권과 분리하여 양도하거나, 피담보채권과 분리하여 다른 채권의 담보로 하는 등기를 신청한 경우
> 6. 일부지분에 대한 소유권보존등기를 신청한 경우
> 7. 공동상속인 중 일부가 자신의 상속지분만에 대한 상속등기를 신청한 경우
> 8. 관공서 또는 법원의 촉탁으로 실행되어야 할 등기를 신청한 경우
> 9. 이미 보존등기된 부동산에 대하여 다시 보존등기를 신청한 경우
> 10. 그 밖에 신청취지 자체에 의하여 법률상 허용될 수 없음이 명백한 등기를 신청한 경우

22 정답 ②·⑤

해설

> **[정답심사위원회 심사결과 답변]**
> 답지항 ②에서 토지소유권에 대한 저당권설정등기는 할 수 있으므로, 최종정답을 ②, ⑤ [복수 정답]으로 처리함

① 구분건물에 '집합건물의 소유 및 관리에 관한 법률' 제2조 제6호의 대지사용권으로서 건물과 분리하여 처분할 수 없는 것(이하 "대지권"이라 한다)이 있는 경우에는 등기관은 제2항에 따라 기록하여야 할 사항 외에 1동 건물의 등기기록의 표제부에 대지권의 목적인 토지의 표시에 관한 사항을 기록하고 전유부분의 등기기록의 표제부에는 대지권의 표시에 관한 사항을 기록해야 한다(부동산등기법 제40조 제3항).

② 지상권, 전세권 또는 임차권이 대지권인 경우에 대지권이라는 뜻의 등기가 되어 있는 토지의 등기기록에는 지상권, 전세권 또는 임차권의 이전등기를 할 수 없다(부동산등기법 제61조 제5항 참고). 또한 그 지상권 또는 전세권 목적의 저당권 설정도 금지된다. 지상권, 전세권 또는 임차권이 대지사용권으로서 전유부분과 분리하여 처분될 수 없기 때문이다. 그러나 이 경우 분리처분이 금지되는 것은 대지사용권인 지상권 등이므로 그 토지의 등기기록에 소유권이전등기는 가능하다. 마찬가지 이유로 토지소유권에 대한 저당권설정등기도 가능하다.

③ 구분건물로서 그 대지권의 변경이나 소멸이 있는 경우에는 구분건물의 소유권의 등기명의인은 1동의 건물에 속하는 다른 구분건물의 소유권의 등기명의인을 대위하여 그 등기를 신청할 수 있다(부동산등기법 제41조 제3항).

④ 1동의 건물에 속하는 구분건물 중 일부만에 관하여 소유권보존등기를 신청하는 경우에는 나머지 구분건물의 표시에 관한 등기를 동시에 신청하여야 한다(부동산등기법 제46조 제1항).

⑤ 공용부분이라는 뜻을 정한 규약을 폐지한 경우에 공용부분의 취득자는 지체 없이 소유권보존등기를 신청해야 한다(부동산등기법 제47조 제2항).

23　정답　③

해설 ① 유증의 목적 부동산이 미등기인 경우에는 토지대장, 임야대장 또는 건축물대장에 최초의 소유자로 등록되어 있는 자 또는 그 상속인의 포괄적 수증자가 단독으로 소유권보존등기를 신청할 수 있다[등기예규 제1512호 2. 가. (1)].

② 미등기부동산이 전전양도된 경우 최후의 양수인이 소유권보존등기를 한 경우에도 그 등기가 결과적으로 실질적 법률관계에 부합된다면 그 등기는 무효라고 볼 수 없고 원심이 원래의 토지소유자로부터 전전양수한 자가 한 소유권보존등기라서 그 등기가 무효라고 한 판시는 등기의 효력과 추정력에 관한 법리를 오해한 위법이 있음을 면할 수 없다(대판 1984.1.24. 83다카1152).

③ 토지와는 달리 건물의 경우에는 특별자치도지사, 시장, 군수 또는 구청장의 확인에 의해서도 보존등기를 할 수 있다(부동산등기법 제65조 제4호 참고).

관계 법령　**소유권보존등기의 신청인(부동산등기법 제65조)**

미등기의 토지 또는 건물에 관한 소유권보존등기는 다음 각 호의 어느 하나에 해당하는 자가 신청할 수 있다.

1. 토지대장, 임야대장 또는 건축물대장에 최초의 소유자로 등록되어 있는 자 또는 그 상속인, 그 밖의 포괄승계인
2. 확정판결에 의하여 자기의 소유권을 증명하는 자
3. 수용으로 인하여 소유권을 취득하였음을 증명하는 자
4. 특별자치도지사, 시장, 군수 또는 구청장(자치구의 구청장을 말한다)의 확인에 의하여 자기의 소유권을 증명하는 자(건물의 경우로 한정한다)

---

④ 포괄적 유증을 받은 자는 민법 제187조에 의하여 법률상 당연히 유증받은 부동산의 소유권을 취득하게 되나, 특정유증을 받은 자는 유증의무자에게 유증을 이행할 것을 청구할 수 있는 채권을 취득할 뿐이므로, 특정유증을 받은 자는 유증받은 부동산의 소유권자가 아니어서 직접 진정한 등기명의의 회복을 원인으로 한 소유권이전등기를 구할 수 없다(대판 2003.5.27. 2000다73445).

⑤ 민법 제267조는 '공유자가 그 지분을 포기하거나 상속인 없이 사망한 때에는 그 지분은 다른 공유자에게 각 지분의 비율로 귀속한다.'고 규정하고 있다. 여기서 공유지분의 포기는 법률행위로서 상대방 있는 단독행위에 해당하므로, 부동산 공유자의 공유지분 포기의 의사표시가 다른 공유자에게 도달하더라도 이로써 곧바로 공유지분 포기에 따른 물권변동의 효력이 발생하는 것은 아니고, 다른 공유자는 자신에게 귀속될 공유지분에 관하여 소유권이전등기청구권을 취득하며, 이후 민법 제186조에 의하여 등기를 하여야 공유지분 포기에 따른 물권변동의 효력이 발생한다. 그리고 부동산 공유자의 공유지분 포기에 따른 등기는 해당 지분에 관하여 다른 공유자 앞으로 소유권이전등기를 하는 형태가 되어야 한다(대판 2016.10.27. 2015다52978).

24 [정답] ①

[해설] ① 법 제50조 제1항의 등기필정보는 아라비아 숫자와 그 밖의 부호의 조합으로 이루어진 일련번호와 비밀번호로 구성한다(부동산등기규칙 제106조 제1항).

② 법정대리인이 등기를 신청한 경우에는 그 법정대리인에게, 법인의 대표자나 지배인이 신청한 경우에는 그 대표자나 지배인에게, 법인 아닌 사단이나 재단의 대표자나 관리인이 신청한 경우에는 그 대표자나 관리인에게 등기필정보를 통지한다(부동산등기규칙 제108조 제2항).

③ 등기권리자와 등기의무자가 공동으로 권리에 관한 등기를 신청하는 경우에 신청인은 그 신청정보와 함께 제1항에 따라 통지받은 등기의무자의 등기필정보를 등기소에 제공해야 한다. 승소한 등기의무자가 단독으로 권리에 관한 등기를 신청하는 경우에도 또한 같다(부동산등기법 제50조 제2항).

④ 부동산등기법 제28조에 따라 등기권리자를 대위하여 등기신청을 한 경우에는 등기관이 새로운 권리에 관한 등기를 마쳤더라도 등기필정보를 작성하여 등기권리자에게 통지하지 아니한다(부동산등기법 제50조 제1항 제3호, 부동산등기규칙 제109조 제2항 제4호 참고). 이는 등기필정보는 등기명의인이 등기를 신청하였을 경우에 작성하는 것이므로, 등기명의인이 신청하지 않는 채권자대위에 의한 등기, 등기관의 직권에 의한 보존등기, 승소한 등기의무자의 신청에 의한 등기를 하는 경우에는 등기명의인을 위한 등기필정보를 작성하지 아니하기 때문이다(등기예규 제1749호 4. 가. 참고).

관계법령 등기필정보(부동산등기법 제50조)

① 등기관이 새로운 권리에 관한 등기를 마쳤을 때에는 등기필정보를 작성하여 등기권리자에게 통지하여야 한다. 다만, 다음 각 호의 어느 하나에 해당하는 경우에는 그러하지 아니하다.
1. 등기권리자가 등기필정보의 통지를 원하지 아니하는 경우
2. 국가 또는 지방자치단체가 등기권리자인 경우
3. 제1호 및 제2호에서 규정한 경우 외에 대법원규칙으로 정하는 경우

> **등기필정보를 작성 또는 통지할 필요가 없는 경우(부동산등기규칙 제109조)**
>
> ② 법 제50조 제1항 제3호에서 "대법원규칙으로 정하는 경우"란 다음 각 호의 어느 하나에 해당하는 경우를 말한다.
> 1. 등기필정보를 전산정보처리조직으로 통지받아야 할 자가 수신이 가능한 때부터 3개월 이내에 전산정보처리조직을 이용하여 수신하지 않은 경우
> 2. 등기필정보통지서를 수령할 자가 등기를 마친 때부터 3개월 이내에 그 서면을 수령하지 않은 경우
> 3. 법 제23조 제4항에 따라 승소한 등기의무자가 등기신청을 한 경우
> 4. 법 제28조에 따라 등기권리자를 대위하여 등기신청을 한 경우
> 5. 법 제66조 제1항에 따라 등기관이 직권으로 소유권보존등기를 한 경우

⑤ 등기명의인 또는 그 상속인 그 밖의 포괄승계인은 등기필정보의 실효신고를 할 수 있다(부동산등기규칙 제110조 제1항).

2022년 제33회 정답 및 해설

● 문제편 186p

01	02	03	04	05	06	07	08	09	10	11	12	13	14	15	16	17	18	19	20
①	③	①	④	⑤	전항 정답	③	③	③	④	②	①	②	③	②	①	⑤	①	②	③

21	22	23	24
④	④	⑤	⑤

01 정답 ①

해설 ① 지목은 토지대장, 임야대장, 지적도, 임야도의 등록사항이다(공간정보의 구축 및 관리 등에 관한 법률 제71조 제1항, 제72조 참고).

> **관계법령** **대지권등록부 등록사항(공간정보의 구축 및 관리 등에 관한 법률 제71조 제3항)**
>
> 1. 토지의 소재
> 2. 지 번
> 3. 대지권 비율
> 4. 소유자의 성명 또는 명칭, 주소 및 주민등록번호
> 5. 그 밖에 국토교통부령으로 정하는 사항(동법 시행규칙 제68조 제4항)
>   • 토지의 고유번호
>   • 전유부분의 건물표시
>   • 건물의 명칭
>   • 집합건물별 대지권등록부의 장번호
>   • 토지소유자가 변경된 날과 그 원인
>   • 소유권 지분

02 정답 ③

해설 ㄱ. 제76조 제1항에 따라 납부고지되거나 수령통지된 청산금에 관하여 이의가 있는 자는 납부고지 또는 수령통지를 받은 날부터 1개월 이내에 지적소관청에 이의신청을 할 수 있다(공간정보의 구축 및 관리 등에 관한 법률 시행령 제77조 제1항).

ㄴ. 제1항에 따른 이의신청을 받은 지적소관청은 1개월 이내에 축척변경위원회의 심의·의결을 거쳐 그 인용(認容) 여부를 결정한 후 지체 없이 그 내용을 이의신청인에게 통지하여야 한다(공간정보의 구축 및 관리 등에 관한 법률 시행령 제77조 제2항).

03 정답 ①

해설 지적소관청은 법 제64조 제2항 단서에 따라 토지의 이동현황을 직권으로 조사·측량하여 토지의 지번·지목·면적·경계 또는 좌표를 결정하려는 때에는 토지이동현황 조사계획을 수립하여야 한다. 이 경우 토지이동현황 조사계획은 (ㄱ) 시·군·구별로 수립하되, 부득이한 사유가 있는 때에는 (ㄴ) 읍·면·동별로 수립할 수 있다(공간정보의 구축 및 관리 등에 관한 법률 시행규칙 제59조 제1항).

04 정답 ④

해설 ① 광천지 : 지하에서 온수·약수·석유류 등이 용출되는 용출구(湧出口)와 그 유지(維持)에 사용되는 부지. 다만, 온수·약수·석유류 등을 일정한 장소로 운송하는 송수관·송유관 및 저장시설의 부지는 제외한다(공간정보의 구축 및 관리 등에 관한 법률 시행령 제58조 제6호).
② 과수원 : 사과·배·밤·호두·귤나무 등 과수류를 집단적으로 재배하는 토지와 이에 접속된 저장고 등 부속시설물의 부지. 다만, 주거용 건축물의 부지는 "대"로 한다(공간정보의 구축 및 관리 등에 관한 법률 시행령 제58조 제3호).
③ 사적지 : 문화재로 지정된 역사적인 유적·고적·기념물 등을 보존하기 위하여 구획된 토지. 다만, 학교용지·공원·종교용지 등 다른 지목으로 된 토지에 있는 유적·고적·기념물 등을 보호하기 위하여 구획된 토지는 제외한다(공간정보의 구축 및 관리 등에 관한 법률 시행령 제58조 제26호).
④ 수도용지 : 물을 정수하여 공급하기 위한 취수·저수·도수(導水)·정수·송수 및 배수 시설의 부지 및 이에 접속된 부속시설물의 부지(공간정보의 구축 및 관리 등에 관한 법률 시행령 제58조 제21호).
⑤ 철도용지 : 교통 운수를 위하여 일정한 궤도 등의 설비와 형태를 갖추어 이용되는 토지와 이에 접속된 역사(驛舍)·차고·발전시설 및 공작창(工作廠) 등 부속시설물의 부지(공간정보의 구축 및 관리 등에 관한 법률 시행령 제58조 제15호).

05 정답 ⑤

해설 ① 공간정보의 구축 및 관리 등에 관한 법률 제76조의3 제3호
② 공간정보의 구축 및 관리 등에 관한 법률 제76조의3 제2호
③ 공간정보의 구축 및 관리 등에 관한 법률 제76조의3 제1호
④ 공간정보의 구축 및 관리 등에 관한 법률 제76조의3 제4호
⑤ 「국토의 계획 및 이용에 관한 법률」 제20조 및 제27조에 따른 토지적성평가서의 내용이 아니라 「부동산등기법」 제48조에 따른 부동산의 권리에 관한 사항이다(공간정보의 구축 및 관리 등에 관한 법률 제76조의3 제5호, 동법 시행령 제62조의2 참고).

관계법령 **부동산종합공부의 등록사항 등(공간정보의 구축 및 관리 등에 관한 법률 제76조의3)**
지적소관청은 부동산종합공부에 다음 각 호의 사항을 등록하여야 한다. 1. 토지의 표시와 소유자에 관한 사항 : 이 법에 따른 지적공부의 내용 2. 건축물의 표시와 소유자에 관한 사항(토지에 건축물이 있는 경우만 해당한다) : 「건축법」 제38조에 따른 건축물대장의 내용 3. 토지의 이용 및 규제에 관한 사항 : 「토지이용규제 기본법」 제10조에 따른 토지이용계획확인서의 내용

4. 부동산의 가격에 관한 사항 :「부동산 가격공시에 관한 법률」제10조에 따른 개별공시지가, 같은 법 제16조, 제17조 및 제18조에 따른 개별주택가격 및 공동주택가격 공시내용
5. 그 밖에 부동산의 효율적 이용과 부동산과 관련된 정보의 종합적 관리·운영을 위하여 필요한 사항으로서 대통령령으로 정하는 사항(「부동산등기법」제48조에 따른 부동산의 권리에 관한 사항)

06 정답 전항정답

해설

[정답심사위원회 심사결과 답변]
관련 법령인「공간정보의 구축 및 관리 등에 관한 법률」의 개정이유에서 승인 절차의 폐지를 명시하고 있으므로 의견을 수용하여 ①, ②, ③, ④, ⑤를 [모두 정답]으로 처리하는 것이 타당하다.

공간정보의 구축 및 관리 등에 관한 법률 제76조 제1항을 보면 "지적공부에 관한 전산자료(연속지적도를 포함하며, 이하 "지적전산자료"라 한다)를 이용하거나 활용하려는 자는 다음 각 호의 구분에 따라 국토교통부장관, 시·도지사 또는 지적소관청에 지적전산자료를 신청하여야 한다."고 되어 있다. 이는 종전에는 "지적소관청의 승인을 받아야"로 되어 있던 것을 "지적소관청에 지적전산자료를 신청하여야"로 개정한 것으로 지적정보의 접근성을 제고하기 위하여 국토교통부장관 등의 승인 절차를 폐지하고 개인정보가 없는 지적전산자료에 대하여는 관계 중앙행정기관의 심사를 생략할 수 있도록 한 것이다[법률 제14936호, 2017.10.24., 개정이유]. 이런 사정으로 공간정보의 구축 및 관리 등에 관한 법률 시행령 제62조 제4항의 승인신청에 관한 규정은 효력을 잃게 되었음에도 위 문제는 이를 간과하고 이 시행령을 묻기 위한 목적으로 출제되어 전항정답처리되었다.

07 정답 ③

해설
① 축척변경에 관한 사항을 심의·의결하기 위하여 지적소관청에 축척변경위원회를 둔다(공간정보의 구축 및 관리 등에 관한 법률 제83조 제1항).
② (축척변경위원회)위원장은 위원 중에서 지적소관청이 지명한다(공간정보의 구축 및 관리 등에 관한 법률 시행령 제79조 제2항).
③ 지적소관청은 제72조 제2항에 따라 축척변경에 관한 측량을 완료하였을 때에는 시행공고일 현재의 지적공부상의 면적과 측량 후의 면적을 비교하여 그 변동사항을 표시한 축척변경 지번별 조서를 작성하여야 한다(공간정보의 구축 및 관리 등에 관한 법률 시행령 제73조).
④ 지적소관청은 제75조 제4항에 따라 청산금의 결정을 공고한 날부터 20일 이내에 토지소유자에게 청산금의 납부고지 또는 수령통지를 하여야 한다(공간정보의 구축 및 관리 등에 관한 법률 시행령 제76조 제1항).
⑤ 청산금의 납부 및 지급이 완료되었을 때에는 지적소관청은 지체 없이 축척변경의 확정공고를 하여야 한다(공간정보의 구축 및 관리 등에 관한 법률 시행령 제78조 제1항).

08 정답 ③

해설 ① 법 제27조에 따라 지적측량기준점성과 또는 그 측량부를 열람하거나 등본을 발급받으려는 자는 지적삼
각점성과에 대해서는 특별시장·광역시장·특별자치시장·도지사·특별자치도지사 또는 지적소관청
에 신청하고, 지적삼각보조점성과 및 지적도근점성과에 대해서는 지적소관청에 신청하여야 한다(공간
정보의 구축 및 관리 등에 관한 법률 시행규칙 제26조 제1항).

② 법 제24조 제1항에 따라 지적측량을 의뢰하려는 자는 별지 제15호 서식의 지적측량 의뢰서(전자문서로
된 의뢰서를 포함한다)에 의뢰 사유를 증명하는 서류(전자문서를 포함한다)를 첨부하여 지적측량수행자
에게 제출하여야 한다(공간정보의 구축 및 관리 등에 관한 법률 시행규칙 제25조 제1항).

③ 시·도지사나 지적소관청은 지적기준점성과(지적기준점에 의한 측량성과를 말한다)와 그 측량기록을
보관하고 일반인이 열람할 수 있도록 하여야 한다(공간정보의 구축 및 관리 등에 관한 법률 제27조
제1항).

④ 지적측량수행자는 제1항에 따른 지적측량 의뢰를 받은 때에는 측량기간, 측량일자 및 측량 수수료 등을
적은 별지 제16호 서식의 지적측량 수행계획서를 그 다음 날까지 지적소관청에 제출하여야 한다. 제출
한 지적측량 수행계획서를 변경한 경우에도 같다(공간정보의 구축 및 관리 등에 관한 법률 시행규칙
제25조 제2항).

⑤ 제3항에도 불구하고 지적측량 의뢰인과 지적측량수행자가 서로 합의하여 따로 기간을 정하는 경우에는
그 기간에 따르되, 전체 기간의 4분의 3은 측량기간으로, 전체 기간의 4분의 1은 측량검사기간으로
본다(공간정보의 구축 및 관리 등에 관한 법률 시행규칙 제25조 제4항).

09 정답 ③

해설 ① 공간정보의 구축 및 관리 등에 관한 법률 제23조 제1항 제1호
② 공간정보의 구축 및 관리 등에 관한 법률 제23조 제1항 제4호
③ 지상건축물 등의 현황을 지형도에 표시하는 경우가 아니라 지상건축물 등의 현황을 지적도 및 임야도에
등록된 경계와 대비하여 표시하는 데에 필요한 경우이다(공간정보의 구축 및 관리 등에 관한 법률 제23
조 제1항 제5호, 동법 시행령 제18조).
④ 공간정보의 구축 및 관리 등에 관한 법률 제23조 제1항 제3호 마목
⑤ 공간정보의 구축 및 관리 등에 관한 법률 제23조 제1항 제3호 사목

관계법령 지적측량의 실시 등(공간정보의 구축 및 관리 등에 관한 법률 제23조 제1항)

1. 지적기준점을 정하는 경우
2. 지적측량성과를 검사하는 경우
3. 다음 각 목의 어느 하나에 해당하는 경우로서 측량을 할 필요가 있는 경우
   가. 지적공부를 복구하는 경우
   나. 토지를 신규등록하는 경우
   다. 토지를 등록전환하는 경우
   라. 토지를 분할하는 경우
   마. 바다가 된 토지의 등록을 말소하는 경우
   바. 축척을 변경하는 경우
   사. 지적공부의 등록사항을 정정하는 경우
   아. 도시개발사업 등의 시행지역에서 토지의 이동이 있는 경우
   자. 지적재조사에 관한 특별법에 따른 지적재조사사업에 따라 토지의 이동이 있는 경우
4. 경계점을 지상에 복원하는 경우
5. 그 밖에 대통령령으로 정하는 경우(지상건축물 등의 현황을 지적도 및 임야도에 등록된 경계와
   대비하여 표시하는 데에 필요한 경우)

10 정답 ④

해설 지적공부에 등록된 토지소유자의 변경사항은 등기관서에서 등기한 것을 증명하는 등기필증, 등기완료통지서, 등기사항증명서 또는 등기관서에서 제공한 등기전산정보자료에 따라 정리한다. 다만, (ㄱ) <u>신규등록</u>하는 토지의 소유자는 (ㄴ) <u>지적소관청</u>이 직접 조사하여 등록한다(공간정보의 구축 및 관리 등에 관한 법률 제88조 제1항).

11 정답 ②

해설 법 제83조 제2항에 따라 축척변경을 신청하는 토지소유자는 축척변경 사유를 적은 신청서에 국토교통부령으로 정하는 서류(토지소유자 <u>3분의 2 이상의 동의서</u>)를 첨부하여 지적소관청에 제출하여야 한다(공간정보의 구축 및 관리 등에 관한 법률 시행령 제69조, 동법 시행규칙 제85조).

12 정답 ①

해설 ① 지적공부의 복구자료는 지적공부의 등본, 측량결과도, 토지이동정리 결의서, 토지(건물)등기사항증명서 등 등기사실을 증명하는 서류, 지적소관청이 작성하거나 발행한 지적공부의 등록내용을 증명하는 서류, 복제된 지적공부, 법원의 확정판결서 정본 또는 사본이고(공간정보의 구축 및 관리 등에 관한 법률 시행규칙 제72조), 지적측량 의뢰서는 이에 해당하지 않는다.

13 정답 ②

해설 ① 등기필정보는 <u>공동신청 또는 승소한 등기의무자의 단독신청에 의하여 권리에 관한 등기를 신청하는 경우로 한정한다</u>(부동산등기규칙 제43조 제1항 제7호 참고).
② · ③ 토지의 표시에 관한 사항 중 <u>소재와 지번, 지목, 면적</u>(부동산등기규칙 제43조 제1항 제1호 가목, 부동산등기법 제34조 제3호 · 제4호 · 제5호).
④ 신청인이 법인인 경우에는 그 <u>대표자의 성명과 주소</u>(부동산등기규칙 제43조 제1항 제3호)
⑤ 대리인에 의하여 등기를 신청하는 경우에는 그 <u>성명과 주소</u>(부동산등기규칙 제43조 제1항 제4호)

14 정답 ③

해설 ㄱ. (○) 부동산표시의 변경이나 경정(更正)의 등기는 소유권의 등기명의인이 단독으로 신청한다(부동산등기법 제23조 제5항).
ㄴ. (×) 채권자는 「민법」 제404조에 따라 채무자를 대위하여 등기를 신청할 수 있다(부동산등기법 제28조 제1항). 이러한 대위채권자는 채무자의 등기신청권을 대리하는 것이 아니라 자기의 채권을 보전하기 위해 채무자의 등기신청권을 자기의 이름으로 행사하여 채무자 명의의 등기를 신청하는 것이므로 <u>대위채권자 자신이 등기신청인이 되는 것이다.</u>
ㄷ. (○) 부동산에 관한 권리변동을 위한 법률행위를 대리하는 경우 대리인은 행위능력자가 아니어도 무방하다(민법 제117조 참고). 따라서 위 법률행위의 이행에 불과한 등기신청행위의 경우에도 그 대리인은 행위능력자임을 요하지 않는다.
ㄹ. (○) 근저당권설정등기의 말소등기를 함에 있어 근저당권 설정 후 소유권이 제3자에게 이전된 경우에는 근저당권설정자 또는 제3취득자가 근저당권자와 공동으로 그 말소등기를 신청할 수 있다(등기예규 제1656호 제6조 제1항).

15 정답 ②

해설 ① 등기부는 영구(永久)히 보존하여야 한다(부동산등기법 제14조 제2항).
② 등기부는 대법원규칙으로 정하는 장소에 보관·관리하여야 하며, 전쟁·천재지변이나 그 밖에 이에 준하는 사태를 피하기 위한 경우 외에는 그 장소 밖으로 옮기지 못한다(부동산등기법 제14조 제3항). 등기부의 부속서류는 전쟁·천재지변이나 그 밖에 이에 준하는 사태를 피하기 위한 경우 외에는 등기소 밖으로 옮기지 못한다. 다만, 신청서나 그 밖의 부속서류에 대하여는 법원의 명령 또는 촉탁(囑託)이 있거나 법관이 발부한 영장에 의하여 압수하는 경우에는 그러하지 아니하다(부동산등기법 제14조 제4항).
③ 등기관이 등기를 마쳤을 때에는 등기부부본자료를 작성하여야 한다(부동산등기법 제16조).
④ 누구든지 수수료를 내고 대법원규칙으로 정하는 바에 따라 등기기록에 기록되어 있는 사항의 전부 또는 일부의 열람과 이를 증명하는 등기사항증명서의 발급을 청구할 수 있다. 다만, 등기기록의 부속서류에 대하여는 이해관계 있는 부분만 열람을 청구할 수 있다(부동산등기법 제19조 제1항). 여기서 등기기록의 부속서류란 등기신청서와 첨부서면(정보)을 말하는데 등기원인을 증명하는 정보는 첨부정보에 해당한다.
⑤ 등기관이 등기기록에 등기된 사항을 새로운 등기기록에 옮겨 기록한 때에는 종전 등기기록을 폐쇄하여야 한다(부동산등기법 제20조 제1항).

16 정답 ①

해설 ① 상속의 한정승인이나 포기를 할 수 있는 기간 내라고 하더라도 상속인은 상속등기를 신청할 수 있다. 이와 마찬가지로 상속인의 채권자도 상속인을 대위하여 상속등기를 신청할 수 있다. 다만 상속인 자신이 한정승인 또는 포기를 할 수 있는 기간 내에 상속등기를 한 때에는 상속의 단순승인으로 인정된 경우가 있을 것이나 상속등기가 상속재산에 대한 처분행위라고 볼 수 없으니 만큼 채권자가 상속인을 대위하여 상속등기를 하였다 하여 단순승인의 효력을 발생시킬 수 없고 상속인의 한정승인 또는 포기 권한에는 아무런 영향도 미치지 않는다는 점에서 차이가 있다(대결 1964.4.3. 63마54 참고).
② 가등기를 마친 후에 가등기권자가 사망한 경우, 그 상속인은 상속등기를 할 필요 없이 상속을 증명하는 서면을 첨부하여 가등기의무자와 공동으로 본등기를 신청할 수 있다[등기예규 제1632호 4. 가. (2)].
③ 건물이 멸실된 경우에는 그 건물 소유권의 등기명의인은 그 사실이 있는 때부터 1개월 이내에 그 등기를 신청하여야 한다(부동산등기법 제43조 제1항 본문). 이 경우 그 소유권의 등기명의인이 1개월 이내에 멸실등기를 신청하지 아니하면 그 건물대지의 소유자가 건물 소유권의 등기명의인을 대위하여 그 등기를 신청할 수 있다(부동산등기법 제43조 제2항).
④ 피상속인 소유의 부동산에 관하여 피상속인과의 사이에 매매 등의 원인행위가 있었으나 아직 등기신청을 하지 않고 있는 사이에 상속이 개시된 경우, 상속인은 신분을 증명할 수 있는 서류를 첨부하여 피상속인으로부터 바로 원인행위자인 매수인 등 앞으로 소유권이전등기를 신청할 수 있고, 그러한 경우에는 상속등기를 거칠 필요가 없이 바로 매수인 앞으로 등기명의를 이전할 수 있다(대판 1995.2.28. 94다23999).
⑤ 1동의 건물에 속하는 구분건물 중 일부만에 관하여 소유권보존등기를 신청하는 경우에는 나머지 구분건물의 표시에 관한 등기를 동시에 신청하여야 한다(부동산등기법 제46조 제1항). 이 경우에 구분건물의 소유자는 1동에 속하는 다른 구분건물의 소유자를 대위하여 그 건물의 표시에 관한 등기를 신청할 수 있다(부동산등기법 제46조 제2항).

17 정답 ⑤

해설 ①·②·③·④ 「부동산 거래신고 등에 관한 법률」 제3조 제1항에서 정하는 계약을 등기원인으로 하는 소유권이전등기를 신청하는 경우에는 거래가액을 신청정보의 내용으로 등기소에 제공하고, 시장·군수 또는 구청장으로부터 제공받은 거래계약신고필증정보를 첨부정보로서 등기소에 제공하여야 한다. 이 경우 거래부동산이 2개 이상인 경우 또는 거래부동산이 1개라 하더라도 여러 명의 매도인과 여러 명의 매수인 사이의 매매계약인 경우에는 매매목록도 첨부정보로서 등기소에 제공하여야 한다(부동산등기규칙 제124조 제2항).

⑤ 부동산등기규칙 제125조

> **관계법령** **거래가액의 등기방법(부동산등기규칙 제125조)**
>
> 등기관이 거래가액을 등기할 때에는 다음 각 호의 구분에 따른 방법으로 한다.
> 1. 매매목록의 제공이 필요 없는 경우 : 등기기록 중 갑구의 권리자 및 기타사항란에 거래가액을 기록하는 방법
> 2. 매매목록이 제공된 경우 : 거래가액과 부동산의 표시를 기록한 매매목록을 전자적으로 작성하여 번호를 부여하고 등기기록 중 갑구의 권리자 및 기타사항란에 그 매매목록의 번호를 기록하는 방법

18 정답 ①

해설 ① 등기관이 소유권보존등기를 할 때에는 제48조 제1항 제4호에도 불구하고 등기원인과 그 연월일을 기록하지 아니한다(부동산등기법 제64조).

②·③·④ 부동산등기법 제65조

> **관계법령** **소유권보존등기의 신청인(부동산등기법 제65조)**
>
> 미등기의 토지 또는 건물에 관한 소유권보존등기는 다음 각 호의 어느 하나에 해당하는 자가 신청할 수 있다.
> 1. 토지대장, 임야대장 또는 건축물대장에 최초의 소유자로 등록되어 있는 자 또는 그 상속인, 그 밖의 포괄승계인
> 2. 확정판결에 의하여 자기의 소유권을 증명하는 자
> 3. 수용(收用)으로 인하여 소유권을 취득하였음을 증명하는 자
> 4. 특별자치도지사, 시장, 군수 또는 구청장(자치구의 구청장을 말한다)의 확인에 의하여 자기의 소유권을 증명하는 자(건물의 경우로 한정한다)

⑤ 등기관이 미등기부동산에 대하여 법원의 촉탁에 따라 소유권의 처분제한의 등기를 할 때에는 직권으로 소유권보존등기를 하고, 처분제한의 등기를 명하는 법원의 재판에 따라 소유권의 등기를 한다는 뜻을 기록하여야 한다(부동산등기법 제66조 제1항).

19 정답 ②

해설 ② 부동산등기법 제52조 제8호

> **관계법령 부기로 하는 등기(부동산등기법 제52조)**
>
> 등기관이 다음 각 호의 등기를 할 때에는 부기로 하여야 한다. 다만, 제5호의 등기는 등기상 이해관계 있는 제3자의 승낙이 없는 경우에는 그러하지 아니하다.
> 1. 등기명의인표시의 변경이나 경정의 등기
> 2. 소유권 외의 권리의 이전등기
> 3. 소유권 외의 권리를 목적으로 하는 권리에 관한 등기
> 4. 소유권 외의 권리에 대한 처분제한 등기
> 5. 권리의 변경이나 경정의 등기
> 6. 제53조의 환매특약등기
> 7. 제54조의 권리소멸약정등기
> 8. 제67조 제1항 후단의 공유물 분할금지의 약정등기
> 9. 그 밖에 대법원규칙으로 정하는 등기

20 정답 ③

해설 ①·②·④ 부동산등기법 제53조

> **관계법령 환매특약의 등기(부동산등기법 제53조)**
>
> 등기관이 환매특약의 등기를 할 때에는 다음 각 호의 사항을 기록하여야 한다. 다만, 제3호는 등기원인에 그 사항이 정하여져 있는 경우에만 기록한다.
> 1. 매수인이 지급한 대금
> 2. 매매비용
> 3. 환매기간

③ 매매의 목적물이 부동산인 경우에 매매등기와 동시에 환매권의 보류를 등기한 때에는 제3자에 대하여 그 효력이 있다(민법 제592조). 이러한 민법 규정의 취지에 따라 환매특약의 등기는 매매로 인한 소유권이전등기와 동시에 신청하여야 한다. 매매로 인한 권리이전등기 후의 환매특약등기 신청은 각하한다.

⑤ 환매권의 행사로 인하여 환매권자에게 소유권이전등기를 한 경우에는 등기관이 직권으로 환매권등기를 말소한다(부동산등기규칙 제114조 제1항 참고).

> **관계법령 환매특약등기 등의 말소(부동산등기규칙 제114조)**
>
> ① 환매에 따른 권리취득의 등기를 하였을 때에는 법 제53조의 환매특약의 등기를 말소하여야 한다.

21 정답 ④

해설 ① 가등기명의인은 제23조 제1항(공동신청)에도 불구하고 단독으로 가등기의 말소를 신청할 수 있다(부동산등기법 제93조 제1항).

② 가등기의무자 또는 가등기에 관하여 등기상 이해관계 있는 자는 제23조 제1항(공동신청)에도 불구하고 가등기명의인의 승낙을 받아 단독으로 가등기의 말소를 신청할 수 있다(부동산등기법 제93조 제2항).

③ 가등기권리자는 제23조 제1항(공동신청)에도 불구하고 가등기의무자의 승낙이 있거나 가등기를 명하는 법원의 가처분명령이 있을 때에는 **단독으로 가등기를 신청할 수 있다**(부동산등기법 제89조).

④ 하나의 가등기에 관하여 여러 사람의 가등기권자가 있는 경우에, 가등기권자 모두가 공동의 이름으로 본등기를 신청하거나, 그중 일부의 가등기권자가 자기의 가등기지분에 관하여 본등기를 신청할 수 있지만, 일부의 가등기권자가 공유물보존행위에 준하여 가등기 전부에 관한 본등기를 신청할 수는 없다. 공동가등기권자 중 일부의 가등기권자가 자기의 지분만에 관하여 본등기를 신청할 때에는 신청서에 그 뜻을 기재하여야 하고 등기기록에도 그 뜻을 기록하여야 한다[등기예규 제1632호 4. 마. (1)].

⑤ 가등기에 의한 본등기 신청의 등기의무자는 가등기를 할 때의 소유자이며, **가등기 후에 제3자에게 소유권이 이전된 경우에도 가등기의무자는 변동되지 않는다**[등기예규 제1632호 4. 가. (1)].

22 정답 ④

해설 ① 부동산등기법 제72조 제1항 제1호

> **관계법령** **전세권 등의 등기사항(부동산등기법 제72조)**
>
> ① 등기관이 전세권설정이나 전전세(轉傳貰)의 등기를 할 때에는 제48조에서 규정한 사항 외에 다음 각 호의 사항을 기록하여야 한다. 다만, 제3호부터 제5호까지는 등기원인에 그 약정이 있는 경우에만 기록한다.
> 1. 전세금 또는 전전세금
> 2. 범위
> 3. 존속기간
> 4. 위약금 또는 배상금
> 5. 「민법」 제306조 단서의 약정
> 6. 전세권설정이나 전전세의 범위가 부동산의 일부인 경우에는 그 부분을 표시한 도면의 번호

② 전세권설정계약의 당사자가 주로 채권담보 목적으로 전세권을 설정하고 설정과 동시에 목적물을 인도하지 않는다고 하더라도 장차 전세권자가 목적물을 사용·수익하는 것을 배제하지 않는다면, 전세권의 효력을 부인할 수는 없다. 그러나 전세권 설정의 동기와 경위, 전세권 설정으로 달성하려는 목적, 채권의 발생 원인과 목적물의 관계, 전세권자의 사용·수익 여부와 그 가능성, 당사자의 진정한 의사 등에 비추어 전세권설정계약의 당사자가 전세권의 핵심인 사용·수익 권능을 배제하고 채권담보만을 위해 전세권을 설정하였다면, 법률이 정하지 않은 새로운 내용의 전세권을 창설하는 것으로서 물권법정주의에 반하여 허용되지 않고 이러한 전세권설정등기는 무효라고 보아야 한다(대판 2021.12.30. 2018다40235).

③ 전세권은 1부동산의 일부에는 설정이 가능하나 이용권으로서의 성질상 지분에는 설정을 할 수 없으므로 집합건물에 있어서 특정 전유부분의 대지권에 대하여는 전세권설정등기를 할 수가 없고 따라서 집합건물의 전유부분과 대지권을 동일한 전세권의 목적으로 하는 전세권설정등기 신청도 수리될 수 없다(등기선례 제4-449호).

④ 부동산의 일부에 대한 전세권(임차권)설정등기 신청서에는 그 도면을 첨부하여야 할 것인바, 다만 **전세권(임차권)의 목적인 범위가 건물의 일부로서 특정층 전부인 때에는 그 도면을 첨부할 필요가 없다**(등기선례 제8-246호).

⑤ 갑 소유 부동산에 을 명의의 전세권등기와 병 명의의 전세권가압류가 순차로 경료된 부동산에 대하여 을 명의의 전세권등기를 말소하라는 판결을 받았다고 하더라도 그 판결에 의하여 전세권말소등기를 신청할 때에는 병의 승낙서 또는 병에게 대항할 수 있는 재판의 등본을 첨부하여야 한다(등기선례 제4-450호).

23 정답 ⑤

해설 ①·②·③·④ 등기관은 가등기에 의한 본등기를 하였을 때에는 대법원규칙으로 정하는 바에 따라 가등기 이후에 된 등기로서 가등기에 의하여 보전되는 권리를 침해하는 등기를 직권으로 말소하여야 한다(부동산등기법 제92조 제1항).

⑤ 부동산등기규칙 제147조 제1항 제1호

관계법령 본등기와 직권말소(부동산등기규칙 제147조)

① 등기관이 소유권이전등기청구권보전 가등기에 의하여 소유권이전의 본등기를 한 경우에는 법 제92조 제1항에 따라 가등기 후 본등기 전에 마쳐진 등기 중 다음 각 호의 등기를 제외하고는 모두 직권으로 말소한다.
1. 해당 가등기상 권리를 목적으로 하는 가압류등기나 가처분등기
2. 가등기 전에 마쳐진 가압류에 의한 강제경매개시결정등기
3. 가등기 전에 마쳐진 담보가등기, 전세권 및 저당권에 의한 임의경매개시결정등기
4. 가등기권자에게 대항할 수 있는 주택임차권등기, 주택임차권설정등기, 상가건물임차권등기, 상가건물임차권설정등기(이하 "주택임차권등기등"이라 한다)

24 정답 ⑤

해설 ① 수익자나 위탁자는 수탁자를 대위하여 신탁등기를 신청할 수 있다(부동산등기법 제82조 제2항 본문).

② 신탁등기의 말소등기는 수탁자가 단독으로 신청할 수 있다(부동산등기법 제87조 제3항).

③ 신탁가등기는 소유권이전청구권보전을 위한 가등기와 동일한 방식으로 신청하되, 신탁원부 작성을 위한 정보도 첨부정보로서 제공하여야 한다. 신탁가등기의 기록례는 별지 등기기록례 4와 같다(등기예규 제1726호 1. 마.).

④ 부동산등기법 제85조의2 제2호

관계법령 직권에 의한 신탁변경등기(부동산등기법 제85조의2)

등기관이 신탁재산에 속하는 부동산에 관한 권리에 대하여 다음 각 호의 어느 하나에 해당하는 등기를 할 경우 직권으로 그 부동산에 관한 신탁원부 기록의 변경등기를 하여야 한다.
1. 수탁자의 변경으로 인한 이전등기
2. 여러 명의 수탁자 중 1인의 임무 종료로 인한 변경등기
3. 수탁자인 등기명의인의 성명 및 주소(법인인 경우에는 그 명칭 및 사무소 소재지를 말한다)에 관한 변경등기 또는 경정등기

⑤ 법원이 신탁원부 기록의 변경등기를 등기소에 촉탁하여야 한다.

관계법령 촉탁에 의한 신탁변경등기(부동산등기법 제85조)

① 법원은 다음 각 호의 어느 하나에 해당하는 재판을 한 경우 지체 없이 신탁원부 기록의 변경등기를 등기소에 촉탁하여야 한다.
1. 수탁자 해임의 재판
2. 신탁관리인의 선임 또는 해임의 재판
3. 신탁 변경의 재판

2021년 제32회 정답 및 해설

⊘ 문제편 196p

01	02	03	04	05	06	07	08	09	10	11	12	13	14	15	16	17	18	19	20
①	③	②	③	⑤	④	①	⑤	②	②	⑤	④	①	②	④	⑤	③	④	①	③

21	22	23	24
⑤	⑤	③	②

01 정답 ①

해설

관계법령 **지상 경계의 결정기준 등(공간정보의 구축 및 관리 등에 관한 법률 시행령 제55조 제1항)**

법 제65조 제1항에 따른 지상 경계의 결정기준은 다음 각 호의 구분에 따른다.
1. 연접되는 토지 간에 높낮이 차이가 없는 경우 : 그 구조물 등의 중앙(⑤)
2. 연접되는 토지 간에 높낮이 차이가 있는 경우 : 그 구조물 등의 하단부(①)
3. 도로·구거 등의 토지에 절토(땅깎기)된 부분이 있는 경우 : 그 경사면의 상단부(③)
4. 토지가 해면 또는 수면에 접하는 경우 : 최대만조위 또는 최대만수위가 되는 선(④)
5. 공유수면매립지의 토지 중 제방 등을 토지에 편입하여 등록하는 경우 : 바깥쪽 어깨부분(②)

02 정답 ③

해설
① 등록전환측량 : 지적 공부의 정확도를 높이기 위한 목적으로 소축척인 임야대장 등록지를 대축척인 토지 대장에 옮겨 등록하는 경우에 시행하는 측량을 말한다.
② 신규등록측량 : 토지대장이나 임야대장에 등록되지 않은 토지를 신규등록하기 위하여 실시하는 측량을 말한다.
③ 지적현황측량 : 지상구조물 또는 지형·지물이 점유하는 위치현황을 실측하여 지적도 또는 임야도에 등록된 경계와 대비하여 표시할 때 실시하는 측량을 말한다.
④ 경계복원측량 : 지적공부상에 등록된 경계를 지표상에 복원하는 측량을 말한다.
⑤ 토지분할측량 : 지적 공부에 등록되어 있는 일필지 토지에 토지분할 사유가 발생하였을 때 2필지 이상으로 나누어 등록하기 위한 측량을 말한다.

03 정답 ②

해설 **관계법령** 지적도면 등의 등록사항 등(공간정보의 구축 및 관리 등에 관한 법률 시행규칙 제69조 제6항)

지적도면의 축척은 다음 각 호의 구분에 따른다.
  1. 지적도 : 1/500, 1/600, 1/1000, 1/1200, 1/2400, 1/3000, 1/6000
  2. 임야도 : 1/3000, 1/6000

04 정답 ③

해설 ① 공간정보의 구축 및 관리 등에 관한 법률 시행령 제58조 제7호
② 주유소용지 : ㉠ 석유·석유제품, 액화석유가스, 전기 또는 수소 등의 판매를 위하여 일정한 설비를 갖춘 시설물의 부지, ㉡ 저유소(貯油所) 및 원유저장소의 부지와 이에 접속된 부속시설물의 부지. 다만, 자동차·선박·기차 등의 제작 또는 정비공장 안에 설치된 급유·송유시설 등의 부지는 제외한다(공간정보의 구축 및 관리 등에 관한 법률 시행령 제58조 제12호).
③ 유지(溜池) : 물이 고이거나 상시적으로 물을 저장하고 있는 댐·저수지·소류지(沼溜地)·호수·연못 등의 토지와 연·왕골 등이 자생하는 배수가 잘 되지 아니하는 토지(공간정보의 구축 및 관리 등에 관한 법률 시행령 제58조 제19호)
   * 답 : 물을 상시적으로 직접 이용하여 벼·연(蓮)·미나리·왕골 등의 식물을 주로 재배하는 토지(공간정보의 구축 및 관리 등에 관한 법률 시행령 제58조 제2호)
④ 공간정보의 구축 및 관리 등에 관한 법률 시행령 제58조 제22호
⑤ 공간정보의 구축 및 관리 등에 관한 법률 시행령 제58조 제18호

05 정답 ⑤

해설 **관계법령** 지적도 등의 등록사항(공간정보의 구축 및 관리 등에 관한 법률 제72조)

지적도 및 임야도에는 다음 각 호의 사항을 등록하여야 한다.
  1. 토지의 소재(ㄱ)
  2. 지 번
  3. 지 목
  4. 경 계
  5. 그 밖에 국토교통부령으로 정하는 사항(동법 시행규칙 제69조 제2항)
     • 지적도면의 색인도(인접도면의 연결 순서를 표시하기 위하여 기재한 도표와 번호를 말한다)
     • 지적도면의 제명 및 축척
     • 도곽선(圖廓線)과 그 수치(ㅁ)
     • 좌표에 의하여 계산된 경계점 간의 거리(경계점좌표등록부를 갖춰 두는 지역으로 한정한다)(ㄴ)
     • 삼각점 및 지적기준점의 위치(ㄷ)
     • 건축물 및 구조물 등의 위치(ㄹ)
     • 그 밖에 국토교통부장관이 정하는 사항

06 정답 ④

해설 ① 지적측량 적부심사청구를 받은 <u>시·도지사</u>는 30일 이내에 ⑤ 다툼이 되는 지적측량의 경위 및 그 성과, ⓒ 해당 토지에 대한 토지이동 및 소유권 변동 연혁, ⓒ 해당 토지 주변의 측량기준점, 경계, 주요 구조물 등 현황 실측도를 조사하여 지방지적위원회에 회부하여야 한다(공간정보의 구축 및 관리 등에 관한 법률 제29조 제2항).

② · ③ 지적측량 적부심사청구를 회부받은 지방지적위원회는 그 심사청구를 회부받은 날부터 <u>60일 이내</u>에 심의 · 의결하여야 한다. 다만, 부득이한 경우에는 그 심의기간을 해당 지적위원회의 의결을 거쳐 <u>30일</u> 이내에서 한 번만 연장할 수 있다(공간정보의 구축 및 관리 등에 관한 법률 제29조 제3항).

④ 공간정보의 구축 및 관리 등에 관한 법률 제29조 제5항

⑤ 의결서를 받은 자가 지방지적위원회의 의결에 불복하는 경우에는 그 의결서를 받은 날부터 90일 이내에 <u>국토교통부장관</u>을 거쳐 중앙지적위원회에 재심사를 청구할 수 있다(공간정보의 구축 및 관리 등에 관한 법률 제29조 제6항).

07 정답 ①

해설 ① 지적소관청은 토지의 이동이 있을 때 토지소유자의 신청이 없어 토지의 이동현황을 직권으로 조사 · 측량하여 토지의 지번 · 지목 · 면적 · 경계 또는 좌표를 결정하려는 때에는 <u>토지이동현황 조사계획을 수립</u>하여야 한다. 이 경우 토지이동현황 조사계획은 시 · 군 · 구별로 수립하되, 부득이한 사유가 있는 때에는 읍 · 면 · 동별로 수립할 수 있다(공간정보의 구축 및 관리 등에 관한 법률 제64조 제2항 단서, 동법 시행규칙 제59조 제1항).

08 정답 ⑤

해설

관계법령 토지대장 등의 등록사항(공간정보의 구축 및 관리 등에 관한 법률 제71조)

② 공유지연명부 등록사항
1. <u>토지의 소재</u>
2. <u>지 번</u>
3. <u>소유권 지분</u>
4. <u>소유자의 성명 또는 명칭, 주소 및 주민등록번호</u>
5. 그 밖에 국토교통부령으로 정하는 사항(동법 시행규칙 제68조 제3항)
   • <u>토지의 고유번호</u>
   • 필지별 공유지연명부의 장번호
   • <u>토지소유자가 변경된 날과 그 원인</u>

③ 대지권등록부 등록사항
1. <u>토지의 소재</u>
2. <u>지 번</u>
3. 대지권 비율
4. <u>소유자의 성명 또는 명칭, 주소 및 주민등록번호</u>
5. 그 밖에 국토교통부령으로 정하는 사항(동법 시행규칙 제68조 제4항)
   • <u>토지의 고유번호</u>
   • 전유부분의 건물표시
   • 건물의 명칭
   • 집합건물별 대지권등록부의 장번호
   • <u>토지소유자가 변경된 날과 그 원인</u>
   • <u>소유권 지분</u>

09 정답 ②

해설 ㄱ. (×), ㄴ. (○), ㄷ. (○), ㄹ. (×)

알아보기

- 지적측량의 대상이지만 지적측량 의뢰의 대상이 아닌 경우(공간정보의 구축 및 관리 등에 관한 법률 제24조 제1항)
  1. 지적측량성과를 검사하는 경우(ㄱ)
  2. 「지적재조사에 관한 특별법」에 따른 지적재조사사업에 따라 토지의 이동이 있는 경우(ㄹ)
- 토지소유자 등 이해관계인이 지적측량수행자에게 지적측량을 의뢰하여야 하는 경우(공간정보의 구축 및 관리 등에 관한 법률 제24조 제1항·제23조 제1항, 동법 시행령 제18조)
  1. 지적기준점을 정하는 경우
  2. 다음의 어느 하나에 해당하는 경우로서 측량을 할 필요가 있는 경우
     - 가. 지적공부를 복구하는 경우
     - 나. 토지를 신규등록하는 경우
     - 다. 토지를 등록전환하는 경우(ㄴ)
     - 라. 토지를 분할하는 경우
     - 마. 바다가 된 토지의 등록을 말소하는 경우
     - 바. 축척을 변경하는 경우(ㄷ)
     - 사. 지적공부의 등록사항을 정정하는 경우
     - 아. 도시개발사업 등의 시행지역에서 토지의 이동이 있는 경우
  3. 경계점을 지상에 복원하는 경우
  4. 지상건축물 등의 현황을 지적도 및 임야도에 등록된 경계와 대비하여 표시하는 데에 필요한 경우

---

10 정답 ②

해설
- 축척변경위원회는 (ㄱ – 5명) 이상 10명 이하의 위원으로 구성하되, 위원의 2분의 1 이상을 토지소유자로 하여야 한다. 이 경우 그 축척변경 시행지역의 토지소유자가 (ㄴ – 5명) 이하일 때에는 토지소유자 전원을 위원으로 위촉하여야 한다(공간정보의 구축 및 관리 등에 관한 법률 시행령 제79조 제1항).
- 위원장은 위원 중에서 (ㄷ – 지적소관청)이 지명한다(공간정보의 구축 및 관리 등에 관한 법률 시행령 제79조 제2항).

---

11 정답 ⑤

해설
① 공간정보의 구축 및 관리 등에 관한 법률 제76조의3 제2호
② 공간정보의 구축 및 관리 등에 관한 법률 제76조의3 제5호, 동법 시행령 제62조의2

관계법령 부동산종합공부의 등록사항 등(공간정보의 구축 및 관리 등에 관한 법률 제76조의3)

지적소관청은 부동산종합공부에 다음 각 호의 사항을 등록하여야 한다.
1. 토지의 표시와 소유자에 관한 사항 : 이 법에 따른 지적공부의 내용
2. 건축물의 표시와 소유자에 관한 사항(토지에 건축물이 있는 경우만 해당한다) : 「건축법」 제38조에 따른 건축물대장의 내용

---

3. 토지의 이용 및 규제에 관한 사항 : 「토지이용규제 기본법」 제10조에 따른 토지이용계획확인서의 내용
4. 부동산의 가격에 관한 사항 : 「부동산 가격공시에 관한 법률」 제10조에 따른 개별공시지가, 같은 법 제16조, 제17조 및 제18조에 따른 개별주택가격 및 공동주택가격 공시내용
5. 그 밖에 부동산의 효율적 이용과 부동산과 관련된 정보의 종합적 관리·운영을 위하여 필요한 사항으로서 대통령령으로 정하는 사항(공간정보의 구축 및 관리 등에 관한 법률 시행령 제62조의2) : 「부동산등기법」 제48조에 따른 부동산의 권리에 관한 사항

③ 공간정보의 구축 및 관리 등에 관한 법률 제76조의2 제1항
④ 공간정보의 구축 및 관리 등에 관한 법률 제76조의2 제2항
⑤ 부동산종합공부를 열람하거나 부동산종합공부 기록사항의 전부 또는 일부에 관한 증명서(부동산종합증명서)를 발급받으려는 자는 지적소관청이나 읍·면·동의 장에게 신청할 수 있다(공간정보의 구축 및 관리 등에 관한 법률 제76조의4 제1항).

12 [정답] ④

[해설]
ㄱ. (○) 공간정보의 구축 및 관리 등에 관한 법률 시행규칙 제65조 제1항
ㄴ. (○) 지적소관청은 해당 청사에 지적서고를 설치하고 그 곳에 지적공부(정보처리시스템을 통하여 기록·저장한 경우는 제외한다)를 영구히 보존하여야 하며, ㉠ 천재지변이나 그 밖에 이에 준하는 재난을 피하기 위하여 필요한 경우, ㉡ 관할 시·도지사 또는 대도시 시장의 승인을 받은 경우 외에는 해당 청사 밖으로 지적공부를 반출할 수 없다(공간정보의 구축 및 관리 등에 관한 법률 제69조 제1항).
ㄷ. (○) 공간정보의 구축 및 관리 등에 관한 법률 제69조 제2항
ㄹ. (✕) 부책(簿册)으로 된 토지대장·임야대장 및 공유지연명부는 지적공부 보관상자에 넣어 보관하고, 카드로 된 토지대장·임야대장·공유지연명부·대지권등록부 및 경계점좌표등록부는 100장 단위로 바인더(binder)에 넣어 보관하여야 한다(공간정보의 구축 및 관리 등에 관한 법률 시행규칙 제66조 제1항).

13 [정답] ①

[해설]
① 「부동산등기법」 제29조 제11호는 그 등기명의인이 등기신청을 하는 경우에 적용되는 규정이므로, 관공서가 등기촉탁을 하는 경우에는 등기기록과 대장상의 부동산의 표시가 부합하지 아니하더라도 그 등기촉탁을 수리하여야 한다(등기예규 제1759호 5.).
② 관공서가 촉탁정보 및 첨부정보를 적은 서면을 제출하는 방법으로 등기촉탁을 하는 경우에는 우편으로 그 촉탁서를 제출할 수 있다(부동산등기규칙 제155조 제1항).
③ 관공서가 등기의무자로서 등기권리자의 청구에 의하여 등기를 촉탁하거나 부동산에 관한 권리를 취득하여 등기권리자로서 그 등기를 촉탁하는 경우에는 등기의무자의 권리에 관한 등기필정보를 제공할 필요가 없다. 이 경우 관공서가 촉탁에 의하지 아니하고 법무사 또는 변호사에게 위임하여 등기를 신청하는 경우에도 같다(등기예규 제1759호 4.).
④ 관공서가 부동산에 관한 거래의 주체로서 등기를 촉탁할 수 있는 경우라 하더라도 촉탁은 신청과 실질적으로 아무런 차이가 없으므로, 촉탁에 의하지 아니하고 등기권리자와 등기의무자의 공동으로 등기를 신청할 수도 있다(등기예규 제1759호 3.).
⑤ 부동산등기법 제22조 제2항

14 정답 ②

해설 ㄱ. (○) 가등기명의인은 제23조 제1항에도 불구하고 <u>단독으로</u> 가등기의 말소를 신청할 수 있다(부동산등기법 제93조 제1항).

ㄴ. (○) 수용으로 인한 소유권이전등기는 제23조 제1항에도 불구하고 등기권리자가 <u>단독으로</u> 신청할 수 있다(부동산등기법 제99조 제1항).

ㄷ. (×) 채권최고액을 감액하는 근저당권변경등기신청은 권리변경등기이므로 권리등기의 일반원칙에 따라 등기권리자(근저당권 설정자)와 등기의무자(근저당권자)가 공동으로 신청해야 한다.

ㄹ. (×) 유증을 원인으로 한 소유권이전등기는 포괄유증이나 특정유증을 불문하고 수증자를 등기권리자, 유언집행자 또는 상속인을 등기의무자로 하여 공동으로 신청하여야 한다. 수증자가 유언집행자로 지정되거나 상속인인 경우에도 같다[등기예규 제1512호 2. 나. (1)].

15 정답 ④

해설 ① 종중, 문중, 그 밖에 대표자나 관리인이 있는 법인 아닌 사단이나 재단에 속하는 부동산의 등기는 그 사단이나 재단의 명의로 그 대표자나 관리인이 신청한다(부동산등기법 제26조 제2항).

② 학교는 교육을 위한 시설에 불과하므로 그 명의로 등기할 수 없고 학교법인(사립학교) 또는 국가·지방자치단체(국·공립학교)의 명의로 등기하여야 한다.

③ 지방자치단체는 법인으로(지방자치법 제3조 제1항), 당연히 등기의 당사자능력이 있다. 그러나 지방자치법 제2조에 의하면 지방자치단체는 특별시, 광역시, 특별자치시, 도, 특별자치도와 시, 군, 구만을 의미하므로 행정조직인 읍, 면, 리, 동은 등기의 당사자능력이 없다.

④ 민법상 조합은 등기능력이 없는 것이므로 이러한 <u>조합 자체를 채무자로 표시하여 근저당권설정등기를 할 수는 없다</u>(등기선례 제1-59호).

⑤ 외국인도 법령이나 조약에 의한 제한이 없는 한 우리나라 국민과 동일한 권리능력을 가지므로 자기 명의로 등기신청을 하고 등기명의인이 될 수 있음이 원칙이다.

16 정답 ⑤

해설 ㄱ. (×) 매각(강제경매, 임의경매) 또는 공매를 원인으로 한 소유권이전등기 및 계약의 일방 당사자가 국가 또는 지방자치단체인 경우의 소유권이전등기에는 부동산등기 특별조치법 제3조(계약서등의 검인에 대한 특례)의 규정을 적용하지 아니한다[등기예규 제1727호 1. 가. (2)]. 즉, 계약을 원인으로 하는 소유권이전이 아니므로 검인을 받을 필요가 없다.

ㄴ. (×) 진정명의회복을 원인으로 하는 소유권이전등기는 계약을 원인으로 하는 소유권이전이 아니므로 부동산등기특별조치법상 검인을 받을 필요가 없다.

ㄷ. (○), ㄹ. (○) 부동산등기 특별조치법에 의하여 검인을 받아야 하는 계약은 부동산 소유권이전을 목적으로 하기만 하면 되고 그 종류에는 제한이 없다. 따라서 공유물분할로 인한 소유권이전등기신청의 경우에는 공유물분할계약서에 검인을 받아야 하고, 양도담보계약에 의하여 소유권이전등기를 신청하는 경우, 현물출자로 인한 소유권이전등기를 신청하는 경우, 사법상 매매의 성질을 갖는 공공용지 협의취득을 원인으로 한 소유권이전등기를 신청하는 경우에도 마찬가지이다.

ㅁ. (○) 명의신탁해지약정서는 부동산등기 특별조치법 제3조의 적용에 있어 계약에 의한 소유권이전이라 할 것이므로 동법 소정의 검인을 받아야 한다(등기선례 제3-517호).

17 정답 ③

해설 ㄱ. (×) 등기관이 소유권의 일부에 관한 이전등기를 할 때에는 이전되는 지분을 기록하여야 한다. 이 경우 등기원인에 「민법」 제268조 제1항 단서의 약정(분할금지약정)이 있을 때에는 그 약정에 관한 사항도 기록하여야 한다(부동산등기법 제67조 제1항).

ㄴ. (○), ㄷ. (○) 「부동산 거래신고 등에 관한 법률」 제3조 제1항에서 정하는 계약을 등기원인으로 하는 소유권이전등기를 신청하는 경우에는 거래가액을 신청정보의 내용으로 등기소에 제공하고, 시장·군수 또는 구청장으로부터 제공받은 거래계약신고필증정보를 첨부정보로서 등기소에 제공하여야 한다. 이 경우 거래부동산이 2개 이상인 경우 또는 거래부동산이 1개라 하더라도 여러 명의 매도인과 여러 명의 매수인 사이의 매매계약인 경우에는 매매목록도 첨부정보로서 등기소에 제공하여야 한다(부동산등기규칙 제124조 제2항).

ㄹ. (×) 공유물분할금지약정의 변경등기는 공유자 전원이 공동으로 신청하여야 한다(부동산등기법 제67조 제2항).

18 정답 ④

해설 ①·② 부동산등기법 제72조 제1항 제1호·제3호

> **관계법령** 전세권 등의 등기사항(부동산등기법 제72조 제1항)
>
> 등기관이 전세권설정이나 전전세(轉傳貰)의 등기를 할 때에는 제48조에서 규정한 사항 외에 다음 각 호의 사항을 기록하여야 한다. 다만, 제3호부터 제5호까지는 등기원인에 그 약정이 있는 경우에만 기록한다.
> 1. 전세금 또는 전전세금
> 2. 범 위
> 3. 존속기간
> 4. 위약금 또는 배상금
> 5. 「민법」 제306조 단서의 약정
> 6. 전세권설정이나 전전세의 범위가 부동산의 일부인 경우에는 그 부분을 표시한 도면의 번호

③ 등기관이 전세금반환채권의 일부 양도를 원인으로 한 전세권 일부이전등기를 할 때에는 양도액을 기록한다(부동산등기법 제73조 제1항).

④ 전세권의 법정갱신은 법률의 규정에 의한 물권변동이므로 전세권자는 전세권갱신에 관한 등기 없이도 전세권설정자나 그 건물을 취득한 제3자에 대하여 권리를 주장할 수 있으나 그 처분을 위하여는 존속기간에 대한 변경등기를 하여야 하므로, 존속기간이 만료된 건물전세권을 목적으로 한 저당권설정등기신청을 하기 위하여는 우선 존속기간에 대한 변경등기를 경료해야 한다(등기선례 제200111-4호).

⑤ 전세권설정 또는 전전세의 범위가 부동산의 일부인 경우에는 그 부분을 표시한 지적도나 건물도면을 첨부정보로서 등기소에 제공하여야 한다(부동산등기규칙 제128조 제2항).

19 정답 ①

해설 ① 등기관이 1개 또는 여러 개의 부동산에 관한 권리를 목적으로 하는 저당권설정의 등기를 한 후 동일한 채권에 대하여 다른 1개 또는 여러 개의 부동산에 관한 권리를 목적으로 하는 저당권설정의 등기를 할 때에는 그 등기와 종전의 등기에 각 부동산에 관한 권리가 함께 저당권의 목적으로 제공된 뜻을 기록하여야 한다. 이 경우 제2항 및 제3항을 준용한다(부동산등기법 제78조 제4항).

> **관계법령 공동담보라는 뜻의 기록(부동산등기규칙 제135조 제3항)**
>
> 법 제78조 제4항의 경우 공동담보 목적으로 새로 추가되는 부동산의 등기기록에는 그 등기의 끝부분에 공동담보라는 뜻을 기록하고 종전에 등기한 부동산의 등기기록에는 해당 등기에 부기등기로 그 뜻을 기록하여야 한다.

② 등기관이 채권의 일부에 대한 양도 또는 대위변제(代位辨濟)로 인한 저당권 일부이전등기를 할 때에는 제48조에서 규정한 사항 외에 양도액 또는 변제액을 기록하여야 한다(부동산등기법 제79조).

③ 등기관이 「민법」 제368조 제2항 후단의 대위등기를 할 때에는 제48조에서 규정한 사항 외에 ㉠ 매각 부동산(소유권 외의 권리가 저당권의 목적일 때에는 그 권리를 말한다), ㉡ 매각대금, ㉢ 선순위 저당권자가 변제받은 금액을 기록하여야 한다(부동산등기법 제80조 제1항).

> **관계법령 공동저당 대위등기의 신청(부동산등기규칙 제138조)**
>
> 공동저당 대위등기를 신청하는 경우에는 법 제80조의 등기사항을 신청정보의 내용으로 등기소에 제공하고, 배당표 정보를 첨부정보로서 등기소에 제공하여야 한다.

④ 등기관은 제1항(공동저당의 등기)의 경우에 부동산이 5개 이상일 때에는 공동담보목록을 작성하여야 한다(부동산등기법 제78조 제2항).

> **관계법령 공동담보(부동산등기규칙 제133조 제2항)**
>
> 법 제78조 제2항의 공동담보목록은 전자적으로 작성하여야 하며, 1년마다 그 번호를 새로 부여하여야 한다.

⑤ 공동저당 대위등기는 선순위저당권자가 등기의무자로 되고 대위자(차순위저당권자)가 등기권리자로 되어 공동으로 신청하여야 한다(등기예규 제1407호 제2조).

20 정답 ③

해설 ① 전세권의 목적인 부동산은 1필의 토지 또는 1동의 건물의 전부라야 할 필요는 없고 그 일부라도 무방하나, 부동산의 일부에 대하여 전세권설정등기를 신청하고자 할 경우에는 전세권의 범위를 특정하고 그 부분을 표시한 지적도나 건물도면을 첨부정보로 제공하여야 하므로, 건물의 특정부분이 아닌 공유지분에 대한 전세권은 등기할 수 없다(등기예규 제1351호).

② 구분건물에 대하여는 전유부분마다 부동산고유번호를 부여한다(부동산등기규칙 제12조 제2항).

③ 등기사항증명서의 열람과 발급에 관한 규정은 모두 폐쇄등기부에 준용되므로(부동산등기법 제20조 제3항) 폐쇄등기부도 등기사항증명서 열람 및 발급 청구를 할 수 있다.

④ 권리변경등기에 관하여 등기상 이해관계 있는 제3자가 있는 경우에 신청서에 그 승낙서 또는 이에 대항할 수 있는 재판의 등본을 첨부한 때에는 부기에 의하여 그 등기를 하고 그 승낙서 등을 첨부하지 않았을 때는 주등기(독립등기)에 의하여 그 변경등기를 할 수 있고 전세금이 상향조정되었다면 전세금 변경계약에 인한 전세권 변경등기를 하여야 하고 그 등기를 신청하는 때에는 신청서에 이해관계인인 후순위저당권자의 승낙서 또는 이에 대항할 수 있는 재판의 등본을 첨부한 때에 한하여 부기등기로 할 수 있고 그렇지 아니한 때에는 독립등기로 할 수 있다(등기예규 제551호).

⑤ 등기관이 부기등기를 할 때에는 그 부기등기가 어느 등기에 기초한 것인지 알 수 있도록 주등기 또는 부기등기의 순위번호에 가지번호를 붙여서 하여야 한다(부동산등기규칙 제2조).

21 정답 ⑤

해설

> **관계법령** **환매특약의 등기(부동산등기법 제53조)**
>
> 등기관이 환매특약의 등기를 할 때에는 다음 각 호의 사항을 기록하여야 한다. 다만, 제3호는 등기원인에 그 사항이 정하여져 있는 경우에만 기록한다.
> 1. 매수인이 지급한 대금(ㄹ)
> 2. 매매비용(ㄷ)
> 3. 환매기간

22 정답 ⑤

해설
① 가등기권리자는 제23조 제1항에도 불구하고 가등기의무자의 승낙이 있거나 가등기를 명하는 법원의 가처분명령이 있을 때에는 단독으로 가등기를 신청할 수 있다(부동산등기법 제89조).
② 가등기는 제3조 각 호의 어느 하나에 해당하는 권리의 설정, 이전, 변경 또는 소멸의 청구권을 보전하려는 때에 한다(부동산등기법 제88조 전문). 권리변경의 청구권이란 ㉠ 근저당권의 채권최고액의 변경등기청구권이나 ㉡ 전세권의 존속기간의 변경등기청구권 등을 말하는데, 이를 보전하기 위하여 가등기를 할 수 있다.
③ 부동산등기규칙 제146조
④ 부동산등기규칙 제148조 제2항 제4호

> **관계법령** **본등기와 직권말소(부동산등기규칙 제148조 제2항)**
>
> 지상권, 전세권 또는 임차권의 설정등기청구권보전 가등기에 의하여 지상권, 전세권 또는 임차권의 설정의 본등기를 한 경우 가등기 후 본등기 전에 마쳐진 다음 각 호의 등기는 직권말소의 대상이 되지 아니한다.
> 1. 소유권이전등기 및 소유권이전등기청구권보전 가등기
> 2. 가압류 및 가처분 등 처분제한의 등기
> 3. 체납처분으로 인한 압류등기
> 4. 저당권설정등기
> 5. 가등기가 되어 있지 않은 부분에 대한 지상권, 지역권, 전세권 또는 임차권의 설정등기와 주택임차권등기등

⑤ 부동산등기규칙 제147조 제1항 제1호

> **관계법령** **본등기와 직권말소(부동산등기규칙 제147조 제1항)**
>
> 등기관이 소유권이전등기청구권보전 가등기에 의하여 소유권이전의 본등기를 한 경우에는 법 제92조 제1항에 따라 가등기 후 본등기 전에 마쳐진 등기 중 다음 각 호의 등기를 제외하고는 모두 직권으로 말소한다.
> 1. 해당 가등기상 권리를 목적으로 하는 가압류등기나 가처분등기
> 2. 가등기 전에 마쳐진 가압류에 의한 강제경매개시결정등기
> 3. 가등기 전에 마쳐진 담보가등기, 전세권 및 저당권에 의한 임의경매개시결정등기
> 4. 가등기권자에게 대항할 수 있는 주택임차권등기, 주택임차권설정등기, 상가건물임차권등기, 상가건물임차권설정등기(이하 "주택임차권등기등"이라 한다)

23 정답 ③

해설 ① 부동산등기법 제6조 제2항

② 가등기는 그 성질상 본등기의 순위보전의 효력만이 있어 후일 본등기가 경료된 때에는 본등기의 순위가 가등기한 때로 소급하는 것뿐이지 본등기에 의한 물권변동의 효력이 가등기한 때로 소급하여 발생하는 것은 아니다(대판 1992.9.25. 92다21258).

③ 전소유자가 사망한 이후에 그 명의의 신청에 의하여 이루어진 이전등기는 일단 원인무효의 등기라고 볼 것이어서 등기의 추정력을 인정할 여지가 없으므로 <u>그 등기의 유효를 주장하는 자가 현재의 실체관계와 부합함을 입증할 책임이 있다</u>(대판 1983.8.23. 83다카597).

④ 가등기는 부동산등기법 제6조 제2항의 규정에 의하여 그 본등기 시에 본등기의 순위를 가등기의 순위에 의하도록 하는 순위보전적 효력만이 있을 뿐이고, 가등기만으로는 아무런 실체법상 효력을 갖지 아니하고 그 본등기를 명하는 판결이 확정된 경우라도 본등기를 경료하기까지는 마찬가지이므로, 중복된 소유권보존등기가 무효이더라도 가등기권리자는 그 말소를 청구할 권리가 없다(대판 2001.3.23. 2000다51285).

⑤ 폐쇄등기기록에는 통상의 등기기록과 같은 등기의 효력이 인정되지 않고, 폐쇄등기기록에 기록된 등기사항에 관한 경정, 변경 또는 말소등기도 할 수 없다.

24 정답 ②

해설 ㄱ. (×) 부동산등기법 제85조 제1항 제3호

관계법령	**촉탁에 의한 신탁변경등기(부동산등기법 제85조 제1항)**

<u>법원은 다음 각 호의 어느 하나에 해당하는 재판을 한 경우 지체 없이 신탁원부 기록의 변경등기를 등기소에 촉탁하여야 한다.</u>
  1. 수탁자 해임의 재판
  2. 신탁관리인의 선임 또는 해임의 재판
  3. <u>신탁 변경의 재판</u>

ㄴ. (○) 부동산등기규칙 제143조

ㄷ. (○) 부동산등기법 제85조의2 제1호

관계법령	**직권에 의한 신탁변경등기(부동산등기법 제85조의2)**

등기관이 신탁재산에 속하는 부동산에 관한 권리에 대하여 다음 각 호의 어느 하나에 해당하는 등기를 할 경우 직권으로 그 부동산에 관한 신탁원부 기록의 변경등기를 하여야 한다.
  1. <u>수탁자의 변경으로 인한 이전등기</u>
  2. 여러 명의 수탁자 중 1인의 임무 종료로 인한 변경등기
  3. 수탁자인 등기명의인의 성명 및 주소(법인인 경우에는 그 명칭 및 사무소 소재지를 말한다)에 관한 변경등기 또는 경정등기

ㄹ. (×) 부동산등기법 제82조 제2항

관계법령	**신탁등기의 신청방법(부동산등기법 제82조)**

① 신탁등기의 신청은 해당 부동산에 관한 권리의 설정등기, 보존등기, 이전등기 또는 변경등기의 신청과 동시에 하여야 한다.
② 수익자나 위탁자는 수탁자를 대위하여 신탁등기를 신청할 수 있다. <u>이 경우 제1항은 적용하지 아니한다.</u>

2020년 제31회 정답 및 해설

● 문제편 207p

01	02	03	04	05	06	07	08	09	10	11	12	13	14	15	16	17	18	19	20
②	⑤	②	③	③	①	⑤	③	④	④	①	①	④	④	①	④	⑤	②	③	①

21	22	23	24
③	⑤	②	③

01 정답 ②

해설　①·② 지적소관청은 해당 청사에 지적서고를 설치하고 그곳에 지적공부(정보처리시스템을 통하여 기록·저장한 경우는 제외한다)를 영구히 보존하여야 하며, ㉠ 천재지변이나 그 밖에 이에 준하는 재난을 피하기 위하여 필요한 경우, ㉡ 관할 시·도지사 또는 대도시 시장의 승인을 받은 경우 외에는 해당 청사 밖으로 지적공부를 반출할 수 없다(공간정보의 구축 및 관리 등에 관한 법률 제69조 제1항).
③ 공간정보의 구축 및 관리 등에 관한 법률 시행규칙 제65조 제1항
④ 일람도·지번색인표 및 지적도면은 지번부여지역별로 도면번호순으로 보관하되, 각 장별로 보호대에 넣어야 한다(공간정보의 구축 및 관리 등에 관한 법률 시행규칙 제66조 제2항).
⑤ 부책(簿冊)으로 된 토지대장·임야대장 및 공유지연명부는 지적공부보관상자에 넣어 보관하고, 카드로 된 토지대장·임야대장·공유지연명부·대지권등록부 및 경계점좌표등록부는 100장 단위로 바인더(Binder)에 넣어 보관하여야 한다(공간정보의 구축 및 관리 등에 관한 법률 시행규칙 제66조 제1항).

02 정답 ⑤

해설　①·② 경계, 건축물 및 구조물 등의 위치는 지적도 및 임야도의 등록사항이다(공간정보의 구축 및 관리 등에 관한 법률 제72조, 동법 시행규칙 제69조 제2항 참고).
③ 토지의 이동사유는 토지대장과 임야대장의 등록사항이다(공간정보의 구축 및 관리 등에 관한 법률 제71조 제1항, 동법 시행규칙 제68조 제2항 참고).
④ 지목은 토지대장과 임야대장, 지적도 및 임야도의 등록사항이다(공간정보의 구축 및 관리 등에 관한 법률 제71조 제1항, 제72조).
⑤ 토지소유자가 변경된 날과 그 원인은 토지대장·임야대장·공유지연명부·대지권등록부의 공통된 등록사항이다.

알아보기	지적공부의 등록사항

[1] **토지대장과 임야대장의 등록사항(공간정보의 구축 및 관리 등에 관한 법률 제71조 제1항)**
　1. 토지의 소재
　2. 지 번
　3. 지 목
　4. 면 적

5. 소유자의 성명 또는 명칭, 주소 및 주민등록번호(국가, 지방자치단체, 법인, 법인 아닌 사단이나 재단 및 외국인의 경우에는 부동산등기법에 따라 부여된 등록번호를 말한다)
6. 그 밖에 국토교통부령으로 정하는 사항(동법 시행규칙 제68조 제2항)
   • 토지의 고유번호(각 필지를 서로 구별하기 위하여 필지마다 붙이는 고유한 번호를 말한다. 이하 같다)
   • 지적도 또는 임야도의 번호와 필지별 토지대장 또는 임야대장의 장번호 및 축척
   • 토지의 이동사유
   • 토지소유자가 변경된 날과 그 원인
   • 토지등급 또는 기준수확량등급과 그 설정 · 수정 연월일
   • 개별공시지가와 그 기준일
   • 그 밖에 국토교통부장관이 정하는 사항

[2] 공유지연명부의 등록사항(공간정보의 구축 및 관리 등에 관한 법률 제71조 제2항)
   1. 토지의 소재
   2. 지 번
   3. 소유권 지분
   4. 소유자의 성명 또는 명칭, 주소 및 주민등록번호
   5. 그 밖에 국토교통부령으로 정하는 사항(동법 시행규칙 제68조 제3항)
      • 토지의 고유번호
      • 필지별 공유지연명부의 장번호
      • 토지소유자가 변경된 날과 그 원인

[3] 대지권등록부의 등록사항(공간정보의 구축 및 관리 등에 관한 법률 제71조 제3항)
   1. 토지의 소재
   2. 지 번
   3. 대지권 비율
   4. 소유자의 성명 또는 명칭, 주소 및 주민등록번호
   5. 그 밖에 국토교통부령으로 정하는 사항(동법 시행규칙 제68조 제4항)
      • 토지의 고유번호
      • 전유부분(專有部分)의 건물표시
      • 건물의 명칭
      • 집합건물별 대지권등록부의 장번호
      • 토지소유자가 변경된 날과 그 원인
      • 소유권 지분

[4] 지적도 및 임야도의 등록사항(공간정보의 구축 및 관리 등에 관한 법률 제72조)
   1. 토지의 소재
   2. 지 번
   3. 지 목
   4. 경 계
   5. 그 밖에 국토교통부령으로 정하는 사항(동법 시행규칙 제69조 제2항)
      • 지적도면의 색인도(인접도면의 연결순서를 표시하기 위하여 기재한 도표와 번호를 말한다)
      • 지적도면의 제명 및 축척
      • 도곽선(圖廓線)과 그 수치

- 좌표에 의하여 계산된 경계점 간의 거리(경계점좌표등록부를 갖춰 두는 지역으로 한정한다)
- 삼각점 및 지적기준점의 위치
- 건축물 및 구조물 등의 위치
- 그 밖에 국토교통부장관이 정하는 사항

03 정답 ②

해설

① 지하에서 온수·약수·석유류 등이 용출되는 용출구(湧出口)와 그 유지(維持)에 사용되는 부지는 광천지이다(공간정보의 구축 및 관리 등에 관한 법률 시행령 제58조 제6호 본문).

② 공간정보의 구축 및 관리 등에 관한 법률 시행령 제58조 제28호 다목

③ 산림 및 원야(原野)를 이루고 있는 수림지(樹林地)·죽림지·암석지·자갈땅·모래땅·습지·황무지 등의 토지는 임야이다(공간정보의 구축 및 관리 등에 관한 법률 시행령 제58조 제5호).

④ 물건 등을 보관하거나 저장하기 위하여 독립적으로 설치된 보관시설물의 부지와 이에 접속된 부속시설물의 부지는 창고용지이다(공간정보의 구축 및 관리 등에 관한 법률 시행령 제58조 제13호).

⑤ 일반공중의 위락·휴양 등에 적합한 시설물을 종합적으로 갖춘 수영장·유선장(遊船場)·낚시터·어린이놀이터·동물원·식물원·민속촌·경마장·야영장 등의 토지와 이에 접속된 부속시설물의 부지는 유원지이다(공간정보의 구축 및 관리 등에 관한 법률 시행령 제58조 제24호).

관계법령 **잡종지(공간정보의 구축 및 관리 등에 관한 법률 시행령 제58조)**

28. 다음 각 목의 토지. 다만, 원상회복을 조건으로 돌을 캐내는 곳 또는 흙을 파내는 곳으로 허가된 토지는 제외한다.
  가. 갈대밭, 실외에 물건을 쌓아 두는 곳, 돌을 캐내는 곳, 흙을 파내는 곳, 야외시장 및 공동우물
  나. 변전소, 송신소, 수신소 및 송유시설 등의 부지
  다. 여객자동차터미널, 자동차운전학원 및 폐차장 등 자동차와 관련된 독립적인 시설물을 갖춘 부지
  라. 공항시설 및 항만시설 부지
  마. 도축장, 쓰레기처리장 및 오물처리장 등의 부지
  바. 그 밖에 다른 지목에 속하지 않는 토지

04 정답 ③

해설 축척변경의 시행자 선정 및 평가방법은 축척변경의 시행공고사항이 아니다.

관계법령 **축척변경시행공고 등(공간정보의 구축 및 관리 등에 관한 법률 시행령 제71조 제1항)**

지적소관청은 시·도지사 또는 대도시 시장으로부터 축척변경승인을 받았을 때에는 지체 없이 다음의 사항을 20일 이상 공고하여야 한다.
  1. 축척변경의 목적, 시행지역 및 시행기간
  2. 축척변경의 시행에 관한 세부계획
  3. 축척변경의 시행에 따른 청산방법
  4. 축척변경의 시행에 따른 토지소유자 등의 협조에 관한 사항

05 정답 ③

해설 ① 공간정보의 구축 및 관리 등에 관한 법률 제74조
② 공간정보의 구축 및 관리 등에 관한 법률 시행령 제61조 제1항
③ 지적공부의 복구자료는 ⊙ 지적공부의 등본, ⓒ 측량결과도, ⓒ 토지이동정리 결의서, ⓔ 토지(건물)등기사항증명서 등 등기사실을 증명하는 서류, ⓜ 지적소관청이 작성하거나 발행한 지적공부의 등록내용을 증명하는 서류, ⓗ 복제된 지적공부, ⓢ 법원의 확정판결서 정본 또는 사본이고(공간정보의 구축 및 관리 등에 관한 법률 시행규칙 제72조), 개별공시지가자료, 측량신청서 및 측량준비도는 지적공부의 복구자료에 해당하지 아니한다.
④ 공간정보의 구축 및 관리 등에 관한 법률 시행규칙 제73조 제2항
⑤ 공간정보의 구축 및 관리 등에 관한 법률 시행규칙 제73조 제3항

06 정답 ①

해설 임야대장의 면적과 등록전환될 면적의 차이가 오차허용범위의 계산식에 따른 허용범위 이내인 경우에는 등록전환될 면적을 등록전환면적으로 결정하고, 허용범위를 초과하는 경우에는 임야대장의 면적 또는 임야도의 경계를 지적소관청이 직권으로 정정하여야 한다(공간정보의 구축 및 관리 등에 관한 법률 시행령 제19조 제1항 제1호 나목).

07 정답 ⑤

해설 교통운수를 위하여 일정한 궤도 등의 설비와 형태를 갖추어 이용되는 토지와 이에 접속된 역사(驛舍)·차고·발전시설 및 공작창(工作廠) 등 부속시설물의 부지는 철도용지이다(공간정보의 구축 및 관리 등에 관한 법률 시행령 제58조 제15호).

관계법령	도로(공간정보의 구축 및 관리 등에 관한 법률 시행령 제58조)

14. 다음 각 목의 토지. 다만, 아파트·공장 등 단일용도의 일정한 단지 안에 설치된 통로 등은 제외한다.
　가. 일반공중(公衆)의 교통운수를 위하여 보행이나 차량운행에 필요한 일정한 설비 또는 형태를 갖추어 이용되는 토지
　나. 도로법 등 관계법령에 따라 도로로 개설된 토지
　다. 고속도로의 휴게소 부지
　라. 2필지 이상에 진입하는 통로로 이용되는 토지

08 정답 ③

해설 지적재조사 기본계획의 수립 및 변경에 관한 사항은 중앙지적재조사위원회의 심의·의결사항이다(지적재조사에 관한 특별법 제28조 제2항 참고).

> **관계법령** 지적위원회(공간정보의 구축 및 관리 등에 관한 법률 제28조 제1항)
>
> 다음 각 호의 사항을 심의·의결하기 위하여 국토교통부에 중앙지적위원회를 둔다.
> 1. 지적 관련 정책개발 및 업무개선 등에 관한 사항
> 2. 지적측량기술의 연구·개발 및 보급에 관한 사항
> 3. 지적측량 적부심사(適否審査)에 대한 재심사(再審査)
> 4. 측량기술자 중 지적분야 측량기술자(이하 "지적기술자"라 한다)의 양성에 관한 사항
> 5. 지적기술자의 업무정지처분 및 징계요구에 관한 사항

09 정답 ④

해설
- 도시개발법에 따른 도시개발사업, 농어촌정비법에 따른 농어촌정비사업, 그 밖에 대통령령으로 정하는 토지개발사업의 시행자는 대통령령으로 정하는 바에 따라 그 사업의 착수·변경 및 완료사실을 지적소관청에 신고하여야 한다(공간정보의 구축 및 관리 등에 관한 법률 제86조 제1항).
- 도시개발사업 등의 착수·변경 또는 완료사실의 신고는 그 사유가 발생한 날부터 15일 이내에 하여야 한다(공간정보의 구축 및 관리 등에 관한 법률 시행령 제83조 제2항).

10 정답 ④

해설 지적소관청은 등록사항 정정 대상토지에 대한 대장을 열람하게 하거나 등본을 발급하는 때에는 "등록사항 정정 대상토지"라고 적은 부분을 흑백의 반전(反轉)으로 표시하거나 붉은색으로 적어야 한다(공간정보의 구축 및 관리 등에 관한 법률 시행규칙 제94조 제2항).

11 정답 ①

해설 청산금의 납부 및 지급이 완료되었을 때에는 지적소관청은 지체 없이 축척변경의 확정공고를 하여야 한다(공간정보의 구축 및 관리 등에 관한 법률 시행령 제78조 제1항).

12 정답 ①

해설 지적측량기준점성과 또는 그 측량부를 열람하거나 등본을 발급받으려는 자는 지적삼각점성과에 대해서는 특별시장·광역시장·특별자치시장·도지사·특별자치도지사(이하 "시·도지사"라 한다) 또는 지적소관청에 신청하고, 지적삼각보조점성과 및 지적도근점성과에 대해서는 지적소관청에 신청하여야 한다(공간정보의 구축 및 관리 등에 관한 법률 시행규칙 제26조 제1항).

13 정답 ④

해설 ㄱ. (○) 대위신청에 의한 등기는 채권자가 채무자의 등기신청권을 대위하는 것이므로, 그 전제로서 채무자에게 등기신청권이 있어야 한다.

ㄴ. (×) 대위등기신청에서의 신청인은 대위자이다(부동산등기규칙 제50조 제2호 참고).

ㄷ. (○) 부동산등기규칙 제50조

ㄹ. (○) 부동산등기규칙 제53조 제1항 제2호

14 정답 ④

해설 ① 저당권부 채권에 대한 질권의 설정등기는 할 수 있다(부동산등기법 제76조 제1항 참고).

② 등기의 순서는 등기기록 중 같은 구(區)에서 한 등기 상호 간에는 순위번호에 따르고, 다른 구에서 한 등기 상호 간에는 접수번호에 따른다(부동산등기법 제4조 제2항).

③ 종중(宗中), 문중(門中), 그 밖에 대표자나 관리인이 있는 법인 아닌 사단(社團)이나 재단(財團)에 속하는 부동산의 등기에 관하여는 그 사단이나 재단을 등기권리자 또는 등기의무자로 한다(부동산등기법 제26조 제1항).

④ 등기원인이 발생한 후에 등기권리자 또는 등기의무자에 대하여 상속이나 그 밖의 포괄승계가 있는 경우에는 상속인이나 그 밖의 포괄승계인이 그 등기를 신청할 수 있으므로(부동산등기법 제27조) 상속인은 당해 부동산에 관하여 상속등기를 거칠 필요 없이 상속을 증명하는 서면을 첨부하여 피상속인으로부터 바로 매수인 앞으로 소유권이전등기를 신청할 수 있다(등기선례 제6-216호).

⑤ 구분건물로서 그 대지권의 변경이나 소멸이 있는 경우에는 구분건물의 소유권의 등기명의인은 1동의 건물에 속하는 다른 구분건물의 소유권의 등기명의인을 대위하여 그 등기를 신청할 수 있다(부동산등기법 제41조 제3항).

15 정답 ①

해설 ㄱ. (○) 부동산등기법 제99조 제1항

ㄴ. (×) 등기관이 수용으로 인한 소유권이전등기를 하는 경우 그 부동산의 등기기록 중 소유권, 소유권 외의 권리, 그 밖의 처분제한에 관한 등기가 있으면 그 등기를 직권으로 말소하여야 한다. 다만, 그 부동산을 위하여 존재하는 지역권의 등기 또는 토지수용위원회의 재결로써 존속이 인정된 권리의 등기는 그러하지 아니하다(부동산등기법 제99조 제4항).

ㄷ. (○) 부동산등기법 제97조 제1호

ㄹ. (×) 등기 후 등기사항에 변경이 생겨 등기와 실체관계가 일치하지 아니할 때에는 변경등기를 신청하여야 한다.

16 정답 ④

해설

> 절차법상의 등기권리자 및 등기의무자는 실체법을 배제하고 순수하게 등기기록의 형식으로만 판단하므로, 등기부의 형식상 신청하는 그 등기에 의하여 권리를 얻거나 기타 이익을 받는 자는 등기권리자가 되고, 그 반대의 경우는 등기의무자가 된다.

ㄱ. (○) 甲 소유로 등기된 토지에 설정된 乙 명의의 근저당권을 丙에게 이전하는 등기를 신청하는 경우, 근저당권을 취득하게 되는 丙이 등기권리자가 되고, 근저당권을 상실하는 乙이 등기의무자가 된다.

ㄴ. (✕) 甲에서 乙로, 乙에서 丙으로 순차로 소유권이전등기가 이루어졌으나, 乙 명의의 등기가 원인무효임을 이유로 甲이 丙을 상대로 丙 명의의 등기말소를 명하는 확정판결을 얻은 경우, 그 판결에 따른 등기에 있어서 丙 명의의 소유권이전등기가 말소되는 것이므로, 丙이 등기의무자가 되고, 등기부의 형식상 권리를 회복하는 <u>乙이 등기권리자가 된다</u>.

ㄷ. (○) 채무자 甲에서 乙로 소유권이전등기가 이루어졌으나, 甲의 채권자 丙이 등기원인이 사해행위임을 이유로 그 소유권이전등기의 말소판결을 받은 경우, 등기부의 형식상 소유명의를 회복하는 甲이 등기권리자가 된다.

17 정답 ⑤

해설

ㄱ. (✕) 등기관이 소유권보존등기를 할 때에는 등기원인과 그 연월일을 <u>기록하지 아니한다</u>(부동산등기법 제64조).

ㄴ. (○) 등기관이 미등기부동산에 대하여 법원의 촉탁에 따라 소유권의 처분제한의 등기를 할 때에는 직권으로 소유권보존등기를 하고, 처분제한의 등기를 명하는 법원의 재판에 따라 소유권의 등기를 한다는 뜻을 기록하여야 한다(부동산등기법 제66조 제1항).

ㄷ. (○) 부동산등기법 제67조 제1항

18 정답 ②

해설

① 민법 제294조, 제245조 제1항

② 등기관이 승역지에 지역권설정의 등기를 하였을 때에는 직권으로 요역지의 등기기록에 순위번호, 등기목적, <u>승역지</u>, 지역권 설정의 목적, 범위 및 등기연월일을 기록하여야 한다(부동산등기법 제71조 제1항).

③ 임대차 차임지급시기는 임의적 기록사항이므로(부동산등기법 제74조), 임차권등기에 이를 기록하지 아니하더라도 그 등기는 유효하다.

④ 부동산등기규칙 제126조 제2항

⑤ 부동산등기법 제73조 제2항

19 정답 ③

해설 ① 등기관이 갑구 또는 을구에 권리에 관한 등기를 할 때에는 순위번호, 등기목적, 접수연월일 및 접수번호, 등기원인 및 그 연월일, 권리자의 사항을 기록하여야 한다(부동산등기법 제48조 제1항). 즉, 표시번호는 등기부 갑구(甲區)와 을구(乙區)의 필수적 등기사항이 아니다.
② 부동산등기법 제48조 제4항
③ 권리의 변경등기는 등기상 이해관계 있는 제3자의 승낙이 있는 경우에는 부기등기로 하여야 하나, 그 승낙이 없는 경우에는 <u>주등기</u>로 하여야 한다(부동산등기법 제52조 제5호).
④ 부동산등기법 제56조
⑤ 부동산등기법 제62조 제2호

관계법령 부기로 하는 등기(부동산등기법 제52조)

등기관이 다음 각 호의 등기를 할 때에는 부기로 하여야 한다. 다만, <u>제5호의 등기는 등기상 이해관계 있는 제3자의 승낙이 없는 경우에는 그러하지 아니하다.</u>
  1. 등기명의인표시의 변경이나 경정의 등기
  2. 소유권 외의 권리의 이전등기
  3. 소유권 외의 권리를 목적으로 하는 권리에 관한 등기
  4. 소유권 외의 권리에 대한 처분제한등기
  5. <u>권리의 변경이나 경정의 등기</u>
  6. 환매특약등기
  7. 권리소멸약정등기
  8. 공유물 분할금지의 약정등기
  9. 그 밖에 대법원규칙으로 정하는 등기

---

20 정답 ①

해설 ① 공용부분이라는 뜻을 정한 규약을 폐지한 경우에 공용부분의 취득자는 지체 없이 <u>소유권보존등기</u>를 신청하여야 한다(부동산등기법 제47조 제2항).
② 부동산등기법 제40조 제2항
③ 부동산등기법 제44조 제1항
④ 부동산등기법 제40조 제1항 제3호
⑤ 부동산등기법 제53조

---

21 정답 ③

해설 ㄱ. (×) 이의에는 <u>집행정지의 효력이 없다</u>(부동산등기법 제104조).
ㄴ. (×) 새로운 사실이나 새로운 증거방법을 근거로 이의신청을 할 수는 <u>없다</u>(부동산등기법 제102조).
ㄷ. (○) 부동산등기법 제100조
ㄹ. (×) 등기관은 이의가 이유 없다고 인정하면 이의신청일부터 3일 이내에 의견을 붙여 이의신청서를 <u>관할 지방법원에</u> 보내야 한다(부동산등기법 제103조 제2항).

22 정답 ⑤

해설 ① 부동산등기법 제89조
② 부동산등기법 제93조 제1항
③ 부동산등기법 제93조 제2항
④ 부동산등기법 제88조
⑤ 가등기를 명하는 가처분명령은 <u>부동산의 소재지를 관할하는</u> 지방법원이 가등기권리자의 신청으로 가등기 원인사실의 소명이 있는 경우에 할 수 있다(부동산등기법 제90조 제1항).

23 정답 ②

해설 ① · ② 등기관은 저당권의 내용이 근저당권인 경우에는 ㉠ 채권의 최고액, ㉡ 채무자의 성명 또는 명칭과 주소 또는 사무소 소재지, ㉢ 민법 제358조 단서의 약정, ㉣ 존속기간의 사항을 기록하여야 한다. 다만, ㉢ 및 ㉣은 등기원인에 그 약정이 있는 경우에만 기록한다(부동산등기법 제75조 제2항). 한편, 근저당권은 피담보채권이 확정되어야 변제기가 도래하므로 변제기는 등기할 사항이 아니다.
③ 근저당권은 채권의 원본뿐만 아니라 이자 또는 위약금이나 지연배상 등을 모두 채권최고액의 범위 내에서 담보하므로 채권최고액에 포함되는 이자 또는 위약금이나 <u>지연배상액 등은 등기할 사항이 아니고 등기하지 아니하여도 근저당권에 의하여 담보된다.</u>
④ 근저당설정등기를 함에 있어 그 근저당권의 채권자 또는 채무자가 수인일지라도 단일한 채권최고액만을 기록하여야 하고, <u>각 채권자 또는 채무자별로 채권최고액을 구분하여 기록할 수 없다</u>(등기예규 제1656호 제2조 제1항).
⑤ 등기절차의 이행 또는 인수를 명하는 판결에 의한 등기는 승소한 등기권리자 또는 등기의무자가 <u>단독으로 신청한다</u>(부동산등기법 제23조 제4항 전단).

24 정답 ③

해설 ① 수익자나 위탁자는 수탁자를 대위하여 신탁등기를 <u>신청할 수 있다</u>(부동산등기법 제82조 제2항 전단).
② 신탁등기의 말소등기는 수탁자가 <u>단독으로 신청할 수 있다</u>(부동산등기법 제87조 제3항).
③ 부동산등기법 제84조 제1항
④ 신탁재산에 속한 권리가 이전, 변경 또는 소멸됨에 따라 신탁재산에 속하지 아니하게 된 경우 신탁등기의 말소신청은 신탁된 권리의 이전등기, 변경등기 또는 말소등기의 신청과 <u>동시에 하여야 한다</u>(부동산등기법 제87조 제1항).
⑤ 위탁자와 수익자가 합의로 적법하게 수탁자를 해임함에 따라 수탁자의 임무가 종료된 경우, 신 수탁자는 <u>단독으로</u> 신탁재산에 속하는 부동산에 관한 권리이전등기를 <u>신청할 수 있다</u>(부동산등기법 제83조 제2호).

2019년 제30회 정답 및 해설

✔ 문제편 217p

01	02	03	04	05	06	07	08	09	10	11	12	13	14	15	16	17	18	19	20
①	②	④	④	③	①	③	③	②	⑤	④	⑤	⑤	⑤	③	②	④	③	②	①

21	22	23	24
①	④	③	⑤

01 　정답　①

해설　① 유지(溜池) : 물이 고이거나 상시적으로 물을 저장하고 있는 댐·저수지·소류지(沼溜地)·호수·연못 등의 토지와 연·왕골 등이 자생하는 배수가 잘 되지 아니하는 토지(공간정보의 구축 및 관리 등에 관한 법률 시행령 제58조 제19호)

② 양어장 : 육상에 인공으로 조성된 수산생물의 번식 또는 양식을 위한 시설을 갖춘 부지와 이에 접속된 부속시설물의 부지(공간정보의 구축 및 관리 등에 관한 법률 시행령 제58조 제20호)

③ 구거 : 용수(用水) 또는 배수(排水)를 위하여 일정한 형태를 갖춘 인공적인 수로·둑 및 그 부속시설물의 부지와 자연의 유수(流水)가 있거나 있을 것으로 예상되는 소규모 수로부지(공간정보의 구축 및 관리 등에 관한 법률 시행령 제58조 제18호)

④ 답 : 물을 상시적으로 직접 이용하여 벼·연(蓮)·미나리·왕골 등의 식물을 주로 재배하는 토지(공간정보의 구축 및 관리 등에 관한 법률 시행령 제58조 제2호)

⑤ 유원지 : 일반 공중의 위락·휴양 등에 적합한 시설물을 종합적으로 갖춘 수영장·유선장(遊船場)·낚시터·어린이놀이터·동물원·식물원·민속촌·경마장·야영장 등의 토지와 이에 접속된 부속시설물의 부지. 다만, 이들 시설과의 거리 등으로 보아 독립적인 것으로 인정되는 숙식시설 및 유기장(遊技場)의 부지와 하천·구거 또는 유지[공유(公有)인 것으로 한정한다]로 분류되는 것은 제외한다(공간정보의 구축 및 관리 등에 관한 법률 시행령 제58조 제24호).

02 　정답　②

해설

관계법령 **지적위원회(공간정보의 구축 및 관리 등에 관한 법률 제28조 제1항)**

다음 각 호의 사항을 심의·의결하기 위하여 국토교통부에 중앙지적위원회를 둔다.
1. 지적 관련 정책개발 및 업무개선 등에 관한 사항
2. 지적측량기술의 연구·개발 및 보급에 관한 사항
3. 지적측량 적부심사(適否審査)에 대한 재심사(再審査)
4. 측량기술자 중 지적분야 측량기술자(이하 "지적기술자"라 한다)의 양성에 관한 사항
5. 지적기술자의 업무정지처분 및 징계요구에 관한 사항

03 정답 ④

해설 | **관계법령** 지상경계의 구분 등(공간정보의 구축 및 관리 등에 관한 법률 제65조 제2항)

지적소관청은 토지의 이동에 따라 지상경계를 새로 정한 경우에는 다음 각 호의 사항을 등록한 <u>지상경계점등록부</u>를 작성·관리하여야 한다.
1. 토지의 소재
2. 지 번
3. 경계점좌표(경계점좌표등록부 시행지역에 한정한다)
4. <u>경계점위치설명도</u>
5. 그 밖에 국토교통부령으로 정하는 사항(동법 시행규칙 제60조 제2항)
   - 공부상 지목과 실제 토지이용지목
   - 경계점의 사진파일
   - <u>경계점표지의 종류</u> 및 경계점위치

04 정답 ④

해설 | ① 공간정보의 구축 및 관리 등에 관한 법률 제82조 제1항
② 공간정보의 구축 및 관리 등에 관한 법률 제89조 제1항
③ 공간정보의 구축 및 관리 등에 관한 법률 제82조 제3항, 동법 시행령 제68조 제2항
④ 지적소관청은 토지소유자가 통지를 받은 날부터 <u>90일</u> 이내에 등록말소 신청을 하지 아니하면 지적소관청이 직권으로 그 지적공부의 등록사항을 말소하여야 한다(공간정보의 구축 및 관리 등에 관한 법률 제82조 제2항, 동법 시행령 제68조 제1항).
⑤ 공간정보의 구축 및 관리 등에 관한 법률 시행령 제68조 제3항

05 정답 ③

해설 | ㄱ. (○) 축척변경위원회의 회의는 위원장을 포함한 재적위원 과반수의 출석으로 개의(開議)하고, 출석위원 과반수의 찬성으로 의결한다(공간정보의 구축 및 관리 등에 관한 법률 시행령 제81조 제2항).
ㄴ. (×) 축척변경위원회는 5명 이상 <u>10명</u> 이하의 위원으로 구성하되, 위원의 <u>2분의 1</u> 이상을 토지소유자로 하여야 한다. 이 경우 그 축척변경 시행지역의 토지소유자가 5명 이하일 때에는 토지소유자 전원을 위원으로 위촉하여야 한다(공간정보의 구축 및 관리 등에 관한 법률 시행령 제79조 제1항).
ㄷ. (○) 위원은 해당 축척변경 시행지역의 토지소유자로서 지역사정에 정통한 사람, 지적에 관하여 전문지식을 가진 사람 중에서 지적소관청이 위촉한다(공간정보의 구축 및 관리 등에 관한 법률 시행령 제79조 제3항).

06 정답 ①

해설 | ① 정보처리시스템을 통하여 기록·저장된 지적공부(지적도 및 임야도는 제외한다)를 열람하거나 그 등본을 발급받으려는 경우에는 <u>특별자치시장</u>, 시장·군수 또는 구청장이나 읍·면·동의 장에게 신청할 수 있다(공간정보의 구축 및 관리 등에 관한 법률 제75조 제1항 단서).
② 공간정보의 구축 및 관리 등에 관한 법률 제76조의3 제1호
③ 공간정보의 구축 및 관리 등에 관한 법률 시행규칙 제74조 제2항
④ 공간정보의 구축 및 관리 등에 관한 법률 제76조의3 제3호
⑤ 공간정보의 구축 및 관리 등에 관한 법률 제76조의3 제2호

07 정답 ③

해설 관계법령 **등록사항의 직권정정 등(공간정보의 구축 및 관리 등에 관한 법률 시행령 제82조 제1항)**

지적소관청이 지적공부의 등록사항에 잘못이 있는지를 직권으로 조사·측량하여 정정할 수 있는 경우는 다음 각 호와 같다.

1. 토지이동정리 결의서의 내용과 다르게 정리된 경우
2. 지적도 및 임야도에 등록된 필지가 면적의 증감 없이 경계의 위치만 잘못된 경우
3. 1필지가 각각 다른 지적도나 임야도에 등록되어 있는 경우로서 지적공부에 등록된 면적과 측량한 실제면적은 일치하지만 지적도나 임야도에 등록된 경계가 서로 접합되지 않아 지적도나 임야도에 등록된 경계를 지상의 경계에 맞추어 정정하여야 하는 토지가 발견된 경우
4. 지적공부의 작성 또는 재작성 당시 잘못 정리된 경우
5. 지적측량성과와 다르게 정리된 경우
6. 지적공부의 등록사항을 정정하여야 하는 경우
7. 지적공부의 등록사항이 잘못 입력된 경우
8. 부동산등기법에 따른 통지가 있는 경우(지적소관청의 착오로 잘못 합병한 경우만 해당한다)
9. 법률 제2801호 지적법 개정법률 부칙 제3조에 따른 면적 환산이 잘못된 경우

08 정답 ③

해설 관계법령 **면적의 결정 및 측량계산의 끝수처리(공간정보의 구축 및 관리 등에 관한 법률 시행령 제60조 제1항)**

1. 토지의 면적에 1제곱미터 미만의 끝수가 있는 경우 0.5제곱미터 미만일 때에는 버리고 0.5제곱미터를 초과하는 때에는 올리며, 0.5제곱미터일 때에는 구하려는 끝자리의 숫자가 0 또는 짝수이면 버리고 홀수이면 올린다. 다만, 1필지의 면적이 1제곱미터 미만일 때에는 1제곱미터로 한다.
2. 지적도의 축척이 600분의 1인 지역과 경계점좌표등록부에 등록하는 지역의 토지면적은 제1호에도 불구하고 제곱미터 이하 한 자리 단위로 하되, 0.1제곱미터 미만의 끝수가 있는 경우 0.05제곱미터 미만일 때에는 버리고 0.05제곱미터를 초과할 때에는 올리며, 0.05제곱미터일 때에는 구하려는 끝자리의 숫자가 0 또는 짝수이면 버리고 홀수이면 올린다. 다만, 1필지의 면적이 0.1제곱미터 미만일 때에는 0.1제곱미터로 한다.

09 정답 ②

해설 ① 공간정보의 구축 및 관리 등에 관한 법률 시행규칙 제95조 제1항
② 토지의 이동은 토지의 형질변경 등의 공사가 준공된 때에 이루어진 것으로 본다(공간정보의 구축 및 관리 등에 관한 법률 제86조 제3항).
③ 공간정보의 구축 및 관리 등에 관한 법률 시행령 제83조 제1항 제4호·제2항
④ 공간정보의 구축 및 관리 등에 관한 법률 시행령 제83조 제4항
⑤ 공간정보의 구축 및 관리 등에 관한 법률 시행령 제83조 제1항 제2호·제3항

10 정답 ⑤

해설 | **관계법령** **지적측량의 실시 등(공간정보의 구축 및 관리 등에 관한 법률 제23조 제1항)**

1. 지적기준점을 정하는 경우
2. 지적측량성과를 검사하는 경우
3. 다음 각 목의 어느 하나에 해당하는 경우로서 측량을 할 필요가 있는 경우
    가. <u>지적공부를 복구하는 경우</u>(ㄴ)
    나. <u>토지를 신규등록하는 경우</u>(ㄱ)
    다. 토지를 등록전환하는 경우
    라. 토지를 분할하는 경우
    마. <u>바다가 된 토지의 등록을 말소하는 경우</u>(ㄹ)
    바. 축척을 변경하는 경우
    사. 지적공부의 등록사항을 정정하는 경우
    아. 도시개발사업 등의 시행지역에서 토지의 이동이 있는 경우
    자. <u>지적재조사에 관한 특별법에 따른 지적재조사사업에 따라 토지의 이동이 있는 경우</u>(ㄷ)
4. 경계점을 지상에 복원하는 경우
5. 그 밖에 대통령령으로 정하는 경우

11 정답 ④

해설 | **관계법령** **지목의 표기방법(공간정보의 구축 및 관리 등에 관한 법률 시행규칙 제64조)**

지 목	부 호	지 목	부 호	지 목	부 호
전	전	주차장	차	수도용지	수
답	답	주유소용지	주	공 원	공
과수원	과	창고용지	창	체육용지	체
목장용지	목	<u>도 로</u>	<u>도</u>	<u>유원지</u>	<u>원</u>
임 야	임	철도용지	철	종교용지	종
<u>광천지</u>	광	제 방	<u>제</u>	사적지	사
염 전	염	하 천	천	묘 지	묘
대	대	구 거	구	잡종지	잡
<u>공장용지</u>	장	유 지	유		
학교용지	학	양어장	양		

* 두 번째 글자를 사용한 경우(나머지는 첫 글자로 암기) : 공장용지(장), 주차장(차), 하천(천), 유원지(원)

12 정답 ⑤

해설 ① 공간정보의 구축 및 관리 등에 관한 법률 제26조 제1항 제2호
② 공간정보의 구축 및 관리 등에 관한 법률 시행령 제56조 제3항 제4호
③ 공간정보의 구축 및 관리 등에 관한 법률 제26조 제1항 제1호
④ 공간정보의 구축 및 관리 등에 관한 법률 시행령 제84조 제1항 제3호·제2항
⑤ 토지소유자는 주택법에 따른 공동주택의 부지, 도로, 제방, 하천, 구거, 유지, 그 밖에 대통령령으로 정하는 토지로서 합병하여야 할 토지가 있으면 그 사유가 발생한 날부터 60일 이내에 지적소관청에 합병을 신청하여야 한다(공간정보의 구축 및 관리 등에 관한 법률 제80조 제2항).

13 정답 ⑤

해설 ① 등기의무자(매도인)의 등기인수청구권에 의한 등기나, 채권자대위신청에 의한 등기의 경우 실체법상 등기권리자와 절차법상 등기권리자는 일치하지 않는다.
② 실체법상 등기권리자는 등기청구권, 즉 등기 신청에 협력할 것을 요구할 권리를 가진 자이며, 실체법상 등기의무자는 등기협력의무를 지는 자이다.
③ 절차법상 등기의무자에 해당하는지 여부는 등기부상으로 형식적으로 판단하는 것이지, 실제로 이익이나 손해가 발생할 것을 고려하는 것은 아니다.
④ 저당권설정등기를 말소하는 경우, 저당권설정자는 제한되어 있던 사용·수익권능을 회복하므로, 甲이 절차법상 등기권리자가 된다.
⑤ 부동산이 甲 → 乙 → 丙으로 매도되었으나, 등기명의가 甲에게 남아 있어 丙이 乙을 대위하여 소유권이전등기를 신청하는 경우, 절차법상 등기권리자는 乙이 되고, 실체법상 등기권리자는 丙이 된다.

14 정답 ⑤

해설

관계법령 **신청의 각하(부동산등기법 제29조)**

등기관은 다음 각 호의 어느 하나에 해당하는 경우에만 이유를 적은 결정으로 신청을 각하(却下)하여야 한다. 다만, 신청의 잘못된 부분이 보정(補正)될 수 있는 경우로서 신청인이 등기관이 보정을 명한 날의 다음 날까지 그 잘못된 부분을 보정하였을 때에는 그러하지 아니하다.
1. 사건이 그 등기소의 관할이 아닌 경우
2. 사건이 등기할 것이 아닌 경우

사건이 등기할 것이 아닌 경우(부동산등기규칙 제52조)
1. 등기능력 없는 물건 또는 권리에 대한 등기를 신청한 경우
2. 법령에 근거가 없는 특약사항의 등기를 신청한 경우
3. 구분건물의 전유부분과 대지사용권의 분리처분 금지에 위반한 등기를 신청한 경우
4. 농지를 전세권설정의 목적으로 하는 등기를 신청한 경우
5. 저당권을 피담보채권과 분리하여 양도하거나, 피담보채권과 분리하여 다른 채권의 담보로 하는 등기를 신청한 경우
6. 일부 지분에 대한 소유권보존등기를 신청한 경우
7. 공동상속인 중 일부가 자신의 상속지분만에 대한 상속등기를 신청한 경우
8. 관공서 또는 법원의 촉탁으로 실행되어야 할 등기를 신청한 경우
9. 이미 보존등기된 부동산에 대하여 다시 보존등기를 신청한 경우
10. 그 밖에 신청취지 자체에 의하여 법률상 허용될 수 없음이 명백한 등기를 신청한 경우

3. 신청할 권한이 없는 자가 신청한 경우
4. 등기를 신청할 때에 당사자나 그 대리인이 출석하지 아니한 경우
5. 신청정보의 제공이 대법원규칙으로 정한 방식에 맞지 아니한 경우
6. 신청정보의 부동산 또는 등기의 목적인 권리의 표시가 등기기록과 일치하지 아니한 경우
7. 신청정보의 등기의무자의 표시가 등기기록과 일치하지 아니한 경우. 다만, 포괄승계인이 등기 신청을 하는 경우는 제외한다.
8. 신청정보와 등기원인을 증명하는 정보가 일치하지 아니한 경우
9. 등기에 필요한 첨부정보를 제공하지 아니한 경우
10. 취득세(지방세법에 따라 분할납부하는 경우에는 등기하기 이전에 분할납부하여야 할 금액을 말한다), 등록면허세(등록에 대한 등록면허세만 해당한다) 또는 수수료를 내지 아니하거나 등 기신청과 관련하여 다른 법률에 따라 부과된 의무를 이행하지 아니한 경우
11. 신청정보 또는 등기기록의 부동산의 표시가 토지대장·임야대장 또는 건축물대장과 일치하지 아니한 경우

15   정답   ③

해설   ① 부동산등기규칙 제109조 제2항 제3호
② 부동산등기법 제50조 제1항
③ 과거의 등기필증과 마찬가지로 등기필정보는 재교부하지 아니한다. 등기필정보가 없는 경우에는 등기 의무자등이 등기소에 출석하여 등기관으로부터 등기의무자등임을 확인하는 조서를 받거나, 등기신청인 의 대리인(변호사나 법무사만을 말한다)이 등기의무자등으로부터 위임받음을 확인하는 서류를 제출 하거나, 신청서(위임에 의한 대리인이 신청하는 경우에는 그 권한을 증명하는 서면을 말한다) 중 등기의 무자등의 작성부분에 관하여 공증(公證)을 받는 방법으로 등기신청이 가능하다(부동산등기법 제51조 참고).
④ 부동산등기법 제50조 제2항
⑤ 부동산등기규칙 제109조 제2항 제5호

관계법령

등기필정보(부동산등기법 제50조)
① 등기관이 새로운 권리에 관한 등기를 마쳤을 때에는 등기필정보를 작성하여 등기권리자에게 통지 하여야 한다. 다만, 다음 각 호의 어느 하나에 해당하는 경우에는 그러하지 아니하다.
1. 등기권리자가 등기필정보의 통지를 원하지 아니하는 경우
2. 국가 또는 지방자치단체가 등기권리자인 경우
3. 제1호 및 제2호에서 규정한 경우 외에 대법원규칙으로 정하는 경우

> **등기필정보를 작성 또는 통지할 필요가 없는 경우(부동산등기규칙 제109조)**
> 1. 등기필정보를 전산정보처리조직으로 통지받아야 할 자가 수신이 가능한 때부터 3개 월 이내에 전산정보처리조직을 이용하여 수신하지 않은 경우
> 2. 등기필정보통지서를 수령할 자가 등기를 마친 때부터 3개월 이내에 그 서면을 수령하 지 않은 경우
> 3. 승소한 등기의무자가 등기신청을 한 경우
> 4. 등기권리자를 대위하여 등기신청을 한 경우
> 5. 등기관이 직권으로 소유권보존등기를 한 경우

② 등기권리자와 등기의무자가 공동으로 권리에 관한 등기를 신청하는 경우에 신청인은 그 신청정보와 함께 제1항에 따라 통지받은 등기의무자의 등기필정보를 등기소에 제공하여야 한다. 승소한 등기의무자가 단독으로 권리에 관한 등기를 신청하는 경우에도 또한 같다.

등기필정보가 없는 경우(부동산등기법 제51조)
등기의무자의 등기필정보가 없을 때에는 등기의무자 또는 그 법정대리인(이하 "등기의무자등"이라 한다)이 등기소에 출석하여 등기관으로부터 등기의무자등임을 확인받아야 한다. 다만, 등기신청인의 대리인(변호사나 법무사만을 말한다)이 등기의무자등으로부터 위임받았음을 확인한 경우 또는 신청서(위임에 의한 대리인이 신청하는 경우에는 그 권한을 증명하는 서면을 말한다) 중 등기의무자등의 작성 부분에 관하여 공증(公證)을 받은 경우에는 그러하지 아니하다.

16 정답 ②

해설
① 민법 제186조
② 대리인은 본인의 허락이 없으면 본인을 위하여 자기와 법률행위를 하거나 동일한 법률행위에 관하여 당사자 쌍방을 대리하지 못한다. 그러나 채무의 이행은 할 수 있다(민법 제124조). 등기신청행위는 권리변동을 위한 법률행위가 행하여진 다음에 그 권리변동을 위하여 법률이 요구하는 또 하나의 요건인 등기라는 공시방법을 갖추기 위한 행위이므로 '채무의 이행'에 준하는 것으로 볼 수 있다. 따라서 자기계약에 해당하지만 乙은 甲의 위임을 받아 그의 대리인으로서 소유권이전등기를 신청할 수 있다.
③ 등기권리자(乙)가 소유권이전등기신청에 협조하지 아니하는 경우, 등기의무자(甲)가 등기권리자에게 등기신청에 협조할 것을 소구(訴求)할 수 있는 등기인수청구권이 인정될 수 있는가에 대한 문제이다. 판례는 부동산등기법 제29조[현 제23조 제4항(註)]를 근거로 등기인수청구권을 인정하고 있다(대판 2001.2.9. 2000다60708 참고).
④ 부동산등기법 제23조 제4항
⑤ 등기관이 등기를 마친 경우 그 등기는 접수한 때부터 효력을 발생한다(부동산등기법 제6조 제2항).

17 정답 ④

해설
① 부동산등기법 제3조에서 규정하고 있는 물권 또는 부동산임차권의 변동을 목적으로 하는 청구권에 관해서만 가등기를 할 수 있다. 따라서 소유권보존등기의 가등기는 할 수 없다(등기예규 제1632호 2. 가.).
② 그 청구권이 시기부 또는 정지조건부일 경우나 그 밖에 장래에 확정될 것인 경우에도 가등기를 할 수 있다(부동산등기법 제88조 후단).
③ 가등기에 의한 본등기의 신청에 있어서 등기권리자는 그 신청 시의 가등기명의인이 될 것이고, 가등기상 권리의 이전등기는 허용되므로(대판 1998.11.19. 98다24105), 가등기된 권리의 이전등기가 제3자에게 마쳐진 경우, 그 제3자가 본등기의 권리자가 된다.
④ 하나의 가등기에 관하여 여러 사람의 가등기권자가 있는 경우에, 가등기권자 모두가 공동의 이름으로 본등기를 신청하거나, 그중 일부의 가등기권자가 자기의 가등기지분에 관하여 본등기를 신청할 수 있지만, 일부의 가등기권자가 공유물보존행위에 준하여 가등기 전부에 관한 본등기를 신청할 수는 없다. 공동가등기권자 중 일부의 가등기권자가 자기의 지분만에 관하여 본등기를 신청할 때에는 신청서에 그 뜻을 기재하여야 하고 등기기록에도 그 뜻을 기록하여야 한다[등기예규 제1632호 4. 마. (1)].
⑤ 소유권이전청구권가등기권자가 가등기에 의한 본등기를 하지 않고 다른 원인에 의한 소유권이전등기를 한 후에는 다시 그 가등기에 의한 본등기를 할 수 없다. 다만 가등기 후 위 소유권이전등기 전에 제3자 앞으로 처분제한의 등기가 되어 있거나 중간처분의 등기가 된 경우에는 그러하지 아니하다(등기예규 제1632호 4. 아.).

18 정답 ③

해설 ㄱ. (○) 수용으로 인한 소유권이전등기는 토지수용위원회의 재결서를 등기원인증서로 첨부하여 사업시행자가 단독으로 신청할 수 있다(부동산등기법 제99조 제1항, 등기예규 제1388호 3. 가. (1) 참고).

ㄴ. (×) 수용으로 인한 소유권이전등기신청서에 등기원인은 "토지수용"으로, 그 연원일은 수용의 개시일로 해야 한다[등기예규 제1388호 3. 가. (2) 참고].

ㄷ. (×) 수용으로 인한 등기 신청 시 농지취득자격증명을 첨부할 필요가 없다[농지의 소유권이전등기에 관한 사무처리지침(등기예규 제1635호 3. 다.) 참고].

ㄹ. (○) 등기관이 수용으로 인한 소유권이전등기를 하는 경우 그 부동산의 등기기록 중 소유권, 소유권 외의 권리, 그 밖의 처분제한에 관한 등기가 있으면 그 등기를 직권으로 말소하여야 한다. 다만, 그 부동산을 위하여 존재하는 지역권의 등기 또는 토지수용위원회의 재결(裁決)로써 존속이 인정된 권리의 등기는 그러하지 아니하다(부동산등기법 제99조 제4항).

ㅁ. (○) 토지수용의 재결의 실효를 원인으로 하는 토지수용으로 인한 소유권이전등기의 말소의 신청은 등기의무자와 등기권리자가 공동으로 신청하여야 하며, 이에 의하여 토지수용으로 인한 소유권이전등기를 말소한 때에는 등기공무원은 토지수용으로 말소한 등기를 직권으로 회복하여야 한다(등기예규 제1388호 3. 마.).

19 정답 ②

해설 ① 민법상 조합의 재산은 조합원의 합유가 되므로(민법 제704조), 조합 자체의 명의로는 등기를 할 수 없고, 조합원 전원의 명의로 합유등기를 한다.

② 합유등기에 있어서는 등기부상 각 합유자의 지분을 표시하지 아니한다(등기예규 제911호 1.).

③ 합유자가 2인인 경우에 그중 1인이 사망한 때에는 해당 부동산은 잔존합유자의 단독소유로 귀속되는 것이므로, 잔존합유자는 사망한 합유자의 사망사실을 증명하는 서면을 첨부하여 해당 부동산을 잔존합유자의 단독소유로 하는 합유명의인변경등기신청을 할 수 있다[등기예규 제911호 라. (2)].

④ 합유자 중 1인이 다른 합유자 전원의 동의를 얻어 합유지분을 처분하는 경우, 합유명의인변경등기신청을 하여야 한다(등기예규 제911호 2. 가. 참고).

⑤ 등기예규 제911호 3.

20 정답 ①

해설 소유권이전등기신청의 각하결정에 대한 이의신청에 기하여 관할 지방법원의 소유권이전등기 기록명령이 있기 전에 제3자 명의의 근저당권설정등기가 경료된 때와 같은 경우에는 기록명령에 따른 등기를 함에 장애가 되지 아니하므로, 기록명령에 따른 등기를 하여야 한다(등기예규 제1689호 제6조 ③).

관계법령 **기록명령에 따른 등기를 할 수 없는 경우(부동산등기규칙 제161조 제1항)**

등기신청의 각하결정에 대한 이의신청에 따라 관할 지방법원이 그 등기의 기록명령을 하였더라도 다음 각 호의 어느 하나에 해당하는 경우에는 그 기록명령에 따른 등기를 할 수 없다.

1. 권리이전등기의 기록명령이 있었으나, 그 기록명령에 따른 등기 전에 제3자 명의로 권리이전등기가 되어 있는 경우
2. 지상권, 지역권, 전세권 또는 임차권의 설정등기의 기록명령이 있었으나, 그 기록명령에 따른 등기 전에 동일한 부분에 지상권, 전세권 또는 임차권의 설정등기가 되어 있는 경우

3. 말소등기의 기록명령이 있었으나 그 기록명령에 따른 등기 전에 등기상 이해관계인이 발생한 경우
4. 등기관이 기록명령에 따른 등기를 하기 위하여 신청인에게 첨부정보를 다시 등기소에 제공할 것을 명령하였으나 신청인이 이에 응하지 아니한 경우

21 정답 ①

해설 ① 등기관이 소유권보존등기를 할 때에는 등기원인과 그 연월일을 기록하지 아니한다(부동산등기법 제64조).
② 부동산등기법상 토지의 개별성과 동일성은 일응 지번이 그 기준이 되는 것이므로 기존 등기와 동일한 지번의 토지에 관하여는 지적이 다르다고 하더라도 기존등기를 말소하고 등기용지가 폐쇄되지 아니하는 한 별개의 소유권보존등기를 할 수 없다(대결 1980.9.30. 80마404).
③ 미등기의 토지 또는 건물에 관한 소유권보존등기는 특별자치도지사, 시장, 군수 또는 구청장(자치구의 구청장을 말한다)의 확인에 의하여 자기의 소유권을 증명하는 자(건물의 경우로 한정한다)가 신청할 수 있다(부동산등기법 제65조 제4호).
④ 소유권보존등기를 신청하는 경우에는 토지의 표시를 증명하는 토지대장 정보나 임야대장 정보 또는 건물의 표시를 증명하는 건축물대장 정보나 그 밖의 정보를 첨부정보로서 등기소에 제공하여야 한다(부동산등기규칙 제121조 제2항).
⑤ 미등기 주택이나 상가건물에 대하여 임차권등기명령에 의한 등기촉탁이 있는 경우에는 등기관은 직권으로 소유권보존등기를 한 후 주택임차권등기나 상가건물임차권등기를 하여야 한다(등기예규 제1688호 3. 다.).

22 정답 ④

해설 저당부동산의 저당권 실행을 위한 경매개시결정등기는 소유권에 관한 사항이므로 주등기로 한다.

> **관계법령** **부기로 하는 등기(부동산등기법 제52조)**
>
> 등기관이 다음 각 호의 등기를 할 때에는 부기로 하여야 한다. 다만, 제5호의 등기는 등기상 이해관계 있는 제3자의 승낙이 없는 경우에는 그러하지 아니하다.
> 1. 등기명의인표시의 변경이나 경정의 등기
> 2. 소유권 외의 권리의 이전등기
> 3. 소유권 외의 권리를 목적으로 하는 권리에 관한 등기
> 4. 소유권 외의 권리에 대한 처분제한 등기
> 5. 권리의 변경이나 경정의 등기
> 6. 환매특약등기
> 7. 권리소멸약정등기
> 8. 공유물 분할금지의 약정등기
> 9. 그 밖에 대법원규칙으로 정하는 등기

23 정답 ③

해설 ① 변제기는 등기원인에 그 약정이 있는 경우에만 기록하는 <u>임의적 기록사항이다</u>(부동산등기법 제75조 제3호).
② 등기관은 동일한 채권에 관하여 부동산이 <u>5개 이상일 때</u>에는 공동담보목록을 작성하여야 한다(부동산등 기법 제78조 제2항).
③ 등기관이 채권의 일부에 대한 양도 또는 대위변제로 인한 저당권 일부이전등기를 할 때에는 제48조에서 규정한 사항 외에 양도액 또는 변제액을 기록하여야 한다(부동산등기법 제79조).
④ 등기관이 일정한 금액을 목적으로 하지 아니하는 채권을 담보하기 위한 저당권설정의 등기를 할 때에는 <u>그 채권의 평가액을 기록하여야 한다</u>(부동산등기법 제77조).
⑤ 등기관이 공동저당부동산 중 일부의 매각대금을 먼저 배당하여 경매부동산의 후순위저당권자의 대위등기 를 할 때에는 제48조에서 규정한 사항 외에 매각부동산(<u>소유권 외의 권리가 저당권의 목적일 때에는 그 권리를 말한다</u>), 매각대금, 선순위저당권자가 변제받은 금액을 기록하여야 한다(부동산등기법 제80조).

24 정답 ⑤

해설 ① 미등기인 공유토지의 소유권보존등기는 공유자 전원이 공동으로 신청할 수 있음은 물론이나 공유물의 보존행위로서 공유자의 1인이 공유자 전원을 위하여 신청할 수도 있다(등기선례 제6-176호).
② 공유자가 그 지분을 포기하거나 상속인 없이 사망한 때에는 그 지분은 다른 공유자에게 각 지분의 비율 로 귀속한다(민법 제267조). 지분포기는 민법 제267조의 법률규정에 의한 물권변동에 해당하지만 부동 산등기법상 단독으로 신청한다는 규정이 없으므로 <u>공동으로 신청해야 한다</u>(부동산등기법 제23조 참고).
③ 공유자는 공유물의 분할을 청구할 수 있다. 그러나 5년 내의 기간으로 분할하지 아니할 것을 약정할 수 있는데(민법 제268조 제1항), 이러한 약정의 변경등기는 <u>공유자 전원이 공동으로 신청하여야 한다</u>(부 동산등기법 제67조 제2항).
④ 건물의 특정 부분이 아닌 <u>공유지분에 대한 전세권은 등기할 수 없다</u>[공유지분에 대한 전세권설정등기 (등기예규 제1351호)].
⑤ 1필지의 토지 중 일부를 특정하여 매수하고, 다만 그 소유권이전등기는 그 필지 전체에 관하여 공유지 분권이전등기를 한 경우에는 그 특정 부분 이외의 부분에 관한 등기는 상호 명의신탁을 하고 있는 것으로 서, 그 지분권자는 내부관계에 있어서는 특정 부분에 한하여 소유권을 취득하고 이를 배타적으로 사용, 수익할 수 있고, 다른 구분소유자의 방해행위에 대하여는 소유권에 터 잡아 그 배제를 구할 수 있으나, 외부관계에 있어서는 <u>1필지 전체에 관하여 공유관계가 성립</u>되고 공유자로서의 권리만을 주장할 수 있다 (대판 1994.2.8. 93다42986).

PART 1

PART 2

PART 3

PART 4

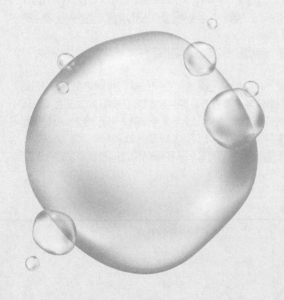

더 많이 읽을수록 더 많은 것을 알게 될 것이고,
더 많이 배울수록 더 많은 곳을 가게 될 것이다.

- 닥터 수스 -

PART 4

부동산세법

01 2023년 제34회 정답 및 해설

02 2022년 제33회 정답 및 해설

03 2021년 제32회 정답 및 해설

04 2020년 제31회 정답 및 해설

05 2019년 제30회 정답 및 해설

2023년 제34회 정답 및 해설

✓ 문제편 228p

01	02	03	04	05	06	07	08	09	10	11	12	13	14	15	16
③	④	②	③,⑤	④	②	⑤	①	④	④	③	⑤	②	③	⑤	①

01 정답 ③

해설 ① 10년을 부과제척기간으로 한다(국세기본법 제26조의2 제2항 제2호, 동법 시행령 제12조의2 제1항).

> **관계법령 국세의 부과제척기간(국세기본법 제26조의2)**
>
> ② 제1항에도 불구하고 다음 각 호의 어느 하나에 해당하는 경우에는 다음 각 호의 구분에 따른 기간을 부과제척기간으로 한다.
>
> 1. 납세자가 법정신고기한까지 과세표준신고서를 제출하지 아니한 경우 : 해당 국세를 부과할 수 있는 날부터 7년(역외거래의 경우 10년)
> 2. 납세자가 대통령령으로 정하는 사기나 그 밖의 부정한 행위(이하 "부정행위"라 한다)로 국세를 포탈하거나 환급·공제를 받은 경우 : 그 국세를 부과할 수 있는 날부터 10년(역외거래에서 발생한 부정행위로 국세를 포탈하거나 환급·공제받은 경우에는 15년). 이 경우 부정행위로 포탈하거나 환급·공제받은 국세가 법인세이면 이와 관련하여 「법인세법」 제67조에 따라 처분된 금액에 대한 소득세 또는 법인세에 대해서도 또한 같다.
>
> > **부정행위의 유형 등(국세기본법 시행령 제12조의2)**
> >
> > ① 법 제26조의2 제2항 제2호 전단에서 "대통령령으로 정하는 사기나 그 밖의 부정한 행위" 란 「조세범 처벌법」 제3조 제6항에 해당하는 행위를 말한다.
>
> 3. 납세자가 부정행위를 하여 다음 각 목에 따른 가산세 부과대상이 되는 경우 : 해당 가산세를 부과할 수 있는 날부터 10년
> 가. 「소득세법」 제81조의10 제1항 제4호
> 나. 「법인세법」 제75조의8 제1항 제4호
> 다. 「부가가치세법」 제60조 제2항 제2호, 같은 조 제3항 및 제4항

② 「국세기본법」에 따른 이의신청, 심사청구, 심판청구, 「감사원법」에 따른 심사청구 또는 「행정소송법」에 따른 소송에 대한 결정이나 판결이 확정된 경우에는, 지방국세청장 또는 세무서장은 그 결정 또는 판결이 확정된 날부터 1년이 지나기 전까지 경정이나 그 밖에 필요한 처분을 할 수 있다(국세기본법 제26조의2 제6항 제1호).

③ 「국세기본법」에 따른 이의신청, 심사청구, 심판청구, 「감사원법」에 따른 심사청구 또는 「행정소송법」에 따른 소송에 대한 결정이나 판결에 의하여 명의대여 사실이 확인된 경우에는, 지방국세청장 또는 세무서장은 당초의 부과처분을 취소하고 그 결정 또는 판결이 확정된 날부터 1년 이내에 실제로 사업을 경영한 자에게 경정이나 그 밖에 필요한 처분을 할 수 있다(국세기본법 제26조의2 제7항 제1호).

④ 과세표준과 세액을 신고하는 국세의 경우 부과제척기간의 기산일은 그 신고기한 또는 신고서 제출기한의 다음 날이나, 종합부동산세 및 인지세의 경우 해당 국세의 납세의무가 성립한 날이다(국세기본법 시행령 제12조의3 제1항).

⑤ 7년을 부과제척기간으로 한다(국세기본법 제26조의2 제2항 제1호).

02 정답 ④

해설 ① 공유물(공동주택의 공유물은 제외한다), 공동사업 또는 그 공동사업에 속하는 재산에 관계되는 지방자치단체의 징수금은 공유자 또는 공동사업자가 연대하여 납부할 의무를 진다(지방세기본법 제44조 제1항).

② 공동으로 소유한 자산에 대한 양도소득금액을 계산하는 경우에는 해당 자산을 공동으로 소유하는 각 거주자가 납세의무를 진다(소득세법 제2조의2 제5항).

③ 제43조에 따라 공동사업에 관한 소득금액을 계산하는 경우에는 해당 공동사업자별로 납세의무를 진다. 다만, 주된 공동사업자에게 합산과세되는 경우 그 합산과세되는 소득금액에 대해서는 주된 공동사업자의 특수관계인은 손익분배비율에 해당하는 그의 소득금액을 한도로 주된 공동사업자와 연대하여 납세의무를 진다(소득세법 제2조의2 제1항).

④ 지방세법 제7조 제7항, 지방세기본법 제44조 제1항

관계법령

납세의무자 등(지방세법 제7조)

⑦ 상속(피상속인이 상속인에게 한 유증 및 포괄유증과 신탁재산의 상속을 포함한다. 이하 이 장과 제3장에서 같다)으로 인하여 취득하는 경우에는 상속인 각자가 상속받는 취득물건(지분을 취득하는 경우에는 그 지분에 해당하는 취득물건을 말한다)을 취득한 것으로 본다. 이 경우 상속인의 납부의무에 관하여는 「지방세기본법」 제44조 제1항 및 제5항을 준용한다.

연대납세의무(지방세기본법 제44조)

① 공유물(공동주택의 공유물은 제외한다), 공동사업 또는 그 공동사업에 속하는 재산에 관계되는 지방자치단체의 징수금은 공유자 또는 공동사업자가 연대하여 납부할 의무를 진다.

⑤ 어느 연대납세의무자에 대하여 소멸시효가 완성한 때에는 그 부담부분에 한하여 다른 연대납세의무자도 의무를 면한다(국세기본법 제25조의2, 민법 제421조).

관계법령

연대납세의무에 관한 「민법」의 준용(국세기본법 제25조의2)

이 법 또는 세법에 따라 국세 및 강제징수비를 연대하여 납부할 의무에 관하여는 「민법」 제413조부터 제416조까지, 제419조, 제421조, 제423조 및 제425조부터 제427조까지의 규정을 준용한다.

소멸시효의 절대적 효력(민법 제421조)

어느 연대채무자에 대하여 소멸시효가 완성한 때에는 그 부담부분에 한하여 다른 연대채무자도 의무를 면한다.

03 정답 ②

해설 ① 건축물 중 조작 설비, 그 밖의 부대설비에 속하는 부분으로서 그 주체구조부와 하나가 되어 건축물로서의 효용가치를 이루고 있는 것에 대하여는 주체구조부 취득자 외의 자가 가설한 경우에도 주체구조부의 취득자가 함께 취득한 것으로 본다(지방세법 제7조 제3항).

② 선박, 차량과 기계장비의 종류를 변경하거나 토지의 지목을 사실상 변경함으로써 그 가액이 증가한 경우에는 취득으로 본다. 이 경우 「도시개발법」에 따른 도시개발사업(환지방식만 해당한다)의 시행으로 토지의 지목이 사실상 변경된 때에는 그 환지계획에 따라 공급되는 환지는 조합원이, 체비지 또는 보류지는 사업시행자가 각각 취득한 것으로 본다(지방세법 제7조 제4항).

③ 배우자 또는 직계존비속의 부동산등을 취득하는 경우에는 증여로 취득한 것으로 본다. 다만, 공매(경매를 포함한다)를 통하여 부동산등을 취득한 경우에는 유상으로 취득한 것으로 본다(지방세법 제7조 제11항 제1호).

④ 증여자의 채무를 인수하는 부담부 증여의 경우에는 그 채무액에 상당하는 부분은 부동산등을 유상으로 취득하는 것으로 본다. 다만, 배우자 또는 직계존비속으로부터의 부동산등의 부담부 증여의 경우에는 제11항을 적용한다(지방세법 제7조 제12항).

⑤ 부동산등의 취득은 민법, 자동차관리법, 건설기계관리법, 항공안전법, 선박법, 입목에 관한 법률, 광업법, 수산업법 또는 양식산업발전법 등 관계 법령에 따른 등기·등록 등을 하지 아니한 경우라도 사실상 취득하면 각각 취득한 것으로 보고 해당 취득물건의 소유자 또는 양수인을 각각 취득자로 한다. 다만, 차량, 기계장비, 항공기 및 주문을 받아 건조하는 선박은 승계취득인 경우에만 해당한다(지방세법 제7조 제2항).

04 정답 ③ · ⑤

해설

> **[정답심사위원회 심사결과 답변]**
> 답지항 ③에서 사실상의 잔금지급일과 등기일 또는 등록일 중 빠른 날이 취득의 시기이므로, 최종정답을 ③, ⑤ [복수 정답]으로 처리함

① 지방세법 시행령 제20조 제1항 본문
② 지방세법 시행령 제20조 제1항 제2호

관계법령 **취득의 시기 등(지방세법 시행령 제20조)**

① 무상취득의 경우에는 그 계약일(상속 또는 유증으로 인한 취득의 경우에는 상속 또는 유증 개시일을 말한다)에 취득한 것으로 본다. 다만, 해당 취득물건을 등기·등록하지 않고 다음 각 호의 어느 하나에 해당하는 서류로 계약이 해제된 사실이 입증되는 경우에는 취득한 것으로 보지 않는다.
  1. 화해조서·인낙조서(해당 조서에서 취득일부터 취득일이 속하는 달의 말일부터 3개월 이내에 계약이 해제된 사실이 입증되는 경우만 해당한다)
  2. 공정증서(공증인이 인증한 사서증서를 포함하되, 취득일부터 취득일이 속하는 달의 말일부터 3개월 이내에 공증받은 것만 해당한다)
  3. 행정안전부령으로 정하는 계약해제신고서(취득일부터 취득일이 속하는 달의 말일부터 3개월 이내에 제출된 것만 해당한다)

③ 유상승계취득의 경우에는 사실상의 잔금지급일을 확인할 수 있는 때에는 사실상의 잔금지급일에 취득한 것으로 보지만(지방세법 시행령 제20조 제2항 본문), 취득일 전에 등기 또는 등록을 한 경우에는 그 등기일 또는 등록일에 취득한 것으로 본다(지방세법 시행령 제20조 제14항). 따라서 사실상의 잔금지급일과 등기일 또는 등록일 중 빠른 날이 납세의무의 성립시기이다.

> **관계법령** 취득의 시기 등(지방세법 시행령 제20조)
>
> ② 유상승계취득의 경우에는 사실상의 잔금지급일(신고인이 제출한 자료로 사실상의 잔금지급일을 확인할 수 없는 경우에는 계약상의 잔금지급일을 말하고, 계약상 잔금 지급일이 명시되지 않은 경우에는 계약일부터 60일이 경과한 날을 말한다)에 취득한 것으로 본다. 다만, 해당 취득물건을 등기·등록하지 않고 다음 각 호의 어느 하나에 해당하는 서류로 계약이 해제된 사실이 입증되는 경우에는 취득한 것으로 보지 않는다.
>   1. 화해조서·인낙조서(해당 조서에서 취득일부터 60일 이내에 계약이 해제된 사실이 입증되는 경우만 해당한다)
>   2. 공정증서(공증인이 인증한 사서증서를 포함하되, 취득일부터 60일 이내에 공증받은 것만 해당한다)
>   3. 행정안전부령으로 정하는 계약해제신고서(취득일부터 60일 이내에 제출된 것만 해당한다)
>   4. 부동산 거래신고 관련 법령에 따른 부동산거래계약 해제등 신고서(취득일부터 60일 이내에 등록관청에 제출한 경우만 해당한다)
> ⑭ 제1항, 제2항 및 제5항에 따른 취득일 전에 등기 또는 등록을 한 경우에는 그 등기일 또는 등록일에 취득한 것으로 본다.

④ 민법 제839조의2(이혼 시 재산분할청구권) 및 제843조에 따른 재산분할로 인한 취득의 경우에는 취득물건의 등기일 또는 등록일을 취득일로 본다(지방세법 시행령 제20조 제13항).

⑤ 주택법 제11조에 따른 주택조합이 주택건설사업을 하면서 조합원으로부터 취득하는 토지 중 조합원에게 귀속되지 아니하는 토지를 취득하는 경우에는 주택법 제49조에 따른 사용검사를 받은 날에 그 토지를 취득한 것으로 보고, 도시 및 주거환경정비법 제35조 제3항에 따른 재건축조합이 재건축사업을 하거나 빈집 및 소규모주택 정비에 관한 특례법 제23조 제2항에 따른 소규모재건축조합이 소규모재건축사업을 하면서 조합원으로부터 취득하는 토지 중 조합원에게 귀속되지 아니하는 토지를 취득하는 경우에는 도시 및 주거환경정비법 제86조 제2항 또는 빈집 및 소규모주택 정비에 관한 특례법 제40조 제2항에 따른 소유권이전 고시일의 다음 날에 그 토지를 취득한 것으로 본다(지방세법 시행령 제20조 제7항).

05 정답 ④

해설 ①·⑤ 종합부동산세법 제8조 제1항 제1호·제2호, 동법 시행령 제2조의4 제1항

> **관계법령** 과세표준(종합부동산세법 제8조)
>
> ① 주택에 대한 종합부동산세의 과세표준은 납세의무자별로 주택의 공시가격을 합산한 금액에서 다음 각 호의 금액을 공제한 금액에 부동산 시장의 동향과 재정 여건 등을 고려하여 100분의 60부터 100분의 100까지의 범위에서 대통령령으로 정하는 공정시장가액비율(100분의 60)을 곱한 금액으로 한다. 다만, 그 금액이 영보다 작은 경우에는 영으로 본다.
>   1. 대통령령으로 정하는 1세대 1주택자(이하 "1세대 1주택자"라 한다) : 12억원
>   2. 제9조 제2항 제3호 각 목의 세율(2주택 이하를 소유한 경우 : 1천분의 27, 3주택 이상을 소유한 경우 : 1천분의 50)이 적용되는 법인 또는 법인으로 보는 단체 : 0원
>   3. 제1호 및 제2호에 해당하지 아니하는 자 : 9억원

PART 1
PART 2
PART 3
PART 4

② 민간임대주택에 관한 특별법에 따른 민간임대주택, 공공주택 특별법에 따른 공공임대주택 또는 대통령령으로 정하는 다가구 임대주택으로서 임대기간, 주택의 수, 가격, 규모 등을 고려하여 대통령령으로 정하는 주택은 제1항에 따른 과세표준 합산의 대상이 되는 주택의 범위에 포함되지 아니하는 것으로 본다(종합부동산세법 제8조 제2항 제1호).

③ 종합부동산세법 제8조 제4항 제1호

관계법령 **과세표준(종합부동산세법 제8조)**

④ 제1항을 적용할 때 다음 각 호의 어느 하나에 해당하는 경우에는 1세대 1주택자로 본다.
1. 1주택(주택의 부속토지만을 소유한 경우는 제외한다)과 다른 주택의 부속토지(주택의 건물과 부속토지의 소유자가 다른 경우의 그 부속토지를 말한다)를 함께 소유하고 있는 경우
2. 1세대 1주택자가 1주택을 양도하기 전에 다른 주택을 대체취득하여 일시적으로 2주택이 된 경우로서 대통령령으로 정하는 경우
3. 1주택과 상속받은 주택으로서 대통령령으로 정하는 주택(이하 "상속주택"이라 한다)을 함께 소유하고 있는 경우
4. 1주택과 주택 소재 지역, 주택 가액 등을 고려하여 대통령령으로 정하는 지방 저가주택(이하 "지방 저가주택"이라 한다)을 함께 소유하고 있는 경우

④ 혼인함으로써 1세대를 구성하는 경우에는 혼인한 날부터 5년 동안은 제1항에도 불구하고 주택 또는 토지를 소유하는 자와 그 혼인한 자별로 각각 1세대로 본다(종합부동산세법 시행령 제1조의2 제4항). 따라서 별도로 합산배제신청을 하지 않아도 된다.

06 정답 ②

해설 ① 관할세무서장은 납부하여야 할 종합부동산세의 세액을 결정하여 해당 연도 12월 1일부터 12월 15일(이하 "납부기간"이라 한다)까지 부과·징수한다(종합부동산세법 제16조 제1항).
② 제1항 및 제2항에도 불구하고 종합부동산세를 신고납부방식으로 납부하고자 하는 납세의무자는 종합부동산세의 과세표준과 세액을 해당 연도 <u>12월 1일부터 12월 15일까지</u> 대통령령으로 정하는 바에 따라 관할세무서장에게 신고하여야 한다. 이 경우 제1항의 규정에 따른 결정은 없었던 것으로 본다(종합부동산세법 제16조 제3항).
③ 관할세무서장은 종합부동산세로 납부하여야 할 세액이 250만원을 초과하는 경우에는 대통령령으로 정하는 바에 따라 그 세액의 일부를 납부기한이 지난 날부터 6개월 이내에 분납하게 할 수 있다(종합부동산세법 제20조).
④ 종합부동산세법 제20조의2 제1항 제1호

관계법령 **납부유예(종합부동산세법 제20조의2)**

① 관할세무서장은 다음 각 호의 요건을 모두 충족하는 납세의무자가 주택분 종합부동산세액의 납부유예를 그 납부기한 만료 3일 전까지 신청하는 경우 이를 허가할 수 있다. 이 경우 납부유예를 신청한 납세의무자는 그 유예할 주택분 종합부동산세액에 상당하는 담보를 제공하여야 한다.
1. 과세기준일 현재 1세대 1주택자일 것
2. 과세기준일 현재 만 60세 이상이거나 해당 주택을 5년 이상 보유하고 있을 것
3. 다음 각 목의 어느 하나에 해당하는 소득 기준을 충족할 것
   가. 직전 과세기간의 총급여액이 7천만원 이하일 것(직전 과세기간에 근로소득만 있거나 근로소득 및 종합소득과세표준에 합산되지 아니하는 종합소득이 있는 자로 한정한다)
   나. 직전 과세기간의 종합소득과세표준에 합산되는 종합소득금액이 6천만원 이하일 것(직전 과세기간의 총급여액이 7천만원을 초과하지 아니하는 자로 한정한다)
4. 해당 연도의 주택분 종합부동산세액이 100만원을 초과할 것

⑤ 종합부동산세법 제20조의2 제3항 제1호

관계법령 납부유예(종합부동산세법 제20조의2)

③ 관할세무서장은 제1항에 따라 주택분 종합부동산세액의 납부가 유예된 납세의무자가 다음 각 호의 어느 하나에 해당하는 경우에는 그 납부유예 허가를 취소하여야 한다.
1. 해당 주택을 타인에게 양도하거나 증여하는 경우
2. 사망하여 상속이 개시되는 경우
3. 제1항 제1호의 요건을 충족하지 아니하게 된 경우
4. 담보의 변경 또는 그 밖에 담보 보전에 필요한 관할세무서장의 명령에 따르지 아니한 경우
5. 「국세징수법」 제9조 제1항 각 호의 어느 하나에 해당되어 그 납부유예와 관계되는 세액의 전액을 징수할 수 없다고 인정되는 경우
6. 납부유예된 세액을 납부하려는 경우

---

07 정답 ⑤

해설 ① 지방세법 제13조 제5항 제5호에 따른 고급선박의 표준세율은 과세표준의 1천분의 50이고(지방세법 제111조 제1항 제4호 가목), 지방세법 제13조 제5항에 따른 골프장, 고급오락장용 건축물의 표준세율은 과세표준의 1천분의 40이다(지방세법 제111조 제1항 제2호 가목).

② 지방세법 제111조 제1항 제2호 나목

관계법령 세율(지방세법 제111조)

① 재산세는 제110조의 과세표준에 다음 각 호의 표준세율을 적용하여 계산한 금액을 그 세액으로 한다.
2. 건축물
가. 제13조 제5항에 따른 골프장, 고급오락장용 건축물 : 과세표준의 1천분의 40
나. 특별시·광역시(군 지역은 제외한다)·특별자치시(읍·면지역은 제외한다)·특별자치도(읍·면지역은 제외한다) 또는 시(읍·면지역은 제외한다) 지역에서 국토의 계획 및 이용에 관한 법률과 그 밖의 관계 법령에 따라 지정된 주거지역 및 해당 지방자치단체의 조례로 정하는 지역의 대통령령으로 정하는 공장용 건축물 : 과세표준의 1천분의 5
다. 그 밖의 건축물 : 과세표준의 1천분의 2.5

---

③ 법령으로 정하는 1세대 1주택 아닌 주택은 과세표준에 따라 1천분의 1 내지 1천분의 4까지 4단계 초과누진세율을 적용한다(지방세법 제111조 제1항 제3호 나목 참고).

과세표준	세 율
6천만원 이하	1,000분의 1
6천만원 초과 1억 5천만원 이하	60,000원 + 6천만원 초과금액의 1,000분의 1.5
1억 5천만원 초과 3억원 이하	195,000원 + 1억 5천만원 초과금액의 1,000분의 2.5
3억원 초과	570,000원 + 3억 초과금액의 1,000분의 4

④ 항공기의 표준세율은 과세표준의 1천분의 3이고(지방세법 제111조 제1항 제5호), 법령에서 정하는 고급선박을 제외한 그 밖의 선박의 표준세율은 과세표준의 1천분의 3이다(지방세법 제111조 제1항 제4호 나목).

⑤ 지방자치단체의 장은 특별한 재정수요나 재해 등의 발생으로 재산세의 세율 조정이 불가피하다고 인정되는 경우 조례로 정하는 바에 따라 제1항의 표준세율의 100분의 50의 범위에서 가감할 수 있다. 다만, 가감한 세율은 해당 연도에만 적용한다(지방세법 제111조 제3항).

08 정답 ①

해설 ① 지방세법 제115조 제1항 제3호

> **관계법령** 납기(지방세법 제115조)
>
> ① 재산세의 납기는 다음 각 호와 같다.
> 1. 토지 : 매년 9월 16일부터 9월 30일까지
> 2. 건축물 : 매년 7월 16일부터 7월 31일까지
> 3. 주택 : 해당 연도에 부과·징수할 세액의 2분의 1은 매년 7월 16일부터 7월 31일까지, 나머지 2분의 1은 9월 16일부터 9월 30일까지. 다만, 해당 연도에 부과할 세액이 20만원 이하인 경우에는 조례로 정하는 바에 따라 납기를 7월 16일부터 7월 31일까지로 하여 한꺼번에 부과·징수할 수 있다.
> 4. 선박 : 매년 7월 16일부터 7월 31일까지
> 5. 항공기 : 매년 7월 16일부터 7월 31일까지

② 재산세는 관할 지방자치단체의 장이 세액을 산정하여 보통징수의 방법으로 부과·징수한다(지방세법 제116조 제1항).

③ 재산세를 징수하려면 토지, 건축물, 주택, 선박 및 항공기로 구분한 납세고지서에 과세표준과 세액을 적어 늦어도 납기개시 5일 전까지 발급하여야 한다(지방세법 제116조 제2항).

④ 재산세의 과세기준일은 매년 6월 1일로 한다(지방세법 제114조).

⑤ 고지서 1장당 재산세로 징수할 세액이 2천원 미만인 경우에는 해당 재산세를 징수하지 아니한다(지방세법 제119조).

09 정답 ④

해설 ①·④ 국가, 지방자치단체, 지방자치단체조합, 외국정부 및 주한국제기구가 자기를 위하여 받는 등록 또는 면허에 대하여는 등록면허세를 부과하지 아니한다. 다만, 대한민국 정부기관의 등록 또는 면허에 대하여 과세하는 외국정부의 등록 또는 면허의 경우에는 등록면허세를 부과한다(지방세법 제26조 제1항).

② 지방세법 제26조 제2항 제3호, 동법 시행령 제40조 제1항

③ 지방세법 제26조 제2항 제4호, 동법 시행령 제40조 제2항 제6호

⑤ 지방세법 제26조 제2항 제2호

> **관계법령** 비과세(지방세법 제26조)
>
> ② 다음 각 호의 어느 하나에 해당하는 등기·등록 또는 면허에 대하여는 등록면허세를 부과하지 아니한다.
> 1. 「채무자 회생 및 파산에 관한 법률」 제6조 제3항, 제25조 제1항부터 제3항까지, 제26조 제1항, 같은 조 제3항, 제27조, 제76조 제4항, 제362조 제3항, 제578조의5 제3항, 제578조의8 제3항 및 제578조의9 제3항에 따른 등기 또는 등록
> 2. 행정구역의 변경, 주민등록번호의 변경, 지적(地籍) 소관청의 지번 변경, 계량단위의 변경, 등기 또는 등록 담당 공무원의 착오 및 이와 유사한 사유로 인한 등기 또는 등록으로서 주소, 성명, 주민등록번호, 지번, 계량단위 등의 단순한 표시변경·회복 또는 경정 등기 또는 등록

3. 그 밖에 지목이 묘지인 토지 등 대통령령으로 정하는 등록

> **비과세(지방세법 시행령 제40조)**
>
> ① 법 제26조 제2항 제3호에서 "지목이 묘지인 토지 등 대통령령으로 정하는 등록"이란 무덤과 이에 접속된 부속시설물의 부지로 사용되는 토지로서 지적공부상 지목이 묘지인 토지에 관한 등기를 말한다.

4. 면허의 단순한 표시변경 등 등록면허세의 과세가 적합하지 아니한 것으로서 대통령령으로 정하는 면허

> **비과세(지방세법 시행령 제40조)**
>
> ② 법 제26조 제2항 제4호에서 "대통령령으로 정하는 면허"란 다음 각 호의 어느 하나에 해당하는 면허를 말한다.
> 1. 변경하는 내용이 다음 각 목의 경우에 해당하지 아니하는 변경면허
>   가. 면허를 받은 자가 변경되는 경우(사업주체의 변경 없이 단순히 대표자의 명의를 변경하는 경우는 제외한다)
>   나. 해당 면허에 대한 제39조에 따른 면허의 종별 구분이 상위의 종으로 변경되는 경우
>   다. 법 제35조 제2항에 따라 면허가 갱신되는 것으로 보는 경우
> 2. 「의료법」 및 「수의사법」에 따라 의료업 및 동물진료업을 개설한 자의 다음 각 목의 어느 하나에 해당하는 면허
>   가. 「농어촌 등 보건의료를 위한 특별조치법」에 따라 종사명령을 이행하기 위하여 휴업하는 기간 중의 해당 면허와 종사명령기간 중에 개설하는 병원·의원(조산원을 포함한다)의 면허
>   나. 「수의사법」에 따라 공수의로 위촉된 수의사의 동물진료업의 면허
> 3. 「총포·도검·화약류 등의 안전관리에 관한 법률」 제47조 제2항에 따라 총포 또는 총포의 부품이 보관된 경우 그 총포의 소지 면허. 다만, 같은 과세기간 중에 반환받은 기간이 있는 경우는 제외한다.
> 4. 매년 1월 1일 현재 「부가가치세법」에 따른 폐업신고를 하고 폐업 중인 해당 업종의 면허
> 5. 매년 1월 1일 현재 1년 이상 사실상 휴업 중인 사실이 증명되는 해당 업종의 면허
> 6. 마을주민의 복지증진 등을 도모하기 위하여 마을주민만으로 구성된 조직의 주민공동체 재산 운영을 위하여 필요한 면허

10 [정답] ④

[해설] ① 같은 등록에 관계되는 재산이 둘 이상의 지방자치단체에 걸쳐 있어 등록면허세를 지방자치단체별로 부과할 수 없을 때에는 등록관청 소재지를 납세지로 한다(지방세법 제25조 제1항 제16호).
② 지방자치단체의 장은 조례로 정하는 바에 따라 등록면허세의 세율을 제1항 제1호(부동산 등기)에 따른 표준세율의 100분의 50의 범위에서 가감할 수 있다(지방세법 제28조 제6항).
③ 주택의 토지와 건축물을 한꺼번에 평가하여 토지나 건축물에 대한 과세표준이 구분되지 아니하는 경우에는 한꺼번에 평가한 개별주택가격을 토지나 건축물의 가액 비율로 나눈 금액을 각각 토지와 건축물의 과세표준으로 한다(지방세법 시행령 제42조 제2항).

④ 지방세법 제27조 제1항, 제2항

> **관계법령** **과세표준(지방세법 제27조)**
>
> ① 부동산, 선박, 항공기, 자동차 및 건설기계의 등록에 대한 등록면허세(이하 이 절에서 "등록면허세"라 한다)의 과세표준은 등록 당시의 가액으로 한다.
> ② 제1항에 따른 과세표준은 조례로 정하는 바에 따라 등록자의 신고에 따른다. 다만, 신고가 없거나 <u>신고가액이 제4조에 따른 시가표준액보다 적은 경우에는 시가표준액을 과세표준</u>으로 한다.

⑤ 채권자대위자는 납세의무자를 대위하여 부동산의 등기에 대한 등록면허세를 신고납부할 수 있다. 이 경우 채권자대위자는 행정안전부령으로 정하는 바에 따라 납부확인서를 발급받을 수 있다(지방세법 제30조 제5항).

11   정답   ③

해설
1) 임대료(소득세법 제24조 제1항 참고) = (5십만원+1백만원) × 12월 = 18,000,000원
2) 간주임대료 = 0원(소득세법 제25조 참고)
   - B주택은 40m² 이고 기준시가가 2억원이므로 주택수에 포함되지 않아 2주택을 소유한 경우에 해당한다.
   - 2주택을 소유한 경우에는 기준시가가 12억원 이하인 주택은 주택 수에 포함하지 아니하므로 A주택, C주택 모두 주택 수에 포함되지 않아 결국 甲이 받은 임대보증금에 대해서는 소득세가 과세되지 않는다.

> **관계법령** **총수입금액 계산의 특례(소득세법 제25조)**
>
> ① 거주자가 부동산 또는 그 부동산상의 권리 등을 대여하고 보증금·전세금 또는 이와 유사한 성질의 금액(이하 이 항에서 "보증금등"이라 한다)을 받은 경우에는 대통령령으로 정하는 바에 따라 계산한 금액을 사업소득금액을 계산할 때에 총수입금액에 산입(算入)한다. 다만, 주택[주거의 용도로만 쓰이는 면적이 1호(戸) 또는 <u>1세대당 40제곱미터 이하인 주택으로서 해당 과세기간의 기준시가가 2억원 이하인 주택은 2026년 12월 31일까지는 주택 수에 포함하지 아니한다</u>]을 대여하고 보증금등을 받은 경우에는 다음 각 호의 어느 하나에 해당하는 경우를 말하며, 주택 수의 계산 그 밖에 필요한 사항은 대통령령으로 정한다.
> 1. 3주택 이상을 소유하고 해당 주택의 보증금등의 합계액이 3억원을 초과하는 경우
> 2. <u>2주택(해당 과세기간의 기준시가가 12억 이하인 주택은 주택 수에 포함하지 아니한다)</u>을 소유하고 해당 주택의 보증금등의 합계액이 3억원 이상의 금액으로서 대통령령으로 정하는 금액을 초과하는 경우

3) 부동산임대업 총수입금액(소득세법 제25조 참고)
   = 임대료 + 간주임대료 + (관리비수입 + 보험차익)
   = 18,000,000원 + 0원 = 18,000,000원

12 정답 ⑤

해설
① 소득세법 시행령 제162조 제1항 제1호
② 소득세법 시행령 제162조 제1항 제5호
③ 소득세법 시행령 제162조 제1항 제2호
④ 소득세법 시행령 제162조 제1항 제4호
⑤ 소득세법 시행령 제162조 제1항 제8호

관계법령

양도 또는 취득의 시기(소득세법 제98조)

자산의 양도차익을 계산할 때 그 취득시기 및 양도시기는 대금을 청산한 날이 분명하지 아니한 경우 등 대통령령으로 정하는 경우를 제외하고는 해당 자산의 대금을 청산한 날로 한다. 이 경우 자산의 대금에는 해당 자산의 양도에 대한 양도소득세 및 양도소득세의 부가세액을 양수자가 부담하기로 약정한 경우에는 해당 양도소득세 및 양도소득세의 부가세액은 제외한다.

양도 또는 취득의 시기(소득세법 시행령 제162조)

① 법 제98조 전단에서 "대금을 청산한 날이 분명하지 아니한 경우 등 대통령령으로 정하는 경우"란 다음 각 호의 경우를 말한다.

1. 대금을 청산한 날이 분명하지 아니한 경우에는 등기부·등록부 또는 명부 등에 기재된 등기·등록접수일 또는 명의개서일
2. 대금을 청산하기 전에 소유권이전등기(등록 및 명의의 개서를 포함한다)를 한 경우에는 등기부·등록부 또는 명부등에 기재된 등기접수일
3. 기획재정부령이 정하는 장기할부조건의 경우에는 소유권이전등기(등록 및 명의개서를 포함한다) 접수일·인도일 또는 사용수익일중 빠른 날
4. 자기가 건설한 건축물에 있어서는 「건축법」 제22조 제2항에 따른 사용승인서 교부일. 다만, 사용승인서 교부일 전에 사실상 사용하거나 같은 조 제3항 제2호에 따른 임시사용승인을 받은 경우에는 그 사실상의 사용일 또는 임시사용승인을 받은 날 중 빠른 날로 하고 건축허가를 받지 아니하고 건축하는 건축물에 있어서는 그 사실상의 사용일로 한다.
5. 상속 또는 증여에 의하여 취득한 자산에 대하여는 그 상속이 개시된 날 또는 증여를 받은 날
6. 「민법」 제245조 제1항의 규정에 의하여 부동산의 소유권을 취득하는 경우에는 당해부동산의 점유를 개시한 날
7. 「공익사업을 위한 토지 등의 취득 및 보상에 관한 법률」이나 그 밖의 법률에 따라 공익사업을 위하여 수용되는 경우에는 대금을 청산한 날, 수용의 개시일 또는 소유권이전등기접수일 중 빠른 날. 다만, 소유권에 관한 소송으로 보상금이 공탁된 경우에는 소유권 관련 소송 판결 확정일로 한다.
8. 완성 또는 확정되지 아니한 자산을 양도 또는 취득한 경우로서 해당 자산의 대금을 청산한 날까지 그 목적물이 완성 또는 확정되지 아니한 경우에는 <u>그 목적물이 완성 또는 확정된 날</u>. 이 경우 건설 중인 건물의 완성된 날에 관하여는 제4호를 준용한다.
9. 「도시개발법」 또는 그 밖의 법률에 따른 환지처분으로 인하여 취득한 토지의 취득시기는 환지 전의 토지의 취득일. 다만, 교부받은 토지의 면적이 환지처분에 의한 권리면적보다 증가 또는 감소된 경우에는 그 증가 또는 감소된 면적의 토지에 대한 취득시기 또는 양도시기는 환지처분의 공고가 있은 날의 다음 날로 한다.
10. 제158조 제2항의 경우 자산의 양도시기는 주주 1인과 주권상장법인기타주주 또는 주권비상장법인기타주주가 주식등을 양도함으로써 해당 법인의 주식등의 합계액의 100분의 50 이상이 양도되는 날. 이 경우 양도가액은 그들이 사실상 주식등을 양도한 날의 양도가액에 의한다.

PART 1

PART 2

PART 3

PART.4

13 정답 ②

해설
① 보유기간이 1년 미만인 토지 또는 건물 : <u>100분의 50</u>(소득세법 제104조 제1항 제3호)
② 보유기간이 1년 미만인 조합원입주권 및 분양권 : 100분의 70(소득세법 제104조 제1항 제3호)
③ 보유기간이 1년 이상 2년 미만인 토지 또는 건물 : <u>100분의 40</u>(소득세법 제104조 제1항 제2호)
④ 보유기간이 1년 이상 2년 미만인 조합원입주권 및 분양권 : <u>100분의 60</u>(소득세법 제104조 제1항 제2호)
⑤ 보유기간이 2년 이상인 분양권 : <u>100분의 60</u>(소득세법 제104조 제1항 제1호)

관계법령 양도소득세의 세율(소득세법 제104조)

① 거주자의 양도소득세는 해당 과세기간의 양도소득과세표준에 다음 각 호의 세율을 적용하여 계산한 금액(이하 "양도소득 산출세액"이라 한다)을 그 세액으로 한다. 이 경우 하나의 자산이 다음 각 호에 따른 세율 중 둘 이상에 해당할 때에는 해당 세율을 적용하여 계산한 양도소득 산출세액 중 큰 것을 그 세액으로 한다.
  1. 제94조 제1항 제1호(토지 또는 건물)·제2호 및 제4호에 따른 자산 : 제55조 제1항에 따른 세율 (분양권의 경우에는 양도소득 과세표준의 100분의 60)
  2. 제94조 제1항 제1호(토지 또는 건물) 및 제2호에서 규정하는 자산으로서 그 보유기간이 1년 이상 2년 미만인 것 : 양도소득 과세표준의 100분의 40[주택(이에 딸린 토지로서 대통령령으로 정하는 토지를 포함한다. 이하 이 항에서 같다), 조합원입주권 및 분양권의 경우에는 100분의 60]
  3. 제94조 제1항 제1호(토지 또는 건물) 및 제2호에 따른 자산으로서 그 보유기간이 1년 미만인 것 : 양도소득 과세표준의 100분의 50(주택, 조합원입주권 및 분양권의 경우에는 100분의 70)

14 정답 ③

해설
• 전세권(○)(소득세법 제94조 제1항 제2호 다목)
• 등기되지 않은 부동산임차권(×)(소득세법 제94조 제1항 제2호 다목)
• 사업에 사용하는 토지 및 건물과 함께 양도하는 영업권(○)(소득세법 제94조 제1항 제4호 가목)
• 토지 및 건물과 함께 양도하는 「개발제한구역의 지정 및 관리에 관한 특별조치법」에 따른 이축권(해당 이축권의 가액을 대통령령으로 정하는 방법에 따라 별도로 평가하여 신고함)(×)(소득세법 제94조 제1항 제4호 마목)

관계법령 양도소득의 범위(소득세법 제94조)

① 양도소득은 해당 과세기간에 발생한 다음 각 호의 소득으로 한다.
  1. 토지[「공간정보의 구축 및 관리 등에 관한 법률」에 따라 지적공부(地籍公簿)에 등록하여야 할 지목에 해당하는 것을 말한다] 또는 건물(건물에 부속된 시설물과 구축물을 포함한다)의 양도로 발생하는 소득
  2. 다음 각 목의 어느 하나에 해당하는 부동산에 관한 권리의 양도로 발생하는 소득
    가. 부동산을 취득할 수 있는 권리(건물이 완성되는 때에 그 건물과 이에 딸린 토지를 취득할 수 있는 권리를 포함한다)
    나. 지상권
    다. 전세권과 <u>등기된 부동산임차권</u>

4. 다음 각 목의 어느 하나에 해당하는 자산(이하 이 장에서 "기타자산"이라 한다)의 양도로 발생하는 소득
　가. 사업에 사용하는 제1호 및 제2호의 자산과 함께 양도하는 영업권(영업권을 별도로 평가하지 아니하였으나 사회통념상 자산에 포함되어 함께 양도된 것으로 인정되는 영업권과 행정관청으로부터 인가·허가·면허 등을 받음으로써 얻는 경제적 이익을 포함한다)
　마. 제1호의 자산과 함께 양도하는 「개발제한구역의 지정 및 관리에 관한 특별조치법」 제12조 제1항 제2호 및 제3호의2에 따른 이축을 할 수 있는 권리(이하 "이축권"이라 한다). 다만, 해당 이축권 가액을 대통령령으로 정하는 방법에 따라 별도로 평가하여 신고하는 경우는 제외한다.

15 정답 ⑤

해설 ① 소득세법 제89조 제1항 제1호
　　② 소득세법 제89조 제1항 제5호

> **관계법령** **비과세 양도소득(소득세법 제89조)**
>
> ① 다음 각 호의 소득에 대해서는 양도소득에 대한 소득세(이하 "양도소득세"라 한다)를 과세하지 아니한다.
> 1. 파산선고에 의한 처분으로 발생하는 소득
> 2. 대통령령으로 정하는 경우에 해당하는 농지의 교환 또는 분합(分合)으로 발생하는 소득
>
> > **농지의 비과세(소득세법 시행령 제153조)**
> >
> > ① 법 제89조 제1항 제2호에서 "대통령령으로 정하는 경우"란 다음 각 호의 어느 하나에 해당하는 농지(제4항 각 호의 어느 하나에 해당하는 농지는 제외한다)를 교환 또는 분합하는 경우로서 교환 또는 분합하는 쌍방 토지가액의 차액이 가액이 큰 편의 4분의 1 이하인 경우를 말한다.
> > 1. 국가 또는 지방자치단체가 시행하는 사업으로 인하여 교환 또는 분합하는 농지
> > 2. 국가 또는 지방자치단체가 소유하는 토지와 교환 또는 분합하는 농지
> > 3. 경작상 필요에 의하여 교환하는 농지. 다만, 교환에 의하여 새로이 취득하는 농지를 3년 이상 농지소재지에 거주하면서 경작하는 경우에 한한다.
> > 4. 「농어촌정비법」·「농지법」·「한국농어촌공사 및 농지관리기금법」 또는 「농업협동조합법」에 의하여 교환 또는 분합하는 농지
>
> 3. 다음 각 목의 어느 하나에 해당하는 주택(주택 및 이에 딸린 토지의 양도 당시 실지거래가액의 합계액이 12억원을 초과하는 고가주택은 제외한다)과 이에 딸린 토지로서 건물이 정착된 면적에 지역별로 대통령령으로 정하는 배율을 곱하여 산정한 면적 이내의 토지(이하 이 조에서 "주택부수토지"라 한다)의 양도로 발생하는 소득
> 　가. 1세대가 1주택을 보유하는 경우로서 대통령령으로 정하는 요건을 충족하는 주택
> 　나. 1세대가 1주택을 양도하기 전에 다른 주택을 대체취득하거나 상속, 동거봉양, 혼인 등으로 인하여 2주택 이상을 보유하는 경우로서 대통령령으로 정하는 주택

4. 조합원입주권을 1개 보유한 1세대[「도시 및 주거환경정비법」 제74조에 따른 관리처분계획의 인가일 및 「빈집 및 소규모주택 정비에 관한 특례법」 제29조에 따른 사업시행계획인가일(인가일 전에 기존주택이 철거되는 때에는 기존주택의 철거일) 현재 제3호 가목에 해당하는 기존주택을 소유하는 세대]가 다음 각 목의 어느 하나의 요건을 충족하여 양도하는 경우 해당 조합원입주권을 양도하여 발생하는 소득. 다만, 해당 조합원입주권의 양도 당시 실지거래가액이 12억원을 초과하는 경우에는 양도소득세를 과세한다.
   가. 양도일 현재 다른 주택 또는 분양권을 보유하지 아니할 것
   나. 양도일 현재 1조합원입주권 외에 1주택을 보유한 경우(분양권을 보유하지 아니하는 경우로 한정한다)로서 해당 1주택을 취득한 날부터 3년 이내에 해당 조합원입주권을 양도할 것(3년 이내에 양도하지 못하는 경우로서 대통령령으로 정하는 사유에 해당하는 경우를 포함한다)
5. 「지적재조사에 관한 특별법」 제18조에 따른 경계의 확정으로 지적공부상의 면적이 감소되어 같은 법 제20조에 따라 지급받는 조정금

③ 소득세법 제91조 제1항·제104조 제3항, 동법 시행령 제168조 제1항 제7호
④ 소득세법 제91조 제1항·제104조 제3항, 동법 시행령 제168조 제1항 제6호

관계법령 | 소득세법

제91조(양도소득세 비과세 또는 감면의 배제 등)
① 제104조 제3항에서 규정하는 미등기양도자산에 대하여는 이 법 또는 이 법 외의 법률 중 양도소득에 대한 소득세의 비과세에 관한 규정을 적용하지 아니한다.

제104조(양도소득세의 세율)
③ 제1항 제10호에서 "미등기양도자산"이란 제94조 제1항 제1호 및 제2호에서 규정하는 자산을 취득한 자가 그 자산 취득에 관한 등기를 하지 아니하고 양도하는 것을 말한다. 다만, 대통령령으로 정하는 자산은 제외한다.

> **미등기양도제외 자산의 범위 등(소득세법 시행령 제168조)**
> ① 법 제104조 제3항 단서에서 "대통령령으로 정하는 자산"이란 다음 각 호의 것을 말한다.
>   1. 장기할부조건으로 취득한 자산으로서 그 계약조건에 의하여 양도 당시 그 자산의 취득에 관한 등기가 불가능한 자산
>   2. 법률의 규정 또는 법원의 결정에 의하여 양도 당시 그 자산의 취득에 관한 등기가 불가능한 자산
>   3. 법 제89조 제1항 제2호, 「조세특례제한법」 제69조 제1항 및 제70조 제1항에 규정하는 토지
>   4. 법 제89조 제1항 제3호 각 목의 어느 하나에 해당하는 주택으로서 「건축법」에 따른 건축허가를 받지 아니하여 등기가 불가능한 자산
>   5. 삭제 〈2018.2.13.〉
>   6. 「도시개발법」에 따른 도시개발사업이 종료되지 아니하여 토지 취득등기를 하지 아니하고 양도하는 토지
>   7. 건설사업자가 「도시개발법」에 따라 공사용역 대가로 취득한 체비지를 토지구획환지처분공고 전에 양도하는 토지

⑤ 교환 또는 분합하는 쌍방 토지가액의 차액이 가액이 큰 편의 4분의 1 이하인 경우를 말한다(소득세법 제89조 제1항 제2호, 동법 시행령 제153조 제1항 제2호).

16 　정답　①

해설

1) • 양도차익 = 양도가액 − 필요경비
   • 양도소득금액 = 양도차익 − 장기보유특별공제
   • 양도소득과세표준 = 양도소득금액 − 양도소득 기본공제

> **관계법령** 　양도소득과세표준과 세액의 계산(소득세법 제92조)
>
> ② 양도소득과세표준은 다음 각 호의 순서에 따라 계산한다.
>   1. 양도차익 : 제94조에 따른 양도소득의 총수입금액(이하 "양도가액"이라 한다)에서 제97조에 따른 필요경비를 공제하여 계산
>   2. 양도소득금액 : 제1호의 양도차익(이하 "양도차익"이라 한다)에서 제95조에 따른 장기보유 특별공제액을 공제하여 계산
>   3. 양도소득과세표준 : 제2호의 양도소득금액에서 제103조에 따른 양도소득 기본공제액을 공제하여 계산

2) 양도가액 : 자산의 양도가액은 그 자산의 양도 당시의 양도자와 양수자 간에 실지거래가액에 따르는 것이 원칙이므로(소득세법 제96조 제1항) 양도가액은 25억원이다.

3) 실지거래가액에 의할 경우 필요경비(소득세법 제97조 제2항)
   = 취득가액 + 자본적 지출액 + 양도비 = 19억 5천만원 + 5천만원 = 20억원

4) 양도차익 = 양도가액 − 필요경비 = 25억원 − 20억원 = 5억원

5) • 1세대가 양도일 현재 국내에 1주택을 보유하고 있는 경우로서 해당 주택의 보유기간이 2년일 경우에는 양도소득세 비과세대상이 된다(소득세법 시행령 제154조 제1항 본문 참고). 따라서 사례의 경우 양도소득세의 비과세대상인 '1세대 1주택' 요건을 충족한다. 그러나 주택 및 이에 딸린 토지의 양도 당시 실지거래가액의 합계액이 12억원을 초과하는 고가주택은 이러한 비과세 대상에서 제외된다(소득세법 제89조 제1항 제3호).
   • 고가주택에 해당하는 자산에 적용할 양도차익(소득세법 시행령 제160조 제1항 제1호)

$$= 양도차익 \times \frac{양도가액 - 12억원}{양도가액} = 5억원 \times \frac{25억원 - 12억원}{25억원} = 2억\ 6천만원$$

6) • 장기보유특별공제는 등기된 토지 및 건물로서 보유기간이 3년 이상인 것에 대해서 적용하는데, 대통령령으로 정하는 1세대 1주택에 해당하는 경우에는 표 2에 따른 양도차익에 보유기간별 공제율(보유기간 5년 이상 6년 미만 : 100분의 20)을 곱하여 계산한 금액과 거주기간별 공제율(거주기간 5년 이상 6년 미만 : 100분의 20)을 곱하여 계산한 금액을 합산한다(소득세법 제95조 제2항).
   • 고가주택에 해당하는 자산에 적용할 장기보유특별공제액(소득세법 시행령 제160조 제1항 제2호)

$$= 소득세법\ 제95조\ 제2항에\ 따른\ 장기보유특별공제액 \times \frac{양도가액 - 12억원}{양도가액}$$

$$= \{(5억원 \times \frac{20}{100}) + (5억원 \times \frac{20}{100})\} \times \frac{25억원 - 12억원}{25억원}$$

$$= 1억\ 400만원$$

7) 양도소득 = 양도차익 − 장기보유특별공제 = 2억 6천만원 − 1억 400만원 = 1억 5천 600만원

8) 양도소득이 있는 거주자에 대해서는 토지 및 건물의 양도소득별로 해당 과세기간의 양도소득금액에서 각각 연 250만원을 공제한다(소득세법 제103조 제1항 제1호).

9) 양도소득과세표준 = 양도소득금액 − 양도소득 기본공제
   　　　　　　　　= 1억 5천 600만원 − 250만원
   　　　　　　　　= 1억 5천 350만원

   * 양도소득 기본공제액은 토지 및 건물의 양도의 경우에는 250만원이다(소득세법 제103조 제1항 제1호).

2022년 제33회 정답 및 해설

문제편 236p

01	02	03	04	05	06	07	08	09	10	11	12	13	14	15	16
④	②	⑤	②	⑤	④	②	①	⑤	①	③	③	④	②	④	①

01 정답 ④

해설 ㄱ. (×) 지방세기본법 제89조 제2항 제2호

> **관계법령** 청구대상(지방세기본법 제89조)
>
> ① 이 법 또는 지방세관계법에 따른 처분으로서 위법·부당한 처분을 받았거나 필요한 처분을 받지 못하여 권리 또는 이익을 침해당한 자는 이 장에 따른 이의신청 또는 심판청구를 할 수 있다.
> ② 다음 각 호의 처분은 제1항의 처분에 포함되지 아니한다.
>   1. 이 장에 따른 이의신청 또는 심판청구에 대한 처분. 다만, 이의신청에 대한 처분에 대하여 심판청구를 하는 경우는 제외한다.
>   2. 제121조 제1항에 따른 통고처분
>   3. 「감사원법」에 따라 심사청구를 한 처분이나 그 심사청구에 대한 처분
>   4. 과세전적부심사의 청구에 대한 처분
>   5. 이 법에 따른 과태료의 부과

ㄴ. (○) 이의신청인은 신청 금액이 1천만원 미만인 경우에는 그의 배우자, 4촌 이내의 혈족 또는 그의 배우자의 4촌 이내 혈족을 대리인으로 선임할 수 있다(지방세기본법 제93조 제2항).

ㄷ. (○) 제1항에 따른 보정기간은 제96조에 따른 결정기간에 포함하지 아니한다(지방세기본법 제95조 제3항).

ㄹ. (×) 이의신청을 거치지 아니하고 바로 심판청구를 할 때에는 그 처분이 있는 것을 안 날(처분의 통지를 받았을 때에는 통지받은 날)부터 90일 이내에 조세심판원장에게 심판청구를 하여야 한다(지방세기본법 제91조 제3항).

02 정답 ②

해설 ① 연대납세의무자에게 서류를 송달할 때에는 그 대표자를 명의인으로 하며, 대표자가 없으면 연대납세의무자 중 지방세를 징수하기 유리한 자를 명의인으로 한다. 다만, 납세의 고지와 독촉에 관한 서류는 연대납세의무자 모두에게 각각 송달하여야 한다(지방세기본법 제28조 제2항).

② 지방세기본법 제31조 제1항 제2호

> **관계법령** 송달지연으로 인한 납부기한의 연장(지방세기본법 제31조)
>
> ① 기한을 정하여 납세고지서, 납부통지서, 독촉장 또는 납부최고서를 송달하였더라도 다음 각 호의 어느 하나에 해당하면 지방자치단체의 징수금의 납부기한은 해당 서류가 도달한 날부터 14일이 지난 날로 한다.
> 1. 서류가 납부기한이 지난 후에 도달한 경우
> 2. 서류가 도달한 날부터 <u>7일 이내</u>에 납부기한이 되는 경우

③ 제139조에 따른 납세관리인이 있을 때에는 납세의 고지와 독촉에 관한 서류는 그 납세관리인의 주소 또는 영업소에 송달한다(지방세기본법 제28조 제4항).

④ 제2항(교부에 의한 서류송달)의 경우에 송달할 장소에서 서류를 송달받아야 할 자를 만나지 못하였을 때에는 그의 사용인, 그 밖의 종업원 또는 동거인으로서 사리를 분별할 수 있는 사람에게 서류를 송달할 수 있으며, 서류의 송달을 받아야 할 자 또는 그의 사용인, 그 밖의 종업원 또는 동거인으로서 사리를 분별할 수 있는 사람이 정당한 사유 없이 서류의 수령을 거부하면 송달할 장소에 서류를 둘 수 있다(지방세기본법 제30조 제3항).

⑤ 지방세기본법 제33조 제1항 제2호

> **관계법령** 공시송달(지방세기본법 제33조)
>
> ① 서류의 송달을 받아야 할 자가 다음 각 호의 어느 하나에 해당하는 경우에는 서류의 주요 내용을 공고한 날부터 14일이 지나면 제28조에 따른 서류의 송달이 된 것으로 본다.
> 1. 주소 또는 영업소가 국외에 있고 송달하기 곤란한 경우
> 2. <u>주소 또는 영업소가 분명하지 아니한 경우</u>
> 3. 제30조 제1항에 따른 방법으로 송달하였으나 받을 사람(제30조 제3항에 규정된 자를 포함한다)이 없는 것으로 확인되어 반송되는 경우 등 대통령령으로 정하는 경우

03 정답 ⑤

해설 ㄱ. (○) 지방세법 제106조 제2항 제1호
ㄴ. (○) 지방세법 제106조 제2항 제2호
ㄷ. (○) 지방세법 제106조 제2항 제3호, 동법 시행령 제105조

> **관계법령** 과세대상의 구분 등(지방세법 제106조)
>
> ② 주거용과 주거 외의 용도를 겸하는 건물 등에서 주택의 범위를 구분하는 방법, 주택 부속토지의 범위 산정은 다음 각 호에서 정하는 바에 따른다.
> 1. 1동(棟)의 건물이 주거와 주거 외의 용도로 사용되고 있는 경우에는 주거용으로 사용되는 부분만을 주택으로 본다. 이 경우 건물의 부속토지는 주거와 주거 외의 용도로 사용되는 건물의 면적비율에 따라 각각 안분하여 주택의 부속토지와 건축물의 부속토지로 구분한다.
> 2. 1구(構)의 건물이 주거와 주거 외의 용도로 사용되고 있는 경우에는 주거용으로 사용되는 면적이 전체의 100분의 50 이상인 경우에는 주택으로 본다.

2의2. 건축물에서 허가 등이나 사용승인(임시사용승인을 포함한다. 이하 이 항에서 같다)을 받지 아니하고 주거용으로 사용하는 면적이 전체 건축물 면적(허가 등이나 사용승인을 받은 면적을 포함한다)의 100분의 50 이상인 경우에는 그 건축물 전체를 주택으로 보지 아니하고, 그 부속토지는 제1항 제1호에 해당하는 토지로 본다.

3. 주택 부속토지의 경계가 명백하지 아니한 경우 주택 부속토지의 범위 산정에 필요한 사항은 대통령령으로 정한다.

> **주택 부속토지의 범위 산정(지방세법 시행령 제105조)**
>
> 법 제106조 제2항 제3호에 따라 주택의 부속토지의 경계가 명백하지 아니한 경우에는 그 주택의 바닥면적의 10배에 해당하는 토지를 주택의 부속토지로 한다.

04 　정답　②

　해설　① 지방세법 제107조 제2항 제3호

> **관계법령　납세의무자(지방세법 제107조)**
>
> ② 제1항에도 불구하고 재산세 과세기준일 현재 다음 각 호의 어느 하나에 해당하는 자는 재산세를 납부할 의무가 있다.
>
> 1. 공부상의 소유자가 매매 등의 사유로 소유권이 변동되었는데도 신고하지 아니하여 사실상의 소유자를 알 수 없을 때에는 공부상 소유자
> 2. 상속이 개시된 재산으로서 상속등기가 이행되지 아니하고 사실상의 소유자를 신고하지 아니하였을 때에는 행정안전부령으로 정하는 주된 상속자
> 3. 공부상에 개인 등의 명의로 등재되어 있는 사실상의 종중재산으로서 종중소유임을 신고하지 아니하였을 때에는 공부상 소유자
> 4. 국가, 지방자치단체, 지방자치단체조합과 재산세 과세대상 재산을 연부(年賦)로 매매계약을 체결하고 그 재산의 사용권을 무상으로 받은 경우에는 그 매수계약자
> 5. 「신탁법」 제2조에 따른 수탁자(이하 이 장에서 "수탁자"라 한다)의 명의로 등기 또는 등록된 신탁재산의 경우에는 제1항에도 불구하고 같은 조에 따른 위탁자(「주택법」 제2조 제11호 가목에 따른 지역주택조합 및 같은 호 나목에 따른 직장주택조합이 조합원이 납부한 금전으로 매수하여 소유하고 있는 신탁재산의 경우에는 해당 지역주택조합 및 직장주택조합을 말하며, 이하 이 장에서 "위탁자"라 한다). 이 경우 위탁자가 신탁재산을 소유한 것으로 본다.
> 6. 「도시개발법」에 따라 시행하는 환지(換地) 방식에 의한 도시개발사업 및 「도시 및 주거환경정비법」에 따른 정비사업(재개발사업만 해당한다)의 시행에 따른 환지계획에서 일정한 토지를 환지로 정하지 아니하고 체비지 또는 보류지로 정한 경우에는 사업시행자
> 7. 외국인 소유의 항공기 또는 선박을 임차하여 수입하는 경우에는 수입하는 자
> 8. 「채무자 회생 및 파산에 관한 법률」에 따른 파산선고 이후 파산종결의 결정까지 파산재단에 속하는 재산의 경우 공부상 소유자

② 지방세법 제109조 제2항 제2호

> **관계법령 비과세(지방세법 제109조)**
>
> ② 국가, 지방자치단체 또는 지방자치단체조합이 1년 이상 공용 또는 공공용으로 사용(1년 이상 사용할 것이 계약서 등에 의하여 입증되는 경우를 포함한다)하는 재산에 대하여는 재산세를 부과하지 아니한다. 다만, 다음 각 호의 어느 하나에 해당하는 경우에는 재산세를 부과한다.
> 1. 유료로 사용하는 경우
> 2. 소유권의 유상이전을 약정한 경우로서 그 재산을 취득하기 전에 미리 사용하는 경우

③ 재산세 과세기준일 현재 소유권의 귀속이 분명하지 아니하여 사실상의 소유자를 확인할 수 없는 경우에는 그 사용자가 재산세를 납부할 의무가 있다(지방세법 제107조 제3항).

④ 지방세법 제115조 제1항 제1호, 제2호

⑤ 지방세법 제115조 제2항

> **관계법령 납기(지방세법 제115조)**
>
> ① 재산세의 납기는 다음 각 호와 같다.
> 1. 토지 : 매년 9월 16일부터 9월 30일까지
> 2. 건축물 : 매년 7월 16일부터 7월 31일까지
> 3. 주택 : 해당 연도에 부과·징수할 세액의 2분의 1은 매년 7월 16일부터 7월 31일까지, 나머지 2분의 1은 9월 16일부터 9월 30일까지. 다만, 해당 연도에 부과할 세액이 20만원 이하인 경우에는 조례로 정하는 바에 따라 납기를 7월 16일부터 7월 31일까지로 하여 한꺼번에 부과·징수할 수 있다.
> 4. 선박 : 매년 7월 16일부터 7월 31일까지
> 5. 항공기 : 매년 7월 16일부터 7월 31일까지
> ② 제1항에도 불구하고 지방자치단체의 장은 과세대상 누락, 위법 또는 착오 등으로 인하여 이미 부과한 세액을 변경하거나 수시부과하여야 할 사유가 발생하면 수시로 부과·징수할 수 있다.

05 정답 ⑤

해설 ① 1천분의 50(종합부동산세법 제9조 제2항 제3호 나목)

> **관계법령 세율 및 세액(종합부동산세법 제9조)**
>
> ② 납세의무자가 법인 또는 법인으로 보는 단체인 경우 제1항에도 불구하고 과세표준에 다음 각 호에 따른 세율을 적용하여 계산한 금액을 주택분 종합부동산세액으로 한다.
> 1. 「상속세 및 증여세법」 제16조에 따른 공익법인등이 직접 공익목적사업에 사용하는 주택만을 보유한 경우와 「공공주택 특별법」 제4조에 따른 공공주택사업자 등 사업의 특성을 고려하여 대통령령으로 정하는 경우 : 제1항 제1호에 따른 세율
> 2. 공익법인등으로서 제1호에 해당하지 아니하는 경우 : 제1항 각 호에 따른 세율
> 3. 제1호 및 제2호 외의 경우 : 다음 각 목에 따른 세율
>   가. 2주택 이하를 소유한 경우 : 1천분의 27
>   나. 3주택 이상을 소유한 경우 : 1천분의 50

② 주소지 등이 납세지가 된다(종합부동산세법 제4조 제1항, 소득세법 제6조 제1항·제2항).

관계법령 납세지(종합부동산세법 제4조)

① 종합부동산세의 납세의무자가 개인 또는 법인으로 보지 아니하는 단체인 경우에는 소득세법 제6조의 규정을 준용하여 납세지를 정한다.

> **납세지(소득세법 제6조)**
> ① 거주자의 소득세 납세지는 그 주소지로 한다. 다만, 주소지가 없는 경우에는 그 거소지로 한다.
> ② 비거주자의 소득세 납세지는 제120조에 따른 국내사업장(이하 "국내사업장"이라 한다)의 소재지로 한다. 다만, 국내사업장이 둘 이상 있는 경우에는 주된 국내사업장의 소재지로 하고, 국내사업장이 없는 경우에는 국내원천소득이 발생하는 장소로 한다.
> ③ 납세지가 불분명한 경우에는 대통령령으로 정하는 바에 따라 납세지를 결정한다.

③ 제2항의 규정에 따른 주택(과세표준 합산의 대상에 포함되지 않는 주택)을 보유한 납세의무자는 해당 연도 9월 16일부터 9월 30일까지 대통령령으로 정하는 바에 따라 납세지 관할세무서장(이하 "관할세무서장"이라 한다)에게 해당 주택의 보유현황을 신고하여야 한다(종합부동산세법 제8조 제3항).

④ 100분의 40이다(종합부동산세법 제9조 제8항).

관계법령 세율 및 세액(종합부동산세법 제9조)

⑧ 1세대 1주택자로서 해당 주택을 과세기준일 현재 5년 이상 보유한 자의 공제액은 제1항·제3항 및 제4항에 따라 산출된 세액에 다음 표에 따른 보유기간별 공제율을 곱한 금액으로 한다.

보유기간	공제율
5년 이상 10년 미만	100분의 20
10년 이상 15년 미만	100분의 40
15년 이상	100분의 50

⑤ 과세기준일 현재 주택분 재산세의 납세의무자는 종합부동산세를 납부할 의무가 있다(종합부동산세법 제7조 제1항).

06 정답 ④

해설 ① 1%~3%(종합부동산세법 제14조 제1항)

관계법령 세율 및 세액(종합부동산세법 제14조)

① 종합합산과세대상인 토지에 대한 종합부동산세의 세액은 과세표준에 다음의 세율을 적용하여 계산한 금액(이하 "토지분 종합합산세액"이라 한다)으로 한다.

과세표준	세율
15억원 이하	1천분의 10
15억원 초과 45억원 이하	1천500만원 + (15억원을 초과하는 금액의 1천분의 20)
45억원 초과	7천500만원 + (45억원을 초과하는 금액의 1천분의 30)

② 관할세무서장은 종합부동산세로 납부하여야 할 세액이 <u>250만원을 초과</u>하는 경우에는 대통령령으로 정하는 바에 따라 그 세액의 일부를 납부기한이 지난 날부터 6개월 이내에 분납하게 할 수 있다(종합부동산세법 제20조).

③ 관할세무서장은 종합부동산세를 징수하려면 납부고지서에 <u>주택 및 토지로 구분</u>한 과세표준과 세액을 기재하여 납부기간 개시 5일 전까지 발급하여야 한다(종합부동산세법 제16조 제2항).

④ 1항 및 제2항에도 불구하고 종합부동산세를 신고납부방식으로 납부하고자 하는 납세의무자는 종합부동산세의 과세표준과 세액을 해당 연도 12월 1일부터 12월 15일까지 대통령령으로 정하는 바에 따라 관할세무서장에게 신고하여야 한다. 이 경우 제1항의 규정에 따른 결정은 없었던 것으로 본다(종합부동산세법 제16조 제3항).

⑤ 0.5%~0.7%(종합부동산세법 제14조 제4항)

관계법령 세율 및 세액(종합부동산세법 제14조)

④ 별도합산과세대상인 토지에 대한 종합부동산세의 세액은 과세표준에 다음의 세율을 적용하여 계산한 금액(이하 "토지분 별도합산세액"이라 한다)으로 한다.

과세표준	세 율
200억원 이하	1천분의 5
200억원 초과 400억원 이하	1억원 + (200억원을 초과하는 금액의 1천분의 6)
400억원 초과	2억 2천만원 + (400억원을 초과하는 금액의 1천분의 7)

---

07 정답 ②

해설
1) 임대료(소득세법 제24조 제1항 참고) = $1,000,000$원 × 12월 = $12,000,000$원

2) 간주임대료(소득세법 시행령 제53조 제3항 제2호 참고) = (해당 과세기간의 보증금등의 적수 – 임대용부동산의 건설비 상당액의 적수)❶ × 1/365(윤년의 경우에는 366) × 정기예금이자율 – 해당 과세기간의 해당 임대사업부분에서 발생한 수입이자와 할인료 및 배당금의 합계액❷ = ($500,000,000$원 × 365 – $200,000,000$원 × 365) × (1/365) × 6% – $1,000,000$원 = $17,000,000$원

❶ 임대용부동산의 건설비 상당액은 건물 매입 시에는 건축물의 취득가액을 말한다(토지가액은 제외한다). 이 경우 당해 건축물의 취득가액은 자본적 지출액을 포함하고 재평가차액을 제외한 금액으로 한다(소득세법 시행령 제53조 제5항 제2호, 동법 시행규칙 제23조 제2항 제2호 참고).

❷ 임대사업부분에서 발생한 수입이자·할인료 및 배당금은 비치·기장한 장부나 증빙서류에 의하여 당해 임대보증금등으로 취득한 것이 확인되는 금융자산으로부터 발생한 것에 한한다(소득세법 시행령 제53조 제6항). 따라서 유가증권처분이익은 해당 임대사업부분에서 발생한 수입이자와 할인료 및 배당금의 합계액에 해당하지 아니한다.

3) 부동산임대업 총수입금액(소득세법 제25조 참고) = 임대료 + 간주임대료 + (관리비수입 + 보험차익)
= $12,000,000$원 + $17,000,000$원
= $29,000,000$원

08 정답 ①

해설 1) 양도차익(소득세법 제92조 제2항 제1호 참고) = 양도가액 − 필요경비(취득가액, 양도비 등)
$$= 67,000,000원 − 42,000,000원 − 4,000,000원$$
$$= 21,000,000원$$

    * 실지거래가액을 기준으로 양도차익 산정하는 것이 원칙이다.

2) 양도소득금액(소득세법 제95조 제1항 참고) = 양도차익 − 장기보유특별공제
$$= 21,000,000원 − 0 = 21,000,000원$$

    * 장기보유특별공제는 토지 및 건물로서 보유기간이 3년 이상인 것에 대해서 적용되므로 보유기간이 2년인 사안에서는 공제액이 없다(소득세법 제95조 제2항 참고).

3) 양도소득과세표준(소득세법 제92조 제2항 제3호 참고) = 양도소득금액 − 양도소득 기본공제
$$= 21,000,000원 − 2,500,000원$$
$$= 18,500,000원$$

    * 양도소득 기본공제액은 토지 및 건물의 양도의 경우에는 2,500,000원이다(소득세법 제103조 제1항 참고).

09 정답 ⑤

해설 ① 거주자가 건물을 신축 또는 증축(증축의 경우 바닥면적 합계가 85제곱미터를 초과하는 경우에 한정한다)하고 그 건물의 취득일 또는 증축일부터 5년 이내에 해당 건물을 양도하는 경우로서 제97조 제1항 제1호 나목에 따른 감정가액 또는 환산취득가액을 그 취득가액으로 하는 경우에는 해당 건물의 감정가액(증축의 경우 증축한 부분에 한정한다) 또는 환산취득가액(증축의 경우 증축한 부분에 한정한다)의 <u>100분의 5</u>에 해당하는 금액을 제92조 제3항 제2호에 따른 양도소득 결정세액에 더한다(소득세법 제114조의2 제1항).

② 공공사업용으로 공공사업의 시행자에게 토지 또는 건물을 양도하거나 그 밖의 법률에 따라 토지 또는 건물이 수용됨에 따라 발생하는 소득에 대한 양도소득세를 그 토지 또는 건물의 대금으로 교부받은 채권으로 납부할 수 있도록 규정한 <u>물납제도는 폐지되었다</u>(2015.12.15. 개정).

③ 양도소득세 예정신고납부세액공제제도는 1975년 양도소득세 도입 당시의 행정전산시스템 미비와 고금리 등의 여건에서 징세비용 절감 등을 위한 인센티브로 도입되었으나, 양도소득세율 인하, 과세정보시스템 정비 등 경제여건 변화로 <u>2009.12.31. 폐지</u>되었다.

④ 예정신고납부할 세액이 1천 5백만원인 자는 <u>500만원</u>을 납부기한이 지난 후 2개월 이내에 분할납부할 수 있다(소득세법 제112조, 동법 시행령 제175조 제1호 참고).

관계법령

양도소득세의 분할납부(소득세법 제112조)

거주자로서 제106조 또는 제111조에 따라 납부할 세액이 각각 1천만원을 초과하는 자는 대통령령으로 정하는 바에 따라 그 납부할 세액의 일부를 납부기한이 지난 후 2개월 이내에 분할납부할 수 있다.

양도소득세의 분납(소득세법 시행령 제175조)

법 제112조의 규정에 의하여 분납할 수 있는 세액은 다음 각 호에 의한다.
  1. 납부할 세액이 2천만원 이하인 때에는 1천만원을 초과하는 금액
  2. 납부할 세액이 2천만원을 초과하는 때에는 그 세액의 100분의 50 이하의 금액

⑤ 국세기본법 제47조의2 제1항 제2호

> **관계법령** **무신고가산세(국세기본법 제47조의2)**
>
> ① 납세의무자가 법정신고기한까지 세법에 따른 국세의 과세표준 신고(예정신고 및 중간신고를 포함하며, 「교육세법」 제9조에 따른 신고 중 금융·보험업자가 아닌 자의 신고와 「농어촌특별세법」 및 「종합부동산세」에 따른 신고는 제외한다)를 하지 아니한 경우에는 그 신고로 납부하여야 할 세액(이 법 및 세법에 따른 가산세와 세법에 따라 가산하여 납부하여야 할 이자 상당 가산액이 있는 경우 그 금액은 제외하며, 이하 "무신고납부세액"이라 한다)에 다음 각 호의 구분에 따른 비율을 곱한 금액을 가산세로 한다.
>   1. 부정행위로 법정신고기한까지 세법에 따른 국세의 과세표준 신고를 하지 아니한 경우 : 100분의 40(역외거래에서 발생한 부정행위인 경우에는 100분의 60)
>   2. 제1호 외의 경우 : <u>100분의 20</u>

10 정답 ①

해설 ① 거주자가 특수관계인(이월과세를 적용받는 배우자 및 직계존비속의 경우 제외)에게 자산을 증여한 후 그 자산을 증여받은 자가 그 증여일로부터 10년 이내에 다시 타인에게 양도한 경우로서 증여받은 자의 증여세와 양도소득세를 합한 세액이 증여자가 직접 양도하는 경우로 보아 계산한 양도소득세 세액보다 적은 경우에는 증여자가 그 자산을 직접 양도한 것으로 본다(소득세법 제101조 제2항 참고). 이에 따라 증여자에게 양도소득세가 과세되는 경우에는 당초 증여받은 자산에 대해서는 '상속세 및 증여세법'의 규정에도 불구하고 증여세를 부과하지 아니한다(소득세법 제101조 제3항 참고). 만일 수증자가 증여세를 납부했다면 이를 필요경비에 산입할 것이 아니라 부과를 취소하고 수증자에게 환급하여야 한다.
② · ④ · ⑤ 양도차익, 보유기간도 증여자 甲이 직접 양도한 것으로 보아 계산하며 납세의무자도 甲이 된다.
③ 제101조 제2항에 따라 증여자가 자산을 직접 양도한 것으로 보는 경우 그 양도소득에 대해서는 증여자와 증여받은 자가 연대하여 납세의무를 진다(소득세법 제2조의2 제3항).

11 정답 ③

해설 ① 취득세의 징수는 <u>신고납부</u>의 방법으로 한다(지방세법 제18조).
② 취득세 과세물건을 취득한 자는 그 취득한 날부터 60일[무상취득(상속은 제외한다) 또는 증여자의 채무를 인수하는 부담부 증여로 인한 취득의 경우는 취득일이 속하는 달의 말일부터 3개월, <u>상속으로 인한 경우는 상속개시일이 속하는 달의 말일부터</u>, 실종으로 인한 경우는 실종선고일이 속하는 달의 말일부터 각각 <u>6개월</u>(외국에 주소를 둔 상속인이 있는 경우에는 각각 9개월)] 이내에 그 과세표준에 제11조부터 제13조까지, 제13조의2, 제13조의3, 제14조 및 제15조의 세율을 적용하여 산출한 세액을 대통령령으로 정하는 바에 따라 신고하고 납부하여야 한다(지방세법 제20조 제1항).
③ 제1항부터 제3항까지의 신고·납부기한 이내에 재산권과 그 밖의 권리의 취득·이전에 관한 사항을 공부에 등기하거나 등록(등재를 포함)하려는 경우에는 등기 또는 등록 신청서를 등기·등록관서에 접수하는 날까지 취득세를 신고·납부하여야 한다(지방세법 제20조 제4항).
④ 취득세 과세물건을 취득한 후에 그 과세물건이 제13조(과밀억제권역 안 취득 등 중과) 제1항부터 제7항까지의 세율의 적용대상이 되었을 때에는 대통령령으로 정하는 날부터 60일 이내에 제13조 제1항부터 제7항까지의 세율(제16조 제6항 제2호에 해당하는 경우에는 제13조의2 제3항의 세율)을 적용하여 산출한 세액에서 이미 납부한 세액(<u>가산세는 제외한다</u>)을 공제한 금액을 세액으로 하여 대통령령으로 정하는 바에 따라 신고하고 납부하여야 한다(지방세법 제20조 제2항).

⑤ 100분의 10(지방세법 제22조의2 제2항)

12 정답 ③

해설 ① 소득세법 제45조 제2항

② 제1항이나 제2항의 경우에 사업소득에 부동산임대업에서 발생한 소득이 포함되어 있는 사업자는 그 소득별로 구분하여 회계처리하여야 한다. 이 경우에 소득별로 구분할 수 없는 공통수입금액과 그 공통수입금액에 대응하는 공통경비는 각 총수입금액에 비례하여 그 금액을 나누어 장부에 기록한다(소득세법 제160조 제4항).

③·④ 소득세법 제25조 제1항

⑤ 소득세법 제70조 제1항, 제2항

> **관계법령** **종합소득과세표준 확정신고(소득세법 제70조)**
>
> ① 해당 과세기간의 종합소득금액이 있는 거주자(종합소득과세표준이 없거나 결손금이 있는 거주자를 포함한다)는 그 종합소득 과세표준을 그 과세기간의 다음 연도 5월 1일부터 5월 31일까지 대통령령으로 정하는 바에 따라 납세지 관할 세무서장에게 신고하여야 한다.
> ② 해당 과세기간에 분리과세 주택임대소득 및 제127조 제1항 제6호 나목의 소득이 있는 경우에도 제1항을 적용한다.

13 정답 ④

해설 ① 채권금액으로 과세액을 정하는 경우에 일정한 채권금액이 없을 때에는 채권의 목적이 된 것의 가액 또는 처분의 제한의 목적이 된 금액을 그 채권금액으로 본다(지방세법 제27조 제4항).

② 같은 채권의 담보를 위하여 설정하는 둘 이상의 저당권을 등록하는 경우에는 이를 하나의 등록으로 보아 그 등록에 관계되는 재산을 처음 등록하는 등록관청 소재지를 납세지로 한다(지방세법 제25조 제1항 제17호).

③ 제1호(부동산등기)부터 제14호까지의 납세지가 분명하지 아니한 경우에는 등록관청 소재지를 납세지로 한다(지방세법 제25조 제1항 제18호).

④ 지방세기본법 제56조 제1항

> **관계법령** **특별징수납부 등 불성실가산세(지방세기본법 제56조)**
>
> ① 특별징수의무자가 징수하여야 할 세액을 법정납부기한까지 납부하지 아니하거나 과소납부한 경우에는 납부하지 아니한 세액 또는 과소납부분 세액의 100분의 50(제1호 및 제2호에 따른 금액을 합한 금액은 100분의 10)을 한도로 하여 다음 각 호의 계산식에 따라 산출한 금액을 합한 금액을 가산세로 부과한다. 이 경우 제3호의 가산세를 부과하는 기간은 60개월(1개월 미만은 없는 것으로 본다)을 초과할 수 없다.
> 1. 납부하지 아니한 세액 또는 과소납부분 세액 × 100분의 3
> 2. 납부하지 아니한 세액 또는 과소납부분 세액 × 법정납부기한의 다음 날부터 자진납부일 또는 납세고지일까지의 일수 × 금융회사 등이 연체대출금에 대하여 적용하는 이자율 등을 고려하여 대통령령으로 정하는 이자율
> 3. 다음 계산식에 따라 납세고지서에 따른 납부기한이 지난 날부터 1개월이 지날 때마다 계산한 금액
>
> > 납부하지 아니한 세액 또는 과소납부분 세액(가산세는 제외한다) × 금융회사 등이 연체대출금에 대하여 적용하는 이자율 등을 고려하여 대통령령으로 정하는 이자율

⑤ 지방세법 제30조 제6항

> **관계법령** **신고 및 납부(지방세법 제30조)**
>
> ⑤ 채권자대위자는 납세의무자를 대위하여 부동산의 등기에 대한 등록면허세를 신고납부할 수 있다. 이 경우 채권자대위자는 행정안전부령으로 정하는 바에 따라 납부확인서를 발급받을 수 있다.
> ⑥ 지방자치단체의 장은 제5항에 따른 채권자대위자의 신고납부가 있는 경우 납세의무자에게 그 사실을 즉시 통보하여야 한다.

14 정답 ②

해설 ① 납세지 관할 세무서장은 과세기간별로 제116조 제2항 각 호의 금액의 합계액이 제92조 제3항 제3호에 따른 양도소득 총결정세액을 초과할 때에는 그 초과하는 세액을 환급하거나 다른 국세 및 강제징수비에 충당하여야 한다(소득세법 제117조).

② 소득세법 제116조 제2항 제1호

> **관계법령** **양도소득세의 징수(소득세법 제116조)**
>
> ② 납세지 관할 세무서장은 제114조에 따라 양도소득과세표준과 세액을 결정 또는 경정한 경우 제92조 제3항 제3호에 따른 양도소득 총결정세액이 다음 각 호의 금액의 합계액을 초과할 때에는 그 초과하는 세액(이하 "추가납부세액"이라 한다)을 해당 거주자에게 알린 날부터 30일 이내에 징수한다.
> 1. 제106조에 따른 예정신고납부세액과 제111조에 따른 확정신고납부세액
> 2. 제1항에 따라 징수하는 세액
> 3. 제82조 및 제118조에 따른 수시부과세액
> 4. 제156조 제1항 제5호에 따라 원천징수한 세액

③ 소득세법 제105조 제1항 제3호

> **관계법령** **양도소득과세표준 예정신고(소득세법 제105조)**
>
> ① 제94조 제1항 각 호(같은 항 제3호 다목 및 같은 항 제5호는 제외한다)에서 규정하는 자산을 양도한 거주자는 제92조 제2항에 따라 계산한 양도소득과세표준을 다음 각 호의 구분에 따른 기간에 대통령령으로 정하는 바에 따라 납세지 관할 세무서장에게 신고하여야 한다.
> 1. 제94조 제1항 제1호·제2호·제4호 및 제6호에 따른 자산을 양도한 경우에는 그 양도일이 속하는 달의 말일부터 2개월. 다만, 「부동산 거래신고 등에 관한 법률」 제10조 제1항에 따른 토지거래계약에 관한 허가구역에 있는 토지를 양도할 때 토지거래계약허가를 받기 전에 대금을 청산한 경우에는 그 허가일(토지거래계약허가를 받기 전에 허가구역의 지정이 해제된 경우에는 그 해제일을 말한다)이 속하는 달의 말일부터 2개월로 한다.
> 2. 제94조 제1항 제3호 가목 및 나목에 따른 자산을 양도한 경우에는 그 양도일이 속하는 반기(半期)의 말일부터 2개월
> 3. 제1호 및 제2호에도 불구하고 제88조 제1호 각 목 외의 부분 후단에 따른 부담부증여의 채무액에 해당하는 부분으로서 양도로 보는 경우에는 그 양도일이 속하는 달의 말일부터 3개월

④ 양도소득세 납세의무의 확정은 원칙적으로 납세의무자의 신고에 의한다. 즉 신고납세제도로 전환된 이후의 양도소득세는 국세기본법 제22조 제1항 및 제2항에 의하여, 과세표준과 세액을 정부에 신고(소득세법 제105조의 규정에 의한 예정신고 및 동법 제110조의 규정에 의한 확정신고를 모두 포함한다)하는 때 그 세액이 확정되는 것이다.

⑤ 국세환급금 중 제2항에 따라 충당한 후 남은 금액은 국세환급금의 결정을 한 날부터 30일 내에 대통령령으로 정하는 바에 따라 납세자에게 지급하여야 한다(국세기본법 제51조 제6항).

15 정답 ④

해설 ㄱ. (5) 소득세법 시행령 제155조 제7항 제3호

> **관계법령** **1세대 1주택의 특례(소득세법 시행령 제155조)**
>
> ⑦ 다음 각 호의 어느 하나에 해당하는 주택으로서 수도권 밖의 지역 중 읍지역(도시지역안의 지역을 제외한다) 또는 면지역에 소재하는 주택(이하 이 조에서 "농어촌주택"이라 한다)과 그 밖의 주택(이하 이 항 및 제11항부터 제13항까지에서 "일반주택"이라 한다)을 국내에 각각 1개씩 소유하고 있는 1세대가 일반주택을 양도하는 경우에는 국내에 1개의 주택을 소유하고 있는 것으로 보아 제154조 제1항을 적용한다. 다만, 제3호의 주택에 대해서는 그 주택을 취득한 날부터 5년 이내에 일반주택을 양도하는 경우에 한정하여 적용한다.
> 1. 상속받은 주택(피상속인이 취득 후 5년 이상 거주한 사실이 있는 경우에 한한다)
> 2. 이농인(어업에서 떠난 자를 포함한다. 이하 이 조에서 같다)이 취득일 후 5년 이상 거주한 사실이 있는 이농주택
> 3. 영농 또는 영어의 목적으로 취득한 귀농주택

ㄴ. (3) 기획재정부령으로 정하는 취학, 근무상의 형편, 질병의 요양, 그 밖에 부득이한 사유(이하 이 항에서 "부득이한 사유"라 한다)로 취득한 수도권 밖에 소재하는 주택과 그 밖의 주택(이하 이 항에서 "일반주택"이라 한다)을 국내에 각각 1개씩 소유하고 있는 1세대가 부득이한 사유가 해소된 날부터 3년 이내에 일반주택을 양도하는 경우에는 국내에 1개의 주택을 소유하고 있는 것으로 보아 제154조 제1항을 적용한다(소득세법 시행령 제155조 제8항).

ㄷ. (5) 1주택을 보유하는 자가 1주택을 보유하는 자와 혼인함으로써 1세대가 2주택을 보유하게 되는 경우 또는 1주택을 보유하고 있는 60세 이상의 직계존속을 동거봉양하는 무주택자가 1주택을 보유하는 자와 혼인함으로써 1세대가 2주택을 보유하게 되는 경우 각각 혼인한 날부터 5년 이내에 먼저 양도하는 주택은 이를 1세대 1주택으로 보아 제154조 제1항을 적용한다(소득세법 시행령 제155조 제5항).

16 정답 ①

해설 ① 건축물 중 조작 설비, 그 밖의 부대설비에 속하는 부분으로서 그 주체구조부와 하나가 되어 건축물로서의 효용가치를 이루고 있는 것에 대하여는 주체구조부 취득자 외의 자가 가설한 경우에도 주체구조부의 취득자가 함께 취득한 것으로 본다(지방세법 제7조 제3항).
② 지방세법 제13조의3 제4호

> **관계법령** **주택 수의 판단 범위(지방세법 제13조의3)**
>
> 제13조의2(법인의 주택 취득 등 중과)를 적용할 때 다음 각 호의 어느 하나에 해당하는 경우에는 다음 각 호에서 정하는 바에 따라 세대별 소유 주택 수에 가산한다.
> 1. 「신탁법」에 따라 신탁된 주택은 위탁자의 주택 수에 가산한다.
> 2. 「도시 및 주거환경정비법」 제74조에 따른 관리처분계획의 인가 및 「빈집 및 소규모주택 정비에 관한 특례법」 제29조에 따른 사업시행계획인가로 인하여 취득한 입주자로 선정된 지위[「도시 및 주거환경정비법」에 따른 재건축사업 또는 재개발사업, 「빈집 및 소규모주택 정비에 관한 특례법」에 따른 소규모재건축사업을 시행하는 정비사업조합의 조합원으로서 취득한 것(그 조합원으로부터 취득한 것을 포함한다)으로 한정하며, 이에 딸린 토지를 포함한다. 이하 이 조에서 "조합원입주권"이라 한다]는 해당 주거용 건축물이 멸실된 경우라도 해당 조합원입주권 소유자의 주택 수에 가산한다.

3. 「부동산 거래신고 등에 관한 법률」 제3조 제1항 제2호에 따른 "부동산에 대한 공급계약"을 통하여 주택을 공급받는 자로 선정된 지위(해당 지위를 매매 또는 증여 등의 방법으로 취득한 것을 포함한다. 이하 이 조에서 "주택분양권"이라 한다)는 해당 주택분양권을 소유한 자의 주택 수에 가산한다.
4. 제105조에 따라 <u>주택으로 과세하는 오피스텔</u>은 해당 오피스텔을 소유한 자의 주택 수에 가산한다.

③ 지방세법 제21조 제2항, 동법 시행령 제37조 제3호

> **관계법령**
>
> **부족세액의 추징 및 가산세(지방세법 제21조)**
> ② 납세의무자가 취득세 과세물건을 사실상 취득한 후 제20조에 따른 신고를 하지 아니하고 매각하는 경우에는 제1항 및 「지방세기본법」 제53조, 제55조에도 불구하고 산출세액에 100분의 80을 가산한 금액을 세액으로 하여 보통징수의 방법으로 징수한다. 다만, <u>등기·등록이 필요하지 아니한 과세물건 등 대통령령으로 정하는 과세물건에 대하여는 그러하지 아니하다.</u>
>
> **중가산세에서 제외되는 재산(지방세법 시행령 제37조)**
> 법 제21조 제2항 단서에서 "등기·등록이 필요하지 아니한 과세물건 등 대통령령으로 정하는 과세물건"이란 다음 각 호의 어느 하나에 해당하는 것을 말한다.
> 1. 삭제 〈2013.1.1.〉
> 2. 취득세 과세물건 중 등기 또는 등록이 필요하지 아니하는 과세물건(골프회원권, 승마회원권, 콘도미니엄 회원권, 종합체육시설 이용회원권 및 요트회원권은 제외한다)
> 3. <u>지목변경</u>, 차량·기계장비 또는 선박의 종류 변경, 주식등의 취득 등 취득으로 보는 과세물건

④ 임시흥행장, 공사현장사무소 등(제13조 제5항에 따른 과세대상은 제외한다) 임시건축물의 취득에 대하여는 취득세를 부과하지 아니한다. 다만, <u>존속기간이 1년을 초과하는 경우에는 취득세를 부과한다</u>(지방세법 제9조 제5항).
⑤ 지방세법 제17조 제1항, 제2항

> **관계법령 면세점(지방세법 제17조)**
>
> ① 취득가액이 <u>50만원 이하</u>일 때에는 취득세를 부과하지 아니한다.
> ② 토지나 건축물을 취득한 자가 그 취득한 날부터 1년 이내에 그에 인접한 토지나 건축물을 취득한 경우에는 각각 그 전후의 취득에 관한 토지나 건축물의 취득을 1건의 토지 취득 또는 1구의 건축물 취득으로 보아 <u>제1항을 적용</u>한다.

2021년 제32회 정답 및 해설

● 문제편 244p

01	02	03	04	05	06	07	08	09	10	11	12	13	14	15	16
②	②	⑤	④	③	①	④	⑤	③	②	③	②	①	①	⑤	④

01

정답 ②

해설 ① 「주택법」에 따른 주택조합이 주택건설사업을 하면서 조합원으로부터 취득하는 토지 중 조합원에게 귀속되지 아니하는 토지를 취득하는 경우에는 「주택법」에 따른 사용검사를 받은 날에 그 토지를 취득한 것으로 보고, 「도시 및 주거환경정비법」에 따른 재건축조합이 재건축사업을 하거나 「빈집 및 소규모주택 정비에 관한 특례법」에 따른 소규모재건축조합이 소규모재건축사업을 하면서 조합원으로부터 취득하는 토지 중 조합원에게 귀속되지 아니하는 토지를 취득하는 경우에는 「도시 및 주거환경정비법」 또는 「빈집 및 소규모주택 정비에 관한 특례법」에 따른 소유권이전 고시일의 다음 날에 그 토지를 취득한 것으로 본다(지방세법 시행령 제20조 제7항).

② 취득세 과세물건을 취득한 후에 그 과세물건이 제13조 제1항부터 제7항까지의 세율(중과세율)의 적용대상이 되었을 때에는 대통령령으로 정하는 날부터 60일 이내에 제13조 제1항부터 제7항까지의 세율(제16조 제6항 제2호에 해당하는 경우에는 제13조의2 제3항의 세율)을 적용하여 산출한 세액에서 이미 납부한 세액(가산세는 제외한다)을 공제한 금액을 세액으로 하여 대통령령으로 정하는 바에 따라 신고하고 납부하여야 한다(지방세법 제20조 제2항).

③ 국가 또는 지방자치단체(다른 법률에서 국가 또는 지방자치단체로 의제되는 법인은 제외한다), 「지방자치법」에 따른 지방자치단체조합, 외국정부 및 주한국제기구의 취득에 대해서는 취득세를 부과하지 아니한다. 다만, 대한민국 정부기관의 취득에 대하여 과세하는 외국정부의 취득에 대해서는 취득세를 부과한다(지방세법 제9조 제1항).

④ 무상취득의 경우에는 그 계약일(상속 또는 유증으로 인한 취득의 경우에는 상속 또는 유증 개시일을 말한다)에 취득한 것으로 본다(지방세법 시행령 제20조 제1항 본문).

⑤ 부동산등의 취득은 「민법」, 「자동차관리법」, 「건설기계관리법」, 「항공안전법」, 「선박법」, 「입목에 관한 법률」, 「광업법」, 「수산업법」 또는 「양식산업발전법」 등 관계 법령에 따른 등기·등록 등을 하지 아니한 경우라도 사실상 취득하면 각각 취득한 것으로 보고 해당 취득물건의 소유자 또는 양수인을 각각 취득자로 한다. 다만, 차량, 기계장비, 항공기 및 주문을 받아 건조하는 선박은 승계취득인 경우에만 해당한다(지방세법 제7조 제2항).

02 정답 ②

해설 ㄱ. (○) 미등기양도자산의 양도소득세율 : 양도소득 과세표준의 100분의 70(소득세법 제104조 제1항 제10호)
ㄴ. (○) 미등기양도자산은 소득공제 시 장기보유특별공제 적용 배제(소득세법 제95조 제2항)
ㄷ. (✕) 미등기양도자산의 경우도 필요경비개산공제는 적용된다. 다만, 일반적인 경우 필요경비 개산공제
   율은 3%이지만 미등기양도자산의 경우는 0.3%이다(소득세법 시행령 제163조 제6항 참고).
ㄹ. (○) 미등기양도자산은 소득공제 시 양도소득기본공제 적용 배제(소득세법 제103조 제1항 제1호)

03 정답 ⑤

해설 ① 선박, 차량과 기계장비의 종류를 변경하거나 토지의 지목을 사실상 변경함으로써 그 가액이 증가한
   경우에는 취득으로 본다. 이 경우 「도시개발법」에 따른 도시개발사업(환지방식만 해당한다)의 시행으로
   토지의 지목이 사실상 변경된 때에는 그 환지계획에 따라 공급되는 환지는 조합원이, 체비지 또는 보류
   지는 사업시행자가 각각 취득한 것으로 본다(지방세법 제7조 제4항).
② 지방세법 제7조 제13항 제2호

> **관계법령** 납세의무자 등(지방세법 제7조 제13항)
>
> 상속개시 후 상속재산에 대하여 등기·등록·명의개서 등(이하 "등기등"이라 한다)에 의하여 각 상속
> 인의 상속분이 확정되어 등기등이 된 후, 그 상속재산에 대하여 공동상속인이 협의하여 재분할한 결과
> 특정 상속인이 당초 상속분을 초과하여 취득하게 되는 재산가액은 그 재분할에 의하여 상속분이 감소
> 한 상속인으로부터 증여받아 취득한 것으로 본다. 다만, 다음 각 호의 어느 하나에 해당하는 경우에는
> 그러하지 아니하다.
> 1. 제20조 제1항에 따른 신고·납부기한 내에 재분할에 의한 취득과 등기등을 모두 마친 경우
> 2. 상속회복청구의 소에 의한 법원의 확정판결에 의하여 상속인 및 상속재산에 변동이 있는 경우
> 3. 「민법」 제404조에 따른 채권자대위권의 행사에 의하여 공동상속인들의 법정상속분대로 등기등
>   이 된 상속재산을 상속인사이의 협의분할에 의하여 재분할하는 경우

③ 지방세법 제7조 제11항 제3호

> **관계법령** 납세의무자 등(지방세법 제7조 제11항)
>
> 배우자 또는 직계존비속의 부동산등을 취득하는 경우에는 증여로 취득한 것으로 본다. 다만, 다음 각
> 호의 어느 하나에 해당하는 경우에는 유상으로 취득한 것으로 본다.
> 1. 공매(경매를 포함한다. 이하 같다)를 통하여 부동산등을 취득한 경우
> 2. 파산선고로 인하여 처분되는 부동산등을 취득한 경우
> 3. 권리의 이전이나 행사에 등기 또는 등록이 필요한 부동산등을 서로 교환한 경우
> 4. 해당 부동산등의 취득을 위하여 그 대가를 지급한 사실이 다음 각 목의 어느 하나에 의하여
>   증명되는 경우
>   가. 그 대가를 지급하기 위한 취득자의 소득이 증명되는 경우
>   나. 소유재산을 처분 또는 담보한 금액으로 해당 부동산을 취득한 경우
>   다. 이미 상속세 또는 증여세를 과세(비과세 또는 감면받은 경우를 포함한다) 받았거나 신고한
>   경우로서 그 상속 또는 수증 재산의 가액으로 그 대가를 지급한 경우
>   라. 가목부터 다목까지에 준하는 것으로서 취득자의 재산으로 그 대가를 지급한 사실이 입증되
>   는 경우

④ 등기 · 등록한 후에는 계약해제를 입증하더라도 취득한 것으로 본다(지방세법 시행령 제20조 제1항 제2호 참고).

관계법령 **취득의 시기 등(지방세법 시행령 제20조 제1항)**

무상취득의 경우에는 그 계약일(상속 또는 유증으로 인한 취득의 경우에는 상속 또는 유증 개시일을 말한다)에 취득한 것으로 본다. 다만, 해당 취득물건을 <u>등기 · 등록하지 않고</u> 다음 각 호의 어느 하나에 해당하는 서류로 계약이 해제된 사실이 입증되는 경우에는 <u>취득한 것으로 보지 않는다.</u>
1. 화해조서 · 인낙조서(해당 조서에서 취득일부터 취득일이 속하는 달의 말일부터 3개월 이내에 계약이 해제된 사실이 입증되는 경우만 해당한다)
2. <u>공정증서(공증인이 인증한 사서증서를 포함하되, 취득일부터 취득일이 속하는 달의 말일부터 3개월 이내에 공증받은 것만 해당한다)</u>
3. 행정안전부령으로 정하는 계약해제신고서(취득일부터 취득일이 속하는 달의 말일부터 3개월 이내에 제출된 것만 해당한다)

---

⑤ 증여자의 채무를 인수하는 부담부 증여의 경우에는 그 채무액에 상당하는 부분은 부동산등을 유상으로 취득하는 것으로 본다. 다만, 배우자 또는 직계존비속으로부터의 부동산등의 부담부 증여의 경우에는 제11항을 적용한다(지방세법 제7조 제12항).

04 **정답** ④

해설 ① 과세표준이 5천만원 이하인 종합합산과세대상 토지 : 1천분의 2(지방세법 제111조 제1항 제1호 가목)
② 과세표준이 2억원 이하인 별도합산과세대상 토지 : 1천분의 2(지방세법 제111조 제1항 제1호 나목)
③ 전 · 답 · 과수원 · 목장용지 및 임야(광역시 군지역에 농업법인이 소유하는 농지는 전 · 답 · 과수원에 해당) : 1천분의 0.7(지방세법 제111조 제1항 제1호 다목 · 제106조 제1항 제3호 가목. 동법 시행령 제102조 제1항 제2호 나목)
④ 그 밖의 건축물(과밀억제권역 외의 읍 · 면 지역의 공장용 건축물은 그 밖의 건축물에 해당) : <u>1천분의 2.5</u>(지방세법 제111조 제1항 제2호 다목)
⑤ 과세표준 6,000만원 초과 1억5천만원 이하의 주택 : 60,000원 + 6천만원 초과금액의 1천분의 1.5(지방세법 제111조 제1항 제3호 나목)

해설 ① 지방세법 제110조 제1항 제1호, 동법 시행령 제109조 제1항 제1호

> **관계법령** **과세표준(지방세법 제110조 제1항)**
>
> 토지·건축물·주택에 대한 재산세의 과세표준은 제4조 제1항 및 제2항에 따른 시가표준액에 부동산
> 시장의 동향과 지방재정 여건 등을 고려하여 다음 각 호의 어느 하나에서 정한 범위에서 대통령령으로
> 정하는 공정시장가액비율을 곱하여 산정한 가액으로 한다.
> 1. 토지 및 건축물 : 시가표준액의 100분의 50부터 100분의 90까지
> 2. 주택 : 시가표준액의 100분의 40부터 100분의 80까지. 다만, 제111조의2에 따른 1세대 1주택은
>   100분의 30부터 100분의 70까지
>
> > **공정시장가액비율(지방세법 시행령 제109조)**
> >
> > ① 법 제110조 제1항 각 호 외의 부분에서 "대통령령으로 정하는 공정시장가액비율"이란
> > 다음 각 호의 비율을 말한다.
> > 1. 토지 및 건축물 : <u>시가표준액의 100분의 70</u>
> > 2. 주택 : 시가표준액의 100분의 60. 다만, 2023년도에 납세의무가 성립하는 재산세의
> >   과세표준을 산정하는 경우 제110조의2에 따라 1세대 1주택으로 인정되는 주택(시가표
> >   준액이 9억원을 초과하는 주택을 포함한다)에 대해서는 다음 각 목의 구분에 따른다.
> >   가. 시가표준액이 3억원 이하인 주택 : 시가표준액의 100분의 43
> >   나. 시가표준액이 3억원을 초과하고 6억원 이하인 주택 : 시가표준액의 100분의 44
> >   다. 시가표준액이 6억원을 초과하는 주택 : 시가표준액의 100분의 45

② 국가, 지방자치단체 또는 지방자치단체조합이 1년 이상 공용 또는 공공용으로 사용(1년 이상 사용할
것이 계약서 등에 의하여 입증되는 경우를 포함한다)하는 재산에 대하여는 재산세를 부과하지 아니한
다. 다만, ⊙ 유료로 사용하는 경우 또는 ⊙ 소유권의 유상이전을 약정한 경우로서 그 재산을 취득하기
전에 미리 사용하는 경우에는 재산세를 부과한다(지방세법 제109조 제2항).

③ 제113조 제2항 및 제114조 제2항에 따라 물납을 허가하는 부동산의 가액은 <u>재산세 과세기준일 현재의
시가</u>로 한다(지방세법 시행령 제115조 제1항).

④ 주택을 2명 이상이 공동으로 소유하거나 토지와 건물의 소유자가 다를 경우 해당 주택에 대한 세율을
적용할 때 해당 주택의 토지와 건물의 가액을 합산한 과세표준에 제111조 제1항 제3호(주택)의 세율
또는 제111조의2 제1항(1세대 1주택에 대한 주택 세율 특례)의 세율을 적용한다(지방세법 제113조 제3항).

⑤ 지방세법 제110조 제3항

> **관계법령** **과세표준(지방세법 제110조)**
>
> ③ 제1항에 따라 산정한 주택의 과세표준이 다음 계산식에 따른 과세표준상한액보다 큰 경우에는 제1
> 항에도 불구하고 해당 주택의 과세표준은 과세표준상한액으로 한다.
>
> > 과세표준상한액 = 대통령령으로 정하는 직전 연도 해당 주택의 과세표준 상당액 + (과세기준일
> > 당시 시가표준액으로 산정한 과세표준 × 과세표준상한율)
> > 과세표준상한율 = 소비자물가지수, 주택가격변동률, 지방재정 여건 등을 고려하여 0에서 100
> > 분의 5범위 이내로 대통령령으로 정하는 비율

06 정답 ①

해설 ㄱ. (○), ㄷ. (×) 이 법에서 적용하는 <u>토지 및 주택에 대한 시가표준액은 「부동산 가격공시에 관한 법률」에 따라 공시된 가액으로 한다</u>. 다만, 개별공시지가 또는 개별주택가격이 공시되지 아니한 경우에는 특별자치시장·특별자치도지사·시장·군수 또는 구청장(자치구의 구청장을 말한다)이 같은 법에 따라 국토교통부장관이 제공한 토지가격비준표 또는 주택가격비준표를 사용하여 산정한 가액으로 하고, <u>공동주택가격이 공시되지 아니한 경우에는 대통령령으로 정하는 기준에 따라 특별자치시장·특별자치도지사·시장·군수 또는 구청장이 산정한 가액으로 한다</u>(지방세법 제4조 제1항).

ㄴ. (×) 제1항 외의 건축물(새로 건축하여 건축 당시 개별주택가격 또는 공동주택가격이 공시되지 아니한 주택으로서 토지부분을 제외한 건축물을 포함한다), 선박, 항공기 및 그 밖의 과세대상에 대한 시가표준액은 거래가격, 수입가격, 신축·건조·제조가격 등을 고려하여 정한 기준가격에 종류, 구조, 용도, 경과연수 등 과세대상별 특성을 고려하여 대통령령으로 정하는 기준에 따라 <u>지방자치단체의 장이 결정한 가액으로 한다</u>(지방세법 제4조 제2항).

07 정답 ④

해설 ① 부동산, 선박, 항공기, 자동차 및 건설기계의 등록에 대한 등록면허세의 과세표준은 등록 당시의 가액으로 한다(지방세법 제27조 제1항). 따라서 과세표준은 전세보증금 3억원이다.

② 전세권의 표준세율은 전세금액의 <u>1천분의 2</u>이다[지방세법 제28조 제1항 제1호 다목 4)].

③ 납부세액 = 3억 × 0.002 = 600,000원

④ 전세권 설정등기의 납세의무자는 등록을 하는 전세권자 乙이다(지방세법 제24조 제1호 참고).

⑤ 부동산등기에 대한 등록면허세의 납세지는 <u>부동산소재지</u>이다. 납세지가 분명하지 아니한 경우에는 등록관청 소재지를 납세지로 한다(지방세법 제25조 제1항 제1호·제18호).

08 정답 ⑤

해설 ① 무상취득의 경우에는 그 계약일(상속 또는 유증으로 인한 취득의 경우에는 상속 또는 유증 개시일을 말한다)에 취득한 것으로 본다(지방세법 시행령 제20조 제1항 본문).

② 재산의 소유권 변동 또는 과세대상 재산의 변동 사유가 발생하였으나 과세기준일까지 그 등기·등록이 되지 아니한 재산의 공부상 소유자는 과세기준일부터 15일 이내에 그 소재지를 관할하는 지방자치단체의 장에게 그 사실을 알 수 있는 증거자료를 갖추어 신고하여야 한다(지방세법 제120조 제1항 제1호).

③ 제1항 및 제2항에도 불구하고 종합부동산세를 신고납부방식으로 납부하고자 하는 납세의무자는 종합부동산세의 과세표준과 세액을 해당 연도 12월 1일부터 12월 15일까지 대통령령으로 정하는 바에 따라 관할세무서장에게 신고하여야 한다(종합부동산세법 제16조 제3항 전문).

④ 취득가액이 50만원 이하일 때에는 취득세를 부과하지 아니하나(지방세법 제17조 제1항), 등록면허세는 납세의무가 있다(지방세법 제23조 제1호 라목, 제24조 제1호).

⑤ 신고납세제도로 전환된 이후의 양도소득세는 국세기본법 제22조 제1항 및 제2항에 의하여, 과세표준과 세액을 정부에 신고(소득세법 제105조의 규정에 의한 <u>예정신고</u> 및 동법 제110조의 규정에 의한 <u>확정신고를 모두 포함한다</u>)하는 때 그 세액이 확정된다.

09 정답 ③

해설
① 주택에 대한 재산세는 주택별로 제111조 제1항 제3호의 (표준)세율 또는 제111조의2 제1항(1세대 1주택)의 세율을 적용한다. 이 경우 주택별로 구분하는 기준 등에 관하여 필요한 사항은 대통령령으로 정한다(지방세법 제113조 제2항).

② 건축물에 대한 재산세의 과세표준은 부동산 시장의 동향과 지방재정 여건 등을 고려하여 시가표준액의 100분의 50부터 100분의 90까지 정한 범위에서 대통령령으로 정하는 공정시장가액비율을 곱하여 산정한 가액으로 하고(지방세법 제110조 제1항), 여기에 비례세율로 과세한다(지방세법 제111조 제1항 제2호).

③ 주택분 과세표준 금액에 대하여 해당 과세대상 주택의 주택분 재산세로 부과된 세액은 주택분 종합부동산세액에서 이를 공제한다(종합부동산세법 제9조 제3항). 이에 따라 공제하는 주택분 과세표준 금액에 대한 주택분 재산세로 부과된 세액은 다음 계산식에 따라 계산한 금액으로 한다(동법 시행령 제4조의3 제1항).

$$\text{「지방세법」 제112조 제1항 제1호에 따라 주택분 재산세로 부과된 세액의 합계액} \times \frac{\begin{pmatrix} \text{(법 제8조 제1항에 따른 주택분 종합부동산세의 과세표준} \\ \times \text{「지방세법 시행령」 제109조 제1항 제2호에 따른 공정시장가액비율)} \\ \times \text{「지방세법」 제111조 제1항 제3호에 따른 표준세율} \end{pmatrix}}{\text{주택을 합산하여 주택분 재산세 표준세율로 계산한 재산세 상당액}}$$

즉, 종합부동산세 공정시장가액비율이 아니라 재산세 공정시장가액비율이다.

④ 종합부동산세는 주택에 대한 종합부동산세와 토지에 대한 종합부동산세의 세액을 합한 금액을 그 세액으로 하고(종합부동산세법 제5조 제1항), "주택"이라 함은 「지방세법」 제104조 제3호에 의한 주택을 말한다(종합부동산세법 제2조 제3호). 따라서 상가건물에 대해서는 종합부동산세를 과세하지 아니한다.

⑤ 주택에 대한 종합부동산세의 과세표준은 납세의무자별로 주택의 공시가격을 합산한 금액에서 다음 각 호의 금액(1. 대통령령으로 정하는 1세대 1주택자 : 12억원, 2. 제9조 제2항 제3호 각 목의 세율이 적용되는 법인 또는 법인으로 보는 단체 : 0원, 3. 제1호 및 제2호에 해당하지 아니하는 자 : 9억원)을 공제한 금액에 부동산 시장의 동향과 재정 여건 등을 고려하여 100분의 60부터 100분의 100까지의 범위에서 대통령령으로 정하는 공정시장가액비율(100분의 60)을 곱한 금액으로 한다. 다만, 그 금액이 영보다 작은 경우에는 영으로 본다(종합부동산세법 제8조 제1항, 동법 시행령 제2조의4 제1항). 주택에 대한 종합부동산세는 납세의무자가 개인인 경우 과세표준과 주택의 수에 따라 초과누진세율을 적용한다(종합부동산세법 제9조 제1항).

10 정답 ②

해설
① 종합부동산세법 제10조의2 제2항

> **관계법령** **공동명의 1주택자의 납세의무 등에 관한 특례(종합부동산세법 제10조의2)**
>
> ① 제7조 제1항에도 불구하고 과세기준일 현재 세대원 중 1인이 그 배우자와 공동으로 1주택을 소유하고 해당 세대원 및 다른 세대원이 다른 주택(제8조 제2항 각 호의 어느 하나에 해당하는 주택 중 대통령령으로 정하는 주택을 제외한다)을 소유하지 아니한 경우로서 대통령령으로 정하는 경우에는 배우자와 공동으로 1주택을 소유한 자 또는 그 배우자 중 대통령령으로 정하는 자(이하 "공동명의 1주택자"라 한다)를 해당 1주택에 대한 납세의무자로 할 수 있다.
>
> ② 제1항을 적용받으려는 납세의무자는 당해 연도 9월 16일부터 9월 30일까지 대통령령으로 정하는 바에 따라 관할세무서장에게 신청하여야 한다.

② 「문화재보호법」에 따른 등록문화재에 해당하는 주택은 제1항에 따른 과세표준 합산의 대상이 되는 주택의 범위에 포함되지 아니하는 것으로 본다(종합부동산세법 제8조 제2항 제2호, 동법 시행령 제4조 제1항 제8호).

③ 1세대 1주택자 여부를 판단할 때 다음 각 호의 주택은 1세대가 소유한 주택 수에서 제외한다. 다만, 제1호(합산배제임대주택)는 각 호 외의 주택을 소유하는 자가 과세기준일 현재 그 주택에 주민등록이 되어 있고 실제로 거주하고 있는 경우에 한정하여 적용한다(종합부동산세법 시행령 제2조의3 제2항).

④ 주택에 대한 종합부동산세의 과세표준은 납세의무자별로 주택의 공시가격을 합산한 금액에서 다음 각 호의 금액(1. 대통령령으로 정하는 1세대 1주택자 : 12억원, 2. 제9조 제2항 제3호 각 목의 세율이 적용되는 법인 또는 법인으로 보는 단체 : 0원, 3. 제1호 및 제2호에 해당하지 아니하는 자 : 9억원)을 공제한 금액에 부동산 시장의 동향과 재정 여건 등을 고려하여 100분의 60부터 100분의 100까지의 범위에서 대통령령으로 정하는 공정시장가액비율을 곱한 금액으로 한다. 다만, 그 금액이 영보다 작은 경우에는 영으로 본다(종합부동산세법 제8조 제1항, 동법 시행령 제2조의4 제1항).

⑤ 주택분 종합부동산세 납세의무자가 1세대 1주택자에 해당하는 경우의 주택분 종합부동산세액은 제1항·제3항 및 제4항에 따라 산출된 세액에서 제6항부터 제9항까지의 규정에 따른 1세대 1주택자에 대한 공제액을 공제한 금액으로 한다. 이 경우 제6항부터 제9항까지는 공제율 합계 100분의 80의 범위에서 중복하여 적용할 수 있다(종합부동산세법 제9조 제5항).

11 정답 ③

해설 ① 토지에 대한 종합부동산세는 국내에 소재하는 토지에 대하여 「지방세법」 제106조 제1항 제1호에 따른 종합합산과세대상과 같은 법 제106조 제1항 제2호에 따른 별도합산과세대상으로 구분하여 과세한다(종합부동산세법 제11조). 따라서 분리과세대상 토지는 종합부동산세 과세대상에서 제외된다.

② 관할세무서장은 종합부동산세로 납부하여야 할 세액이 250만원을 초과하는 경우에는 대통령령으로 정하는 바에 따라 그 세액의 일부를 납부기한이 지난 날부터 6개월 이내에 분납하게 할 수 있다(종합부동산세법 제20조).

③ 종합부동산세는 특정 자산을 보유하는 사실에 대하여 과세하는 보유세로 일시·우발적인 상황에 따라 발생하는 조세채무가 아닌 매년 일정시점에 일정액의 조세를 부담하기 때문에 물납제도의 기본취지에 합당하지 않고 물납제도의 이용도 거의 없어 종합부동산세의 물납제도는 2016년도에 폐지되었다.

④ 원칙적으로 국세를 부과할 수 있는 기간(부과제척기간)은 국세를 부과할 수 있는 날부터 5년으로 한다(국세기본법 제26조의2 제1항).

⑤ 별도합산과세대상인 토지의 과세표준 금액에 대하여 해당 과세대상 토지의 토지분 재산세로 부과된 세액(「지방세법」 제111조 제3항에 따라 가감조정된 세율이 적용된 경우에는 그 세율이 적용된 세액, 같은 법 제122조에 따라 세부담 상한을 적용받은 경우에는 그 상한을 적용받은 세액을 말한다)은 토지분 별도합산세액에서 이를 공제한다(종합부동산세법 제14조 제6항).

12 정답 ②

해설 • 양도소득금액은 양도차익에서 장기보유 특별공제액을 공제한 금액으로 한다(소득세법 제95조 제1항).

> 양도차익(소득세법 제92조 제2항 제1호 참고) = 양도가액 − 필요경비
> 실지거래가액에 의할 경우 필요경비 = 취득가액 + 자본적 지출액 + 양도비
> 취득가액을 환산하는 경우 필요경비 = 환산가액 + 필요경비 개산공제

• 양도가액 : 자산의 양도가액은 그 자산의 양도 당시의 양도자와 양수자 간에 실지거래가액에 따르므로(소득세법 제96조 제1항) 양도가액은 5억원이다.

• 취득가액
　㉠ 취득가액은 자산 취득에 든 실지거래가액에 의하되 실지거래가액을 확인할 수 없는 경우에 한정하여 매매사례가액, 감정가액 또는 환산취득가액을 순차적으로 적용한 금액을 적용한다(소득세법 제97조 제1항 제1호). 사례에서 실지거래가액을 확인할 수 없고 매매사례가액, 감정가액에 관한 자료가 없으므로 환산취득가액을 적용한다.
　㉡ 환산가액(소득세법 시행령 제163조 제12항·제176조의2 제2항)

$$= 양도당시의\ 실지거래가액(5억원) \times \frac{취득\ 당시의\ 기준시가(2억원)}{양도\ 당시의\ 기준시가(4억원)} = 2억\ 5천만원$$

　㉢ 취득가액을 환산취득가액으로 하는 경우로서 환산취득가액과 대통령령으로 정하는 금액의 합계액이 자본적 지출액 등과 양도비의 합계액보다 적은 경우에는 자본적 지출액과 양도비의 합계액을 필요경비로 할 수 있다(소득세법 제97조 제2항 제2호).
　㉣ 환산취득가액 + 필요경비 개산공제 = 2억 5천만원 + (2억원 × 0.003) = 2억 5천 6십만원
　㉤ 자본적 지출액 + 양도비 = 2억 6천만원
　㉥ 따라서 ㉣ < ㉤이므로 양도차익을 최소화하는 방향으로 하는 필요경비는 2억 6천만원이다.
• 결국 양도차익은 5억 − 2억 6천만원 = 2억 4천만원이다.

13 정답 ①

해설 ① 「도시개발법」 또는 그 밖의 법률에 따른 환지처분으로 인하여 취득한 토지의 취득시기는 환지 전의 토지의 취득일. 다만, 교부받은 토지의 면적이 환지처분에 의한 권리면적보다 증가 또는 감소된 경우에는 그 증가 또는 감소된 면적의 토지에 대한 취득시기 또는 양도시기는 환지처분의 공고가 있은 날의 다음 날로 한다(소득세법 시행령 제162조 제1항 제9호).
② 기획재정부령이 정하는 장기할부조건의 경우에는 소유권이전등기(등록 및 명의개서를 포함한다) 접수일·인도일 또는 사용수익일 중 빠른 날(소득세법 시행령 제162조 제1항 제3호)
③ 자기가 건설한 건축물에 있어서는 「건축법」 제22조 제2항에 따른 사용승인서 교부일. 다만, 사용승인서 교부일 전에 사실상 사용하거나 같은 조 제3항 제2호에 따른 임시사용승인을 받은 경우에는 그 사실상의 사용일 또는 임시사용승인을 받은 날 중 빠른 날로 하고 건축허가를 받지 아니하고 건축하는 건축물에 있어서는 그 사실상의 사용일로 한다(소득세법 시행령 제162조 제1항 제4호).
④ 「민법」 제245조 제1항(점유취득시효)의 규정에 의하여 부동산의 소유권을 취득하는 경우에는 당해부동산의 점유를 개시한 날(소득세법 시행령 제162조 제1항 제6호)
⑤ 대금을 청산한 날이 분명하지 아니한 경우에는 등기부·등록부 또는 명부 등에 기재된 등기·등록접수일 또는 명의개서일(소득세법 시행령 제162조 제1항 제1호)

14 정답 ①

해설 ① 국외자산의 양도에 대한 양도차익을 계산할 때 양도가액에서 공제하는 필요경비는 취득가액, 자본적지출액, 양도비를 합한 것으로 한다(소득세법 제118조의4 제1항).

② · ⑤ 소득세법 제118조의2

관계법령 국외자산 양도소득의 범위(소득세법 제118조의2)

거주자(해당 자산의 양도일까지 계속 5년 이상 국내에 주소 또는 거소를 둔 자만 해당한다)의 국외에 있는 자산의 양도에 대한 양도소득은 해당 과세기간에 국외에 있는 자산을 양도함으로써 발생하는 다음 각 호의 소득으로 한다. 다만, 다음 각 호에 따른 소득이 국외에서 외화를 차입하여 취득한 자산을 양도하여 발생하는 소득으로서 환율변동으로 인하여 외화차입금으로부터 발생하는 환차익을 포함하고 있는 경우에는 해당 환차익을 양도소득의 범위에서 제외한다.

1. 토지 또는 건물의 양도로 발생하는 소득
2. 다음 각 목의 어느 하나에 해당하는 부동산에 관한 권리의 양도로 발생하는 소득
   가. 부동산을 취득할 수 있는 권리(건물이 완성되는 때에 그 건물과 이에 딸린 토지를 취득할 수 있는 권리를 포함한다)
   나. 지상권
   다. 전세권과 부동산임차권
3. 삭제 〈2019.12.31.〉
4. 삭제 〈2017.12.19.〉
5. 그 밖에 제94조 제1항 제4호에 따른 기타자산 등 대통령령으로 정하는 자산의 양도로 발생하는 소득

③ 국외자산의 양도에 대한 양도소득이 있는 거주자에 대해서는 해당 과세기간의 양도소득금액에서 연 250만원을 공제한다(소득세법 제118조의7 제1항).

④ 국외자산의 양도에 대한 양도소득세의 과세에 관하여는 제89조, 제90조, 제92조, 제95조, 제97조 제3항, 제98조, 제100조, 제101조, 제105조부터 제107조까지, 제110조부터 제112조까지, 제114조, 제114조의2 및 제115조부터 제118조까지의 규정을 준용한다. 다만, 제95조에 따른 장기보유 특별공제액은 공제하지 아니한다(소득세법 제118조의8).

15 정답 ⑤

해설 **관계법령** 미등기양도제외 자산의 범위 등(소득세법 시행령 제168조 제1항)

법 제104조 제3항 단서에서 "대통령령으로 정하는 자산"이란 다음 각 호의 것을 말한다.

1. 장기할부조건으로 취득한 자산으로서 그 계약조건에 의하여 양도 당시 그 자산의 취득에 관한 등기가 불가능한 자산
2. 법률의 규정 또는 법원의 결정에 의하여 양도 당시 그 자산의 취득에 관한 등기가 불가능한 자산(ㄴ)
3. 법 제89조 제1항 제2호, 「조세특례제한법」 제69조 제1항 및 제70조 제1항에 규정하는 토지
4. 법 제89조 제1항 제3호 각 목의 어느 하나에 해당하는 주택으로서 「건축법」에 따른 건축허가를 받지 아니하여 등기가 불가능한 자산(ㄱ)
5. 삭제 〈2018.2.13.〉
6. 「도시개발법」에 따른 도시개발사업이 종료되지 아니하여 토지 취득등기를 하지 아니하고 양도하는 토지(ㄷ)
7. 건설사업자가 「도시개발법」에 따라 공사용역 대가로 취득한 체비지를 토지구획환지처분공고 전에 양도하는 토지

16 　정답　④

　해설　① · ③ 소득세법 제97조의2 제1항

② 제2항(장기보유특별공제)에서 규정하는 자산의 보유기간은 그 자산의 취득일부터 양도일까지로 한다. 다만, 제97조의2 제1항(직계존비속 · 배우자 간 증여재산 이월과세)의 경우에는 증여한 배우자 또는 직계존비속이 해당 자산을 취득한 날부터 기산한다(소득세법 제95조 제4항).

④ · ⑤ 소득세법 제97조의2 제2항

관계법령　양도소득의 필요경비 계산 특례(소득세법 제97조의2)

① 거주자가 양도일부터 소급하여 10년 이내에 그 배우자(양도 당시 혼인관계가 소멸된 경우를 포함하되, 사망으로 혼인관계가 소멸된 경우는 제외한다. 이하 이 항에서 같다) 또는 직계존비속으로부터 증여받은 제94조 제1항 제1호에 따른 자산이나 그 밖에 대통령령으로 정하는 자산의 양도차익을 계산할 때 양도가액에서 공제할 필요경비는 제97조 제2항에 따르되, 다음 각 호의 기준을 적용한다.

1. 취득가액은 거주자의 배우자 또는 직계존비속이 해당 자산을 취득할 당시의 제97조 제1항 제1호에 따른 금액으로 한다.

2. 제97조 제1항 제2호에 따른 필요경비에는 거주자의 배우자 또는 직계존비속이 해당 자산에 대하여 지출한 같은 호에 따른 금액을 포함한다.

3. 거주자가 해당 자산에 대하여 납부하였거나 납부할 증여세 상당액이 있는 경우 필요경비에 산입한다.

② 다음 각 호의 어느 하나에 해당하는 경우에는 제1항을 적용하지 아니한다.

1. 사업인정고시일부터 소급하여 2년 이전에 증여받은 경우로서 「공익사업을 위한 토지 등의 취득 및 보상에 관한 법률」이나 그 밖의 법률에 따라 협의매수 또는 수용된 경우

2. 제1항을 적용할 경우 제89조 제1항 제3호 각 목의 주택[같은 호에 따라 양도소득의 비과세대상에서 제외되는 고가주택(이에 딸린 토지를 포함한다)을 포함한다]의 양도에 해당하게 되는 경우

3. 제1항을 적용하여 계산한 양도소득 결정세액이 제1항을 적용하지 아니하고 계산한 양도소득 결정세액보다 적은 경우

2020년 제31회 정답 및 해설

✓ 문제편 252p

01	02	03	04	05	06	07	08	09	10	11	12	13	14	15	16
④	①	③	⑤	전항 정답	②	①	③	④	②	②	⑤	⑤	④	④	⑤

01 정답 ④

해설 ㄱ. (✕) 지방자치단체의 장은 특별한 재정수요나 재해 등의 발생으로 재산세의 세율조정이 불가피하다고 인정되는 경우 조례로 정하는 바에 따라 표준세율의 100분의 50의 범위에서 가감할 수 있다. 다만, 가감한 세율은 해당 연도에만 적용한다(지방세법 제111조 제3항).
ㄴ. (○) 지방세법 제111조 제1항 제1호 다목
ㄷ. (○) 지방세법 제110조 제1항 제2호, 동법 시행령 제109조 제1항 제2호

02 정답 ①

해설 ① 지방세법 제107조 제2항 제5호
② 토지에 대한 재산세 과세대상은 종합합산과세대상, 별도합산과세대상 및 분리과세대상으로 구분한다(지방세법 제106조 제1항).
③ 국가, 지방자치단체 및 지방자치단체조합이 선수금을 받아 조성하는 매매용 토지로서 사실상 조성이 완료된 토지의 사용권을 무상으로 받은 자는 재산세를 납부할 의무가 있다(지방세법 시행령 제106조 제2항, 동법 제107조 제2항 제4호).
④ 주택의 부속토지의 경계가 명백하지 아니한 경우에는 그 주택의 바닥면적의 10배에 해당하는 토지를 주택의 부속토지로 한다(지방세법 시행령 제105조).
⑤ 재산세과세대상인 토지와 건축물의 범위에서 주택은 제외한다(지방세법 제104조 제3호).

03 정답 ③

해설
- 재산세의 과세기준일은 매년 6월 1일로 한다(지방세법 제114조).
- 토지의 재산세납기는 매년 9월 16일부터 9월 30일까지이다(지방세법 제115조 제1항 제1호).
- 지방자치단체의 장은 재산세의 납부할 세액이 500만원 이하인 경우에는, 250만원을 초과하는 금액을 납부기한이 지난 날부터 3개월 이내에 분할납부하게 할 수 있다(지방세법 제118조, 동법 시행령 제116조 제1항 제1호).
- 재산세는 관할 지방자치단체의 장이 세액을 산정하여 보통징수의 방법으로 부과·징수한다(지방세법 제116조 제1항).

04 정답 ⑤

해설
① 부동산에 관한 권리의 양도로 발생한 양도차손은 토지의 양도에서 발생한 양도소득금액에서 공제할 수 있다(소득세법 제102조 제2항 참고).
② 거주자가 양도일부터 소급하여 10년 이내에 그 배우자(양도 당시 혼인관계가 소멸된 경우를 포함하되, 사망으로 혼인관계가 소멸된 경우는 제외한다) 또는 직계존비속으로부터 증여받은 토지의 양도차익을 계산할 때, 거주자가 증여받은 자산에 대하여 납부하였거나 납부할 증여세 상당액이 있는 경우에는 공제할 필요경비에 산입한다(소득세법 제97조의2 제1항 제3호 참고).
③ 취득원가에 현재가치할인차금이 포함된 양도자산의 보유기간 중 사업소득금액 계산 시 필요경비로 산입한 현재가치할인차금상각액은 양도차익을 계산할 때, 양도가액에서 공제할 필요경비에 포함하지 아니한다(소득세법 시행령 제163조 제2항 참고).
④ 특수관계인에게 증여한 자산에 대해 증여인 거주자에게 양도소득세가 과세되는 경우, 수증자가 부담한 증여세 상당액은 부과를 취소하고 환급한다(소득세법 제101조 제3항 참고).
⑤ 소득세법 시행령 제167조 제3항·제4항

05 정답 전항정답

해설

관계법령 **양도소득세액의 감면(소득세법 제90조 제1항)**

제95조에 따른 양도소득금액에 이 법 또는 다른 조세에 관한 법률에 따른 감면대상 양도소득금액이 있을 때에는 다음 계산식에 따라 계산한 양도소득세 감면액을 양도소득 산출세액에서 감면한다.

$$양도소득세감면액 = A \times \frac{(B - C)}{D} \times E$$

A : 제104조에 따른 양도소득산출세액
B : 감면대상 양도소득금액
C : 제103조 제2항에 따른 양도소득기본공제
D : 제92조에 따른 양도소득과세표준
E : 이 법 또는 다른 조세에 관한 법률에서 정한 감면율

$$\text{양도소득세 감면액} = \text{양도소득산출세액} \times \frac{(\text{감면대상 양도소득금액} - \text{양도소득기본공제})}{\text{양도소득과세표준}} \times \text{감면율}$$

$$= 10,000,000원 \times \frac{(7,500,000원 - 2,500,000원)}{20,000,000원} \times 50\% = 1,250,000원$$

위 식에 따라 계산하면 정답은 ①이나, 양도소득세감면액 계산 시 양도소득기본공제는 소득세법 제103조 제2항에 따라, 감면소득금액이 있는 경우에는 그 감면소득금액 외의 양도소득금액에서 먼저 공제하여야 하므로, 문제에서 공제할 양도소득기본공제액은 0원이다. 이에 따라 양도소득세감면액은 1,875,000원으로 계산되는바, 보기 중 해당 금액이 없어 [전항정답]으로 변경되었다.

06 정답 ②

해설
① 소득세법 제105조 제1항 제3호
② 예정신고납부를 하는 경우 예정신고산출세액에서 감면세액을 떼고 수시부과세액이 있을 때에는 이를 공제하여 납부한다(소득세법 제106조 제3항).
③ 소득세법 제112조, 동법 시행령 제175조 제2호
④ 소득세법 제110조 제4항 단서, 동법 시행령 제173조 제5항 제1호
⑤ 소득세법 제105조 제3항

07 정답 ①

해설
① "보통징수"란 세무공무원이 납세고지서를 납세자에게 발급하여 지방세를 징수하는 것을 말한다(지방세기본법 제2조 제1항 제19호). 지방세를 징수할 때 편의상 징수할 여건이 좋은 자로 하여금 징수하게 하고 그 징수한 세금을 납부하게 하는 것은 "특별징수"이다(지방세기본법 제2조 제1항 제20호).
② 지방세법 제6조 제2호
③ 지방세기본법 제2조 제1항 제10호
④ 지방세기본법 제2조 제1항 제12호
⑤ 지방세기본법 제2조 제1항 제22호

08 정답 ③

해설
① 소득세법 제118조의2 제5호, 동법 시행령 제178조의2 제4항
② 소득세법 제118조의8 단서
③ 국외자산의 양도가액은 그 자산의 양도 당시의 실지거래가액으로 한다. 다만, 양도 당시의 실지거래가액을 확인할 수 없는 경우에는 양도자산이 소재하는 국가의 양도 당시 현황을 반영한 시가에 따르되, 시가를 산정하기 어려울 때에는 그 자산의 종류, 규모, 거래상황 등을 고려하여 대통령령으로 정하는 방법에 따른다(소득세법 제118조의3 제1항).
④ 소득세법 제118조의7 제1항
⑤ 소득세법 제118조의6 제1항

09 정답 ④

해설 ① 지방세법 제146조 제3항 제1호
② 지방세법 제142조 제2항 제1호
③ 지방세법 제146조 제3항 제2호
④ 지방세법에 따라 재산세가 비과세되는 건축물과 선박에 대해서는 소방분 지역자원시설세를 <u>부과하지 아니한다</u>(지방세법 제145조 제2항).
⑤ 지방세법 제144조 제1호 다목

관계법령 **과세표준과 세율(지방세법 제146조)**

① 특정자원분 지역자원시설세의 과세표준과 표준세율은 다음 각 호와 같다.
　1. 발전용수 : 발전에 이용된 물 10세제곱미터당 2원
　2. 지하수
　　가. 먹는 물로 판매하기 위하여 채수된 물 : 세제곱미터당 200원
　　나. 목욕용수로 이용하기 위하여 채수된 온천수 : 세제곱미터당 100원
　　다. 가목 및 나목 외의 용도로 이용하거나 목욕용수로 이용하기 위하여 채수된 온천수 외의 물
　　　: 세제곱미터당 20원
　3. 지하자원 : 채광된 광물가액의 1천분의 5
② 특정시설분 지역자원시설세의 과세표준과 표준세율은 다음 각 호와 같다.
　1. 컨테이너 : 컨테이너 티이유(TEU)당 1만 5천원
　2. 원자력발전 : 발전량 킬로와트시(kWh)당 1원
　3. 화력발전 : 발전량 킬로와트시(kWh)당 0.3원
③ 소방분 지역자원시설세의 과세표준과 표준세율은 다음 각 호에서 정하는 바에 따른다.
　1. 건축물 또는 선박의 가액 또는 시가표준액을 과세표준으로 하여 다음 표의 표준세율을 적용하여 산출한 금액을 세액으로 한다.

과세표준	세 율
600만원 이하	10,000분의 4
600만원 초과 1,300만원 이하	2,400원 + 600만원 초과금액의 10,000분의 5
1,300만원 초과 2,600만원 이하	5,900원 + 1,300만원 초과금액의 10,000분의 6
2,600만원 초과 3,900만원 이하	13,700원 + 2,600만원 초과금액의 10,000분의 8
3,900만원 초과 6,400만원 이하	24,100원 + 3,900만원 초과금액의 10,000분의 10
6,400만원 초과	49,100원 + 6,400만원 초과금액의 10,000분의 12

　2. 저유장, 주유소, 정유소, 유흥장, 극장 및 4층 이상 10층 이하의 건축물 등 대통령령으로 정하는 화재위험 건축물에 대해서는 제1호에 따라 산출한 금액의 100분의 200을 세액으로 한다.
　2의2. 대형마트, 복합상영관(제2호에 따른 극장은 제외한다), 백화점, 호텔, 11층 이상의 건축물 등 대통령령으로 정하는 대형 화재위험 건축물에 대해서는 제1호에 따라 산출한 금액의 100분의 300을 세액으로 한다.

10 정답 ②

해설 ① 보유기간 중 거주기간이 2년 이상인 경우에 장기보유특별공제의 대상이 되므로, 거주자가 2020년 취득 후 계속 거주한 법령에 따른 고가주택을 2021년 5월에 양도하는 경우에는, 장기보유특별공제의 대상이 되지 아니한다(소득세법 시행령 제159조의4).

② 고가주택은 주택 및 이에 딸린 토지의 양도 당시 실지거래가액의 합계액이 12억원을 초과하는 경우를 말한다(소득세법 제89조 제1항 제3호 참고).

③ 소득세법 시행령 제160조 제1항 제2호

④ 소득세법 시행령 제160조 제1항 제1호

⑤ 소득세법 시행령 제156조 제3항

11 정답 ②

해설 가처분등기에 대한 등록면허세의 표준세율은 채권금액의 1천분의 2이다.

관계법령	세율(지방세법 제28조 제1항)

1. 부동산등기
   가. 소유권의 보존등기 : 부동산가액의 1천분의 8
   나. 소유권의 이전등기
      1) 유상으로 인한 소유권이전등기 : 부동산가액의 1천분의 20. 다만, 제11조 제1항 제8호에 따른 세율을 적용받는 주택의 경우에는 해당 주택의 취득세율에 100분의 50을 곱한 세율을 적용하여 산출한 금액을 그 세액으로 한다.
      2) 무상으로 인한 소유권이전등기 : 부동산가액의 1천분의 15. 다만, 상속으로 인한 소유권이전등기의 경우에는 부동산가액의 1천분의 8로 한다.
   다. 소유권 외의 물권과 임차권의 설정 및 이전
      1) 지상권 : 부동산가액의 1천분의 2. 다만, 구분지상권의 경우에는 해당 토지의 지하 또는 지상공간의 사용에 따른 건축물의 이용저해율(利用沮害率), 지하부분의 이용저해율 및 그 밖의 이용저해율 등을 고려하여 행정안전부장관이 정하는 기준에 따라 특별자치시장·특별자치도지사·시장·군수 또는 구청장이 산정한 해당 토지가액의 1천분의 2로 한다.
      2) 저당권(지상권·전세권을 목적으로 등기하는 경우를 포함한다) : 채권금액의 1천분의 2
      3) 지역권 : 요역지(要役地)가액의 1천분의 2
      4) 전세권 : 전세금액의 1천분의 2
      5) 임차권 : 월 임대차금액의 1천분의 2
   라. 경매신청·가압류·가처분 및 가등기
      1) 경매신청 : 채권금액의 1천분의 2
      2) 가압류(부동산에 관한 권리를 목적으로 등기하는 경우를 포함한다) : 채권금액의 1천분의 2
      3) 가처분(부동산에 관한 권리를 목적으로 등기하는 경우를 포함한다) : 채권금액의 1천분의 2
      4) 가등기(부동산에 관한 권리를 목적으로 등기하는 경우를 포함한다) : 부동산가액 또는 채권금액의 1천분의 2
   마. 그 밖의 등기 : 건당 6천원

12 정답 ⑤

해설 ① 국가 또는 지방자치단체(다른 법률에서 국가 또는 지방자치단체로 의제되는 법인은 제외한다), 지방자치단체조합, 외국정부 및 주한국제기구의 취득에 대해서는 취득세를 <u>부과하지 아니한다</u>. 다만, 대한민국 정부기관의 취득에 대하여 과세하는 외국정부의 취득에 대해서는 취득세를 부과한다(지방세법 제9조 제1항).

② 토지의 지목변경에 따른 취득은 토지의 지목이 <u>사실상 변경된 날과 공부상 변경된 날 중 빠른 날</u>을 취득일로 본다. 다만, 토지의 지목변경일 이전에 사용하는 부분에 대해서는 그 사실상의 사용일을 취득일로 본다(지방세법 시행령 제20조 제10항).

③ 국가는 취득세 과세물건을 매각(연부로 매각한 것을 포함한다)하면 매각일부터 <u>30일 이내</u>에 그 물건 소재지를 관할하는 지방자치단체의 장에게 통보하거나 신고하여야 한다(지방세법 제19조 제1호).

④ 취득세의 과세표준은 취득 당시의 가액으로 한다. 다만, 연부로 취득하는 경우 취득세의 과세표준은 연부금액(매회 사실상 지급되는 금액을 말하며, <u>취득금액에 포함되는 계약보증금을 포함한다</u>. 이하 이 장에서 같다)으로 한다(지방세법 제10조).

⑤ 지방세법 제17조 제2항

13 정답 ⑤

해설 ① 지방자치단체의 장은 조례로 정하는 바에 따라 등록면허세의 세율을 표준세율의 100분의 50의 범위에서 가감할 수 있다(지방세법 제28조 제6항).

② 등록 당시에 자산재평가 또는 감가상각 등의 사유로 그 가액이 달라진 경우에는 <u>변경된 가액</u>을 과세표준으로 한다(지방세법 제27조 제3항 단서).

③ 부동산 등록에 대한 신고가 없거나 신고가액이 시가표준액보다 적은 경우에는 <u>시가표준액</u>을 과세표준으로 한다(지방세법 제27조 제2항 단서).

④ 지목이 묘지인 토지 등 대통령령으로 정하는 등록에 대하여는 <u>등록면허세를 부과하지 아니한다</u>(지방세법 제26조 제2항 제3호).

⑤ 지방세법 제25조 제1항 제1호, 제18호

14 정답 ④

해설 ① 국외에 소재하는 주택의 임대소득은 주택수에 관계없이 <u>과세한다</u>(소득세법 제12조 제2호 나목 참고).

② 공익사업을 위한 토지 등의 취득 및 보상에 관한 법률에 따른 공익사업과 관련하여 지역권·지상권(지하 또는 공중에 설정된 권리를 포함한다)을 설정하거나 대여함으로써 발생하는 소득은, 부동산업에서 발생하는 소득에서 <u>제외한다</u>(소득세법 제19조 제1항 제12호).

③ 거주자의 부동산임대업에서 발생하는 사업소득의 납세지는 그 <u>주소지</u>로 한다. 다만, 주소지가 없는 경우에는 그 거소지로 한다(소득세법 제6조 제1항).

④ 소득세법 제12조 제2호 가목

⑤ 주거용 건물임대업에서 발생한 결손금은 종합소득과세표준을 계산할 때 <u>공제한다</u>(소득세법 제45조 제2항 단서).

15 정답 ④

해설 ① 종합부동산세법 제3조, 지방세법 제114조
② 종합부동산세법 제4조 제3항
③ 종합부동산세법 제12조 제1항 제1호
④ 종합합산과세대상 토지의 재산세로 부과된 세액이 세부담상한을 적용받는 경우에는 <u>그 상한을 적용받은 세액</u>은 토지분 종합부동산세액에서 공제한다(종합부동산세법 제14조 제3항).
⑤ 종합부동산세법 제16조 제2항

16 정답 ⑤

해설 ① 상속으로 취득세 과세물건을 취득한 자는 <u>상속개시일이 속하는 달의 말일부터</u> 6개월(외국에 주소를 둔 상속인이 있는 경우에는 9개월) 이내에 그 과세표준에 이 법에서 정한 세율을 적용하여 산출한 세액을 신고하고 납부하여야 한다(지방세법 제20조 제1항 참고).
② 취득세 과세물건을 취득한 후에 중과세대상이 되었을 때에는 표준세율을 적용하여 산출한 세액에서 이미 납부한 세액(<u>가산세는 제외한다</u>)을 공제한 금액을 세액으로 하여 신고하고 납부하여야 한다(지방세법 제20조 제2항).
③ 지목변경으로 인한 취득세납세의무자가 신고를 하지 아니하고 매각하는 경우에는, 산출세액에 100분의 80을 가산한 금액을 세액으로 하여 보통징수하는 <u>중가산세 적용대상이 아니다</u>(소득세법 제21조 제2항 단서, 동법 시행령 제37조 제3호 참고).
④ 등록을 하려는 자가 등록면허세신고의무를 다하지 아니하고 산출세액을 등록 전까지 납부한 경우에는, 지방세기본법에 따른 <u>무신고가산세를 부과하지 아니한다</u>(지방세법 제30조 제4항).
⑤ 지방세법 시행령 제50조 제1항

2019년 제30회 정답 및 해설

✓ 문제편 260p

01	02	03	04	05	06	07	08	09	10	11	12	13	14	15	16
⑤	③	②	⑤	①	⑤	③	⑤	④	②	②	④	⑤	④	④	①

01 정답 ⑤

해설
- 농어촌특별세 : 농어업의 경쟁력강화와 농어촌산업기반시설의 확충 및 농어촌지역 개발사업을 위하여 필요한 재원을 확보함을 목적으로 하는 국세로, 부동산의 취득·보유·양도단계에서 부담한다.
- 지방교육세 : 지방교육의 질적 향상에 필요한 지방교육재정의 확충에 소요되는 재원을 확보하기 위한 목적세로, 부동산의 취득·보유단계에서 부담한다.
- 지방소득세 : 지방자치단체의 구성원인 주민을 대상으로 과세되는 지방세로, 부동산의 보유·양도단계에서 부담한다.
- 지역자원시설세 : 지역의 부존자원 보호·보전, 환경보호·개선, 안전·생활편의시설 설치 등 주민생활환경 개선사업 및 지역개발사업에 필요한 재원을 확보하고 소방사무에 소요되는 제반비용에 충당하기 위하여 부과하는 목적세로, 부동산의 보유단계에서 부담한다. 이 중 소방분 지역자원시설세는 소방시설로 인하여 이익을 받는 자의 건축물(주택의 건축물 부분을 포함) 및 선박(납세지를 관할하는 지방자치단체에 소방선이 없는 경우는 제외)을 과세대상으로 한다.

02 정답 ③

해설
① 지방세기본법 제89조 제2항 제5호
② 지방세기본법 제99조 제1항, 동법 시행령 제66조
③ 제89조에 규정된 위법한 처분에 대한 행정소송은 행정소송법 제18조 제1항 본문, 같은 조 제2항 및 제3항에도 불구하고 이 법에 따른 심판청구와 그에 대한 결정을 거치지 아니하면 제기할 수 없다(지방세기본법 제98조 제3항 본문). 2019.12.31. 법개정으로 위법한 처분에 대하여 소송을 제기하기 위해서는 반드시 심판청구를 거치도록 하는 필요적 전치주의를 도입하였다.
④ 지방세기본법 제93조 제2항
⑤ 지방세기본법 제96조 제1항 제2호

03 정답 ②

해설 저당권에 따라 담보된 채권에 우선하여 징수하는 세목은 국세의 경우에는 <u>상속세, 증여세 및 종합부동산세</u>이고(국세기본법 제35조 제3항), 지방세의 경우에는 <u>재산세·자동차세(자동차 소유에 대한 자동차세만 해당한다)·지역자원시설세(소방분에 대한 지역자원시설세만 해당한다) 및 지방교육세(재산세와 자동차세에 부가되는 지방교육세만 해당한다)</u>이다(지방세기본법 제71조 제5항).

04 정답 ⑤

해설 ① 지방세법 시행령 제20조 제1항
② 지방세법 시행령 제20조 제2항 본문, 제14항
③ 지방세법 시행령 제20조 제6항
④ 지방세법 시행령 제20조 제13항
⑤ 관계법령에 따라 매립·간척 등으로 토지를 원시취득하는 경우에는 <u>공사준공인가일을 취득일로 본다.</u>다만, 공사준공인가일 전에 사용승낙·허가를 받거나 사실상 사용하는 경우에는 사용승낙일·허가일또는 사실상 사용일 중 빠른 날을 취득일로 본다(지방세법 시행령 제20조 제8항).

05 정답 ①

해설 ① 주택법에 따른 공동주택의 개수(건축법에 따른 대수선은 제외한다)로 인한 취득 중 <u>개수로 인한 취득당시 주택의 시가표준액이 9억원 이하인 주택과 관련된 개수로 인한 취득에 대해서는 취득세를 부과하지 아니한다</u>(지방세법 제9조 제6항, 동법 시행령 제12조의2).
② 부동산을 상호 교환하는 것도 취득에 해당하므로, 취득세를 부과한다(지방세법 제7조 제1항, 제6조 제1호 참고).
③ 지방세법 제7조 제11항
④ 지방세법 제7조 제11항 제2호
⑤ 지방세법 제7조 제8항

06 정답 ⑤

해설 ① 상속으로 건물(주택 아님)을 취득한 경우 : 1천분의 28(지방세법 제11조 제1항 제1호 나목)
② 사회복지사업법에 따라 설립된 사회복지법인이 독지가의 기부에 의하여 건물을 취득한 경우 : 1천분의 28(지방세법 제11조 제1항 제2호, 동법 시행령 제22조 제3호)
③ 영리법인이 공유수면을 매립하여 농지를 취득한 경우 : 1천분의 28(지방세법 제11조 제1항 제3호)
④ 유상거래를 원인으로 지방세법에 따른 취득 당시의 가액이 6억원인 주택(주택법에 의한 주택으로서등기부에 주택으로 기재된 주거용 건축물과 그 부속토지)을 취득한 경우 : 1천분의 10(지방세법 제11조 제1항 제8호 가목)
⑤ 유상거래를 원인으로 농지를 취득한 경우 : <u>1천분의 30</u>(지방세법 제11조 제1항 제7호 가목)

07 정답 ③

해설 ㄱ. <u>초과누진세율</u> : 과세표준에 따라 1천분의 2 내지 1천분의 4(지방세법 제111조 제1항 제1호 나목)

과세표준	세 율
2억원 이하	1,000분의 2
2억원 초과 10억원 이하	40만원＋2억원 초과금액의 1,000분의 3
10억원 초과	280만원＋10억원 초과금액의 1,000분의 4

ㄴ. 차등비례세율 : 과세표준의 1천분의 0.7(전·답·과수원·목장용지 및 임야), 과세표준의 1천분의 40 (골프장용 토지 및 고급오락장용 토지), 과세표준의 1천분의 2(그 밖의 토지)(지방세법 제111조 제1항 제1호 다목)

ㄷ. 비례세율 : 과세표준의 1천분의 5(지방세법 제111조 제1항 제2호 나목)

ㄹ. <u>초과누진세율</u> : 과세표준에 따라 1천분의 1 내지 1천분의 4(지방세법 제111조 제1항 제3호 나목)

과세표준	세 율
6천만원 이하	1,000분의 1
6천만원 초과 1억 5천만원 이하	60,000원＋6천만원 초과금액의 1,000분의 1.5
1억 5천만원 초과 3억원 이하	195,000원＋1억 5천만원 초과금액의 1,000분의 2.5
3억원 초과	570,000원＋3억 초과금액의 1,000분의 4

08 정답 ⑤

해설 ① 국가, 지방자치단체 또는 지방자치단체조합이 1년 이상 공용 또는 공공용으로 사용(1년 이상 사용할 것이 계약서 등에 의하여 입증되는 경우를 포함한다)하는 재산에 대하여는 재산세를 부과하지 아니한다. 다만, <u>유료로 사용하는 경우, 소유권의 유상이전을 약정한 경우로서 그 재산을 취득하기 전에 미리 사용하는 경우에는 재산세를 부과한다</u>(지방세법 제109조 제2항 제1호).

② 한국농어촌공사 및 농지관리기금법에 따라 설립된 한국농어촌공사가 동법에 따라 농가에 공급하기 위하여 소유하는 농지는 <u>분리과세대상이다</u>(지방세법 제106조 제1항 제3호 가목, 동법 시행령 제102조 제1항 제2호 다목 참고).

③ 공간정보의 구축 및 관리 등에 관한 법률에 따른 제방에 대하여는 재산세를 부과하지 아니한다. 다만, <u>특정인이 전용하는 제방은 제외한다</u>(지방세법 제109조 제3항 제1호, 동법 시행령 제108조 제1항 제3호).

④ 군사기지 및 군사시설 보호법에 따른 군사기지 및 군사시설 보호구역 중 통제보호구역에 있는 토지에 대하여는 재산세를 부과하지 아니한다. 다만, <u>전·답·과수원 및 대지는 제외한다</u>(지방세법 제109조 제3항 제2호, 동법 시행령 제108조 제2항 제1호).

⑤ 산림보호법에 따라 지정된 산림보호구역 및 산림자원의 조성 및 관리에 관한 법률에 따라 지정된 채종림·시험림에 대하여는 재산세를 부과하지 아니한다(지방세법 제109조 제3항 제2호, 동법 시행령 제108조 제2항 제2호).

09 정답 ④

해설 ① 건축물에 대한 재산세의 납기는 매년 <u>7월 16일부터 7월 31일까지이다</u>(지방세법 제115조 제1항 제2호).

② 재산세의 과세대상 물건이 토지대장, 건축물대장 등 공부상 등재되지 아니하였거나 공부상 등재현황과 사실상의 현황이 다른 경우에는 <u>사실상의 현황</u>에 따라 재산세를 부과한다(지방세법 제106조 제3항 본문).

③ 주택에 대한 재산세는 <u>주택별로</u> 세율을 적용한다(지방세법 제113조 제2항 전단).

④ 지방세법 제117조

⑤ 토지 및 건축물에 대한 재산세의 과세표준은 시가표준액의 <u>100분의 70</u>으로 한다(지방세법 제110조 제1항, 동법 시행령 제109조 제1항 제1호 참고).

10 정답 ②

해설 ① 지방세법 제25조 제1항 제1호
② 신고의무를 다하지 아니한 경우에도 등록면허세 산출세액을 등록을 하기 전까지(신고기한까지) 납부하였을 때에는 신고를 하고 납부한 것으로 본다. 이 경우 **지방세기본법 제53조(무신고가산세)** 및 제54조(과소신고가산세·초과환급신고가산세)에 따른 **가산세를 부과하지 아니한다**(지방세법 제30조 제4항).
③ 지방세법 제26조 제2항 제2호
④ 지방세법 제27조 제4항
⑤ 지방세법 제28조 제2항·제3항, 동법 시행령 제26조 제1항 제2호·제44조

11 정답 ②

해설 ① 보유기간이 1년 이상 2년 미만인 등기된 상업용 건물 : 100분의 40(소득세법 제104조 제1항 제2호)
② 보유기간이 1년 미만인 조합원입주권 : 100분의 70(소득세법 제104조 제1항 제3호)
③ 보유기간이 1년 이상 2년 미만인 분양권 : 100분의 60(소득세법 제104조 제1항 제2호)
④ 양도소득과세표준이 1,400만원 이하인 등기된 비사업용 토지(지정지역에 있지 않음) : 100분의 16(소득세법 제104조 제1항 제8호)
⑤ 미등기건물(미등기양도 제외 자산 아님) : 100분의 70(소득세법 제104조 제1항 제10호)

12 정답 ④

해설 ① 소득세법 제99조 제1항 제1호 가목, 동법 시행령 제164조 제2항
② 소득세법 제99조 제1항 제1호 다목, 동법 시행령 제164조 제3항
③ 소득세법 제99조 제1항 제1호 가목, 동법 시행령 제164조 제9항 제2호
④ 부동산을 취득할 수 있는 권리에 대한 기준시가는 <u>양도자산의 종류, 규모, 거래상황 등을 고려하여 취득일 또는 양도일까지 납입한 금액과 취득일 또는 양도일 현재의 프리미엄에 상당하는 금액을 합한 금액</u>으로 한다(소득세법 제99조 제1항 제2호 가목, 동법 시행령 제165조 제1항).
⑤ 소득세법 제99조 제1항 제1호 다목, 동법 시행령 제164조 제10항

13 정답 ⑤

해설 ① 소득세법 시행령 제151조 제3항 단서
② 부담부증여 시 증여자의 채무를 수증자(受贈者)가 인수하는 경우 증여가액 중 그 채무액에 해당하는 부분은 양도로 보므로(소득세법 제88조 제1호, 동법 시행령 제151조 제3항), 乙이 인수한 채무 5천만원에 해당하는 부분은 양도로 본다.
③ 취득가액(소득세법 시행령 제159조 제1항 제1호) = 취득 당시 소득세법에 규정된 취득가액 × 채무액 / 증여가액 = 1억원 × 5천만원 / 2억원 = 2천 5백만원
④ 양도가액(소득세법 시행령 제159조 제1항 제2호) = 상속세 및 증여세법으로 평가한 증여가액 × 채무액 / 증여가액 = 2억원 × 5천만원 / 2억원 = 5천만원
⑤ 채무액(소득세법 시행령 제159조 제2항) = 총채무액 × 양도소득세 과세대상 자산가액 / 총증여 자산가액 = 5천만원 × 2억원(X토지) / [2억원(X토지) + 2억원(Y자산)] = 2천 5백만원

즉, 甲이 X토지와 증여가액(시가) 2억원인 양도소득세 과세대상에 해당하지 아니하는 Y자산을 함께 乙에게 부담부증여하였다면, 乙이 인수한 채무 <u>5천만원 중 2천 5백만원에 해당하는 부분</u>을 X토지에 대한 양도로 본다.

14 정답 ④

해설 ① 소득세법 제88조 제8호

② 소득세법 제89조 제1항 제2호, 동법 시행령 제153조 제1항·제4항 제1호

③ 소득세법 제104조의3 제1항 제1호 가목, 동법 시행령 제168조의8 제2항

④ 국토의 계획 및 이용에 관한 법률에 따른 녹지지역 및 개발제한구역의 농지는 <u>비사업용 토지에서 제외한다</u>(소득세법 제104조의3 제1항 제1호 나목, 동법 시행령 제168조의8 제4항 참고).

⑤ 소득세법 시행령 제168조의7

15 정답 ④

해설 ①·② 거주자(해당 자산의 양도일까지 계속 5년 이상 국내에 주소 또는 거소를 둔 자만 해당한다)의 국외에 있는 자산의 양도에 대한 양도소득은 해당 과세기간에 국외에 있는 자산을 양도함으로써 발생하는 소득으로 한다. 다만, 소득이 국외에서 외화를 차입하여 취득한 자산을 양도하여 발생하는 소득으로서 환율변동으로 인하여 외화차입금으로부터 발생하는 환차익을 포함하고 있는 경우에는 <u>해당 환차익을 양도소득의 범위에서 제외한다</u>(소득세법 제118조의2).

③ 소득세법 제118조의3 제1항

④ 국외자산을 양도하는 경우에는 양도차익에서 장기보유 특별공제액을 <u>공제하지 아니한다</u>(소득세법 제118조의8 단서 참고).

⑤ 소득세법 제118조의7 제1항

16 정답 ①

해설 ① 토지에 대한 종합부동산세는 국내에 소재하는 토지에 대하여 지방세법에 따른 <u>종합합산과세대상과 별도합산과세대상으로 구분하여 과세하는데</u>(종합부동산세법 제11조), 자연공원법에 따라 지정된 공원자연환경지구의 임야(지방세법 시행령 제102조 제2항 제3호)는 <u>분리과세대상에 해당하므로</u>(지방세법 제106조 제1항 제3호), 토지에 대한 종합부동산세의 과세대상이 아니다.

② 종합부동산세법 제9조 제5항

③ 종합부동산세법 제8조 제2항 제2호, 동법 시행령 제4조 제1항 제8호

④ 관할 세무서장은 종합부동산세로 납부하여야 할 세액이 <u>250만원 초과 5백만원 이하인 때에는 해당 세액에서 250만원을 차감한 금액</u>을 납부기한이 경과한 날부터 6개월 이내에 분납하게 할 수 있다(종합부동산세법 제20조, 동법 시행령 제16조 제1항 제1호). 따라서 관할 세무서장은 최대 150만원(400만원 – 250만원)을 납부기한이 경과한 날부터 6개월 이내에 분납하게 할 수 있다.

⑤ 종합부동산세법 시행령 제4조의3 제3항 제1호

부 록
별지 서식

01 공인중개사법 시행규칙 [별지 제5호 서식]

02 공인중개사법 시행규칙 [별지 제9호 서식]

03 공인중개사법 시행규칙 [별지 제10호 서식]

04 공인중개사법 시행규칙 [별지 제11호 서식]

05 공인중개사법 시행규칙 [별지 제13호 서식]

06 공인중개사법 시행규칙 [별지 제14호 서식]

07 공인중개사법 시행규칙 [별지 제15호 서식]

08 공인중개사법 시행규칙 [별지 제20호 서식]

09 공인중개사법 시행규칙 [별지 제20호의2 서식]

10 공인중개사법 시행규칙 [별지 제20호의3 서식]

11 공인중개사법 시행규칙 [별지 제20호의4 서식]

12 부동산 거래신고 등에 관한 법률 시행규칙 [별지 제1호 서식]

[　] 부동산중개사무소 개설등록신청서
[　] 개업공인중개사 인장등록 신고서

※ [　]에는 해당하는 곳에 √ 표를 합니다.

접수번호	접수일		처리기간　7일

신청인	성명(대표자)	주민등록번호(외국인등록번호)
	주소(체류지)	
	(전화번호:　　　　　　　휴대전화:　　　　　　　　　　)	
	공인중개사 자격증 발급 시·도	

개업공인중개사 종별	[　] 법인　　　[　] 공인중개사

사무소	명칭	전화번호(휴대전화)
	소재지	

「공인중개사법」 제9조·제16조 및 같은 법 시행규칙 제4조·제9조에 따라 위와 같이
사무소 개설등록 신청서를 　제출합니다.
개사 인장등록 신고서를

[　] 부동산중개
[　] 개업공인중

년　　　월　　　일

신청인　　　　　　　　　　　　　　　(서명 또는 인)

시장·군수·구청장　　　귀하

신청인 제출서류	1. 「공인중개사법」 제34조제1항에 따른 실무교육의 수료확인증 사본 1부(영 제36조제1항에 따라 실무교육을 위탁받은 기관 또는 단체가 실무교육 수료 여부를 등록관청이 전자적으로 확인할 수 있도록 조치한 경우는 제외합니다.) 2. 여권용(3.5cm×4.5cm) 사진 1매 3. 건축물대장(「건축법」 제20조제5항에 따른 가설건축물대장은 제외합니다)에 기재된 건물(준공검사, 준공인가, 사용승인, 사용검사 등을 받은 건물로서 건축물대장에 기재되기 전의 건물을 포함합니다)에 중개사무소를 확보하였음을 증명하는 서류 1부(건축물대장에 기재되지 않은 건물에 중개사무소를 확보하였을 경우에는 건축물대장 기재가 지연되는 사유를 적은 서류도 함께 내야 합니다). 4. 다음 각 목의 서류 각 1부(외국인이나 외국에 주된 영업소를 둔 법인의 경우로 한정합니다) 　가. 「공인중개사법」 제10조제1항 각 호의 어느 하나에 해당되지 아니함을 증명하는 다음의 어느 하나에 해당하는 서류 　　1) 외국 정부나 그 밖의 권한 있는 기관이 발행한 서류 또는 공증인(법률에 따른 공증인의 자격을 가진 자만 해당합니다. 이하 이 목에서 같습니다)이 공증한 신청인의 진술서로서 「재외공관 공증법」에 따라 그 국가에 주재하는 대한민국공관의 영사관이 확인한 서류 　　2) 「외국공문서에 대한 인증의 요구를 폐지하는 협약」을 체결한 국가의 경우에는 해당 국가의 정부나 공증인, 그 밖의 권한이 있는 기관이 발행한 것으로서 해당 국가의 아포스티유(Apostille) 확인서 발급 권한이 있는 기관이 그 확인서를 발급한 서류 　나. 「상법」 제614조에 따른 영업소의 등기를 증명할 수 있는 서류	수수료 시·군·구 조례로 정하는 금액
담당 공무원 확인사항	1. 법인 등기사항증명서 2. 건축물대장(「건축법」 제20조제5항에 따른 가설건축물대장은 제외합니다)	(등록인장 인)

유의사항
1. 시장·군수·구청장은 「공인중개사법」 제5조제2항에 따라 공인중개사 자격증을 발급한 시·도지사에게 개설등록을 하려는 자(법인의 경우에는 대표자를 포함한 공인중개사인 임원 또는 사원을 말합니다)의 공인중개사 자격 확인을 요청하여야 합니다.   2. 개설등록 통지 시 개업공인중개사는 손해배상책임 보증증명서류를 등록관청에 신고 후 등록증을 발급받습니다.

210mm×297mm[백상지 80g/㎡(재활용품)]

분사무소 설치신고서

접수번호		접수일		처리기간	7일

신고인	성명(대표자)		주민등록번호(외국인등록번호)	
	주소(체류지)			
	(전화번호:		휴대전화:　　　　　　　）	

본사	명칭		등록번호	
	소재지			
	(전화번호:		휴대전화:　　　　　　　）	

분사무소	소재지			
			(전화번호:　　　　　　）	
	책임자	성명	주민등록번호(외국인등록번호)	
		주소(체류지)	공인중개사 자격증 발급 시·도	

「공인중개사법」 제13조제3항 및 같은 법 시행령 제15조제3항에 따라 위와 같이 신고합니다.

　　　　　　　　　　　　　　　　　　　　　　　　　　　　　　　년　　　　월　　　일

　　　　　　　　　　　신청인　　　　　　　　　　　　　　　　（서명 또는 인）

시장·군수·구청장　　　귀하

신청인 제출서류	1. 분사무소 책임자의 「공인중개사법」 제34조제1항에 따른 실무교육의 수료확인증 사본 1부 2. 「공인중개사법 시행령」 제24조에 따른 보증의 설정을 증명할 수 있는 서류 1부 3. 건축물대장(「건축법」 제20조제5항에 따른 가설건축물대장은 제외합니다)에 기재된 건물(준공검사, 준공인가, 사용승인, 사용검사 등을 받은 건물로서 건축물대장에 기재되기 전의 건물을 포함합니다)에 분사무소를 확보(소유·전세·임대차 또는 사용대차 등의 방법에 의하여 사용권을 확보하여야 합니다)하였음을 증명하는 서류 1부(건축물대장에 기재되지 않은 건물에 분사무소를 확보하였을 경우에는 건축물대장 기재가 지연되는 사유를 적은 서류도 함께 내야 합니다).	수수료 시·군·구 조례로 정하는 금액
담당 공무원 확인사항	1. 법인 등기사항증명서 2. 건축물대장	

※ 시장·군수·구청장은 법 제5조제2항에 따라 공인중개사 자격증을 발급한 시·도지사에게 분사무소 책임자의 공인중개사 자격 확인을 요청하여야 합니다.

처리절차

분사무소 설치신고	→	접수	→	책임자 결격 사유 확인	→	신고기준 검토 및 결재	→	신고확인서 발급	→	분사무소 소재지 관할 등록 관청에 통보
신고인				처리기관 : 시·군·구(부동산중개업 담당 부서)						

210mm×297mm[백상지 80g/㎡(재활용품)]

제　　　호

분사무소설치 신고확인서

사진(여권용 사진)

(3.5cm×4.5cm)

성명(법인의 대표자)		생 년 월 일	
중개사무소의 명칭		주된 사무소 등 록 번 호	
주된 사무소 소재지			

분사무소	소재지			
	책임자		생 년 월 일	

분사무소 등록인장 (중개행위 시 사용)		<변경 인장>	

「공인중개사법」 제13조제3항에 따라 위와 같이 분사무소 설치신고를 했음을 증명합니다.

년　　　월　　　일

시장·군수·구청장　　[직인]

210mm×297mm[백상지(1종) 120g/㎡]

소속공인중개사 또는 중개보조원 [ ] 고용
[ ] 고용관계 종료 신고서
소속공인중개사 [ ] 인장등록

※ [ ]에는 해당되는 곳에 √표를 합니다.

접수번호	접수일		처리기간 즉시

신고인	성명(대표자)		주민등록번호(외국인등록번호)
	주소(체류지)		
	(전화번호:	휴대전화번호:	)

개업공인중개사 종별	[ ] 법인 [ ] 공인중개사 [ ]법 제7638호 부칙 제6조제2항에 따른 개업공인중개사

중개사무소	명칭	등록번호
	소재지	
	(전화번호:	휴대전화번호:)

고용인 인적사항	구분	고용일 또는 고용관계 종료일	성명	주민등록번호 (외국인등록번호)	주소 및 전화번호	자격증 발급 시·도 (공인중개사)	자격증 번호 (공인중개사)

「공인중개사법」 제15조·제16조 및 같은 법 시행규칙 제8조·제9조에 따라 위와 같이 신고합니다.

년　　월　　일

신고인　　　　　　　　　　　　(서명 또는 인)

시장·군수·구청장　　　귀하

유의사항	
1. 시장·군수·구청장은 개업공인중개사가 소속공인중개사의 고용 신고를 하는 경우 「공인중개사법」 제5조제2항에 따라 공인중개사자격증을 발급한 시·도지사에게 그 소속공인중개사의 공인중개사 자격 확인을 요청하여야 합니다. 2. 시장·군수·구청장은 소속공인중개사 또는 중개보조원의 「공인중개사법」 제10조제2항에 따른 결격사유 해당 여부와 같은 법 제34조제2항 또는 제3항에 따른 교육 수료 여부를 확인하여야 합니다.	(소속공인중개사 등록인장 인)

처리절차

신고서 작성	→	접수	→	검토	→	결재	→	완료
신청인		시·군·구 (부동산중개업 담당 부서)		시·군·구 (부동산중개업 담당 부서)		시·군·구 (부동산중개업 담당 부서)		시·군·구 (부동산중개업 담당 부서)

210mm×297mm[백상지 80g/㎡(재활용품)]

[ ] 부동산중개업　　[ ] 휴업
[ ] 분사무소　　　　[ ] 폐업　　　　신고서
　　　　　　　　　　[ ] 재개
　　　　　　　　　　[ ] 휴업기간 변경

※ 해당하는 곳의 [　]란에 ∨표를 하시기 바랍니다.

접수번호		접수일	처리기간　즉시

신고인	성명(대표자)		생년월일
	주소(체류지)		
	전화번호		

개업공인중개사 종별	[ ] 법인　[ ] 공인중개사　[ ] 법 제7638호 부칙 제6조제2항에 따른 개업공인중개사		

중개사무소	명칭		등록번호
	소재지		
	전화번호		

신고사항	휴업	휴업기간	～　　　　（　　　　일간）
	폐업	폐업일	
	재개	재개일	
	휴업기간 변경	원래 휴업기간	～　　　　（　　　　일간）
		변경 휴업기간	～　　　　（　　　　일간）

「공인중개사법」 제21조제1항 및 같은 법 시행령 제18조제1항 및 제2항에 따라 위와 같이 신고합니다.

년　　　　월　　　　일

신고인 :　　　　　　　　（서명 또는 인）

시장 · 군수 · 구청장 귀하

첨부서류	중개사무소등록증(휴업신고 또는 폐업신고의 경우에만 첨부하며, 법인의 분사무소인 경우에는 분사무소설치 신고확인서를 첨부합니다)

처리절차

신고서 작성	→	접수	→	검토	→	결재	→	완료
신고인		시·군·구 (부동산중개업 담당 부서)		시·군·구 (부동산중개업 담당 부서)		시·군·구 (부동산중개업 담당 부서)		시·군·구 (부동산중개업 담당 부서)

210mm×297mm[백상지 80g/㎡(재활용품)]

일 반 중 개 계 약 서
([ ] 매도 [ ] 매수 [ ] 임대 [ ] 임차 [ ] 그 밖의 계약(   ))

※ 해당하는 곳의 [　]란에 ∨표를 하시기 바랍니다.

중개의뢰인(갑)은 이 계약서에 의하여 뒤쪽에 표시한 중개대상물의 중개를 개업공인중개사(을)에게 의뢰하고 을은 이를 승낙한다.

1. 을의 의무사항

　을은 중개대상물의 거래가 조속히 이루어지도록 성실히 노력하여야 한다.

2. 갑의 권리·의무 사항

　1) 갑은 이 계약에도 불구하고 중개대상물의 거래에 관한 중개를 다른 개업공인중개사에게도 의뢰할 수 있다.

　2) 갑은 을이 「공인중개사법」(이하 "법"이라 한다) 제25조에 따른 중개대상물의 확인·설명의무를
　　　이행하는데 협조하여야 한다.

3. 유효기간

　이 계약의 유효기간은　　　　년　　　월　　　일까지로 한다.

　※ 유효기간은 3개월을 원칙으로 하되, 갑과 을이 합의하여 별도로 정한 경우에는 그 기간에 따른다.

4. 중개보수

　중개대상물에 대한 거래계약이 성립한 경우 갑은 거래가액의 (　　　)%(또는　　　　　원)을 중개보수로 을에게 지급한다.

　※ 뒤쪽 별표의 요율을 넘지 않아야 하며, 실비는 별도로 지급한다.

5. 을의 손해배상 책임

　을이 다음의 행위를 한 경우에는 갑에게 그 손해를 배상하여야 한다.

　1) 중개보수 또는 실비의 과다수령: 차액 환급

　2) 중개대상물의 확인·설명을 소홀히 하여 재산상의 피해를 발생하게 한 경우: 손해액 배상

6. 그 밖의 사항

　이 계약에 정하지 않은 사항에 대하여는 갑과 을이 합의하여 별도로 정할 수 있다.

　이 계약을 확인하기 위하여 계약서 2통을 작성하여 계약 당사자 간에 이의가 없음을 확인하고 각자 서명 또는 날인한 후 쌍방이 1통씩 보관한다.

년　　　월　　　일

계약자

중개의뢰인 (갑)	주소(체류지)		성명	(서명 또는 인)
	생년월일		전화번호	
개업 공인중개사 (을)	주소(체류지)		성명 (대표자)	(서명 또는 인)
	상호(명칭)		등록번호	
	생년월일		전화번호	

210mm×297mm[일반용지 60g/㎡(재활용품)]

※ 중개대상물의 거래내용이 권리를 이전(매도·임대 등)하려는 경우에는 「Ⅰ. 권리이전용(매도·임대 등)」에 적고, 권리를 취득(매수·임차 등)하려는 경우에는 「Ⅱ. 권리취득용(매수·임차 등)」에 적습니다.

Ⅰ. 권리이전용(매도·임대 등)

구분	[ ] 매도 [ ] 임대 [ ] 그 밖의 사항( )				
소유자 및 등기명의인	성명			생년월일	
	주소				
중개대상물의 표시	건축물	소재지			건축연도
		면적 ㎡	구조		용도
	토지	소재지			지 목
		면적 ㎡	지역·지구 등		현재 용도
	은행융자·권리금·제세공과금 등(또는 월임대료·보증금·관리비 등)				
권리관계					
거래규제 및 공법상 제한사항					
중개의뢰 금액					
그 밖의 사항					

Ⅱ. 권리취득용(매수·임차 등)

구분	[ ] 매수 [ ] 임차 [ ] 그 밖의 사항( )	
항목	내용	세부 내용
희망물건의 종류		
취득 희망가격		
희망 지역		
그 밖의 희망조건		

첨부서류	중개보수 요율표(「공인중개사법」 제32조제4항 및 같은 법 시행규칙 제20조에 따른 요율표를 수록합니다) ※ 해당 내용을 요약하여 수록하거나, 별지로 첨부합니다.

유의사항

[개업공인중개사 위법행위 신고안내]
개업공인중개사가 중개보수 과다수령 등 위법행위 시 시·군·구 부동산중개업 담당 부서에 신고할 수 있으며, 시·군·구에서는 신고사실을 조사한 후 적정한 조치를 취하게 됩니다.

전 속 중 개 계 약 서
([ ] 매도 [ ] 매수 [ ] 임대 [ ] 임차 [ ] 그 밖의 계약(　　　))

※ 해당하는 곳의 [　]란에 ∨표를 하시기 바랍니다.　　　　　　　　　　　　　　　　(앞쪽)

　중개의뢰인(갑)은 이 계약서에 의하여 뒤쪽에 표시한 중개대상물의 중개를 개업공인중개사(을)에게 의뢰하고 을은 이를 승낙한다.

1. 을의 의무사항
 ① 을은 갑에게 계약체결 후 2주일에 1회 이상 중개업무 처리상황을 문서로 통지하여야 한다.
 ② 을은 이 전속중개계약 체결 후 7일 이내 「공인중개사법」(이하 "법"이라 한다) 제24조에 따른 부동산거래정보망 또는 일간신문에 중개대상물에 관한 정보를 공개하여야 하며, 중개대상물을 공개한 때에는 지체 없이 갑에게 그 내용을 문서로 통지하여야 한다. 다만, 갑이 비공개를 요청한 경우에는 이를 공개하지 아니한다. (공개 또는 비공개 여부:　　　)
 ③ 법 제25조 및 같은 법 시행령 제21조에 따라 중개대상물에 관한 확인·설명의무를 성실하게 이행하여야 한다.

2. 갑의 권리·의무 사항
 ① 다음 각 호의 어느 하나에 해당하는 경우에는 갑은 그가 지급해야 할 중개보수에 해당하는 금액을 을에게 위약금으로 지급해야 한다. 다만, 제3호의 경우에는 중개보수의 50퍼센트에 해당하는 금액의 범위에서 을이 중개행위를 할 때 소요된 비용(사회통념에 비추어 상당하다고 인정되는 비용을 말한다)을 지급한다.
  1. 전속중개계약의 유효기간 내에 을 외의 다른 개업공인중개사에게 중개를 의뢰하여 거래한 경우
  2. 전속중개계약의 유효기간 내에 을의 소개에 의하여 알게 된 상대방과 을을 배제하고 거래당사자 간에 직접 거래한 경우
  3. 전속중개계약의 유효기간 내에 갑이 스스로 발견한 상대방과 거래한 경우
 ② 갑은 을이 법 제25조에 따른 중개대상물 확인·설명의무를 이행하는데 협조하여야 한다.

3. 유효기간
 　이 계약의 유효기간은　　　　년　　　월　　　일까지로 한다.
 ※ 유효기간은 3개월을 원칙으로 하되, 갑과 을이 합의하여 별도로 정한 경우에는 그 기간에 따른다.

4. 중개보수
 중개대상물에 대한 거래계약이 성립한 경우 갑은 거래가액의 (　)%(또는　　원)을 중개보수로 을에게 지급한다.
 ※ 뒤쪽 별표의 요율을 넘지 않아야 하며, 실비는 별도로 지급한다.

5. 을의 손해배상 책임
 을이 다음의 행위를 한 경우에는 갑에게 그 손해를 배상하여야 한다.
 1) 중개보수 또는 실비의 과다수령: 차액 환급
 2) 중개대상물의 확인·설명을 소홀히 하여 재산상의 피해를 발생하게 한 경우: 손해액 배상

6. 그 밖의 사항
 　이 계약에 정하지 않은 사항에 대하여는 갑과 을이 합의하여 별도로 정할 수 있다.

　이 계약을 확인하기 위하여 계약서 2통을 작성하여 계약 당사자 간에 이의가 없음을 확인하고 각자 서명 또는 날인한 후 쌍방이 1통씩 보관한다.

　　　　　　　　　　　　　　　　　　　　　　　　　　　　　　　　년　　　월　　　일

계약자

중개의뢰인 (갑)	주소(체류지)		성명	(서명 또는 인)
	생년월일		전화번호	
개업 공인중개사 (을)	주소(체류지)		성명 (대표자)	(서명 또는 인)
	상호(명칭)		등록번호	
	생년월일		전화번호	

210mm×297mm[일반용지 60g/㎡(재활용품)]

※ 중개대상물의 거래내용이 권리를 이전(매도·임대 등)하려는 경우에는 「Ⅰ. 권리이전용(매도·임대 등)」에 적고, 권리를 취득 (매수·임차 등)하려는 경우에는 「Ⅱ. 권리취득용(매수·임차 등)」에 적습니다.

Ⅰ. 권리이전용(매도·임대 등)

구분	[ ] 매도 [ ] 임대 [ ] 그 밖의 사항( )		
소유자 및 등기명의인	성명		생년월일
	주소		

<table>
<tr><td rowspan="7">중개대상물의 표시</td><td rowspan="2">건축물</td><td colspan="2">소재지</td><td>건축연도</td></tr>
<tr><td>면 적   ㎡</td><td>구 조</td><td>용 도</td></tr>
<tr><td rowspan="2">토지</td><td colspan="2">소재지</td><td>지 목</td></tr>
<tr><td>면 적   ㎡</td><td>지역· 지구 등</td><td>현재 용도</td></tr>
<tr><td colspan="4">은행융자·권리금·제세공과금 등(또는 월임대료·보증금·관리비 등)</td></tr>
</table>

권리관계	
거래규제 및 공법상 제한사항	
중개의뢰 금액	원
그 밖의 사항	

Ⅱ. 권리취득용(매수·임차 등)

구분	[ ] 매수 [ ] 임차 [ ] 그 밖의 사항( )	
항목	내용	세부내용
희망물건의 종류		
취득 희망가격		
희망 지역		
그 밖의 희망조건		

첨부서류	중개보수 요율표(「공인중개사법」 제32조제4항 및 같은 법 시행규칙 제20조에 따른 요율표를 수록합니다) ※ 해당 내용을 요약하여 수록하거나, 별지로 첨부합니다.

유의사항

[개업공인중개사 위법행위 신고안내]
개업공인중개사가 중개보수 과다수령 등 위법행위 시 시·군·구 부동산중개업 담당 부서에 신고할 수 있으며, 시·군·구에서는 신고사실을 조사한 후 적정한 조치를 취하게 됩니다.

중개대상물 확인·설명서[Ⅰ] (주거용 건축물)

(　[　]단독주택 　[　]공동주택 　[　]매매·교환 　[　]임대 　　　　　　)

확인·설명 자료	확인·설명 근거자료 등	[ ]등기권리증[ ]등기사항증명서[ ]토지대장[ ]건축물대장 [ ]지적도 [ ]임야도 　[ ]토지이용계획확인서 　　　　[ ]그 밖의 자료(　　　　　)
	대상물건의 상태에 관한 자료요구 사항	

유의사항		
개업공인중개사의 확인·설명 의무	개업공인중개사는 중개대상물에 관한 권리를 취득하려는 중개의뢰인에게 성실·정확하게 설명하고, 토지대장 등본, 등기사항증명서 등 설명의 근거자료를 제시해야 합니다.	
실제 거래가격 신고	「부동산 거래신고 등에 관한 법률」 제3조 및 같은 법 시행령 별표 1 제1호마목에 따른 실제 거래가격은 매수인이 매수한 부동산을 양도하는 경우 「소득세법」 제97조제1항 및 제7항과 같은 법 시행령 제163조제11항제2호에 따라 취득 당시의 실제 거래가액으로 보아 양도차익이 계산될 수 있음을 유의하시기 바랍니다.	

Ⅰ. 개업공인중개사 기본 확인사항

① 대상물건의 표시	토지	소재지				
		면적(㎡)		지목	공부상 지목	
					실제 이용 상태	
	건축물	전용면적(㎡)			대지지분(㎡)	
		준공년도 (증개축년도)		용도	건축물대장상 용도	
					실제 용도	
		구조		방향		(기준: 　　)
		내진설계 적용여부		내진능력		
		건축물대장상 위반건축물 여부	[ ]위반 [ ]적법	위반내용		

② 권리관계	등기부 기재사항		소유권에 관한 사항		소유권 외의 권리사항	
			토지		토지	
			건축물		건축물	
	민간임대등록여부	등록	[ ] 장기일반민간임대주택 [ ] 공공지원민간임대주택 [ ] 그 밖의 유형(　　　　　　　　)			
			임대의무기간		임대개시일	
		미등록	[ ] 해당사항 없음			
	계약갱신요구권 행사 여부		[ ] 확인(확인서류 첨부) 　　[ ] 미확인 　　[ ] 해당 없음			
	다가구주택 확인서류 제출여부		[ ] 제출(확인서류 첨부) 　　[ ] 미제출 　　[ ] 해당 없음			

③ 토지이용 계획, 공법상 이용 제한 및 거래 규제에 관한 사항(토지)	지역·지구	용도지역			건폐율 상한	용적률 상한
		용도지구			%	%
		용도구역				
	도시·군계획 시설			허가·신고 구역 여부	[ ]토지거래허가구역	
				투기지역 여부	[ ]토지투기지역 [ ]주택투기지역 [ ]투기과열지구	
	지구단위계획구역, 그 밖의 도시·군관리계획			그 밖의 이용제한 및 거래규제사항		

210mm×297mm[백상지(80g/㎡) 또는 중질지(80g/㎡)]

④ 입지조건	도로와의 관계	(m × m)도로에 접함 [ ] 포장 [ ] 비포장		접근성		[ ] 용이함 [ ] 불편함	
	대중교통	버스	( ) 정류장, 소요시간: ([ ] 도보 [ ] 차량) 약 분				
		지하철	( ) 역, 소요시간: ([ ] 도보 [ ] 차량) 약 분				
	주차장	[ ] 없음 [ ] 전용주차시설 [ ] 공동주차시설 [ ] 그 밖의 주차시설 ( )					
	교육시설	초등학교	( ) 학교, 소요시간: ([ ] 도보 [ ] 차량) 약 분				
		중학교	( ) 학교, 소요시간: ([ ] 도보 [ ] 차량) 약 분				
		고등학교	( ) 학교, 소요시간: ([ ] 도보 [ ] 차량) 약 분				
	판매 및 의료시설	백화점 및 할인매장	( ), 소요시간: ([ ] 도보 [ ] 차량) 약 분				
		종합의료시설	( ), 소요시간: ([ ] 도보 [ ] 차량) 약 분				
⑤ 관리에 관한사항	경비실	[ ] 있음 [ ] 없음	관리주체	[ ] 위탁관리 [ ] 자체관리 [ ] 그 밖의 유형			
⑥ 비선호시설(1㎞이내)	[ ] 없음 [ ] 있음 (종류 및 위치:)						

⑦ 거래예정금액 등	거래예정금액			
	개별공시지가(㎡당)		건물(주택) 공시가격	

⑧ 취득 시 부담할 조세의 종류 및 세율	취득세	%	농어촌특별세	%	지방교육세	%
	※ 재산세와 종합부동산세는 6월 1일 기준 대상물건 소유자가 납세의무를 부담					

II. 개업공인중개사 세부 확인사항

⑨ 실제 권리관계 또는 공시되지 않은 물건의 권리 사항

⑩ 내부·외부 시설물의 상태 (건축물)	수도	파손 여부	[ ] 없음 [ ] 있음 (위치:)
		용수량	[ ] 정상 [ ] 부족함 (위치:)
	전기	공급상태	[ ] 정상 [ ] 교체 필요 (교체할 부분:)
	가스(취사용)	공급방식	[ ] 도시가스 [ ] 그 밖의 방식 ( )
	소방	단독경보형 감지기	[ ] 없음 [ ] 있음(수량: 개) ※「화재예방, 소방시설 설치·유지 및 안전관리에 관한 법률」제8조 및 같은 법 시행령 제13조에 따른 주택용 소방시설로서 아파트(주택으로 사용하는 층수가 5개층 이상인 주택을 말한다)를 제외한 주택의 경우만 작성합니다.
	난방방식 및 연료공급	공급방식	[ ] 중앙공급 [ ] 개별공급 시설작동 [ ] 정상 [ ] 수선 필요 ( ) ※개별 공급인 경우 사용연한 ( ) [ ] 확인불가
		종류	[ ] 도시가스 [ ] 기름 [ ] 프로판가스 [ ] 연탄 [ ] 그 밖의 종류 ( )
	승강기	[ ] 있음 ([ ] 양호 [ ] 불량) [ ] 없음	
	배수	[ ] 정상 [ ] 수선 필요 ( )	
	그 밖의 시설물		

⑪ 벽면·바닥면 및 도배 상태	벽면	균열	[ ] 없음 [ ] 있음 (위치:)
		누수	[ ] 없음 [ ] 있음 (위치:)
	바닥면		[ ] 깨끗함 [ ] 보통임 [ ] 수리 필요 (위치:)
	도배		[ ] 깨끗함 [ ] 보통임 [ ] 도배 필요

| ⑫ 환경 조건 | 일조량 | [ ] 풍부함   [ ] 보통임   [ ] 불충분 (이유:) | | |
| | 소음 | [ ] 아주 작음 [ ] 보통임 [ ] 심한 편임 | 진동 | [ ] 아주 작음 [ ] 보통임 [ ] 심한 편임 |

III. 중개보수 등에 관한 사항

⑬ 중개보수 및 실비의 금액과 산출내역	중개보수		<산출내역> 중개보수: 실 비: ※ 중개보수는 시·도 조례로 정한 요율한도에서 중개의뢰인과 개업공인중개사가 서로 협의하여 결정하며 부가가치세는 별도로 부과될 수 있습니다.
	실비		
	계		
	지급시기		

「공인중개사법」 제25조제3항 및 제30조제5항에 따라 거래당사자는 개업공인중개사로부터 위 중개대상물에 관한 확인·설명 및 손해배상책임의 보장에 관한 설명을 듣고, 같은 법 시행령 제21조제3항에 따른 본 확인·설명서와 같은 법 시행령 제24조제2항에 따른 손해배상책임 보장 증명서류(사본 또는 전자문서)를 수령합니다.

년   월   일

매도인 (임대인)	주소		성명	(서명 또는 날인)
	생년월일		전화번호	
매수인 (임차인)	주소		성명	(서명 또는 날인)
	생년월일		전화번호	
개업 공인중개사	등록번호		성명 (대표자)	(서명 및 날인)
	사무소 명칭		소속 공인중개사	(서명 및 날인)
	사무소 소재지		전화번호	
개업 공인중개사	등록번호		성명 (대표자)	(서명 및 날인)
	사무소 명칭		소속 공인중개사	(서명 및 날인)
	사무소 소재지		전화번호	

작성방법(주거용 건축물)

<작성일반>

1. "[ ]"있는 항목은 해당하는 "[ ]"안에 √ 로 표시합니다.

2. 세부항목 작성 시 해당 내용을 작성란에 모두 작성할 수 없는 경우에는 별지로 작성하여 첨부하고, 해당란에는 "별지 참고"라고 적습니다.

<세부항목>

1. 「확인·설명자료」 항목의 "확인·설명 근거자료 등"에는 개업공인중개사가 확인·설명 과정에서 제시한 자료를 적으며, "대상 물건의 상태에 관한 자료요구 사항"에는 매도(임대)의뢰인에게 요구한 사항 및 그 관련 자료의 제출 여부와 ⑨ 실제 권리관계 또는 공시되지 않은 물건의 권리사항부터 ⑫ 환경조건까지의 항목을 확인하기 위한 자료의 요구 및 그 불응 여부를 적습니다.

2. ① 대상물건의 표시부터 ⑧ 취득 시 부담할 조세의 종류 및 세율까지는 개업공인중개사가 확인한 사항을 적어야 합니다.

3. ① 대상물건의 표시는 토지대장 및 건축물대장 등을 확인하여 적고, 건축물의 방향은 주택의 경우 거실이나 안방 등 주실(主室) 의 방향을, 그 밖의 건축물은 주된 출입구의 방향을 기준으로 남향, 북향 등 방향을 적고 방향의 기준이 불분명한 경우 기준(예: 남동향 - 거실 앞 발코니 기준)을 표시하여 적습니다.

4. ② 권리관계의 "등기부 기재사항"은 등기사항증명서를 확인하여 적습니다.

5. ② 권리관계의 "민간임대 등록여부"는 대상물건이 「민간임대주택에 관한 특별법」에 따라 등록된 민간임대주택인지 여부를 같은 법 제60조에 따른 임대주택정보체계에 접속하여 확인하거나 임대인에게 확인하여 "[ ]"안에 √ 로 표시하고, 민간임대주택인 경우 「민간임대주택에 관한 특별법」에 따른 권리·의무사항을 임차인에게 설명해야 합니다.

> * 민간임대주택은 「민간임대주택에 관한 특별법」 제5조에 따른 임대사업자가 등록한 주택으로서, 임대인과 임차인 간 임대차 계약(재계약 포함)시 다음과 같은 사항이 적용됩니다.
> ① 같은 법 제44조에 따라 임대의무기간 중 임대료 증액청구는 5퍼센트의 범위에서 주거비 물가지수, 인근 지역의 임대료 변동 률을 고려하여 같은 법 시행령으로 정하는 증액비율을 초과하여 청구할 수 없으며, 임대차계약 또는 임대료 증액이 있은 후 1년 이내에는 그 임대료를 증액할 수 없습니다.
> ② 같은 법 제45조에 따라 임대사업자는 임차인이 의무를 위반하거나 임대차를 계속하기 어려운 경우 등에 해당하지 않 으면 임대의무기간 동안 임차인과의 계약을 해제·해지하거나 재계약을 거절할 수 없습니다.

6. ② 권리관계의 "계약갱신요구권 행사여부" 및 "다가구주택 확인서류 제출여부"는 다음 각 목의 구분에 따라 적습니다.
   가. "계약갱신요구권 행사여부"는 대상물건이 「주택임대차보호법」의 적용을 받는 주택으로서 임차인이 있는 경우 매도인(임대 인)으로부터 계약갱신요구권 행사 여부에 관한 사항을 확인할 수 있는 서류를 받으면 "확인"에 √ 로 표시하여 해당 서류를 첨부하고, 서류를 받지 못한 경우 "미확인"에 √ 로 표시하며, 임차인이 없는 경우에는 "해당 없음"에 √ 로 표시합니다. 이 경우 개업공인중개사는 「주택임대차보호법」에 따른 임대인과 임차인의 권리·의무사항을 매수인에게 설명해야 합니다.
   나. "다가구주택 확인서류 제출여부"는 대상물건이 다가구주택인 경우로서 매도인(임대인) 또는 개업공인중개사가 주민센터 등 에서 발급받은 다가구주택 확정일자 부여현황(임대차기간, 보증금 및 차임)이 적힌 서류를 제출하면 "제출"에 √ 로 표시하 고, 제출하지 않은 경우에는 "미제출"에 √ 로 표시하며, 다가구주택이 아닌 경우에는 "해당 없음"에 √ 로 표시하고 그 사실 을 중개의뢰인에게 설명해야 합니다.

7. ③ 토지이용계획, 공법상 이용제한 및 거래규제에 관한 사항(토지)의 "건폐율 상한 및 용적률 상한"은 시·군의 조례에 따라 적고, "도시·군계획시설", "지구단위계획구역, 그 밖의 도시·군관리계획"은 개업공인중개사가 확인하여 적으며, "그 밖의 이용제한 및 거래규제사항"은 토지이용계획확인서의 내용을 확인하고, 공부에서 확인할 수 없는 사항은 부동산종합공부시스템 등에서 확인하여 적습니다(임대차의 경우에는 생략할 수 있습니다).

8. ⑥ 비선호시설(1km이내)의 "종류 및 위치"는 대상물건으로부터 1km 이내에 사회통념상 기피 시설인 화장장·납골당·공동묘지 ·쓰레기처리장·쓰레기소각장·분뇨처리장·하수종말처리장 등의 시설이 있는 경우, 그 시설의 종류 및 위치를 적습니다.

9. ⑦ 거래예정금액 등의 "거래예정금액"은 중개가 완성되기 전 거래예정금액을, "개별공시지가(㎡당)" 및 "건물(주택)공시가격" 은 중개가 완성되기 전 공시된 공시지가 또는 공시가격을 적습니다[임대차의 경우에는 "개별공시지가(㎡당)" 및 "건물(주택)공시 가격"을 생략할 수 있습니다].

10. ⑧ 취득 시 부담할 조세의 종류 및 세율은 중개가 완성되기 전 「지방세법」의 내용을 확인하여 적습니다(임대차의 경우에는 제외합니다).

11. ⑨ 실제 권리관계 또는 공시되지 않은 물건의 권리 사항은 매도(임대)의뢰인이 고지한 사항(법정지상권, 유치권, 「주택임대차보호법」 에 따른 임대차, 토지에 부착된 조각물 및 정원수, 계약 전 소유권 변동 여부, 도로의 점용허가 여부 및 권리·의무 승계 대상 여부 등)을 적습니다. 「건축법 시행령」 별표 1 제2호에 따른 공동주택(기숙사는 제외합니다) 중 분양을 목적으로 건축되었으나 분양되 지 않아 보존등기만 마쳐진 상태인 공동주택에 대해 임대차계약을 알선하는 경우에는 이를 임차인에게 설명해야 합니다.
   ※ 임대차계약의 경우 임대보증금, 월 단위의 차임액, 계약기간, 장기수선충당금의 처리 등을 확인하고, 근저당 등이 설정된 경우 채권최고액을 확인하여 적습니다. 그 밖에 경매 및 공매 등의 특이사항이 있는 경우 이를 확인하여 적습니다.

12. ⑩ 내부·외부 시설물의 상태(건축물), ⑪ 벽면·바닥면 및 도배 상태와 ⑫ 환경조건은 중개대상물에 대해 개업공인중개사 가 매도(임대)의뢰인에게 자료를 요구하여 확인한 사항을 적고, ⑩ 내부·외부 시설물의 상태(건축물)의 "그 밖의 시설물"은 가정자동화 시설(Home Automation 등 IT 관련 시설)의 설치 여부를 적습니다.

13. ⑬ 중개보수 및 실비는 개업공인중개사와 중개의뢰인이 협의하여 결정한 금액을 적되 "중개보수"는 거래예정금액을 기준으로 계산하고, "산출내역(중개보수)"은 "거래예정금액(임대차의 경우에는 임대보증금 + 월 단위의 차임액 × 100) × 중개보수 요율"과 같이 적습니다. 다만, 임대차로서 거래예정금액이 5천만원 미만인 경우에는 "임대보증금 + 월 단위의 차임액 × 70"을 거래예정금 액으로 합니다.

14. 공동중개 시 참여한 개업공인중개사(소속공인중개사를 포함합니다)는 모두 서명·날인해야 하며, 2명을 넘는 경우에는 별지로 작성 하여 첨부합니다.

중개대상물 확인·설명서[II] (비주거용 건축물)

([ ]업무용 [ ]상업용 [ ]공업용[ ]매매·교환 [ ]임대 [ ]그 밖의 경우)

확인·설명 자료	확인·설명 근거자료 등	[ ]등기권리증 [ ]등기사항증명서 [ ]토지대장 [ ]건축물대장 [ ]지적도 [ ]임야도 [ ]토지이용계획확인서 [ ]그 밖의 자료( )
	대상물건의 상태에 관한 자료요구 사항	

유의사항	
개업공인중개사의 확인·설명 의무	개업공인중개사는 중개대상물에 관한 권리를 취득하려는 중개의뢰인에게 성실·정확하게 설명하고, 토지대장 등본, 등기사항증명서 등 설명의 근거자료를 제시해야 합니다.
실제 거래가격 신고	「부동산 거래신고 등에 관한 법률」 제3조 및 같은 법 시행령 별표 1 제1호마목에 따른 실제 거래가격은 매수인이 매수한 부동산을 양도하는 경우 「소득세법」 제97조제1항 및 제7항과 같은 법 시행령 제163조제11항제2호에 따라 취득 당시의 실제 거래가액으로 보아 양도차익이 계산될 수 있음을 유의하시기 바랍니다.

Ⅰ. 개업공인중개사 기본 확인사항

① 대상물건의 표시	토지	소재지				
		면적(㎡)		지목	공부상 지목	
					실제이용 상태	
	건축물	전용면적(㎡)			대지지분(㎡)	
		준공년도 (증개축년도)		용도	건축물대장상 용도	
					실제 용도	
		구조		방향		(기준:)
		내진설계 적용여부		내진능력		
		건축물대장상 위반건축물 여부	[ ]위반 [ ]적법	위반내용		

② 권리관계	등기부 기재사항	소유권에 관한 사항		소유권 외의 권리사항	
		토지		토지	
		건축물		건축물	
	민간임대 등록 여부	등록	[ ] 장기일반민간임대주택 [ ] 공공지원민간임대주택 [ ] 그 밖의 유형( )		
			임대의무기간	임대개시일	
		미등록	[ ] 해당사항 없음		
	계약갱신 요구권 행사여부		[ ] 확인(확인서류 첨부) [ ] 미확인 [ ] 해당 없음		

③ 토지이용 계획, 공법상 이용제한 및 거래규제에 관한 사항(토지)	지역·지구	용도지역		건폐율 상한	용적률 상한
		용도지구		%	%
		용도구역			
	도시·군 계획시설	허가·신고 구역 여부	[ ]토지거래허가구역		
		투기지역 여부	[ ]토지투기지역 [ ]주택투기지역 [ ]투기과열지구		
	지구단위계획구역, 그 밖의 도시·군관리계획		그 밖의 이용제한 및 거래규제사항		

210mm×297mm[백상지(80g/㎡) 또는 중질지(80g/㎡)]

④ 입지조건	도로와의 관계	(m × m)도로에 접함 [ ] 포장 [ ] 비포장		접근성	[ ] 용이함 [ ] 불편함	
	대중교통	버스	( ) 정류장, 소요시간: ([ ] 도보 [ ] 차량) 약 분			
		지하철	( ) 역, 소요시간: ([ ] 도보 [ ] 차량) 약 분			
	주차장	[ ] 없음 [ ] 전용주차시설 [ ] 공동주차시설 [ ] 그 밖의 주차시설 ( )				
⑤ 관리에 관한사항	경비실	[ ] 있음 [ ] 없음		관리주체	[ ] 위탁관리 [ ] 자체관리 [ ] 그 밖의 유형	

⑥ 거래예정금액 등	거래예정금액		
	개별공시지가(㎡당)	건물(주택)공시가격	

⑦ 취득 시 부담할 조세의 종류 및 세율	취득세	%	농어촌특별세	%	지방교육세	%
	※ 재산세와 종합부동산세는 6월 1일 기준 대상물건 소유자가 납세의무를 부담					

Ⅱ. 개업공인중개사 세부 확인사항

⑧ 실제 권리관계 또는 공시되지 않은 물건의 권리 사항

⑨ 내부·외부 시설물의 상태 (건축물)	수도	파손 여부	[ ] 없음 [ ] 있음(위치:)			
		용수량	[ ] 정상 [ ] 부족함(위치:)			
	전기	공급상태	[ ] 정상 [ ] 교체 필요(교체할 부분:)			
	가스(취사용)	공급방식	[ ] 도시가스 [ ] 그 밖의 방식( )			
	소방	소화전	[ ] 없음 [ ] 있음(위치:)			
		비상벨	[ ] 없음 [ ] 있음(위치:)			
	난방방식 및 연료공급	공급방식	[ ] 중앙공급 [ ] 개별공급	시설작동	[ ] 정상 [ ] 수선 필요 ( ) ※개별공급인 경우 사용연한 ( ) [ ] 확인불가	
		종류	[ ] 도시가스 [ ] 기름 [ ] 프로판가스 [ ] 연탄 [ ] 그 밖의 종류( )			
	승강기	[ ] 있음 ([ ] 양호 [ ] 불량) [ ] 없음				
	배수	[ ] 정상 [ ] 수선 필요( )				
	그 밖의 시설물					
⑩ 벽면 및 바닥면	벽면	균열	[ ] 없음 [ ] 있음(위치:)			
		누수	[ ] 없음 [ ] 있음(위치:)			
	바닥면	[ ] 깨끗함 [ ] 보통임 [ ] 수리 필요 (위치:)				

Ⅲ. 중개보수 등에 관한 사항

⑪중개보수 및 실비의금액과 산출내역	중개보수		<산출내역> 중개보수: 실 비:
	실비		
	계		
	지급시기		

「공인중개사법」 제25조제3항 및 제30조제5항에 따라 거래당사자는 개업공인중개사로부터 위 중개대상물에 관한 확인·설명 및 손해배상책임의 보장에 관한 설명을 듣고, 같은 법 시행령 제21조제3항에 따른 본 확인·설명서와 같은 법 시행령 제24조제2항에 따른 손해배상책임 보장 증명서류(사본 또는 전자문서)를 수령합니다.

년   월   일

매도인 (임대인)	주소		성명	(서명 또는 날인)
	생년월일		전화번호	
매수인 (임차인)	주소		성명	(서명 또는 날인)
	생년월일		전화번호	
개업 공인중개사	등록번호		성명 (대표자)	(서명 및 날인)
	사무소 명칭		소속 공인중개사	(서명 및 날인)
	사무소 소재지		전화번호	
개업 공인중개사	등록번호		성명 (대표자)	(서명 및 날인)
	사무소 명칭		소속 공인중개사	(서명 및 날인)
	사무소 소재지		전화번호	

작성방법(비주거용 건축물)

<작성일반>

1. "[ ]" 있는 항목은 해당하는 "[ ]" 안에 √로 표시합니다.
2. 세부항목 작성 시 해당 내용을 작성란에 모두 작성할 수 없는 경우에는 별지로 작성하여 첨부하고, 해당란에는 "별지 참고"라고 적습니다.

<세부항목>

1. 「확인·설명자료」항목의 "확인·설명 근거자료 등"에는 개업공인중개사가 확인·설명 과정에서 제시한 자료를 적으며, "대상물건의 상태에 관한 자료요구 사항"에는 매도(임대)의뢰인에게 요구한 사항 및 그 관련 자료의 제출 여부와 ⑧ 실제 권리관계 또는 공시되지 않은 물건의 권리 사항부터 ⑩ 벽면까지의 항목을 확인하기 위한 자료의 요구 및 그 불응 여부를 적습니다.

2. ① 대상물건의 표시부터 ⑦ 취득 시 부담할 조세의 종류 및 세율까지는 개업공인중개사가 확인한 사항을 적어야 합니다.

3. ① 대상물건의 표시는 토지대장 및 건축물대장 등을 확인하여 적습니다.

4. ② 권리관계의 "등기부 기재사항"은 등기사항증명서를 확인하여 적습니다.

5. ② 권리관계의 "민간임대 등록여부"는 대상물건이 「민간임대주택에 관한 특별법」에 따라 등록된 민간임대주택인지 여부를 같은 법 제60조에 따른 임대주택정보체계에 접속하여 확인하거나 임대인에게 확인하여 "[ ]" 안에 √로 표시하고, 민간임대주택인 경우 「민간임대주택에 관한 특별법」에 따른 권리·의무사항을 임차인에게 설명해야 합니다.

> * 민간임대주택은 「민간임대주택에 관한 특별법」제5조에 따른 임대사업자가 등록한 주택으로서, 임대인과 임차인간 임대차 계약(재계약 포함)시 다음과 같은 사항이 적용됩니다.
> ① 같은 법 제44조에 따라 임대의무기간 중 임대료 증액청구는 5퍼센트의 범위에서 주거비 물가지수, 인근 지역의 임대료 변동률 등을 고려하여 같은 법 시행령으로 정하는 증액비율을 초과하여 청구할 수 없으며, 임대차계약 또는 임대료 증액이 있은 후 1년 이내에는 그 임대료를 증액할 수 없습니다.
> ② 같은 법 제45조에 따라 임대사업자는 임차인이 의무를 위반하거나 임대차를 계속하기 어려운 경우 등에 해당하지 않으면 임대의무기간 동안 임차인과의 계약을 해제·해지하거나 재계약을 거절할 수 없습니다.

6. ② 권리관계의 "계약갱신요구권 행사여부"는 대상물건이 「주택임대차보호법」및 「상가건물 임대차보호법」의 적용을 받는 임차인이 있는 경우 매도인(임대인)으로부터 계약갱신요구권 행사 여부에 관한 사항을 확인할 수 있는 서류를 받으면 "확인"에 √로 표시하여 해당 서류를 첨부하고, 서류를 받지 못한 경우 "미확인"에 √로 표시합니다. 이 경우 「주택임대차보호법」및 「상가건물 임대차보호법」에 따른 임대인과 임차인의 권리·의무사항을 매수인에게 설명해야 합니다.

7. ③ 토지이용계획, 공법상 이용제한 및 거래규제에 관한 사항(토지)의 "건폐율 상한 및 용적률 상한"은 시·군의 조례에 따라 적고, "도시·군계획시설", "지구단위계획구역, 그 밖의 도시·군관리계획"은 개업공인중개사가 확인하여 적으며, "그 밖의 이용제한 및 거래규제사항"은 토지이용계획확인서의 내용을 확인하고, 공부에서 확인할 수 없는 사항은 부동산종합공부시스템 등에서 확인하여 적습니다(임대차의 경우에는 생략할 수 있습니다).

8. ⑥ 거래예정금액 등의 "거래예정금액"은 중개가 완성되기 전 거래예정금액을, "개별공시지가(㎡당)" 및 "건물(주택)공시가격"은 중개가 완성되기 전 공시된 공시지가 또는 공시가격을 적습니다[임대차의 경우에는 "개별공시지가(㎡당)" 및 "건물(주택)공시가격"을 생략할 수 있습니다].

9. ⑦ 취득 시 부담할 조세의 종류 및 세율은 중개가 완성되기 전 「지방세법」의 내용을 확인하여 적습니다(임대차의 경우에는 제외합니다).

10. ⑧ 실제 권리관계 또는 공시되지 않은 물건의 권리 사항은 매도(임대)의뢰인이 고지한 사항(법정지상권, 유치권, 「상가건물 임대차보호법」에 따른 임대차, 토지에 부착된 조각물 및 정원수, 계약 전 소유권 변동여부, 도로의 점용허가 여부 및 권리·의무 승계 대상여부 등)을 적습니다. 「건축법 시행령」 별표 1 제2호에 따른 공동주택(기숙사는 제외합니다) 중 분양을 목적으로 건축되었으나 분양되지 않아 보존등기만 마쳐진 상태인 공동주택에 대해 임대차계약을 알선하는 경우에는 이를 임차인에게 설명해야 합니다.
    ※ 임대차계약의 경우 임대보증금, 월 단위의 차임액, 계약기간, 장기수선충당금의 처리 등을 확인하고, 근저당 등이 설정된 경우 채권최고액을 확인하여 적습니다. 그 밖에 경매 및 공매 등의 특이사항이 있는 경우 이를 확인하여 적습니다.

11. ⑨ 내부·외부 시설물의 상태(건축물) 및 ⑩ 벽면 및 바닥면은 중개대상물에 대하여 개업공인중개사가 매도(임대)의뢰인에게 자료를 요구하여 확인한 사항을 적고, ⑨ 내부·외부 시설물의 상태(건축물)의 "그 밖의 시설물"에는 건축물이 상업용인 경우에는 오수정화시설용량, 공업용인 경우에는 전기용량, 오수정화시설용량 및 용수시설의 내용에 대하여 개업공인중개사가 매도(임대)의뢰인에게 자료를 요구하여 확인한 사항을 적습니다.

12. ⑪ 중개보수 및 실비의 금액과 산출내역은 개업공인중개사와 중개의뢰인이 협의하여 결정한 금액을 적되 "중개보수"는 거래예정금액을 기준으로 계산하고, "산출내역(중개보수)"은 "거래예정금액(임대차의 경우에는 임대보증금 + 월 단위의 차임액 × 100) × 중개보수 요율"과 같이 적습니다. 다만, 임대차로서 거래예정금액이 5천만원 미만인 경우에는 "임대보증금 + 월 단위의 차임액 × 70"을 거래예정금액으로 합니다.

13. 공동중개 시 참여한 개업공인중개사(소속공인중개사를 포함합니다)는 모두 서명·날인해야 하며, 2명을 넘는 경우에는 별지로 작성하여 첨부합니다.

중개대상물 확인·설명서[Ⅲ] (토지)
([ ] 매매·교환　　　[ ] 임대)

확인·설명 자료	확인·설명 근거자료 등	[ ] 등기권리증　[ ] 등기사항증명서　[ ] 토지대장　[ ] 건축물대장　[ ] 지적도 [ ] 임야도　　[ ] 토지이용계획확인서　　　　　[ ] 그 밖의 자료(　　　　)
	대상물건의 상태에 관한 자료요구 사항	

유의사항	
개업공인중개사의 확인·설명 의무	개업공인중개사는 중개대상물에 관한 권리를 취득하려는 중개의뢰인에게 성실·정확하게 설명하고, 토지대장등본, 등기사항증명서 등 설명의 근거자료를 제시해야 합니다.
실제 거래가격 신고	「부동산 거래신고 등에 관한 법률」 제3조 및 같은 법 시행령 별표 1 제1호마목에 따른 실제 거래가격은 매수인이 매수한 부동산을 양도하는 경우 「소득세법」 제97조제1항 및 제7항과 같은 법 시행령 제163조제11항제2호에 따라 취득 당시의 실제 거래가액으로 보아 양도차익이 계산될 수 있음을 유의하시기 바랍니다.

Ⅰ. 개업공인중개사 기본 확인사항

① 대상물건의 표시	토지	소재지			
		면적(㎡)		지목	공부상 지목
					실제이용 상태

② 권리관계	등기부 기재사항	소유권에 관한 사항	소유권 외의 권리사항
		토지	토지

③ 토지이용계획, 공법상 이용 제한 및 거래규제에 관한 사항 (토지)	지역·지구	용도지역		건폐율 상한	용적률 상한
		용도지구		%	%
		용도구역			
	도시·군계획 시설	허가·신고 구역 여부	[ ] 토지거래허가구역		
		투기지역 여부	[ ] 토지투기지역　[ ] 주택투기지역　[ ] 투기과열지구		
	지구단위계획구역, 그 밖의 도시·군관리계획		그 밖의 이용제한 및 거래규제사항		

④ 입지조건	도로와의 관계	(㎡ × ㎡)도로에 접함 [ ] 포장 [ ] 비포장	접근성	[ ] 용이함 [ ] 불편함
	대중교통	버스	( ) 정류장, 소요시간: ([ ] 도보, [ ] 차량) 약 분	
		지하철	( ) 역 , 소요시간: ([ ] 도보, [ ] 차량) 약 분	

⑤ 비 선호시설(1㎞이내)	[ ] 없음　　　[ ] 있음(종류 및 위치:　　　　　)

⑥ 거래예정금액 등	거래예정금액		
	개별공시지가(㎡당)		건물(주택)공시가격

⑦ 취득 시 부담할 조세의 종류 및 세율	취득세	%	농어촌특별세	%	지방교육세	%
	※ 재산세는 6월 1일 기준 대상물건 소유자가 납세의무를 부담					

210mm×297mm[백상지(80g/㎡) 또는 중질지(80g/㎡)]

II. 개업공인중개사 세부 확인사항

⑧ 실제 권리관계 또는 공시되지 않은 물건의 권리 사항	

III. 중개보수 등에 관한 사항

⑨ 중개보수 및 실비의 금액과 산출내역	중개보수		<산출내역> 중개보수:
	실비		
	계		실 비:
	지급시기		※ 중개보수는 거래금액의 1천분의 9 이내에서 중개의뢰인과 개업공인중개사가 서로 협의하여 결정하며, 부가가치세는 별도로 부과될 수 있습니다.

「공인중개사법」 제25조제3항 및 제30조제5항에 따라 거래당사자는 개업공인중개사로부터 위 중개대상물에 관한 확인·설명 및 손해배상책임의 보장에 관한 설명을 듣고, 같은 법 시행령 제21조제3항에 따른 본 확인·설명서와 같은 법 시행령 제24조제2항에 따른 손해배상책임 보장 증명서류(사본 또는 전자문서)를 수령합니다.

년   월   일

매도인 (임대인)	주소		성명	(서명 또는 날인)
	생년월일		전화번호	
매수인 (임차인)	주소		성명	(서명 또는 날인)
	생년월일		전화번호	
개업 공인중개사	등록번호		성명 (대표자)	(서명 및 날인)
	사무소 명칭		소속 공인중개사	(서명 및 날인)
	사무소 소재지		전화번호	
개업 공인중개사	등록번호		성명 (대표자)	(서명 및 날인)
	사무소 명칭		소속 공인중개사	(서명 및 날인)
	사무소 소재지		전화번호	

작성방법(토지)

<작성일반>

1. " [ ] "있는 항목은 해당하는 " [ ] "안에 √로 표시합니다.

2. 세부항목 작성 시 해당 내용을 작성란에 모두 작성할 수 없는 경우에는 별지로 작성하여 첨부하고, 해당란에는 "별지 참고"라고 적습니다.

<세부항목>

1. 「확인·설명 자료」 항목의 "확인·설명 근거자료 등"에는 개업공인중개사가 확인·설명 과정에서 제시한 자료를 적으며, "대상물건의 상태에 관한 자료요구 사항"에는 매도(임대)의뢰인에게 요구한 사항 및 그 관련 자료의 제출 여부와 ⑧ 실제 권리관계 또는 공시되지 않은 물건의 권리 사항의 항목을 확인하기 위한 자료요구 및 그 불응 여부를 적습니다.

2. ① 대상물건의 표시부터 ⑦ 취득 시 부담할 조세의 종류 및 세율까지는 개업공인중개사가 확인한 사항을 적어야 합니다.

3. ① 대상물건의 표시는 토지대장 등을 확인하여 적습니다.

4. ② 권리관계의 "등기부 기재사항"은 등기사항증명서를 확인하여 적습니다.

5. ③ 토지이용계획, 공법상 이용제한 및 거래규제에 관한 사항(토지)의 "건폐율 상한" 및 "용적률 상한"은 시·군의 조례에 따라 적고, "도시·군계획시설", "지구단위계획구역, 그 밖의 도시·군관리계획"은 개업공인중개사가 확인하여 적으며, 그 밖의 사항은 토지이용계획확인서의 내용을 확인하고, 공부에서 확인할 수 없는 사항은 부동산종합공부시스템 등에서 확인하여 적습니다(임대차의 경우에는 생략할 수 있습니다).

6. ⑥ 거래예정금액 등의 "거래예정금액"은 중개가 완성되기 전 거래예정금액을, "개별공시지가"는 중개가 완성되기 전 공시가격을 적습니다(임대차의 경우에는 "개별공시지가"를 생략할 수 있습니다).

7. ⑦ 취득 시 부담할 조세의 종류 및 세율은 중개가 완성되기 전 「지방세법」의 내용을 확인하여 적습니다(임대차의 경우에는 제외합니다).

8. ⑧ 실제 권리관계 또는 공시되지 않은 물건의 권리 사항은 매도(임대)의뢰인이 고지한 사항(임대차, 지상에 점유권 행사여부, 구축물, 적치물, 진입로, 경작물, 계약 전 소유권 변동여부 등)을 적습니다.
   ※ 임대차계약이 있는 경우 임대보증금, 월 단위의 차임액, 계약기간 등을 확인하고, 근저당 등이 설정된 경우 채권최고액을 확인하여 적습니다. 그 밖에 경매 및 공매 등의 특이사항이 있는 경우 이를 확인하여 적습니다.

9. ⑨ 중개보수 및 실비의 금액과 산출내역의 "중개보수"는 거래예정금액을 기준으로 계산하고, "산출내역(중개보수)"은 "거래예정금액(임대차의 경우에는 임대보증금 + 월 단위의 차임액 × 100) × 중개보수 요율"과 같이 적습니다. 다만, 임대차로서 거래예정금액이 5천만원 미만인 경우에는 "임대보증금 + 월 단위의 차임액 × 70"을 거래예정금액으로 합니다.

10. 공동중개 시 참여한 개업공인중개사(소속공인중개사를 포함합니다)는 모두 서명·날인해야 하며, 2명을 넘는 경우에는 별지로 작성하여 첨부합니다.

중개대상물 확인·설명서[IV](입목·광업재단·공장재단)

([ ] 매매·교환   [ ] 임대)

확인·설명 자료	확인·설명 근거자료 등	[ ] 등기권리증 [ ] 등기사항증명서 [ ] 토지대장 [ ] 건축물대장 [ ] 지적도 [ ] 임야도 [ ] 토지이용계획확인서 [ ] 그 밖의 자료( )
	대상물건의 상태에 관한 자료요구 사항	

유의사항	
개업공인중개사의 확인·설명 의무	개업공인중개사는 중개대상물에 관한 권리를 취득하려는 중개의뢰인에게 성실·정확하게 설명하고, 토지대장등본, 등기사항증명서 등 설명의 근거자료를 제시해야 합니다.
실제 거래가격 신고	「부동산 거래신고 등에 관한 법률」 제3조 및 같은 법 시행령 별표 1 제1호마목에 따른 실제 거래가격은 매수인이 매수한 부동산을 양도하는 경우 「소득세법」 제97조제1항 및 제7항과 같은 법 시행령 제163조제11항제2호에 따라 취득 당시의 실제 거래가액으로 보아 양도차익이 계산될 수 있음을 유의하시기 바랍니다.

I. 개업공인중개사 기본 확인사항

① 대상물건의 표시	토지	대상물 종별	[ ] 입목 [ ] 광업재단 [ ] 공장재단
		소재지 (등기·등록지)	

② 권리관계	등기부 기재사항	소유권에 관한 사항	성명	
			주소	
		소유권 외의 권리사항		

③ 재단목록 또는 입목의 생육상태	

④ 그 밖의 참고사항	

⑤ 거래예정금액 등	거래예정금액	
	개별공시지가(㎡당)		건물(주택)공시가격	

210mm×297mm[백상지(80g/㎡) 또는 중질지(80g/㎡)]]

⑥ 취득 시 부담할 조세의 종류 및 세율	취득세		%	농어촌특별세		%	지방교육세		%
	※ 재산세는 6월 1일 기준 대상물건 소유자가 납세의무를 부담								

II. 개업공인중개사 세부 확인사항

⑦ 실제 권리관계 또는 공시되지 않은 물건의 권리 사항	

III. 중개보수 등에 관한 사항

⑧ 중개보수 및 실비 의 금액과 산출내역	중개보수		<산출내역> 중개보수: 실　비:
	실비		
	계		※ 중개보수는 거래금액의 1천분의 9 이내에서 중개의뢰인과 개업공인중개사가 서로 협의하여 결정하며 부가가치세는 별도로 부과될 수 있습니다.
	지급시기		

「공인중개사법」 제25조제3항 및 제30조제5항에 따라 거래당사자는 개업공인중개사로부터 위 중개대상물에 관한 확인·설명 및 손해배상책임의 보장에 관한 설명을 듣고, 같은 법 시행령 제21조제3항에 따른 본 확인·설명서와 같은 법 시행령 제24조제2항에 따른 손해배상책임 보장 증명서류(사본 또는 전자문서)를 수령합니다.

년　　월　　일

매도인 (임대인)	주소		성명	(서명 또는 날인)
	생년월일		전화번호	
매수인 (임차인)	주소		성명	(서명 또는 날인)
	생년월일		전화번호	
개업 공인중개사	등록번호		성명 (대표자)	(서명 및 날인)
	사무소 명칭		소속공인중개사	(서명 및 날인)
	사무소 소재지		전화번호	
개업 공인중개사	등록번호		성명 (대표자)	(서명 및 날인)
	사무소 명칭		소속공인중개사	(서명 및 날인)
	사무소 소재지		전화번호	

작성방법(입목·광업재단·공장재단)

<작성일반>

1. " [ ] "있는 항목은 해당하는 " [ ] "안에 √ 로 표시합니다.

2. 세부항목 작성 시 해당 내용을 작성란에 모두 작성할 수 없는 경우에는 별지로 작성하여 첨부하고, 해당란에는 "별지 참고"라고 적습니다.

<세부항목>

1. 「확인·설명 자료」 항목의 "확인·설명 근거자료 등"에는 개업공인중개사가 확인·설명 과정에서 제시한 자료를 적으며, "대상물건의 상태에 관한 자료요구 사항"에는 매도(임대)의뢰인에게 요구한 사항 및 그 관련 자료의 제출 여부와 ⑦ 실제 권리관계 또는 공시되지 않은 물건의 권리 사항의 항목을 확인하기 위한 자료요구 및 그 불응 여부를 적습니다.

2. ① 대상물건의 표시부터 ⑥ 취득 시 부담할 조세의 종류 및 세율까지는 개업공인중개사가 확인한 사항을 적어야 합니다.

3. ① 대상물건의 표시는 대상물건별 등기사항증명서 등을 확인하여 적습니다.

4. ② 권리관계의"등기부 기재사항"은 등기사항증명서를 확인하여 적습니다.

5. ③ 재단목록 또는 입목의 생육상태는 공장재단의 경우에는 공장재단 목록과 공장재단 등기사항증명서를, 광업재단의 경우에는 광업재단 목록과 광업재단 등기사항증명서를, 입목의 경우에는 입목등록원부와 입목 등기사항증명서를 확인하여 적습니다.

6. ⑤ 거래예정금액 등의 "거래예정금액"은 중개가 완성되기 전의 거래예정금액을 적으며, "개별공시지가" 및 "건물(주택)공시가격"은 해당하는 경우에 중개가 완성되기 전 공시된 공시지가 또는 공시가격을 적습니다[임대차계약의 경우에는 "개별공시지가" 및 "건물(주택)공시가격"을 생략할 수 있습니다].

7. ⑥ 취득 시 부담할 조세의 종류 및 세율은 중개가 완성되기 전 「지방세법」의 내용을 확인하여 적습니다(임대차의 경우에는 제외합니다).

8. ⑦ 실제 권리관계 또는 공시되지 않은 물건의 권리 사항은 매도(임대)의뢰인이 고지한 사항(임대차, 법정지상권, 법정저당권, 유치권, 계약 전 소유권 변동여부 등)을 적습니다.
   ※ 임대차계약이 있는 경우 임대보증금, 월 단위의 차임액, 계약기간 등을 확인하고, 근저당 등이 설정된 경우 채권최고액을 확인하여 적습니다. 그 밖에 경매 및 공매 등의 특이사항이 있는 경우 이를 확인하여 적습니다.

9. ⑧ 중개보수 및 실비의 금액과 산출내역의 "중개보수"는 거래예정금액을 기준으로 계산하고, "산출내역(중개보수)"은 "거래예정금액(임대차의 경우에는 임대보증금 + 월 단위의 차임액 × 100) × 중개보수 요율"과 같이 적습니다. 다만, 임대차로서 거래예정금액이 5천만원 미만인 경우에는 "임대보증금 + 월 단위의 차임액 × 70"을 거래예정금액으로 합니다.

10. 공동중개 시 참여한 개업공인중개사(소속공인중개사를 포함합니다)는 모두 서명·날인해야 하며, 2명을 넘는 경우에는 별지로 작성하여 첨부합니다.

부동산거래계약 신고서

※ 뒤쪽의 유의사항·작성방법을 읽고 작성하시기 바라며, [ ]에는 해당하는 곳에 √표를 합니다.　　　　(앞쪽)

접수번호		접수일시		처리기간　　지체없이	

① 매도인	성명(법인명)		주민등록번호(법인·외국인등록번호)		국적
	주소(법인소재지)			거래지분 비율 (　　　분의　　　)	
	전화번호		휴대전화번호		

② 매수인	성명(법인명)		주민등록번호(법인·외국인등록번호)		국적
	주소(법인소재지)			거래지분 비율 (　　　분의　　　)	
	전화번호		휴대전화번호		
	③ 법인신고서등	[ ]제출　　　　[ ]별도 제출　　　　[ ]해당 없음			
	외국인의 부동산등 매수용도	[ ]주거용(아파트)　[ ]주거용(단독주택)　[ ]주거용(그 밖의 주택) [ ]레저용　　　　[ ]상업용　　　　[ ]공업용　　　[ ]그 밖의 용도			
	위탁관리인 (국내에 주소 또는 거소가 없는 경우)	성명	주민등록번호		
		주소			
		전화번호	휴대전화번호		

개업 공인중개사	성명(법인명)		주민등록번호(법인·외국인등록번호)		
	전화번호		휴대전화번호		
	상호		등록번호		
	사무소 소재지				

거래대상	종류	④ [ ]토지　[ ]건축물 (　　　　　)　[ ]토지 및 건축물 (　　　　　)			
		⑤ [ ]공급계약 [ ]전매 [ ]분양권 [ ]입주권　[ ]준공 전　[ ]준공 후 [ ]임대주택 분양전환			
	⑥ 소재지/지목 /면적	소재지			
		지목	토지면적　　　　㎡	토지 거래지분 (　　　분의　　　)	
		대지권비율 (　　　분의　　　)	건축물면적　　　　㎡	건축물 거래지분 (　　　분의　　　)	
	⑦ 계약대상 면적	토지　　　　㎡	건축물　　　　㎡		
	⑧ 물건별 거래가격				원
		공급계약 또는 전매	분양가격 　　　　원	발코니 확장 등 선택비용 　　　　원	추가 지급액 등 　　　　원

⑨ 총 실제 거래가격 (전체)	합계 　　　원	계약금	원	계약 체결일	
		중도금	원	중도금 지급일	
		잔금	원	잔금 지급일	

⑩ 종전 부동산	소재지/지목 /면적	소재지			
		지목	토지면적　　　　㎡	토지 거래지분 (　　　분의　　　)	
		대지권비율 (　　　분의　　　)	건축물면적　　　　㎡	건축물 거래지분 (　　　분의　　　)	
	계약대상 면적	토지　　　　㎡	건축물　　　　㎡	건축물 유형(　　　　)	
	거래금액	합계 　　　원	추가 지급액 등 　　　원	권리가격 　　　　　　　원	
		계약금 　　　원	중도금 　　　원	잔금 　　　　　　　원	

⑪ 계약의 조건 및 참고사항	

「부동산 거래신고 등에 관한 법률」 제3조제1항부터 제4항까지 및 같은 법 시행규칙 제2조제1항부터 제4항까지의 규정에 따라 위와 같이 부동산거래계약 내용을 신고합니다.

　　　　　　　　　　　　　　　　　　　　　　　　　　　　　　　년　　　월　　　일

신고인　　　매도인 :　　　　　　　　　　　　　(서명 또는 인)
　　　　매수인 :　　　　　　　　　　　　　(서명 또는 인)
　　　　개업공인중개사 :　　　　　　　　　(서명 또는 인)
　　　　(개업공인중개사 중개 시)

시장·군수·구청장 귀하

210mm×297mm[백상지(80g/㎡) 또는 중질지(80g/㎡)]

첨부서류	1. 부동산 거래계약서 사본(「부동산 거래신고 등에 관한 법률」 제3조제2항 또는 제4항에 따라 단독으로 부동산거래의 신고를 하는 경우에만 해당합니다) 2. 단독신고사유서(「부동산 거래신고 등에 관한 법률」 제3조제2항 또는 제4항에 따라 단독으로 부동산거래의 신고를 하는 경우에만 해당합니다)

유의사항

1. 「부동산 거래신고 등에 관한 법률」 제3조 및 같은 법 시행령 제3조의 실제 거래가격은 매수인이 매수한 부동산을 양도하는 경우 「소득세법」 제97조제1항·제7항 및 같은 법 시행령 제163조제11항제2호에 따라 취득 당시의 실제 거래가격으로 보아 양도차익이 계산될 수 있음을 유의하시기 바랍니다.

2. 거래당사자 간 직접거래의 경우에는 공동으로 신고서에 서명 또는 날인을 하여 거래당사자 중 일방이 신고서를 제출하고, 중개거래의 경우에는 개업공인중개사가 신고서를 제출해야 하며, 거래당사자 중 일방이 국가 및 지자체, 공공기관인 경우(국가등)에는 국가등이 신고해야 합니다.

3. 부동산거래계약 내용을 기간 내에 신고하지 않거나, 거짓으로 신고하는 경우 「부동산 거래신고 등에 관한 법률」 제28조제1항 부터 제3항까지의 규정에 따라 과태료가 부과되며, 신고한 계약이 해제, 무효 또는 취소가 된 경우 거래당사자는 해제 등이 확정된 날로부터 30일 이내에 같은 법 제3조의2에 따라 신고를 해야 합니다.

4. 담당 공무원은 「부동산 거래신고 등에 관한 법률」 제6조에 따라 거래당사자 또는 개업공인중개사에게 거래계약서, 거래대금지급 증명 자료 등 관련 자료의 제출을 요구할 수 있으며, 이 경우 자료를 제출하지 않거나, 거짓으로 자료를 제출하거나, 그 밖의 필요한 조치를 이행하지 않으면 같은 법 제28조제1항 또는 제2항에 따라 과태료가 부과됩니다.

5. 거래대상의 종류가 공급계약(분양) 또는 전매계약(분양권, 입주권)인 경우 ⑧ 물건별 거래가격 및 ⑨ 총 실제거래가격에 부가가치세를 포함한 금액을 적고, 그 외의 거래대상의 경우 부가가치세를 제외한 금액을 적습니다.

6. "거래계약의 체결일"이란 거래당사자가 구체적으로 특정되고, 거래목적물 및 거래대금 등 거래계약의 중요 부분에 대하여 거래당사자가 합의한 날을 말합니다. 이 경우 합의와 더불어 계약금의 전부 또는 일부를 지급한 경우에는 그 지급일을 거래계약의 체결일로 보되, 합의한 날이 계약금의 전부 또는 일부를 지급한 날보다 앞서는 것이 서면 등을 통해 인정되는 경우에는 합의한 날을 거래계약의 체결일로 봅니다.

작성방법

1. ①·② 거래당사자가 다수인 경우 매도인 또는 매수인의 주소란에 ⑥의 거래대상별 거래지분을 기준으로 각자의 거래 지분 비율(매도인과 매수인의 거래지분 비율은 일치해야 합니다)을 표시하고, 거래당사자가 외국인인 경우 거래당사자의 국적을 반드시 적어야 하며, 외국인이 부동산등을 매수하는 경우 매수용도란의 주거용(아파트), 주거용(단독주택), 주거용(그 밖의 주택), 레저용, 상업용, 공장용, 그 밖의 용도 중 하나에 √표시를 합니다.

2. ③ "법인신고서등"란은 별지 제1호의2서식의 법인 주택 거래계약 신고서, 별지 제1호의3서식의 주택취득자금 조달 및 입주계획서, 제2조제7항 각 호의 구분에 따른 서류, 같은 항 후단에 따른 사유서 및 별지 제1호의4서식의 토지취득자금 조달 및 토지이용계획서를 이 신고서와 함께 제출하는지 또는 별도로 제출하는지를 √표시하고, 그 밖의 경우에는 해당 없음에 √표시를 합니다.

3. ④ 부동산 매매의 경우 "종류"란에는 토지, 건축물 또는 토지 및 건축물(복합부동산의 경우)에 √표시를 하고, 해당 부동산이 "건축물" 또는 "토지 및 건축물"인 경우에는 ( )에 건축물의 종류를 "아파트, 연립, 다세대, 단독, 다가구, 오피스텔, 근린생활시설, 사무소, 공장" 등 「건축법 시행령」 별표 1에 따른 용도별 건축물의 종류를 적습니다.

4. ⑤ 공급계약은 시행사 또는 건축주 등이 최초로 부동산을 공급(분양)하는 계약을 말하며, 준공 전과 준공 후 계약 여부에 따라 √표시하고, "임대주택 분양전환"은 임대주택사업자 (법인으로 한정)가 임대기한이 완료되어 분양전환하는 주택인 경우에 √표시합니다. 전매는 부동산을 취득할 수 있는 권리의 매매로서, "분양권" 또는 "입주권"에 √표시를 합니다.

5. ⑥ 소재지는 지번(아파트 등 집합건물의 경우에는 동·호수)까지, 지목/면적은 토지대장상의 지목·면적, 건축물대장상의 건축물 면적(집합건축물의 경우 호수별 전용면적, 그 밖의 건축물의 경우 연면적), 등기사항증명서상의 대지권 비율, 각 거래대상의 토지와 건축물에 대한 거래 지분을 정확하게 적습니다.

6. ⑦ "계약대상 면적"란에는 실제 거래면적을 계산하여 적되, 건축물 면적은 집합건축물의 경우 전용면적을 적고, 그 밖의 건축물의 경우 연면적을 적습니다.

7. ⑧ "물건별 거래가격"란에는 각각의 부동산별 거래가격을 적습니다. 최초 공급계약(분양) 또는 전매계약(분양권, 입주권)의 경우 분양가격, 발코니 확장 등 선택비용 및 추가 지급액 등(프리미엄 등 분양가격을 초과 또는 미달하는 금액)을 각각 적습니다. 이 경우 각각의 비용에 부가가치세가 있는 경우 부가가치세를 포함한 금액으로 적습니다.

8. ⑨ "총 실제 거래가격"란에는 전체 거래가격(둘 이상의 부동산을 함께 거래하는 경우 각각의 부동산별 거래가격의 합계 금액)을 적고, 계약금/중도금/잔금 및 그 지급일을 적습니다.

9. ⑩ "종전 부동산"란은 입주권 매매의 경우에만 작성하고, 거래금액란에는 추가 지급액 등(프리미엄 등 분양가격을 초과 또는 미달하는 금액) 및 권리가격, 합계 금액, 계약금, 중도금, 잔금을 적습니다.

10. ⑪ "계약의 조건 및 참고사항"란은 부동산 거래계약 내용에 계약조건이나 기한을 붙인 경우, 거래와 관련한 참고내용이 있을 경우에 적습니다.

11. 다수의 부동산, 관련 필지, 매도·매수인, 개업공인중개사 등 기재사항이 복잡한 경우에는 다른 용지에 작성하여 간인 처리한 후 첨부합니다.

12. 소유권이전등기 신청은 「부동산등기 특별조치법」 제2조제1항 각 호의 구분에 따른 날부터 60일 이내에 신청해야 하며, 이를 이행하지 않는 경우에는 같은 법 제11조에 따라 과태료가 부과될 수 있으니 유의하시기 바랍니다.

처리절차

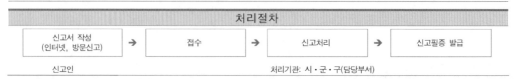

신고서 작성 (인터넷, 방문신고)	→	접수	→	신고처리	→	신고필증 발급
신고인				처리기관: 시·군·구(담당부서)		

2024 SD에듀 공인중개사 2차 5개년 기출문제해설

개정10판1쇄 발행	2024년 04월 29일(인쇄 2024년 03월 28일)
초 판 발 행	2013년 12월 30일(인쇄 2013년 12월 02일)
발 행 인	박영일
책 임 편 집	이해욱
편 저	SD공인중개사연구소
편 집 진 행	김성열 · 백승은
표 지 디 자 인	김지수
편 집 디 자 인	윤준하 · 고현준
발 행 처	(주)시대고시기획
출 판 등 록	제10-1521호
주 소	서울시 마포구 큰우물로 75 [도화동 538 성지 B/D] 9F
전 화	1600-3600
팩 스	02-701-8823
홈 페 이 지	www.sdedu.co.kr
I S B N	979-11-383-6730-1 (14320)
정 가	22,000원

행운이란 100%의 노력 뒤에 남는 것이다.

– 랭스턴 콜먼(Langston Coleman) –

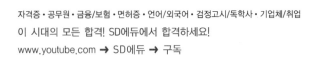